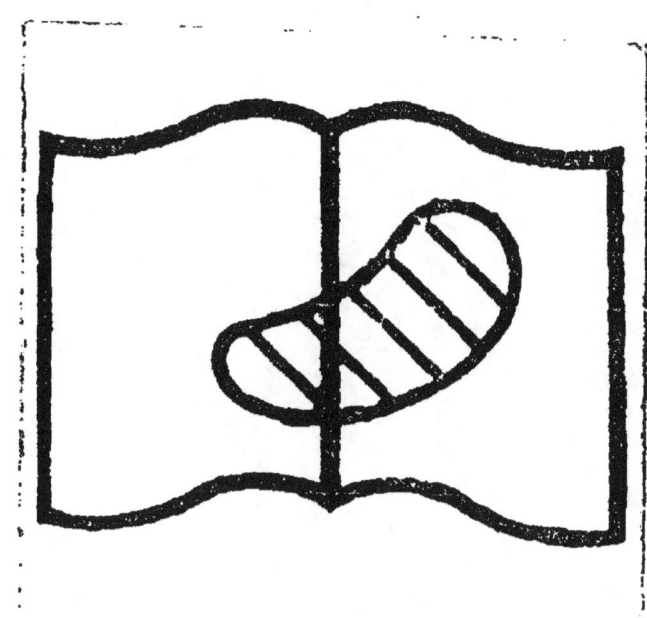

Illisibilité partielle

**VALABLE POUR TOUT OU PARTIE
DU DOCUMENT REPRODUIT**

DEUX VICTIMES
DES SEPTEMBRISEURS.

APPROUVÉ PAR L'AUTORITÉ ECCLÉSIASTIQUE.

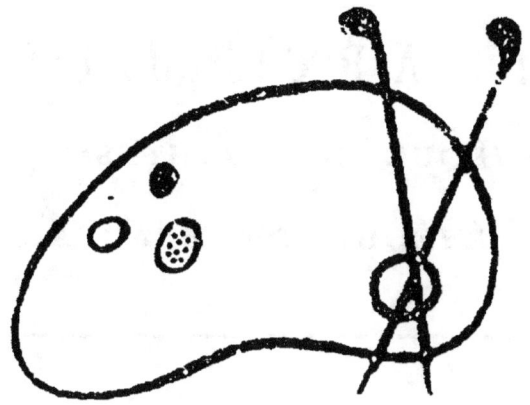

Typographie de couleur

LOUIS AUDIAT.

DEUX VICTIMES
DES SEPTEMBRISEURS.

PIERRE-LOUIS DE LA ROCHEFOUCAULD

DERNIER ÉVÊQUE DE SAINTES

ET SON FRÈRE, ÉVÊQUE DE BEAUVAIS.

SOCIÉTÉ DE SAINT-AUGUSTIN
DESCLÉE, DE BROUWER et Cie.
LILLE. — PARIS.
1897.

A MADAME LA COMTESSE
FRANÇOIS DE LA ROCHEFOUCAULD.

LA ROCHEFOUCAULD.

CHAPITRE I.

Les La Rochefoucauld. — Origine. — Généalogie. — Famille. — Frères et sœurs. — Le Vivier et Saint-Cybard Le Peirat. — Naissance de Pierre-Louis de La Rochefoucauld.

Il n'est guère de maison plus célèbre, plus ancienne et plus étendue que celle de La Rochefoucauld. On la trouve dans toutes les provinces de France, où elle avait, par ses charges importantes, par sa fortune considérable, par ses alliances puissantes, non moins que par ses services continuels, son illustration à la guerre, parfois dans les lettres, conquis une influence légitime et respectée. Les La Rochefoucauld sont en Touraine et en Berry, en Auvergne et en Poitou. Mais les deux contrées qui gardent d'eux la trace la plus profonde, c'est l'Angoumois, qui conserve encore leur berceau ; c'est la Saintonge et l'Aunis, dont ils ont possédé les principaux fiefs. Ils y ont eu Fontpatour, paroisse de Vérines, et La Jarrie ; Le Parc d'Archiac et La Bergerie, près de Tonnay-Charente ; L'Houmée et La Vallée, près de Taillebourg ; Montandre et Montguyon, Surgères et Barbezieux, pour ne citer que les principales terres. Il y a même une branche des seigneurs de Barbezieux, une branche des marquis de Montandre, une branche des marquis de Surgères, qui existent encore.

La famille de La Rochefoucauld porte comme les Parthenay-l'Archevêque et les Lusignan : *Burelé d'argent et d'asur*, armes qu'elle a brisées *de trois chevrons de gueules, le premier écimé, brochant sur le tout*, et aussi la Mélusine pour cimier ; écu timbré de la couronne ducale avec deux sauvages pour tenants, et cette fière devise : C'EST MON PLAISIR.

C'est Foucaud, né vers 980, qui donna, dit-on, son nom au fief de La Roche en Angoumois qu'il possédait, et qui de lui s'appela *La Roche de Foucauld*, Rupes Fucaldi, *La Rochefoucauld*. Autour du donjon primitif du XIe siècle encore debout, se sont accolées bien des constructions. Le XIVe y a posé ses deux tours jumelles protégeant la porte d'entrée. La renaissance y a ciselé ces splendides galeries, et dressé cet escalier monumental, aux marches gigantesques d'une seule pièce, que Chambord envierait. Aujourd'hui, l'édifice le plus beau de l'Angoumois n'est plus habité. Campé fièrement sur son roc, il est là défiant le temps, muet témoin du passé, et regrettant ses splendeurs évanouies. Que de longues heures j'ai passées dans ces immenses salles, admirant chaque détail de sculpture et redemandant aux murs construits par Anne de Polignac et François II de La Rochefoucauld, quelques mots d'histoire et de souvenirs !

Ce Foucauld de La Rochefoucauld est l'auteur de la famille, dont devait sortir le dernier évêque de Saintes. Et, par une coïncidence remarquable, il signa, en 1047, l'acte de fondation de la célèbre abbaye de Notre-Dame de Saintes, qui devait tomber sous les mêmes coups et en même temps que l'évêché de son arrière-neveu [1].

Du tronc primitif sort la branche de Verteuil et de Barbezieux, qui donne elle-même naissance à celles de Nouans et de Meilleran. Des La Rochefoucauld-Nouans sont issus les La Rochefoucauld-Bayers. Un rameau de la branche de Bayers

---

1. Un de ses descendants, *Aimeri* IIe du nom, seigneur de La Rochefoucauld, fils de Guy VI, eut, au milieu du XIIIe siècle, de Daufine de La Tour, fille de Bernard, seigneur de La Tour d'Auvergne, un deuxième fils,

Geoffroy de La Rochefoucauld, seigneur de Verteuil, dont l'arrière-petit-fils,

Guy, seigneur de Verteuil et de Barbezieux, eut, vers 1406, de sa deuxième femme, Marie d'Usaiges, dame de Nouans et de Courpoutrain au Maine, un second fils, Guillaume de La Rochefoucauld.

Ce *Guillaume* de La Rochefoucauld, seigneur de Nouans du chef de sa mère, eut, par sa femme Marguerite de Torsay, La Bergerie et Le Parc d'Archiac en Saintonge.

Son quatrième fils, *Guillaume*, qui vivait en 1510, a fait la branche des seigneurs de Bayers et de La Bergerie.

porta les La Rochefoucauld-Maumont, dont était Pierre-Louis de La Rochefoucauld, évêque de Saintes et martyr.

L'arrière petit-fils de *Guillaume*, seigneur de La Bergerie, de l'Arthusière, du Parc d'Archiac et de Bayers, fut Louis de La Rochefoucauld, seigneur de Bayers en Angoumois, de La Bergerie, de La Vallée, de L'Houmée en la province de Saintonge, chevalier de l'ordre du roi, guidon de la compagnie du seigneur de Pons en 1569 ; il mourut le 24 décembre 1608. Il avait épousé, en novembre 1572, Angélique Gillier, fille de Bonaventure Gillier, seigneur de Puygarreau, baron de Marmande, et de Marie Babou de La Bourdaisière. Il en eut : Louis de La Rochefoucauld, dont une petite-fille épousa (1640) Gabriel Gombaud de Champfleury (1), et le petit-fils, Pierre de La Rochefoucauld, chevalier de l'ordre du roi, seigneur de Maumont, Magnac, Barros eut de Catherine de Chaumont, François, époux (1660) de Marie-Eléonore Chesnel (2). De cette union vint François-Joseph de La Rochefoucauld, seigneur de Maumont, Magnac, capitaine au régiment de Navarre, qui épousa, en 1685, Anne Thomas, fille de Jean Thomas, écuyer, sieur des Bretonnières, conseiller du roi, garde des sceaux au présidial d'Angoulême, et de Marie Greslon (3). Il en eut :

1° Jean, qui suit ; 2° François-Victorin, seigneur des Bretonnières, connu sous le nom de Magnac, qui épousa Françoise

---

1. « Le grand-père de Mme la comtesse de Culan, dame de Champfleury, avait épousé en 1es noces une fille de Bremont de la maison d'Ars, d'où était venu son père et un autre frère nommé Lagny-Fonthyères qui est mort sans enfants, avec une sœur qui s'était mariée avec Palet de Curzay, dont il y a eu des enfans. En secondes noces, ce seigneur de Champfleury épousa La Rochefoucauld la Borgnesse, de la branche de Loumée. Il en est venu un garçon qui se nommait M. du Fresne, qui, je crois, n'a point eu de garçons. Les sœurs ne se sont point mariées, qui peuvent bien être mortes. Mais prenez bien garde de confondre avec les Gombault de Champfleury, un certain Gombault, abbé de Villars, curé d'Angeac-Champagne en Angoumois, qui n'en était point, et en portait encore moins les armes, quoy qu'il fust gentil homme. Ils se sont fort alliez avec ces Ryoux, originaires de la terre de Pons. » MIOSSENS DE PONS D'ALBRET. » *Lettre à Mgr Léon de Beaumont*, évêque de Saintes. « Paris, 9 may 1713. »

2. Fille d'une Polignac, arrière petite-fille de Jean Chesnel et de Marie de Vivonne, fille d'Artus, seigneur de Pisany, et de Catherine de Bremond d'Ars-Balanzac, et sœur du célèbre marquis de Pisany.

3. Pour la généalogie complète nous renvoyons aux ouvrages spéciaux : *Histoire de la maison de France* du P. Anselme, IV, 418 ; *Histoire des pairs de France* de Courcelles, VIII ; *Dictionnaire de la noblesse*, d'Aubert de La Chenaye-Desbois, t. XII, etc.

Virolleau de Marillac (¹) ; 3° Marie-Anne, mariée à Jean Ravard, chevalier, seigneur de Saint-Amand, capitaine dans le régiment de Béarn ; 4° François-Joseph, né en 1692 dans l'île de Ré.

Cette filiation nous conduit ainsi jusqu'à Jean de La Rochefoucauld. Ce Jean de La Rochefoucauld est précisément le père de celui dont nous entreprenons la biographie. On vient de voir qu'il avait pour père François-Joseph de La Rochefoucauld et pour mère Anne Thomas. Les Thomas sont très connus en Angoumois, et plusieurs ont une certaine célébrité (²).

La famille Thomas eut deux branches, celle des Montgoumard, « qui va tomber en quenouille », dit Vigier de La Pile, et celle de Bardines, « qui a eu plusieurs conseillers au présidial,

---

1. Vigier de La Pile, dans l'*Histoire de l'Angoumois*, écrit *Birotteau* de Marillac, et sur les actes de l'état civil on trouve encore *Virollot*, *Viraullot*. Ils eurent entre autres enfants : a *Jean-François*, né le 21 juillet 1733, tenu sur les fonts de la paroisse Saint-André d'Angoulême, le 7 mai 1735, par messire Jean de La Rochefoucauld, chevalier, seigneur de Maumont et de Magnac, et par dame Marie de Fornel, veuve de messire Jean-François de Virolleau, seigneur de Marillac ; b *Jean*, né le 4 juillet 1735, à Angoulême, baptisé le 7 en l'église Saint-André, tenu sur les fonts par Jean Ravard, chevalier, seigneur de Saint-Amand, et demoiselle Marie de Virolleau, sa tante.

2. Jean Thomas, avocat renommé, né à Jarnac, fut conseiller de l'hôtel de ville d'Angoulême depuis 1618 jusques et au delà de 1631. Son fils, Paul Thomas, écuyer, seigneur des Maisonnettes, né à Angoulême, fut maire et capitaine de la ville en 1632 et 1633, échevin et conseiller du roi au présidial. Dès sa jeunesse il cultivait les vers latins. En 1630, il fit paraître (in-4°, à Paris, chez Morel) un poème en six chants, *Rupellaidos sive de rebus gestis Ludovici XIII*. « Il y décrit, dit Vigier de La Pile, le siège de La Rochelle sous Louis XIII et ses exploits. Il y a beaucoup de fictions et de belles saillies ; les vers sont bons. » Et Balzac, qui s'y connaissait, vante son souffle élevé, son inspiration poétique. Il écrit (*Epistolæ selectæ*, page 335, éd. de 1650) : « Quanti oris et quanti spiritus poeta sit Paulus ille Thomas civis meus, non est cur pluribus exemplis apud te probare debeam. Ipse legendo periculum facies, parcamque labori non necessario, uno hoc contentus loco eximii operis, ubi, de expeditione Rhetensi agens, tres illos celebrat.... »

Déjà en 1610, Paul Thomas avait imprimé chez Millanges, à Bordeaux, son volume in-8° intitulé : *Defensio Engolismensium contra calumnias Meinardi*.

Un de ses oncles, Paul comme lui, publiait en même temps un poème en cinq chants sur Paris, *Lutetiados libri* v (à Angoulême, chez Rezé, 1640, in-8°). Mais il n'eut pas la réputation de son neveu. Paul Thomas, connu sous le nom de Girac, fit, en 1650, courir, manuscrite, une dissertation latine où il critiquait les lettres de Voiture. En 1633, pendant sa mairie, Paul Thomas imprima avec une préface datée d'Angoulême, 1ᵉʳ janvier 1633, chez Claude Rezé, libraire du roi et de la ville d'Angoulême, ses traductions en vers latins de *Job*, du *Cantique des cantiques* et des *Lamentations* de Jérémie, *Pauli Thomæ sacra poemata*. Le frontispice montre les armes de la ville et celles des Thomas : *D'or à un cœur de gueules surmonté d'une étoile d'azur*, avec la devise : SIC ITUR AD ASTRA. Il mourut en 1663.

gens de lettres et fort considérés. Le sieur de Bardines d'à présent a épousé N. Préveraud des Deffends (¹). »

Jean de La Rochefoucauld doit être né en 1686, c'est-à-dire un an après le mariage de son père. Le 6 février 1705, à 19 ou 20 ans, il fut reçu chevalier de Notre-Dame du Mont-Carmel et de Saint-Lazare de Jérusalem. En 1722, il épousa Marie-Marguerite des Escaud. C'était la fille de Gabriel-François des Escaud, chevalier, seigneur du Vivier, et de Charlotte de La Place (²).

Elle apportait en dot à son époux Le Vivier et Chaumont. Sa sœur probablement, Hippolyte des Escaud, signe comme marraine à Saint-Cybard-le-Peirat en 1722 et en 1732.

Les La Place sont une des plus anciennes familles de l'Angoumois. Des titres prouvent leur noblesse dès 1404. Ils étaient originaires de Saint-Jean de Ligoure, en Limousin, dans la mouvance de Pierre-Buffière (³).

1. Le 14 juin 1790, François-Louis Thomas de Bardines, seigneur de Neuillac en Angoumois, fils de Louis et de Marie-Françoise Préverand, épouse Marie-Claire-Mélanie de Manes, fille de François et de Marie-Claire de Bremond, décédée à Saintes, le 22 juin 1849. — C'est sans doute le père, Louis de Bardines, qui publiait fréquemment des vers dans le *Journal de Saintonge et d'Angoumois* de 1786 à 1790. Voir notamment, le 7 août 1788, conseils à ma fille, et, 30 novembre, une acrostiche sur Josias de Bremond.

Voir dans la *Revue de Saintonge*, VIII, 326, un amusant article de M. le baron de La Morinerie sur Delaistre, maître de danse, chanté par Piis et qui libellait ainsi un reçu pour ses élèves les jeunes Thomas de Bardines : « Jej ReConnu avoier resus de Monsieur debardienne pour tout Conte a Retée jusqua sejour La somme de 175 livres pour Le Cartier de Lapansions de messieur de bardimne cher janfant (ses enfants) et de plus 18 liv. à Conte pour les fournitures tans pour Le maitre que pour Les joutre chojees dons Les Cartier de La pansions sera et chus Le premier janvier 1785. Asaintes se 23 9bre 1784. DELAISTRE ».

2. Le 9 mars 1742, meurt au Vivier, âgé de 76 ans, et est enterré le 10 au Peirat « messire Gabriel des Escaud, muni de tous les sacrements. » GILBERT, *curé de La Valette*. JOURDAIN, *prieur curé de Blanzaguet*. GENESTE, *prieur de Saint-Cibard*. » Le 21, décède au Vivier, est enterrée le 22 au Peirat, Charlotte de La Place, âgée de 75 ans. Les deux époux se suivirent de près dans la tombe.

La famille des Escaud était noble et portait *d'azur à trois chevrons d'argent accompagnés de trois étoiles de même*. Au XVIe siècle, les des Escaud étaient zélés protestants. On trouve leur nom au bas de l'acte par lequel les réformés de l'Angoumois et de la partie du Périgord, assemblés le 15 août 1593, à La Rochebeaucourt, envoyaient des commissaires au roi Henri IV, après son abjuration, pour lui présenter les requêtes et les remontrances du parti. Ce sont avec Jean et René de Galard de Béarn, Louis des Escaud, écuyer, seigneur du Vivier ; François des Escaud, écuyer, seigneur de Puyrigaud et Jean des Escaud.

3. Un Pierre de La Place fut maire d'Angoulême en 1506, et échevin en 1507 jusqu'en 1539. Il était fils de Pierre de La Place et de Liette de Cumont, dame de Saint-Méard et de Salbœuf, paroisse de Cumont en Périgord. Il eut de Marguerite Pastoureau,

Ces détails sont arides ; ils étaient nécessaires. N'a-t-on pas cherché, dans je ne sais quel intérêt, à jeter quelque doute sur la noble origine de Pierre-Louis de La Rochefoucauld et de son frère, l'évêque de Beauvais ? Il fallait montrer qu'ils étaient bien tous les deux les fils de leurs père et mère, les frères de leurs frères, et les descendants de leurs aïeux.

Pierre-Louis de La Rochefoucauld était le dixième enfant de Jean de La Rochefoucauld. 1º L'aînée de cette nombreuse famille était l'abbesse de Notre-Dame de Soissons, Marie-Rose-Charlotte, née le 10 mai 1723, morte à Soissons, le 27 mai 1808. Abbesse en 1768 du Paraclet ou Sainte-Trinité au diocèse de Troyes, monastère bénédictin fondé par Abeilard, elle succéda en 1778 à Mme de La Rochefoucauld-Roucy sur le siège abbatial de Soissons.

2º Le second enfant est François-Jean-Charles de La Rochefoucauld, dit le marquis de Bayers, né le 20 mai 1724. Capitaine dans le régiment des grenadiers de France, il fut blessé et fait prisonnier à l'affaire de Cassel, le 22 juin 1762. Le roi le nomma colonel des grenadiers royaux du Poitou, le 25 décembre de la même année, puis successivement brigadier d'infanterie le 22 janvier 1769 et maréchal de camp, le 1er mars 1780. Le 23 avril 1753, il épousa Marie-Hélène de Fougen [1].

3º Louise, née le 14 mai 1725, marraine à Saint-Cybard le Peirat, en 1739, avec Pierre de Galard de Béarn, seigneur de Blanzaguet ; religieuse bénédictine.

4º Catherine-Hippolyte, née le 22 mai 1726, morte le 20 mars

---

dame de Javerlhac, Élie de La Place, seigneur de Torsac, échevin en 1558, maire en 1561, qui accueillit Calvin à Angoulême, et Pierre de La Place, seigneur de Javerlhac, grand jurisconsulte, savant philosophe, président à la cour des aides à Paris, et qui périt assassiné à la Saint-Barthélemy, en 1572. Les La Place portent *d'argent à trois glands de sinople, 2 et 1* ; alias *d'azur à trois glands d'or feuillés et tigés de même*.

1. Fille d'Aignan de Fougen, chevalier de l'ordre royal et militaire de Saint-Louis, capitaine de milice à Saint-Domingue, et sœur de Marie-Rose de Fougen, veuve d'Hubert de Conflans, qu'elle avait épousé en 1750, vice-amiral et maréchal de France en 1758, gouverneur et vice-roi de Saint-Domingue. De ce mariage vint Marie-Joséphine-Félicité de La Rochefoucauld-Bayers, mariée, par contrat signé du roi et de la famille royale, le 26 avril 1785, à Charles-François-Gabriel, comte de Gand, né le 27 décembre 1752, comte du Saint-Empire, grand d'Espagne de première classe, gentilhomme de M. le comte d'Artois, colonel du régiment de Champagne. Elle vivait encore sous la restauration ; elle était le dernier représentant de la branche de l'évêque de Saintes.

1790. Elle épousa, le 19 mars 1768 (¹), Antoine de Corlieu, écuyer, chevalier de Saint-Louis, capitaine d'infanterie au régiment Dauphin, né le 9 septembre 1714 à Labaudie, mort au Vivier le 20 septembre 1792 (²).

5° Louise-Marguerite, née le 6 octobre 1728.

---

1. Le 19 mars 1768, après les fiançailles et une publication de ban de mariage entre messire Antoine de Corlieu, écuyer, chevalier de l'ordre royal et militaire de Saint-Louis, ancien capitaine d'infanterie, sans avoir descouvert aucun empeschement civil ny canonique, et les dites parties ayant obtenu de monseigneur l'évesque de Périgueux la dispense pour le temps prohibé et pour les deux derniers bans, et s'étant disposés à leur futur mariage par réception des sacrements ordinaires, je leur ay impartis la bénédiction nuptiale selon la forme prescrite par nostre mère sainte église, en présence de messire Louis-Gabriel Andras du Mesnil, de messire Jean de Juglar, de messire Joseph de Corlieu, sieur de Labaudie, et de messire Jacques de Corlieu, sieur du Luc, qui ont signé avec moy. LATREILHE, *prieur curé de Saint-Cybard*. ANTOINE DE CORLIEU, C. H. DE LA ROCHEFOUCAULD. I. DE LA ROCHEFOUCAULD. MARIE DE PINDRAY DE CORLIEU. ROSE DE GALLARD. MADELEINE FRADIN DE CLAIX. PASQUET. DU TILLET. DUREPAYRE. MARIE JUGLART. MARIE NORMAND DE GARAT. MARIE-GABRIELLE LOCA ANDRAS DU MESNIL. FRANÇOIS JUGLART JOSSHES DE CORLIEU. JACQUES DE CORLIEU. FRANÇOIS DE CORLIEU DE LOCHES. JOSEPH DE CORLIEU. PIERRE DE CORLIEU DE LOCHE. LOUIS-GABRIEL ANDRAS DU MESNIL DU CHILLIAU. *Registre de Saint-Cybard du Peirat*.

2. Voir la généalogie des Corlieu dans le *Nobiliaire* de Saint-Allais, II, 231.

Les Corlieu d'Angoumois, maintenus dans leur noblesse en 1598 par Marsillac et Benoît, commissaires départis, descendaient, dit-on, d'un Thomas de Corlieu, originaire de l'évêché d'Yorck en Angleterre, qui passa en France l'an 1417 et épousa Renote, héritière de la maison du Fresne en Anjou. De cette union naquit Jean, père de François, lieutenant général de la justice en Angoumois, qui épousa (1490) Marguerite Loubate, dont vinrent Jean, Robert et François. Jean, avocat au présidial d'Angoulême, eut: 1° François de Corlieu, écuyer, conseiller du roi en la sénéchaussée d'Angoumois (1544), procureur du roi, conseiller de la maison de ville (1558-1574), « homme fort curieux et amateur de l'antiquité », auteur d'une histoire de la ville d'Angoulême (1576), mort sans enfants en 1576 ; 2° Jeanne, femme de Pierre du Part, sieur de la Foucardie ; 3° Françoise, épouse (1560) de Martial de La Charlonye, sieur de Nouère, avocat au présidial. La seconde branche a pour auteur Robert, fils de François et Marguerite Loubate ; il épousa Marie Pascaud, dont est issu Cybard, marié (1576) à Delphine Gentils de Bardines, qui eut François, sieur de Chantoiseau, dont le fils, Charles, fut père de Joseph-François, sieur de Labaudie, époux (1710) de Marie Sauvo, fille de Jean, sieur du Bousquet, conseiller au présidial d'Angoulême.

De cette union cinq enfants : 1° Jean-Joseph de Corlieu, chevalier, seigneur de La Croix, époux de Marie-Suzanne de Pindray, puis en 1744 de Louise Babinet, de laquelle sont issus sept enfants tous morts sans postérité, sauf Pierre-Guillaume, garde du corps, époux de Louise Cadot, mort à Poitiers en 1834, dont entre six enfants : Yves-Marie-Hippolyte, mort le 21 novembre 1860 à Provins, époux de Zoé d'Aunay, et Charles-François ; 2° Antoine, sans enfants d'Hippolyte de La Rochefoucauld ; 3° Anne ; 4° Pierre, morts sans enfants ; 5° Jacques, né le 11 avril 1716, qui eut de Marie de Pindray, deux garçons et trois filles. L'aîné, Joseph, épousa Jeanne de Salignac de Fénelon, dont l'une des six filles, Louise-Françoise de Corlieu de Labaudie, fut mariée à son cousin issu de germain, Charles-François de Corlieu.

La descendance masculine n'existe plus que dans les petits-enfants d'Yves-Hippolyte: Charles de Corlieu, à Saint-Ciers du Taillon, qui a six enfants ; Gustave, 5 enfants ; Henri, 3 enfants ; Pierre, Berthe et Marie.

6° Annet-François, né le 8 août 1730 au château de Maumont, paroisse de Magnac-sur-Touvre, diocèse d'Angoulême, baptisé le 22 août suivant (1).

7° Alexandre-François, comte de La Rochefoucauld, connu d'abord sous le nom de chevalier de Maumont, lieutenant de vaisseau, chevalier de Saint-Louis. Il épousa Marie-Élisabeth-Madeleine-Catherine de Frémont, née en 1740, veuve en premières noces de Louis-Marie-Nicolas Guillaume, seigneur de Chavaudon et de Montmagny, conseiller au parlement de Paris, et fille de Pierre de Frémont, seigneur du Mazy, président au parlement. Il reçut le baptême le 8 janvier 1734 en l'église de Magnac-sur-Touvre (2).

8° François-Joseph, appelé d'abord l'abbé de Maumont, né le 28 février 1736 — non suivant l'*Almanach royal*, en 1735, ni en 1727 selon l'inscription des Carmes — à Angoulême, paroisse de Saint-Jean, nommé évêque de Beauvais, le 22 mars 1772, sacré le 12 juillet — non le 22 juin comme l'ont écrit l'*Almanach royal* et la *France ecclésiastique* — par le cardinal de Gesvres, son prédécesseur, pair de France, député aux états généraux, massacré aux Carmes le 2 septembre 1792 (3).

---

1. « Aujourd'hui, le 8 août 1730, les cérémonies du baptême ont été différées à messire de La Rochefoucauld, né le 8 du présent mois et an que dessus, ayant desja receu l'eau dans le château.
ARDOUIN. »

« Aujourd'hui, le 22 août 1730, j'ay, curé soussigné, administré les cérémonies du baptême, qui avait été différé, par un ordre de Mgr d'Angoulême dattée du 12 du présent mois, à messire Annet-François de La Rochefoucauld, fils naturel et légitime de messire Jean de La Rochefoucauld, chevallier, seigneur de Momon, Magnat, Barreau et autres lieux, et de dame Marie-Marguerite Desescaut; et a été parrain messire François-Gabriel des Escard, chevalier, seigneur de Cursac, Chaumon, du Vivier et chevalier de l'ordre de Saint-Louis, et marraine dame Marie-Anne Jensain, dame de Torsac. »

2. « Aujourd'hui, le 8 janvier 1734, les cérémonies du baptême ont été suppléées à messire Alexandre-François de La Rochefoucauld, fils naturel et légitime de messire Jean de La Rochefoucauld, chevallier, seigneur de Mosmont, Magnac, Baraud et autres lieux, et de dame Marie-Marguerite des Escand, ses père et mère; et a été parrain messire Alexandre de Gallard de Béard, comte de Brassac et de La Rochebeaucourt, et marraine dame Jeanne-Françoise Meurin, dame du Vivier; le tout en présence des tesmoings qui ont signé. ...

3. C'est à peu près tout ce que savent les auteurs chargés de nous instruire et de nous fournir des détails. Voici ce qu'on lit par exemple dans la *Biographie nouvelle des contemporains* par Arnault, Jay, Jouy (1825) plus rapprochée des deux évêques :

« François-Joseph de La Rochefoucauld-Bayers naquit en 1735, devint évêque de Beauvais et pair de France en 1772. Député aux états généraux en 1789 par le clergé du bailliage de Clermont en Beauvoisis, il fut un des membres les plus opposés aux

CHAPITRE I. 9

9° Marie-Julie, tenue sur les fonts de Notre-Dame de Beaulieu, à Angoulême, le 20 février 1741, par Joseph et Marie, ses frère et sœur.

Reste l'évêque de Saintes. Où est-il né ? On se l'est demandé bien des fois. Ce n'est pas à La Rochefoucauld ni à Bayers, dont son frère prit le nom (¹).

Comme l'évêque de Beauvais et l'évêque de Saintes ne furent, avant leur élévation à l'épiscopat, connus que sous les noms d'abbé de Maumont et d'abbé de Magnac, Magnac et Maumont devaient conserver d'eux quelques traces. C'est de ce côté qu'il fallait diriger nos recherches.

A dix kilomètres d'Angoulême, sur le bord de la Touvre, s'élève le château de Maumont dans la paroisse de Magnac. C'est un logis construit au XVII° siècle et qui n'a rien de remarquable. Maumont a de magnifiques papeteries, et ne sait pas même qu'il eut jadis des seigneurs. Là virent le jour deux frères de notre personnage. De lui, rien.

Des dictionnaires et des biographies disent que Pierre-Louis est né dans la paroisse de Nanteuil en Périgord. Mais il y a Nanteuil au canton de Thiviers, et Nanteuil, canton de Verteilhac (²).

---

changements politiques qui signalèrent bientôt l'assemblée constituante. Arrêté en 1792 par suite de ses opinions contre-révolutionnaires, ce prélat fut enfermé aux Carmes, et au mois de septembre une des victimes du massacre des prisons.

« Pierre-Louis de La Rochefoucauld-Bayers naquit en 1744 et fut nommé agent général du clergé en 1775. Évêque de Saintes en 1782, il fut nommé député aux états généraux en 1789 et signa les protestations du 1ᵉʳ et du 12 septembre contre les décrets de l'assemblée constituante. Ce prélat, qui avait échappé à la proscription, fut victime de son dévouement fraternel. Informé de la détention de son frère, il se constitua lui-même prisonnier afin de pouvoir le soulager, et périt avec lui. »

Tout cela est encore plus explicite que l'article de la *Biographie de la Charente-Inférieure* (1877), qui sur onze lignes en emploie cinq à dire que « les branches de Marsillac, de Roucy, de Roye, de Montguyon, de Montandre et de Barbezieux de la maison de La Rochefoucauld embrassèrent la réforme, et y demeurèrent fidèles après la révocation de l'édit de Nantes. »

1. Le vieux château de Bayers qui domine la Charente, à quelque distance de Verteuil, fut un fief patronymique d'une branche de la famille, comme nous l'avons vu. Mais les La Rochefoucauld-Maumont, issus des Bayers, n'avaient plus cette terre depuis longtemps. Ce n'est qu'en 1749, par l'extinction masculine de la branche de Bayers, que les Maumont firent revivre ce titre. Voilà pourquoi nous trouvons un La Rochefoucauld-Maumont, maréchal de camp, qualifié légitimement de marquis de Bayers, et son frère puîné, lieutenant de vaisseau, appelé comte de Bayers. Ils étaient alors les aînés des deux branches subsistant en une seule, celle des Maumont-Bayers.

2. La *Géographie de la Charente*, par Marvaud, prétend, page 59, que c'est « dans

A force de frapper à toutes les portes, on finit par arriver à un Vivier, jadis du Périgord, aujourd'hui de la Charente, jadis du diocèse de Périgueux, aujourd'hui d'Angoulême, cause d'erreurs nombreuses et de contre-marches inutiles. Ce Vivier est situé près de La Valette, aux confins des deux départements de la Charente et de la Dordogne.

Je me souviens du jour où je visitai ces lieux. C'était en automne. Octobre est chez nous plus beau, plus doux, plus calme que mai ; transition entre la chaleur qui s'affaiblit et le froid qui croît, heure intermédiaire entre l'hiver qui s'avance à grands pas et l'été qui a peine à s'en aller. Le soleil était splendide, mais l'air, limpide cependant et pur, semblait encore comme voilé par un reste du brouillard du matin. Il flottait dans la vallée, circulait sur les collines, dont il éclairait pleinement les sommets. Jeu d'ombres et de lumière à ravir un artiste ! La vue s'étendait au loin, au midi vers les campagnes du Périgord, bois, prés, marécages, au nord vers les coteaux de l'Angoumois, champs et vignobles. Sur cette limite indécise des deux provinces, on sent d'une part les fraîches senteurs des grands bois, de l'autre les âcres parfums de la cuve qui fermente. Et déjà la vendange se foulait. Scène rustique. Celui dont nous cherchions ici les traces en avait été le spectateur. Lui aussi avait pu voir ces travaux dont il nous plaisait de contempler en ce moment les phases diverses. Çà et là des groupes de deux ou trois personnes cueillaient le raisin. On les voyait alternativement se courber un peu, puis se relever. Le panier était plein ; on passait à un autre cep.

Pas de chants. Le paysan là n'est pas expansif. Ce calme dans le mouvement était curieux à observer. Comme l'homme et la nature s'harmonisaient bien ensemble ! Dans ce paysage frais, reposé, l'être humain se remue, mais sans secousse. Il semble

---

la commune d'Edon. » Son portrait dans la collection des députés aux états généraux, porte ces mots : « Né au Vivier, diocèse de Périgueux, le 13 octobre 1744. » Cette indication devait être véritable et le millésime authentique. Mais les Vivier sont aussi et plus nombreux que les Nanteuil. Il y a le Vivier en la commune de Neuvic, chef-lieu de canton de l'arrondissement de Ribérac ; il y a le Vivier, en la paroisse de Beauronne, à 22 kilomètres de Neuvic ; il y a Le Vivier près du Bugue, petite ville à 28 kilomètres de Sarlat, et sans doute d'autres encore. Que de recherches et de tâtonnements !

avoir peur de troubler la paix de ces lieux. Il y a de la vie, juste ce qu'il en faut pour les animer. Paisible et souriante campagne, Ruysdael aurait eu du bonheur à la fixer sur une toile immortelle ! Tout est à souhait. De ci, de là, des feuillages, des bois, des pampres de vigne issent des bourgs et des villages; une église les domine de sa flèche aiguë ou de son modeste campanile. C'est là ce qui distingue hameaux et communes. On les compte de l'œil; combien y en a-t-il en vue ? Ronzenac, Edon, Gardes, Blanzaguet ; plus loin, avec un peu de bonne volonté l'élégante flèche de Charmant, et les tours du magnifique château des Galard de Béarn à La Rochebeaucour. Le plateau de Villebois-La Valette est un des points les plus élevés de la Charente. L'antique demeure des Villebois, bâtie au XIe siècle, a disparu d'abord sous les restaurations du duc d'Epernon, puis sous les reconstructions du maréchal de Navailles en 1671. Ce qui reste encore des bâtiments, où logent des religieuses de l'ordre de Sainte-Anne de la Providence pour l'instruction des jeunes filles, atteste l'importance de l'ancien castel.

Au pied de la colline, comme sortant du fond de la vallée, le clocher de Saint-Cybard Le Peirat, pauvre bourg abandonné. Autrefois prieuré conventuel de l'ordre de Saint-Benoît, ce n'est plus même une succursale. Le Peirat était un des seize archiprêtrés du Périgord. On n'y a pas même laissé un chef-lieu de commune. Regardons-le cependant avec respect. C'est là que fut baptisé Pierre-Louis de La Rochefoucauld, le 13 octobre 1744. Tout a changé dans l'église et autour de l'église. Qu'importe? les souvenirs sont vivants. Le nouveau-né a reçu l'eau sur ces fonts ; il s'est agenouillé sur cette dalle. Et tout près, sur la gauche, dominant un paisible ruisseau ombragé d'aulnes se dresse, une habitation, château dans le langage du pays, belle maison de plaisance en face du manoir féodal des Villebois, des d'Epernon et des Navailles.

Inclinons-nous. C'est là qu'il naquit le 12 octobre. Les bâtiments n'ont point perdu leur aspect. Un large portail s'ouvre sur une grande cour. A la pierre qui ferme le cintre se lit cette date,
1668.

Le blason qui y avait été gravé, a été brisé, effacé, comme si les souvenirs se détruisaient par un coup de marteau. Au fond se déploie le vaste corps de logis. Aux ailes, les servitudes, demeure agreste où les maîtres de céans coudoient leurs serviteurs ou leurs métayers. Voici le jardin qui court le long du ruisseau. Ces longues allées de charmilles vieilles, touffues, chenues, l'ont vu jouer et courir enfant. Il s'est baigné dans ces eaux ; il s'est reposé sous ces arbres ; sa mère l'a bercé sous ce toit. Quelles scènes touchantes et douces rappellent ces divers endroits ! Se croirait-on à quelques années seulement des grandeurs périlleuses de l'épiscopat ? L'idylle est voisine de la tragédie ; et le tranquille château du Vivier, du couvent des Carmes.

Si les choses se rappellent encore et nous rappellent Mgr de La Rochefoucauld, il faut avouer que les hommes l'ignorent complètement. Son nom est presque totalement inconnu, là, dans ces lieux pleins du souvenir de sa famille, entre ces murs qui ont vu grandir son enfance. La propriété a changé de maître. L'orage aussi a passé sur ce modeste coin de terre, nivelant les tombes, emportant les berceaux, effaçant les noms. Trouverons-nous ce que nous venions chercher de si loin ?

Un masureau qui servait de salle d'archives à la mairie de Blanzaguet contient un tas de papiers amoncelés de tout âge et de toute provenance. C'est dans ce fouillis indescriptible que gisent les anciens registres paroissiaux de Saint-Cybard Le Peirat. Et parmi ces feuillets épars, sur une pauvre page détachée, isolée, on lit non sans quelque émotion ces simples lignes :

Le treisiesme du mois d'octobre de l'an mil sept cent quarante-quatre, a été baptisé par moy soussigné un enfant de messire Jean de Larochefoucault, chevalier, seigneur de Momont, Manzac (sic), Barros, Le Vivier et autres places, chevalier des ordres militaires de Notre-Dame du Mont-Carmel et St-Lazare de Jérusalem, et de dame Marguerite des Esco, mariés, demeurant en leur château du Vivié, paroisse de St-Cibard d'Eyrat, icelui né le jour d'hier, auquel avons donné le nom Pierre-Louis. A été parrein Pierre Galet; marraine Marguerite Bernier, domestiques du sieur et dame de Momont. Le tout en présence de Pierre Saben et François Dussidant, vignerons de Saint-Cibard, qui n'ont sceu signer, ni le parrein et marraine, de ce interpellés.

GENESTE, *curé de St-Cibard.*

Le futur évêque, on le remarquera, eut pour parrain et marraine, deux domestiques. C'était une habitude dans les grandes familles ; on donnait souvent pour pères spirituels aux enfants, des gens de peu, artisans ou laboureurs, le plus ordinairement les serviteurs du château, ces vieux serviteurs d'ancienne souche dont la race a complètement disparu. Ils tenaient sur les fonts l'enfant de celui qu'ils avaient nourri et élevé, respectés comme un aïeul, aimés comme un ami indulgent. Cet usage touchant créait ainsi des liens pour l'avenir et il apprenait au fils du très haut et très puissant seigneur qu'il devait beaucoup à son valet ou à sa porchère. Ici la coïncidence était particulièrement heureuse.

C'est donc le 12 octobre qu'est né Pierre-Louis, et non le 13, comme l'indiquent toutes les biographies, comme le porte même l'inscription des Carmes. De plus cette pièce établit nettement sa filiation, le nom de son père, celui de sa mère, et par suite sa situation. C'est une réponse anticipée, mais victorieuse aux fables dont on a voulu environner le berceau de nos deux évêques.

CHAPITRE II.

Enfance. — Légende. — Jean de La Rochefoucauld, menuisier à Touvre. — Le cardinal de La Rochefoucauld. — Les La Rochefoucauld Saint-Ilpize. — Études à Navarre. — Augustin Taillet. — Pierre-Louis, licencié en théologie. — Prieur de Nanteuil. — Chapelain de Saint-Laurent. — Vicaire général et chanoine de Beauvais. — Abbé de Vauluisant.

Rien sur l'enfance de Pierre-Louis de La Rochefoucauld, rien sur sa jeunesse. Ce temps-là dut se passer pour lui comme pour bien d'autres, entre les caresses maternelles et les émotions de l'étude. Les événements les plus remarquables de cette période de la vie sont la joie d'un premier succès à l'école, l'ennui d'une punition infligée. Un baiser refusé, une récompense obtenue, voilà les graves incidents qui marquent à jamais une époque. Ce fut ainsi sans doute pour le futur prélat.

Il y a pourtant une légende. Elle ne mériterait pas les honneurs d'une mention, encore moins d'une réfutation, si elle n'avait été recueillie et accueillie par une société savante qui lui a donné la publicité. Voici ce qu'on lit à la page 3 du *Recueil des actes de la commission des arts et monuments de la Charente-Inférieure*, tome II, n° 1 :

« 1782, Le vingt mars Mger Pierre-Louis de La Rochefoucault nommé évêque de Saintes... est arrivé au château du Doüet. »

Ce texte est extrait du *Journal* de Claude-Furcy-André Legrix, chanoine de Saintes de 1781 à 1791, mort en mai 1818 doyen du chapitre de La Rochelle, et vicaire général du diocèse. Une note au bas de la page ajoute :

« De l'ancienne et illustre maison de La Rochefoucauld, mais d'une branche peu accommodée des biens de la fortune. *Leur* père exerçait la profession de menuisier dans une localité de l'Angoumois dont un ayeul de la famille Deval était seigneur. Un jour M. Deval trouva deux petits *paysants* jouant avec ses enfants ; frappé de leur air distingué et de leur physionomie intelligente, il se fit conduire chez leur père et découvrit les titres de leur noble origine ; il s'intéressa à eux, et les recommanda au vieux duc de La Rochefoucauld qui prit soin de leur avenir ([1]). »

Pourtant le conte le plus absurde a presque toujours quelque chose de vrai. On lit, page 60, dans l'ouvrage d'Alexandre Sorel, *Le couvent des Carmes pendant la Terreur* : «Nous avons vu, au château de Merlemont, près de Beauvais, des fauteuils qui sont l'œuvre de l'infortuné prélat. » Les inventeurs et propagateurs de la légende peuvent triompher. Voici un historien consciencieux qui affirme nettement. Mais lisons tout : «L'évêque de Beauvais se distinguait par un caractère fort doux, et

---

1. Ce passage, dont j'ai scrupuleusement respecté le français vieillot et l'orthographe archaïque, n'est qu'un défi jeté à l'histoire. Les actes authentiques que j'ai cités suffisent amplement à en démontrer les erreurs grossières. A qui fera-t-on croire qu'un gentilhomme portant un des plus grands noms de nos annales, allié aux plus illustres familles, chevalier de l'ordre du Mont-Carmel et de Saint-Lazare de Jérusalem, possédant cinq ou six seigneuries à la naissance de son dernier enfant, ait eu besoin, pour élever sa famille, de raboter des planches à l'intention des paysans de Saint-Cybard Le Peirat ou de Blanzaguet ? Comment admettre que les La Rochefoucauld, les Montalembert, les Galard de Béarn, qui signent au baptême de ses enfants, aient laissé leur parent, leur allié, leur ami, dans la misère ? Comment les fils aînés qui, au moment où leur jeune frère trottait, déguenillé, inculte, dans les chemins de l'Angoumois, à la recherche de quelque puissant protecteur, étaient, eux, magnifiquement pourvus, faisaient de riches mariages, achetaient des propriétés, comment laissaient-ils au seigneur Deval l'honneur de tirer de l'indigence leur frère cadet, et souffraient-ils que leur père revêtu des insignes de l'ordre de Saint-Lazare, façonnât armoires et châlits pour ses appartements, châssis de fenêtres pour son logis ? Comment enfin, puisqu'un espace de huit ans séparait les deux futurs évêques, pouvaient-ils, « ces deux petits paysants », l'un âgé d'une dizaine d'années, l'autre de dix-huit ans, ayant sans doute déjà commencé ses études ecclésiastiques et portant peut-être le petit collet, jouer ensemble en vrais gamins ? Et pendant ce temps, que devenaient les autres ? François-Jean-Charles qui, précisément à cette date de 1753, capitaine des grenadiers royaux, épousait la belle-sœur d'un maréchal de France et vice-roi de Saint-Domingue, s'était donc permis d'apprendre à lire et de faire son chemin avant d'être protégé des Deval, marchands d'Angoulême et seigneurs de Touvre par engagement ?

Voir pour ces Deval, *Le château de Touvre*, par le docteur Gigon. Un était archiprêtre de Saint-Jean, à Angoulême, et prêta, avec les autres curés de la ville, le serment à la constitution civile du clergé.

Voir pour plus amples détails une réfutation avec preuves à l'appui de cette ridicule invention dans la *Revue d'Aunis, Saintonge et Poitou*, août et septembre 1869, sous ce titre : *Messire Jean de La Rochefoucauld, chevalier, seigneur de Maumont, Magnac, Chéturniac, Barros, etc., chevalier du Mont-Carmel et de Saint-Lazare de Jérusalem..., menuisier à Touvre*, ou *Bulletin religieux du diocèse de La Rochelle*, 25 juillet 1868.

séjournait presque toujours à Beauvais, où il avait su se concilier l'affection de tout le monde. Il était d'une nature si pacifique que, quand ses loisirs le lui permettaient, il ne dédaignait pas de faire quelque ouvrage en tapisserie. Nous avons vu des fauteuils, œuvre de l'infortuné prélat. » On sait, du reste, que Jean-Jacques Rousseau avait mis à la mode le travail manuel. Emile était menuisier, et Louis XVI, serrurier. Ne serait-ce pas cette tapisserie pour fauteuils qui aura fait croire au fabriquant de meubles? De là à l'établi du père qui scie des planches, la pente est facile. C'est ainsi que se construisent les mythes, et que se fabriquent les histoires.

Et ici encore on plagiait. En effet, on a raconté le même fait d'un autre La Rochefoucauld de cette même époque, qui a joué un rôle considérable à l'assemblée nationale de 1789. C'est le cardinal Dominique de La Rochefoucauld, archevêque de Rouen, mort exilé à Munster en 1800, âgé de 89 ans. Picot dans la *Biographie* Michaud a le premier mis l'anecdote en circulation ; on sait si depuis elle a fait son chemin. « Dominique de La Rochefoucauld, dit-il, né en 1713 à Saint-Elpis, diocèse de Mende (?), était d'une branche pauvre et ignorée que découvrit M. de Choiseuil, évêque de Mende (1), en faisant la visite de son diocèse. Le prélat instruisit de sa découverte l'archevêque de Bourges, M. Frédéric-Jérôme de La Rochefoucauld. L'archevêque se fit un devoir de tirer de l'obscurité une portion de sa famille ; il appela auprès de lui le jeune Dominique, et se chargea de diriger ses études. Il l'envoya au séminaire de Saint-Sulpice et le prit ensuite pour son grand vicaire (2). »

Le récit est le même. Au lieu de Dominique la commission des arts a mis Pierre-Louis ; de l'évêque de Mende, le seigneur Deval ; de l'Auvergne, l'Angoumois ; de l'archevêque de Bourges, le vieux duc ; et d'une *branche pauvre et ignorée*, une *branche peu accommodée des biens de la fortune*. Un pas de plus, et

---

1. Gabriel-Florent de Choiseul-Beaupré, né en 1685, abbé de Notre-Dame de Tironneau, diocèse du Mans, de Sainte-Colombe, diocèse de Sens, aumônier du roi, évêque de Saint-Papoul en mai 1714, de Mende en 1723, mort le 7 juillet 1767.

2. *L'Ami de la religion* du 31 mars 1824, p. 193, à propos du *Dictionnaire* de Feller, raconte la même histoire, et aussi la biographie Didot, etc.

messire Jean de La Rochefoucauld, seigneur de Maumont, Magnac, Le Vivier, chevalier du Mont-Carmel, est devenu menuisier à Touvre (¹).

J'ai démontré que cette tradition ne s'applique pas à Mgr de Saintes. Concerne-t-elle l'archevêque de Rouen? Pas davantage. Dominique n'était pas plus « d'une branche pauvre et ignorée » que Pierre-Louis n'était fils d'un menuisier. Il venait des La Rochefoucauld, seigneurs de Langheac et de Saint-Ilpise en Auvergne, rameau des La Rochefoucauld-Barbezieux, branche elle-même issue des premiers La Rochefoucauld.

Dominique, sacré archevêque d'Albi le 20 juin 1747, prieur de La Charité sur Loire, au diocèse de Nevers, abbé général de Cluny après la mort du cardinal de La Rochefoucauld en 1757, archevêque de Rouen en 1759, nommé le 23 février 1777, par le roi, pour un chapeau de cardinal, commandeur de l'ordre du Saint-Esprit en 1780, était le second enfant de Jean-Antoine de La Rochefoucauld, comte de Saint-Ilpise.

C'est lui qui protégea ses jeunes parents les La Rochefoucauld-Maumont, comme lui-même avait été patronné par le cardinal Frédéric-Jérôme de La Rochefoucauld, archevêque de Bourges, « primat d'Aquitaine, commandeur de l'ordre du Saint-Esprit, ambassadeur extraordinaire de sa majesté auprès de notre saint Père le pape », grand aumônier de France, abbé général de Cluny, président de l'assemblée du clergé de France en 1742, 1750, 1755.

Pierre-Louis fit ses études théologiques à Navarre. Il avait 23 ans. Il y rencontra pour compagnon Augustin Alexis Taillet, prêtre du diocèse de Rouen, qui fut son vicaire général et son biographe. Entre les deux étudiants naquit une amitié solide que la mort seule put briser (²). Taillet suivit plus tard

---

1. J'ai entendu narrer le fait autrement. Le duc de La Rochefoucauld, qui voyageait en poste, entendit à un relai un gamin crier à son camarade : « Eh! La Rochefoucauld! » Le duc étonné appela l'enfant. « Comment t'appelles-tu? — La Rochefoucauld. — Tu es de la ville de La Rochefoucauld? — Non. — Comment s'appelle ton père? — La Rochefoucauld. » Le duc de plus en plus intrigué se fait conduire chez lui ; et là, en effet, il reconnaît un membre de sa famille. Le reste se devine.

2. Une note d'un contemporain, le vicomte de Bremond du Masgelier, nous raconte que Taillet, un des quatre docteurs de Sorbonne chargés de la direction spirituelle de La Rochefoucauld.

La Rochefoucauld à Saintes, où nous le retrouverons. Ce fut l'*alter ego* du prélat. Gai, affable, Taillet s'y fit aimer. Le 23 mai 1785, quand il s'agit d'envoyer à Bordeaux avec l'évêque un délégué du clergé du second ordre pour nommer les deux députés de la province ecclésiastique de Bordeaux à l'assemblée générale du clergé de France, ce fut « vénérable et discrète personne Augustin-Alexis Taillet, prêtre du diocèse de Rouen, docteur en théologie, de la maison et société de Sorbonne, vicaire général du diocèse au dit Saintes, et archidiacre d'Aunis au même diocèse », qu'on choisit (1).

Taillet, pendant que Pierre-Louis assistait aux séances de l'assemblée nationale, était son représentant à Saintes, et digne de l'être. Il resta à son poste tant qu'il fut possible ; quand on l'eut mis hors du palais épiscopal avec les meubles de son évêque, et que sa mission fut terminée en Saintonge, il passa en Espagne. C'est retiré à Bilbao, qu'il écrivit son mémoire sur l'*Église de Saintes depuis 1789 jusqu'à la fin de 1796*. Ce mémoire fut présenté, au nom de l'auteur, au pape Pie VI en 1797. Après 25 ans de recherches, nous avons fini, grâce à une obligeante communication, par pouvoir lire l'original autographe de cet important document.

Taillet écrivit aussi, au commencement de 1793, à Orense en Galice, un opuscule, reproduit par l'abbé Aimé Guillon, dans ses *Martyrs de la foi* (1821), t. I, p. 510, sous ce titre : « Les prêtres français ont-ils pu sans blesser leur conscience, sortir de France ? Ou leur fuite est-elle une faute qu'on ait le droit de leur reprocher ? » réponse à un parti très nombreux de

---

l'école militaire, s'était, à la suppression de ces quatre aumôniers, attaché à Pierre-Louis de La Rochefoucauld, alors agent général du clergé. Nous avons suivi la version de l'abbé Guillon, ami particulier de Taillet. Les deux jeunes prêtres, d'ailleurs, avaient pu se connaître lorsqu'ils étudiaient la théologie.

1. Les électeurs étaient : Pierre-Louis de La Rochefoucauld le doyen du chapitre, Pierre-Léonard Delaage, vicaire-général ; Félix-Marie Déguillon, chanoine, vicaire-général et grand archidiacre de Saintonge ; La Mothe de Luchet, vicaire-général ; François-Marie-Hilaire d'Hérisson, abbé de Madion, chanoine ; Jean-Mathieu Delord, chanoine et vicaire-général ; Jean-Pierre Croizier, vicaire-général de Valence et de Saintes, chanoine théologal et maître-école ; Louis-Augustin Hardy, vicaire-général et principal du collège ; Pichon, curé de Sainte-Colombe ; tous députés du clergé du diocèse de Saintes, et Paul-Paroche Dufresne, chanoine et syndic du clergé du Saintonge. L'acte est passé le 30 mars par-devant Bigot, notaire, en présence de Jean-François-Joseph Bigot et de Jean Dumon, praticiens.

catholiques qui, en France et à l'étranger, faisaient un crime aux ecclésiastiques de ne s'être pas laissé déporter à Rochefort ou traîner à la guillotine. Taillet y soutient ces cinq propositions que le clergé de France a été tellement persécuté qu'il a pu partir sans s'exposer au moindre blâme; qu'il a dû partir; qu'il a été forcé de partir; qu'il n'aurait pu se dispenser de partir sans offenser Dieu, sans s'exposer au blâme; qu'en partant il a obéi au précepte de Jésus-Christ et suivi l'exemple du Dieu-homme; enfin qu'il a agi comme agissaient les apôtres, les premiers évêques et les prêtres, dans les temps de persécution. C'était le développement d'un autre petit ouvrage : *Exposé des faits de la révolution française en ce qui touche le clergé*, où il avait démontré jusqu'à l'évidence que les prêtres, tourmentés cruellement et constamment, avaient pu s'éloigner d'une terre qui les repoussait ; que les pasteurs, quoique disposés à donner leur vie pour leur troupeau, avaient dû abandonner des brebis révoltées qui les emprisonnaient et les égorgeaient, sans profit pour le salut des âmes, au grand détriment de la religion.

Taillet avait encore écrit d'autres mémoires « que nous nous félicitons de posséder », dit Guillon, I, 540, en particulier un sur cette question : « La loi de Dieu défend de prêter le serment d'égalité-liberté », vérité qui y avait été péremptoirement développée et victorieusement prouvée.

Taillet, que Guillon appelle « le savant et judicieux grand vicaire de l'évêque-martyr de Saintes, le pieux abbé Taillet », revint en France (1). L'abbé Guillon dit en 1826 qu'il le voyait souvent. Né à Rouen, en 1744, il est mort à Paris, en janvier 1828. C'est à Rouen que l'abbé Nicolas-Prosper de Montalembert (2) lui expédia une partie de ses livres

---

1. Au mois de septembre 1800, J. Brumauld de Beauregard, depuis évêque d'Orléans, qui revenait de la déportation de Cayenne, le vit en Portugal. Il dit, p. 571, t. II de ses *Mémoires* (Poitiers, Saurin, 1842) : « Nous trouvâmes à Lisbonne d'anciens amis d'études, de Sorbonne et de séminaire, et parmi eux l'abbé Taillet, vicaire général de Saintes ; nous pleurâmes sur mon frère, son ami, et sur leur ami commun, le bon évêque de Saintes. M. de Montagnac, évêque de Tarbes, mêla ses larmes aux nôtres. »

2. Ancien chevau-léger de la garde du roi, puis supérieur des séminaires de Luçon et de La Rochelle, mort à Saintes en 1848.

qui étaient à Bois-Charmant, chez Faure. Le reste avait été saisi par la nation.

A la fin de ses études, Pierre-Louis fut reçu licencié en théologie. Ces grades, alors fort recherchés, étaient la condition nécessaire pour obtenir des bénéfices. On se fait difficilement une idée du nombre de clercs qui, chaque année, à Saintes notamment, notifiaient pendant le carême, époque fixée, leurs noms et prénoms aux différents collateurs avec diplômes à l'appui. Il arrivait de là que de fort petites paroisses, comptant à peine quatre cents communiants, comme on disait alors, avaient pour pasteur un docteur en théologie. L'épreuve de la licence durait deux ans; on était obligé d'assister à toutes les soutenances, d'y disputer à son rang et de soutenir trois thèses, une de cinq heures appelée *mineure*, sur les sacrements, une seconde de douze heures, la *sorbonnique*, sur la scolastique, et une troisième, la *majeure ordinaire*, de huit heures du matin à six heures du soir sur la positive. Le candidat jugé digne du grade recevait des mains du chancelier de l'université le degré de licence et la bénédiction apostolique.

Licencié en théologie de la faculté de Paris, le jeune La Rochefoucauld se fit recevoir de la maison et société de Navarre. C'était, comme la maison et société de Sorbonne, *Socii Sorbonici*, une association distincte et peu nombreuse qui n'admettait que des prêtres séculiers après des épreuves spéciales. Les membres juraient de ne passer jamais dans aucune autre agrégation. Les deux La Rochefoucauld paraissent avoir aimé les lettres. Celui de Beauvais fut même un des trois prélats choisis, selon l'antique usage, pour être conservateur des privilèges apostoliques de l'université de Paris.

Une fois gradué, Pierre-Louis fut nommé prieur de Notre-Dame de Nanteuil-le-Haudoin ([1]). Le bénéfice, valant plus de 2,000 livres, était à la collation de l'abbé de Cluny, c'est-à-dire de Dominique de La Rochefoucauld, qui était administrateur

---

1. En Picardie à 20 kilomètres de Senlis au diocèse de Meaux, Nanteuil, aujourd'hui chef-lieu de canton du département de l'Oise, avait une très remarquable église priorale du XIIIe siècle, et un château construit par François 1er, entièrement démoli pendant la révolution.

de tout l'ordre. En outre, Dominique le fit chapelain titulaire de la chapelle de Notre-Dame en l'église paroissiale de Saint-Laurent à Rouen, bénéfice qui ne valait guère que 40 livres.

Bientôt son frère, qui était, lui aussi, élève de Saint-Sulpice, licencié en théologie (1762-1763) et archidiacre du Vexin au diocèse de Rouen, fut, sur la démission en sa faveur d'Étienne-René Potier, cardinal de Gesvres depuis 1756, et évêque de Beauvais dès 1728, nommé par Louis XV. Préconisé par Clément XIV, dans le consistoire du 1er juin, il reçut ses bulles le 22, fut sacré par le cardinal de Gesvres le 12 juillet, prêta serment au roi le 16 et entra dans sa ville épiscopale le 29 septembre suivant (1). Il fit Pierre-Louis son vicaire-général.

D'autre part, leur sœur aînée Marie-Charlotte, nommée par le roi, en 1768, abbesse du Paraclet, au diocèse de Troyes, avait auprès d'elle, Louise, une de ses sœurs, qui ne la quitta qu'à la mort (2). Ainsi vivait cette famille toujours tendrement unie. La nécessité pouvait les éloigner parfois; les séparer, jamais. Une touchante lettre de Mme de Corlieu, petite-nièce de l'évêque de Saintes, filleule de l'évêque de Beauvais (3), nous raconte un trait de cet attachement : qu'elle a bien voulu nous confirmer de vive voix. « Les deux évêques allèrent un jour voir leur sœur au Vivier, ma tante de Corlieu. De là, ils vinrent faire une visite à ma mère, qui était grosse de moi. L'évêque de Beauvais s'offrit pour tenir son enfant sur les fonts de baptême, disant que si c'était un garçon, il se chargerait de son avenir. Il n'arriva qu'une fille. Il s'en chargea également et m'emmena en 1785 à l'âge de trente mois aux

---

1. Il avait été installé, le 6 septembre 1759, comme prieur de Lanville, diocèse d'Angoulême, prieuré qui était dans sa famille depuis 1531.
2. On trouve encore près de là, dans le diocèse d'Évreux, une La Rochefoucauld, abbesse de Saint-Sauveur de 1743 à 1789.
3. Louise-Françoise-Joséphine de Corlieu de Labaudie, une des six filles de Joseph (neveu d'Antoine, qui épousa Hyppolite de La Rochefoucauld, sœur des évêques), et de Jeanne de Salignac de Fénelon, épousa (1821) son cousin issu de germain, François-Charles de Corlieu, vérificateur des douanes, démissionnaire en 1830, né à Troyes le 18 juillet 1787. De ce mariage sont issus madame Cardonne et Blanche-Louise-Edmée de Corlieu, née à Nantes le 22 décembre 1823, décédée à Saintes le 6 avril 1890, veuve de Henri-Léopold Potier de Pommeroy, laissant Gabrielle de Pommeroy, marquise de Saint-Légier de La Sauzaye.

Ursulines de Clermont, près de Beauvais. Pauvre saint martyr! Comme il venait me voir souvent en m'apportant toujours quelque chose! »

Vicaire-général de Beauvais, Pierre-Louis y devint bientôt (10 septembre 1775) chanoine et chantre de Saint-Pierre, à la place de François-Honoré Regnard, décédé le 5 (1).

Comme grand-vicaire de Beauvais, Pierre-Louis seconda son frère dans l'administration de son diocèse. Dès le printemps de 1773, François-Joseph commençait ses visites pastorales. En 1776 il publia un mandement contre les funestes tendances de la philosophie ; la même année, il ordonna que désormais les cimetières fussent établis à une certaine distance des habitations. Il permit l'année suivante aux chanoines de porter la soutane violette et aux dignitaires du chapitre la soutane rouge. En 1779, le feu ravagea plusieurs points du diocèse; il fonda en faveur des incendiés une caisse de secours. A Bresles, où était située la maison de campagne des évêques de Beauvais, il rebâtit à ses frais plusieurs habitations que les flammes avaient dévorées.

En 1775, l'évêque de Beauvais se rendit à Reims; il y assista le 11 juin au sacre de Louis XVI. En sa qualité de pair de France, il porta et présenta au roi le manteau royal et remplit

---

1. Voici l'acte de prise de possession transcrit sur les registres du chapitre, signé du doyen Lancry de Pronleroy ; nous le devons à l'obligeance de M. Millière, curé de la cathédrale de Beauvais :

Die dominica 10 septembris, capitulo post primam congregato, preside domino decano.

Magister Petrus-Ludovicus de La Rochefoucauld-Bayers, diocesis Petrocoriensis presbyter, sacræ facultatis Parisiensis licentiatus theologus, hujus diœcesis vicarius generalis, nec non cleri gallicani negotiorum procurator, petiit ut, virtute litterarum provisoriarum ipsi a D. D. episcopo Belvacensi concessarum de cantoria et canonicatu vacantibus per obitum magistri Francisci-Honorati-Antonii Reynard, presbyteri in jure baccalaurei, illorumque ultimi atque immediate possessoris pacifici, in possessionem dictorum cantoriæ et canonicatus, servatis servandis, poneretur.

Lectis litteris provisionum, baptismati, tonsuræ clericalis, presbyteratus ordinis, nec non instrumento testimoniali de subscripto formulario, D. decanus de hoc rogatus illum posuit et induxit in possessionem dictorum, canonicatus per installationem in altis sedibus a dextra parte chori, et cantoriæ per installationem in altis sedibus a sinistra parte, præstito prius ab ipso juramento solito, emissa fidei professione, solutis juribus ordinariis ; juxta actum cujus tenor est in registro provisionum.

De Lancry de Pronleroy.
Deblois, can. sec.

Extrait des registres du chapitre de Beauvais, registre de 1773 à 1776.

les diverses fonctions de sa charge (¹). C'était encore, de concert avec l'évêque-duc de Laon, d'aller chercher le monarque au palais archiépiscopal, le lever sur son lit et l'amener à l'église; puis durant la cérémonie, de se tenir aux côtés du roi pendant qu'il recevait l'onction, l'aider à se lever de son fauteuil et de demander à l'assemblée si elle lui serait soumise comme à son souverain. Il est à croire que le grand vicaire accompagna son évêque dans cette circonstance.

En 1776, Pierre Louis de La Rochefoucauld fut nommé par le roi abbé de Sainte-Croix à Bordeaux, monastère fondé, dit-on, en 650, par Clovis II, et dont le revenu était d'environ 18,000 livres. Il figure encore avec le titre d'abbé de Sainte-Croix, sous le nom de La Rochefoucauld-Magnac, dans l'*Almanach royal* de 1790.

En 1779, le général de l'ordre de Cîteaux lui donna l'abbaye de Notre-Dame de Vauluisant au diocèse de Sens (²).

Pierre-Louis, du reste, avait gagné ces distinctions et ces faveurs. En effet, la province de Rouen, dont le tour était venu de désigner un agent général du clergé à l'assemblée en 1775, l'avait nommé (³).

Les agents généraux du clergé étaient deux ecclésiastiques du second ordre, choisis pour avoir soin des affaires du clergé d'une session à l'autre. Cette mission toute de confiance et importante, accordée en pleine assemblée, prouve quel état on faisait de Louis de La Rochefoucauld.

Coïncidence étrange, le futur massacré des Carmes était élu en même temps que Louis-François de Jarente de Sénas d'Orgeval, vicaire général de Toulouse, qui donna à la France l'exemple de la défection, et fut l'un des quatre prélats, qui

---

1. L'évêque-comte de Beauvais était le quatrième des pairs ecclésiastiques. Son titre ne paraît pas remonter au delà de 1189. Les cinq autres pairs ecclésiastiques étaient dans l'ordre hiérarchique : l'archevêque-duc de Reims ; les évêques-ducs de Laon et de Langres ; les évêques-comtes de Châlons et de Noyon. On sait que les six pairs laïcs étaient les ducs de Normandie, de Bourgogne et de Guienne, les comtes de Flandre, de Champagne et de Toulouse.

2. Commune de Lailly-sur-Vanne, département de l'Yonne, à 21 kilomètres de Sens. Son prédécesseur était Jean de Dieu Raymond de Boisgelin de Cicé, évêque d'Evreux en 1732, de Lavaur en 1765, archevêque d'Aix et abbé de Vauluisant en 1770, avec qui il devait signer en 1790 l'*Exposition des principes des évêques*.

3. Acte passé le 5 avril devant Le Gingois, notaire à Rouen.

jurèrent la constitution civile du clergé. Il faut dire aussi qu'il succédait en cette charge à Jacques-Joseph-François de Vogué, vicaire général de Châlons-sur-Saône, et à Jean-Marie du Lau, né, comme lui, dans le diocèse de Périgueux, le 30 octobre 1738, au château de La Coste, élève comme lui de Navarre, sacré archevêque d'Arles le 1er octobre 1775, et mort avec lui dans la funeste journée du 2 septembre 1792. Et pour les remplacer, ils eurent Thomas-Pierre-Antoine de Boisgelin, vicaire général d'Aix, assassiné à l'Abbaye, le 4 septembre 1792 ; mais aussi Charles-Maurice de Talleyrand-Périgord, abbé de Saint-Denis de Reims, qui fut sacré évêque d'Autun le 4 janvier 1789 et se démit en 1791.

CHAPITRE III.

Agent général du clergé. — Assemblée de 1775. — Subsides. — Avertissement aux fidèles. — Il signe la demande de canonisation d'Alain de Solminiac. — Affaires de discipline et de juridiction. — Assemblée de 1780. — Proposé au roi par l'assemblée pour un évêché.

L'assemblée générale du clergé de France de 1775 s'ouvrit à Paris au couvent des Grands Augustins, le 3 juillet, et ne se termina que le 13 décembre. Les présidents furent l'archevêque-pair de Reims, cardinal Charles-Antoine de La Roche-Aymon, trois autres archevêques et quatre évêques auxquels l'archevêque de Paris fut prié de s'adjoindre.

A cette assemblée se trouvaient : Henri-Joseph-Claude de Bourdeille, évêque de Soissons depuis 1764, né dans le diocèse de Saintes en décembre 1720, doyen et premier suffragant de la province de Reims ; Germain Chasteigner de La Chastaigneraie, évêque de Saintes, comte de Lyon, conseiller du roi en tous ses conseils, auquel La Rochefoucauld devait succéder, et Jean-Mathieu Delord, licencié en droit canonique, official et vicaire général de Saintes, titulaire du prieuré de Javersay au diocèse de Luçon, qui fut aussi son vicaire général.

Le 5 juillet l'assemblée le reçut pour agent général avec l'abbé de Jarente choisi par la province de Toulouse ; et bien qu'ils n'eussent pas de droit voix délibérative dans les séances, néanmoins la compagnie leur accorda cette faveur. L'archevêque de Rouen et l'évêque de Bayeux, Pierre-Jules-César de Rochechouart, les présentèrent au garde des sceaux, Armand-Thomas Hue de Miromesnil, qui les accueillit très bien et leur accorda leur entrée au conseil.

Une des premières questions dont l'assemblée eut à s'occuper fut celle d'argent. Le clergé, en 1772, avait accordé au roi un don gratuit de dix millions de livres, à la condition que ce ne serait qu'une anticipation sur les demandes qui pourraient être faites trois ans plus tard. Mais des calamités imprévues avaient ravagé plusieurs provinces. Le sacre de Louis XVI, l'établissement de sa maison et de celle de ses frères avaient causé des dépenses extraordinaires. Le roi demanda donc, le 13, un nouveau don gratuit de 16 millions. La province d'Auch objecta bien que, depuis 1755, le clergé avait emprunté 94 millions 500 mille livres; et que, sans parler des dettes particulières des diocèses, il devait encore 97 millions, ce qui avec les 10 millions de 1772 ferait plus de 113 millions. Néanmoins, vu les bonnes intentions de Sa Majesté, et dans le désir de concourir d'ailleurs à la diminution des impôts et de la dette publique, les provinces accordèrent à l'unanimité la somme de 16 millions, ce qui prouve clairement que, dans l'ancien régime, le clergé ne payait pas d'impôts. C'est l'abbé de La Rochefoucauld qui fut chargé de porter cette bonne nouvelle à Versailles. Introduit par le maréchal de Duras, premier gentilhomme de la chambre, il remit à Louis XVI la lettre du cardinal de La Roche-Aymon, et en rapporta une lettre de remerciement.

Ce ne fut pas la seule fois qu'il vit le roi. Le 3 décembre, il lui fut envoyé pour savoir à quelle heure il recevrait l'assemblée à l'occasion de la clôture de ses séances. Et le 7, il lui fut encore député.

Avec les archevêques et évêques il avait signé, le 21 novembre, un *Avertissement aux Fidèles sur les avantages de la Religion chrétienne et les effets pernicieux de l'Incrédulité*. Ce que la religion procure aux hommes, y lisait-on, c'est le repos de l'esprit dans la connaissance de la vérité; c'est le sentiment intérieur de la vertu; c'est le frein du vice et le remords du crime; c'est la rémission des péchés, la consolation dans les maux, l'espérance de l'immortalité; c'est l'ordre public dans la société civile, tous avantages que l'incrédulité ne peut donner. Cet avertissement se terminait par une exhortation d'abord aux personnes qui doutent, puis à celles qui prétendent être véritablement incrédules, enfin aux véritables fidèles [1].

---

1. *Pièces justificatives*, page 715, tome VIII, 2ᵉ partie. *Procès-verbaux des assemblées générales du clergé de France depuis 1560.*

CHAPITRE III.

Le 7 décembre, Pierre-Louis de La Rochefoucauld alla, avec l'abbé de Jarente, présenter au roi, à la reine et à la famille royale, puis à Mme Louise de France, qui était à Saint-Denis, cette exhortation aux catholiques et une condamnation des livres impies. S'ils avaient pu lire l'avenir, de quelle douloureuse tristesse eussent été saisis tous ces personnages ! Ils ne se doutaient pas alors que ces effets de l'incrédulité qu'ils signalaient si prophétiquement devaient être les Carmes et la place Louis XV, la pique d'un forcené et le couperet de Samson.

Les prélats ne se contentèrent pas d'une homélie. Le 4 décembre, ils condamnaient un certain nombre d'ouvrages. « Considérant, disaient-ils, que, depuis plusieurs années, il se répandait une multitude de livres impies dans lesquels on s'efforçait d'effacer de l'esprit des peuples toute impression de religion et de vertu », l'assemblée de 1765 avait cru « devoir élever la voix contre ces téméraires productions et flétrir celles qu'une funeste célébrité ou un plus haut degré de perversité rendrait plus dangereuses, par une condamnation qui en fît connaître le danger aux fidèles, et les prévînt contre le poison qu'elles renferment. »

Donc on condamnait : *Le christianisme dévoilé*; *L'antiquité dévoilée par ses usages*, de Boulanger; *Le sermon des cinquante*; *L'examen important*, « attribué... au lord Bolingbrooke »; *La contagion sacrée*; *L'examen critique des anciens et nouveaux apologistes du christianisme*; *La lettre de Thrasybule à Leucippe*; *Le système de la nature*; *Le système social*; *Les questions sur l'encyclopédie*; *De l'homme*; *L'histoire critique de la vie de Jésus-Christ*; *Le bon sens*, par le baron d'Holback; *L'histoire philosophique des établissements des Européens dans les deux Indes*, de l'abbé Raynal, qui ne l'avait pas d'abord signé, tous « comme contenant des principes respectivement faux, injurieux à Dieu et à ses augustes attributs, favorisant ou enseignant l'athéisme, pleins du poison du matérialisme, anéantissant la règle des mœurs, introduisant la confusion des vices et des vertus, capables d'altérer la paix des familles, d'éteindre les sentiments qui les unissent, autorisant toutes les passions et les désordres de toute espèce, » etc.

Il est important de remarquer ce langage. D'année en année dans ce dix-huitième siècle, le clergé, dont la mission constante est de combattre la dépravation des mœurs et le libertinage d'esprit, fait entendre une voix plus grave, des exhortations plus pressantes et montre des craintes plus vives. La crise approche.

Après avoir été présentés au roi, cet avertissement et cette condamnation furent adressés à tous les chefs des diocèses de France. On leur recommandait d'en faire l'usage qu'ils jugeraient convenable, et de s'unir pour ramener à Dieu ou pour confondre ses ennemis les plus déclarés. L'abbé de La Rochefoucauld, plus tard, quand il eut charge d'âmes, ne manqua pas à ce devoir. Nous le verrons lutter contre l'impiété et essayer des réformes.

Une cause importante lui fut confiée. Il s'agissait de la canonisation d'Alain de Solminiac, dont le clergé de France s'occupait depuis longtemps [1].

L'abbé de Chancelade, nommé en 1636 évêque de Cahors par le cardinal de Richelieu, avait pris possession en 1639 et était mort le 31 décembre 1659, après avoir montré la piété la plus vive, le dévouement aux pauvres le plus actif et le zèle le plus admirable pendant la peste qui ravagea son diocèse en 1652 et 1653. Or, depuis plus d'un siècle, la mémoire du réformateur de Chancelade était vénérée dans le Quercy et les contrées limitrophes. Plusieurs évêques des provinces de Bordeaux et d'Albi, animés d'un zèle édifiant, excités par le désir des fidèles, avaient sollicité plusieurs fois les bons offices des assemblées du clergé pour obtenir du souverain pontife la canonisation d'un évêque mort en odeur de sainteté [2].

---

1. Né en 1593 d'un gentilhomme du Périgord, entré chez les chanoines réguliers de l'abbaye de Chancelade dont il fut élu abbé en 1625, il y avait établi une réforme austère, malgré les obstacles des anciens religieux qui se décidèrent à se retirer dans leurs prieurés. C'est ainsi que l'abbaye de Sainte-Marie de Sablonceaux, fondée près de Saintes, en 1136, par Guillaume duc d'Aquitaine, fut réformée et conserva toujours pour lui une si grande vénération que ses moines se disaient enfants d'Alain de Solminiac.

2. En 1670 et 1690, le clergé n'avait pu voter les subsides nécessaires. L'assemblée de 1700, écrivit bien sur ce sujet à Innocent XII. Mais les formalités préliminaires n'avaient pas été observées en France, et la congrégation des rites ne put à Rome rien entreprendre. A l'assemblée de 1765 l'affaire, qui en était restée là, fut de nouveau remise

L'abbé de La Rochefoucauld, chargé de s'occuper de cette affaire, vint mettre, le 10 novembre, tous ces faits sous les yeux de l'assemblée. Il ajouta que les pièces nécessaires avaient été scellées le 4 septembre. L'archevêque de Toulouse, Étienne-Charles Loménie de Brienne, président du bureau de la religion et de la juridiction, fit le rapport; et sur ses propositions, l'assemblée conclut que le receveur général du clergé paierait les frais faits à Rome; que le cardinal de La Roche-Aymon prierait le cardinal de Bernis, ambassadeur à Rome, de choisir un solliciteur; qu'enfin il serait témoigné au pape le vif intérêt que l'église de France prenait à cette cause.

On ne la perdit pas de vue. Cinq ans après, le 2 octobre 1780, Pierre-Louis contresignait une nouvelle lettre au pape, préparée par l'évêque de Nevers, Jean-Antoine Tinseau, pour lui rappeler les vœux déjà exprimés par l'église de France [1].

en question par l'abbé de Solminiac, arrière-petit-neveu d'Alain. Deux obstacles étaient à l'ignorance des formes juridiques à observer dans les causes de canonisation, et l'idée qu'on se formait des frais énormes qu'elles entraînaient. L'archevêque de Toulouse traça la route à suivre, et expliqua que les dépenses, considérables il est vrai, étant réparties sur vingt-quatre ou vingt-cinq ans, fussent-elles de cent mille écus, ne s'élèveraient qu'à 15000 livres par an, somme modique eu égard à ce qui en résulterait d'honneur pour le clergé et de bien pour la religion. Le 1er juillet 1766, on avait décidé que les frais à faire pour la procédure à Rome seraient supportés par le clergé entier. La congrégation de Chancelade s'était engagée à supporter les dépenses pour les préliminaires en France.

Le 27 août 1770, l'assemblée avait chargé le cardinal de La Roche-Aymon, son président, et les agents de veiller à ce que les informations commencées en France fussent finies et envoyées à Rome. Ce qui avait été fait. A ce moment Desvergnes, prieur de la congrégation de Chancelade, procureur de la cause, remit à l'assemblée le dossier complet des procédures. On avait rempli les formalités requises, et suivi exactement la marche suivie par les lazaristes dans la canonisation de saint Vincent de Paul.

1. Beatissime Pater, audivit Sanctitas Vestra Cleri Gallicani supplicationes pro exaltatione venerabilis servi Dei Alani a Solminiac, Episcopi Cadurcensis, easque religioso favore excepit. Opus felicibus auspiciis cœptum jam prosequimur, informationes, ex mandato vestro, summa diligentia, nec minori fide peractas, Apostolico judicio subjicientes.

Heroicas venerabilis viri virtutes gravissimi ac certissimi testes omnis conditionis laudant; labores pro catholica fide adversus hæreticos, pro christiana pietate adversus doctrinæ moralis corruptelas jugiter impensos perpetua et constans fama celebrat; quin etiam Deus ipse signis et prodigiis contestari non dedignatus est, uti ex adjunctis actis patet.

His confisi, Beatissime Pater, fore speramus, ut beneficio vestro, novum hoc decus Ecclesiæ Gallicanæ accrescat, quo et exultet ipsa et filiorum ejus corda, tanto domestici exempli fulgore excitata, ad æmulationem magis ac magis accendantur. Hoc orant, hoc efflagitant cum apostolica benedictione, Beatissime Pater, Sanctitatis Vestræ obsequentissimi et devotissimi filii Cardinales, Archiepiscopi, Episcopi aliique Ecclesiastici viri in Comitiis generalibus Cleri Gallicani congregati.

Signatum ✝ D. Cardinalis de La Rochefoucauld, Præses.

Cette demande, à laquelle il est si glorieux que notre évêque ait attaché son nom, fut encore une fois rappelée à l'assemblée de 1782. Depuis, d'autres événements survinrent, et la tentative n'eut pas de résultat. Voilà comment aucun évêque de France nommé depuis le concordat de François Ier, n'a été canonisé.

Pendant les cinq années de leur charge de 1775 à 1780, l'abbé de La Rochefoucauld, avec son collègue, l'abbé de Jarente, eut à traiter diverses affaires qu'il serait trop long d'énumérer, et qu'il eut la gloire de mener à bonne fin : défense faite, le 10 mars 1776, enregistrée au parlement de Paris le 21 mai, d'inhumer dorénavant dans les églises, coutume pieuse dégénérée en abus, et généralement blâmée ; obligation pour les dévolutaires d'abord de déclarer les noms et qualité du bénéfice et du titulaire qu'ils se proposaient de déposséder, ainsi que le genre d'indignité et d'incapacité qu'ils entendaient lui opposer, ensuite, de consigner 1200 livres, au lieu de 500, pour chaque dévolut dont ils auraient obtenu provision ; obstacle à l'avidité de certains ecclésiastiques qui, voulant obtenir un bénéfice convoité, ne trouvaient rien de mieux que d'accuser le titulaire d'indignité ; cassation par le roi d'un arrêt du parlement de Dijon (28 août 1774), qui donnait l'institution canonique refusée par l'évêque de Châlons, Le Clerc de Juigné de Neuchelles, à Claude Odoley, prêtre du diocèse de Saint-Claude, pourvu sur résignation de la cure de Saint-Étienne en Bresse ; arrêt du conseil d'état privé du roi (14 février 1780), cassant un arrêt du parlement de Bordeaux (25 janvier 1779), qui avait prononcé contre des provisions en cour de Rome obtenues par Bertrand Laburthe, curé de Saint-Cricq du Parc, diocèse de Dax, auparavant chanoine de Bassoues, permutant avec Bertrand Légas, titulaire de cette cure ; autre arrêt du conseil privé (16 mars 1778) annulant l'arrêt (17 mars 1775) du parlement de Paris contre l'archevêque de Paris, Christophe

---

De mandato Eminentissimorum ac Illustrissimorum Cardinalium, Archiepiscoporum, Episcoporum totiusque Cætus Ecclesiastici Cleri Galliæ nomine congregati.
Signatum : de La Rochefoucauld, antiquus Cleri Gallicani procurator, a secretis. Lutetiæ Parisiorum, die 2 mensis octobris anno 1780. »
Page 931 du *Procès-verbal de l'assemblée générale du clergé de l'année MDCCLXXX*.

de Beaumont, en faveur de Jean-Baptiste Baslid de La Vernhe, trésorier de la Sainte-Chapelle de Vincennes, qui s'arrogeait une juridiction quasi-épiscopale ; arrêt du même conseil (30 mars 1778) mettant à néant une ordonnance de l'intendant de La Rochelle (15 mars 1778), et donnant raison au prieur de Saint-Michel d'Ozillac et de Médis (1), Jean-Baptiste de Gasse, clerc tonsuré, dans ses contestations pour le premier de ces bénéfices sur les dîmes novales, avec le vicaire perpétuel de Saint-Michel d'Ozillac, Jacques Gazel, dont le revenu ne s'élevait qu'à 1200 livres. L'intendant de La Rochelle, par ordonnance du 15 mars 1777, avait débouté le prieur de sa demande ; mais le conseil, par décision du 30 mars 1778, lui donna raison (2) ; arrêt du conseil d'état, 17 septembre 1778, supprimant le *Mémoire à consulter* du chapitre de Poitiers contre l'évêque, Martial-Louis de Beaupoil de Saint-Aulaire, comme plein « d'imputations fausses, injurieuses et contraires au respect dû par le dit chapitre audit sieur évêque », à propos du revenu des prieurés de Niort et de Notre-Dame d'Alloüe unis dès 1760, à la mense du chapitre et réunis à la mense épiscopale en dédommagement de l'abbaye de Charroux cédée par le roi au chapitre de Brioude.

Les agents envoyèrent ce jugement dans tous les diocèses. « Nous devions cette démarche, disent-ils, à la réputation de monseigneur l'évêque de Poitiers, si cruellement calomnié ; nous la devions à l'honneur de tout l'épiscopat qui se trouvait compromis par une accusation aussi flétrissante. »

1. Ces deux prieurés étaient à la nomination du prieur de Saint-Eutrope-lez-Saintes. Ozillac valait 2400 livres.

2. François-Jean-Baptiste Gasse, clerc tonsuré, prieur de La Vallée, eut vers 1761 Ozillac sur la résignation de son cousin, René d'Aubourg, prieur de Saint-Eutrope de Saintes. Il soutint de 1766 à 1771 un procès contre Jacques Gazel, chapelain de Soubroche en l'église de Marennes (1753), vicaire de Marennes, curé de Saint-Just, nommé curé d'Ozillac en juin 1759, qui, réduit à la portion congrue de 300 livres, réclamait au prieur les dîmes novales. Après bien des débats, il y eut transaction le 24 juin 1771. Le prieur s'engageait à payer annuellement au curé, qui renonçait à toutes prétentions, 800 livres, plus tard 1000 et de plus sa portion congrue pour l'entretien d'un vicaire. Gazel mourut le 2 octobre 1787, âgé de 64 ans, après avoir fondé un bureau de bienfaisance.

Jean-Baptiste Gasse — est-ce un neveu du précédent ? — prêta serment en 1792, fut curé de Bonnet-Rouge, ci-devant Saint-Bonnet. Sa conduite fut tellement immorale qu'il fut obligé de partir. Il s'engagea dans les armées de la république. *Archives historiques de la Saintonge*, t. XX, p. 63.

Nous n'insisterons pas sur la multiplicité des affaires confiées à Pierre de La Rochefoucauld (1).

Le rapport qu'il en rédigea comprend 172 pages et les pièces justificatives 466. Cela suffit pour apprécier l'importance de ce document. Aussi, à l'assemblée qui s'ouvrit le 29 mai 1780, quand l'abbé de La Rochefoucauld et l'abbé de Jarente eurent achevé, le 2 août, la lecture de leur rapport, le président leur témoigna « au nom de l'assemblée combien elle était satisfaite de leur travail ». Et le 27 novembre, l'évêque-comte de Dol, Urbain-René de Hercé, nommé avec le vicaire-général de Vienne, Aimé-François de Corbeau de Saint-Albin, pour examiner les pièces justificatives de ce rapport, s'exprima ainsi : « Vous nous avez chargés de faire la vérification des pièces justificatives de MM. vos agents. Nous les avons trouvées recueillies avec tant d'ordre et d'exactitude que l'attention que nous avons apportée à cet examen, n'a servi qu'à nous convaincre de plus en plus de leur zèle pour les intérêts du clergé. Vous avez vu, par le compte qu'ils vous ont rendu de leur agence, avec quelle activité ils ont suivi, tant au conseil que dans les différents bureaux, toutes les affaires qui paraissaient exiger leur intervention. Vous avez même daigné couronner leurs succès par vos éloges et vos applaudissements ; et ce témoignage flatteur de votre satisfaction ne nous permet pas de douter que vous ne vous portiez, suivant l'usage, à faire imprimer, à la suite de leur rapport, les pièces justificatives qui y sont jointes, et dont la collection précieuse est trop intéressante pour le clergé pour ne pas tenir une place distinguée dans vos archives. »

Ce ne fut pas la seule preuve de considération qu'il reçut de la haute assemblée. Le 31 mai 1780, le clergé choisissait pour président le cardinal Dominique de La Rochefoucauld, chez qui il s'était réuni le 29, comme le premier par son ancienneté et sa dignité. C'est Pierre-Louis de La Rochefoucauld qui fut nommé secrétaire. Spectacle touchant qu'un grand nom,

---

1. On les trouvera au volume in-folio publié en 1785 chez Guillaume Desprez : *Rapport de l'agence contenant les principales affaires du clergé qui se sont passées depuis l'année 1775 jusqu'en l'année 1780*.

si noblement porté, soit ainsi deux fois acclamé par l'assemblée la plus éminente du clergé français. Presque aussitôt après l'ouverture de la session, Pierre-Louis tomba malade. Cette indisposition fut une nouvelle occasion pour l'assemblée de lui témoigner son estime. Le 10 juin, elle lui député l'évêque d'Agen, Jean-Louis d'Usson de Bonnac et Armand-Joseph de Rangouse de Beauregard, vicaire général du même diocèse, pour lui témoigner la part que la compagnie prenait à son indisposition, marque précieuse d'intérêt dont, le 20 juin, il vint lui-même remercier l'assemblée. Ce même jour, il annonça à l'assemblée que, de concert avec l'abbé de Jarente, il avait accordé provisoirement à Nicolas Houdelette, la place de courrier du clergé, et le 28 septembre, il fit accepter comme futur successeur de Guillaume Desprez, imprimeur du clergé, François-Ambroise Didot, l'aîné, qui avait obtenu de l'assemblée de 1775 la permission de lui dédier une nouvelle édition de la bible. Car, disait La Rochefoucauld, « il nous a paru réunir la probité, l'intelligence, la capacité et toutes les qualités qui peuvent déterminer votre choix et lui mériter la préférence. Il joint à des talents rares un zèle infatigable pour la perfection de son art et nous le regardons comme le plus capable de remplir de la manière la plus satisfaisante la place que vous lui confierez [1]. »

Ce fut lui aussi qui, le 28 septembre 1780, émit l'idée d'accorder aux députés du second ordre la collection des procès-verbaux comprenant neuf tomes et la table. Lui-même eut, avec la médaille commémorative du sacre de Louis XVI, un exemplaire de cet ouvrage qu'il fit, devenu évêque, magnifiquement relier à ses armes et que nous avons eu le bonheur d'abord d'acquérir pour la bibliothèque de Saintes, puis de sauver de l'incendie du 11 novembre 1871 [2].

1. *Procès-verbal de l'assemblée générale du clergé de France en l'année 1780*, page 888. Didot ne tarda pas à justifier ces espérances. Le volume des rapports de l'agence de 1785, fut imprimé par lui en 1788. On s'aperçoit bien vite qu'il y a la « intelligence et capacité », comme disait l'abbé de La Rochefoucauld.
2. C'est le seul souvenir qui reste à Saintes de Mgr de La Rochefoucauld. A la vente Marc Arnauld, banquier, ancien maire de la ville, cinq fauteuils qui avaient appartenu à l'évêque furent acquis pour 80 francs l'un par des brocanteurs de Bordeaux, malgré les tentatives d'achat de la part de l'évêque de La Rochelle, Léon Thomas, mort archevêque de Rouen et cardinal. Le sixième fauteuil avait été donné à l'abbé Thenon, directeur de l'établissement des Carmes à Paris, professeur au collège de Saintes à sa sortie de l'école normale supérieure. L'évêché d'Angoulême possède un des ornements de l'évêque de Saintes.

La Rochefoucauld.

Enfin, l'assemblée accorda à M. de La Rochefoucauld et à M. de Jarente, outre la gratification ordinaire de 27 mille livres, une somme de quatre mille livres « pour les dédommager des dépenses considérables que leur état exige dans cette capitale et qui augmentent tous de jour en jour. » Puis, ne voulant pas se borner « à donner des témoignages purement pécuniaires de sa satisfaction, » elle pria le cardinal de La Rochefoucauld, son président, « de vouloir bien faire, au nom de l'assemblée, les démarches les plus pressantes en faveur de messieurs les agents ». « Leur naissance, leur mérite, leurs talents, avaient dit les commissaires, vous feront sûrement désirer qu'il plaise au roi de les élever aux premières places de l'église; et les grâces qu'ils recevront de sa majesté acquerront un nouveau prix, lorsqu'elles seront provoquées par le vœu unanime d'une assemblée qui s'est attiré la confiance et la vénération publique par la sagesse de ses délibérations [1]. »

Certes, il y a lieu d'être fier d'une pareille recommandation. L'assemblée tout entière du clergé demandait au roi « de les élever à des places qui pussent les mettre à portée de rendre de plus en plus leurs talents utiles au clergé. » C'était clairement réclamer pour eux un évêché. Et le président était prié d'engager l'évêque d'Autun, Yves-Alexandre de Marbœuf, comte de Lyon, ancien vicaire général de Rouen, qui depuis 1777 tenait la feuille des bénéfices, « à faire connaître au roi combien l'assemblée était satisfaite de leur travail, et combien elle désirait ardemment » de voir leur mérite récompensé. Si quelquefois évêchés et abbayes ont été le prix de l'adulation, distribués par la faveur ou le caprice, en cette circonstance il n'en était pas ainsi. Et quand, un peu plus tard, on parlera de favoritisme et de népotisme, qu'on opposera sans justice l'évêque élu par le peuple au prélat choisi par la cour, nous pourrons, devant les 212 suffrages d'une assemblée électorale où il y avait des protestants, citer la présentation faite par dix évêques, six archevêques et autres ecclésiastiques députés de toutes les provinces de la France.

---

1. *Idem*, page 878.

CHAPITRE IV.

Pierre-Louis nommé évêque de Saintes. — Félicitations du chapitre de Beauvais. — Réjouissances à Saintes. — Il est sacré à Paris. — Prise de possession. — Entrée solennelle. — Cérémonial.

L'effet de cette solennelle présentation au roi pour un évêché ne tarda pas. Un an après, il y eut un vide dans l'épiscopat. Le 29 septembre 1781, à six heures du matin, décédait Germain Chasteigner de La Chastaigneraie (1), nommé évêque de Saintes en 1763, sacré le 25 mars 1764. Les deux jours suivants, on l'exposa dans la salle synodale. Le 2 octobre, eut lieu l'office funèbre célébré par le doyen du chapitre, Pierre-Léonard Delaage (2). Tous les corps réguliers et séculiers y assistèrent en habits de cérémonie, sur l'invitation du chapitre et de la nièce du défunt, Mme de Deshoms (3). Le cadavre, qui resta découvert

---

1. Fils de Gaspard-Joseph et de Marie de Timbrune-Valence, ancien abbé de Thiers, chanoine et comte de Lyon, abbé commendataire de l'abbaye royale de Saint-Pierre de Bourgueil, ordre de Saint-Benoît, congrégation de Saint-Maur, au diocèse d'Angers.

2. L'abbé Briant dit à tort, *Histoire de l'église santone et aunisienne*, II, page 690, qu'il ne fut inhumé que vingt et un jours après son décès. Il copie la *Notice sur les évêques de Saintes* insérée en 1829 au *Rituel du diocèse de La Rochelle*, par Mgr Bernet, qui le dit mort le 29 septembre, enterré le 20 octobre, pour le 2 octobre. Il était né à Sainte-Foy d'Anthé, commune de Tournon d'Agenais le 20 avril 1712 (*Bulletin de la société des Archives historiques de la Saintonge et d'Aunis*, I, 247 et XII, 261) ; on trouvera son testament dans l'ouvrage *Saint-Pierre de Saintes*, p. 253.

3. Marie-Anne du Chasteigner de La Chastaigneraie, fille de Marc du Chasteigner, marquis de La Chastaigneraie et de Claude-Madeleine de Pontac, avait été mariée, le 26 octobre 1758, à Bernard-Joseph de Deshoms, baron de Favols, chevalier, fils de Jean-François et de Marie-Charlotte de Mathieu de Montinet.
Joseph-Henri de Deshoms de Favols, prêtre, vicaire général du diocèse de Saintes, prieur commendataire du prieuré de Notre-Dame du Jarry, paroisse de Bussac, près de Saintes, affermé par lui le 11 septembre 1782 pour 800 livres annuelles, devait être de la même famille que la nièce de Mgr de La Chastaigneraie.
Un autre parent du prélat, Jean-Louis-Joseph du Chasteigner, fils d'Arnaud et de Constance de Loran, fut chanoine et archidiacre de Lombez, et, en septembre 1772, vicaire général de Saintes.

pendant toute la cérémonie, fut inhumé à gauche du tombeau de Mgr de Bassompierre dans le chœur de la cathédrale. Sa pierre tombale est au musée de Saintes.

Le même jour après vêpres, le chapitre assemblé nomma pour vicaires généraux capitulaires, Delaage, doyen; de Luchet, chanoine, archidiacre d'Aunis; Croizier, chanoine, théologal et maître-école; Delord, aussi chanoine, chargés d'administrer le diocèse pendant la vacance du siège. Delord était aussi nommé official; Pichon, promoteur; et Fauchay, quoique franc-maçon, secrétaire du diocèse. Le 5, leur mandement, où ils annonçaient la mort de La Chastaigneraie, en faisant son éloge et en demandant pour lui des prières, finissait par ces mots :

« Adressons au ciel les vœux les plus ardents pour en obtenir un pasteur selon le cœur de Dieu, qui, par son zèle et ses lumières, procure le bien et l'honneur de la religion et le plus grand avantage de ce diocèse. »

Ces prières devaient être exaucées bientôt et amplement. Le roi, par un brevet daté de Versailles, le 14 octobre 1781, signé LOUIS et plus bas AMELOT, nomma évêque de Saintes Pierre-Louis de La Rochefoucauld. C'était la récompense des services rendus; et, comme l'avait dit le clergé, elle était d'un haut prix puisqu'elle avait été provoquée par le vœu unanime de l'assemblée de 1780.

L'évêque nommé écrivit aussitôt au chapitre de Beauvais pour lui annoncer son élévation à l'épiscopat et lui demander le titre de chanoine honoraire. Le chapitre, assemblé le 16 octobre aux sons de la cloche, après la messe, sous la présidence du doyen Lancry de Pronleroy, non seulement acquiesça à ce désir, mais encore désigna son doyen pour lui adresser une lettre de félicitations. De plus, on député à Bresles où résidait alors l'évêque de Beauvais, Lancry de Pronleroy et Bernardet, l'un des plus anciens chanoines, pour complimenter François-Joseph et le marquis de La Rochefoucauld, frères du nouvel élu. Enfin on fit sonner les cinq grosses cloches pour avertir les fidèles de cet heureux événement [1].

---

1. « Die 16 octobris, pulsata capitulari campana, capitulo post missam congregato, præside domino decano, lecta est epistola domini cantoris, fratris domini episcopi,

Le 17, les députés rendirent compte au chapitre de la manière bienveillante avec laquelle ils avaient été reçus à Bresles (¹) :

De Saintes partirent aussi des adresses. Chaque corps tint à honneur de féliciter le nouveau prélat. Nous avons sa réponse aux officiers de l'élection, datée de Paris le 4 décembre : « Je ferai mon possible, disait-il, pour qu'aucun de nos diocésains n'ait à se plaindre de moi. Je n'oublierai point les égards qui sont dus particulièrement à une compagnie aussi bien composée que la vôtre (²). »

La capitale de la Saintonge apprit presqu'en même temps que l'église santone avait un nouveau pasteur et qu'un dauphin était né à la France. Louis XVI écrivait, en effet, de Versailles, le 22 octobre, aux maire et échevins que la reine était, ce jour-là même, accouchée de Louis-Joseph-Xavier-François, et recommandait d'assister au *Te Deum* qui allait se chanter dans l'église cathédrale de Saint-Pierre. En attendant que la cité pût fêter son nouveau seigneur, elle s'apprêta à célébrer la venue au monde de ce frêle enfant, espoir de la France entière, hélas ! bientôt anéanti.

Le 4 novembre, à 2 heures de l'après-midi, le maire et le corps municipal, en habits de cérémonie, se rendent à l'église

---

quæ mandat se electum esse a rege ad sedem episcopalem diœcesis santonensis, et postulat ut fruatur privilegiis honorariis hujus ecclesiæ. Re in deliberationem missa, 1° votis illius annuit capitulum ; 2° qui ipsum nomine capituli per epistolam gratuletur deputatus est D. decanus ; 3° domino episcopo Belvacensi ejusque fratri D° marquioni Bragellæ, sensum capituli lætitiæ pro accepto nuntio testificaturi deputati sunt prædictus D. decanus et D. Bernardet ; 4° tandem statutum est illico monendum fore populum pulsatione quinque majorum campanarum.

DE LANCRY DE PRONLEROY. DE COUVREUIL. *can. sec.*
Registres du chapitre de l'église cathédrale de Beauvais. — Registre du 8 mars 1780 au 8 juin 1782.

Die mercurii 17 o tobris.
1. Item dixit dominus decanus se et dominus Bernardet Bragellæ ratione domini cantoris ad episcopalem dignitatem evecti salutatum ivisse dominum episcopum, ejusque fratrem dominum marchionem, a quibus excepti sunt cum singulari urbanitate nec non cum gratiarum actione ex parte prædictorum dominorum pro testimonio lætitiæ capituli. In ea occasione grates actæ sunt prædictis D.D. deputatis.
Extrait des registres du chapitre de l'église cathédrale de Beauvais. Idem.
Louis de La Rochefoucauld fut remplacé le 11 novembre 1781 comme chanoine et grand chantre par Jean-Alexandre de La Rochelambert.

2. *Archives historiques de la Saintonge et de l'Aunis*, tome III, page 448.

où sont déjà les chanoines, le présidial, la compagnie des grenadiers de la milice bourgeoise, toute la noblesse « et quantité prodigieuse d'habitants de tout sexe et de tous états », qui remplissaient la nef et les bas-côtés de la vaste cathédrale. Après vêpres et complies, le *Te Deum* est, au bruit d'une salve de vingt et un coups de canon tirés de la place Saint-Louis, « chanté par de très belles voix, accompagnées de basses, bassons, violons et autres instruments ». Et pendant ce temps, les cloches sonnent, les orgues jouent « les airs les plus gais ». C'est la première partie du programme; on se retire aux cris de : « Vive le roi! vive la reine! vive le dauphin! » cris que dans dix ans on ne répétera plus ainsi.

A cinq heures, l'échevinage se rend sur la place de la Gaillarde. La milice bourgeoise y est sous les armes. Un énorme bûcher est dressé, au milieu duquel s'élève « un mai orné de guirlandes et d'attributs relatifs ». Le maire, Guillaume Gaudriaud, et le lieutenant du maire, Méthé de Fonrémis, y mettent le feu. Et la place Saint-Louis répète sa salve de vingt et un coups de canon; et la place de la Gaillarde y répond par neuf décharges de mousqueterie de la milice bourgeoise. Les fanfares et les tambours confondent leurs bruits. Quatre fontaines de vin commencent à couler et couleront toute la nuit. Y puise qui veut; on fait aussi une distribution de viande et de pain près de chacune des fontaines, « afin que tout le peuple participe à la fête »; et le peuple de crier: « Vive le roy! vive la raine! vive monseigneur le dauphin! et de montrer par son affluance et toutes sortes de chants redoublés, sa joie et l'amour si naturelle aux Français pour leur roy. » La foule est si pressée que les conseillers municipaux ne peuvent traverser les rues.

A neuf heures, la cloche ou sin de ville sonne. C'est le signal. Vingt et un coups de canon retentissent encore. Toutes les rues, même des faubourgs, s'illuminent soudain. Les communautés rivalisent de splendeur. Mais entre toutes les maisons se distingue la maison commune. Les balcons, les murs, les fenêtres, la tour, cette tour où depuis fut enfermé Mirabeau, brillamment ornées de lampions, « répandent une clarté préférable au grand jour »; on voit partout, « Vive le roi ! vive la reine ! vive le dauphin ! » et plusieurs emblèmes analogues, capables de satisfaire les goûts et la délicatesse des plus curieux. » Admirable naïveté du chroniqueur officiel ! Le narrateur de la fête en était l'ordonnateur certainement (1).

La fête de l'entrée du nouvel évêque devait être plus grave et non moins solennelle. Hélas ! naissance de rois, réception d'un prélat, sont en ce moment l'aurore d'un jour qui finit dans le sang. Les tambours de la place de la Gaillarde seront bientôt étouffés par ceux de Santerre, et les cris joyeux des habitants seront remplacés par les clameurs homicides des Marseillais.

Les bulles apostoliques, pour lesquelles le prélat nommé dut payer 2,000 florins, furent fulminées en cour de Rome, à Saint-Pierre, par le pape Pie VI (Jean-Ange Braschi) le 4 des ides de décembre 1781 — 10 décembre — la VIIe année de

---

1. Ce n'est pas tout. « Un feu d'artifice, tiré dans cette même cour, fixait l'admiration d'un chacun, et donnait de temps en temps relâche aux autres plaisirs. » Mais écoutez : « Un orchestre des mieux composés », prélude dans la grande salle. Vite à la danse. Tout le monde y est admis. L'égalité règne sous l'archet du musicien. Les distinctions sociales s'effacent devant la gavotte et la contredanse. Alors on ne sait pas encore trier le saute-ruisseau du courtaud de boutique et la femme de celui qui ne fait rien, de l'épouse de l'honnête marchand qui travaille. « Les personnes de la plus haute distinction et autres de tous états », entrent et se placent, la noblesse et le peuple sautent ensemble au son des instruments. « Le bal est ouvert par M. le maire qui a pris pour reine la première jeune personne qu'il a trouvée le plus près de lui. » Touchante union, que l'égalité légale viendra bientôt détruire ! « Après le cérémonial des menuets, on a, du consentement de tout le monde, commencé trois contredanses à la fois et ont toujours continué. » Les quadrilles et les menuets, surtout aussi prolongés, altèrent ; mais tout est prévu. Le conseil municipal avait, le 31 octobre, décidé qu'au bal, « auquel toutes personnes seront admises, il sera offert et fourni toutes sortes de rafraîchissemens, et servi un ambigu de mets les plus de convenance, avec les meilleurs vins et liqueurs que l'on pourra se procurer. » Il priait, M. le maire de donner ses soins ordinaires pour que la fête fût brillante, « de manière à faire éclater l'allégresse que cause l'heureux événement qui y donne lieu, déclarant avoir tout ce qu'il fera à ce sujet pour agréable ». Aussi « les rafraîchissements offerts et distribués avec autant de délicatesse, d'attention, que d'abondance, prévenaient les désirs. Il en a été de même d'un ambigu présentant autant de brillant à l'œil qu'il a donné de satisfaction au goût, éguillonné par des vins de toute espèce, les meilleurs, les mieux choisis, sans que le service ait paru diminuer en rien par ses diférens relevés qu'on a eu la précaution d'y mettre pendant tout le bal qui a duré jusqu'à trois heures du matin ». La municipalité faisait bien les choses, et certes, la fête était superbe et très bien ordonnée. Le lendemain à 11 heures, les officiers de l'hôtel de ville réunissent les « plats de viande demeurés intacts et les restes des autres mets » ; ils les envoient avec du pain et du vin en suffisance aux prisonniers. C'est la fin. Le récit est signé : Gaudriaud, maire ; Perreau l'aîné, premier échevin ; Duchesne, procureur du roi ; Chéty, Barbot, Mouchet et Laurent.

son pontificat. Pierre de La Rochefoucauld fut sacré le 6 janvier à Paris ; le 15, il prêta, pendant la messe, serment de fidélité entre les mains du roi. Son premier acte épiscopal fut une bénédiction nuptiale donnée à deux membres de familles saintongeaises, dont l'un était son parent. Le 16 janvier 1782, en l'église Saint-Paul à Paris, il célébra le mariage d'un petit-fils de Marie-Louise de La Rochefoucauld du Parc d'Archiac, Joseph-Paul-Jean, comte de Lage de Volude, lieutenant de vaisseau ([1]), avec Béatrice-Étiennette Renart de Fuschsamberg d'Amblimont, dame d'honneur de la princesse de Lamballe ([2]). L'évêque de Beauvais assistait au mariage du côté de l'épouse. Son frère, « haut et puissant seigneur messire François-Jean-Charles de La Rochefoucauld-Bayers, maréchal des camps et armées du roi, chevalier de l'ordre royal e. militaire de Saint-Louis, demeurant en son hôtel, rue Saint-Dominique, paroisse Saint-Sulpice », y représentait le père de l'épouse, François-Paul de Lage, marquis de Volude, seigneur du Tirac, de La Barde, d'Asnières, des Touches, de Bonlieu et de La Rigaudière ([3]). L'évêque de Saintes met au bas de l'acte, où se trouvent les noms d'une foule de grands personnages, ces lettres qui seront désormais sa signature :

+ Pi.-Lo. év. de Saintes.

Il fallait prendre possession. Par acte passé à Paris devant Durand et Dorne, notaires au châtelet de Paris, il « constitue son procureur général et spécial, vénérable et discrette personne M. Pierre-Léonard de Laage, prêtre, docteur en théologie de la faculté de Paris, de la société royale de Navarre, abbé com-

---

1. Né au château d'Asnières, paroisse de Belluire, près de Pons en Saintonge, le 12 juin 1763, fils de François-Paul et de Jeanne-Claudine de Kergariou.

2. Née à Paris, le 17 avril 1764, fille de Claude-Marguerite-François d'Amblimont, seigneur de Saint-Fort-sur-Gironde, Usson, Le Bouquet, etc., chef d'escadre des armées navales, et de Marie-Anne de Chaumont-Quitry.

Le contrat, passé le 13 janvier, devant MM. Belurgey et Trubert, conseillers du roi, notaires au châtelet de Paris, avait été, d'après le *Mercure de France*, signé par Louis XVI, Marie-Antoinette et toute la famille royale.

3. En vertu d'une procuration donnée le 27 décembre 1781 au château d'Asnières par devant M. Gallot, notaire royal.

Voir pour tous ces personnages l'intéressant volume : *Souvenirs d'émigration de Mme la M^{ise} De Lage de Volude. Lettres à Mme la Ctesse de Montijo*, publiées par M. le baron de La Morinerie. Evreux, de l'imprimerie d'A. Hérissey, 1869, in-8º, tiré à 300 exemplaires.

mendataire de l'abbaye royale de Bellefontaine, diocèse de La Rochelle, vicaire général du diocèse de Saintes et doyen de l'église de la même ville, y demeurant paroisse de Saint-Pierre. »

Le 12 février suivant, Delaage prend possession « par devant Jean Bigot, notaire royal apostolique en la ville et diocèse de Saintes, y demeurant, rue du Palais, paroisse de Saint-Pierre(1) », en présence des témoins qui signent : Claude-Antoine Gout ainé, et Jean Merle, tous deux marchands, demeurant paroisses Saint-Pierre et Saint-Michel.

Pour être tout à fait à ses fonctions épiscopales, le nouvel évêque, même avant d'entrer à Saintes, songea à se débarrasser du soin des affaires temporelles. Par acte, passé « à Paris, en son hôtel, rue de La Chaise, paroisse de Saint-Sulpice », il établit pour son fondé de pouvoirs, « Georges-Pierre-François

---

1. On me permettra de transcrire ici l'acte notarié. Il nous révèlera des usages passés. Un monde va disparaître. Recueillons-en les mœurs. Celui qui le suivra aura d'autres goûts et d'autres habitudes.

« Étant tous parvenus ensemble au devant de la grande porte et principale entrée de ladite église cathédrale, mon dit sieur Delaage tenant en main la susdite procuration, les susdites bulles, scellées en plomb et brevet de nomination, sommes entrés avec lui dans ladite église au son des cloches dont il en a sonné une, a pris de l'eau bénite, fait le signe de la croix, et entré au chœur, arrivé devant le grand autel, où il s'est mis à genoux, fait sa prière à Dieu, monté au même autel, l'a baisé, et fléchi le genoux devant le Saint-Sacrement, a lu l'évangile du jour, s'est retiré ensuite dans le chœur, s'est assis et levé dans la chaire que mondit seigneur évêque doit y occuper, et fait les autres cérémonies en tel cas requises et accoutumées ; étant tous ensemble sortis de ladite église, sommes allés devant le grand portail dudit palais épiscopal dont mondit sieur Delaage a fait l'ouverture; entré dans la cour, il s'y est promené, et monté dans la grande salle dans laquelle il a allumé du feu, ouvert et fermé la porte de la chapelle qu'il a visitée ainsi que tous les autres appartements et bâtiments dudit palais épiscopal, dont il a aussi ouvert et fermé les portes et fenêtres; étant descendu dans le parterre dont il a également ouvert et fermé la porte, il s'y est également promené, arraché des herbes, épanché de la terre et cassé des branches d'arbres qui y sont accrues, et fait sur tous les susdits lieux tous les actes et signes d'une véritable et paisible possession, au vû et sû de tous ceux qui l'ont voulu voir et savoir, sans que personne s'y soit opposé. Attant et ce requérant mondit sieur Delaage, l'avons mis et installé, mettons et installons par ces présentes pour et au nom de mondit seigneur de La Rochefoucauld, évêque, en la possession réelle, actuelle et corporelle dudit évêché de Saintes, ensemble de tous ses droits, fruits, profits, revenus et émoluments, circonstances, appartenances et dépendances généralement quelconques sans réserves. Ce fait, sommes ensemble retournés au devant de la grande et principale porte d'entrée de ladite église cathédrale, où nous avons fait lecture à haute et intelligible voix tant du présent acte de prise de possession dudit évêché que de ladite procuration, sans qu'il se soit non plus trouvé aucuns opposans ; dont et de tout ce que dessus mondit sieur Delaage, pour ce, au nom de mondit seigneur évêque, nous a requis acte, que nous lui avons octroyé pour valoir et servir ce que de raison. »

de Germon, gentilhomme irlandais, demeurant ordinairement à Paris, rue de La Chaise, actuellement au palais épiscopal de Saintes. » Par un autre acte du 12 mai 1783, il chargeait le même François de Germon d'administrer les biens et revenus de l'abbaye de Vauluisant, qui s'élevaient à 18,000 livres (1).

1. C'est en vertu de ces pouvoirs que Georges-François de Germon afferme, le 13 mars 1782, à François-Boniface Viauld, bourgeois en la paroisse de Saint-Michel à Saintes, pour neuf années, les dîmes et revenus de la paroisse des Gonds moyennant 3.360 livres par an ; à Charles Roudier, fils, demeurant au Grand-Logis, paroisse de Thenac, les revenus de la terre et seigneurie de La Jard ; à François Fraineau, perruquier, les dîmes de Saint-Léger en Pons ; à Pierre Lusseau, notaire royal à Berneuil, celles de la paroisse, pour 4,250 l. ; le 5 avril, pour 1,636 l., à Marie Dejoye, veuve de François Picard, marchand à La Clochetterie, paroisse de Thenac, représentée par son fils Michel-Joseph Picard, les droits de la paroisse de Colombiers; le 9, à Jean Massiou, demeurant à Saint-Macout, pour 800 l. les fermes de Saint-Crépin, La Conture et Le Cormier, membres dépendant de l'évêché, situées sur les paroisses de Saint-Vivien et Saint-Eutrope ; pour 390 l., à Charles Bertrand, vigneron au village de Chez-Morice, paroisse de Saint-Georges des Côteaux, les rentes agrières, etc., de Saint-Lô, en ladite paroisse ; à Gabriel Templier, marchand à La Bertonnière, paroisse de Saint-Eutrope, pour 2010 livres les dîmes de Fontcouverte ; le 10, à Pierre Mauget et Gabriel Bonnin pour 2,700 l. les revenus de la paroisse de Brossac, archiprêtré de Chalais, où ils demeurent ; le 18, pour 1,200 livres les droits du fief du Treuil, paroisse de Chaniers, à Jacques Dannepont, meunier de Courcoury.

CHAPITRE V.

Accueil à Saintes. — Un procès devant le parlement de Bordeaux. — Romain de Sèze. — Le curé de Saint-Bonnet de Mirambeau. — L'assemblée de 1782. — Droits seigneuriaux de l'évêque sur la ville de Saintes. — Visites pastorales.

L'évêque ne tarda pas à prendre possession en personne. La cérémonie fut splendide. Briand ([1]) raconte « qu'un ciel pur et serein favorisa cette réception toute de famille. Un témoin oculaire, ajoute-t-il, nous a dit que cette entrée fut une fête brillante et vraiment populaire ; toute la cité, ayant en tête ses magistrats, se porta au-devant du nouveau pontife avec la démonstration d'une joie universelle. »

Les Saintongeais étaient tout fiers d'avoir pour évêque un La Rochefoucauld, un membre de cette illustre famille qui remplissait toute la province et dont ils trouvaient le nom dans presque toutes leurs paroisses. Dès le 7 mars, le maire annonce au conseil assemblé que Mgr de La Rochefoucauld doit arriver à Saintes le 21, et qu'il est nécessaire de prendre tous les arrangements convenables. Mollet, procureur du roi, opine dans ce sens. On se fait apporter les registres contenant les procès-verbaux des réceptions antérieures. La dernière avait eu lieu 18 ans auparavant ; et on pouvait avoir oublié quelques détails. Le conseil décide que rien ne sera omis pour rendre au prélat les honneurs accoutumés.

Le 20 mars, Pierre-Louis arrive au château du Douhet, appartenant au doyen du chapitre. Le lendemain, Jean-Pierre Croizier, maître-école, Marie-Hilaire d'Hérisson, abbé de

---

[1]. *Histoire de l'église santone et aunisienne*, II, page 696, qui la met au mois de juin 1782, ce qui ne l'empêche pas, quinze lignes plus bas, de montrer La Rochefoucauld en visite solennelle, le 3 *avril*, au collège de Saintes.

Masdion (¹), et Pichon, chanoine promoteur, lui sont députés de la part du chapitre pour lui rendre les devoirs de la compagnie. Dans l'après-midi se présente l'avant-garde du corps municipal. Dangibeaud, premier échevin, et Riquet, officier de l'hôtel de ville, « précédés d'une compagnie de cinquante jeunes gens en uniforme de dragons et suivis d'une pareille quantité de notables bourgeois tous à cheval, en bottes et l'épée au côté », arrivent et complimentent l'évêque. On se met en marche

A cinq heures, la voiture paraît à l'extrémité du pont. Les dragons à cheval la précèdent ; les notables citoyens l'entourent. Dangibeaud, Riquet, le lieutenant des dragons et le major cavalcadent aux portières. Les tambours battent aux champs ; les fanfares retentissent, la musique éclate. Au pont, le prélat descend. Le maire l'attend avec tous les conseillers. C'est Guillaume Gaudriaud, conseiller du roi, « procureur du roi en sa maréchaussée générale à la résidence de Saintes, subdélégué de l'intendance de la généralité de La Rochelle au département de la dite ville, maire et colonel de la ville », comme il s'intitule. Sa harangue faite, La Rochefoucauld répond « de la manière la plus honnête et qui témoigne toute sa satisfaction de la belle réception qu'on lui faisait. » Alors a lieu la prestation de serment.

---

1. Abbé de Masdion de 1755 à 1787. Il avait eu pour prédécesseur Simon-Pierre de Lacoré, qui fut évêque de Saintes, et il eut pour successeur l'abbé de Luchet. Les d'Hérisson, famille aujourd'hui éteinte en Saintonge, étaient originaires de Champagne. Marie-Hilaire maria, le 19 décembre 1768 à Saintes, Marie d'Aunis de Meursac, fille de Louis et de Marie Berthomée Pinsonnet de Belfont, avec Jean Bernard de Montsanson. Il était frère de Charles-Honoré d'Hérisson, écuyer, seigneur de Beauregard, capitaine au régiment royal de Navarre cavalerie, chevalier de Saint-Louis (fils de feu Guillaume d'Hérisson de Vigneux, seigneur de Péré et de Beauregard), qui, le 21 février 1764, épouse à Saintes Marie-Jeanne d'Aunis, veuve de Claude Bérand du Pérou, fille de Louis d'Aunis, écuyer, seigneur du Vignand, et de Marie Pinsonnet de Belfont.

Lire dans les *Archives historiques de Saintonge*, II, p. 245 et VII, 441, l'histoire d'un soufflet que le bouillant abbé de Masdion donna au médecin François-Antoine de Nicastro, et l'acte de l'offre de réparation qu'il lui en fit, le 26 octobre 1778 : « Il eut le malheur, par un premier mouvement dont il ne fut pas le maître, de lâcher un coup de main qui porta sur le vi..ge de cette personne (qui l'avait vivement repoussé en passant dans la rue), laquelle ..rsonne s'est trouvée être un sieur de Nicastro », et finalement l'acceptation (5 novembre) des excuses par devant témoins et moyennant 1.000 livres : 200 aux pauvres de Saint-Michel, 200 de Saint-Pierre, 300 à la fabrique de Sainte-Colombe, 200 aux pauvres de l'hôpital Saint-Louis, 100 aux prisonniers, et tous les frais.

C'était une loi qu'aux bourgeois appartenait la ville. Le maire était capitaine et colonel de la cité ; il commandait en souverain au nom de tous, sous la suzeraineté immédiate du roi. Ombrageux et prudents, quand ils accueillaient un supérieur, les habitants craignaient d'introduire dans leurs murs un maître. Aussi prenaient-ils leurs précautions. Volontiers ils consentaient à être soumis ; mais ils n'entendaient pas être dominés. Aussi l'illustrissime et révérendissime père en Dieu, puissant avec sa houlette pastorale, en inspirant le respect n'était pas sans causer quelque appréhension. On le priait donc humblement, mais fermement, de jurer le maintien des franchises de la cité. Mgr de La Rochefoucauld, comme ses prédécesseurs, se vit apporter le célèbre livre rouge des privilèges de Saintes (1).

A la première page du livre ouvert est peint sur le parchemin un grand Christ dans un encadrement de fleurs et de feuillages ; au bas sont les armes de France. A droite est représentée la Vierge à l'enfant ; à côté du blason royal, les armes de Saintes ; sur les bords, des feuillages ; au milieu, les litanies des saints. C'est là que le prélat pose la main droite. Senné, le greffier, lit la formule qu'il répète :

« Moi Pierre, évêque de Saintes, je promets sur mon âme de respecter les libertés, coutumes et usages louables de cette cité de Saintes, ainsi que les ont respectés mes prédécesseurs, les évêques de Saintes et qu'ils ont été respectés jusqu'à ce jour, en ce qui me regarde comme évêque et comme seigneur(2). »

Après ce serment fait à la face du peuple, dans les mains du chef de la cité, sur le livre sacré, le pontife est un des citoyens. Il a juré de garder leurs franchises, leurs droits, leurs immu-

---

1. Il en est souvent question dans nos annales, mais il en restait fort peu de chose, quelques pages que j'avais retrouvées. Il contenait le serment du maire à son entrée en fonctions, de l'évêque, du sénéchal, des échevins, du roi des arbalétriers, puis le cérémonial de la réception de l'évêque, de l'élection annuelle du maire, enfin les différents droits de la ville, les chartes accordées par les rois, et bien d'autres pièces qu'il serait important d'avoir. Le livre rouge a péri avec les livres et manuscrits dans l'incendie de l'hôtel de ville et de la bibliothèque en 1870.

2. « Ego Petrus, episcopus Sanctonnensis, promitto observare libertates, consuetudines et usus laudabiles istius civitatis Sanctonnensis, in animam nostram, sicut ea observaverunt predecessores nostri episcopi Sanctonnenses et fuerint hactenus observata, quantum spectat ad jus episcopale et dominium nostrum. »

nités, leurs privilèges. Qu'il entre. Autrefois la porte fermée s'ouvrait ; mais il n'y a plus de remparts, ni de portes. Le maire offre le bras à monseigneur de La Rochefoucauld, marque d'alliance et signe de patronage. Le premier de la ville présente au peuple son chef spirituel. Et l'évêque, appuyé sur le bras du maire, s'avance à travers les rues de la ville jusqu'à Saint-Pierre. Ici a lieu une nouvelle prestation. Le chapitre a, lui aussi, ses privilèges, et il entend les conserver (1).

Devant la porte de l'église cathédrale sont les chanoines Delaage, doyen ; Louis Mossion de Lagontrie ; Jean-Pierre Croizier, théologal ; Jean-Louis-André de Luchet, archidiacre d'Aunis ; Charles-Marie-Antoine d'Aiguières ; Hilaire-Marie d'Hérisson ; Louis Capdevielle ; Pierre-Louis Bégole, ancien curé de Saint-Pierre ; Jean-Pierre Pichon ; Jean-François Dudon ; Louis-Jean de Luchet, *minor* ; Pierre-Marie-André Grenet ; Thomas Bourdeille ; Pierre-Gabriel Grelet du Peirat ; Elie-François-Dominique Castin de Guérin de La Magdeleine (2) ; Michel-Dominique de Luchet de Lamotte (3), *junior* ; Pierre

---

1. L'abbé Briand a raconté, *Histoire de l'église santone*, II, 693, d'après « un contemporain, qui avait seize ans » lorsque La Chasteigneraye mourut, que ce prélat n'avait jamais voulu se laisser lier les mains avec un ruban symbolique, comme c'était l'usage. Aussi « n'officia-t-il jamais pontificalement dans sa cathédrale, et lorsqu'il assistait au chœur, la dernière place, après les chanoines, du côté de l'épître, lui était réservée. Il ne se trouvait point à l'office canonial. Pendant le sermon, il occupait le banc de l'œuvre, et se retirait avant la bénédiction. » Cette histoire me paraît apocryphe, malgré l'autorité de ce témoin de seize ans. La Chasteigneraye n'était pas d'humeur à endurer ces taquineries. Nulle part je n'ai trouvé trace de cette ligature des mains. Le procès-verbal dressé le 11 mars 1782 par le notaire royal apostolique, Jean Bigot, et signé de dix-neuf chanoines, n'en dit pas un mot.

2. Baptisé, le 4 août 1742, aux Touches de Périgny, canton de Matha, il était fils de Philippe-François Castin de Guérin, chevalier, haut seigneur du bourg de Saint-Pierre, La Magdeleine, Les Touches, mort le 24 mai 1746, et de Henriette-Louise de Lescours. Il avait un cousin, Pierre-Maurice, baptisé le 12 septembre 1767, enterré aux Touches, le 10 octobre 1788, clerc tonsuré, chanoine de la cathédrale de Poitiers, fils de messire Castin de Guérin, seigneur de La Magdeleine, du bourg Saint-Pierre, et de Henriette Robert. Voir *Revue de Saintonge*, VII, 81.

3. Michel-Dominique de Luchet de La Motte (frère du célèbre ami de Voltaire et de Frédéric), né à Saintes le 4 août 1734, avait, comme deux de ses frères, appartenu à la société de Loyola. En 1773, Louis de Saint-Pierre, abbé commendataire de l'abbaye royale de Notre-Dame de Chastres, grand prieur de Saint-Brice, vicaire général et chanoine de Valence, résigna en faveur de Michel-Dominique, dont Briant, II, 665, fait son neveu, un canonicat dans l'église cathédrale de Saintes. Sur 24 chanoines, treize furent d'avis de lui refuser le visa parce qu'il n'avait pas prêté le serment de 1762, ne voulant pas placer « aucun jésuite dans la juridiction du chapitre, afin de se prémunir contre les surprises des partisans des jésuites. » On plaida. Le 1er mai, Thibault des Romans, Béraud, les trois Bourdeille, Mossion de Lagontrie, Capdevielle, Bégole,

Dangibeaud ; Joseph Gémit de Luscan, ancien curé de Saint-Pierre ; René-Antoine de Saint-Légier d'Orignac, mort curé de Jonzac ; Claude-Furcy-André Legrix, auteur du *Journal* (1781-1791) de cette époque qui a été publié en 1867; Félix-Maximin Déguillon, ancien vicaire de Chaniers (¹), qui tous ont signé le procès-verbal, sauf Louis Capdevielle.

La porte est fermée. Le doyen adresse au prélat « très éloquemment » quelques paroles de bienvenue. Le pontife répond. On lui apporte un missel sur lequel il étend la main, et jure de maintenir les doyen, chanoines et chapitre « en tous leurs droits, privilèges, exemptions, libertés, franchises et immunités qui leur ont été accordées par les bulles de nos saints pères les papes. » Delaage lui présente deux clefs d'argent attachées en croix par un ruban violet. C'est l'investiture. Les clefs sont l'emblème du chapitre, qui portait *D'azur à deux clefs d'argent en sautoir*. Liées en croix par un ruban violet, couleur de l'épiscopat (²), elles symbolisent l'union, fondée sur le signe rédempteur, qui va désormais régner entre l'évêque et le chapitre (³).

Dudon, Grelet du Peirat, Castin de Guérin de La Magdeleine signèrent une énergique protestation contre Luchet de La Motte, qui « tient encore à une société dont le lien est réprouvé par les arrêts des cours souveraines ». Malgré tout, le 28 juin, le nouveau chanoine fut installé par neuf de ses confrères moins récalcitrants. Puis tout se calma, et Luchet de La Motte, dit Briand. II, 675, « devint un des plus honorables membres de la société capitulaire ». Plus tard, il refusa le serment à la constitution civile, fut déporté sur les *Deux Associés* et mourut le 20 août 1792. Son corps repose dans l'île d'Aix.

1. L'abbé Déguillon avait été, le 14 octobre 1781, nommé par le chapitre chanoine « à la place de Delaage de Vibrac frère du doyen », mort le 12, et regretté pour « les aumônes abondantes qu'il répandait » sur « beaucoup de familles indigentes et honteuses dont il était le soutien. » Il signe toujours *Déguillon*.

2. Est-ce ce ruban liant deux clefs qui a donné lieu à la légende des mains de l'évêque liées par une faveur rose ? Peut-être.

3. Voici du reste la pièce authentique de l'installation. Elle est signée, outre les chanoines énumérés, du notaire Bigot, de Thomas Boyer et de Jean Poitevin, tous deux « praticiens demeurant audit Saintes, paroisse de Saint-Pierre, témoins », et de l'évêque. Les chanoines, y lit-on, « ont dit et remontré à illustrissime et révérendissime seigneur monseigneur Pierre-Louis de La Rochefoucauld, conseiller du roi en tous ses conseils, évêque et seigneur du dit Saintes, abbé commendataire de l'abbaye de Notre-Dame de Vauluisant, ici présent, que ses prédécesseurs nos seigneurs les évêques, lors de leurs entrées et réceptions dans la dite église, avaient toujours fait le serment et promis à MM. les doyens, chanoines et chapitre de cette ditte ville, de les protéger, maintenir, entretenir et conserver en tous leurs droits, privilèges, exemptions, libertés, franchises et immunités, concédés à mes dits sieurs doyen, chanoines et chapitre, par les bulles de nos saints pères les papes, et suivant leurs transactions, ratifications, arrêts, statuts et coutumes de la ditte église et pour cet effet, prient très humblement, mondit seigneur l'évêque, de vouloir faire le dit serment, à la manière et selon la forme accoutumée ; ce que mondit seigneur l'évêque leur a accordé, et à l'instant a juré la foi de

J'ignore si la phrase du tabellion, relative à la concorde prêchée par le pontife et promise par les chanoines, traduit une harangue ou raconte un fait. Mais voici ce qui avait lieu autrefois et ce à quoi peut-être fait allusion le passage bref du procès-verbal. Sous le porche, devant la croix portée par un enfant, le nouveau prélat disait : « Que la paix soit avec vous ! *Pax vobis*.

— Est-ce bien la paix que vous apportez ? interrogeait le doyen.

— C'est bien la paix, répondait l'évêque.

— C'est bien la paix ? reprenait le doyen :

— Oui, c'est bien la paix.

— La paix véritable ? demandait une troisième fois le doyen.

— La paix véritable, » répondait une troisième fois l'évêque (¹).

Alors, on ouvre les portes. La Rochefoucauld reçoit de l'eau bénite, en asperge les assistants. Sous le clocher il se revêt de ses habits pontificaux, puis entre, mitre en tête, crosse en main, au bruit des cloches sonnant à toutes volées et au son des instruments. Il suit le doyen, les deux archidiacres tiennent sa chape, celui de Saintonge à droite, à gauche celui d'Aunis. On chante le *Te Deum*, « qui fut accompagné de la plus belle symphonie ». Et pendant ce temps la milice bourgeoise fait devant l'église trois salves de mousqueterie. Le chant fini, « tous les chanoines sont allés *ad osculum pacis* ». Le prélat donne sa bénédiction solennelle. « Après quoi, mondit seigneur l'évêque fut reconduit toujours en ses habits pontificaux par le chapitre et le corps de ville dans son palais épiscopal, où le dit corps de ville, après lui avoir réitéré ses assurances de respect, offert

---

prélat, mettant sa main sur les saints évangiles, sur un missel, qui lui a été présenté par monsieur Delaage doyen, les maintenir, entretenir et conserver en tous leurs droits, privilèges, exemptions, libertés, franchises et immunités, qui leur ont été accordées par les bulles de nos saints pères les papes et suivant leurs transactions, ratifications, arrêts, statuts et coutumes de la ditte église ; après quoi, mon dit seigneur évêque a prié mes dits sieurs doyen et chanoines de vouloir vivre en paix, union et concorde avec lui ; ce qu'ils lui ont promis, et que de sa part il en usera de même ; ensuitte toutes les autres cérémonies accoutumées de l'église ont été observées....... »

1. Voir *Entrées épiscopales à Saintes* (1868, in-8°), page 3.

tout ce qui pouvait dépendre de lui et demandé ses ordres, s'est retiré à l'hôtel de ville pour y dresser le présent procès-verbal(¹). »

Involontairement en voyant cette fête, dont le dernier évêque de Saintes est le héros, on se reporte par la pensée à dix-sept siècles en arrière. Cette fois, c'est le premier évêque de Saintes qui entre dans sa ville épiscopale. Il y a sans doute moins d'enthousiasme pour le recevoir. Il n'y aura pas moins d'acharnement à le poursuivre. Quand le pasteur envoyé de Rome par saint Clément, pénétra dans Saintes, « il vit de toutes parts des remparts antiques qui la défendaient, des tours élevées qui l'ornaient ; et contempla son site admirable, le vaste espace qu'elle occupait ; il remarqua ses riches productions naturelles, ses prés et ses vignobles, son air pur, l'agrément de ses rues et de ses places, et ses beautés de tous genres (²). » Quelques années après, dans cette ville à l'aspect si calme, au site si plaisant, et dont les habitants auraient dû être aussi doux que la campagne était charmante, le pieux voyageur Eutrope, l'apôtre de la bonne nouvelle, succombait sous la hache des forcenés.

Une des premières visites du nouveau prélat fut pour le collège de Saintes. Le 3 avril, il s'y présenta. Outre une douce obligation, son penchant le poussait vers les jeunes gens et les enfants. Et puis cette jeunesse était l'espoir de son diocèse et la pépinière de son clergé (³). Un élève de rhétorique, L.-A.

---

1. Ce procès-verbal, dont nous avons reproduit la substance et souvent les expressions, est signé par Gaudriand, maire ; Guenon, lieutenant du maire ; Duchaine, échevin ; Mollet, avocat, procureur du roi ; Faurès, second échevin ; Riquet, procureur-contrôleur ; Laurent, syndic-receveur, et Senné, procureur-greffier. Dans le cours de cette histoire nous assisterons à une autre intronisation d'évêques. Il était bon d'avoir vu celle-là avec quelques détails.

2. « Cumque urbem, quæ Xanctona dicitur intraret, eamque videret undique muris antiquis optime septam, excelsis turribus decoratam, cunctis felicitatibus affluentem, pratis ac vineis uberrimam, salubri aere opertam, plateis ac vicis amœnam, multisque modis venustam, cepit bonus æmulator excogitare si ab idolorum cultura convertere eam Deus dignaretur. Itaque per plateas et vicos ejus pergens, verbum Dei constanter prædicabat. » *Acta sanctorum aprilis*, tome III, p. 735.

3. L'évêque aimait à encourager par sa présence les solennités scolaires. Le *Journal de Saintonge et d'Angoumois* du 20 août 1788, à propos de la distribution des prix au collège de Guienne à Bordeaux le 11, où Magistel, « l'un de nos concitoyens, a obtenu deux prix en rhétorique », ajoute : « Une autre distinction, c'est qu'avant de recevoir la couronne des mains de Mgr l'archevêque de Bordeaux, il a été arrêté au passage par Mgr l'évêque de Saintes, qui l'a aussi couronné en lui donnant l'accolade ». P. 127, n° XVII.

La Rochefoucauld.

Gallonde, le harangua au nom de ses condisciples. La pièce est curieuse, véritable amplification d'écolier, toute farcie de souvenirs classiques. On y parle des Scipion. Encore quelque temps, et on exaltera les Brutus (1).

Des soins plus pressants allaient occuper le prélat.

Dans la succession de Germain de La Chastaigneraye se trouvait un procès. Sa vie n'avait été qu'une plaidoirie. Il en restait quelque chose. Pierre de La Rochefoucauld dut suivre l'instance engagée. Il s'agissait encore de la lutte entre l'épiscopat et le parlement, lutte ridicule, mais qui allait devenir horrible quand une assemblée, toute-puissante et souveraine, prit en main la cause des cours qu'elle proscrivait.

Un curé de Saint-Bonnet (2), Jean-Baptiste David, déjà à Bordeaux condamné à rayer les imputations injurieuses dont il s'était permis de charger les registres baptistaires, une seconde fois, en juin 1780, poursuivi par le lieutenant criminel de Saintes, Louis-Nicolas Lemercier, à raison d'injures graves qu'un habitant de la paroisse, Baudran, l'accusait d'avoir proférées contre lui, le jour de la Fête-Dieu, et lorsqu'il tenait en main le Saint-Sacrement, avait, en décembre 1780, du haut de la chaire, lancé des paroles inconvenantes contre François

---

1. « Monseigneur, quand les grands de la terre reçoivent des honneurs, quand le pompeux appareil dont ils sont environnés attire sur leur personne mille regards curieux, quand la renommée semble se plaire à faire voler leur nom de bouche en bouche, on peut dire que souvent ils ne sont redevables de ce brillant éclat qu'à leur naissance et à leur dignité. Mais lorsqu'il leur arrive avec cela de voir se tourner vers eux les cœurs les plus soumis à leur autorité, c'est alors un précieux avantage qu'ils ne doivent qu'à leur mérite personnel ; et c'est ce que vous avez éprouvé, monseigneur, dans ce jour, où votre entrée dans cette capitale a été un triomphe accompagné des cris de joie que faisait entendre de toutes parts une population nombreuse, avide de contempler enfin celui qui, depuis longtemps était l'objet de son amour comme de sa plus vive attente. En effet, quel plus beau jour ! Que de vœux sincères ! que d'expressions naïves d'admiration, de tendresse et de respect sont parvenues jusqu'à vous ! Non, ce jour fortuné ne s'effacera pas de notre mémoire. Nous nous souviendrons à jamais que tout concourait à la splendeur de cette auguste fête ; qu'une joie pure remplissait tous les cœurs ; que l'étranger même prenait part aux doux transports de la cité. Tous étaient heureux de posséder un chef disposé à faire le bonheur de son troupeau. Pour nous, témoins de cette pompe solennelle, il nous a semblé qu'elle retraçait à nos yeux, les triomphes de Paul Émile et de Scipion. Oui, monseigneur, elle nous les retraçait, mais sous des dehors infiniment plus flatteurs... » Un Gallonde, vicaire de Saint-Vaize, fut curé constitutionnel de Saint-Romain de Benêt. Est-ce l'orateur de 1792 ?

2. Saint-Bonnet, canton de Mirambeau, arrondissement de Jonzac, surnommé *Bonnet-Rouge* pendant la révolution.

CHAPITRE V. 51

Fourchaud (¹), lieutenant particulier de la sénéchaussée de Saintes, dont les métayers n'avaient point voulu voiturer les fagots du curé (²).

Cité, sur la plainte de Fourchaud, à comparaître devant le lieutenant criminel de Saintes le 28 décembre, David fut suspendu par l'officialité. Il en appela au parlement de Bordeaux qui leva la suspense. David fut revendiqué comme prêtre par l'officialité, et le 15 février suivant, sur le réquisitoire du promoteur, l'official Daniel Casey, licencié en théologie, qui venait d'être nommé à la place de Delord démissionnaire, le 14 janvier(³), « attendu que le prévenu a commis injures publiques et plusieurs excès de violence en chaire, dans l'administration des sacrements et les fonctions du ministère les plus saintes (⁴) », suspend David de ses fonctions. Sans tenir compte de l'interdit, David empêche un religieux (⁵) que le vicaire général,

---

1. François Fourchaud, avocat en parlement et subdélégué de l'intendant de La Rochelle au département de Mirambeau, était fils de François Fourchaud, sénéchal de Mirambeau et subdélégué de l'intendant, et de Marie-Anne Seguin. Il habitait Saint-Bonnet. Le 2 février 1779, il épousa en troisièmes noces, à Saintes, Marguerite-Louise-Suzanne Pichon, fille de Pierre Pichon, bourgeois, et de demoiselle Suzanne de Coudre, de la paroisse de Bussac, en présence de René-François d'Aiguières, chevalier de Saint-Louis, d'Eutrope-Barnabé Pichon, écuyer, seigneur de Saint-Thomas, de François Seguin, ancien commissaire de la marine, de Joseph Massiot de La Motte, chevalier, et de Joseph Bonnerot, professeur de philosophie au collège, qui officia.

2. Selon l'accusation, il aurait dit qu'il ne se souciait pas plus de Fourchaud, de la Fourchaude et de toute sa race, que de la boue des rues, et qu'il leur refuserait les sacrements. Selon la défense, il s'était seulement plaint que des gens dans sa paroisse ne lui voulaient rendre aucun service : que les métayers du *nommé* Fourchaud lui avaient refusé de lui charroyer ses javelles, parce que le *nommé* Fourchaud le leur avait défendu : mais que si jamais le *nommé* Fourchaud avait besoin de ses services, il ne les aurait pas. *Le nommé* Fourchaud était lieutenant particulier, ne l'oublions pas ; et cette expression paraissait légèrement dédaigneuse pour un aussi haut personnage. Le curé en convenait bien, mais la faute ne lui semblait pas grave.

3. Daniel Casey ne resta pas longtemps official du diocèse. En 1784, l'évêque lui ôta ce titre. Il en conserva un long ressentiment. Le 23 mars 1789, à l'assemblée du clergé, il fit une motion en faveur des curés, et demanda pour eux plus d'argent et plus de dignités. Sa proposition fut repoussée à l'unanimité, et l'évêque la traita de ridicule. Casey, pour prouver qu'il était raisonnable, publia, en 1790, une brochure in-12 de 100 pages, *Juges si j'ai tort ou motion en faveur de M.M. les curés*, où il essaie de la justifier: « Au milieu des clameurs qu'on élevait contre moi dans tout le diocèse, en me supposant comblé de bienfaits par M. l'évêque, et me prêtant les procédés les plus ingrats et les plus extravagants, je n'ai point écouté la juste indignation que ces imputations, aussi fausses qu'odieuses, devaient faire naître dans mon âme ». Page VII. On voulut le faire évêque, il refusa et se montra fidèle.

4. *Procès-verbal de l'assemblée du clergé*, 1782, p. 213.

5. Ce devait être Pierre Dalidet, supérieur des récollets de Mirambeau, qui, après le départ de David en 1783, desservit la paroisse pendant quelque temps.

l'abbé de Luchet, avait envoyé, de dire la messe dans son église et interjette un double appel au parlement de Bordeaux, appel simple de l'ordonnance du lieutenant criminel, et appel comme d'abus du décret de l'official.

Le parlement, comme c'était l'usage à cette époque, heureux de trouver l'occasion d'intervenir dans des affaires ecclésiastiques, et fier qu'on voulût bien avoir recours à lui dans une question religieuse, rend, le 28 avril 1781, en la chambre de la Tournelle un arrêt ainsi conçu : « La cour ordonne que, sur les appels simples et comme d'abus, les parties viendront plaider. Cependant, ayant égard à la partie du curé de Saint-Bonnet, du consentement du procureur général du roi, a levé et lève l'interdit par elle encouru, le renvoie à ses fonctions, etc. »

Fort de cette singulière décision qui rendait à un prêtre le pouvoir d'absoudre et de communier, David, de retour à Saint-Bonnet, 3 mai, chasse Guillaume Ferret que l'évêque y avait envoyé exercer le ministère depuis le 2 mars. Ferret, qui fut ensuite curé de Saint-Martin de Pons, qui émigra après en Espagne, « et dont la mémoire est en bénédiction », dit Briand, III, 411, fut traité de gueux, d'insolent et de drôle. L'évêque eut sa part dans cette avalanche d'injures.

Sur ces entrefaites, Germain de La Chastaigneraye était mort. Son successeur ne pouvait pas assister impassible à la scandaleuse conduite d'un prêtre qui, interdit par l'autorité épiscopale, continuait à exercer le ministère. La Rochefoucauld était d'humeur paisible ; il lui en coûtait, à peine arrivé dans son diocèse, d'occuper les tribunaux de démêlés religieux et d'entrer en lutte avec la magistrature. Par des démarches courtoises il essaya donc d'amener la cour de Bordeaux à réformer elle-même son arrêt, dont il lui démontra toute l'illégalité. Ce parlement, qui ne pouvait sans motif casser lui-même le jugement qu'il venait de porter, indiqua en quelque sorte à l'évêque l'autorité du souverain comme le seul pouvoir capable d'anéantir la sentence rendue. C'est donc au roi que Pierre-Louis eut recours, mais par l'entremise du clergé. L'assemblée, qui se réunit le 10 octobre 1782, fut saisie de l'affaire. Le 25 novembre, le rapport fut fait par l'archevêque d'Arles, Jean-Marie du Lau. La question était grave ; elle intéressait le clergé tout entier. L'assemblée déclara que « monseigneur de Saintes était en droit d'attendre de la compagnie les démarches les plus éclatantes et même une intervention en forme, si le cours des événements requérait une semblable procédure » (1).

La cause fut déférée au conseil des dépêches, composé légalement du roi, du dauphin, du duc d'Orléans, du chancelier et des quatre secrétaires d'état, qui rendit, le 14 avril 1783, un arrêt signifié le 17 et rétablissant les choses dans l'état où elles étaient avant celui de Bordeaux. Restait le fond du procès lui-même. L'affaire fut appelée à Bordeaux en juillet 1783. La Rochefoucauld avait pour procureur Pierre Dupré (2), procureur en la cour du parlement, et pour avocat Raymond-Romain de Sèze, le futur défenseur de Louis XVI (3). L'avocat général était Élie-Louis Dufaure de La Jarthe, qui périt, le 22 messidor an II, par jugement de la commission militaire de Bordeaux, comme s'étant toujours, depuis la Révolution, montré ennemi de la liberté. On ne peut faire un pas dans cette biographie lamentable sans trouver à chaque instant l'échafaud.

Le plaidoyer pour Mgr de Saintes fut prononcé le 12 juillet, en audience de la Tournelle (4). Il concluait que l'évêque fût reçu « partie intervenante dans l'instance sur l'appel comme d'abus interjeté par le sieur David ; que l'appel et ce dont était appel fût mis au néant, qu'il fût déclaré n'y avoir abus, et

---

1. Briand, qui dit quelques mots de ce procès, II, 621, termine prestement l'affaire par cette phrase : « En définitive l'arrêt parlementaire portant main levée de l'interdit fut annulé, et l'officialité de Saintes, reconnue compétente pour l'application de la peine canonique, comme pour le droit exclusif d'absolution de censure. » Et il renvoie aux *Mémoires* — il veut dire *Procès-verbal de l'assemblée du clergé de France de 1782* — qui n'existent pas. Tout ne fut pas ainsi fait.

2. Constitué par acte du 15 juin, passé devant Bigot, notaire à Saintes. — Le même jour, l'évêque faisait à Daniel Casey, official de son diocèse, une pension annuelle et viagère de 150 ducats sur son abbaye de Vauluisant. Acte signé : « Pierre-Louis de La Rochefoucauld, évêque de Saintes et abbé de Vauluisant », et Bigot, notaire. Daniel Casey, né à Jonzac, mourut à Saintes, âgé de 67 ans, le 23 prairial an III.

3. Fils de Jean de Sèze, avocat célèbre au parlement de Bordeaux, en 1750, et frère entre autres de Paul-Romain, conseiller au parlement de Bordeaux, mort président de la cour royale de Bordeaux ; de Constantin, vicaire général de Bordeaux sous Mgrs d'Aviau et de Cheverus ; de Casimir, premier président de la cour d'Aix ; de Victor, qui fut père d'Aurélien de Sèze, né le 25 septembre 1799, avocat renommé à Bordeaux et à Paris.

4. Imprimé in-4° par Simon de La Court, imprimeur du roi, à Bordeaux.

en conséquence que David fût renvoyé, pour son procès lui être fait conformément aux ordonnances, condamné à l'amende et aux dépens. Le parlement, par arrêt du 19 juillet, admit toutes ces conclusions. Que devint David? Il disparaît de Saint-Bonnet en 1783 et meurt en novembre 1787 (1).

Voilà quelles formalités il fallait alors pour arriver à interdire effectivement un curé récalcitrant. Trois ans de débats, un parlement, le conseil du roi, l'assemblée du clergé mis en mouvement, tout cela pour arriver à ceci que, dans l'ordre spirituel, un tribunal laïque ne peut pas ôter, donner ou rendre à un prêtre le pouvoir d'officier ou d'absoudre.

On comprend les tracas que devait causer l'administration d'un diocèse comme celui de Saintes. Comprenant alors une partie du bas Augoumois, il comptait en 24 archiprêtrés, 291 cures, en tout 565 églises, paroisses ou succursales. Ce qui augmentait encore la difficulté, c'était que l'évêque, seigneur temporel avec haute, basse et moyenne justice sur les quatre cinquièmes de la ville (2), pendant un mois de l'année, et sur

1. En 1790, la cure est occupée par Fontreau de Saint-Martin qui meurt le 22 août, d'une chute de cheval. Il a pour successeur Valérie Buisson, remplacé par Degasse, jeune prêtre assermenté, qui, avant sa messe, déposait sur l'autel ses deux pistolets et était toujours éperonné. Au commencement de 1793, il s'engagea comme volontaire. Son successeur Durand, minime de Bordeaux, se maria et, l'église fermée, se fit instituteur. Mort à la fin du siècle, il fut enterré dans l'église en habits sacerdotaux, ce qui ferait croire qu'il s'était repenti. Après lui le ministère à Saint-Bonnet fut exercé jusqu'en 1807 par Dibon, qui n'était que diacre. Durant avait un verre pour calice et un devant d'autel pour chasuble. Lui, acheta pour 3000 fr. d'ornements que la commune refusa de payer. Il fallut que les gendarmes de Mirambeau vinssent chasser ce prêtre sans mission. Il est mort à Bordeaux après y avoir été longtemps chantre. Valérie Buisson, né en 1758, fut en 1803 nommé curé de Pont-Labé.

2. Voici quels étaient les droits de l'évêque de Saintes sur sa ville épiscopale. Je les mentionne ici parce que personne ne les a encore indiqués.

L'évêque était seigneur direct et foncier de la plus grande partie de la ville de Saintes. Le reste appartenait au roi. Il y avait tout droit de juridiction haute, moyenne et basse, « mesme de faire tenir sa cour en les maisons qui sont au fond du roy », mais seulement pour celles-ci depuis le jour de saint Augustin (28 août) « à vespres qui sonnent en saint Vivien », jusqu'au jour de saint Cosme et saint Damien (27 septembre) aussi à vêpres. Pendant ce temps l'évêque perçoit les droits qui reviennent au roi pour les ventes ; ce sont ses officiers qui font « toutes provisions de tutelles, inventaires et autres actes de justice », et qui sont chargés de « punir les malfecteurs ». En outre, il a des droits sur toutes marchandises et denrées qui entrent à Saintes pendant les mois d'août et de septembre, excepté sur le grain qui se porte au minage, où il n'a que deux deniers par sac. Il a aussi la jouissance « de tous les droits dont jouit le roy sur la coustume antienne de Charente », depuis la fête de saint Vivien (28 août) jusqu'à celle de saint Cosme (27 septembre).

La juridiction de l'évêque s'étendait en tout temps sur tout l'espace de la ville com-

quelques paroisses rurales, n'avait que la moitié des cures à sa nomination. Le chapitre de 24 chanoines, qui pourvoyait seul aux canonicats, prébendes et vicariats, prétendait en outre à une juridiction épiscopale sur 26 cures. Celle de Saint-Michel à Saintes était dans la juridiction du doyen. De là des conflits continuels. L'autorité du chef était singulièrement restreinte. Il ne pouvait conférer dans le chapitre que les quatre dignités, savoir : les deux archidiaconats, la chantrerie et la scholastique. De plus les bénéfices se transmettant à peu près comme des propriétés, exactement comme nos charges d'avoués et de notaires, il n'avait guère qu'une autorité nominale sur un très grand nombre d'ecclésiastiques. Les embarras pour cela n'étaient pas moindres ; avec les ennuis de la puissance il n'avait pas le pouvoir de les diminuer.

La Rochefoucauld fit pourtant ses efforts pour améliorer la situation. Dès le commencement de son épiscopat, il se mit à l'œuvre avec une sage énergie, agissant prudemment, mais avec constance, donnant l'exemple de la régularité et du zèle. Son premier soin fut la visite de son vaste diocèse, peut-être un peu négligé par son prédécesseur. Nous avons trouvé çà et là quelques traces de son passage qui suffisent à prouver sa sollicitude.

Le 23 mai 1783, il est à Gemozac, où le curé de Villars en Pons lui amène 157 de ses paroissiens à confirmer ; le 24, à Bois, où il confirme 246 personnes. En 1784, au fort de la chaleur de juillet, nous le voyons confirmer, à Médis près Royan, 357 personnes (1). Le 4, il est à Mornac,

---

pris entre une ligne qui partant de la Porte-Évêque à la Bertonnière, « où sont éfigiés la grosseur de la pipe et barrique qui font cognoistre le droit de guerlande que le dit seigneur a à Saintes, » irait par le quai Reverseaux jusqu'à l'église des récollets, passerait au canton de la Poissonnerie, la ruelle du canton aux herbes, la Grande-Rue, la rue Sainte-Colombe, la Porte Aiguière et en suivant les murailles, c'est-à-dire le cours national, le cours Reverseaux, la Bertonnière, rejoindrait la Porte-Évêque, sauf quelques maisons, l'hôtel-de-ville et les halles réservées au roi. Voir la pièce entière dans *Saint-Pierre de Saintes*, p. 132.

1. Aujourd'hui 14 du mois de juillet 1784, entre huit et neuf heures du matin, Mgr Pierre-Louis de La Rochefoucauld, évêque de Saintes, a fait son entrée publique dans cette paroisse pour y faire sa visite, et après avoir célébré la sainte messe dans la dite église de Médis, il a donné le sacrement de la confirmation à 357 tant paroissiens que paroissiennes. Il était assisté de M. l'abbé de Luchet, grand archidiacre et vicaire général, de M. son aumônier, de M. Labole, curé de Saint-Georges de Didonne, et de M. Turenne, curé de Saint-Sulpice près Mornac. En foi de quoi j'ai signé le même jour et an que dessus. FRÈRE LÉOBON BOUNAUD, *curé de Médis*. » Registres paroissiaux de Médis.

où il confirme 110 personnes (1), et 280 le 17, à Meschers.

L'année suivante, nous le voyons à l'extrémité du diocèse, à Barbezieux, dont l'arrondissement presque entier faisait autrefois partie du diocèse de Saintes (2). Il y est harangué à la porte de l'église par le curé et au presbytère par les pères cordeliers, par M. de La Maurine, procureur du roi en l'élection, plus tard subdélégué de l'intendant Reverseaux en 1788, et par Drilhon, juge du marquisat et subdélégué de l'intendant (3).

Et ce qui prouve son activité, le 5 de ce même mois, il est à l'autre extrémité de son diocèse, au fin bout de l'île d'Oleron, à Saint-Denis, où il est reçu par Pierre Babinot, curé, né à Saintes et qui plus tard (3 thermidor an II), épousa Marianne Quéré. En 1787, le 16 juin, il est à Magné-Niort, où il est harangué par l'abbé Allaire de La Sablière, avocat au parlement, prieur commendataire, curé chanoine de la dite église (4).

---

1. « Le 4 de ce mois de juillet, monseigneur Pierre-Louis de La Rochefoucauld, évêque de Saintes, a fait son entrée solennelle et sa visite épiscopale dans ma paroisse et dans mon église, où il a célébré et administré le sacrement de confirmation à cent-dix de mes paroissiens. En foi de quoi j'ai signé le présent enregistrement, pour en transmettre le souvenir à la postérité. L. DROUET, *curé de Mornac*. » Registres paroissiaux de Mornac, canton de Royan.

2. Le prieuré de Notre-Dame de Barbezieux était alors possédé, depuis 1780, par Charles-François de La Rochefoucauld du Breuil, vicaire général d'Aix, bénéfice qu'il tenait de l'archevêque de Rouen, abbé général de Cluny.

3. La pièce, extraite des registres de la paroisse de Barbezieux pour l'année 1785, est signée par Châteauneuf, archiprêtre, qui mourut près d'Irun, en Espagne, exilé avec Barbot, son vicaire, par Pierre-François-Étienne Réveilland, alors vicaire de Barbezieux, un peu après curé de Saint-Fort de Cosnac, chassé de France en Espagne et mort à Saintes, curé de Saint-Pierre le 21 mars 1855, âgé de 97 ans :

« Le dimanche premier mai 1785, Mgr de La Rochefoucauld donna la confirmation dans l'église de cette paroisse, à deux mille cent personnes. Il avait fait son entrée solennelle à Barbezieux la veille, jour de saint Eutrope. Le magistrat du siège et de l'élection, les troupes et le clergé avec tout le peuple allèrent au devant de lui jusques Chez-Batalier; il descendit là de sa voiture, adora la croix et se mit sous le dais porté par les MM. du siège ; il reçut l'eau bénite et l'encens à la porte de l'église et ensuite le compliment du curé auquel il répondit fort obligeamment. Après le *Te Deum* chanté à l'église, monseigneur fut conduit au presbytère avec les mêmes cérémonies qui l'avaient suivi à l'église ; il fut alors complimenté par les pères cordeliers, par M. le juge Drilhon et par M. de La Maurine, procureur du roi de l'élection. »

4. Son compliment est reproduit dans le n° XXX, p. 235, du *Journal de Saintonge et d'Angoumois* du 29 juillet : « Monseigneur, votre présence fait éclater l'allégresse du pasteur et du troupeau de cette église. Le zèle que vous témoignez ajoute une activité nouvelle à celui qui nous inspire. Dépositaire des dons du Saint-Esprit, vous allez convertir les âmes. Que celui qui vient au nom du Seigneur soit béni. Que les biens sacrés de la charité unissent les coopérateurs à leur chef pour goûter le bonheur du régime pacifique de la religion sainte que nous professons ; tels sont, monseigneur, les vœux que nous adressons au ciel et les hommages que nous vous rendons. »

Ainsi il allait partout, évangélisant les paroisses rurales de son diocèse. C'est ce que l'historien raconte de saint Eutrope : *Per plateas et vicos pergens, verbum Dei constanter prædicabat.* Lui aussi prêchait la parole de Dieu avec constance.

CHAPITRE VI.

Saint Eutrope, 1ᵉʳ évêque de Saintes et martyr. — Dévotion de Pierre-Louis de La Rochefoucauld. — Ses règlements synodaux. — Réforme dans le clergé. — Importance de ces règlements pour apprécier la situation religieuse du diocèse. — Écoles. — Curés. — Églises. — Élèves du séminaire. — Archives. — Mariage. — Projet de suppression de l'abbaye des Dames. — Mᵐᵉ de Parabère. — Violentes attaques des jansénistes contre l'évêque, — le chapitre, — l'abbaye, — Sainte-Colombe, — les Sainte-Claire, etc.

La Rochefoucauld semble avoir pris saint Eutrope pour modèle. Il lui avait voué une vénération particulière, et il favorisa son culte le plus qu'il put [1]. C'est lui qu'il invoque dans les circonstances difficiles et qu'il implore dans les calamités publiques. Car chaque année presque de son épiscopat fut marquée par quelque fléau. En 1782, des pluies continuelles compromettent les récoltes. Le 18 mai, le maire expose aux échevins les alarmes des habitants. Le pain augmente chaque semaine, ce qui « jette la plupart des malheureux dans la plus grande misère ». On ne peut, dit-il, « regarder cette position que comme un fléau, qui ne peut être arrêté que par les prières ». Sur l'avis de Mollet, procureur du roi, deux délégués Chéty, échevin, et Laurent, syndic, vont prier l'évêque de vouloir bien ordonner des prières. Donc, le 20 et le 21, il y eut procession à l'issue de vêpres autour des cloîtres ; le corps

---

1. Voici une ordonnance du 14 avril 1789, par laquelle, louant « le zèle pour le bien spirituel de ses paroissiens » du « sieur Bonifleau, curé de la paroisse de Saint-Eutrope », et « voulant seconder les sages et pieuses intentions dudit sieur curé », il permet la bénédiction du Saint-Sacrement les jours de noël, épiphanie, pâques, ascension, pentecôte, octave du Saint-Sacrement, nativité de saint Jean-Baptiste, saint Pierre, toussaint, conception, nativité, purification, annonciation, assomption de la Vierge ; le 3ᵉ dimanche de chaque mois, translation des reliques de saint Eutrope, dédicace de l'église Saint-Eutrope, 1ᵉʳ mai, les dimanches, jeudis et jours de fêtes du même mois, « qui est le mois d'adoration », et le jour de sainte Eustelle.

de ville y assista en habits de cérémonie. Il faut remarquer cette intervention du corps municipal. C'était du reste une tradition. L'échevinage fort religieux assistait à la procession de la fête-Dieu, à celle de la chandeleur, à celle du 15 août. Le 23 juin, il ne manquait jamais d'aller en grande pompe sur la place Saint-Pierre, faire trois fois le tour du bûcher et de crier : Vive le roi ! avec la foule, pendant que le maire mettait le feu aux quatre coins, et que la milice bourgeoise faisait trois décharges de mousqueterie. C'était le feu de joie de la Saint-Jean, dont l'usage s'est conservé à Saintes dans l'incendie de quelques fagots par les enfants.

L'année suivante 1783, la pluie a produit l'inondation, une inondation « plus considérable qu'il y ait jamais eu »; on craint pour toutes les récoltes. Le maire, interprète « des plaintes et des lamentations » du public, expose, à la séance du 13 mars, « qu'il serait à propos de recourir aux prières, seules capables d'apaiser le ciel, et de procurer la cessation de la pluie et la retraite des eaux ». Riquet et Senné sont députés, en l'absence de l'évêque, vers l'abbé Delaage, doyen et premier vicaire général. Le 14 et le 16, à l'issue de complies, il y a autour des cloîtres une procession ; le corps de ville s'y trouve.

En 1785, c'est le tour de la sécheresse. Elle désole les campagnes. On vient exposer au maire « la nécessité de recourir à Dieu, pour obvier à la calamité qui s'ensuivrait nécessairement. » Deux députés, Moufflet et Fruger, échevins, obtiennent de l'abbé de Luchet, vicaire général, qu'on fera trois processions les 10, 11 et 12 avril. Mais la sécheresse continue. Le 22, à l'unanimité, le corps de ville envoie Mareschal et Briaud, échevins, à l'évêché pour rendre « sensible l'état et la situation des biens de la nature ».

Mgr de La Rochefoucauld, cédant à ces instances, ordonna une procession générale et publia cette lettre qu'on trouve dans Briand, II, 721 : « Notre consolation et notre ressource dans les calamités, c'est la religion. Si Dieu est irrité, nous l'invoquons ; et s'il s'apaise, nos prières le fléchissent, nos vœux parviennent jusqu'à son trône. Si nos crimes nous effraient, si notre bassesse, comparée à l'infinie majesté, nous décourage, la religion catholique nous offre des intercesseurs que leur sainteté a placés dans le ciel, qui jettent sur nous des regards de compassion, et dont l'ardente charité s'intéresse à nos malheurs. Ce sont surtout ceux qui ont vécu parmi nous, qui ont des droits particuliers à nos hommages et à notre confiance ; ce sont ceux, dont les saints ossements, dont les précieuses reliques ont plus d'une fois sauvé les peuples, et dont la puissante protection attire les bienfaits de Dieu ou suspend ses vengeances. Dans ce moment de trouble et d'inquiétude, où une longue sécheresse désole nos campagnes, où le cultivateur a déjà éprouvé des fléaux alarmants, où il craint d'en éprouver de plus grands encore, qui rejaillissent sur toute la nation, que pouvons-nous faire de plus édifiant, de plus conforme à la foi, que de rendre un culte solennel à cet immortel pontife, dont les cendres, conservées au milieu de nous, répandent encore, après plusieurs siècles, une odeur de sainteté et de vertu, et de réveiller la piété des fidèles en exposant à leur vénération les restes d'un grand homme qui, pendant sa vie, fut notre frère, qui, depuis sa mort, est notre appui ?... »

Cette pieuse lettre eut le don d'irriter les jansénistes. Leur organe, les *Nouvelles ecclésiastiques*, trouva là, et dans une circulaire de neuf lignes où, répondant au désir du roi (17 novembre 1784), il ordonne des prières pour l'heureuse délivrance de la reine, l'occasion d'accuser le prélat d'incapacité et presque de manque de foi : « L'évêque voudrait le bien, dit-on ; mais il ne sait comment s'y prendre. Il a composé son conseil de personnes sans talent, sans lumières et sans aucune ombre de piété ! » Les preuves ? les voici : « Nous en jugeons par deux mandements, que nous avons sous les yeux et qu'on ne peut lire sans compassion. Ils ont pour but, l'un d'ordonner une procession générale pour obtenir de la pluie après une longue sécheresse ; au moins nous le croyons ainsi : car le rédacteur n'a pas eu l'esprit de s'exprimer avec clarté » ; — *Une longue sécheresse désole nos campagnes !* — « l'autre ordonne des prières pour la grossesse de la reine ; on le prendrait pour une lettre de voiture. » O bonne foi !

La procession solennelle qui scandalisa si fort les dévots du P. Quesnel, eut lieu le 25 avril, après vêpres. On y porta le chef de saint Eutrope. Les six paroisses, les différentes communautés, le présidial, l'échevinage, y assistèrent. Le cortège partit de la cathédrale pour aller chercher la relique à la porte Saint-Louis, limite des deux paroisses. Quatre séminaristes en dalmatique la portèrent pendant la procession. Devant la cathédrale elle fut encensée par l'archidiacre de Saintonge, Jean-Louis-André de Luchet, en l'absence du doyen. Le chapitre la reconduisit jusqu'à la porte Saint-Louis, où les moines de Cluny la reprirent.

Ce ne fut pas tout. Le 29 mai 1788, on commença encore des prières pour la cessation de la pluie. « Il en est tombé si abondamment depuis la Saint-Médard, écrit le vicomte de Bremond dans son *Journal*, que les prairies basses sont couvertes, les hautes sont à la veille de l'être, les blés sont couchés et les chanvres. »

Ainsi, les corps publics ne s'imposaient pas pour règle de conduite l'indifférence religieuse; ils croyaient que, si les particuliers ont des devoirs envers Dieu, les corps constitués en ont aussi. C'est toujours à Saintes le conseil municipal, organe et représentant de la population, qui demande à l'évêque d'ordonner des supplications. On devine combien ces démarches étaient chères à l'évêque. Pierre-Louis de La Rochefoucauld ne laissait passer aucune occasion d'avoir recours à saint Eutrope. Il venait souvent sous sa crypte séculaire prier son prédécesseur. Lui demandait-il de mourir comme lui pour la religion, pour la foi? Il y a de singuliers mystères dans la vie et des coïncidences étonnantes. Où le vulgaire ne voit que l'effet du hasard, l'homme plus sage contemple une direction divine. Qui sait si la force du martyre n'a pas été puisée près du tombeau de saint Eutrope? Qui affirmera que ce n'est pas l'exemple du sang versé par le premier évêque de Saintes qui donna au dernier la constance et la fidélité? En tous cas, ce culte envers l'apôtre-martyr de la Saintonge méritait bien une fin aussi glorieuse. *Et habet sua munera virtus ;* la vertu a aussi sa récompense.

A ces moments de tristesse succède un instant de joie. La guerre d'Amérique est terminée. Le 26 décembre 1783, La Rochefoucauld sur la lettre de Louis XVI (20 novembre), ordonna des prières publiques à l'occasion de la paix de Versailles (3 septembre), conclue entre l'Angleterre et la France sous la médiation de l'Autriche et de la Russie. Ce traité, qui assurait l'indépendance de l'Amérique, affaiblissait la Grande-Bretagne et constatait le rôle glorieux de la France, relevée ainsi aux yeux de l'Europe, excita une joie universelle, dont l'évêque de Saintes se fit l'écho dans sa lettre pastorale. D'ailleurs beaucoup de Saintongeais avaient pris part, et une part glorieuse, à cette expédition : le comte d'Amblimont, chef d'escadre, auteur estimé de la *Tactique navale*; le comte Louis Rigaud de Vaudreuil, aussi chef d'escadre, commandant en chef du port de Rochefort ; puis Louis Froger, chevalier de l'Éguille, appelé le comte de Froger, capitaine de vaisseau, chevalier de Saint-Louis, membre de l'association militaire de Cincinnatus ([1]); son frère aîné, Michel-Henri Froger, seigneur de l'Éguille en Saintonge et d'Ardillières en Aunis, capitaine de vaisseau, chevalier Saint-Louis, fusillé comme lui à Quiberon ([2]); puis l'amiral La Touche-Treville, de Rochefort ; puis le comte Armand Legardeur de Tilly, de Rochefort, contre-amiral ; La Guarrigue de La Tournerie ([3]) et d'autres encore.

Pour cette fête à la fois générale et locale, le dimanche 29, à l'issue de vêpres, en présence de la noblesse et de beaucoup d'officiers, en présence du présidial, qui, faisant taire ses susceptibilités de dix ans, se décidait à paraître dans une cérémonie près du corps de ville, il fut chanté un *Te Deum* d'actions de grâces, « très bien exécuté avec accompagnement de la

---

1. Né à Rochefort, le 15 août 1750, de Michel-Joseph de Froger, commandant de la marine à Rochefort, lieutenant général des armées navales, et de Marie-Thérèse de Gandion, marin à 14 ans, major de l'armée navale sous le marquis de Vaudreuil, il avait épousé Louise de Chavagnac, veuve de Chadeau de La Clochetterie, et périt à Quiberon, le 25 juillet 1795. Ses deux fils n'ont pas eu de postérité.

2. Il avait épousé à Virson, le 26 novembre 1776, Marie-Pauline de Pont des Granges, dont il eut deux filles, mesdames du Puy d'Anché et Isle de Beauchêne, et un fils, Armand-François, qui a continué la descendance.

3. Jean-Savinien-Marie, né à Rochefort, le 15 janvier 1767, fusillé à Quiberon.

plus belle symphonie des régiments de Vexin et de Courten-Suisse » (¹).

Les officiers municipaux allèrent allumer un feu de joie sur la place Saint-Pierre ; et on illumina, « l'état de détresse dans lequel se trouve le dit corps de ville, ajoute naïvement le procès-verbal, ne lui permettant pas de manifester sa joie en cette occasion avec un éclat plus brillant. » En effet, les 1400 millions qu'avait coûtés la guerre avaient dû peser aussi sur les finances de la ville. C'était d'ailleurs pour elle une vieille habitude que d'être obérée ou gênée.

Attentif à tout ce qui pouvait conserver dans les cœurs, réchauffer et augmenter le sentiment religieux, l'évêque de Saintes saisissait les occasions d'unir à la fois le culte de Dieu et l'amour de la patrie. Le 18 mai 1788, le régiment Royal cavalerie, selon une pieuse coutume, vint déposer dans l'église cathédrale ses étendards, et les suspendre aux voûtes du temple jusqu'au jour où il les reprendra pour les montrer sur les champs de bataille. La Rochefoucauld voulut lui-même présider la cérémonie. Le colonel, le vicomte Hennequin d'Ecquevilly, les lui remit. Il prononça un discours ou plutôt une allocution pleine de foi et de patriotisme (²) : Pierre-Louis n'était pas orateur. Une invincible timidité paralysait ses facultés, et ne lui permettait pas de se produire au grand jour. Aussi fuyait-il les solennités où il devait payer de sa personne. « M. l'évêque, nous raconte un témoin oculaire, a prononcé un discours analogue à la circonstance, que très peu de personnes ont entendu, ayant parlé fort bas et étant naturellement fort timide. » Le soir, un dîner de quarante couverts réunissait dans la salle du synode les officiers du régiment « et tous les militaires de la ville ».

Mgr de La Rochefoucauld, au milieu de ces cérémonies, au milieu de ses tournées pastorales où il visitait les 565 églises

---

1. Le chapitre avait même arrêté qu'il offrirait pour cette occasion la stalle d'honneur, la première du côté gauche, ornée d'un tapis et d'un carreau, au commandant en second de la province d'Aunis, Jean-Frédéric, comte de La Tour du Pin, comte de Paulin, marquis de La Roche-Chalais. Il ne vint pas.

2. « Très éloquent et analogue à la circonstance, » dit le *Journal de Saintonge et d'Angoumois*, du 25 mai, n° XXI, p. 166.

de son vaste diocèse, songeait parce qu'il en avait reconnu la nécessité dans ses courses apostoliques, à des changements importants. C'est le défaut, d'autres diraient qualité, de tout nouvel administrateur d'être plus vivement choqué des abus et de vouloir facilement des réformes. Il y avait à faire dans le diocèse de Saintes (¹).

Pierre de La Rochefoucauld, en comprenant l'urgence des réformes, eut la sagesse de ne rien innover. Il se contenta de recueillir les statuts synodaux de ses prédécesseurs et de les prescrire comme lois du diocèse. C'était Simon-Pierre de Lacoré, le successeur de Léon de Beaumont, qui, dans deux synodes, les 18 avril et 2 mai 1746, avait promulgué ce code ecclésiastique. Peu à peu il était tombé en désuétude. « Ces règlements, dit l'abbé Briand, II, 578, sont tous empreints de la science canonique et l'expression d'un zèle pur, d'une expérience consommée et d'une fermeté vraiment épiscopale. Ils ont trait à la vie et aux mœurs des ecclésiastiques et aux principes à suivre dans l'administration des sacrements. Le prélat cite les ordonnances de La Brunetière et de Lepileur, les unes de 1697, et les autres du 12 janvier 1713. Il recommande aux curés d'avoir soin que les églises ne soient jamais employées à aucune assemblée pour les affaires séculières ou pour le dépôt de quelque objet profane que ce puisse être ; de ne point permettre aux paroissiens, aux ouvriers d'y apporter leurs denrées ou leurs matériaux, et, à l'appui de sa défense, il cite une décision de ce genre prise en synode d'hiver au XIIIᵉ siècle » (1280).

Les ordonnances synodales du diocèse de Saintes, où Briand n'a vu que la défense aux ecclésiastiques et laïcs, « de mettre ou tenir dans les églises leur grain, paille, vin, bois et toute autre chose profane »,page 57,forment un in-4° de 96 pages (²).

---

1. Nous avons, pour preuve, les nombreux différends qui s'étaient élevés sous La Chastaigneraye entre l'évêque et son chapitre ou ses curés. Ces mesquines taquineries, où l'autorité civile était tout heureuse d'intervenir pour mettre à la raison évêque ou chanoines, curés ou religieux, permettaient aisément les infractions à la discipline, les relâchements chez les ecclésiastiques, la négligence dans les devoirs et les fautes dans la conduite. C'était une porte ouverte à l'impiété ; et les populations apprenaient à moins estimer, partant à moins respecter.

2. Imprimées à Saintes par P. Toussaints avec le millésime de 1783.

CHAPITRE VI.

On y trouve en XIX chapitres un corps complet de règles dont la plupart sont encore en usage. On remarquera seulement qu'il n'y est pas dit un seul mot des chanoines dont le pouvoir était quasi indépendant de l'ordinaire. Il y est question des clercs et des séminaires, des curés, des écoles qu'il faut fonder et visiter, de l'administration des sacrements (1).

Le chapitre VII concerne les maîtres et maîtresses d'école alors à la nomination de l'évêque. Ils devront « enseigner la doctrine chrétienne aux enfants et les conduire à l'église pour y entendre la messe et assister aux autres offices divins ». Les curés feront tous leurs efforts pour avoir une école de filles et une école de garçons par paroisse ; les écoles mixtes sont proscrites. Ils « visiteront de temps en temps les dites écoles et veilleront à ce que les maîtres et maîtresses s'acquittent de leurs devoirs. » Aux chapitres suivants se trouvent diverses prescriptions relatives aux sacrements : baptême dans les vingt-quatre heures de la naissance, et excommunication contre les parents qui attendent plus de huit jours, ondoiement dans l'église, sauf nécessité et avec autorisation, avis aux officiers

---

1. Le 1er article regarde les tonsurés, qui ne peuvent l'être avant douze ans, doivent être instruits des principaux mystères de la foi, commencer à entendre un peu de latin, porter la soutane les dimanches, la soutanelle sur semaine, en tout temps le collet, aller, ceux qui habitent Saintes, tous les dimanches et fêtes, au séminaire, y entendre des instructions particulières. Les ecclésiastiques sont astreints, par le chapitre II, aux cheveux courts, au petit collet, à la tonsure, à la soutane, sauf en voyage où la soutanelle est tolérée, à une vie exemplaire, sans jeux de hasard, de paume, de billard, sans chasse « qui se fait avec bruit, chiens ou armes à feu ». Les curés ou bénéficiers qui ont charge d'âme, chapitre III, « feront résidence personnelle et non interrompue sauf autorisation, instruction familière chaque dimanche, catéchisme dimanches et fêtes, plus trois fois au moins la semaine pendant l'avent et le carême, avec une heure spéciale pour un grand nombre de domestiques, bergers et autres occupés à la garde du bétail dans les lieux écartés » ; ils tâcheront de ramener les hérétiques de leurs paroisses « par leurs instructions et leurs bons exemples, leur montrant une affection vraiment paternelle et les assistant même dans leurs besoins, regarderont leurs vicaires comme leurs confrères, et ne se croiront pas en droit de se décharger sur eux de ce qu'il y a de plus pénible. » Les archiprêtres, ch. IV, auront soin de veiller sur les mœurs des curés, vicaires de leur archiprêtré, d'arranger les différends qui s'élèveraient entre eux, de visiter les ecclésiastiques malades, de conserver, pendant les vacances, les titres du bénéfice et de la fabrique, les registres paroissiaux. Les vicaires, ch. V, subiront chaque année au mois de juillet un examen sur deux traités de théologie, et présenteront de leur curé un certificat sur leur résidence continuelle et leur application aux fonctions du ministère. Défense est faite, ch. VI, à tout prédicateur, autre que le curé et le vicaire, de prêcher sans le consentement de l'évêque et de « déclamer en chaire contre qui que ce soit en particulier, les désignant par des portraits odieux, ce qui ne serait propre qu'à scandaliser le peuple sans corriger le pécheur ».

de justice des religionnaires qui, contrairement à l'édit du 14 mai 1724, ne présentent pas leurs nouveau-nés sur les fonts sacrés ; un seul parrain âgé au moins de 14 ans et une seule marraine de 12, avec exclusion des excommuniés, pécheurs publics, etc. ; deux registres pour les baptêmes, différents de ceux des mariages et de sépulture, reliés, cotés, paraphés, signés ; excommunication contre qui les déroberait ; nécessité d'avoir au moins sept ans pour être confirmé ; et douze environ pour faire sa première communion ; porter le viatique sous un dais dans les villes et gros bourgs, dans une custode à la campagne, mais toujours accompagné de deux personnes au moins dont l'une aura une lanterne allumée, l'autre sonnera une clochette en chemin ; exhortation au médecin d'avertir son client dangereusement malade et de déclarer aux parents, maîtres, domestiques, qu'il cessera de le voir après sa troisième visite, s'il ne s'est confessé ; annoncer au prône les futurs ordinands afin qu'on sache s'il existe en eux quelque défaut considérable (*Concile de Tours*, 1583) ; pour être sous-diacre, avoir un revenu annuel de cent livres bien franches, qu'on ne pourra aliéner sans autorisation (*Concile de Bordeaux*, 1583) ; faire preuve qu'il est sans litige *(id.)* ; défense à un prêtre étranger d'exercer sans le visa épiscopal (*id.*, 1255). Les études des aspirants au sacerdoce auront lieu au séminaire diocésain, et non ailleurs, sauf permission, pendant 15 mois, pour ceux qui auront déjà deux ans de théologie dans une université ou un collège, et pendant un temps plus long, proportionné à leur savoir pour ceux qui y entreront après leur philosophie (1).

On ne veillera pas dans les églises et cimetières, sauf la nuit de noël et celle du jeudi saint (*Concilium Copriniacum*, 1260) ;

---

1. Pour le mariage ne pas faire la publication de bans des enfants mineurs avant le consentement des père, mère ou tuteur, et engager les parents à envoyer les futurs au curé qui les instruira sur leurs devoirs selon le règlement de M. de La Brunetière en 1697 ; exiger un certificat de viduité visé de l'évêque du lieu pour les veufs qui veulent se remarier ; excommunication contre ceux qui se présenteraient avec un notaire et deux témoins au curé pour se donner mutuellement consentement au mariage *(Règlement de 1697).* Le mariage aura lieu à l'église et de jour, sauf permission *(id.)*, après confession des parties dans les trois jours qui précéderont (*Concile de Bordeaux*, 1583) ; suspense *ipso facto* pour qui admettrait des hérétiques au mariage, quand même une des parties contractantes serait orthodoxe (*Concile de Bordeaux*, 1624). Les fiançailles sont un lien qui empêche de contracter une autre union s'il n'a été brisé par l'ordinaire.

on n'emploiera pas l'église à des usages profanes (*Synodus hiem. Santon.*, 1280) ; règles diverses pour les autels, les statues, les ornements, vases, fonts (suivant le synode de Saintes en 1280) qui ne seront bénits que par l'évêque ou ses délégués (*Concilium Pictavense*, 1110) ; excommunication, d'après le concile de Bordeaux de 1624, et celui de Cognac de 1260, contre ceux qui s'abstiendraient plus de trois dimanches consécutifs de la messe paroissiale ; elle sera chantée à neuf heures en été, à dix en hiver ; les vêpres, avant trois heures ; elles seront récitées à voix haute, s'il n'y a personne pour les chanter ; exhortation aux magistrats de faire fermer les cabarets pendant l'office divin ; défense d'employer les cimetières à des usages profanes, tels que chanter, danser, vendre, étendre du linge ou du chanvre, par respect pour les morts ; ne point ériger de confrérie sans permission (*Conc. Senonense*, 1528); n'y point admettre ou conserver des pécheurs scandaleux (*Concil. Mediolanense quintum*) ; employer leurs revenus à soulager les pauvres et les malades de la société plutôt qu'à donner des repas (*Conc. Bituricense*, 1528). Le marguillier ou fabriqueur sera élu au suffrage universel de la paroisse, en assemblée publique, le lendemain de la fête du patron ; il percevra les droits et revenus de la fabrique, en tiendra note et en rendra compte, etc.

Telles sont les principales et particulières dispositions des ordonnances de Mgr de La Rochefoucauld. Nous n'en avons mentionné que celles qui ne sont plus observées ou qui peuvent donner lieu à une utile comparaison. Elles ont leur intérêt archéologique en même temps que religieux. Mais, ce que nous y devons voir surtout, c'est leur publication même, c'est-à-dire la nécessité de les rappeler et aussi le soin vigilant du pontife.

A la suite sont des formules de monitoires, d'actes d'abjuration et d'absolution d'hérésie, les formalités à remplir pour les dispenses, des modèles de requête, de procès-verbal, enfin un arbre généalogique établissant les degrés de consanguinité. On ne pouvait y mettre plus d'attention et de bonne volonté.

Il songea aussi à composer un nouveau bréviaire pour le diocèse de Saintes. Un comité fut composé de Pierre Claude, lazariste, supérieur du séminaire; de Hardy, ancien principal du collège; de Pierre-François Dudon, chanoine en 1764, ancien jésuite, et d'un autre chanoine. Mais réflexion faite, l'évêque préféra adopter un bréviaire déjà en usage ailleurs et choisit celui de Poitiers. La secte janséniste s'indigna de cette préférence. « Outre qu'on y a corrompu quelques hymnes, disent les *Nouvelles ecclésiastiques* de novembre 1788, ce livre est infecté d'autres vices qui auraient dû le faire exclure par un évêque vraiment français. » Et sait-on ce qui vaut ce reproche de manque de patriotisme? C'est que, à la fête des saints Pierre et Paul, « le canon de prime est extrait du concile de Florence », à qui l'on ose donner « le titre de concile œcuménique », et qu'on y lit ces horribles propositions : « Le Saint-Siège apostolique et le pontife romain est le successeur du bienheureux Pierre, prince des apôtres, le vrai vicaire de Jésus-Christ, le chef de toute l'église, le père et le docteur de tous les chrétiens à qui Jésus-Christ a donné, dans la personne de saint Pierre, une pleine puissance et autorité de régir et gouverner l'église universelle ». En effet, ajoutent-elles, « notre Saint Père le pape a si peu cette pleine puissance que, s'il venait dans un village, il ne pourrait ni faire le prône ni le catéchisme, ni même y dire la messe sans la permission du curé, qui est le pasteur immédiat. » Voilà le premier grief; voici le second : « On ne manquera pas sans doute d'insérer dans le bréviaire pour l'église de Saintes, la fête et l'office du Sacré Cœur de Jésus, déjà reçu dans un propre particulier. » Car « l'esprit du molinisme qui dirige le gouvernement de M. de La Rochefoucauld ne permet guère de concevoir de meilleures espérances. » Hélas !

Selon Briand ([1]), La Rochefoucauld aurait voulu opérer un autre changement fort important : mettre un chapitre de chanoinesses à la place des bénédictines de la puissante abbaye de Notre-Dame hors-les-murs de Saintes, dont les exemptions

---

1 *Histoire de l'église Santone*, II, 722. — L'abbé Théodore Grasilier, dans son *Cartulaire de l'abbaye de Notre-Dame de Saintes*, page VIII, dit aussi de l'abbesse : « Son crédit empêcha l'évêque de Saintes, Pierre-Louis de La Rochefoucauld, de faire supprimer son abbaye sous le prétexte de discordes intérieures bientôt apaisées. » On copie.

et privilèges lui paraissaient attentatoires à l'autorité épiscopale. Le hasard lui aurait fourni une naturelle occasion d'accomplir son projet.

L'évêque de Valence, Fiacre-François de Grave, précédemment vicaire général de Saintes, avait été désigné par l'abbesse de Saintes, Marie-Madeleine de Beaudéan de Parabère, pour faire la visite de son abbaye. Tombé malade en 1785, il délégua l'abbé de Mondauphin, chanoine de Saint-Pierre, vicaire général de Saintes et de Bordeaux, archidiacre de Valence, qui recueillit le scrutin des religieuses et mourut subitement en rentrant chez lui. L'abbesse écrivit aussitôt au chapitre, qui nomma deux commissaires, Guérin de La Madeleine et Saint-Légier de Boisrond, chanoines, pour apposer les scellés sur les papiers du défunt. Mais « on osa briser le cachet qui devait rester intact !... » Il y eut des indiscrétions. On sut bientôt par la ville de quoi se plaignaient les religieuses. L'anarchie régna dans l'abbaye : « l'ordre y fut méconnu, les règles de la vie claustrale presque abandonnées; l'obéissance y cessa d'être une loi ». La Rochefoucauld crut le moment favorable ; il obtint sans difficulté de Louis XVI une ordonnance qui supprimait l'abbaye, la remplaçait par un chapitre de chanoinesses. Déjà même « la nouvelle supérieure était nommée. C'était madame de Fontenoy, propre tante de l'évêque de Saintes. Louis de La Rochefoucauld avait su faire appuyer sa demande par toute la noblesse de la province. »

Mais Mme de Parabère ne s'endormait pas. Tenue au courant de tout, par Pierre Gilbert de Voisins, président de la grand' chambre au parlement de Paris depuis le 31 décembre 1774, elle obtint que l'affaire fût jugée à la chambre du conseil seulement. Le roi veut temporiser. On essaie de ramener l'ordre dans le monastère. Les religieuses ne veulent rien entendre. Pardy, principal du collège, et le P. Gabriel, provincial des récollets, sont nommés par l'évêque de Valence, toujours malade, avec pleins pouvoirs. L'arrangement est impossible. Sa majesté prononce la dissolution.

L'abbesse demande un sursis ; il est accordé. L'archevêque de Bordeaux, Jérôme-Marie Champion de Cicé, arrive à Saintes, expulse du couvent les plus récalcitrantes, Mme de Laborie (¹), Mme de Luchet, sœur de l'archidiacre, maîtresse des novices ; Mme de Bonnemort (²).

Tout rentra dans l'ordre. Mme de Parabère obtint le retrait de l'ordonnance royale qui fut rapportée en 1789. Et pour célébrer son triomphe, elle fit sonner douze heures durant toutes les cloches du monastère.

Il y a dans ce récit des erreurs, et des contradictions qui inspirent une légitime défiance (³).

Et cependant tout n'est pas de pure invention. Les querelles religieuses qui troublèrent le XVIIIe siècle agitèrent aussi la paisible ville de Saintes, en particulier les communautés. On s'y passionna pour ou contre la bulle *Unigenitus*. Les *Nouvelles ecclésiastiques*, organe du parti janséniste, nous représentent Saintes comme la citadelle des jésuites. « Parmi tous les diocèses du royaume, il n'en est point où la domination jésuitique se soit mieux soutenue. A la robe près, ces religieux y sont tels qu'avant la catastrophe heureuse qui en délivra le monde pour toujours. Ils règnent partout, à l'évêché, à la cathédrale, dans les paroisses, dans les communautés de filles, dans tous les cercles... Les membres épars de ce corps redoutable paraissent

---

1. Parente probablement de Marie-Thérèse-Angélique de Laborie, épouse (13 mai 1705) de Jean-Charles du Chasteigner, seigneur de Saint-Fort, et de Jean-Gratien de Laborie, seigneur de Rouzet et de Saint-Aignan, mari (2 janvier 1744) de Marie-Charlotte-Catherine du Chasteigner, petite-fille du précédent.

2. Sans doute une Mariocheau de Bonnemort, famille de La Rochelle, dont était Nicolas-Valentin Mariocheau de Bonnemort, propriétaire en 1789 à Saint-Éloi, paroisse de Notre-Dame. — Le 6 août 1784, Marie-Pauline de Bonnemort, de la paroisse de Saint-Pallais à Saintes, teste en faveur de dame Rose Delaneau, de La Rochelle.

3. Briand seul, répété par l'abbé Grasilier, le rapporte, et sur la foi d'un contemporain qu'il ne nomme pas. Or, Briand m'est suspect. Qu'est-ce que cette suppression prononcée par le roi, déférée et jugée au parlement ? une seconde fois prononcée par le roi, différée, puis finalement retirée ? Où Briand a-t-il pris cette dame de Fontenoy, tante de Pierre-Louis de La Rochefoucauld ? Je ne vois à cette époque que Françoise de La Rochefoucauld, née en 1721, de Mathieu de la Rochefoucauld et de Marie-Anne de Turmemies, mariée en 1734 à Gabriel le Preudhomme, comte de Fontenoy. Mais elle n'était pas du tout tante de l'évêque ; elle ne lui était parente qu'à l'onzième degré et avait alors, si elle vivait, 65 ans. C'est un peu vieille pour fonder un établissement. Puis, il place l'événement en 1785. Or, Mondauphin, qui y joue le premier rôle, était mort dès le commencement de 1784. Il le fait périr d'apoplexie à Saintes : il trépassa à Bordeaux. On lit, en effet, dans le journal de Legrix : « 1784, le 8 février, le chapitre a reçu la nouvelle de la mort de M. l'abbé de Mondauphin, prêtre et chanoine de cette église, décédé à Bordeaux le 5 du même mois, âgé de 61 ans. » Les registres paroissiaux de Saint-Pierre confirment ce fait. (Voir *Saint-Pierre de Saintes*, par M. Audiat, p. 256.)

affectionner singulièrement le séjour de Saintes (¹). Ils y sont en grand nombre; il en vient de toutes parts, et à peine y sont-ils arrivés qu'on leur fait occuper des places importantes. Trois sont chanoines de la cathédrale, un autre vicaire général et grand chantre, douze ou quinze curés dans le diocèse » (sur près de mille ecclésiastiques séculiers!) « On voit aisément en quel état doit être la religion dans un diocèse où les jésuites ont tant d'influence.» Puis le journaliste expose à sa façon ce qui s'est passé.

Des quatre curés de Saint-Pallais, aumôniers par quartier de l'abbaye, Couturier, Martin, Dupin de La Guérivière (²) et Briquet, le premier, s'étant brouillé avec l'abbesse Madeleine Baudéan de Parabère (³), fille de la fameuse Parabère, maîtresse

---

1. « Ils y ont un provincial, le P. Dangibeaud, chanoine; un recteur, le P. Pichon; un procureur, Lamotte-Luchet... Le P. Pichon, jadis recteur du collège, gouverne une communauté composée de ses frères et sœurs, qui vivent ensemble, dont deux jésuites profès; Il y en avoit un troisième, curé de Sainte-Colombe, qui mourut l'année dernière (1786), trois sœurs également professes et un autre frère, chanoine de la cathédrale, qui, sans avoir porté la robe, n'en est pas moins jésuite... Vient ensuite le sieur de Lamotte-Luchet, chanoine, qu'on appelle le père procureur. Il en a toute l'activité. Il conduit l'abbaye, où il confesse environ 40 religieuses; il dirige les filles de Notre-Dame, les hospitalières, etc... Un autre jésuite de grande importance est le P. Joubert, autrement surnommé Douzanville... » Les Dangibeaud, les Pichon, les Luchet étaient de Saintes ou des environs. Chassés de leur couvent, où devaient-ils se réfugier, sinon dans leurs familles?

2. Né en 1730, curé de Saint-Pallais, Jean-Robert Dupin de La Guérivière fut pourvu, en 1775, par l'évêque, de la cure de Saint-Hilaire de Ville-Franche, qui valait 3000 livres. Il jura, se fit marchand, salpêtrier, tout en administrant les sacrements. Il était un peu timbré. Il fut renommé curé en 1803.
Il avait deux sœurs religieuses à l'abbaye de Sainte-Croix de Poitiers. L'une, Marie-Radégonde, suivit à Saintes sa compagne, Madeleine de Parabère, lorsqu'elle fut nommée abbesse de Sainte-Marie, le 10 octobre 1754.

3. A propos d'une demande d'augmentation de traitement, ce qu'exposait la feuille du 16 octobre 1777 : « L'église de cette abbaye et celle de la paroisse de Saint-Palais sont desservies conjointement par quatre prêtres, qui ont tous quatre le titre de curés-chanoines, sans avoir le revenu qui devroit répondre à cette double qualité : ils sont tous quatre à la portion congrue... Ils étoient autrefois nommés à l'abbaye avec deux cens livres d'honoraires; mais il y a environ quinze ans qu'ils demandèrent à Mad. l'abbesse la portion congrue de trois cens livres, et chacun d'eux se mit dans son ménage, jouissant en outre des honoraires de deux cens livres. Le roi et le clergé ayant ordonné une augmentation de deux cens livres pour les portions congrues, M. Couturier, nommé à une place de curé en 1770, demanda cette augmentation à Mad. l'abbesse en 1773, par une supplique en forme de lettre, qu'il fit signer de MM. Martin, Dupin de La Guérivière et Briquet, ses trois confrères. Cette demande, juste par elle-même, devoit souffrir d'autant moins de difficultés, que l'abbaye de Notre-Dame de Saintes est l'une des plus riches du royaume, et qu'ainsi une augmentation si modique ne pouvoit lui être onéreuse. Mais au lieu d'un procédé seul digne de l'équité et de la naissance de Mad. de Baudéan, elle aima mieux chicaner, et chercha à désunir les curés-chanoines. M. de La Guérivière, qui étoit le premier auteur de la demande, l'ayant suggérée à M. Couturier, prit le parti de faire sa démission : il a depuis obtenu la cure de Saint-Hilaire, à trois lieues de Saintes. Sa place fut donnée à un prêtre qui étoit aumônier et secrétaire de l'abbesse. »

du régent, se vit interdire la confession des religieuses. Il proteste, fait du tapage, met en mouvement les avocats de Paris et de Bordeaux (1). Il supprime l'oraison pour madame l'abbesse qui se disait à la bénédiction du Saint-Sacrement, « cette distinction n'appartenant qu'au roi »; il supprime l'amende honorable au Sacré-Cœur de Jésus, qui se faisait tous les premiers vendredis de chaque mois, parce que « madame l'abbesse ne pouvait introduire de nouvelles dévotions que de concert avec ses curés ». Une lettre de cachet, obtenue par l'évêque de Couserans (2), sur un mémoire de Gaudriaud, maire de Saintes et subdélégué de l'intendant, l'envoya chez les cordeliers de Montjean en Anjou (3). Madame Laborie de Boisseul, qui s'obstinait à ne vouloir se confesser qu'à lui, « eût péri dans les prisons, si M. de l'Epineuil, son parent (4) », n'eût obtenu du ministre l'ordre « qu'on la laissât libre et tranquille »; c'est la phrase du journaliste. Il narre ensuite une foule de détails sur l'exaltation des religieuses, qui allait jusqu'aux « évanouissemens, extases, visions, au délire, « résultat », dit-il, « de pratiques étrangères à la règle de Saint-Benoît, de mille dévotions minutieuses, des macérations extraordinaires », surtout de l'influence des jésuites. « M. de Luchet fut d'avis qu'on employât les saintes huiles pour exorciser les énergumènes à l'exemple d'un abbé Poujaud, desser-

---

1. « Celui-ci se plaignit que par ces procédés inouïs on donnoit atteinte à ses droits de curé, qu'il avoit droit de confesser les religieuses qui voudroient bien s'adresser à lui, et que l'abbesse ne pouvoit pas s'y opposer; qu'on ne pouvoit point lui refuser l'entrée du monastère, quand il seroit de semaine, pour visiter les malades. Muni de bonnes consultations d'avocats de Paris et de Bordeaux, qui lui traçoient la marche pour revendiquer les droits tant spirituels que temporels de son bénéfice, il supprime l'oraison pour madame l'abbesse... Madame de Beaudéan sollicita une lettre de cachets, dépeignant M. Couturier comme un esprit dangereux, qui ne cherchoit qu'à mettre le trouble dans sa maison, à soulever contre elle ses religieuses, etc. Ces calomnies furent sans succès auprès de M. de Malesherbe; mais M. Amelot ayant succédé à ce ministre, la lettre de cachet fut enfin accordée. » *Nouvelles ecclésiastiques*, 1777.

2. Joseph de Saint-André Marnays de Vercel, évêque de Couserans (Ariège) de 1752 à 1779, fut visiteur de l'abbaye. Il était à Saintes notamment le 20 mars 1765, où il approuve, « dans le cours de notre visite », le *Calendrier pour les dames religieuses de l'abbaye royale hors les murs de Saintes*, « qui sera exécuté suivant sa forme et teneur. » Il mourut en 1779; il eut pour successeur Dominique de Lastic, qui fut le dernier prieur de Saint-Eutrope de Saintes et le dernier évêque de Couserans.

3. *Nouvelles ecclésiastiques* du 16 octobre 1777 et du 4 septembre 1787.

4. Guillaume de Beaucorps, seigneur de l'Epineuil, qui signait « le comte Beaucorps l'Epineuil », né à Courcoury en 1737, chevalier de Saint-Louis, officier au régiment du roi cavalerie, détenu à Brouage pendant la terreur. Voir *Études et documents relatifs à la ville de Saintes*, page 105.

vant de Jarnac (¹), enfermé pour ses rêves dans une prison d'état. » Puis on eut recours à la médecine. « Il y avait alors à Saintes un fameux charlatan, nommé Glym (²). Il prescrivit un remède qui opéra quelques bons effets... Cependant le bruit de ces ravissements scandaleux se répandit dans la ville. » La cour en fut informée, dit-on ; et le visiteur, l'évêque de Couserans (³), eut ordre de lui en rendre compte, qui, occupé ailleurs, chargea de la commission l'abbé de Mondauphin. Mondauphin mourut quelque temps après sa visite. « Le syndic du chapitre trouva, dit-on, parmi ses papiers le procès-verbal », qu'il n'eut pas la discrétion de garder pour lui seul. L'archevêque de Bordeaux, Champion de Cicé, fut envoyé par le roi à Saintes. Il prit quelques mesures ; « voyant madame de Bosseuil dans l'oppression, il lui permit de se retirer dans sa famille pendant quelque temps, et ensuite dans le monastère qu'elle voudrait choisir » avec 700 livres de pension (⁴). La Rochefoucauld avait « fait partir les dames de Luchet, fort loin dans un monastère, dont on ne dit pas le nom, et donné pour confesseur à l'abbaye deux ecclésiastiques judicieux et attachés à la doctrine de saint Augustin, » conduite qui « mérite d'être approuvée » et le mériterait bien davantage, s'il avait « interdit l'abbé de Lamotte ». On voit que le rôle du prélat dans cette affaire fut assez modeste, n'ayant pu du reste s'en occuper qu'après son entrée à Saintes (1782). « Trois semaines après le départ

---

1. *Un curé de Jarnac thaumaturge au XVIII° siècle. Notes et documents* par M. Louis Audiat. Paris, Picard, in-8°, 1891.

2. Registre de police de la ville de Saintes : 4 janvier 1776, permission accordée à Emmanuel de Glym de débiter « une tisanne apéritive et diurétique pour les maladies chroniques. »

3. Il faut lire « évêque de *Valence* ». Il s'agit, en effet, de Fiacre-François de Grave, né le 8 juin 1724 de Charles de Grave, seigneur de Durefort, et de Henriette Le Vasseur (*Nobiliaire universel de France*, IX, 35), chanoine et grand vicaire de Saintes, abbé de Chastres (1752-1772), des Alleuds (1760-1788), sacré évêque de Valence le 28 avril 1772, député à l'assemblée générale du clergé de France en 1780, décédé à Paris en 1788. Par acte de Maillet, notaire royal à Saintes, il notifia, le 5 octobre 1781, le bref du pape qui le nommait visiteur de l'abbaye de Saint-Pallais. Il se fit remplacer par Charles-Gaspard de Mondauphin, archidiacre de Valence, comme on l'a vu. Son nom est gravé sur la cloche de Saint-Pallais avec celui de l'abbesse.

L'évêque de Couserans mourut en 1779 ; celui de Valence fut visiteur en 1781-82 ; Mondauphin mourut au commencement de 1784. L'erreur est évidente.

4. A la suppression des ordres religieux (1791), il y avait encore au couvent, parmi les 56 dames de chœur : sœur de Boisseul, 57 ans, et sœur de La Borie de Boisseul, 79 ans.

de M. de Cicé pour Paris, madame l'abbesse reçut une lettre du gouvernement qui lui fait défense de recevoir des novices ; et il paraît certain que cette abbaye va être détruite. »

Voilà sans doute ce qui a pu faire croire à la suppression de ce monastère. Il ne périt qu'en 1791 sous les coups des jansénistes qui firent la constitution civile du clergé. Il comptait encore 56 dames de chœur et 26 sœurs converses.

Du reste, tout dans le diocèse va de mal en pis. La superstition y règne souverainement. Ainsi « les religieuses, dans leur lettre de mort, ne manquent point de marquer aux communautés de leur ordre que la défunte s'était confessée à un jésuite. Nous lisons dans une lettre de madame Le Mercier, supérieure des filles de Notre-Dame (17 décembre 1786) : « Elle s'est confessée à M. l'abbé Michot, ex-jésuite, à qui elle « avait donné sa confiance. » (¹) Ce qui certainement voulait dire : « Ne soyez point inquiet sur son bonheur; il est impossible de se perdre, quand on a d'aussi bons guides. » De plus, dans une lettre de mort des carmélites de Saintes (10 novembre 1788), on lit ces mots : « Nous vous prions de lui accorder incessamment les suffrages de votre saint ordre... et par grâce une amende honorable au Sacré-Cœur de Jésus... Nous avons l'honneur d'être dans les divins cœurs de Jésus et de Marie... » Le rédacteur des *Nouvelles ecclésiastiques* n'a pas l'air de se douter que c'est là un usage et une formule (²).

Au couvent de Sainte-Claire, régi par les récollets, la paix avait régné jusqu'au mois de mai de l'année 1787. Mais là aussi les jésuites mirent le trouble, et cela au moyen du père

---

1. Michel Michot, né à Thouars, de Jean Michot, négociant, et de Jeanne-Perrine Berneau, jésuite, refusa le serment. Il est mort à Saintes, âgé de 90 ans, le 20 juillet 1804.
2. Dans une lettre circulaire de la prieure des carmélites de Saintes sur la mort d'une professe, Marie-Bénigne, du 11 août 1771, avant l'épiscopat de La Rochefoucauld et la domination exclusive des jésuites à Saintes, on lit : « Elle voulut se préparer à la mort par une confession générale qu'elle a faite entre les mains de M. l'abbé de Grave, vicaire général, aussi zélé pour le salut des âmes que charitable pour les pauvres et les malheureux, aussi propre par sa douceur à aider un malade à bien mourir que persuasif par son exemple à porter tout le monde à bien vivre... Ainsi est morte ce matin notre chère sœur, amante du Sacré-Cœur de Jésus... Nous vous supplions de lui faire rendre au plus tôt les suffrages de votre saint ordre... et par grâce une amende honorable au Sacré-Cœur de Jésus. Nous avons l'honneur d'être dans le Sacré-Cœur de Jésus... » *Archives historiques de la Saintonge et de l'Aunis*, tome XXIII, page 100.

Gabriel, provincial des récollets (¹), qui, traître à son ordre, et, « l'esprit renversé » par « la gloire d'avoir pour pénitent un évêque de la maison de La Rochefoucauld, n'a pas eu honte de susciter à ces filles une persécution qui a manqué d'entraîner leur ruine entière. » De concert avec l'abbesse, il autorisa les leçons de danse et de musique pour les pensionnaires, au grand scandale des bonnes âmes. Quoi ! la danse, la musique « dans un lieu consacré au silence, à la prière et à la mortification ! » et pour des jeunes filles destinées à vivre dans le monde ! « On s'aperçut bientôt qu'une religieuse prenait du goût pour les lettres profanes. » La nouvelle abbesse, « madame de La Mirande (²), trouva caché dans la chambre de la sœur Lauzet (³) quelques romans », et comme l'abbé Croizier (⁴), « esprit agréable et rimailleur », venait la voir « assiduement » au parloir, — « à Dieu ne plaise, s'écrie hypocritement le pudique rédacteur des *Nouvelles*, que nous voulions donner à entendre que le grand vicaire les lui eût prêtés ! » — il fallut transférer sœur Lauzet aux Notre-Dame et changer le confesseur de la communauté, le P. Dominique n'ayant pas osé résister aux menaces (⁵). Petite affaire domestique dont le folliculaire, à

---

1. Gabriel-Jean Fraisseix, né en 1727, lecteur de théologie, provincial des récollets de Guienne. Gardien des récollets de Cognac avant Michel Hardy, il avait commencé le « degré de la maison », qui est à l'ancien hôtel de ville avec rampe en fer forgé au chiffre de Hardy. Le 22 octobre 1781, il donne devant Bigot, à Luc de La Charlonnie, gardien de Cognac, procuration pour traiter avec Jacques Delamain, négociant à Jarnac. Il refusa le serment et resta caché à Saintes, où il mourut à 84 ans, le 3 octobre 1811.

2. Henriette de La Mirande, fille de Henri du Sault de La Mirande, écuyer, gouverneur pour le roi à l'île de Cayenne, et de Marie Béraud, prit à seize ans, le 7 janvier 1749, l'habit et fit profession, le 8 juin suivant, sous le nom de « sœur Séraphique de Saint-Henri ». Elle était discrète en 1780-1782. Voir *Les Sainte-Claire de Saintes* dans *Fondations civiles et religieuses en Saintonge* par M. Louis Audiat, 1877, in-8º. Voir aussi *Archives historiques de la Saintonge*, X, 218.

3. Marie-Catherine Lauzet, fille de Pierre-Éléonor Lauzet, contrôleur des actes et receveur des domaines du roi à Rochefort, prit l'habit, le 7 février 1774, sous le nom de Claire-Éléonore de Sainte-Anne, et fit profession le 8 février 1775. Sa sœur, Jeanne Lauzet, à 22 ans, l'imita (8 novembre 1780). *Idem*, p. 229 et 231.

4. Jean-Pierre Croizier, docteur en théologie, théologal et maître-école du chapitre de Saintes depuis 1760, vicaire général de Valence et de Saintes, mort en Espagne pendant la déportation. Il était frère de François Croizier, écuyer, capitaine au régiment de Provence infanterie.

5. Pierre Courtaud, dit le père Dominique, récollet, né à Limoges en 1729 ; en 1767, il était au couvent de Saint-Georges en l'île d'Oleron. Réfractaire, il resta cependant à Saintes pendant toute la terreur sans même quitter son froc qu'il avait seulement un peu raccourci. Il y est mort le 29 octobre 1810.

l'aide de fastidieux détails longuement exposés, essaie de faire un grave événement. « Voilà donc les religieuses dans la plus affligeante situation, privées des sacrements ou obligées de se confesser à leurs ennemis les plus déclarés », aux récollets, « grands amis » des jésuites. « Et cela parce que les lettres patentes de 1695 ont rendu nos évêques et tout ce qui les environne despotes dans leurs diocèses. » Tempête dans un verre d'eau !

Et le chapitre ! « Autrefois si savant et si religieux », il est, depuis qu'il a admis dans son sein quelques religieux, chassés de leurs demeures par les jansénistes, et qui ont vite acquis, par leurs lumières et leurs vertus, une grande influence dans la ville et le diocèse, il est devenu ignorant et hérétique. En effet, il fait l'office du Sacré-Cœur, où les pères ont « glissé des expressions très hétérodoxes », en preuve « la doxologie de l'hymne de matines : « Gloire infinie soit également rendue au « Saint-Esprit. Et vous, ô Jésus-Christ, faites que la flamme « de votre amour brûle un cœur qui vous est consacré (1). » Quelle raison de séparer ainsi la personne du Verbe d'avec Jésus-Christ et d'introduire une quaternité, si ce n'est la croyance où ils sont que la personne de Jésus-Christ n'est pas celle du Verbe éternel ? (2) » Et « l'église cathédrale n'est pas la seule où l'on ait établi cette fête Nestorienne »; mais aussi la plupart des paroisses de tout le diocèse sont infectées de cette « doctrine horrible ».

La paroisse Sainte-Colombe est « le chef-lieu de leur congrégation ». Trois jésuites depuis 1763 y ont été curés : le P. Dudon, le P. Dangibeaud, aujourd'hui chanoine de la cathédrale, et l'un des quatre pères Pichon, mort il y a deux ans (3).

---

1. Laus summa Patri
Summaque Filio.
Sit summa sancto
Laus quoque Numini.
Tu fac adurat dedicatum,
Christe, tibi, tua flamma pectus.

2. *Nouvelles ecclésiastiques* du 4 septembre 1787.

3. Pierre Pichon, écuyer, seigneur de Saint-Thomas, fils de Jérémie Pichon, écuyer, sieur de Lagord, procureur du roi en l'élection de Saintes, eut d'Ozanne-Marie Meneau, nièce de Jean Meneau, prêtre, syndic du clergé du diocèse (1724) : 1º Eutrope-Barnabé Pichon, écuyer, sieur de Saint-Thomas, époux d'Élisabeth Lallement; 2º Charles,

CHAPITRE VI.

Le curé actuel Guilbote (¹), « quoique fort complaisant, semble voir avec peine une troupe de jésuites plus maîtres que lui dans son église ». Ils y ont, en 1774, établi une congrégation de Jésus mourant ou de la bonne mort, ce qui est bien certainement une allusion à « la mort de la société de Jésus », détruite quelques mois auparavant par les bulles de Clément XIV du 21 juillet 1773 ; et ils ont imprimé à Niort, chez Pierre Elie, un petit livre de prières, 63 pages in-16, plein « d'inexactitudes, d'erreurs même sur les indulgences, et d'expressions pélagiennes : « *Indulgences, pratiques et prières pour les confrères de la congrégation de Jésus mourant et de Notre-Dame des douleurs, appelée communément de la bonne mort,* établie dans l'église de Sainte-Colombe à Saintes, par l'autorité de N.-S. P. le pape, et avec la permission de Mgr l'évêque de Saintes... Se vend à Saintes chez Delys, libraire. Permis d'imprimer à Niort le 15 avril 1774. ROUGET, lieutenant général de police. » On voit bien que ce « Jésus mourant n'est pas le sauveur des hommes, et la persévérance finale n'est qu'une obstination à vouloir, malgré toutes les puissances de l'église, perpétuer une société antichrétienne. »

Pichon, le chanoine, se dit autorisé par le pape à seul indulgencier des crucifix de la bonne mort, « dont la croix est de bois de Sainte-Lucie et le Christ de métal ». Ses frères les font vendre chez le sieur Duchesne, marchand quincailler, qui en a la spécialité. On les porte sous sa veste, et il faut prononcer souvent, surtout à la dernière heure, les noms de Jésus, Marie, Joseph. Ils mettent même ces trois majuscules J. M. J. sur les

---

curé de Sainte-Colombe le 6 juillet 1773 sur démission de Pierre Dangibeaud qui devint chanoine en 1777 ; 3° Jean-Pierre, né le 27 août 1727, jésuite, chanoine en 1762, deux fois enfermé comme prêtre réfractaire, puis chargé de l'administration du diocèse, mort le 13 mai 1804 ; 4° Marie-Anne ; 5° Marie-Julie ; 6° Marie-Mélanie ; 7° Marie-Marthe, morte à Saintes, âgée de 64 ans, le 28 juillet 1805 ; 8° Josué-Jean-Baptiste, né le 24 juin 1713, prêtre ; 9° Jean-François, né à Saintes le 22 juillet 1714, jésuite, recteur du collège de Saintes, décédé le 16 mars 1802 ; 10° Jean-Joseph, né à Saintes, le 19 novembre 1725, jésuite, mort en réclusion aux Carmélites le 22 septembre 1794. Frères et sœurs vivaient ensemble dans leur petite propriété de Monplaisir, paroisse de Saint-Pallais, sujet d'édification pour tout le monde.
1. Curés de Sainte-Colombe : Jean-Pierre Pichon, en 1759, démissionnaire en 1762 ; Jean-François Dud... prit possession le 26 juin 1762 ; Pierre Dangibeaud, 1764 au 14 décembre 1772 ; Charles Pichon, 1773 au 10 juillet 1785 ; Guillebot, 1785-1791.

lettres qu'ils écrivent à leurs associées ; ce qui signifie évidemment : « Je Mourrai Jésuite ».On croit vraiment rêver en lisant de telles fadaises ; il faut que l'esprit de parti cause d'étranges aberrations. Ces arguments-là devaient paraître convaincants et spirituels aux bons jansénistes de Saintes. Et voilà pourquoi votre fille n'est pas muette et les jésuites vivent encore.

J'omets les commérages que les *Nouvelles* ramassent de tous côtés et servent à leurs lecteurs de la Saintonge et d'ailleurs.

CHAPITRE VII.

Administration de l'évêque. — Il protège les communautés religieuses. — Melle Deliva. — Fondation d'un hôpital à Tesson, à Barbezieux. — Baigne et Saint-Liguaire. — Mort d'Alexandre-François de La Rochefoucauld. — L'évêque de Beauvais à Saintes. — Séjour au château de Crazannes. — Souvenirs qu'il y a laissés. — Les voisins, les Sainte-Hermine, les La Trémoille, les Grailly. — Son affabilité envers les paysans. — Traits touchants. — Bois-Charmant. — Les vicaires généraux : Joseph de Liniers, Joubert de Douzenville, Alexis Taillet, Mathieu Delord, Joseph du Cheyron du Pavillon, Guérin de La Magdelaine, Gaspard Mondauphin, Augustin Hardy. — Attaques des jansénistes.

Cette animosité contre les bénédictines de Saintes ne nous paraît nullement justifiée, ni contre les Sainte-Claire, ni contre les Notre-Dame. L'évêque, gardien de l'orthodoxie, défenseur de la foi, devait préserver son troupeau de l'hérésie, y compris les communautés religieuses. Et s'il dut prendre des mesures de préservation, qui oserait l'en blâmer ? La Rochefoucauld avait résolument reconnu l'autorité du pape et accepté sa décision dans l'affaire de la bulle *Unigenitus;* même il n'avait pas proscrit quelques prêtres de son diocèse, chassés d'ailleurs, recommandables par leur savoir et leur piété ; bien plus il leur avait procuré le moyen de vivre dans des cures et autres bénéfices. Quel crime plus grand pouvait-il commettre ? La secte lui voua une haine féroce. Il n'est sorte d'insinuations malveillantes, dont elle ne l'injurie, de calomnies dont elle ne l'outrage. Tous ses actes les plus inoffensifs, ou les plus louables, sont indignement travestis. Les reproches les plus puérils se mêlent aux accusations les plus méchantes. Il est l'esclave des jésuites ; il est farci de préjugés ; il est fier, arrogant, ambitieux ; il aime la flatterie : « il méprise les curés et leur parle toujours avec le ton d'un général à ses soldats... (¹) Il a pour principe qu'un supérieur ne doit jamais reculer, qu'autrement il ne lui resterait plus qu'à se faire capucin, propos qu'on lui a entendu tenir en 1788... L'esprit de domination dirige toutes ses démarches. » Et l'on cite « pour exemple deux curés respectables » qu'on ne nomme point, « l'un de la paroisse de Saint-Pierre de Juillé, et un autre curé à Pons. Ce dernier était un vieillard qui (²), affaibli par l'âge, ne put supporter ces duretés ; il en perdit totalement la tête (³). »

En outre, il publia, le 3 décembre 1785, un règlement sur l'usage des chapelles domestiques, où, article III, « il déclarait qu'un prêtre interdit n'y pourra, sous quelque prétexte que ce soit, célébrer sous peine d'interdit sur la chapelle ». Étrange abus d'autorité ! Despotisme abominable ! Or il s'agissait de Jean Desting (⁴), prêtre du diocèse de Clermont, qui, vicaire à Asnière, avait mérité l'interdiction, et qu'un bourgeois de la paroisse, Hardy, avait autorisé à dire la messe dans sa chapelle. Il faut vraiment être pauvre de faits pour alléguer de pareils griefs. Ce vicaire, dont on fait le plus grand éloge, jura en 1791.

Qui pourtant protégea plus que lui les communautés, qui s'occupa plus des églises, qui administra plus sagement ?

C'est chez les sœurs de Notre-Dame, filles de madame de Lestonnac, qu'il plaça une jeune orpheline nommée Deliva, dont il paya généreusement la pension.

---

1. « Il aime, dit-on, la flatterie, et il trouve dans les jésuites des hommes attentifs à le satisfaire, pourvu qu'il ne s'écarte pas de leur empire. M. l'évêque, d'après leurs leçons, méprise les curés et leur parle toujours avec le ton d'un général à ses soldats ; il ne craint pas même de les maltraiter publiquement en présence de leurs paroissiens. Nous citerons, par exemple, deux curés respectables, l'un de la paroisse de Saint-Pierre de Juillé, près Saint-Jean, et un autre curé à Pons. » *Nouvelles ecclésiastiques* d'août 1790.

2. Marie, nommé en 1761, par l'évêque, curé de Saint-Pierre de Juillers, refusa le serment, fut remplacé en 1741 par Roquet, curé-jureur de Puyrolland, et fut en 1803 curé de Sousmoulins.

3. L'auteur aurait pu tout aussi bien ajouter « et en mourut ». Il s'agit, je crois, de Dominique Fortet, né à Pons le 2 octobre 1721, vicaire à Saint-Pierre d'Oleron, nommé en mai 1750 curé de Saint Martin de Pons, mort dans le couvent des cordeliers le 19 décembre 1783, âgé de 63 ans, auquel succéda, l'année suivante, Guillaume Ferret, alors âgé de 34 ans. Voir *Archives historiques de la Saintonge*, IX, 371, 382.

4. Jean Desting, né en 1746, nommé vicaire à Asnière par Delord, fut, après quelques mois d'interdiction, replacé à Saint-Denis du Pin. Il prêta serment à la constitution civile : en effet, il avait mérité les éloges et la protection des jansénistes. En 1803, il fut nommé curé d'Antezan.

CHAPITRE VII.

L'histoire de cette jeune fille est tout un roman. Enlevée enfant par des saltimbanques dans un pays qu'on supposa être l'Italie à cause de son nom, elle se souvenait d'un grand parc et d'un riche château. Elle jouait avec un petit garçon, lorsqu'elle fut saisie et emmenée par des gens qui passaient. Le petit garçon avait pu s'enfuir. A Pons, le chef de la troupe dont elle faisait partie et qui se rendait à Saintes pour la Saint-Eutrope, tomba malade, et à son lit de mort révéla le rapt de l'enfant. Il trépassa avant d'avoir pu indiquer le nom, les parents, le domicile (1). Ce fut grand émoi à Saintes. On s'intéressa à la jeune fille ; on écrivit partout ; on fit des recherches. Inutilement. L'évêque se chargea d'elle. Mais quand ses revenus eurent été supprimés, l'orpheline s'adressa à ceux qui les lui avaient ôtés. Le 9 décembre 1790, le directoire du district la prit sous sa protection ; on lui accorda un traitement égal à celui qu'elle touchait. Le 12 mai 1791, il lui alloua de nouveau 150 livres pour les six premiers mois de l'année. Enfin, le 11 octobre 1792, il rédigea cette singulière délibération, toute pleine de la phraséologie sentimentale de l'époque : on s'apitoyait sur les malheurs qu'on causait :

« Le directoire, ayant pris communication d'une requête présentée par la demoiselle Deliva, fille dont on ignore l'origine et le lieu de sa naissance, par laquelle elle sollicite des secours de l'administration ; Ouï le procureur syndic ;

« Considérant qu'il est de notoriété publique que la réclamante a été enlevée dans son enfance à ses parents ; qu'elle est étrangère en France ; qu'elle n'a droit à aucun secours particulier, et que l'administration a déjà recueilli des renseignements à cet égard ;

« Considérant que cette fille malheureuse, continuellement nourrie de l'espoir de découvrir ses parents, et prévenue qu'elle tenait à une famille riche et distinguée, a toujours vécu dans l'indifférence de toute profession industrielle, et qu'après avoir perdu les ressources qu'elle trouvait dans un clergé opulent, elle était soutenue par la communauté des filles Notre-Dame

---

1. Une autre version moins digne de foi dit que Deliva battue, maltraitée par les bateleurs, s'échappa de leurs mains.

où il lui avait été accordé un asile ; et que, dans ce moment où cet établissement est supprimé, il ne lui reste plus qu'à se jeter dans les bras d'une nation grande, généreuse et hospitalière ;

« Considérant que les secours d'humanité et de bienfaisance tiennent un rang dans l'état des dépenses à la charge du département, et que ces fonds ne peuvent être plus dignement employés qu'à adoucir le sort d'une intéressante étrangère, arrachée à une famille dans le sein de laquelle elle eût pu trouver toutes les douceurs de la vie ; que ce devoir est d'autant plus sacré qu'il peut soutenir la vertu dans le cœur d'une femme, et couvrir sous ses pas l'abîme du déshonneur où pourrait la précipiter l'horreur de l'indigence ;

« Nous sommes d'avis qu'il y a lieu d'accorder à la citoyenne Deliva, sur la somme de trente mille livres imposée avec la contribution de 1791 pour la destruction de la mendicité, le secours de 300, et qu'il soit écrit au ministre pour l'intéresser en faveur de cette infortunée, afin que la convention nationale lui accorde une pension.

« VANDERQUAND. HILLAIRET. P. S. GODET, *secrétaire*. »(¹)

Marie-Thérèse Deliva épousa plus tard Gabriel Templier dont elle était veuve à son décès le 21 décembre 1838. Elle mourut dans le presbytère du curé de Corme-Royal, Jean-Joseph-Marie Méchain, qu'elle avait élevé. Elle avait 80 ans, et était respectée de tout le monde.

On voit l'évêque donner aussi des marques de bienveillance au carmel. Le 29 janvier 1786, il assista aux vœux solennels de Mlle Laroche, jeune américaine, dont, racontent les *Affiches de Bourignon*, le « dévouement religieux, poussé jusqu'à l'héroïsme, a arraché des pleurs à plusieurs personnes de l'assemblée. Placée aux côtés d'une sœur tendrement chérie et d'une généreuse amie, elle a eu la force de résister aux gémissements de la nature et de l'amitié... Elle a consommé le sacrifice avec une piété calme et réfléchie », ce qui n'empêchera pas dans quelque temps le même écrivain de crier contre l'escla-

---

1. Régistres des délibérations du district de Saintes, aux archives départementales de la Charente inférieure.

vage du cloître et de vouloir délivrer les victimes du fanatisme qu'on y tient renfermées (1).

Nous savons en outre que l'évêque allait souvent visiter son séminaire dirigé par les prêtres de la mission, depuis sa fondation par saint Vincent de Paul. Il s'y entretenait familièrement avec les jeunes clercs et les encourageait dans leurs travaux. Il apprenait ainsi à les connaître et s'en faisait aimer.

C'est « en sa qualité de protecteur né des pauvres et chargé de veiller à l'accomplissement des fondations des œuvres pies », que « Pierre-Louis de La Rochefoucauld, évêque et seigneur de Saintes », intervient, à la prière de Jean-Frédéric de La Tour du Pin-Gouvernet, mari de Cécile-Marguerite Guinot de Monconseil, dans le règlement (1er décembre 1785) de l'hôpital, fondé à Tesson, par le marquis de Monconseil, pour seize lits dont quatre de malades et douze de vieillards, et desservi par quatre religieuses de la Sagesse, chargées en outre d'apprendre à lire et à écrire aux jeunes filles, de visiter les malades de Rioux, Thenac et Tesson, et « de leur fournir gratuitement les drogues de leur apothicairerie (2). »

Il autorisa pareillement la fondation de l'hôpital de Barbezieux faite en 1783, par Louis-Alexandre, duc de La

---

1. Dans le numéro du 12 janvier même année, le rédacteur, qui depuis... raconte fort dévotieusement « l'accomplissement d'un vœu ». On lit dans les *Affiches des provinces de Saintonge et d'Angoumois*, n° 11, page 3 : « Pierre Lambert, matelot, natif de Saintes, paroisse de Saint-Vivien, vient de donner un exemple bien touchant de piété filiale. Le mercredi 4 janvier, il s'est rendu, en chemise et pieds nuds, avec un cierge à la main, à l'église paroissiale de Saint-Vivien où il a entendu la messe, pour l'accomplissement d'un vœu qu'il avait fait à Dieu s'il trouvait sa mère vivante au retour d'un long voyage : quoique son vœu n'ait point été exaucé, il n'a pas cru devoir s'affranchir du pieux engagement qu'il avait contracté, et s'est soumis sans murmurer aux décrets de la providence. Ainsi la religion, cette tendre mère des affligés, est la seule consolation qui nous reste dans nos calamités ; et c'est souvent dans cette classe d'hommes, utiles, à qui nous donnons la dénomination vile de *bas peuple*, que se trouvent la douce humanité, la foi et les vertus évangéliques. »

2. Voir pour les détails *Fondations civiles et religieuses en Saintonge*, par M. Louis Audiat (1877), in-8°, ou *Archives historiques de la Saintonge*, IV. Étienne Guinot de Monconseil (1695-1782), lieutenant général des armées du roi, gouverneur de la Haute-Alsace, après fondation de lits à l'hôpital de la Charité à Saintes, d'un atelier de charité à l'hôpital général, d'une école de chirurgie et d'un jardin botanique à Saintes, avait constitué, par une dépense de 133,000 livres, un hôpital pour recevoir les malades des trois paroisses de son marquisat, et cela après consultation du suffrage universel (acte capitulaire à la porte de l'église de Tesson à la réquisition du syndic électif, du 2 septembre 1781), preuve nouvelle que, dès avant 1789, les paysans étaient tenus dans l'esclavage et leurs enfants dans l'ignorance par les curés et les seigneurs.

Rochefoucauld et de La Roche-Guyon, marquis de Barbezieux. Le 18 mai, en présence des membres du bureau : maître Paul Drilhon, avocat en parlement, juge sénéchal du marquisat ; maître Paul-François Drilhon, procureur fiscal dudit marquisat, et messire François-Hector de Pressac de Lioncel, écuyer, curé de la paroisse de Saint-Hilaire, puis de différentes personnes notables : messire Gabriel-Jean Chateauneuf, curé et archiprêtre de Barbezieux ; Pierre-François-Étienne Reveillaud, vicaire, mort en 1855, curé de Saint-Pierre de Saintes ; Louis de Malet, écuyer, capitaine des vaisseaux du roi, chevalier de Saint-Louis ; Jacques-Philippe Frichou de Lamaurine, procureur du roi en l'élection de Barbezieux ; Jean Demontis, médecin consultant de la comtesse d'Artois ; Pierre-Zacharie Dodart, sieur des Bouchardières, etc., deux religieuses, venant de l'hôpital de la ville de La Rochefoucauld, Marie Sauvo des Versannes et Élisabeth de Péry de Malerant, passent avec les administrateurs un traité en 11 articles, par lequel, moyennant 250 livres par an, chacune se charge de diriger et conduire ledit hôpital, tenir « classe ou salle pour l'éducation des jeunes filles », d'y recevoir « gratuitement les pauvres qui leur seront présentés par le bureau, lesquelles elles instruiront dans la religion et leur montreront à lire, écrire et leur inspirer, autant que possible le goût du travail. » Le premier août de l'année suivante, l'évêque donnait sa pleine approbation au traité. Et huit ans après, à douze jours de distance, ces deux La Rochefoucauld périssent l'un aux Carmes de Paris, l'autre à Gisors. Les pauvres, les malades s'en trouvaient-ils mieux ? Les officiers municipaux de Barbezieux, le 20 janvier 1792, « l'an IV de la liberté », constatent que l'hôpital n'avait plus que 560 livres de revenu et était dans un état déplorable.

Il songea aussi à sa cathédrale, « pauvre et nue ». Pour l'embellir il conçut le projet (1787), ce qu'autorisaient les lettres patentes du 25 mars 1770, ce qu'avaient fait ses prédécesseurs pour d'autres bénéfices, d'unir la mense conventuelle de Baigne et celle de Saint-Liguaire à la fabrique de son église cathédrale. « Ces deux abbayes ne peuvent subsister ; les bâtiments sont dégradés. Dans l'une il n'y a qu'un religieux, trois dans l'autre »; et « l'église cathédrale de Saintes est pauvre et nue; elle manque de tout. Il est urgent d'y faire un maître-autel, de changer le pavé du sanctuaire et du chœur, d'y faire des stalles neuves. La sacristie n'a que peu de vases sacrés, point d'ornements, point de linge, point d'argenterie. Cela nuit nécessairement à la dignité du culte public, surtout dans un pays où les protestants sont nombreux. » On le voit solliciter l'évêque d'Autun, « d'interposer ses bons offices pour procurer à l'église de Saintes une somme payable par les économats ou par la loterie de piété, qui sera appliquée à la décoration de cette église ([1]). » La révolution se chargea d'achever la ruine commencée par les protestants. La cathédrale, dépouillée de ses ornements, privée de ses revenus confisqués, devint une salle de réunion pour les électeurs.

Il serait long d'énumérer les actes de son administration. A la suite de la visite aux paroisses par lui ou par son vicaire général, Taillet, il rend des ordonnances pour des réparations aux églises ou à leur mobilier : le 6 juillet 1787, Saint-Laurent des Combes ([2]); le 28 juin 1788, Saint-Pallais du Né et Restaud ([3]). Le 29 août 1788, il délègue Fabre, curé de Pisanni, pour bénir la nouvelle église ([4]). Le 5 septembre 1785, il fixe au dimanche après le 22 septembre, la fête de saint Maurice qui se célèbre à Salles ([5]). Si les archives de l'évêché de Saintes n'avaient pas été solennellement brûlées sur la place des Cordeliers, le 10 août 1793, quel nombre considérable de faits nous aurions à raconter ! Ce n'est qu'avec des bribes retrouvées çà et là qu'on a pu reconstituer un peu l'histoire de son administration. Mais combien elle est incomplète !

Dans toute sa carrière épiscopale il n'y a eu qu'un fait qui ait valu à La Rochefoucauld de la part de ses injustes et acharnés ennemis des éloges et des félicitations pour « ses bonnes intentions ». C'est que, l'année dernière (1786), il logea chez

---

1. Voir tome XXIII des *Archives historiques de Saintonge*, pages 220 et suivantes, les différentes pièces sur ce sujet, ou *Le diocèse de Saintes au XVIIIe siècle*, par M. Louis Audiat.
2. *Archives historiques de la Saintonge*, XXIII, 376, ou *Le diocèse de Saintes au XVIIIe siècle*.
3. *Archives historiques de la Saintonge et de l'Aunis*, III, 248.
4. *Idem*, 159.
5. *Idem*, X, 142.

lui un excellent prédicateur pour le carême, le P. Limonas, supérieur de l'Oratoire de La Rochelle, qui prêcha la doctrine de l'Église dans toute sa pureté : « On dit que depuis longtemps, une telle lumière n'avait éclairé cet horizon. » Un protestant ne se fût pas servi d'autres expressions (1).

En face des diatribes des jansénistes, citons les vers suivants insérés dans le *Journal de Saintonge et d'Angoumois*, 24 août 1788, à l'occasion de la Saint-Louis, par « François-Marie Bourignon, membre de plusieurs académies, rédacteur du *Journal* ». Ils vantent précisément le zèle, la foi, la piété du prélat :

> L'un de vos deux patrons, l'apôtre Simon-Pierre,
> A travers les dangers, sous le fer des tyrans,
> De l'église du Christ jeta les fondemens ;
> Vous imitez son zèle en suivant sa carrière.
> L'autre eut l'honneur de naître au milieu des Français,
> Et régna par ses droits moins que par ses bienfaits.
> Le saint Roi, de Jésus préférant la couronne,
> Abdiquait, en priant, la majesté du trône.
>
>   Qui n'aimerait, en comparant ces traits,
> A trouver, comme moi, la ressemblance entière ?
> Car si la piété (la base des vertus)
>   L'humanité, la foi sincère,
>   Étaient au rang des Saints du bréviaire
>   Vous auriez trois Patrons de plus.

Un deuil domestique montra l'affection qu'on avait pour le prélat.

Son frère, Alexandre-François, comte de La Rochefoucauld-Bayers, ancien lieutenant des vaisseaux du roi, chevalier de Saint-Louis, était mort à Paris, le 7 janvier 1786 (2).

---

1. « Ce qui est bon de remarquer et qui annonce les bonnes intentions du prélat, c'est que l'année dernière, 1786, il logea chez lui un excellent prédicateur pour le carême, le P. Limonas, supérieur de l'Oratoire à La Rochelle, qui prêcha la doctrine de l'église dans toute sa pureté... La cabale ennemie en frémit ; mais elle n'osa murmurer qu'en secret, ce ministre de l'évangile étant sous l'égide du prélat, qui lui faisait les plus belles caresses. » *Nouvelles ecclésiastiques*, du 4 septembre 1737.

2. Il ne paraît pas avoir laissé grande fortune : car, le 13 avril suivant, par acte passé devant Bigot, notaire à Saintes, Pierre-Louis, en présence des témoins Pelletant et Baudry, praticiens, « renonce à la portion héréditaire qu'il aurait pu prétendre dans la succession mobilière et immobilière de feu très haut et très puissant seigneur

C'est le 11 janvier que la nouvelle fut connue en ville. Le lendemain Bourdeille, syndic du chapitre (¹), assembla les chanoines après vêpres et leur proposa d'envoyer une députation présenter au prélat leurs compliments de condoléance. Ce qui s'accomplit. Mais le fait était si insolite qu'on décida de ne pas l'inscrire sur les registres afin de ne point créer un précédent pour l'avenir.

Le 13, l'évêque remercia et demanda un service. « Sur quoi, dit Legrix, la compagnie délibérant a arrêté qu'on ferait ce service que désirait le dict seigneur évesque, avec toute la cérémonie requise en pareil cas ; que M. le doyen, assisté de deux chanoines, ferait la cérémonie ; que tous les corps de la noblesse seraient invités au nom du chapitre. » L'on poussait tellement loin le zèle que le chœur et la nef furent tendus de noir exactement comme si c'eût été « l'enterrement d'un chanoine ».

La cérémonie funèbre eut lieu le 20, à Saint-Pierre. L'évêque officia. Le chapitre de Taillebourg, composé de 4 chanoines et un doyen, imita Saintes, le 21. Le curé de Romegoux, Arnaudau, en fit de même le 5 janvier. Et le journal de l'époque, les *Affiches de Saintonge et d'Angoumois*, page 22, écrit à ce sujet :

« Les chanoines donnent une preuve éclatante de leur attachement pour un prélat respectable, qui honore le siège épiscopal par la pratique des vertus patriotiques et religieuses. »

Recueillons ce témoignage : il a son prix dans la bouche de Bourignon. On doit certainement y voir l'expression de la vérité. Quand plus tard, La Rochefoucauld sera dénoncé à l'accusateur, on ne lui reprochera rien que sa résistance au décret de l'assemblée. Mais alors on exaltait ses vertus.

Un mot nous frappe dans ces lignes ; c'est l'épithète de

Alexandre-François, comte de La Rochefoucald-Bayers, son frère, chevalier de l'ordre royal et militaire de Saint-Louis, décédé à Paris en son hôtel, rue Saint-Maur, paroisse Saint-Sulpice, considérant que sa part en la dite succession pourrait lui être plus onéreuse que profitable. »

1. Thomas Bourdeille, né à Saintes, vicaire de Chaniers, curé de La Chapelle des Pots, le 23 décembre 1768, chanoine en 1772, syndic du clergé, refusa le serment et mourut en réclusion aux Carmélites de Saintes, le 5 vendémiaire . III (26 septembre 1794). Il était probablement frère de Jean-Nicolas-Antoine de Bourdeille, conseiller du roi en la maréchaussée et juge présidial de Saintes, doyen de sa compagnie à la suppression des présidiaux (3 décembre 1790). Voir *Études et documents relatifs à la ville de Saintes*, page 89.

« patriotiques ». Ce n'est pas un adjectif banal qui devance seulement un peu son époque. Mgr de Saintes passait pour avoir des idées, qu'on appelle « avancées » depuis que les rétrogrades sont venues, c'est-à-dire qu'il était de son temps. Comme tous les esprits intelligents, il sentait la nécessité des réformes ; et ce besoin, le clergé et la noblesse le partageaient avec le tiers état. Il le montra bien quand le moment arriva.

Au milieu des fatigues de l'épiscopat, Pierre-Louis de La Rochefoucauld eut la consolation d'embrasser son frère, l'évêque de Beauvais. On sait combien étroitement ils étaient unis. Depuis deux ans, ils ne s'étaient pas vus. L'évêque de Beauvais arriva à Saintes, le 23 avril. En cette circonstance le chapitre crut devoir se départir de sa réserve. Il n'avait pas coutume d'envoyer saluer les évêques ou archevêques de passage à Saintes ; mais il députa Delaage, son doyen, Dudon, Pichon et d'Hérisson pour présenter ses hommages à un pair de France, comte de Beauvais, vidame de Gerberoy, frère de son évêque, et lui offrir une place de chanoine honoraire. Ce que François-Joseph accepta avec joie. Le 12 mai, il fut installé. Mosson de La Gontrie, d'Aiguières, Croizier et Pichon le reçurent à la porte de l'église. Le premier lui fit un compliment auquel il répondit. On le conduisit à la première stalle du côté gauche ; il officia. Le soir, il traita tout le chapitre. Le 30 juin, ce fut le tour des chanoines. Guéau de Réversaux, l'intendant, assista au dîner. Le comte de La Tour du Pin, commandant en second de la province, s'excusa.

L'évêque de Beauvais séjourna plusieurs mois en Saintonge. Il y était encore le 29 juillet 1784 [1].

Les deux évêques allèrent à Angoulême voir leur sœur Hyppolyte. Mme de Corlieu, leur petite-nièce, morte centenaire en 1882, m'a raconté qu'ils ne manquaient jamais, au premier de l'an

---

1. Ce jour-là, en présence d'André Naudin et de François Richard, praticiens, par acte passé devant Bigot, notaire, il constitue mandataire pour ratifier une quittance donnée en son nom, le 14 juillet, à François-Gabriel Desangremel de Clérigny, administrateur et receveur général des domaines privés du roi et de Monsieur, d'une somme de 15,000 livres, montant des droits de quint et requint féodaux, de lods et ventes et tous autres à lui dus au sujet de la vente faite à Monsieur par le prince de Conti, le 7 octobre 1783, et aussi pour recevoir 36,000 livres, droits de lods et vente à lui dus à raison de la vente de la terre et seigneurie de Thoix.

et à certaines époques de l'année, de lui offrir quelques présents. On conserve encore précieusement des robes qu'ils lui avaient envoyées. Détail sans doute insignifiant, mais qui sert à peindre le cœur.

François-Joseph dut pendant son séjour à Saintes passer quelques semaines à Crazannes (1). Pierre-Louis avait loué ce château au fils de l'acquéreur, Jacques Chaudruc, chevalier d'honneur au bureau des finances et chambre des domaines de la généralité de La Rochelle, seigneur de Crazannes, qui, s'étant marié en 1781, habitait presque constamment depuis cette époque, Saintes ou le Midi (2).

Monseigneur y demeurait une partie de l'été. Après ses courses pastorales et les travaux de son administration, « ce digne évêque, dit Briand, II, 707, aimait beaucoup le séjour enchanteur et silencieux du château de Crazannes ; sans doute que le ciel y comblait son âme de tous ses dons et le préparait au grand combat que ce saint pontife devait livrer à l'erreur en mourant pour la foi. » La petite église de Sainte-Madeleine, qui a été remplacée par une plus spacieuse, bénite le 19 mai 1874, le voyait chaque jour s'agenouiller au pied de l'autel (3).

Il se faisait un devoir de donner, comme un simple paroissien,

---

1. Crazannes avait été, le 17 avril 1760, vendu à la mort du marquis de Civrac, — Emery de Durfort, comte de Blagnac, baron de La Lande, captal de Buch, sénéchal et gouverneur de Bazas, décédé à l'âge de 100 ans le 22 juillet 1759, — par son fils Emery, menin du dauphin, brigadier des armées du roi, époux de Marie-Françoise de Pardaillan de Gondrin d'Antin, à Jean Chaudruc, négociant à La Rochelle, qui décéda à La Rochelle, en 1762, époux d'Ester Bonneau, fille de César, chevalier, et de Josèphe de Malartic.

2. Jacques Chaudruc, mort à Saintes le 14 décembre 1788, après s'être converti au catholicisme, eut de Suzanne-Paule-Joseph-Victoire-Anne Dumas, qu'il avait épousée par contrat du 2 août 1782, passé par devant Pellet, notaire à Montricoux, dans le Lot, un fils né à Crazannes le 20 juillet 1782, — à Agen dit par erreur la *Biographie* Michaud —, Jean-César-Marie-Alexandre Chaudruc, appelé le baron Chaudruc de Crazannes, auteur des *Antiquités de Saintes et de la Charente Inférieure*, et de plusieurs autres ouvrages. Sur l'acte de naissance le père est dit Jacques Chaudruc de Crazannes, écuyer, seigneur châtelain du dit Crazannes, ancien capitaine des canonniers gardes-côtes de la division de Soubise. Le curé refusa d'enregistrer les enfants sous le nom de Chandruc de Crazannes, prétendant que les gentilshommes seuls avaient le droit d'ajouter à leur nom celui de leur terre. Un jugement du présidial de Saintes lui donna tort. Voir *Revue de Saintonge et d'Aunis*, XII, 150.

3. C'est ce que fort heureusement rappelle une inscription gravée dans cette chapelle en mai 1874, date de la consécration de la nouvelle église, par les soins de MM. Denys

l'exemple de l'assiduité aux offices du dimanche. Il y connut deux curés ; l'un, Goyard, mourut en 1785 après 18 ans de séjour à Crazannes; l'autre, Jean-Baptiste Gounin de La Coste, né en 1748, ancien curé de Haimps, devint, le 10 avril 1791, curé assermenté de Saint-Vivien de Pons, puis vicaire général de Robinet, et mourut curé de Saint-Martin en l'île de Ré.

Pierre-Louis, au milieu des agitations qui préparaient la chute de l'ancien monde, se plaisait dans cet antique manoir riche de souvenirs, entouré d'une si active végétation. L'œuvre vieillie et debout de l'homme à côté de l'œuvre toujours jeune et sans cesse renaissante de Dieu ! Quoique mutilé, ce château est encore intéressant avec ses créneaux, ses salles aux solives sculptées et sa porte d'entrée si splendidement décorée, joie des archéologues, plaisir des touristes, orgueil des propriétaires. Il a vu bien des événements. Depuis le 9 octobre 1447, il appartenait aux Acarie, famille célèbre dont quelques membres furent protestants au XVIe siècle. Géry Acarie est bien connu par ses prouesses sous le nom du capitaine Bourdet. Son neveu, Zacharie Acarie, baron du Bourdet et de Crazannes (1), était la terreur des papistes. Un jour, il s'empare de

---

d'Aussy et Amédée Oudet, qui ont acheté cet édifice pour en faire une chapelle funéraire de famille :

D. O. M.
PETRO . LUDOVICO . DE LA ROCHEFOUCAULD .
ULTIMO . SANTONUM . EPISCOPO .
PARISIIS . DIE IIª . SEPTEMBRIS . MDCCXCII .
PRO . FIDE . CATHOLICA . NECATO .
QVI .
CASTELLVM . CRAZANNES . VT . VILLAM .
INTERDVM . INCOLENS .
IN . HOC . SACELLO . SACRA . FREQVENTAVIT .
GENEROSI . MARTYRIS . MEMORIAM .
PIE . SERVANTES .
HVMILLIMEQVE . INTERCESSOREM .
ADPRECANTES .
D'AUSSY . ET . A . OUDET . POS.
ANNO . DNI . MDCCCLXXIV .

1. Géry était fils de Jean Acarie et de Catherine Goumard, dame de Romegoux, et frère de Jacques, marié vers 1545 à Marie de La Roche Landry. — Zacharie Acarie du Bourdet, fils de Jacques et de Marie de la Roche Landry, avait pour frère aîné Jean, époux, en mai 1584, de Catherine de Belcier, fille de Pierre de Belcier, baron de Cozes. Pierre-Damien Rainguet, dans la *Biographie saintongeaise*, a confondu les deux frères, a marié Zacharie à sa belle-sœur et lui a donné pour mère sa grand'mère. Voir sur Crazannes l'étude si approfondie de Denys d'Aussy. *Crazannes*, dans le *Bulletin* de la société des *Archives historiques de la Saintonge et de l'Aunis*, t. II, p. 305 et *Inventaire des archives de Crazannes*, p. 193.

Taillebourg au moyen de poignards fixés dans les murailles qui lui servent d'échelle à lui et à ses compagnons. Une autre fois, il s'embarque à Cosnac sur une frêle patache, et avec 35 hommes déterminés va piller le riche couvent des chartreux de Bordeaux. La même année 1569, il prend Tonnay-Boutonne, et s'en revient chargé de butin. Saintes fut par lui surprise une nuit, et le gouverneur de la ville, Gombaud de La Gombaudière, n'eut pas le temps de prendre ses habits.

Parmi les anciens possesseurs, l'évêque de Saintes retrouvait quelqu'un de sa famille. Angélique de La Rochefoucauld (1) avait épousé, en septembre 1611, René Acarie, seigneur du Bourdet et de Crazannes (2). Et si nous voulions chercher auprès de Crazannes nous trouverions une cousine d'Angélique de La Rochefoucauld, Catherine, religieuse à Saintes : une autre, mariée en 1640 à Gabriel Gombaud, seigneur de Champfleury en la paroisse de Bords. Nous venons déjà de citer les noms de La Vallée et de Lhoumée, limitrophes de Crazannes, tous fiefs de la famille de La Rochefoucauld.

Le prélat avait bien choisi sa maison de campagne. Le château domine l'immense prairie qu'arrose la Charente. En automne, au printemps, c'est un vaste lac. En été, c'est une mer de verdure. L'aspect varie avec les mois. En juin viennent les faucheurs. La plaine alors est semée de robustes travailleurs. Courbés vers le sol, on les voit à peine se mouvoir. Ils avancent cependant ; car à leur approche s'inclinent, pour ne plus se relever, ces milliers de plantes renversées par une faux invisible. Derrière eux, un peu plus loin, les faneuses armées de fourches et de rateaux. Il faut que tout soit sec et que pas un brin ne soit perdu. Les bœufs attelés ruminent, heureux et pacifiques. Peu à peu le foin s'entasse sur le chariot, empilé avec une habileté d'artiste et un équilibre de prestidigitateur. Le soir tombe ; la tour de Taillebourg s'assombrit. L'heure du retour a

---

1. Fille de Louis II, seigneur de Bayers, La Bergerie, La Vallée, et Lhoumée, chevalier de l'ordre du roi, gentilhomme ordinaire de sa chambre, et de Suzanne de Beaumont, dame de La Motte-Fouquerand, de La Jarrie, etc.
2. Elle signe sur les registres paroissiaux en 1613 comme marraine ; et en 1634 tient sur les fonts un neveu de Jean Amyot, curé de Crazannes. Le 20 juillet 1615, son père, qui testa en 1621, est parrain d'une de ses filles ; et en 1619, le 20 mai, Louis Acarie, probablement son fils, est improprement appelé seigneur de la Rochefoucauld.

sonné. Et pendant que le soleil dore encore les cimes, la prairie baigne déjà dans l'humidité du crépuscule. Un brouillard léger court sur les bords de la Charente. Il monte. Quel air suave on respire ! Il a passé sur le fleuve profond ; il s'est imprégné des odeurs de la sève qui sèche. Assis sur la terrasse, appuyé sur la balustrade, on le reçoit comme a dû le recevoir Pierre-Louis, tout chargé de fraîcheur et de parfums. Senteurs balsamiques, qui donnent de la vigueur au corps et réjouissent l'âme ! Les grands peupliers frissonnent, touchés par la brise qui passe. Quelques beuglements de troupeaux, quelques bruits de lourds essieux qui crient, parfois un chant plaintif et monotone, voilà la vie. Et l'œil se repose avec ravissement sur ces champs, sur ces prés, sur ces châteaux. Et l'esprit va de l'un à l'autre, se souvenant. Tout près, à deux pas, Panloy, caché dans son riant parc qu'arrose un gai ruisseau ; en face Coulonges, à gauche Saint-Savinien, petite ville coquettement assise au bord de l'eau où elle baigne ses pieds, et qui garde, en la personne de son pasteur, futur évêque du département de la Charente Inférieure, une des grandes douleurs de l'évêque de Saintes ; à droite, Taillebourg sur sa hauteur, la chaussée de Saint-Louis et le prieuré de Saint-James. Quel champ ouvert à la rêverie !

Cette nature féconde, ce calme parfait allaient bien au caractère paisible de l'évêque. Dans le voisinage, il y avait quelques familles qu'il voyait fréquemment. D'abord à Taillebourg, les La Trémouille, qui venaient parfois habiter leur manoir reconstruit (1).

A Coulonges, c'était René-Louis, marquis de Sainte-Hermine, seigneur de Coulonges, d'Agonnay, de La Brossardière, de Mérignac, etc. alors maréchal de camp (2).

---

1. Jean-Bretagne-Charles Godefroy, duc de La Trémoille et de Thouars, comte de Taillebourg, de Laval et de Montfort, baron de Vitré, pair de France, maréchal de camp, mort en émigration à Chambéry, ou bien son fils, Charles-Bretagne-Marie-Joseph, duc de La Trémoille, prince de Tarente, chevalier des ordres du roi, pair de France, lieutenant général des armées du duc de Bade, dont le petit-fils, Charles-Louis, a épousé Mlle Duchâtel.

2. Né à Saintes le 15 octobre 1741, fils de Louis-Clément de Sainte-Hermine, seigneur de Coulonges et de Mérignac, page de la reine en 1725, puis capitaine au régiment de Vibraye dragons, et de Marie-Anne-Élisabeth Guiton de Maulévrier. René eut pour parrain René-Louis de Sainte-Hermine, aumônier de sa majesté, prieur de Saint-Étienne d'Ars. Il fut gentilhomme d'honneur et premier écuyer en survivance du comte d'Artois,

A Panloy, c'était Marie Sary de La Chaume, dame de La Chaume près de Pont-l'Abbé, de Nancras et de Panloy (1). Mme de Saint-Dizant, femme de beaucoup d'intelligence, offrait à l'évêque de Saintes une hospitalité toute cordiale. Elle avait près d'elle sa fille, Marie-Anne Michel de Saint-Dizant, qu'elle avait, le 18 juillet 1785, mariée à Henri, comte de Grailly, marquis de Touverac, seigneur de Lavagnac, de Sainte-Terre et de Castéjens (2). Après la villégiature on se retrouvait à Saintes. La Rochefoucauld allait tous les vendredis dîner chez Mme de Saint-Dizant ; et l'on avait soin de lui servir toujours quelques mets bien simples qui étaient fort de son goût. L'hôtesse du prélat mourut le 1 février 1796 ; son mari était décédé le 8 décembre 1789 en son château du Treuil, paroisse de Dolus (3).

Allant de pair avec les plus anciennes et les plus nobles familles de la province par son nom et par sa naissance, sachant tenir le rang que lui donnait sa dignité, Mgr de La Rochefoucauld pouvait, sans s'abaisser, se livrer, au château de Crazannes, à tous les mouvements de son cœur et à tout son amour de la simplicité. Le souvenir de sa bonté est toujours vivant dans la paroisse. On s'y répète encore (4), combien il aimait à parler aux paysans, combien il était heureux de vivre à Crazannes, combien il chérissait le pays et ses bons

---

chevalier de Saint-Louis, puis en 1789, colonel attaché au régiment d'Artois dragons. Il épousa, le 25 mai 1775, Aimée de Polignac-Chalençon, dont il eut deux filles ; il mourut à Londres en émigration. Son frère, Henri-Louis, naquit en 1743. Une sœur, Marie-Angélique, vint au monde le 26 novembre 1744 et eut pour parrain François de Sainte-Hermine, capitaine de vaisseaux, et Marie-Angélique Daide de Boisseuil. Coulonges était venu aux Sainte-Hermine par le mariage de Marie Guibert de Landes avec un Sainte-Hermine.

1. Elle épousa (8 juillet 1760) Jacques Michel de Saint-Dizant, baron de Saint-Dizant, du Château d'Oleron, lieutenant colonel d'infanterie, capitaine général des milices garde-côtes de l'île d'Oleron, aide-de-camp du maréchal de Belle-Isle, chevalier de Saint-Louis, né à Dolus le 12 juillet 1732.

2. Capitaine au régiment de Royal Piémont-cavalerie, appartenant à la branche de Lavagnac, sortie de l'illustre maison de Foix-Grailly.

3. Son gendre, Henri de Grailly, n'est mort que le 31 janvier 1847 ; sa fille, le 29 décembre 1834. C'est du petit-neveu et de la petite-nièce de Mme de Saint-Dizant, le marquis de Grailly et Mme de Blossac, que nous tenons ces détails, pieuses traditions de famille. Voir pour les Grailly depuis 1459, *Histoire de Libourne*, par Raymond Guinodie, III, p. 125-142.

4. Notes recueillies et communiquées par le curé, M. Ferdinand Fellmann, aujourd'hui doyen de Courçon.

habitants. Le dimanche, entre messe et vêpres, il faisait venir tout le monde dans la cour du château et y organisait lui-même plusieurs jeux de quilles, de boules et autres, un pour les hommes, un pour les femmes, un autre pour les enfants. Il allait de l'un à l'autre, encourageant la partie et louant les plus adroits. Après vêpres, il se mêlait aux groupes, s'entretenait avec chacun. Puis, son carrosse attelé, il se rendait dans la prairie où toute la population allait s'ébattre et chercher la fraîcheur. Les enfants couraient après la voiture. Les plus hardis l'escaladaient, grimpaient au marche-pied, se cramponnaient partout, au grand désespoir du cocher qui ne pouvait plus avancer et se fâchait. Le prélat riait de bon cœur, s'amusait de leur agilité et recommandait de bien faire attention à ne leur point faire de mal. Aussitôt qu'il paraissait, vite il était entouré. On lui faisait raconter des histoires. Une bonne femme morte au commencement de 1869, à La Touche de Crazannes, âgée de 93 ans, Marie Vinet, disait, ce sont ses propres paroles : « Sa Grandeur avait une physionomie si agréable, si souriante, si belle que nous étions attirés vers lui comme par un aimant. »

Cet évêque que son clergé trouvait un peu fier, parce qu'il était timide, montrait à Crazannes une bonhomie charmante. Il faisait répéter leur catéchisme aux enfants. L'histoire peut-être n'a que faire de certains détails qui paraissent futiles et sont parfois puérils. Mais la biographie peut ne pas dédaigner ces petites anecdotes qui peignent l'homme. Un jour qu'assis sous un arbre dans la cour, il faisait à ses jeunes auditeurs quelque récit comme ils les aimaient, le prélat se mit à éternuer. Les garçons se turent ; mais une petite fille : « Dieu vous bénisse, monseigneur, et vous rende sage ». C'était le mot de monseigneur en pareille circonstance. — « Merci, chère enfant, répondit-il à l'espiègle, merci ; il faut demander la sagesse au bon Dieu, tout le temps de sa vie. » Le lendemain la fillette fut mandée au château. Il arriva ; et ce qu'il n'avait pas voulu faire la veille en public, de peur de l'humilier, il lui fit de paternelles remontrances sur le respect dû aux prêtres et à l'évêque ; et après l'avoir amicalement grondée de son étourderie, il la congédia en lui frappant doucement du doigt sur la joue. L'enfant devenue femme se rappelait avec bonheur cette petite caresse de l'apôtre.

Crazannes est le lieu qui conserve le mieux, je devrais dire seul, quelques traces du passage de Mgr de La Rochefoucauld. Rien dans le château natal; rien dans l'église où il a été fait chrétien; rien dans sa cathédrale (1); rien, sauf une inscription, dans la chapelle près de laquelle il reçut la mort. Ici on ne peut faire un pas sans le retrouver. Sa chambre est restée telle. M. le baron Oudet (2), le dernier propriétaire de Crazannes, son gendre, M. Denis d'Aussy (3), ont scrupuleusement respecté l'ameublement. On n'y pénètre pas sans émotion. Voici la salle où il recevait les pauvres et les hébergeait; elle conserve

---

1. Il faut ajouter que, le 25 juin 1892, M. l'abbé Henri Valleau, curé et archiprêtre de Saint-Pierre, depuis évêque de Quimper et Léon, a fait placer dans la cathédrale un médaillon de marbre, œuvre de M. Mora, sculpteur à Bordeaux. Au-dessous on lit :

A LA MÉMOIRE
DE P. L. DE LA ROCHEFOUCAULD-BAYERS
DERNIER ÉVÊQUE DE SAINTES,
MASSACRÉ AUX CARMES, A PARIS,
LE 2 SEPTEMBRE 1792
MARTYR DE LA RELIGION
ET DE L'AMOUR FRATERNEL.

2. Jacques-Nicolas-Éliacin, baron Oudet, né à Saint-Martin de Ré le 11 juillet 1805, fils de Jacques-Joseph Oudet qui mourut à Wagram, colonel du 113e régiment de ligne, à qui Charles Nodier, *Souvenirs de la révolution*, a consacré quelques pages pleines de poésie, « un des officiers de l'armée française les plus intrépides et les plus brillants... Si le colonel Oudet avait survécu d'un an à la bataille de Wagram, la face du monde était changée. *Hist. des sociétés secrètes de l'armée*. Voir aussi *Le colonel Oudet* (1889) par Denys d'Aussy, extrait de la *Revue de la révolution*. Élève distingué de Saint-Cyr, sous-lieutenant à 18 ans, il abandonna bientôt, pour céder aux désirs de sa mère qui le voulait auprès d'elle, une carrière qu'il aimait et où il paraissait appelé à un brillant avenir. Fixé à Crazannes, il devint en 1840 juge de paix du canton de Saint-Porchaire; en 1845, il fut élu membre du conseil général où il siégea jusqu'à sa mort en 1866. Chevalier de la légion d'honneur en 1855, il avait été pendant 25 années consécutives nommé président du comice agricole de Saintes.

3. Denis Joly d'Aussy, conseiller général, juge de paix de Saint-Porchaire, etc. décédé le 5 juin 1895 (Voir *Denys d'Aussy* par M. Louis Audiat, et aussi *Revue de Saintonge*, XV, 240), fils d'Alexandre-Guillaume-Hyppolite Joly, chevalier d'Aussy, sous-préfet de La Rochelle, est petit-fils de César-Jean Joly d'Aussy, commissaire provincial des guerres de la généralité de La Rochelle, qui à seize ans, entré dans la compagnie des gendarmes de la garde du roi, y resta 30 ans et retiré du service fut fait chevalier de Saint-Louis et prit une part active aux travaux de desséchement des marais entrepris par l'intendant Reverseaux. Pendant la terreur, il fut traduit devant le tribunal révolutionnaire d'Orléans. Un de ses anciens soldats devenu général, Dufour, obtint sa mise en liberté. Sous l'empire il fut président du collège électoral de Saint-Jean d'Angély et membre du conseil général. Il était très lié avec monseigneur de La Rochefoucauld et ami très intime de son vicaire général, l'abbé Taillet. Voir pour les Joly d'Anssy, *Armorial de la noblesse de France*, par de Gennes, tome X.

encore le nom de cuisine des pauvres ; voici la longue terrasse où il s'asseyait pour respirer le frais. Voilà l'allée de charmille où il lisait son bréviaire. Ce banc de pierre tout moussu sous ces charmes deux fois séculaires, c'est le sien. Il venait y faire sa méditation dans le coin le plus reculé du jardin, tout près d'un ruisseau qui arrose de hauts peupliers. Bien des mois ont passé ; bien des années passeront encore, et ce site qu'a admiré le martyr, ce château qu'il a habité, ce parc où il a posé ses pieds, cette église où il a prié, ce lit où il a dormi, seront visités avec respect et contemplés avec piété. Ah ! si les bourreaux se doutaient de l'intérêt qu'ils attachent à leurs victimes, ils seraient tolérants, ne serait-ce que par haine pour elles.

Chaudruc de Crazannes mourut à Saintes, le 14 décembre 1788. Ses héritiers voulurent sans doute jouir de la propriété ; il fallut quitter tout cela, *linquenda domus*, et ce château dont on s'était fait une douce habitude, et cette population qui vous était attachée. Un vieillard mort en 1850 dans le presbytère alors inoccupé, Nouraud, se rappelait avoir conduit Pierre-Louis à Saintes le jour où il dit adieu pour jamais à Crazannes. C'est de là qu'il partit pour les états généraux de Versailles. Ce départ, que le prélat ne croyait pas sans retour, était le commencement du voyage qui le conduisit à la chapelle des carmes.

L'évêque alors loua à Joseph-Louis Faure-Douville, receveur des tailles à Saintes, charge où il avait succédé à son père fermier général, le château de Boischarmant, paroisse des Nouillers, près de Tonnay-Boutonne. Faure, homme des plus recommandables par l'esprit et par le cœur, et dont nous avons lu la correspondance ravissante, était très lié avec monseigneur de Saintes. Vite il se hâta de faire les réparations nécessaires. 1789 arriva, puis 1790; Boischarmant ne reçut point La Rochefoucauld.

Son portrait, demi-grandeur, y resta jusqu'à la révolution. A ce moment, il fut transporté à Saintes dans la maison qu'habite aujourd'hui Mme de La Sauzaye, rue Eschassériaux. Il passa l'époque orageuse entre les deux toiles d'une porte matelassée, pendant que Faure était en prison à la Charité de

CHAPITRE VII.

Saintes. Boischarmant fut vendu à la mort de la veuve de Faure-Douville vers 1820 (¹).

Les enfants habitent l'Orléanais ; qu'est devenu le portrait ? Ainsi ce château n'a pas vu l'évêque ; Crazannes reste comme sa dernière étape et son plus paisible séjour. Déjà la tempête grondait.

L'évêque pouvait se retirer quelque temps à la campagne, même aller à Paris. L'administration épiscopale ne souffrait ni de son repos, ni d'une absence. Il avait des vicaires généraux dévoués, actifs, intelligents collaborateurs qu'il trouva en fonctions ou qu'il choisit lui-même. Les attaques de la secte janséniste ne leur ont pas manqué non plus qu'à lui-même. Elle a rassemblé contre eux tout ce que l'esprit de parti peut imaginer de plus odieux, ou recueillir de plus mesquin, cancans de salons, racontars de sacristie, murmures de confessionnal, bruits de table d'hôte, tout lui est bon ; et la calomnie va son train. Cependant à travers toutes ces diffamations, il est facile de voir la valeur de ces hommes, leur mérite et leurs vertus.

Amable-Joseph de Liniers, né en 1724, fils du comte de Liniers et de Henriette de Bremond de Céré, et frère de Jacques

---

1. C'est à Boischarmant que l'abbé Briand trouva un certain nombre de portraits d'évêques de Saintes. Ils lui ont servi à former la collection qu'il a léguée à l'évêché de La Rochelle et qui est aujourd'hui dans le plus triste état de dégradation. (Voir la *Revue de Saintonge et d'Aunis*, XV, p. 181, n° de mai 1895.) Boischarmant fut acheté par Théodat de Socciondo, fils de Nicolas-Joseph-Théodat de Socciondo, seigneur de La Vallée, et de Marie-Angélique Frottier, frère de Marie-Élisabeth, née le 13 juillet 1770 à Archingeay ; de Marie-Adélaïde, née le 4 janvier 1777 ; de Nicolas-Joseph, baptisé le 2 février 1790, et de Charles, né en 1780, mort le 21 mars 1860. Théodat de Socciondo eut de Marie Binaud, décédée aux Nouillers le 30 avril 1867, âgée de 83 ans, Angélique de Socciondo, morte le 4 septembre 1869, qui fut femme de Pierre-Auguste Beaussant, de Rochefort, président du tribunal civil de Marennes, de La Rochelle, conseiller à la cour impériale de Poitiers. Mlle Beaussant épousa M. Gillot Saint-Evre, professeur à la faculté des sciences de Poitiers. Le propriétaire actuel de Boischarmant est un paysan.

Boischarmant, en 1736, appartenait au grand louvetier de France, Pons-Auguste Sublet, marquis de Handicourt, seigneur de Saint-Paire, La Brosse, Bezulelong, Le Mesniel, qui avait épousé, en avril 1715, Juliette Hautefort, fille de Charles, marquis de Surville, lieutenant général des armées du roi, et d'Anne-Louise de Crevant d'Humières. *Le Journal de Saintonge* du 27 avril 1788 en annonçait la mise en vente ajoutant que « c'est dans ce même endroit qu'Ausone, poète du quatrième siècle, avait une maison de campagne appelée *Noverus*, dont il fait une description si animée dans ses poésies. » (?)

La Rochefoucauld

de Liniers, comte de Buenos-Ayres, vice-roi de la Plata. Il mourut en 1787.

Pierre-Raphaël Joubert de Douzanville, abbé de Saint-Sauveur de Lodève, fut nommé grand chantre de Saintes, le 10 février 1780. C'était un homme important ; ancien jésuite, il n'est pas ménagé par les *Nouvelles ecclésiastiques* qui disent de lui (1) : « Peu de temps après la suppression de la société, il se rendit à Saint-Denys auprès de madame Louise, dont il fut sous-chapelain. Cette princesse l'ayant fait nommer à une petite abbaye, il retourna à Saintes avec toute la morgue qu'inspire ordinairement la faveur de la cour. Il devint grand chantre et l'un des premiers grands vicaires de M. de La Rochefoucauld, qui semble lui avoir donné la principale part dans sa confiance, et qui lui passe le ton et les manières les plus familières, qu'il ose se permettre même aux yeux du public. Ces privautés lui donnent un tel crédit que chacun lui fait la cour et que les ambitieux croiraient manquer leur but s'ils ne l'avaient pour appui. Plusieurs sont devenus grands vicaires par sa protection. D'ailleurs il n'est ni dévot, ni sévère. Il fait journellement sa partie dans les sociétés les plus brillantes. Ami de la bonne chère, il a secoué tout l'extérieur jésuitique, et paraît avoir oublié qu'il fut jadis le P. Joubert. Il ne confesse point, mais il prêche quelquefois le Pichonisme et la morale d'Escobar. Il a fait peindre à Paris un tableau, dont tous les personnages sont habillés en jésuites, et il l'a placé à l'autel des filles de Notre-Dame, sans que M. l'évêque ait eu le courage de l'empêcher. » Ce prêtre qu'on nous peint si mondain eut la fermeté de refuser le serment et mourut déporté en Espagne (2).

---

1. *Nouvelles ecclésiastiques ou mémoires pour servir à l'histoire de la constitution* Unigenitus. Du 4 septembre 1777, page 142.

2. Voici l'extrait d'une lettre écrite de Paris, le 27 juin 1789, à son filleul, le chevalier Pierre-Raphaël Paillot de Beauregard, alors lieutenant colonel de dragons, chevalier de Saint-Louis, maréchal-de-camp en 1791, mort au Cormier près Saintes, général de division, le 30 septembre 1799.

Cette correspondance conservée par M. Anatole de Bremond d'Ars, qui en reproduit une partie dans un ouvrage sous presse, démontre combien les esprits sages s'effrayaient de cet enthousiasme irréfléchi pour des principes dont ils prévoyaient les terribles conséquences, enthousiasme que partageait P. de Beauregard et qu'il eut lui-même plus tard à regretter lorsque, victime d'injustes accusations, il fut enfermé dans la citadelle d'Arras en 1793 :

« Mon cher filleul, vos deux dernières lettres me sont fidèlement parvenues, et j'espère

CHAPITRE VII.   99

Nous avons déjà parlé d'Alexis Taillet, l'*alter ego* de l'évêque, son ami. Taillet avait été nommé chanoine de Saintes à l'unanimité le 10 juin 1787, à la place d'Hilaire-Marie d'Hérisson, décédé le 9. On veut bien reconnaître qu'il a quelque valeur : « Il passe pour un homme capable ; mais il n'ose, dit-on, résister à la cabale jésuitique par la crainte que M. Douzanville, très puissant dans le chapitre, ne lui souffle un jour le doyenné dont il a grand' envie. » Une preuve de son immoralité, c'est que, prêchant à la cathédrale sur l'utilité de la religion pour la

que vous aurez la complaisance de me continuer vos nouvelles. Elles sont bien intéressantes ; mais je ne les vois pas du même œil que vous. Nourrie de bonne heure des principes monarchiques, mon âme se révolte contre tout ce qui tend à les saper ou les détruire. Or, il me semble que la marche tenue jusqu'ici par le tiers est diamétralement opposée à la constitution sous laquelle nous avons vécu depuis des siècles. Croyez-vous qu'il soit conforme à l'esprit monarchique de vouloir réduire le souverain au pouvoir exécutif, et de lui refuser le pouvoir législatif ? A-t-on jamais entendu dire qu'une portion d'une nation ait le droit de supprimer des impôts et de les proroger selon son caprice ? La délibération prise dans le jeu de paume annonce-t-elle des vues pacifiques ? Est-elle l'effet d'un patriotisme éclairé ? N'annonce-t-elle pas un esprit d'indépendance qui peut nous mener très loin ? Ou je me trompe fort, mon cher ami, ou le plan de ces messieurs est de changer la constitution française et de lui substituer le gouvernement démocratique, de tous les gouvernements le plus despotique et le plus arbitraire. Ce n'est pas ainsi que l'on procède quand on n'est animé que de l'amour du bien.

« Je gémis sincèrement sur tout ce qui se passe, et je crains fort que la guerre civile en soit la malheureuse suite.

« Le ministre qui a *organisé* cet *ouvrage* n'*imaginoit* probablement pas qu'il dût produire d'aussi funestes effets. Il en résulte que l'on peut être un excellent calculateur, sans être un homme d'état. Quelle énorme distance de l'un à l'autre ! Je ne veux pas m'étendre davantage : mes réflexions n'aboutiroient à rien : vous vous en moqueriez peut-être. Quoi qu'il en soit, si le génie tutélaire de la France ne se hâte pas de remédier à nos maux ; si, malgré nos vœux et nos supplications, il nous abandonne à l'ivresse qui nous transporte, le parti le plus sage pour moi sera de chercher quelque asile où je puisse pleurer en repos sur le bouleversement d'une patrie qui m'est chère. Mon uniforme m'interdit les moïens de la deffendre ; et d'ailleurs il n'est que trop évident que le tiers menace surtout le bataillon auquel je suis attaché : il l'honore du nom de stipendiaire, et prétend démontrer la nécessité de lui enlever ses possessions, tout en déclarant les propriétés sacrées. Ces sentiments gagnent la province, et les membres du tiers de cette ville *(Saintes)* s'expliquent sur cet objet, ainsi que sur l'autorité légitime, avec une hardiesse et une violence dont vous n'avez pas l'idée. »

L'abbé Joubert de Douzanville cachète ses lettres à la cire rouge : le cachet représente un écusson ovale dans un cartouche surmonté de la couronne comtale accostée d'une mitre et d'une crosse comme abbé de Saint-Sauveur ; l'écu est écartelé : *au 1er d'azur, au lion de...., aux 2 et 3 d'or à 3 coquilles, au 4me d'azur, à 3 cygnes d'argent, 2 et 1.* — Était-ce ce sceau qui faisait taxer l'abbé de Douzanville d'homme fier, etc? D'où tirait-il ce nom de Douzanville ?

Il fut le confesseur de Mme Louise de France, et il est cité plusieurs fois dans la vie de cette sainte princesse. C'est lui qui ménagea l'alliance (bénite le 22 août 1772 à Saint-Roch) de son filleul et parent Pierre-Raphaël Paillot de Beauregard, avec Melle Louise-Françoise de Sarps d'Arracq, dont la mère était filleule de Mme Louise de France, et le père Jean-François de Sarps, écuyer, seigneur de la seigneurie d'Arracq près de Saint-Sever (Landes).

société civile, il ne parla « ni du péché originel, ni de ses suites, ni de la rédemption du genre humain, ni de Jésus-Christ... » ni de la messe, ni des vêpres, etc. Aussi « ce discours scandalisa toutes les personnes qui connaissent encore à Saintes les éléments du christianisme (1). » Tant d'omissions dans un sermon! Il y avait en effet de quoi se scandaliser (2).

Jean-Mathieu Delord, prêtre du diocèse de Cahors, vicaire-général et official de Saintes, avait été par Louis XVI, en vertu du droit de joyeux avènement, présenté, dès le 22 août 1774, au chapitre de Saintes pour être pourvu de la première chanoinie qui viendrait à vaquer. Il fut élu chanoine en 1777 ; le chapitre le nomma un des quatre vicaires capitulaires à la mort de La Chastaigneraie. « Ardent champion de la bulle, il s'était, » disent les *Nouvelles*, « signalé dans la capitale du royaume pour ses refus schismatiques des sacrements. Aujourd'hui ce zèle fougueux contre le jansénisme s'est changé en fureur pour le jeu... » Delord émigra en Espagne à Calahorra.

Pierre-Joseph-Pascal du Cheyron du Pavillon, né à Périgueux, le 1er mars 1740, de Jacques-Joseph du Cheyron, et de Marguerite de Féletz, chanoine de Périgueux, était investi de toute la confiance de La Rochefoucauld. Il fut déporté sur les pontons de l'île d'Aix. Rendu à la liberté, il revint à Saintes, puis retourna dans sa famille. Il fut forcé par suite d'une nouvelle persécution de passer en Espagne. Rentré dans sa patrie en 1801, il refusa toutes fonctions ecclésiastiques, même la dignité de grand vicaire, que lui offrait Mgr de Lostanges, et le traitement de pension auquel il avait droit, se contentant de son patrimoine qu'il partageait avec les pauvres. Il mourut le 7 novembre 1823.

Elie-François-Dominique Castin de Guérin de La Magdeleine fut chanoine de Saintes en 1772, et official, chapelain de Sainte-Catherine de Marestay en 1771, des Faures dans l'église Saint-Michel de Saintes en 1781, abbé de Saint-Étienne de Vaux en 1777. Il fut forcé de s'expatrier pour refus

---

1. *Nouvelles ecclésiastiques* du 26 novembre 1788.
2. « Il n'y a dit-on, ni bonze, ni musulman, ni déiste, ni épicurien, qui ne pû le prononcer sans contredire ses principes. » *Idem.*

de serment. Mais il se reprochait d'être éloigné de tant de malheureux sans pasteur ; il saisit avec empressement l'occasion de revenir en France et débarqua à Quiberon. Condamné le 9 thermidor 1795 à Auray, il fut exécuté à Vannes, le 10. Il jouissait à Saintes d'une haute considération. Mais il avait le malheur de n'être point fanatique du P. Quesnel ; donc c'était un ingrat : car il persécuta le P. Second, de Villefranche en Rouergue, professeur de théologie chez les jacobins de Poitiers, qui avait dirigé l'éducation de l'abbé de La Magdeleine, mort en 1789, chanoine de Poitiers, neveu du grand vicaire de Saintes, et avait publié à Saintes un *Mémoire à consulter au sens commun*, où il prêchait la morale chrétienne, « totalement défigurée par les jésuites ». De plus c'était un ambitieux. « Quoique ex-oratorien, il n'a pas rougi de faire bassement sa cour aux jésuites, et s'est avancé par leur protection... Il est d'un *caractère qui se fait à tous pour parvenir* : avec les personnes d'une bonne doctrine, il est de leur avis ; avec les jésuites, il est jésuite ; avec les indifférents, il est indifférent... et on lui a entendu dire qu'il appellerait volontiers de la bulle, pour avoir une abbaye ; de même qu'il la signerait si on l'exigeait de lui. » On exigea de lui un serment que bien d'autres prêtaient ; et ce sceptique sacrifia ses bénéfices, préféra au parjure la pauvreté, l'exil et la mort.

Charles-Gaspard Mondauphin, prêtre et chanoine de Saintes, vicaire général de ce diocèse, aussi vicaire général depuis le 3 juillet 1773 et official métropolitain de Bordeaux, supérieur du séminaire de Saint-Raphaël, mort à Bordeaux le 5 février 1784, âgé de 61 ans. Les jansénistes l'ont aussi décrié. Le chanoine Legrix, son confrère, dit de lui : « C'était un ecclésiastique dont la régularité, la science et la solide piété lui avaient justement mérité l'estime, l'attachement et la confiance de tout ce diocèse, et de celui de Bordeaux. M. le prince de Rohan, ci-devant archevêque de Bordeaux et actuellement archevêque de Cambrai, et M. de Cicé, archevêque actuel de Bordeaux, avaient mis en lui toute leur confiance. Il était l'âme et la lumière de ce vaste diocèse par sa science et son travail assidu qui a beaucoup contribué à avancer ses jours. Ses charités l'ont fait regretter des pauvres et particulièrement de plusieurs familles indigentes et honteuses dont il était le soutien et la ressource. » Par son testament (30 mai 1781) il donna sa bibliothèque au chapitre, un quart de ses biens à son héritier Charles Dangibeaud du Pouyaud, conseiller du roi au présidial de Saintes, les trois autres quarts aux pauvres, et sa propriété de Mons à ses héritiers naturels (1).

Louis-Augustin Hardy, né à Taillebourg en 1737, maître ès arts en l'université de Paris, vicaire général, principal du collège le 7 octobre 1766, démissionnaire et pensionné à 800 livres le 11 juin 1788 (2), archiprêtre de Saintes en 1803, mort le 9 août 1807, frère de Modeste Hardy, prieur de Montboyer, de Charles-Augustin, dit le P. Martial, célèbre prédicateur, et de Jacques Hardy, maire de Cognac, juge au tribunal de Saintes. Hardy a laissé une excellente réputation d'intelligence et de zèle. Les jansénistes ne l'ont pas épargné, parce qu' « il passait pour un valet des jésuites ». Ils le dépeignent ainsi: « C'est un homme qui croit à toutes les folies de la *Légende dorée*, qui favorise toutes les dévotions minutieuses, toutes les superstitions ; qui s'est montré partisan du surnaturel dans les extravagances des religieuses de Saint-Pallais. « Il y a du divin « dans les visions, » disait-il (3). »

Les persécuteurs de 1793 ne tenaient pas sur lui un autre langage. Pendant toute la révolution il resta en Sain-

---

1. *Journal* (1781-1790) publié en 1867 ; page 6.
2. Quand le 13 mai 1788, pour raison de santé, Hardy se démit des fonctions de principal, après 22 ans de service, le bureau d'administration du collège lui accorda une pension exceptionnelle de 800 livres. L'évêque qui présidait tint à constater qu' « il s'agissait non pas seulement de salarier un travail de vingt-deux années, mais d'honorer les vertus les plus pures et de reconnoître cette longue suite de peines et de soins qui, en épuisant la santé du dit sieur Hardy, ont assuré au collège de Saintes la célébrité dont il jouit partout ; que si le bureau par la manutention la plus sage est parvenu, après avoir réédifié tous les bâtiments du collège, et lui y avoir donné par la grandeur et la noblesse de ces constructions un air aussi imposant que le nom de collège royal qu'il a l'honneur de porter ; que s'il est parvenu, malgré tant de dépenses, à placer un capital de quinze mille livres sur le clergé, il semble qu'il ne peut faire une meilleure application des fruits de son économie qu'à procurer aux agens de l'instruction une retraite douce et honnête ; que, d'après ces considérations, tout invite le bureau à donner audit sieur Hardy une marque particulière de la satisfaction qu'il a de ses services, et que quelque chose qu'on fasse en sa faveur, on aura à regretter de n'avoir pu mettre une juste proportion entre ses travaux et leur récompense. »
3. *Nouvelles ecclésiastiques*, du 26 novembre 1788, page 189.

tonge, exerçant son ministère. On le recherchait activement. « Malheureusement, citoyen ministre, écrivait (17 novembre 1797) le commissaire du directoire exécutif (¹), le plus dangereux des prêtres de ce département et celui qui a provoqué la rétractation de la plupart de ses confrères, le nommé Hardy, que je vous ai signalé plusieurs fois, se trouve, comme sexagénaire, compris dans les exceptions portées par votre lettre, et je crains fort qu'il n'abuse de la faculté de rester dans la commune de Saintes pour continuer à fanatiser les habitants qui ne sont que trop disposés à se laisser influencer par les hommes de cette espèce... » Puis, le 16 frimaire an VI (6 décembre 1797): « J'ai reçu, avec votre dépêche du 4 de ce mois, ampliation d'un arrêté du directoire exécutif du 28 brumaire dernier, portant que le prêtre Hardy, ex-principal du collège de Saintes, sera arrêté et déporté... Malgré les recherches qu'on a faites, il n'a pas été possible de le découvrir. On croit que ce prêtre dangereux est sorti de ce département et peut-être de la république... J'ai chargé le commissaire exécutif près l'administration de la commune de Saintes, lieu de sa résidence habituelle, de requérir l'inscription de son nom sur la liste des émigrés... » Et le 5 floréal (24 avril 1798), il attribue les troubles qui ont eu lieu dans plusieurs communes « aux menées du prêtre Hardy, se disant fondé de pouvoirs du pape et exerçant dans ce département une autorité sans borne sur l'esprit de ses sectateurs... » Grâce à Hardy, à Pichon, à Bonnerot, la messe ne cessa pas un seul jour d'être célébrée pendant toute la révolution (²).

---

1. *Registre de la correspondance secrète* du commissaire du directoire exécutif près l'administration du département de la Charente-Inférieure au ministre de la police générale, dans *Saint-Pierre de Saintes*, pages 86-89.

2. Ainsi les neuf vicaires généraux de La Rochefoucauld en 1790: Croizier, Delord, Douanville, du Pavillon, Hardy, Delaage, La Magdeleine, Luchet et Taillet, ont tous souffert la persécution, l'exil, la mort. Taillet les a indirectement vengés des attaques des jansénistes en racontant simplement leur conduite dans les temps difficiles: « Quand vint le moment du fatal serment civique, on les consultait pour savoir si ce serment pouvait être proféré. Les uns consultaient pour s'éclairer, quelques-uns peut-être pour tendre des pièges. Les vicaires généraux répondaient à tous: « Ne faites point le serment, il vaut mieux obéir à Dieu qu'aux hommes. » Ils faisaient circuler les écrits que le prélat leur envoyait de la capitale; ils répandaient beaucoup d'exemplaires des brefs de S. S. qui mettaient au grand jour la turpitude de la constitution civile.

« Quelques-uns avaient-ils prêté cet odieux serment plutôt par imprudence ou par fai-

Et voilà que ces prêtres, dénigrés, insultés, traités même de voleurs, préfèrent la mort au parjure et finissent glorieusement sous la hache, dans les tortures des pontons ou sous la pique des septembriseurs, tandis que les autres, vantés comme seuls probes, seuls vraiment catholiques, seuls droits et éclairés, achèvent dans le schisme constitutionnel une vie passée dans l'hérésie janséniste.

blessé que par malice, ils les pressaient de renoncer à leur erreur, et provoquaient des rétractations. Le schisme étant consommé, nouveaux embarras. La loi des tribunaux leur disait que, l'évêque constitutionnel étant installé, ils ne devaient plus faire aucun acte de juridiction ; mais leur conscience leur disait d'en faire, et ils en faisaient, et toujours ils les faisaient contraires à ceux de l'intrus.

L'intrus avait autorisé un mariage par des dispenses : eux, ils le faisaient réhabiliter comme nul ; et ils accordaient encore des dispenses, et ils conféraient encore des pouvoirs, et ils distribuaient des saintes huiles légitimement consacrées, et ils donnaient des dimissoires, pour faire ordonner par des évêques légitimes les sujets restés fidèles à l'autorité. Dieu leur a fait la grâce de ne point trahir le dépôt qui leur était confié ; de sorte que les schismatiques n'ont pu tromper, ordinairement parlant, que ceux qui consentaient à être trompés.

Ainsi ont agi les vicaires généraux jusqu'au décret de déportation du 26 août 1792 ; ainsi ont-ils agi, en dépit des clubs qui cherchaient à les intimider, en dépit de l'accusateur public auquel on les dénonçait, en dépit des menaces qui étaient continuelles, et qui furent poussées à un tel point que l'un d'entre eux fut obligé de changer de domicile et de se cacher durant 6 mois dans une maison d'où il ne sortait pas. Le même fut obligé de prévenir le décret de déportation. Le 18 août, la municipalité vint mettre le scellé sur ses papiers, et les visita ; elle se saisit de quelques brochures et de quelques lettres anti-révolutionnaires, et aussitôt lui fit dire de se rendre en prison ; il jugea que le poste n'était plus tenable : il se déguisa en laïc, s'évada nuitamment de la ville, et, après avoir erré plusieurs jours dans diverses maisons de campagne, il gagna la côte, et s'embarqua à Royan le 2 septembre pour l'Espagne.

Des neuf grands vicaires, sept ont été en exil : deux sont restés en France : ces deux ont beaucoup souffert pour le nom de Jésus-Christ. L'un (M. Hardy, ex-principal) a été enfermé deux fois ; mais durant ces deux détentions longues et dures, surtout pour un vieillard, il a conservé cette égalité d'âme et même cette gaieté que la religion seule peut donner ; l'autre (M. du Pavillon) a été plus d'un an sur un vaisseau où régnaient les maladies et la mort, et, après avoir vu périr un très grand nombre de ses compagnons, il est sorti, dévoré de misère et de scorbut, et profita de son élargissement pour se rendre encore utile.

Des sept autres, trois sont morts en exil ; savoir : M. Joubert à Bilbao, M. Delage, doyen du chapitre, à Lugo. Ce vieillard respectable, dans un âge où les privations sont plus sensibles, surtout après une longue et grande aisance, a supporté jusqu'à la fin, avec une fermeté évangélique, ce que son changement d'état avait de rigoureux. Le 3ᵉ (M. de La Magdeleine) embarqué en Angleterre avec monseigneur l'évêque de Dol, avec l'intention de passer dans la Saintonge, sa patrie, et d'y travailler au salut des âmes, a partagé la gloire et le sort de ce prélat martyr ; il a été fusillé à Quiberon. »

CHAPITRE VIII.

États provinciaux de Saintonge. — Rôle de l'évêque. — Clergé et noblesse renoncent à leurs privilèges, — acceptent le doublement du tiers, — le vote par tête; — réclament la suppression des intendants et une administration autonome. — Assemblée pour les états généraux. — Pierre-Louis, président. — Cahier des doléances du clergé. — Son importance. — Ses principales idées, — religieuses, — civiles. — Libéralisme du clergé. — Pierre-Louis élu député aux états généraux.

L'édit de Versailles, qui décidait l'établissement d'états pour chaque province, avait remué partout les esprits. En Saintonge, « les populations calmes et dociles » furent plus lentes à s'émouvoir. Mais quand elles virent le Dauphiné à l'œuvre ; quand le Poitou commença à réaliser l'édit royal; quand la Guyenne eut demandé l'incorporation de la Saintonge et de l'Aunis à la Guyenne, les Saintongeais ne voulurent pas rester en arrière, ni se laisser absorber par leurs puissants voisins. Ils savaient leur évêque sympathique à une réforme. De plus, à la place du comte de Puységur, devenu ministre de la guerre en novembre 1788, le roi avait nommé gouverneur des provinces d'Angoumois, Saintonge et Poitou, le comte de La Tour du Pin, saintongeais par son mariage avec Marguerite de Monconseil, dame de Tesson (1); et le comte de La Tour du Pin était tout entier gagné aux idées nouvelles. Fait à noter! l'initiative de ce mouvement décentralisateur est due à la noblesse et au clergé (2).

Le 12 décembre 1788, le conseil municipal refuse de s'associer aux villes de Nantes, Nîmes, Quimper, et autres qui

---

1. La terre de Tesson venait de Charlotte de Bremond, dame de Tesson, mariée, le 26 février 1623, à Gilles Guinot, seigneur de Moragne et de Monconseil.
2. Nous l'avons montré par des documents authentiques dans notre livre, *Les états provinciaux de Saintonge*. Niort, Clouzot, in-8°, 1870.

demandent l'égale représentation du tiers et des deux autres ordres aux états généraux. Le 20, un gentilhomme, très probablement le vicomte de Turpin, et un ecclésiastique vont demander au maire la salle de l'hôtel de ville pour s'y réunir et prendre en main la cause de la province abandonnée par l'échevinage.

Le maire n'osa refuser la salle ; et le 20 décembre, on salua avec enthousiasme le jour où la Saintonge serait enfin rendue à elle-même, où elle pourrait s'administrer elle-même, s'imposer elle-même, vivre de sa vie propre et ne plus être soumise aux volontés d'un intendant. Une seconde assemblée plus nombreuse eut lieu le 31 décembre « en la salle de l'hôtel commun de la dite ville ». Monseigneur de Saintes y assista, raconte M. Antonin Proust ([1]).

De plus, présent, il aurait dû présider l'assemblée. Peut-être ne s'y trouva-t-il qu'un instant, comme simple spectateur : car la situation de l'évêque n'était pas sans difficulté. La population entière réclamait. Il ne pouvait, sympathique au fond, montrer de l'indifférence ou de l'opposition. Mais ces assemblées se faisaient illégalement, contre le gré de l'intendant, Guéau de Reverseaux, et sans l'avis du conseil d'état.

Pouvait-il les présider? Aussi voyons-nous leur grand promoteur, M. de La Tour du Pin, s'abstenir d'y paraître, bien qu'il habitât à 13 kilomètres de là et qu'il fût en ville, le 5 février, jour de la grande séance. Et puis, dès le début, il y eut des rivalités d'intérêts et des querelles de personnes. Peut-être le prélat ne voulait-il pas prendre parti dans ce conflit de passions mesquines.

Mgr de La Rochefoucauld, prié de se rendre aux réunions du 5 février, s'excusa ; il était retenu à Paris par ses affaires. On sait avec quelle unanimité les trois ordres réclamèrent la suppression des intendants, l'érection de la Saintonge en pays

---

1. *Archives de l'Ouest*, II, 4. Son nom pourtant ne figure point au procès-verbal avec ceux de Delaage, doyen, Pierre-Raphaël Joubert de Douzanville, grand chantre, abbé de Saint-Sauveur de Lodève ; Déguillon, chanoine; Croizier, vicaire général ; Du Pavillon, Gémit de Luscan, chanoines ; Dufresne, syndic du clergé ; Lacroix de Saint-Cyprien, curé de Saint-Pierre ; Grellet du Peyrat, chanoine ; Chassériaux du Chiron, curé de Saint-Michel, et Saint-Légier, chanoine syndic, qui signèrent pour le clergé.

d'état, et l'autonomie provinciale ; comment la noblesse et le clergé renoncèrent spontanément à leurs privilèges, acceptèrent l'égalité des charges, le doublement du tiers et finalement le vote par tête. Pas immense fait vers la liberté. On s'arrêta trop tôt. Un despotisme effroyable allait étouffer ces germes heureux.

Ces réunions pacifiques et fécondes furent pour ainsi dire le prologue du drame qui commença par les élections des états généraux et dont la convention fut le dénouement.

Chaque ordre, en vertu de la lettre royale du 24 janvier et du règlement y annexé, s'occupait en particulier de nommer ses représentants et de rédiger son cahier de plaintes et doléances.

L'assemblée générale des trois ordres fixée au 16 mars par ordonnance du 16 février, du lieutenant général de la sénéchaussée, Le Berthon de Bonnemie, fut présidée par le grand sénéchal de Saintonge (¹), qui pour cela se fit installer en cette qualité au présidial de Saintes, le 9, le 13 à Saint-Jean d'Angély (²).

Dès le 4 mars, le chapitre assemblé extraordinairement après complies, nommait, pour le représenter à l'assemblée du 16, trois de ses membres : Delaage, doyen, Charles-Marc-Antoine d'Aiguières, bachelier de Sorbonne (³), et

1. Claude-Arnould ??te, marquis de Nieul-le-Virouil en Saintonge, comte de Confolens en Angoumois, baron de La Villatte, seigneur de Château-Dompierre, Ville-Favard, Saint-Sornin, Saint-Hilaire du Bois, Rouilly et autres lieux, commandeur de Saint-Louis et de Saint-Lazare, chef des escadres de sa majesté, inspecteur général du corps royal de la marine, auteur de la *Tactique à l'usage de l'escadre d'évolutions* ; né en 1730, mort en 1806, marié en 1762 à Augustine-Jeanne des Francs.

2. Voir le procès-verbal de son installation à Saint-Jean dans la *Revue de Saintonge et d'Aunis*, IX, page 326. Il s'était contenté de faire enregistrer ses lettres patentes au parlement de Bordeaux le 27 août 1753, et ne prévoyant pas que ce titre, purement honorifique, de grand sénéchal pût lui servir un jour, avait négligé de se faire reconnaître au présidial en cette qualité. C'est ce qui a causé l'erreur de l'historien Massiou, *Histoire de la Saintonge*, VI, 15, qui le fait nommer grand sénéchal seulement en 1789. Il l'était depuis le 3 août 1752.

3. Charles, abbé d'Aiguières, né à Saintes, le 1er janvier 1715, était fils de Louis-François d'Aiguières, chevalier, seigneur des Rases et de Beauregard, marié, le 5 juillet 1710 ou 1711, et d'Anne (*alias* Madeleine, ou même Eustelle) de Courbon ; et petit-fils de François d'Aiguières, premier lieutenant colonel du régiment de Flandres, marié à Saintes, le 5 avril 1687, à Marguerite de Meaux. La maison d'Aiguières, qui tire son nom de la terre d'Aiguières en Provence, est l'une des plus distinguées de cette province, et l'une des plus illustres de la ville d'Arles, dont Imbert d'Aiguières fut élu archevêque en 1190 : temps auquel Pierre d'Aiguières, son frère, était podestat de la république d'Arles, dignité qu'il posséda le premier d'entre ses concitoyens. Le chef de la branche de Frignan vint s'établir en Saintonge, vers la fin du XVIIe siècle. L'abbé d'Aiguières était frère de René-François, lieutenant des maréchaux de France à Saintes en 1789, époque à laquelle il fut élu président de l'assemblée de la noblesse.

Dudon (¹); et le 11, il envoyait à Saint-Jean d'Angély, pour le représenter à raison de ses possessions dans cette sénéchaussée, Jean-Louis-André de Luchet de La Motte, qu'on refusa d'admettre.

Le 8 mars, les habitants, réunis à l'hôtel de ville sous la présidence de Guenon, lieutenant du maire (²), entendaient lecture de 24 projets de cahiers de doléances. Le 9, ils nommaient pour en rédiger un seul, Lemercier, Dangibeaud, Chesnier-Duchesne et Bernard ; et le 13, sont désignés pour représenter la ville, Lemercier, Garnier, Chesnier-Duchesne Bernard, Grégoireau, Gout, Charrier père, Chéty, Arnaud et Suire. Le 16, à 8 heures du matin, les trois ordres se rendent en l'église des jacobins, aujourd'hui écurie et remise, pour y entendre la messe du Saint-Esprit, le clergé à droite dans le chœur, la noblesse à gauche, le tiers dans la nef. C'est l'évêque qui entonne le *Veni Creator*, et qui officie. Il n'a voulu laisser à personne l'honneur d'appeler les lumières d'en haut dans cette solennelle occasion (³), et montrer de quelle sympathie il entoure la grande œuvre de régénération sociale qui se prépare (⁴).

Après la cérémonie, on se rendit au palais royal, disposé pour la circonstance. Le grand sénéchal ouvrit « la séance par un discours qui a excité l'acclamation générale de tous les ordres ». Il prit pour texte de son discours, dit M. de La Morinerie, les préoccupations du moment ; « il passe en revue

---

1. Jean-François Dudon, chanoine en 1764, déporté en Espagne, neveu probablement de François Dudon, abbé de Fontdouce et de La Frenade, doyen de Saint-Pierre de Saintes, décédé à 52 ans, le 11 septembre 1772, et enterré le 12 devant la porte principale du chœur de la cathédrale.

2. De la famille encore subsistante des Guenon, seigneurs des Mesnards, de Brives, de la Tour, de l'Isle, de Pontbernard, de l'Étang, etc., qui portaient d'*argent à deux guenons affrontées de gueules, couronnées de sable, au chef d'azur chargé de trois étoiles d'or*.

3. A Beauvais, l'évêque, qui en 1787 avait été nommé président de l'assemblée des états, convoquée en la ville épiscopale, fut écarté en 1789 de la présidence qu'on déféra au doyen d'âge.

4. Là se trouvèrent les gentilshommes de la Saintonge et de l'Aunis, les députés du tiers état. Parmi le clergé, nous citerons avec l'évêque le doyen du chapitre et les chanoines d'Aiguières ; Dudon ; de Saint-Légier, prieur de Saujon et de Saint-Georges de Didonne ; Delord ; Douzanville, grand chantre ; Taillet, archidiacre d'Aunis ; Déguillon ; Legrix ; de La Magdeleine, abbé de Vaux-sur-Mer ; de La Mothe-Luchet ; Dufresne ; Renaldi ; du Pavillon ; Croizier, théologal et maître-école ; de Rupt et Sabourean, principal et sous-principal du collège.

sous toutes les formes la situation fâcheuse du pays ; mais il lui oppose les sentiments tendres et généreux du roi à l'égard de ses peuples ; et il place sa confiance dans l'union de tous les citoyens pour ramener la prospérité, pour concourir à la gloire de l'état (1). »

Vient le duc de La Rochefoucauld, qui, convoqué aux assemblées d'Angoulême, de Poitiers, de Meaux et de Paris, avait voulu comparaître en personne à Saintes pour son fief de Barbezieux, « se faisant honneur avant tout de sa qualité de gentilhomme saintongeais ». Le *Journal* est bref : « Monseigneur le duc de La Rochefoucauld, aussi recommandable par ses titres littéraires que par ceux de sa naissance, a porté la parole après M. le grand sénéchal, et a mérité les mêmes applaudissements. » L'impression produite par ces deux harangues fut excellente (2).

L'appel nominal fait, les membres présents jurèrent, les ecclésiastiques les mains *ad pectus*, les autres la main levée, de bien et fidèlement s'occuper de la rédaction des cahiers et de l'élection de leurs députés. On se sépara pour procéder séparément. La noblesse, réunie dans la salle des exercices du collège, du 17 au 26 mars, choisit son président, son secrétaire et ses commissaires (3).

---

1. Ce discours, ajoute le *Journal de Saintonge et d'Angoumois* du 22 mars, « doit être regardé comme un modèle d'éloquence naturelle ; le patriotisme le plus pur y développe des idées profondes et lumineuses ».

2. Bourignon qui, quelques mois plus tard... mais alors il dissimulait, Bourignon écrit, page 101 : « Il ne faut pas confondre les discours de ces deux seigneurs avec les déclamations emphatiques de quelques énergumènes, qui croient en imposer au vulgaire par des convulsions prétendues oratoires ; ce serait comparer le diamant pur des mines de Golconde avec les cailloux des rives du Rhin. »

3. Le président, René-François, marquis d'Aiguières, seigneur de Beauregard en Chaillevette et de La Roche-Breuillet, lieutenant des maréchaux de France, chevalier de Saint-Louis, alors âgé de 78 ans ; les commissaires : Charles de Livenne, comte de Balan, seigneur des Rivière, des Brousses, etc. ; le comte de Bremond d'Ars ; le vicomte de Turpin de Fief-Gallet ; Claude-Jean-Baptiste, vicomte de Turpin de Jouhé ; Pierre-Jean, vicomte du Mesnil-Simon, seigneur de Plassay, lieutenant-colonel des grenadiers royaux de Lorraine, chevalier de Saint-Louis ; Charles, comte de Blois de Roussillon, seigneur de Massac, capitaine au régiment de Mailly infanterie, chevalier de Saint-Louis, et pour secrétaire : Jean-Grégoire, vicomte de Saint-Légier. Ils rédigèrent le cahier, qui fut adopté le 24 dans son ensemble. Le 25, après avoir nommé pour scrutateurs : Louis de Rigaud, comte de Vaudreuil, chef d'escadre des armées navales, commandant en chef au port de Rochefort, chevalier de Saint-Louis, et François Bérard du Pérou, seigneur de Montils, de La Ferrière, capitaine de vaisseau, chevalier de Saint-Louis, dont le frère devait périr aux Carmes, on s'occupa des élections.

Les députés nommés furent Raymond de Richier au troisième tour, et en second lieu le comte de La Tour du Pin, aussi au troisième tour, contre le comte Pierre de Bremond d'Ars, nommé plus tard député suppléant.

Le clergé, lui, se réunit le soir dans la salle synodale. Mgr l'évêque, président, adressa quelques paroles à l'assemblée (¹).

Il rappela, dit Legrix, page 19, « à chacun des membres l'objet de l'assemblée ; et après, les a tous exhortés de se prémunir contre tout esprit de corps, d'intérêt particulier, de n'avoir en vue que le bien général de l'état, de la province et de la religion. » Langage vraiment épiscopal.

Dix-sept commissaires furent ensuite désignés pour rédiger le cahier des plaintes et doléances et réunir en un ceux qu'on pouvait avoir apportés. Ce furent Pierre-Léonard Delaage ; Augustin-Alexis Taillet ; Guérin de la Magdeleine ; Dufresne, chanoine, qui, plus tard prêta le serment constitutionnel ; Labrousse de Beauregard, prieur de Champagnolles, chanceladais ; Thomas-Joseph Bonnerot, curé de Saint-Maur ; Laurent Bart, curé de Saint-Vincent de Vassiac, chef-lieu de la paroisse de Montguyon ; Isle de Beauchêne, archiprêtre et prieur de l'hôpital vieux de Pons (²) ; Charbonnel, curé d'Orignolles, etc. (³).

---

1. Voici celles que lui prête M. Antonin Proust, *Archives de l'Ouest*, II, page 9. On remarquera que ce sont exactement les mêmes que M. de La Morinerie attribue au duc de La Rochefoucauld : « Messieurs et chers coopérateurs,

« Je veux vous exprimer toute ma sensibilité à la confiance que m'a toujours témoignée la province de Saintonge. Vous m'avez prié tout récemment d'appuyer auprès de Sa Majesté votre vœu de posséder les états provinciaux ; je suis heureux de vous apprendre que cette demande a produit une impression avantageuse sur l'esprit du roi. Soyez assurés, messieurs, que je me ferai toujours honneur de ma qualité de gentilhomme saintongeais et que je concourrai avec le zèle le plus vif à ce qui pourra contribuer au bonheur de mon pays. » Il nous semble qu'un évêque n'a pas dû s'exprimer ainsi. En outre, Mgr de La Rochefoucauld-Bayers, né à Périgord, et ne possédant en Saintonge qu'à titre d'évêque, ne pouvait pas, et devant son clergé, s'intituler « gentilhomme saintongeais ».

2. L'hôpital vieux de Pons, dédié à Saint-Sauveur, était à la collation du seigneur de Pons. Il y avait six chapellenies payées aux titulaires par le prieur. C'étaient alors Saint-Légier d'Orignac depuis 1775 ; Guillaume Ferret, 1788 ; Charles Barraud, 1784, curé de Saint-Vivien, et Joachim-Joseph Lemay, qui en avait trois, 1788. L'hôpital de Saint-Nicolas, aussi à Pons, était à la collation de l'évêque qui l'avait donné en 1783 à Sigisbert de Rupt, principal du collège de Saintes.

3. Jean-Baptiste Pelluchon, curé de Matha ; Bernard Descordes, curé de Dolus ; Charles Laroche, curé de Chérac, qui jura et fut cependant déporté à l'île de Ré, le 19 octobre 1798 ; François-Guillaume Charlery de l'Epinay, né en 1748, prieur de Biron, intrus d'Échebrune, engagé au 11ᵉ régiment de chasseurs, à La Rochelle, puis

CHAPITRE VIII.

La rédaction de ce cahier ne fut pas besogne facile : car beaucoup avaient apporté leur mémoire particulier et exprimaient des idées différentes. Ce ne fut que le samedi soir 21, après quatre journées, que le cahier fut définitivement réglé et accepté par l'assemblée. Ce document révèle l'esprit le plus large et le plus conciliant. On est étonné de voir avec quelle sagacité le clergé de la sénéchaussée de Saintes signale les abus ; et avec quelle énergie il demande des *réformes*. S'il tient encore à certaines distinctions, c'est dans ce domaine mal limité où la politique et la religion se touchent, où il craint de porter atteinte aux principes qu'il est chargé de garder inviolables. Pour tout le reste, il tranche résolûment. Que de libertés qu'il a réclamées dont nous serions heureux de jouir pleinement ! Que de vices d'administration qu'il a flétris, dont nous ne sommes pas encore complètement débarrassés !

Les plaintes et doléances peuvent se diviser en deux parties ; les unes ont rapport à la religion, les autres à l'administration civile. On ne blâmera pas le clergé s'il prend vivement en main la cause de la foi. Il supplie sa majesté de la protéger de toute son autorité ; de ne jamais permettre que les jours saints soient profanés par des travaux *publics ;* de proscrire les ouvrages qui attaquent le catholicisme et les mœurs. Il faut un conseil pour nommer aux bénéfices, et non plus un seul homme, qui, assiégé sans cesse par l'intrigue et les sollicitations, peut difficilement fixer son choix même pour les places les plus importantes. Les abbayes seront données aux plus dignes, et non à des jeunes gens qui commencent leur carrière

---

en 1803 curé d'Echebrune où il est mort en 1821, repentant et vénéré de tous. Jean-Jacques Péronneau, curé de Dompierre ; Charrier, prieur des jacobins, et Germain Ranson, curé de Saint-Étienne d'Arvert depuis 1750, puis archiprêtre d'Arvert, qui prêta le serment constitutionnel, fut nommé officier municipal et présida l'assemblée électorale du 13 décembre 1791. Il reconnut sa faute et se réconcilia avec l'Église en 1796.

1. Admirons une fois de plus la justice et la loyauté du pamphlétaire janséniste : l'abbé Taillet demande l'abolition des lettres de cachet ; c'est « pour faire sa cour aux curés et réunir leurs suffrages en faveur de M. l'évêque. » (*Nouvelles ecclésiastiques* du 24 avril 1790). Si le prélat s'oppose à la lecture d'un cahier préparé par un chanoine, parce que l'assemblée a, pour gagner du temps, décidé de renvoyer aux 17 commissaires les cahiers particuliers, on crie à l'abus de pouvoir, à la tyrannie, et l'on ajoute que, l'auteur du cahier étant Félix Déguillon, procureur des religieuses de Sainte-Claire, ce furent les clarisses qui furent persécutées.

et sollicitent des grâces qu'ils n'ont point méritées. Les titulaires ne devront point consommer leurs revenus dans la capitale et être dispensés de la résidence. Il serait avantageux que la cour accordât par an plusieurs grâces aux curés dont les services sont inappréciables. Le mérite se trouverait récompensé et la jeunesse ecclésiastique encouragée [1]. Création de retraites honnêtes pour ceux que leur âge et leurs infirmités obligent de renoncer à leur place ; les fonds en seraient pris sur les bénéfices simples et les sommes qui sont à la disposition de la chambre du clergé. Dotation suffisante et toutefois modeste des religieux mendiants, qui leur épargne l'humiliation des quêtes sans les dégoûter du travail. Suppression des dévolus. Rétablissement des conciles provinciaux qui se tiendraient tous les trois ans et qui sont le moyen le plus sûr pour régénérer les mœurs ecclésiastiques, rétablir la discipline dans sa vigueur, ranimer les études, déraciner les superstitions, arrêter le progrès de l'incrédulité, rappeler les antiques principes des premiers siècles. Observations au sujet de l'édit de novembre 1787, concernant les non catholiques ; il est vague ; c'est une espèce d'annonce de ce tolérantisme universel que les fougueux déclamateurs décorent du beau nom de philosophie, et qui, dans la réalité, cache une haine profonde pour la vraie religion. Que tout enfant soit porté à l'église pour être baptisé : car sans cela une foule de nouveaux nés sont exposés à être privés de ce nécessaire et indispensable sacrement. Que le prêtre ne soit pas astreint à prêter, comme officier du prince, son ministère à l'union civile des protestants, tandis qu'il bénit comme ministre l'union des catholiques, c'est-à-dire séparation du prêtre et de l'officier civil ; que l'église ne soit pas forcée, comme elle a lieu de le craindre, de recevoir des mains des non catholiques, ses ministres, ses bénéficiers et surtout les pasteurs chargés de la conduite des âmes. Pour le reste, animé

---

1. Le chapitre de Beauvais demandait aussi dans ses cahiers : 1º la liberté pour le clergé de s'assembler en synode, en conciles provinciaux, et d'élire ses premiers pasteurs conformément aux anciennes lois de l'Église ; 2º l'abolition du privilège qui accordait à la naissance plutôt qu'au mérite les titres, dignités et bénéfices ecclésiastiques ; 3º la convocation triennale des états généraux ; 4º la révision du code civil et du code criminel et la conversion du tirage au sort en un impôt qui pèserait également sur tous.

d'une charité vraiment sacerdotale, le clergé de Saintonge regarde et regardera toujours les protestants comme des frères qu'il faut chérir, comme des brebis égarées après lesquelles il faut courir avec une tendre sollicitude. Il demande donc l'abolition des lois pénales portées sous les deux derniers règnes contre des hommes qui sont plus aveugles que coupables, et que leur naissance a plongés dans les ténèbres de l'hérésie. Quant aux impôts, il supportera toutes les charges avec les autres citoyens dans la plus parfaite égalité; il renonce à toute distinction pécuniaire (¹); ce qu'il demande, c'est d'être exempté, comme par le passé, du logement effectif des gens de guerre, du guet et garde des villes, de la milice pour les jeunes clercs, d'une foule de formalités gênantes et inutiles qu'il énumère; qu'il soit maintenu comme corps et ait son administration particulière; il paiera sa quotité proportionnelle; mais il désire garder son assiette et perception d'impôts, beaucoup plus douce et moins coûteuse que celle des officiers fiscaux. Que la dette du clergé contractée pour subvenir aux besoins de l'état soit déclarée dette de l'état. La suppression du casuel est de toute urgence. Ce moyen de subsistance, nécessaire à une partie des ministres de la religion les afflige et les humilie. Il déroge à la dignité des fonctions ecclésiastiques et souvent compromet les pasteurs; il donne lieu à des plaintes, à des sarcasmes. L'irréligion en profite pour discréditer le saint ministère. La religion serait plus honorée, si sa majesté assurait à tous les pasteurs un sort honnête, indépendant de ces contributions du peuple (²). Suppression des économats dont la régie est le fléau des bénéfices et des bénéficiers, qui dévore les successions et écrase les familles. Simplification de procédure pour l'union des bénéfices. Enfin augmentation des traitements des curés et des vicaires. La portion congrue de 700 livres est misérable, et ne peut permettre à un pasteur de subsister honnêtement, vu la progression du prix des denrées. Elle devrait être de 1500 livres, y

---

1. A Beauvais, comme partout ailleurs du reste, le clergé renonça aussi à toute exemption et à tout privilège, et accepta d'avance la part qui lui échérait dans la répartition des charges communes.
2. C'est l'idée malheureuse de faire salarier les prêtres par le gouvernement.

La Rochefoucauld.

compris les domaines et fondations, ou au moins 1000 à 1200 livres. Les vicaires ont 350 livres, et seulement depuis peu. Ce traitement est peu décent pour un prêtre. Il met un ministre de la religion au-dessous des derniers états de la société. Il faudrait qu'un vicaire n'eût jamais moins de 500 livres, indépendamment des fondations. Voilà les vœux qu'émettait le clergé de Saintonge en ce qui regardait le culte et ses ministres. Certes en examinant de près l'expression de ses désirs on reconnaîtra son amour du bien public, son désintéressement et son esprit de tolérance. Ceux qui nous le représentent comme entaché de préjugés, farci de chimères, plein d'idées rétrogrades, ne rêvant que l'absolutisme et le retour du moyen âge, n'ont jamais lu une de ces lignes. Il était de son époque; il en connaissait les misères, et en supportait les disgrâces. Il ne se trouvait pas plus à l'aise qu'un autre dans cette société, et sentait fort bien où le bât le blessait. D'énormes abus ont disparu; il en demandait lui-même la réformation.

Écoutons-le maintenant énonçant ses idées politiques et administratives. La liberté de la presse n'est pas pour lui plaire; elle doit plutôt être restreinte qu'étendue. Depuis plusieurs années les ouvrages irréligieux ou immoraux ont une libre circulation; il en est résulté la destruction de tous les principes. S'il y a eu tant d'excès sous le régime de la contrainte, que sera-ce si on ôte toutes les entraves qui contiennent encore auteurs et imprimeurs? On a déjà assez accordé de liberté; qu'on s'arrête là et que le roi ne permette pas qu'un auteur, dont les écrits auront blessé la religion ou les mœurs, soit jamais reçu dans aucune compagnie littéraire. Le clergé, sensiblement touché des maux qui affligent la commune patrie, en voit le remède dans la tenue périodique des états généraux, convoqués tous les cinq et même tous les trois ans. Les impôts seront librement votés par la nation, et tout ce qui les concerne sera traité dans ces assemblées, et non ailleurs. Chaque ministre rendra annuellement compte, avec pièces justificatives, des dépenses faites par lui et dont la somme aura été nettement fixée par les états généraux, sans qu'il puisse pour telle cause que ce soit les outrepasser. Les dépenses seront restreintes, dans la maison du roi, de la reine et des princes. Suppression ou réduction des pensions accordées à des gens riches, inutiles; maintien des retraites données pour services rendus et prouvés, notamment à d'anciens militaires. Publicité annuelle des différentes pensions accordées ; la nation jugera, et ainsi, on arrêtera l'indiscrétion des demandes et la facilité des concessions. Répartition plus régulière et plus égale des impositions : car le pauvre est écrasé, le riche ménagé; la destination des ateliers de charité ne se fait pas d'une façon plus équitable. Enfin, les habitants de Saintes se plaignent qu'on ait pris à plusieurs leur maison pour logement des gens de guerre, sans indemnité. C'est une atteinte à la propriété qu'il faut réparer. La province devrait faire elle-même la perception de l'impôt qu'elle supporte ; ce serait une économie considérable par la suppression d'une foule d'intermédiaires inutiles et magnifiquement payés. États provinciaux pour la Saintonge qui auraient toute autorité pour la suppression de l'impôt, confection des chemins, ouvrages publics, etc., et amèneraient la suppression des intendants. Liberté pour les villes de choisir leurs officiers municipaux et surtout leurs maires, et pour les campagnes d'élire leurs syndics. Que chaque année les municipalités publient le compte rendu de leurs revenus et de leurs dépenses, et que cet état soit examiné par des commissaires. Abolition des douanes dans l'intérieur de tout le royaume et en particulier de la traite de Charente, qui charge de droits excessifs, embarrasse et vexe le commerce de la province. Suppression des droits de contrôle, insinuation, centième denier, ou au moins tarif clair, précis, régulier, uniforme, de ces droits. Suppression et remboursement des offices de jurés-priseurs. Réforme et développement de l'éducation, d'où dépendent la tranquillité des familles, les mœurs publiques et la gloire nationale. Il est urgent de prendre toutes sortes de précautions pour assurer un choix sage et éclairé des instituteurs [1], de leur procurer la considération et l'encouragement dus à de si

---

1. Il y en avait dans la plupart des paroisses ; nous l'avons montré dans notre travail, *Note sur l'instruction primaire en Saintonge-Aunis avant 1789;* (Paris, Picard, 1891, in-8°) et dans un volume prêt à paraître cette année.

belles fonctions, de leur fixer un traitement honnête et des retraites convenables. Mais ce désir d'amélioration ne s'applique pas au collège de Saintes, qui a mérité la confiance de la Saintonge et des provinces circonvoisines. La justice, de même que l'instruction, a besoin de grandes réformes. Elle est trop lente, trop chère, trop compliquée. La vénalité des offices doit être anéantie. On devrait exiger des études plus sérieuses pour l'admission. Un juge ne devrait pas opiner dans les causes civiles avant 25 ans, et avant 30 dans les affaires criminelles. Que les prisonniers aient une nourriture suffisante, des vêtements, un air sain, des secours dans la maladie : l'humanité réclame contre les rigueurs surajoutées à la peine de la détention. Enfin « la liberté, bien précieux et inaliénable que la nature a donné à l'homme, » étant dans la société sous la sauvegarde des lois, tout français espère que sa majesté, selon sa promesse, évitera tout acte arbitraire et fera cesser l'abus des lettres de cachet, de sorte que tout citoyen, même le plus pauvre et le plus obscur, ne pourra jamais devenir la victime innocente d'un ordre mendié ou surpris. »

Ces vœux que nous avons reproduits dans les termes mêmes, sont fort à remarquer. Voilà où en était le clergé de Saintonge. Si l'on fait réflexion que ses désirs étaient, sauf de légères variantes, ceux du tiers et de la noblesse; que les autres provinces de France exprimaient à peu de chose près les mêmes idées, on se demandera comment un peuple, si prêt pour la liberté, n'a pas su la fonder définitivement. Jamais unanimité aussi parfaite sur les points fondamentaux ne s'était vue, et peut-être ne se verra. Comment ces désirs du bien ont ils abouti au sanglant cataclysme que nous savons? On était sincère, mais l'expérience manquait. Et des passions ardentes, non contenues dans les limites par une main ferme, devaient bientôt effrayer, troubler, puis dominer. Depuis ce temps, nous oscillons entre la licence et le despotisme. Paysans ivres à cheval, selon la comparaison de Luther, si l'on nous relève d'un côté, nous tombons de l'autre.

Ces cahiers lus et arrêtés, le clergé les envoya porter par quatre de ses membres à la noblesse. Le chef de la députation,

Taillet, le vieil ami de l'évêque et son vicaire général, prononce ces paroles remarquables :

« Messieurs, l'ordre du clergé, qui tient par les liens les plus étroits à l'ordre de la noblesse, désire resserrer ces liens de plus en plus. Autrefois les deux ordres étaient réunis par la jouissance de presque tous les mêmes privilèges ; ils se trouvent réunis aujourd'hui d'une manière plus flatteuse, j'ose le dire, par le sacrifice commun qu'ils ont fait de ces privilèges à la prospérité nationale. Nous sommes infiniment flattés, messieurs, d'avoir été choisis pour déposer le vœu de notre ordre dans une assemblée aussi auguste, où se trouvent réunis des noms illustres, de grandes dignités avec de grands talents, de longs et brillants services, la raison la plus éclairée et les vertus les plus patriotiques ; dans une assemblée dont tous les membres sont échauffés par le sentiment énergique de l'honneur français, qui est la plus sûre sauvegarde de l'état et sa plus douce espérance. »

Une grosse affaire était le choix des représentants aux états généraux. Même parmi le clergé, il y avait ambition, rivalité, intrigue. Il faut le dire, un certain nombre d'ecclésiastiques n'étaient pas irréprochables. Le système d'admission aux emplois et aux dignités de l'Église favorisait les indignes. Les bénéfices, propriété du titulaire, se transmettaient un peu comme un fonds de terre, et leur grand nombre éveillait bien des convoitises. Que de gens entraient dans les ordres comme dans une carrière quelconque ! Ajoutons-y, comme conséquence, les procès incessants dont retentissaient les tribunaux, querelles intestines dont la foi vive des populations se choquait moins qu'aujourd'hui, mais qui à la fin ne laissaient pas d'affaiblir le respect. L'épiscopat de La Chastaigneraye avait été fertile en incidents de ce genre. On avait vu le chapitre plaider contre l'évêque devant le parlement de Bordeaux pour un dîner annuel qu'il prétendait lui être dû. Pierre-Louis de La Rochefoucauld avait trouvé des abus à corriger. Une certaine sévérité à l'égard de ses prêtres, peut-être un peu de raideur, en avait indisposé quelques-uns contre lui. Cette hostilité ne tarda pas à se manifester. Dès le 18 mars, l'évêque annonça qu'il avait reçu une lettre anonyme contenant une autre lettre signée de quatre-vingts curés. De quoi y était-il question? Il demanda qu'elles fussent brûlées. L'assemblée décida qu'elles le seraient, et que le contenu n'en serait point transcrit au procès-verbal. Nous ne savons pas même si elles furent lues. Mais cet anonymat nous fait supposer qu'elles ne devaient pas être favorables à l'évêque.

Taillet, dans son mémoire, reconnaît ces faits et ces tendances : « Monseigneur de La Rochefoucauld, dit-il, fut président de l'assemblée primaire ecclésiastique ; c'était une besogne délicate, et dont la difficulté se fit sentir dès les premières séances. » Les électeurs étaient 356, présents ou représentés.

« Il falloit traiter avec des esprits défiants, échauffés, aigris, qui ne voyoient plus dans la chaire épiscopale un signe de ralliement mais l'objet de leur censure et de leurs déclamations, qui se répandirent en plaintes et en reproches lorsqu'il n'eût dû être question que d'égards et de déférences. On reconnut là l'effet des nouvelles maximes que la philosophie avoit semées dans toutes les parties de la France, l'effet de ces brochures séditieuses et incendiaires qu'on accuse avec fondement l'hypocrite Génevois, le calviniste Necker, d'avoir fait circuler avec profusion. Faut-il dire que, dans une assemblée de prêtres, présidée par leur évêque, on entendit plus d'une fois les clameurs de l'indiscipline, le ton de la haine, les cris de l'emportement ? que la cupidité et la jalousie s'y montrèrent à découvert dans les plaintes de ceux qui avoient peu contre ceux qui avoient beaucoup, dans le projet affiché d'entamer les propriétés des gros décimateurs, notamment des chapitres et des communautés religieuses? Faut-il dire que, pendant cette assemblée légale et solennelle, des prêtres, des curés tinrent souvent des assemblées illégales et clandestines, où l'on se déchaînoit contre l'autorité avec indécence et humeur, où la violence des discours fut souvent regardée comme un mérite? Faut-il dire que, malgré le serment prononcé de ne faire tomber le choix des députés que sur les plus dignes, ce choix se préparait dans les ténèbres, au milieu des agitations de la cabale et de l'intrigue ?

« Monseigneur l'évêque, au milieu de ces mouvements qui l'affligeoient, tint la contenance qu'il devoit garder. Aux écarts de la passion, il opposa le phlegme de la modération et le langage de la sagesse ; il essaya d'éteindre les préjugés, de faire taire les défiances et de diriger vers le bien général des opinions qui se divisoient et qui tendoient la plupart à des buts particuliers. Ceux qui ont connu particulièrement ce prélat, et qui l'avoient vu quelquefois timide et embarrassé dans des difficultés légères, s'étonnèrent de lui voir prendre, dans ces circonstances critiques, un caractère décidé et une fermeté noble qui le rendirent supérieur à tous les petits orages dont il a été environné. »

Cependant un grand nombre d'électeurs étaient décidés à le nommer. En dépit de quelques jalousies ou de quelques ambitions, ils pensaient que le premier pasteur du diocèse était naturellement désigné par sa position pour défendre les intérêts du clergé et de la religion dans une grande assemblée. Un comité électoral le proposa donc aux élections avec un chanoine, que je crois être Jean-François Dudon, et voulait en outre donner au tiers pour représentant le duc de La Rochefoucauld. « Le respectable chef du clergé, disait le *Mémoire* (1) adressé aux électeurs, le respectable chef du clergé, dans le peu de rapports que nous avons eu avec lui, nous paraît avoir hérité des vertus de ses ancêtres ; il joint à beaucoup de religion et de piété les sentiments de la probité la plus scrupuleuse ; les qualités du cœur semblent innées dans cette illustre famille et les proposants peuvent le nommer avec confiance. »

On ajoutait plus bas: « Nous avons encore un très digne ecclésiastique connu de toute la ville, des grands que sa naissance le met à portée de voir, et des petits dont son affabilité le rapproche. Prêtre vertueux, chanoine édifiant, citoyen éclairé, vrai patriote, il est généralement aimé et estimé de tous les corps. Nous n'osons le nommer, crainte de blesser sa modestie, mais comme l'intérêt public ne nous permet pas de le laisser inconnu, nous dirons qu'il est frère d'un des premiers

---

1. *Mémoire et consultation pour les députés du district de la Saintonge*, in-8°, 12 pages (sans nom, lieu, ni date). A la fin on lit: « Délibéré à Saintes le 4 mars 1789.
« XXXX, citoyen. »

officiers de notre parlement, d'un des plus grands magistrats du royaume. »

Et plus loin on disait du duc de La Rochefoucauld : « Ce seigneur devrait particulièrement être élu par le tiers état dont il a défendu hautement la cause dans l'assemblée des notables, quand il ne mériterait pas d'ailleurs de l'être par l'étendue de ses connaissances, par son patriotisme, et ses hautes vertus. M. le vicomte de Turpin nous paraît bien digne de l'accompagner; il a tout ce qu'exige un emploi de cette importance » — Nous aimons à constater l'estime dont jouissait Mgr de La Rochefoucauld. Voilà un écrit public qui vante ses vertus, sa religion, sa piété, sa rare probité et les qualités de son cœur. Les suffrages des votants allaient prouver que ces phrases n'étaient que l'expression de la vérité (1).

Le mardi 24, on procéda au vote. Au premier tour, Bernard Labrousse de Beauregard, prieur curé de Champagnolles, de l'ordre de Chancelade, ayant réuni plus de la moitié des suffrages, fut nommé député. C'était un homme influent dans le diocèse, titulaire d'un bénéfice de 4000 livres, et il s'était beaucoup agité pour se faire nommer (2). A la séance du soir, près des trois quarts des voix se réunirent sur l'évêque de Saintes ; et Pierre-Louis de La Rochefoucauld fut élu second député. L'opposition qu'il éprouva ne doit pas étonner. Beaucoup de membres du clergé secondaire étaient alors tout disposés à contester le pouvoir des évêques. Le presbytérianisme avait des adeptes. Le nombre d'adhérents à la constitution civile le montra. Le chapitre n'avait-il pas lui-même usurpé un pouvoir

1. Le 23 au soir, on s'occupa des préparatifs de l'élection. Les trois plus anciens ecclésiastiques par l'âge se placèrent au bureau avec le secrétaire, Chateauneuf, curé de Barbezieux ; et chacun, à l'appel de son nom répondant *adsum*, alla déposer dans l'urne, un, deux ou trois billets selon qu'il représentait un ou deux absents. La Rochefoucauld, Déguillon, chanoine, et Laroche, curé de Chérac, furent proclamés scrutateurs.

2. Bernard Labrousse de Beauregard, né à Montignac (Dordogne), en 1735, d'une famille bourbonnaise qui a fait souche en Périgord, entra dans la congrégation de Chancelade, où il fut professeur de philosophie. Le 30 août 1760, je le trouve qualifié ainsi : « chanoine régulier, professeur à Sablonceaux. » Professeur de philosophie à l'abbaye de Chancelade en Périgord, il avait publié un poème sur les guerres d'Allemagne, une ode sur les progrès de la philosophie, une ode sur la mort de La Grange-Chancel et réuni des détails biographiques précieux sur lui. Il était prieur de Champagnolles depuis 1778. Il vota à l'assemblée avec le côté droit, sans se faire beaucoup remarquer ; il signa les protestations des 12 et 15 septembre 1791, et émigra en Espagne.

épiscopal? Il s'arrogeait sur 33 paroisses un pouvoir absolu, donnait des dispenses de parenté ; connaissait des causes relatives au mariage, fulminait des rescrits en cour de Rome, accordait des visa, des démissoires, des pouvoirs de prêcher et de confesser, malgré l'exclusion prononcée par l'évêque, et d'absoudre de tous les cas qui ne sont pas expressément réservés au pape, consacrait les calices, bénissait les vases destinés au culte et ornements sacerdotaux, érigeait des églises, chapelles autels, etc. Il avait fallu une décision de l'assemblée générale du clergé de France en 1775 pour mettre fin à ces abus. Toutefois l'élection de La Rochefoucauld fut accueillie avec joie. Elle a, dit un témoin, « fait la plus vive sensation et le plus grand plaisir à la majeure partie de l'assemblée (1). »

A La Rochelle le clergé, présidé par Moreau de Marillet, doyen de la cathédrale, avait élu Charles-Jean-Baptiste Pinelière, prêtre, docteur en théologie, curé de la ville et paroisse de Saint-Martin en l'Ile de Ré (2), et Jean-Denis Deleutre, bachelier en droit, prieur curé d'Aitré, suppléant ; tous deux émigrèrent en Hollande. L'évêque, François-Joseph-Emmanuel de Crussol d'Uzès, retenu chez lui par une maladie dont il mourut le 15 juin suivant, n'assista pas aux séances ; il ne put donc être nommé. Mais à Angoulême le premier élu fut le curé de Saint-Martin-sous-Angoulême, l'abbé Joubert, qui fut évêque consti-

---

1. « Justice soit rendue à l'assemblée primaire de Saintes ; si elle fut turbulente, elle le fut beaucoup moins que la plupart des assemblées du même genre ; si plusieurs de ses membres montrèrent le goût de l'indépendance et le désir des innovations, le grand nombre fut pour le maintien des principes et l'extirpation des véritables abus ; et dans les cahiers que donna le clergé de Saintes, il écarta l'esprit de système, les idées exagérées, et il est vrai de dire que des délibérations souvent trop vives conduisirent à des résultats sages et conformes aux règles.

« Le choix des députés fut fait avec discernement ; il tomba sur monseigneur l'évêque, dont la vertu dans ce moment triompha des préventions, et sur un curé déjà ancien, M. de Beauregard, chanoine régulier de l'estimable congrégation de Chancelade, distingué parmi ses confrères pour ses talents, considéré comme un des meilleurs pasteurs et dont la conduite ferme et invariable qu'il a tenue durant une très longue et très périlleuse assemblée, est un bel éloge. » AUGUSTIN-ALEXIS TAILLET.

2. « Homme de science profonde, il a légué à la municipalité les tables de l'état civil depuis 1500 jusqu'à la révolution. Ce difficile travail mérite les plus grands éloges. Installé en 1766, il fut nommé député. Il fut un des derniers à se rallier au tiers état. Il ne sut pas se plier aux idées de rénovation qui pesaient sur cette époque de transition, et il émigra en Allemagne. Plus tard, il revint en France et mourut curé de Marans en 1807. » KEMMERER, *Histoire de l'Ile de Ré*, t. II, 166.

tutionnel de la Charente, président de l'administration de la Seine, administrateur général de l'octroi de Paris, préfet, enfin conseiller de préfecture; l'évêque Philippe-François d'Albignac de Castelnau ne vint que le second. A l'assemblée de Poitiers, à laquelle assista François-Louis de La Rochefoucauld du Puy-Rousseau, abbé du Breuil-Herbault au diocèse de Luçon, vicaire-général de Beauvais, sur les sept députés du clergé, l'évêque de Poitiers, Martial-Louis de Beaupoil de Saint-Aulaire, ne fut élu que le quatrième, et l'évêque de Luçon, Marie-Charles Isidore de Mercy, mort en 1811, archevêque de Bourges, l'avant-dernier.

CHAPITRE IX.

Pierre-Louis à l'assemblée constituante. — On saisit la correspondance de son frère. — Il le défend à la tribune. — Se réunit au tiers. — Troubles en Saintonge — à Rochefort. — Révolte à Cosnac.

Mgr de Saintes avait donc, outre ceux que nous avons nommés, pour collègues aux états généraux Jacques-Raymond Richier de La Rochelongchamps et Jean-Frédéric, comte de La Tour du Pin-Gouvernet, lieutenant général et commandant en chef pour le roi dans les provinces de Saintonge, Aunis et Poitou, bientôt après remplacé, quand il devint ministre de la guerre, par le député suppléant, Pierre de Bremond d'Ars, pour la noblesse; pour le tiers état: Pierre-Isaac Garesché, propriétaire à Nieulle, paroisse de Saint-Sornin près de Marennes; Jean-Nicolas Lemercier, conseiller du roi, président lieutenant criminel de la sénéchaussée et siège présidial de Saintes; Philippe Augier, négociant à Tonnay-Charente; et Pierre-Léger Ratier, avocat, demeurant à Lussières, paroisse de Cercoux, près de Montguyon. Saint-Jean d'Angély envoyait, pour le clergé, Simon Landreau, curé de Moragne ; pour la noblesse Charles-Grégoire, marquis de Beauchamps, mestre de camp de cavalerie, chevalier de Saint-Louis, seigneur de Grand-Fief et de Champfleuri, demeurant à Saint-Jean ; comme suppléant, François, marquis de La Laurencie de Charras, seigneur de Neuvic, mestre de camp de cavalerie, inspecteur général des maréchaussées de France, ancien capitaine au régiment du roi infanterie, chevalier de Saint-Louis ; et pour le tiers, Joseph de Bonnegens, conseiller du roi, lieutenant général de la sénéchaussée de Saintonge, séante à Saint-Jean d'Angély; Michel-

Louis-Étienne Regnault, avocat en parlement et en la sénéchaussée de Saintonge à Saint-Jean d'Angély (¹).

Les autres députés étaient pour La Rochelle, Ambroise-Eulalie, vicomte de Malartic, lieutenant colonel, commandant du bataillon de garnison de Poitou, chevalier de Saint-Louis, et suppléant Louis-Gabriel Ancelin de Saint-Quentin, chevalier seigneur de Chambon et d'Angoute, membre associé de l'académie de la Rochelle, dans l'ordre de la noblesse; et dans celui du tiers, Pierre-Etienne-Lazare Griffon, seigneur de Romagné, des Mothez, Mezeron, Ponthezière et autres lieux, conseiller du roi, maître ordinaire en la chambre des comptes de Paris, lieutenant général de la sénéchaussée et présidial de la ville et gouvernement de La Rochelle ; Charles-Jean-Marie Alquier, premier avocat du roi en la sénéchaussée et siège présidial, procureur du roi au bureau des finances, maire et colonel de la ville de La Rochelle, plus tard conventionnel, représentant du peuple en mission dans l'Ouest et à l'armée du Nord, consul général à Alger ; receveur général de Seine et Oise, ambassadeur à Madrid, à Rome, etc., baron de l'empire.

Mgr de La Rochefoucauld dut quitter son diocèse pour aller à Paris. L'ouverture des états se fit le cinq mai. On sait avec quelle joie et quelle impatience. Les événements qui eurent lieu à cette époque, sont connus ; et ils ne sont pas de notre sujet. L'évêque de Saintes assista à la première séance, en rochet, camail, soutane et bonnet carré selon l'étiquette. Il retrouvait à la tête du clergé son parent et son protecteur, le vénérable archevêque de Rouen, Dominique de La Rochefoucauld, le seul cardinal de l'assemblée, et plusieurs autres membres de sa famille, La Rochefoucauld du Breuil, abbé depuis 1783 de Notre-Dame de Preuilly au diocèse de Sens,

---

1. Massiou, *Histoire de la Saintonge*, VI, 16, a, de son autorité privée, donné « huit députés » à la sénéchaussée de Saint-Jean d'Angély, qui n'en eut jamais que quatre légalement ; et, pour compléter son nombre, il n'a rien trouvé de mieux que d'ajouter aux quatre députés de Saint-Jean les quatre de Saint-Pierre-le-Moutier en Nivernais : Viauld, lieutenant général au bailliage ; Picard de La Pointe, lieutenant de la vénerie du roi ; Lespinasse, prieur de Saint-Pierre-le-Moutier, et le baron d'Allarde, capitaine au régiment des chasseurs de Franche-Comté. Et il renvoie pour cela au *Journal de Saintonge et Angoumois*, page 115, qui ne les nomme même pas. — L'erreur a été répétée par Delayant, *Histoire du département de le Charente-Inférieure*, p. 313.

député du bailliage de Provins ; le duc de la Rochefoucauld, député de la noblesse de la ville de Paris, un des hommes les plus libéraux de l'époque, qui avait essayé d'être député de Saintonge et qui devait périr si misérablement à Gisors le 14 septembre 1792. Surtout il y retrouvait son frère, François-Joseph, évêque-comte de Beauvais, chanoine honoraire de Rouen et de Saintes, député du bailliage de Clermont en Beauvoisis, qu'il ne devait désormais plus quitter.

Pierre-Louis ne chercha pas à briller dans cette assemblée où retentissaient des voix si éloquentes. Il sentait que la parole était aux grands orateurs qui ont illustré cette époque. N'eût-ce pas été de l'audace et de la présomption que de vouloir s'imposer à des auditeurs habitués à Maury, à Mounier, à Cazalès, à Malouet? Pourtant il vainquit un jour sa timidité et sa défiance de lui-même. C'est qu'il s'agissait de son frère. Il n'hésita pas. Il aborda cette tribune redoutable et osa parler à une assemblée qui attendait Mirabeau. Voici ce qui s'était passé.

Une compagnie de la milice bourgeoise de Sèvres, en espérant le moment de pourfendre les ennemis de la nation, avait choisi, pour s'exercer la main, deux charrettes chargées de foin. Ce foin sur ces charrettes lui avait paru suspect. En gens prudents et avisés, les miliciens avaient arrêté les deux voitures et s'étaient donné la peine de les escorter jusqu'à Versailles. La précaution était bonne et la mesure patriotique. En effet, sous le foin dangereux se cachait frauduleusement un paquet de lettres, dûment enveloppé d'une toile cirée. Le conducteur expliqua bien qu'amenant du foin à l'écurie de Mgr de Beauvais, on lui avait, par la même occasion, remis le courrier du prélat, et que pour ne point mouiller les lettres, il les avait tout simplement mises dans le foin. Les miliciens, fiers de leur capture, ne voulaient point renoncer à la gloire d'avoir sauvé l'état. Assurément, le charretier les prenait pour des dupes faciles.

Le paquet est porté au président de l'assemblée, Chapelier, avocat, député de la sénéchaussée de Rennes. Vite on mande Mgr de Beauvais. En présence de M. le duc de Villequier, gentilhomme de la chambre du roi, député de Boulogne sur Mer, d'un autre député et du président, le prélat ouvre le paquet réactionnaire. On y trouve des imprimés relatifs à une maison de charité qu'avait fondée François de La Rochefoucauld, une lettre à lui adressée, trois pour son grand vicaire, son secrétaire et son valet de chambre. Rien de plus insignifiant. Donc les lettres avaient été remises à leur adresse, et le foin avait été conduit sans escorte aux écuries de l'évêque.

L'incident était vulgaire. Mais la garde nationale tenait sans doute à avoir bien mérité de la patrie. Le bruit se répandit de la découverte d'un grand complot. Les esprits agités déjà s'émurent. Mille rumeurs extravagantes coururent. Aussi à la séance du matin du 13 août, le président Chapelier, raconta à l'assemblée ce qui s'était passé. Il affirma que les lettres ouvertes « ne contenaient que des affaires relatives à des bureaux de charité (1) ».

Immédiatement l'évêque de Saintes se lève. Son frère est en danger ; il vient à son secours. Cette révélation est importante, non pas en elle-même ; mais elle peut donner lieu à d'injustes soupçons et à des bruits calomnieux. Pierre-Louis de La Rochefoucauld demande qu'un procès-verbal, rédigé à cette occasion et signé des personnes présentes à l'ouverture du paquet, soit aussi signé du président de l'assemblée nationale. Cette pièce publiée mettrait ainsi l'évêque de Beauvais à l'abri de toutes les fausses interprétations que la mauvaise foi pourrait donner à ce simple fait. L'assemblée occupée ailleurs ne prête qu'une médiocre attention à ce discours. Quelques heures après, à la séance du soir, l'évêque de Beauvais lui-même demande instamment ce qu'avait inutilement réclamé son frère.

Des bruits fâcheux commencent à se répandre sur lui à l'occasion de la saisie de ses lettres ; le peuple, qui ne sait pas la vérité, se livre à toutes sortes de suppositions. Bientôt il sera victime de la calomnie. L'assemblée nationale doit à la justice, doit à un de ses membres méchamment soupçonné, en butte aux propos injustes, d'éclairer le public. Qu'elle autorise donc son président à lui donner une déclaration authentique

---

1. *Moniteur* du 14 août, I, 334.

de la vérité des faits, qu'il fera insérer dans le procès-verbal. Un député de Paris, Martineau, avocat, insiste pour que cette pièce soit rédigée sur-le-champ. L'assemblée finit par se décider et fit droit à la légitime demande des évêques de Saintes et de Beauvais (¹). L'incident n'eut pas de suite ; mais ce fut le commencement des accusations injustes qui pesèrent plus tard sur les deux frères.

On sait comment les états généraux se transformèrent en assemblée nationale qu'on surnomma constituante ; comment il y eut, entre les trois ordres, lutte pour la vérification des pouvoirs en commun ; comment, le 24 juin 1789, sur la proposition de l'archevêque de Bordeaux, combattue par l'archevêque de Paris, il fut décidé, après un vote de 143 contre 143, que le clergé se réunirait au tiers ; comment la noblesse, parmi laquelle se trouvait le duc de La Rochefoucauld, se rendit dans la salle du tiers le 25, et le 27, sur l'invitation du roi, le clergé ayant à sa tête le cardinal de La Rochefoucauld, qui dit : « Messieurs, nous sommes conduits ici par notre amour et notre respect pour le roi, nos vœux pour la patrie et notre zèle pour le bien public. » L'évêque de Saintes avec son frère suivit l'archevêque de Rouen. Ce qu'on n'ignore pas non plus, ce sont les événements fâcheux qui arrêtèrent tout à coup et compromirent l'œuvre si bien commencée. Après le 27 juin, il n'y a plus ni noblesse, ni clergé, ni tiers ; il n'y a que des évêques, des curés, des nobles, des propriétaires, des artisans, des citoyens. La révolution est faite, l'égalité est établie. C'était là un point capital. On pouvait facilement, avec les dispositions du ci-devant clergé et de la ci-devant noblesse, à abdiquer leurs privilèges et immunités, réaliser ce que demandaient unanimement les cahiers des trois ordres. Il n'en fut pas ainsi. Le tiers, enivré de sa victoire, fier d'avoir ruiné les vieilles constitutions féodales qui ne se tenaient debout que par la force de l'habitude, s'acharna contre ces débris.

« Que la noblesse ait hâté sa chute par son entêtement, je l'accorde, a dit Edouard de Laboulaye (*Revue des cours litté-*

---

1. *Mercure de France*, 22 août 1789, page 283.

raires, 12 juin 1869). Sa hauteur, sa morgue, un faux point d'honneur la perdirent. Mais après cet arrêt prononcé contre la noblesse, il faut dire aussi que la conduite des vainqueurs fut des plus tristes. La révolution fut cruelle avec la noblesse qui l'avait combattue ; elle fut impitoyable pour le clergé qui ne lui avait jamais résisté. Quand une révolution se fait dans un pays, elle ruine toujours d'anciennes positions, de nobles souvenirs, de grandes espérances. C'est bien le moins qu'on respecte ceux qui tombent, et qu'en échange de la puissance et du rang on leur laisse l'honneur d'une obscure fidélité. En France, on eût dit que nos révolutionnaires voulaient noyer dans le sang le passé tout entier. On fit ce que font les esclaves révoltés, on tua les anciens maîtres pour effacer le souvenir de l'antique infériorité ; on décima l'armée, on ruina la marine ; on dressa l'échafaud, et par l'anarchie on arriva où mène infailliblement l'anarchie, au despotisme. »

Mgr de Saintes, dès les premiers jours, avait été vivement frappé du trouble qui régnait partout. Nul ne savait où l'on allait ; l'inquiétude était générale ; l'exaltation échauffait les têtes. Le peuple français, si maniable et si calme, qui saute avec la même promptitude de l'apathie politique à l'effervescence de la rue, était à un de ces moments d'emportement et de violence où l'on pouvait tout craindre de son irritation. Le frein moral même n'existait plus.

Bien malade était au fond cette société du XVIIIe siècle, si polie et si civilisée ; et chacun pouvait se dire : c'est un peu ma faute. Avec son cœur de citoyen et son âme d'évêque Pierre-Louis gémissait. Le passé était mort, le présent se remuait dans des soubresauts effrayants, et l'horizon lui apparaissait menaçant.

Au malheur des incidents politiques, s'ajoutaient des circonstances climatériques funestes. L'hiver avait été rigoureux ; les pluies avaient compromis ou tout à fait détruit les récoltes. La multitude, toujours prompte à s'effrayer, cria aux accapareurs. Même en Saintonge, la révolte, après avoir terrifié de grandes villes, se dressa menaçante.

A Rochefort, le 26 avril 1789, un rassemblement tumultueux

se forme devant les boutiques des boulangers Ayraud et Massé, dénoncés comme accapareurs parce qu'ils venaient de recevoir quelques sacs de farine pour les besoins de leur commerce. Des cris de mort retentissent. Les boutiques sont dévalisées. Les deux malheureux n'échappèrent que grâce à l'énergie d'un brigadier de la maréchaussée. Il arriva à temps pour arracher Ayraud, que l'on allait jeter vivant dans son four en flammes. D'autres émeutes, çà et là, répandaient en même temps l'épouvante dans les campagnes.

Au premier mot de liberté, la foule court à la licence. On lui parlait de ses droits ; elle oublia ses devoirs. Pour elle l'indépendance, c'est de détruire, d'incendier et de tuer. A Saint-Thomas de Cosnac, — c'est toujours de ce côté de la Saintonge que commencent les mouvements, — les paysans se soulevèrent dans les derniers jours d'avril à la suite d'un prône violent du vicaire Jacques Roux, de Pranzac, depuis membre de la commune de Paris, qui accompagna Louis XVI à l'échafaud (1). Le

---

1. Jacques Roux, né (21 août 1752) à Pranzac (Charente), le second des douze enfants de Gatien Roux, lieutenant d'infanterie en 1748, juge assesseur du marquisat de Pranzac en 1780, et de Marguerite Montsalard mariés en 1749, fut tonsuré à 15 ans, chanoine de Pranzac en 1767, et enseigna (1779), comme auxiliaire des lazaristes, la philosophie au séminaire d'Angoulême, tout en prêtant son concours au curé de Saint-Martial pour son ministère. Prêtre en 1780, vicaire à Cozes en 1787, à Saint-Thomas de Cosnac en 1788, où, furieux de s'être vu refuser la cure d'Ambleville, en pleine église, le 25 avril 1790, il chante les vainqueurs de la Bastille et la révolution, prêche le refus des redevances, le pillage des biens, etc. Suspendu par les vicaires généraux, il se rendit à Paris, où le 16 janvier 1791 il jura. « Interdit de mes fonctions sacrées, dit-il, pour m'être déclaré l'apôtre de la révolution, forcé de quitter mon diocèse et mes foyers pour échapper à la fureur des méchants qui avaient mis ma tête à prix, cette constitution inappréciable me fait oublier que, depuis seize ans, je n'ai vécu que de mes infortunes et de mes larmes... » Le bon apôtre ! — Vicaire de Sainte-Marguerite, candidat à cette cure, il obtint une voix. En 1792, membre de la commune de Paris, il mérita par ses violences d'être un des deux municipaux qui accompagnèrent Louis XVI à l'échafaud.

Le vicaire général de Saintes, qui l'avait bien connu, Taillet, a écrit de lui : « La France a produit beaucoup de monstres depuis 8 ans ; il est un des plus méchants et en même temps des plus dangereux, parce qu'il cache sous les dehors de la douceur une âme infernale. Le refus d'une cure qu'il désirait en a purgé le diocèse ; il a été à Paris, et s'y est fait l'un des clients et des satellites de Mirabeau. Là transporté dans la grande école du crime, il s'y est perfectionné rapidement. Associé aux travaux des grands factieux, admis à leur confidence, il faut qu'il se soit élevé à une grande hauteur, puisque la municipalité l'a jugé digne d'assister, en son nom, au supplice du plus vertueux des monarques. Les papiers publics ont rapporté qu'au sortir de la prison du Temple, avant de monter en voiture, Louis XVI, l'infortuné Louis XVI, avait présenté à ce prêtre, avec une contenance ferme et noble, un écrit important, pour être remis à la municipalité ; et que dans ce moment, où l'âme de Robespierre eût été attendrie, Jacques Roux, plus dur que le dernier des bourreaux, repoussa l'illustre victime : « Je

25, la révolte éclate. C'est l'église qui a les honneurs des premiers coups ; on y brise les bancs. Après ce premier exploit, les mutins menacent d'égorger quiconque leur résistera. Le notaire de l'endroit, Jean Martin, veut les apaiser ; il n'échappe qu'avec peine à leur fureur. Bientôt l'insurrection s'étend. Cinq paroisses sont en armes. Deux officiers municipaux de Saint-Thomas, Morisset et Bernard, dirigent la multitude ameutée. Le château de Boisroche (1), paroisse de Saint-Bonnet de Mirambeau, et celui de Saint-Georges des Agouts, appartenant au marquis de Bellegarde, sont pillés et brûlés. Lui-même, dans sa fuite, fut, près du pont de Petit-Pérat, atteint par Viau, du village de Chez-Flandrais, d'une balle qui lui traversa l'épaule. Son cheval est abattu sous lui. Il est garrotté, accablé de mauvais traitements. Viau conduit 200 forcenés à son château ; on fait ripaille ; c'est l'orgie : on défonce les tonneaux, on boit, on mange, on vole. Les chiens de chasse eux-mêmes sont rôtis. Bignon, maire de Saint-Bonnet, et Giraud, de La Combaudière, voulurent s'opposer. Ils faillirent être jetés dans le feu. Le lendemain

suis ici, dit-il, pour vous conduire au supplice et non pour recevoir vos billets. » Cet homme n'est point né en Saintonge ; il est du pays de Ravaillac. »
Censuré par la commune, Roux fut dénoncé par la concubine de Marat, Simonne Evrard, et par Robespierre ; jeté le 2 août 1793 à la Conciergerie, renvoyé devant le tribunal révolutionnaire, il se tua de cinq coups de poignard. Il avait un frère, prêtre, Louis Roux, aussi chanoine de Pranzac en 1780, qui prêta le serment et servit en Vendée. Une lettre de lui (Luçon, 19 septembre 1793) montre ses sentiments affectueux : « Vous me demandez si Jacques Roux est mon frère ; oui. Je lis dans un papier qu'il est arrêté comme suspect et renfermé à Sainte-Pélagie. S'il a changé de principes, il mérite la mort ; et si j'étais son juge, je le condamnerais. » Touchante fraternité !

1. Boisroche, *Boisrocher* ou *Beaurocher*, avait été, le 15 juillet 1778, vendu pour 105000 L devant Richard, notaire à Paris, par Barthélemy-Louis Michel, baron de Saint-Dizant, à Michel Paty, seigneur de Bellegarde, conseiller honoraire au parlement de Bordeaux. Le château n'est plus tel que l'a fait l'incendie d'avril 1790.
Le logis de Saint-George existe encore, effacé par un tout récent castel qu'a construit le docteur Rigaud, de Pons. Massiou, VI, 41, fait ruer les paysans sur les domaines du marquis de Bellegarde, « ancien seigneur de Saint-Thomas de Cosnac ». Le seigneur de Cosnac était le duc de Richelieu, et jamais les Paty n'ont eu ce fief. Les Paty, encore représentés dans la Gironde par M. de Paty de La Parcaud, portaient *d'or au lion de sable armé et lampassé de gueules, à la bande aussi de gueules brochant sur le tout*. Michel de Paty, seigneur de Bellegarde, baron du Carney et son fils, Jean-Baptiste de Paty de Bellegarde, capitaine au régiment colonel général infanterie, son procureur, furent convoqués en 1789 à l'assemblée électorale de la noblesse de la sénéchaussée de Guienne, ainsi que plusieurs autres membres de la famille, tels que André-Joseph de Paty, chevalier, seigneur de Menviel. La tradition nomme *Joseph* Paty, le seigneur de Boisroche en 1790.

Perrochon imite Viau aux Cheminées, en Saint-Sorlin. Fontreau est menacé de mort uniquement parce qu'il était lié avec M. de Bellegarde.

De là les furieux vont, avant le jour, le 29 avril, attaquer la maison du notaire Jean Martin. Il peut s'enfuir et venir raconter à Saintes, le jeudi, ce qui se passe dans la contrée depuis dimanche. Pendant ce temps on brûle sa demeure, ses papiers sont dispersés, les effets enlevés, les meubles hachés, les tonneaux vidés et les espèces empochées.

Il fallut se décider à réprimer ces actes de sauvagerie. Nul n'osait dire un mot. Pendant que la municipalité de Saintes, informée par MM. de Turpin et Guiton, commissaires du roi, attend qu'elle soit requise par la municipalité de Pons, la garde nationale de Rochefort vole spontanément au secours de l'ordre troublé et de la propriété menacée. Puis des troupes partent de Saintes. Unies aux forces de Pons, de Saint-Genis, elles parviennent à réprimer le désordre. Le 3 mai, elles ramènent à Saintes 117 prisonniers dont 2 femmes. Pendant qu'on les jugeait, de nouveaux mouvements éclatèrent encore autour de Saint-Genis, et des châteaux furent menacés. Baigne aussi avait eu ses violences. L'effervescence était telle que Bourignon([1]) cite ce mot d'un roturier à un gentilhomme d'Angoulême, aussi recommandable par son affabilité que par ses talents : « Je ne mourrai pas content que je n'aie mangé le cœur d'un noble!... » Puis il s'écrie : « Et nous traitons les sauvages de l'Amérique du nom de barbares !

---

1. *Journal de Saintonge et d'Angoumois*, 1789, page 283.

CHAPITRE X.

Pierre-Louis ordonne des prières. — Mandement. — Union et enthousiasme des trois ordres. — Fêtes. — Le feu de la Saint-Jean. — Émeutes en divers endroits. — Prière pour les biens de la terre.

L'évêque de Saintes, sentant s'élever l'orage et voyant l'abîme déjà se creuser, ordonne des prières publiques dans tout son diocèse pour le succès des états généraux. Comme il était triste, lui, citoyen généreux, de voir compromise l'œuvre de régénération qu'il appelait de ses vœux, et à laquelle il apportait le concours le plus dévoué ! Nous possédons ce monument de sa sagesse et de sa piété non moins que de son patriotisme affligé et de sa prévoyance, hélas ! trop justifiée. Ce mandement est daté de Versailles, dit-il, « où nous sommes retenus en notre qualité de député aux états généraux, le 9 mai 1789. » Après quelques considérations générales (¹) : « Quelle circonstance fut plus propre à réveiller chez un peuple les idées religieuses ? Depuis quelque temps, des maux de toute espèce ont désolé la France : des grêles désastreuses, les rigueurs excessives du froid, des inondations destructives et l'indigence et la faim. Ce n'est pas tout ; et la crainte a glacé tous les cœurs ; et une ardente inquiétude agite toutes les

---

1. « Les pensées des hommes sont toujours faibles et vaines, nos très chers frères ; leurs projets sont petits et incertains. Il n'y a que Dieu qui produise sans cesse des pensées grandes et sublimes, des projets toujours immuables, parce que son éternelle sagesse et son infinie prévoyance embrassent tous les objets et enchaînent tous les événements. Aussi, dans toutes les occasions éclatantes, au milieu des révolutions physiques et politiques, tous les hommes élèvent vers Dieu leurs timides supplications. C'est un usage attesté par l'histoire de toutes les nations anciennes et modernes, policées ou sauvages. C'est un de ces sentiments primitifs, que la nature et la religion ont gravés de concert dans le cœur de l'homme et que rien n'en peut effacer. Ce sentiment est bien plus actif encore et plus vif chez les chrétiens, à qui l'évangile donne des principes élevés et lumineux sur la Providence divine et sur l'efficacité de la prière.

« C'est à ce même sentiment que nous vous rappelons aujourd'hui, N. T. C. F. »

têtes ; et une fermentation sourde gagne toutes les parties du royaume ; et ce qu'il y a de plus fâcheux, ce qui met le comble à notre douleur, l'oubli des principes et le mépris des devoirs, ont desséché le germe de toutes les vertus, et ouvert la porte à tous les vices.

« Ne nous flattons pas que la sagesse humaine guérisse nos plaies : tous les efforts de l'autorité, tous les calculs de la politique n'y pourront rien, si Dieu n'y met la main. Si Dieu est contre nous, qui sera pour nous ? Si sa tendresse paternelle ne veille sur cet empire, s'il ne soutient cet édifice ébranlé, il faudra qu'il tombe en ruines.

« Un monarque, vertueux et ami de la nation, a cherché tous les moyens de lui rendre son ancienne splendeur : il n'en a pas trouvé de plus efficace que d'implorer le secours de celui qui a fait le ciel et la terre. C'est par un hommage solennel rendu à la religion de ses pères, qu'il a voulu commencer cette assemblée nationale, attendue et désirée par tous les citoyens. Tous les temples de la capitale ont retenti des chants et des prières d'un peuple nombreux.

« Nous vous annonçons avec joie, N. T. C. F., ce que nous avons vu avec attendrissement : déjà votre roi a recueilli les bénédictions de ses sujets, et les cris répétés de leur reconnaissance. C'est sous cet heureux auspice qu'ont été ouverts les états généraux, et l'espérance renaît dans tous les cœurs.

« Nous vous exhortons à joindre vos prières aux nôtres, afin que cette sagesse suprême, qui assiste au trône de Dieu, et qui préside au gouvernement de l'univers, guide notre souverain dans un moment aussi intéressant, et qu'elle inspire tous ceux qu'il a rassemblés autour de lui pour la restauration de la chose publique, qu'elle maintienne la paix et l'union parmi les représentants de la nation, qu'elle règle leurs opinions, qu'elle forme toutes leurs délibérations.

« Nous n'avons pas besoin de prouver à des Français qu'ils doivent aimer leur prince. Quand même ce sentiment ne serait pas héréditaire parmi nous, comme la couronne l'est chez nos rois, nous vous dirions que Louis XVI a des droits particuliers sur vous : que la généreuse confiance avec laquelle il se montre, le noble caractère qu'il déploie, appellent et exigent l'amour et la confiance des sujets ; qu'il est le digne successeur d'une longue suite de rois, dont plusieurs ont fait la félicité générale du royaume ; que ceux dont il aime à lire l'histoire, dont il cherche à imiter les exemples, sont ceux dont les noms vivront à jamais consacrés par les hommages universels, saint Louis, Louis XII, Henri IV ; que, dans ce moment même, sa plus chère idée est de nous rendre heureux ; que, bien différent de tant de rois que leur puissance enivre, il est disposé à faire toutes sortes de sacrifices pour concilier l'exercice de son autorité avec le bonheur de tous.

« Ne vous laissez pas tromper, N. T. C. F., par cette fausse et sombre philosophie qui discute les fondements de l'autorité pour la combattre et la détruire, et qui méconnaît les droits sacrés du législateur, pour lui substituer les volontés aveugles et violentes de la multitude. Si la révélation ne nous eût pas appris que tout homme doit plier sous les puissances supérieures : *Omnis anima potestatibus sublimioribus subdita sit*, la seule raison nous prouverait qu'une soumission réfléchie à une autorité ancienne et respectable, est mille fois préférable aux nouveaux systèmes qui favorisent l'orgueil de l'homme par la promesse de la liberté, et qui, rompant les liens de la subordination, conduisent insensiblement à la licence, et de là aux affreux désordres de l'anarchie [1].

« Ne vous défiez pas moins de ces tristes déclamations qui veulent semer le trouble parmi les divers ordres de l'état, et désunir les membres du même empire. Ils peuvent éblouir par l'idée chimérique de cette égalité primitive que la nature a mise entre les hommes ; mais ils n'aperçoivent pas que cette égalité est impossible ; qu'elle serait le renversement total de la société ; qu'il faut dans tout gouvernement une inégalité réelle de rangs, de fortunes, de talents ; que cette inégalité, qui

---

1. « Qu'elle fuie donc loin de nous cette philosophie d'intérêt et de cupidité !... Elle se vante de faire fleurir les états et de ramener l'homme au bonheur... Bientôt par des leçons perfides, l'état destitué de l'esprit de vie qui l'anime, ne serait plus qu'un ramas confus d'êtres bas et rampants, isolés, divisés... que dévorerait promptement le poison des plus viles passions. » François-Joseph de La Rochefoucauld, *Instruction pastorale*.

choque les esprits superficiels, est précisément ce qui unit tous les citoyens par les devoirs et les services réciproques ; que cette confusion apparente produit une harmonie admirable.

« Si la position actuelle du royaume nécessite de nouveaux efforts, nous vous conjurons de vous y prêter avec zèle et générosité : servir son roi, sa patrie ; sacrifier à l'état son temps, ses talents, sa fortune, sa vie, voilà les principes des vrais citoyens ; voilà les antiques maximes des Français. Elles nous ont été transmises par nos pères, et elles valent mieux que les préceptes du froid égoïsme, qui, plaçant l'intérêt particulier avant l'intérêt général, étouffent toute énergie et rétrécissent les âmes.

« Nous nous reprocherions, N. T. C. F., de n'avoir pas rempli notre ministère épiscopal, si nous passions sous silence un autre article qui est l'objet le plus direct de nos sollicitudes et de nos vœux, la régénération des mœurs publiques. Grand Dieu ! dans quel abîme de corruption nous sommes tombés ! comme on voit parmi nous, parmi des chrétiens, des scandales, des vices, des excès de tous les genres ; des infamies qu'il vaut mieux taire que de les décrire ; des crimes révoltants qui font frémir ; des abominations plus grandes peut-être que celles que saint Paul reprochait à Rome païenne, à l'époque de sa dépravation la plus effrénée ! Ce sont là nos plus grands maux ; cette plaie conduit à la mort. Ah ! conjurons le Seigneur de ne pas nous traiter dans toute la rigueur de sa justice : nous ne l'avons que trop mérité, mais plutôt de faire descendre son esprit sur nous, pour renouveler la face de cet empire, dont il est depuis si longtemps le protecteur, de nous rappeler à la pratique de l'évangile, qui forme les saints, et produit tous les biens ; de faire renaître, au milieu de nous, la paix, la justice, la piété, l'humble foi de nos pères, leur sage simplicité, leur respect pour le culte public, leur inépuisable charité, en un mot, toutes leurs vertus domestiques, sociales et religieuses. Qui nous donnera de voir ainsi le règne de Jésus-Christ s'établir sur les débris de l'empire de Bélial ?

« Comme nous bénirions l'auteur d'un si grand changement ! Comme nous serions autorisé à former les plus douces espérances sur le sort de notre patrie! N'en doutons pas, tout état où il y a des mœurs, renferme un principe de vie que les plus fâcheuses révolutions ne peuvent détruire: mais tout état où les mœurs sont anéanties, offrît-il les dehors les plus brillants, porte un signe certain d'une décadence prochaine et bientôt d'une entière destruction. »

Ces prophétiques paroles, ne l'oublions pas, sont signées par un évêque bientôt victime des fureurs qu'il annonçait. Elles sont aussi contresignées par son secrétaire Jean-Louis-Simon Rollet, chanoine de la collégiale de Saint-George de Rex depuis 1788, qui, plus heureux, échappa aux bourreaux (1).

Le mandement ordonnait que, jusqu'à la fin des états généraux, chaque prêtre dît à la messe les oraisons *pro congregatione statuum regni*, et que tous les dimanches et fêtes il fût chanté, à l'issue de vêpres, dans toutes les églises du diocèse, le *Domine, salvum*, et quelques antiennes et oraisons. De plus les 22, 23 et 24 mai, il y eut à la cathédrale les prières des quarante-heures, avec messe solennelle à dix heures et salut le soir. Ce fut l'archidiacre de Saintonge, M. de Luchet, chanoine, qui fut nommé par le chapitre pour officier. Les 25, 26 et 27, les mêmes prières furent faites dans les paroisses de la ville, ensuite continuées dans les autres églises paroissiales et conventuelles.

Pour qui ne regarderait qu'à la surface ou n'écouterait que les récits embellis des optimistes obstinés et des narrateurs officieux, ces triduum solennels étaient une superfétation. Les troubles sont finis; il n'y a plus qu'à jouir tranquillement de la vie. On ne voit chez nous que festins fraternels, accolades touchantes, harmonie universelle. Au fond la lutte est sourde mais ardente. Les convoitises sont allumées. Jacques Garnier plus tard régicide et chevalier de l'empire, évince de l'hôtel de ville (26 juillet 1789) Arnaud-Guillaume Gaudriaud,

---

1. Rollet, né à Rochefort, le 4 juillet 1746, était fils d'Anne Lecercler des Ormeaux, qui, veuve de Jean-Jacques Rollet, conseiller du roi prévôt de la marine, épousa à Saintes, le 22 avril 1754, Jean-Elie Lemercier, lieutenant criminel au siège présidial de Saintes, veuf d'Angélique-Elisabeth Le Berton de Bonnemie. Par l'influence de son frère utérin, le sénateur Louis-Nicolas Lemercier, président du conseil des Anciens au 18 brumaire, grand-père de M. le comte Anatole Lemercier, il fut nommé, en 1802, évêque de Montpellier, diocèse désolé par la petite église, et quatre ans après, fin d'avril 1806, il apprit, par une lettre de Portalis, qu'il avait donné sa démission, et que Napoléon le nommait chanoine de Saint-Denis.

qui s'y trouvait depuis trente-deux ans. Deux mois après, 9 octobre (¹), il vient au conseil municipal se plaindre amèrement de Bernard des Jeuzines, qui le contrecarre en tout. Puis on s'embrasse, et la paix est faite. L'abbé de La Magdeleine prie les avocats au présidial et le corps de l'échevinage d'oublier les torts qu'ils se reprochent depuis longtemps. L'on s'embrasse encore. Le 5 août, à l'hôtel de ville, repas de corps entre les officiers de la milice bourgeoise et ceux de la milice nationale, auquel prennent part des membres de la noblesse, du clergé et du tiers, « spectacle digne du siècle des patriarches, s'écrie le *Journal* du temps, page 270. Le 9, même dîner donné par M. d'Aiguières; même gaieté, même cordialité ». Le 10, c'est la noblesse qui traite ; « on croyait assister à une fête de famille. Point de distinction de rang ni prérogative de naissance... La satisfaction brillait sur tous les visages et paraissait échauffer tous les cœurs ». Le 6 septembre, les milices locales fêtent le régiment du roi cavalerie dans le bosquet du séminaire, mis à leur disposition par Jean Claude, supérieur des prêtres de la mission. « Les soldats se précipitent dans les bras de leurs officiers qui se prêtent avec bonté à ces marques d'épanchement. » On s'offre des cocardes aux couleurs bleue, blanche et rouge, jadis livrées personnelles des rois de France, devenues les couleurs nationales (²). Si le mari n'est pas là, la femme la reçoit; à Marennes, Mme Gareschié, à Saintes, Mme Lemercier. Et l'on continue de rendre à la religion les respects qui lui sont dus. On l'appelle à toutes les cérémonies de la vie civile et politique. Le 2 août, a lieu à la cathédrale la bénédiction des drapeaux du régiment national composé de cinq à six cents jeunes gens de la ville et des faubourgs qui avaient mis à leur tête le marquis d'Aiguières, comme lieutenant général, avec le comte de Brie (³), de

---

1. « A l'assemblée générale convoquée et tenue en la salle d'audience du sénéchal de cette ville, attendu que la femme du concierge de l'hôtel commun était à l'agonie, et sur les quatre heures du soir, et après la procession faite et demandée pour obtenir du beau temps. »

2. Charles IX les portait à son entrée à Nîmes 1564. Voir *Revue des sociétés savantes*, page 121, tome IX, février 1869.

3. René-Alexandre, comte de Brie, baron de Ciré en Aunis, seigneur d'Artignes, capitaine d'infanterie, chevalier de Saint-Louis, servit en émigration dans la compagnie de Saintonge-Angoumois sous le comte de Montausier.

Montalembert et de Baune, procureur du roi au présidial, pour ses aides de camp, et dont le véritable chef était Bernard des Jeuzines sous le titre de colonel avec Bourignon pour lieutenant-colonel. L'abbé Delaage officie et prononce un discours (1). La première fois que Charles de Reynaldi, leur aumônier, leur célèbre la messe dans l'église des jacobins, il leur fait (2) une harangue qu'on écoute avec plaisir.

Le 8 novembre, la milice nationale de Saint-Eutrope-les-villages demande au curé Bonnifleau de bénir son drapeau. Elle assiste à la cérémonie, son colonel, Bachelot, en tête avec les officiers de l'hôtel de ville.

Fait grave ! En 1789, il n'y a pas eu de feu de la Saint-Jean. Le peuple a murmuré. Le 29 juin, Bernard des Jeuzines rejette la faute sur Gaudriaud, qui n'a pas convoqué l'ass-.nblée. Or Gaudriaud a été mis à la porte de la mairie, le 8 mars, par Bernard lui-même, et il s'abstient jusqu'à ce que, le 26 juillet, il se démette officiellement. « Cette cérémonie, s'écrie Bernard, n'est pas une réjouissance profane, mais un acte religieux, un acte pieux institué en l'honneur de saint Jean-Baptiste, précurseur de Jésus-Christ. » Animé d'un beau zèle, Bernard fait décider qu'on demandera au procureur général du parlement de Bordeaux le moyen de réparer « ce manquement grave et essentiel », et que, si le mauvais temps continue, Mestayer et Riquet iront à l'évêché demander des prières publiques. Zèle admirable pour la religion, qui ne se maintint pas longtemps (3).

---

1. Page 277, *Journal* de Bourignon.
2. Page 302, *Journal* de Bourignon.
3. Il serait assez curieux de mettre en regard de ces paroles de Bernard, qui s'appelait alors André-Antoine Bernard *des Jeuzines*, d'une métairie en la paroisse des Essarts, ou bien de ses protestations toutes emmiellées et toutes dévotes dans sa *Requête* contre Pierre Fourrestier, négociant, et Jeanne-Eustelles Fourrestier, épouse d'Augustin Mollet, ses parents, où il se dit « doué d'un caractère doux et bienfaisant », ses actes postérieurs tels qu'on les peut lire dans la *Dénonciation faite par les 6 sections de la commune de Dijon à la convention nationale des crimes commis par Léonard Bourdon et Pioche-Fer Bernard, de Saintes, pendant leur mission dans le département de la Côte d'Or.* (Dijon, impr. Frantin, an III,) ou bien le chapitre du républicain Prudhomme : *Précis historique des crimes commis à Dijon sous le pro-consulat de Bernard de Saintes*, au tome VI, page 89 de son *Histoire des crimes commis pendant la révolution.* Voir sur ce personnage l'ouvrage de M. Armand Lods, *Un conventionnel en mission. Bernard de Saintes* (1888). Saintes, en 1895, a donné le nom de Bernard à une rue.

Malgré ces actes tout pacifiques et ces pieuses démonstrations, la province n'était pas tranquille. On veillait et l'on craignait tout. A Baigne la maison du receveur des aides fut pillée. Le comte de Montausier, « l'un des gentilshommes dont le patriotisme est le moins équivoque », dit Bourignon, page 278, fut maltraité. La prise de la Bastille vint bientôt donner malheureusement raison aux prévisions sinistres de l'évêque de Saintes et augmenter l'agitation dans les provinces. Le massacre de Launay, gouverneur de la forteresse, de Losmes de Salbray, major, de Flesselles, prévôt des marchands, et de quelques canonniers dont les têtes furent promenées du faubourg Saint-Antoine à la rue Saint-Honoré, effrayèrent les honnêtes gens, excitèrent les mauvais et firent dire au duc de La Rochefoucauld cette parole si tristement vraie : « Il est bien difficile d'entrer dans la véritable liberté par une pareille porte. »

Le 16 juillet, le comité de l'hôtel de ville avait ordonné la démolition de la Bastille. Le duc de La Rochefoucauld l'avait annoncé au roi comme une mesure de salut : « C'est un peu fort, » répondit Louis XVI ; et il ajouta : « Puisque vous l'avez cru nécessaire au rétablissement de la paix, à la bonne heure. »

Eh bien ! la chute de la vieille forteresse, les meurtres de Flesselles, de Launay, de Salbray qui la suivirent n'avaient fait qu'allumer l'ardeur de la vengeance et la soif du sang. Le 22 juillet, devant l'assemblée nationale qui assiste à ce hideux spectacle dans une sereine impassibilité, on assassine Foulon et son gendre Berthier de Sauvigny avec des raffinements de cruauté vraiment dignes d'un peuple civilisé. Et les orateurs populaires excusent ces égorgements en leur opposant ceux de la royauté. Comme si les Saint-Barthélemy amnistiaient les massacres de septembre ! Selon une remarque bien juste du publiciste que nous citions tout à l'heure, ceux qui font triompher la liberté comme la religion, ce ne sont pas les bourreaux, ce sont les martyrs.

Les provinces se donnèrent le plaisir d'imiter la capitale. En quelques mois soixante-dix châteaux, quoique n'étant pas des Bastilles, flambèrent. Aussi des paniques s'emparèrent de toutes parts des populations. Parfois ridicules, elles n'en montraient pas moins l'anxiété générale. Le 3 juin 1790, jour de la fête-Dieu, un beau zèle enflamme les gardes nationales des bourgs voisins de Thenac près de Saintes, qui n'ont pas eu encore occasion de signaler leur civisme, et le regrettent. Elles se rendent donc en armes à Thenac, et fouillent la maison d'un honnête bourgeois. Elles y cherchaient le prince de Lambesc. Ce ne fut qu'à grand' peine qu'elles se résignèrent à ne pas le trouver. « Que sont devenus ces jours de paix qui éclairaient l'horizon de l'heureuse Saintonge ? demandait Bourignon, le 9 mai 1790. Les horreurs de l'anarchie et du désordre les ont remplacés ; le démon du brigandage a dévasté une partie de son territoire ; et je vois dans un sinistre lointain les tourbillons de fumée que vomissent les maisons et les châteaux incendiés. » Et ce passage du journaliste n'est pas une pure amplification du futur professeur de rhétorique.

En présence de ces brigandages, on est étonné de l'assurance de Regnault, député de Saint-Jean d'Angély. Quand, à la séance du 5 novembre 1790 (1), Jean-Siffrein Maury, abbé de La Frenade, près de Cognac, annonça à l'assemblée nationale que 17 paroisses de Saintonge avaient pris l'engagement de ne payer aucun impôt et d'assassiner les collecteurs, Regnault prétendit que les mouvements, maintenant apaisés, étaient dirigés seulement contre les droits féodaux. Oui, çà et là, on s'était mutiné contre les droits féodaux, comme en temps de révolution on s'agitera toujours contre l'impôt, quel que soit celui qui le perçoit. Et l'on devait bien murmurer encore puisque, le 11 décembre suivant, plusieurs habitants de Villars-les-Bois venaient au directoire du district de Saintes regretter leur refus de payer ce qu'ils devaient à leur ci-devant seigneur (2).

Les registres des délibérations du directoire du district sont pleins de ces sortes d'affaires. Mais l'incendie et le meurtre

---

1. *Moniteur*, VI, 297.
2. Louis Boscal de Réals, officier au régiment de La Fare infanterie. Il était père de Charles François Boscal de Réals, maire de Saintes, et député sous la restauration, mort en 1866. La terre de Villars, dépendance de la seigneurie de Burie, appartenait aux Guinaudeau, seigneurs de Burie. Anne Guinaudeau l'apporta à son mari, Joseph-Roch de Chasteigner, seigneur de Saint-Georges, dont la fille, Marie-Anne de Chasteigner, l'eut comme dot (1702) en épousant Charles-François de Béchillon, seigneur de Vallans et d'Allery. Leur fils, Pierre-Charles de Béchillon, la donna en dot à sa parente, Marie-Félicité de Béchillon, qui épousa, en 1776, Louis Boscal de Réals.

n'ont rien de commun avec ces discussions d'intérêt. Les droits féodaux étaient le prétexte dont des meneurs habiles se servaient adroitement.

La Rochefoucauld eut de nouveau recours à Dieu. Il ordonna pour le 20 septembre une procession générale de tout le clergé séculier et régulier de Saintes à l'église Saint-Eutrope. C'est vers le premier apôtre de son diocèse, nous l'avons déjà vu, qu'il tournait particulièrement ses regards. Pressentait-il qu'il devait avoir un sort semblable et périr pour la foi? Au retour il y eut salut et bénédiction à la cathédrale. Les officiers de l'hôtel de ville, du présidial, de la juridiction consulaire, la milice bourgeoise et nationale, la gendarmerie, corps de 60 hommes récemment organisé (1), y assistèrent. Le lendemain, toutes les paroisses, toutes les communautés eurent aussi salut et bénédiction avec les prières ordonnées. Et comme si tout conspirait pour la ruine de la malheureuse province, les pluies continuelles empêchèrent la cueillette des raisins. Le conseil de ville assemblé le 8 octobre 1789, constatant que la récolte des vins est menacée d'une perte totale, que les semailles sont indéfiniment retardées et ne pourront même se faire dans certains cantons, prie les vicaires généraux d'ordonner des prières publiques. Il assiste lui-même, le 9 et les deux jours suivants, à la procession et aux prières de l'église. Qu'on ne voie pas là un vain simulacre, la force de l'habitude ou l'hypocrisie : car le 20 avril 1790, sans que rien l'obligeât, et même en un moment où les passions se déchaînaient contre le culte et ses ministres, le conseil municipal, après examen et discussion, demandait à l'assemblée nationale un décret qui déclarât la religion catholique, religion dominante de l'état (2).

---

1. Elle avait pour colonel Étienne Garat aîné, chevalier de Saint-Louis, servant aux gardes du corps, capitaine de cavalerie, marié à Marthe Garnier, et pour major Pierre-François Héard du Taillis fils, avocat, plus tard accusateur public près du tribunal criminel de Saintes, marié à Élisabeth Biétry.

2. « Le conseil général de la commune, considérant que l'établissement de la religion catholique en France est l'époque de la gloire de l'état, de la monarchie ; que, dans tous les temps, elle a été regardée, avec juste raison, comme le lien le plus sacré, qui unit les sujets entre eux, et que c'est dans la pratique des saintes maximes qu'elle prescrit que tout bon citoyen trouve la règle de sa conduite ; considérant que rien n'est plus essentiel au maintien du bon ordre et à la tranquillité du public que de le rassurer contre les craintes qui peuvent l'agiter à cet égard, et qu'il n'est pas de devoir plus pressant qu

L'assemblée nationale était toute disposée à proclamer la liberté du culte ; elle la proclama, en effet ; mais en même temps, comme raillerie, elle faisait la constitution civile du clergé, loi la plus oppressive qu'on eût vue depuis les persécutions de la primitive église. Au moins les empereurs, en lançant leurs édits de proscription, ne criaient pas aux chrétiens : Vous êtes libres !

celui de calmer les alarmes des peuples qui ne peuvent avoir d'intérêt plus cher et plus précieux que la conservation d'une religion, qui, dans toutes les époques de la vie, présente les réponses les plus douces et les plus consolantes ; considérant qu'il n'est pas de moyen plus sûr pour opérer ce bienfait que de faire une loi solennelle qui assure à jamais le maintien de la religion catholique, apostolique et romaine ; considérant enfin que la sollicitation du conseil général de la commune ne peut porter aucune atteinte, ni causer aucun préjudice au règlement qui, en assurant à la religion catholique, apostolique et romaine, la prérogative dont elle a toujours joui d'être la religion de l'état, accorde à tous les citoyens de cet empire les mêmes droits, les mêmes honneurs et les mêmes privilèges qu'à ceux qui ont le bonheur de la professer ; le conseil général, ouï et requérant le procureur de la commune, a arrêté qu'il sera envoyé une adresse à l'assemblée nationale et au roi, pour les supplier de rendre un décret solennel par lequel il sera déclaré : 1º que la religion catholique, apostolique et romaine continuera d'être la religion dominante de l'état ; 2º que ce décret sera mis au rang des lois constitutionnelles et fondamentales de la monarchie. » — Délibération du 20 avril 1790. Ont signé au registre Garnier, maire ; Lebouc, officier municipal ; Chesnier Duchesne, Bonnaud de Mongaugé, Briaud, le chevalier de Luchet, Dugué, de Saint-Légier, chanoine, Boisnard, l'abbé de La Madeleine, Landreau et Senné. Godet signa aussi mais avec cette mention : « contre mon avis quant à l'adresse à l'assemblée nationale contre laquelle adresse je déclare hautement protester. »

CHAPITRE XI.

Pierre-Louis change le vicaire de Saint-Vivien. — Doussin curé. — Émeute contre lui. — Installation d'un curé par la maréchaussée. — Lettre du comité à l'assemblée. — Élections des administrateurs du département. — L'évêque de La Rochelle. — Députations. — Le bataillon des dames d'Aunay.

Pierre-Louis de La Rochefoucauld n'oubliait donc pas son diocèse. Si les travaux de l'assemblée le retenaient à Paris, il avait toujours une oreille penchée pour les bruits qui venaient de Saintes, et ne perdait point de vue les intérêts religieux de la province qu'il représentait. On en a une preuve dans un incident sans doute infime, mais qui ne laissa pas d'avoir un grand éclat dans la contrée et d'agiter profondément la paisible ville de Saintes.

A la mort de Cornueau, leur curé, les habitants de la paroisse de Saint-Vivien auraient désiré avoir pour le remplacer Pierre de Foix, qui était leur vicaire depuis cinq ou six ans, et qui avait été député du clergé de la paroisse à l'assemblée pour les états généraux. Mais la cure, ou plutôt le vicariat perpétuel de Saint-Vivien, d'un revenu de 800 livres, était à la collation du prieur, représenté par le curé de Saint-Louis de Rochefort, qui y avait nommé Louis-Eutrope Doussin, vicaire d'Arvert en 1782. La Rochefoucauld avait envoyé Pierre de Foix à Nonac, cure à 15 kilomètres de Barbezieux, dont il avait la nomination et qui valait 3000 livres (1). Il y eut réclamations et réclamations énergiques. Saint-Vivien voulait garder son vicaire. On s'adressa à la municipalité, qui en référa à l'assemblée nationale. L'évêque n'y pouvait rien ; l'assemblée, pas davantage. Le comité ecclésiastique écrivit donc, le 31 mai

---

1. Les historiens, d'après la tradition orale ont attribué la nomination de Doussin à l'évêque intrus Robinet. Avant Rainguet, Briand, II, page 59, avait adopté la légende, et ajouté cette petite note à Louis-Eutrope Doussin : « A peine parut-il comme un loup au milieu du troupeau, que l'indignation s'empara de ces cœurs qui ne sont jamais froids pour le bien ou pour le mal, mais qui sont héroïques quand la foi les enflamme. »

1790, au conseil de ville la lettre suivante signée du marquis de La Coste, président, de Bois-Landry, secrétaire, et d'Ormesson :

« L'éloge que vous faites, messieurs, dans votre lettre, du sieur de Foi, ancien vicaire de la paroisse de Saint-Vivien, fait d'autant plus regretter au comité ecclésiastique, que la demande de ses paroissiens n'ait pas précédé la nomination faite par le collateur du sieur Doussin à cette cure, que l'empressement que Mgr l'évêque de Saintes à nommer le sieur de Foi à la cure de Nonac est un nouveau témoignage rendu aux vertus et aux talents de cet ecclésiastique ; mais dans l'état actuel des choses, les sieurs Doussin et de Foi étant respectivement nommés, l'un à la cure de Saint-Vivien, l'autre à celle de Nonac par les collateurs légitimes, la permutation désirée ne peut avoir lieu que du consentement libre des deux pourvus. »

Doussin nommé voulut être installé. Il était de Saintes, où sa famille était honorablement connue (1).

---

1. Eutrope-Louis Doussin, né à Saintes le 22 avril 1755, était fils de Catherine-Marguerite Chéron et de Jacques-Louis Doussin, maître en chirurgie, chirurgien-major du bataillon de Voutron, puis des milices gardes-côtes de Saintonge, qui créa à Saintes, grâce aux bienfaits du marquis de Monconseil et au concours de médecins, notables, ecclésiastiques, une école de chirurgie ouverte en 1779. Eutrope eut pour frères : 1° Etienne-Gabriel, né le 25 février 1764 à Saintes ; 2° Jacques-Louis Doussin du Breuil, né à Saintes, le 5 octobre 1762, mort à Paris en 1831, auteur d'un grand nombre d'ouvrages de chirurgie et de médecine, un des plus actifs propagateurs de la vaccine, homme fort spirituel, qui, chassé du club de Saintes, comme modéré, répondit à un ami affligé de cette expulsion : « Mon cher, je m'en...... moque. L'écume vaut mieux que le bouillon » ; 3° Louis-Joseph, né à Saintes le 24 septembre 1767, mort à Brisambourg en mars 1851, défenseur officieux, libraire, puis conservateur de la bibliothèque de Poitiers, auteur de quelques ouvrages ; époux (8 pluviôse an IX) d'Anne-Aglaé-Rosalie Deslys, née à Saintes, le 16 février 1781, de Louis Delys, libraire et de Thérèse-Rosalie Patron ; 4° Louis, né à Saintes, religieux de Chancelade, professeur de théologie à Cahors, puis prieur de Sainte-Marie en l'île de Ré ; aumônier des troupes royales en Vendée, il montra une grande valeur. Accusé devant le tribunal de Fontenay, il fut acquitté ; puis saisi comme émigré, et conduit à Rochefort pour être déporté, il s'échappa avec dix-sept de ses confrères. Il refusa de reconnaître le concordat, et mourut en 1845 (Voir p. 21 de notre brochure, *Une histoire de la petite église*, 1875); enfin 5° Jean-Louis Doussin, né le 15 octobre 1749 à Saintes, curé de La Tremblade, qui fut loin d'imiter son frère Louis ; il dénonça La Rochefoucauld, se maria et mourut à Saintes. Eutrope se maria aussi et habita Tonnay-Boulonne. J'ai trouvé à Saintes, dans les registres paroissiaux de Saint-Pierre, les actes de naissance de Louis-Joseph, de Jean-Louis, d'Eutrope-Louis, de Jacques-Louis, d'Etienne-Gabriel. Je n'ai pas vu celui de Louis, le Vendéen, et je ne le donne comme frère des précédents que sur la foi de la *Biographie saintongeaise*. Ils eurent une sœur, née le 11 mars 1752, à Saint-Aignan, tenue sur les fonts, le 13, par Jean-Louis Maillet, négociant, et par Marie-Marguerite-Louise Daudy, femme de Jacques Ballandier, négociant à Rochefort. Le 16 mars 1740, Doussin, nommé par l'abbé de Vendôme, M. de Roffignac, archevêque de Tours, prend possession de la cure de Saint-Aignan ; puis en 1743 il fut curé de Saint-Martin des Lauriers.

Le 14 octobre 1730, devant Brejon, notaire à Saintes, Marguerite Millon, veuve de Jean Doussin, marchand à Lusserat, constitue un titre clérical pour son fils Jean Doussin, tonsuré. Jean Doussin, curé de la Tremblade en 1760, oncle de Jean-Pierre Pelluchon, curé de Médis, résigne la cure de la Tremblade en sa faveur. Il était déjà curé de La Tremblade en 1746.

Le samedi 26 juin, il représente à la municipalité qu'il se propose de se rendre à l'évêché pour y subir son examen. Mais, « craignant d'être inquiété par quelques femmes qu'il a vues plusieurs fois attroupées, » il demande que deux cavaliers de la maréchaussée l'accompagnent mercredi. Singulier cortège. Aussi on lui répond qu'il n'y a pas lieu de lui prêter main forte par mesure préventive. Les commissaires du conseil de l'évêque, Luchet et Dufresne, chanoines, viennent à leur tour exposer que Doussin, dûment nommé, réclame son visa qu'on ne peut lui refuser. Mais « la fermentation qui règne dans la paroisse » leur paraît exiger qu'on recule la prise de possession.

L'assemblée s'en rapporte à leur sagesse. Rejetés par le conseil municipal, par l'assemblée nationale, les habitants de Saint-Vivien s'adressent le 28 aux électeurs réunis à Saintes qui se déclarent incompétents. Malgré cette opposition manifeste, Doussin entend prendre possession, le 11 juillet. Il a soin de se faire escorter d'un piquet de la maréchaussée. Mais cet appareil militaire irrite les esprits. Les femmes s'arment de bâtons, de couteaux, de fusils, de sabres et barrant le passage crient au curé et à son cortège qu'elles vont tomber sur eux s'ils font un pas. En même temps le tocsin sonne. La foule accourt, immense, tumultueuse, et mal disposée. Ainsi accueilli par ses ouailles, le pasteur jugea prudent de ne pas pousser à bout leur aménité. Il se retira avec ses gendarmes. Le 10 juillet, nouvelle lettre du comité ecclésiastique. La municipalité mande les sieurs Baudry, Archambaud et Viollaud, principaux habitants de Saint-Vivien, et leur remet la lettre pour qu'ils la communiquent. Un mois se passe et plus. Quand Doussin, qui était retourné à Arvert, croit le calme revenu, il reparaît à Saintes et le 22 août, il écrit au conseil :

« Trois soldats de la garde nationale et les habitants de la paroisse de Saint-Vivien sont venus m'annoncer à Arvert, où j'attendais vos ordres pour que je puisse y paraître et y remplir les fonctions de pasteur de la dite paroisse, que, par votre sagesse, le bon ordre y aurait été rétabli. J'y viens avec confiance, messieurs, dans l'intention d'y dire la messe paroissiale, à neuf heures du matin. J'ai tout lieu d'attendre que je ne trouverai aucune résistance. Cependant comme il se pourrait faire que quelques esprits encore peu calmes me troublent dans mes fonctions pour la première fois, je vous supplie, messieurs, si vous le jugez nécessaire, d'ordonner main forte. Je ne cesserai d'en conserver la plus vive reconnaissance. J'ai l'honneur d'être, etc.

DOUSSIN, *curé de Saint-Vivien.* »

La requête communiquée, le procureur de la commune, « attendu qu'il est notoire que les habitants de la paroisse de Saint-Vivien continuent leur attroupement à la porte de l'église de la dite paroisse avec armes et outils offensifs, et que, depuis près de six heures du matin, on sonne continuellement la cloche pour fortifier leur attroupement dans le dessein d'empêcher le dit sieur Doussin leur curé, d'exercer les fonctions curiales, » déclare qu'il ne s'oppose point à ce que Doussin soit accompagné de forces suffisantes. A dix heures on envoie donc chercher les chefs de troupe. MM. de Turpin, de L'huillier, Garat et Bernard, commandants de la garde nationale, du régiment d'Agénois et de la gendarmerie, reçoivent l'ordre d'envoyer chacun un détachement de 50 hommes, de tenir le reste de leurs régiments prêts à marcher au cas où il y aurait résistance et où la municipalité serait obligée de faire sortir le drapeau rouge, et proclamer la loi martiale. A dix heures et demie, les détachements se mettent en marche, ayant à leur tête, Charrier, officier municipal, et commandés par MM. de Turpin, Guérinaud, Garat, Bachelot et de Caumont. Un détachement de gardes nationaux et de soldats de ligne vont trouver Doussin.

A l'entrée du faubourg, des pierres furent lancées à la troupe. Les soldats ripostèrent par quelques coups de feu. Ce fut alors une grêle de projectiles. La troupe chargea. Une lutte vive s'engagea, et la mêlée devint si sérieuse qu'on faillit arborer le drapeau rouge. Enfin les émeutiers se dispersèrent, et la force armée, brisant à coups de hache les portes de l'église, intronisa le curé au milieu des huées de la multitude et des baïonnettes des régiments. Des arrestations nombreuses furent faites, et la troupe campa plusieurs jours à Saint-Vivien (1). Cette répulsion contre Louis-Eutrope Doussin était-elle personnelle ou n'était-ce que de la sympathie pour Pierre de Foix ? Toujours est-il, que le pasteur installé de force ne tarda pas à renoncer à la prêtrise. Il fit le serment à la constitution civile du clergé le 20 février 1791, se maria, et alla demeurer à Tonnay-Boutonne.

---

1. *Journal patriotique de Saintonge et d'Angoumois.*
Voici d'autre part le procès-verbal officiel signé de Bonnaud de Mongangé, de Fonrémis, C.-A. Gout, Charrier, Louis Suire, Moreau, « ofisier municipal », Néron, Chéty, substitut du procureur, Grégoireau, Drilhon, tous officiers municipaux ou notables. Il a une naïveté qu'on ne remplace pas...

« Ils l'ont accompagné revêtu du surplis et étole, à la tête des détachements, et l'ont conduit à l'église paroissiale qu'ils ont trouvée fermée ; et après avoir fait demander les clefs de la grande porte d'entrée au sacristain, il a répondu qu'il n'en était point nanti, que c'était la Bourbon fille qui les avait, et qu'il allait les y chercher. Mais enfin ennuyé d'attendre son retour, on s'est déterminé à enfoncer la porte de la sacristie, et parvenir en icelle, pour entrer dans l'église. Il a fallu enlever la serrure d'une autre porte qui ouvre dans le sanctuaire. Cela fait et entré dans l'église, on a encore été obligé de rompre le flan de la grande porte d'entrée qui était cadenatée, par laquelle le curé et une partie des troupes qui l'accompagnaient sont entrés, l'autre partie étant restée dehors pour contenir la populace qui paraiss it fort exaltée. Le dit sieur curé, après avoir fait l'aspersion et avoir chanté le *Veni Creator*, a célébré la messe, et, la cérémonie faite, est venu dans le même accompagnement au dit hôtel, et a remercié la municipalité qui a constamment tenu séance depuis neuf heures du matin. Sur quoi le sieur Bonneau de Mongaugé, prenant la parole, a répondu au dit sieur curé que la municipalité, en accédant à sa demande n'avait fait qu'exécuter les dispositions de la loi, et notamment l'avis du comité ecclésiastique qui lui a été envoyé sur les représentations respectives qui avaient été faites à l'assemblée nationale. Les détachements étant aussi rentrés immédiatement après la retraite du dit sieur Doussin curé, ils ont *présenté à la municipalité le nommé* Jounaud, scieur de long, qui s'est montré chef de partis, qui a porté l'audace au point de dire que le dit sieur Doussin ne dirait point la messe, et que la paroisse ne le voulait point pour curé ; sur les représentations qui lui ont été faites que ces propos étaient incendiaires et criminels et qu'il se retirât, il s'est armé d'une pierre, et sur le champ il a été pris par deux cavaliers de la maréchaussée qui l'ont emenoté et ainsi conduit au dit autel et de suite transféré à la tour. Il a également été amené la femme du nommé Archambaud, charpentier, qui a été arrêtée pour les mêmes propos du précédent et traduite en prison. Il a été en outre rapporté à la municipalité que la troupe, avant d'arriver à la dite église de Saint-Vivien, avait rencontré plus de vingt-cinq femmes attroupées, qui venaient au devant d'elle, et qui avaient à leur tête la nommée Bourbon, fille, lesquelles étaient toutes armées de bâtons et de pierres ; et la dite Bourbon, écumant de colère, leur a dit qu'elles ne voulaient point du sieur Doussin pour curé, et qu'il ne dirait point la messe à la dite église ; qui plus est qu'elles n'entendaient point que la troupe et lui allassent plus loin. En effet plus on avançait au lieu destiné, plus l'attroupement augmentait et se fortifiait, tant de femmes que d'hommes. Mais il a été dissipé sans coup férir par la prudence et le courage de la troupe ; de tout quoi la municipalité a témoigné aux différents chefs sa reconnaissance et sa satisfaction, et les a priés d'établir un corps de garde dans le dit faubourg composé de trente-six hommes, douze de chaque corps, et en outre arrêté qu'il serait fait recherche des coupables pour les amener au dit hôtel, qui n'a été désemparé que sur les deux heures de relevée, pour reprendre séance après le repas. Fait, clos et arrêté au dit hôtel. »

C'était le présage de l'ouragan. On allait bientôt voir d'autres scènes plus graves.

Dans le désordre administratif, suite de la suppression subite des pouvoirs établis, on cherchait à s'organiser. A Saintes, l'assemblée pour la nomination des 36 administrateurs du département de le Charente-Inférieure qui remplaçait, depuis le 15 janvier 1790, la Saintonge et l'Aunis, s'ouvrit le 12 juin 1790. Les séances furent orageuses, et le journal du temps y signale « des clameurs vagues et indéterminées, des cris impérieux, des huées, » qu'il compare à la tour de Babel (1).

La Rochefoucauld ne put prendre part aux travaux de l'assemblée. Son confrère de La Rochelle s'y trouva. Jean-Charles de Coucy (2) avait été nommé électeur. Il fut désigné comme l'un des trois commissaires du district de La Rochelle pour la vérification des pouvoirs. Avec lui on comptait un certain nombre d'ecclésiastiques qui y avaient été envoyés par les assemblées primaires, preuve de confiance et marque de déférence. C'étaient, entre autres, Jean-Adrien Limonas, supérieur de l'Oratoire à La Rochelle, membre de l'académie de cette ville et de celle d'Angers, qui avait à Saintes prêché le carême de 1786 avec succès ; Pierre-Joseph Leroy, curé de Saint-Sauveur à La Rochelle, qui, avec Limonas, Eschasseriaux aîné, Jouneau, de Lortie et Despéroux, furent chargés de rédiger une adresse à l'assemblée nationale ; Jean-Baptiste Bonifleau, curé de Bussac, qui jura et se repentit ; Albert, curé des Gonds, assermenté ; Guillaume Lay, de Courcoury, qui fit amende honorable en 1797 de ses erreurs constitutionnelles ; Delafond, André-Bertrand Robert, de Gemozac, émigré en

---

1. Phrases irrespectueuses qui valurent à Bourignon la menace d'une dénonciation. Et lui qui traitait de grand inquisiteur Taillet, vicaire général, qui l'avait averti de prendre garde, s'écriait : « Voudrait-on nous faire regretter les fers odieux que nous avons brisés ? Et la liberté aurait-elle son despotisme et ses satellites ? »
Supplément au n° XXVI du *Journal patriotique de Saintes et du département de la Charente-Inférieure*, page 213.

2. Né le 25 septembre 1746 au château d'Escordal dans le Rhetelois, aumônier de la reine par brevet du 28 janvier 1776, grand vicaire et chanoine de Reims, appelé au siège d'Emmanuel de Crussol d'Uzès décédé, sacré à Paris le 3 janvier 1790, dans la chapelle du séminaire de Saint-Sulpice, en même temps qu'Asseline et Davian du Bois-Sanzay, tous trois préconisés par Pie VI le 14 décembre 1789 et nommés par Louis XVI le 23 octobre précédent. Il était de l'illustre famille des sires de Coucy en Champagne. Voir Courcelles, *Hist. des pairs de France*, t. VI, *Notice des pairs*, p. 206.

Espagne ; Moussiaud, curé de Vouhé, exilé en Hollande ; Rivière, archiprêtre de l'île d'Oleron, curé de Saint-Pierre ; Gaboriaud, de Saint-Genis ; Chaudon, du Fouilloux, sans doute le Chaudon qui fut vicaire à Saint-André de Dolus de 1760 à 1774, plus tard vicaire épiscopal de Robinet ; Guillaume-Denis Durand, curé de Rouffiac, exilé ; Simon Baron-Duclos, de Montpellier, émigré en Espagne ; Imbaud, d'Hiers et Brouage, qui jura et fut maire (1) ; Guillaume Mestadier, de Saint-Léger de Breuil ; Berny, de Saint-Dizant du Gua ; Duc, du Seure ; Beaurivier, de Cravans, exilé ; Lair, de Soubran (2) ; Paul-Marie Coyaux, de Saint-Xandre (octobre 1759-avril 1791), qui fut remplacé par l'assermenté Robin et se cacha.

Le clergé était donc loin de se tenir à l'écart, ou de vouloir arrêter le mouvement. Il est le premier à parler et agir. On vit presque à chaque séance se présenter quelques députations ecclésiastiques, qui toutes montrent leur amour pour la patrie, leur désir des réformes et leur respect pour l'assemblée. Dans ce style emphatique qui est le goût et le caractère du temps, le 19, Grellet présente à l'assemblée les « respectueux hommages du chapitre », et « prend part aux sentiments de paix et de fraternité dont elle a donné hier le spectacle si touchant ». Le président René Briault, avocat, répond: « L'assemblée électorale n'a jamais douté, messieurs, de votre patriotisme et de votre amour pour le bien public. Il est réservé principalement aux ministres des autels de donner l'exemple de la soumission aux lois et de la prêcher aux peuples. Qu'importent les sacrifices lorsqu'ils sont nécessaires au bonheur de tous ? Celui qui contribue le plus à l'avantage de sa patrie est le citoyen le plus vertueux. Heureux celui qui, comme vous, messieurs, peut offrir à ses concitoyens un cœur pur, un attachement inviolable

---

1. C'est sans doute sa sœur qui décéda le 15 fructidor an II à Brouage, Marguerite Imbaud, âgée de 48 ans, fille de feu Jean Imbaud et de Marguerite-Scholastique Pinard, de la commune de Cognac.

2. Charles Lair, curé à Soubran depuis 1776 avec un revenu de 2400 livres, chapelain de la chapelle de Logerie en la paroisse d'Expiremont depuis 1782, né en 1746, prêta le serment, fut officier d'état civil de l'an I au 23 nivôse an II, du 3 nivôse an IV au 23 messidor an VIII, maire de messidor an VIII au 18 avril 1807 ; il se maria, vécut misérablement et mourut vers 1828.

à la constitution et une fidélité constante à son roi. Ces titres doivent vous être un sûr garant de l'estime générale et de la bienveillance de cette auguste assemblée ([1]). »

Le jour suivant, c'est le bas chœur de la cathédrale conduit par Planié. Le collège, par la bouche de l'abbé de Rupt, principal, se félicite de voir tant de ses élèves parmi les élus de la province. « Oui, messieurs, pendant que vous poserez les fondements de la félicité publique, nous préparerons à la patrie des citoyens capables d'en perpétuer la jouissance. Notre premier soin auprès de la jeunesse sera d'exciter la reconnaissance pour ceux à qui elle devra son bonheur futur. Nous citerons à nos enfants leurs pères pour modèles, et nous nous croirons heureux quand nous aurons fait des citoyens qui vous ressemblent. » A ce compliment galamment tourné, le président réplique : « Cette illustre assemblée reçoit, messieurs, avec joie le tribut de vos hommages. Jamais notre reconnaissance n'égalera le bien que vous avez fait. »

Après les maîtres, les écoliers. Le 20, les élèves arrivent ; « cette intéressante députation, bien propre à émouvoir la sensibilité, a été accueillie par des applaudissements unanimes. » L'orateur Claveau s'écrie… « O sages administrateurs ! Le citoyen vertueux que vous avez choisi pour présider à vos illustres occupations est une preuve bien éclatante de votre sagesse. A jamais mémorables, vos noms passeront à la postérité la plus reculée ; votre patriotisme et votre dévouement nous garderont dans la carrière que nous avons à fournir ; et nous ferons les plus grands efforts pour suivre d'aussi près qu'il nous sera possible les dignes modèles que vous nous présentez. »

… « Je n'ai qu'un fils, répond le président ; je l'offre à la patrie. Je veux que, comme Annibal, il jure sur l'autel de la liberté de lui être fidèle, de verser son sang pour sa défense et de vouer une haine immortelle à tous ceux qui voudront l'opprimer. »

Les religieux s'approchent ensuite. Le père Loys, gardien

---

1. Page 67, *Procès-verbal des délibérations de la première assemblée électorale du département de la Charente-Inférieure.*

des mineurs conventuels (¹), souhaite de voir choisir des administrateurs dignes de ceux qui les vont nommer. On répond : « L'assemblée n'honorera de son choix que des hommes vertueux et éclairés pour le bien de la chose publique et le bonheur de la grande famille dont vous êtes membres. » Ensuite le prieur des dominicains dit « qu'ils sont citoyens et patriotes ; ils partagent avec la sensibilité la plus vive, la joie des districts qui se félicitent d'être confiés à l'administration d'un président aussi juste qu'éclairé et qui réunit dans sa personne le mérite, les talents et les vertus. »

« Votre patriotisme est connu à l'assemblée électorale, reprend Briault. Les hommages que vous lui offrez lui sont infiniment agréables ; et charmée de voir votre dévouement à la constitution, elle me charge de vous assurer sa bienveillance. »

Le 27 au matin, l'abbesse de Sainte-Marie, Mme de Baudéan de Parabère, envoie en son nom et au nom de ses religieuses Roudier, qui regarde comme un des plus beaux jours de sa vie celui qui l'honore de porter la parole dans cette respectable assemblée. «... Ces dames ont appris avec une joie indicible l'union et la concorde qui règnent parmi vous, pour opérer le bien public... » La réponse est courtoise... « Les vœux qu'elles font pour nous ne peuvent que nous être infiniment agréables. Formés par des cœurs aussi purs, ils seront exaucés... »

Puis Jean Claude, supérieur (²), à la tête des professeurs et des élèves du séminaire, offre son dévouement, ses hommages : « Les applaudissements que vous entendez retentir de tous côtés, dit le président, vous annoncent, messieurs, combien cette respectable assemblée est satisfaite de vos hommages. Destinés un jour à remplir les redoutables fonctions du sacerdoce, portez dans nos campagnes les vertus de votre supérieur ; aimez comme lui la religion et la patrie ; dites à vos concitoyens qu'ils ont le meilleur des rois, et que c'est aux travaux infatigables de l'assemblée nationale qu'ils sont redevables de la liberté. »

---

1. Joseph Loys, né en 1726 à Poligny (Jura), mort à Saintes le 18 fructidor an V, (4 septembre 1797.) *Saint-Pierre de Saintes*, p. 84.
2. *Alias* Pierre Claude, âgé de 52 ans, avait 30 ans d'exercice ; il refusa le serment, ainsi que les sept autres directeurs. Tous émigrèrent en Espagne.

Les récollets vinrent à leur tour, et le père Gabriel (¹) parla ainsi... « Placés pour ainsi dire dans ce moment entre la nation et le prince dont vous exécutez les ordres, vous saurez, dans cette situation délicate, concilier les besoins de l'état avec le bonheur des peuples, en lui donnant des officiers qui maintiendront, plutôt par leur équité et leur sagesse que par l'autorité de leur caractère, la puissance nationale dont nous respecterons toujours avec la soumission la plus parfaite les décrets et les volontés... » — « Dans tous les temps, fut-il répondu, vous avez observé la loi, et l'austérité de vos mœurs a fait respecter la religion. En présentant vos hommages à cette illustre assemblée, vous remplissez les devoirs de bons citoyens et vous méritez par là sa protection. »

Le discours du frère Firmin (²), au nom des frères de la Charité, est inspiré par la déclaration des droits de l'homme. La note belliqueuse y domine ; le son du clairon couvre la voix de ses pacifiques confrères. Aussi excite-t-il les vifs applaudissements de l'assemblée : « La nature, dont les droits sont éternels et imprescriptibles, nous a faits citoyens avant que la religion nous eût admis dans son sein. Le vrai patriotisme n'est pas incompatible avec la dignité de notre état. Destinés par notre institut aux plus humbles fonctions, les frères de la Charité en s'appliquant sans relâche au soin de soulager et de guérir l'humanité souffrante, ont contracté de bonne heure l'amour de la patrie et de l'heureuse égalité. C'est en présence de cette illustre assemblée, image vivante de l'auguste assem-

---

1. Gabriel Fraisseix, supérieur des cinq récollets dont trois jurèrent. Nous avons dit, page 75, note 1, qu'il était resté à Saintes. Taillet, qui était mieux informé, cite « le P. Gabriel, ex-provincial, qui a toujours respecté ses devoirs et son habit. On l'a vexé, tourmenté. Une fois, on l'a chassé violemment de la ville ; mais on ne l'a point fait tomber. Il a passé en exil en Espagne, emportant les regrets, l'estime et la confiance de tous les bons catholiques de Saintes. » Il exerçait à Saintes en 1801-1803, et y est mort.

2. Le prieur de la Charité de Saintes en 1788 était Marin Duruflé, né à Elbeuf, décédé à Saintes le 29 août 1810, âgé 81 ans. L'ancien prieur s'appelait Jean-Louis, et Louis de Ravigny se nommait Firmin. Je copie cette note de Taillet :

« Un hôpital militaire de Saintes, régi par les frères de la Charité, renfermoit cinq de ces religieux ; tous cinq ont tombé et ont dit adieu à leurs règles et à leurs vœux ; on les accusoit depuis longtemps de n'avoir plus l'esprit de leur état. Un d'entre eux, nommé le F. Firmin, s'est montré violent contre les prêtres et les nobles ; c'est à ce titre que la nation en avoit fait un officier de garde nationale, [et officier de l'état civil.] Ce malheureux a enfin tourné sa violence contre lui-même. On a écrit de France qu'il s'étoit donné la mort. »

blée nationale, qu'ils font le serment d'obéir avec respect aux décrets des sages représentants de la nation, à la loi et au roi, et de maintenir la constitution de toutes leurs forces. Nos mains hospitalières ont été jusqu'à ce jour consacrées aux sublimes fonctions de la charité ; *mais elles sauraient agiter le fer vengeur de la liberté, si les ennemis de l'ordre et du bonheur public osaient déployer l'étendard de la révolte pour attaquer une constitution qui doit être regardée comme un bienfait du ciel.* » C'est le procès-verbal, page 97, qui souligne la dernière phrase.

Enfin, le 23, arrivèrent les curés de la ville et des faubourgs. Bonnerot, curé de Saint-Maur, complimenta l'assemblée : « Ministres d'une religion qui ordonne la soumission la plus respectueuse envers tous ceux qui sont revêtus du pouvoir et élevés en dignité, chargés comme pasteurs des âmes de former notre troupeau à ce devoir intéressant, portés nous-mêmes à le remplir par le mouvement irrésistible de nos cœurs, nous n'avons cessé de donner à nos leçons et nous ne cesserons jamais de leur donner l'énergie qu'elles tirent de l'exemple .. »
— « Il est beau, reprit le président, de vous voir donner l'exemple de l'attachement à la constitution et de l'obéissance à la loi. C'est la preuve la plus certaine de votre patriotisme... »

Ainsi, tous les corps religieux se montraient animés des plus heureuses dispositions ; et on le reconnaissait publiquement. Il n'y avait donc qu'à aller doucement, sans secousse, sans froissement surtout pour la liberté de conscience. La révolution, désirée de tous, faite déjà dans les esprits, aurait passé dans les actes et dans les mœurs. Nous n'en serions point maintenant à désirer encore beaucoup de réformes qui paraissaient au début définitivement gagnées.

Je ne veux point raconter cette longue procession de municipalités, de gardes nationales, des corps de métiers, qui accouraient de tous les points du département, et défilèrent leurs harangues monotones, fastidieuses, dont le plus grave inconvénient était de faire perdre du temps. On vit même madame de La Chabosselay (¹) venir complimenter l'assemblée qui re-

---

1. Est-ce Anne-Charlotte Le Fourestier de Balzac, femme séparée de Charles Crespin de La Chabosselay?

grette, le procès-verbal étant clos, de n'y pouvoir insérer « ce témoignage authentique de son patriotisme (1) ».

On comprend quel temps précieux faisaient perdre à l'assemblée ces députations invariablement précédées d'une harangue à laquelle le président en ajoute une seconde. L'assemblée, dont les membres recevaient trois livres par jour, enfin termina ses séances, le 29 juin. Elle avait nommé les trente-six administrateurs du département, cinq pour chacun des sept districts de Saintes, La Rochelle, Saint-Jean d'Angély, Rochefort, Marennes, Pons, Montlieu, plus un (2).

Les trente-six administrateurs du département nomment, 26 et 27 juillet, les huit membres du directoire du département: Président, Jean-Aimé de Lacoste; vice-président, Jean-Jacques de Bréard aîné, maire de Marennes; François-Xavier-Alexandre Chesnier-Duchesne, avocat à Saintes; Philippe-Joachim-Ferdinand Rondeau, lieutenant-général civil du bailliage de Rochefort; Jean-Joseph Jouneau, de Barret près Barbezieux,

---

1. Cette immixtion des femmes dans la politique du temps est assez fréquente. Le 8 mai 1790, l'assemblée nationale félicite (*Moniteur* du 10 mai, page 323) « des mères de famille de la ville d'Aulnay en Poitou, qui annoncent qu'elles ont formé une milice sous le nom d'*Amazones nationales*; qu'elles ont prêté le serment d'être fidèles à la nation, à la loi et au roi et de maintenir de toutes leurs forces la constitution, » et qui demandent de continuer leur association « dans la seule vue (*Journal patriotique de Saintes*, page 167) de donner de la fermeté à leurs époux et d'aiguillonner celle de leurs enfants. » Quelles gaillardes!

Les membres de la société des amis de la constitution à Saintes, qui tint sa première séance le 12 décembre 1790 sous la présidence de C.-A. Gout, officier municipal, avec Bourignon, Mullier, Savary et Briault pour secrétaires, envoient, le 27 mars 1791, à la société des demoiselles patriotes de la ville d'Alais une adresse toute galante :

« Mesdemoiselles, c'est un des plus beaux hommages rendus à la constitution et une des plus belles espérances pour la liberté qu'une société de demoiselles qui se sont vouées à sa défense... Aimables patriotes, votre sexe est fait pour aimer et encourager tout ce qui est grand... La constitution, pour laquelle vous avez promis de vivre et mourir, attend encore de vous de plus grands services. Elle va rendre tous égaux et libres les jeunes citoyens que vous voudrez bien donner à la patrie !!! Oui, mesdemoiselles, l'assemblée nationale a détruit tous ces droits qui étaient pour elle une injure ; l'empire de votre sexe subsiste seul au milieu des ruines de l'ancien régime.... Aimables citoyennes, il vous appartient d'inspirer l'amour de la constitution. Parmi tous les spectacles qu'offre la révolution, le plus intéressant de tous sera sans doute celui des grâces combattant pour la liberté. » *Journal patriotique du district de Saintes*, 10 avril 1791, p. 115.

La même société, si chevaleresque, nommait, le 15 mai, pour son président René Briault, juge au tribunal, et pour secrétaires, Mlle Lacheurié et l'adjudant major du régiment d'Agénois. Mlle Lacheurié épousa Forget, professeur au collège.

2. On trouvera leurs noms dans les *Assemblées électorales* de M. le baron Eschasseriaux. Niort, Clouzot, 1868.

lieutenant de gendarmerie dans l'île de Ré ; Louis-François Duret, avocat à Saint-Jean d'Angély ; Pierre-Augustin Riquet, avocat à Orignolles ; Joseph Eschasseriaux aîné, avocat à Corme-Royal, et Constant-Isaac Raboteau, propriétaire à Saint-Fort-sur-Gironde (1).

Le président avait terminé ainsi son discours de clôture : « Grâces soient rendues à l'être suprême qui a couronné nos travaux. Remercions-le avec transport de nous avoir donné des hommes capables, par la force seule de leur génie, de briser nos fers, de nous restituer dans nos droits et de nous rendre à la liberté. Une protection aussi marquée est digne de la reconnaissance la plus vive, de l'amour le plus pur, et de l'attachement le plus invincible à une religion dont le but a toujours été de rendre les hommes meilleurs, de les ramener sans cesse aux grands principes de la raison et de l'humanité, en un mot, de leur procurer le bonheur. »

---

1. Avec 2500 livres pour chacun, 3000 pour le président et le secrétaire Billotte et 4000 pour le procureur général syndic, Garnier.

CHAPITRE XII.

Service pour les victimes de Nancy. — Émeute à Varaize et assassinat de Latierce. — La constitution civile du clergé. — Pierre-Louis signe l'*Exposition des principes*.

On n'avait pas voulu que cette réunion électorale se passât sans quelque cérémonie religieuse. Le 18, après décision prise, au nom de l'égalité, que chaque district aurait un même nombre de membres malgré l'inégalité du chiffre des habitants, les sept commissaires rédacteurs, représentant les sept districts, étaient, sur une motion de Delacoste, montés à la tribune pour s'embrasser aux yeux de l'assemblée. Puis, pour fêter « cette séance mémorable et remercier l'être suprême », Germonière avait demandé une messe et un *Te Deum*. Le dimanche 20 juin, en présence de tous les corps constitués, l'évêque de La Rochelle avait dit une messe basse. La musique avait exécuté le motet *Ecce quam bonum et quam jucundum habitare fratres in unum*. Enfin, Croiszetière, électeur de Rochefort, à la séance du 28, avait proposé que, pour couronner ses travaux « par un acte religieux envers l'Être suprême, » il fût « chanté un *Te Deum*, entonné par M. l'évêque de La Rochelle, électeur, » puis qu'il fût écrit « à MM. les évêques de Saintes et de La Rochelle pour les engager à faire chanter cette hymne de paix et d'allégresse publique dans toutes les paroisses du département, afin, disait-il, que tous nos frères se réjouissent de cette mémorable époque de notre régénération civile et politique, et des biens qu'elle nous fait espérer ([1]). »

Il y eut pourtant une occasion, cette année, où le clergé faillit s'abstenir de paraître. Le 1er octobre 1790, les gardes

---

[1]. Procès-verbal des délibérations de la première assemblée électorale du département de la Charente-Inférieure. Saintes, de l'imprimerie de Pierre Toussaints, imprimeur du roi et de l'assemblée électorale, 1790 ; in-4º de 186 pages.

nationales de Saintes et de Chaniers veulent célébrer un service funèbre et solennel pour « honorer la mémoire des citoyens soldats et des guerriers-citoyens morts à Nancy, le 31 août ». On convoque au champ de la fédération, c'est-à-dire dans la prairie qui s'étend devant la place Blair, les troupes de ligne, les gardes nationales voisines, les corps administratifs, le collège municipal, la juridiction consulaire, les ordres religieux, les curés, les notables habitants et même le « ci-devant clergé ». Mais les administrateurs du département et du district n'avaient pas accepté l'invitation et « le ci-devant clergé », comme on disait déjà, fut sur le point de ne pas officier dans ce que l'organisateur et l'historien de la fête appelle « l'enceinte du lugubre séjour des mânes ». Le vicaire général Taillet, voyant dans tout cela une parade plutôt qu'une cérémonie pieuse, avait « constamment refusé la permission de célébrer la messe au champ de la fédération ». Hardy, ancien principal du collège de Saintes, avait levé les difficultés ; et le prieur des jacobins, Charrier, faisant fonctions d'aumônier de la garde nationale, put monter à l'autel. Autour de lui étaient les religieux de la Charité et l'aumônier des Sainte-Claire. Les cloches de toutes les églises sonnèrent, même celles de Saint-Eutrope, « malgré la résistance anticivique du vicaire Martineau », pour fêter ce jour qu' « on peut, écrit Bourignon, page 340, regarder comme le vrai triomphe du patriotisme et l'abaissement de la vile aristocratie. » Il ne faut donc pas s'étonner si le conseil municipal, les administrateurs du département et du district ne voulurent point autoriser par leur présence une cérémonie qui avait une telle signification, et si le représentant de l'évêque fit des difficultés pour y laisser chanter la messe. C'est que le temps n'était plus des compromis ou de la condescendance. Ce respect qu'on avait jusqu'alors pour les ministres du culte s'affaiblissait singulièrement, malgré leur empressement à accepter le nouvel ordre de choses.

Était-ce bien le moment, d'ailleurs, de faire des fêtes ? Toute la province était en mouvement. Les pouvoirs anciens avaient disparu ; les autorités nouvelles n'avaient pas eu le temps d'acquérir de l'influence. Elles étaient sans force, et n'osaient guère du reste montrer de l'énergie. A la fin de l'été les habitants de Migron, excités par le maire Rapet, par Besson, procureur de la commune, Giraud et Papin, officiers municipaux, se soulèvent, sous prétexte de droits féodaux. Une requête menaçante est adressée au directoire du district, qui, le 10 octobre, envoie deux de ses membres, Joseph Dubois et René Eschasseriaux, pour mettre à exécution un arrêté de suspension contre le maire et les officiers municipaux. On parlemente. Et les délégués, contents d'avoir pu revenir sains et saufs, racontent que leur mission est remplie. Cette faiblesse devant l'émeute devait amener de plus graves événements.

En effet, dix jours après, une insurrection nouvelle éclate à Varaize. Un individu, Laplanche, décrété d'arrestation par le tribunal de Saint-Jean d'Angely, est saisi à Varaize par une troupe de 25 chasseurs bretons et quelques gendarmes. Mais assaillis par une multitude armée, les soldats font feu, tuent trois femmes et un homme, blessent mortellement deux hommes et quelques femmes. Aussitôt le tocsin sonne ; quarante paroisses, Aujac, Fontenet, Les Églises d'Argenteuil, Saint-Julien, Ternant, Villepouge, Le Pin et autres sont en armes. Latierce, maire de Varaize, vieillard de 60 ans, est rendu responsable du malheur arrivé. On le saisit. Le 22, trois mille furieux l'amènent à Saint-Jean. En vain la municipalité essaie de le protéger. En vain le curé de Ternant, Isambart, chargea Latierce à demi mort sur ses épaules et le cacha dans une maison. La porte fut forcée, et le malheureux, traîné dans la rue, fut impitoyablement égorgé (¹).

A la constitution des municipalités on avait nommé maires un grand nombre de curés : à La Chapelle-des-Pots, Leloup Desvallées ; à Saint-Louis de la Petite-Flandre, près Rochefort, Michaud ; à Montpellier de Médillan, Baron Duclos. A

---

1. *Précis des événements arrivés à Varaize et à Saint-Jean d'Angély, les 21, 22 octobre 1790.* Rochefort, imprimerie de René-Daniel Jousserant-Mesnier.

Voici comment le vicomte de Turpin, un des hommes les plus distingués du pays, appréciait la conduite du journaliste Bourignon en cette triste circonstance : « Le sieur Bourignon, auteur d'une feuille périodique aussi méprisable que ses écrits incendiaires. Comme il meurt de faim, il ne peut éviter de périr, si, comme le corbeau il ne s'alimente de cadavres. » *Lettre au comte de Bremond d'Ars.*

CHAPITRE XII.

Écoyeux on choisit le sacristain. Ces heureuses dispositions s'altérèrent au souffle des événements. Ce qui se passait à Paris n'y contribuait pas peu. Pendant trois mois, l'assemblée constituante s'occupa de ce qu'on appela la constitution civile du clergé. L'expression même indiquait qu'on était dans le faux : car il n'y a pas de constitution civile pour la magistrature, ni de constitution civile pour l'armée. On voulait sans doute donner à entendre qu'elle ne touchait point au spirituel. Or supprimer 135 évêchés, en créer 84 ; abolir l'institution canonique du pape aux évêques nommés ; leur interdire même de lui demander la confirmation de leur élection ; confier le choix des pasteurs catholiques à des électeurs juifs, mahométans, athées, calvinistes, parmi lesquels pouvaient se trouver jusqu'à des catholiques ; imposer un serment dont on refusait de déterminer nettement les obligations ; forcer, en juillet 1790, de jurer fidélité à une constitution qui ne fut terminée qu'en septembre 1791, et dont par conséquent nul ne connaissait toutes les dispositions, sans vouloir en excepter ce qui touchait la conscience ; arracher violemment leurs titres à des pasteurs, évêques et curés, pour les donner à d'autres ; qu'était-ce sinon toucher au spirituel ? En vain l'assemblée protestait de son respect pour la religion, déclarait solennellement, le 13 avril 1790, sur la proposition du duc de La Rochefoucauld-Liancourt, qu'elle n'avait et ne pouvait avoir aucun pouvoir à exercer sur les consciences et les opinions religieuses, « qu'on ne pouvait d'ailleurs douter de l'attachement de l'assemblée au culte catholique, apostolique et romain. » Les faits étaient plus puissants que les paroles, et la conscience alarmée des catholiques n'était pas rassurée par ces déclarations. Louis XVI, à qui la sanction de la constitution était réservée, et qui devait prendre par là la responsabilité des conséquences, hésitait entre le cri de sa foi qui l'avertissait du péril et son amour de la paix qui lui exagérait les suites d'un refus. Il en référa au pape. Pie VI répondit qu'il ne fallait point approuver des dispositions législatives qui renversaient toute la hiérarchie, bouleversaient la discipline constante de l'Église, et rompaient les liens qui avaient toujours uni la France catholique au siège de Rome ;

qu'au surplus il avait dans son conseil deux archevêques qui lui donneraient d'utiles avis. Ils lui donnèrent le conseil de sanctionner les décrets, ou du moins ne l'empêchèrent point. L'un, l'archevêque de Bordeaux, Champion de Cicé, en fit une publique amende honorable ; l'autre, Jean-Georges Le Franc de Pompignan, archevêque de Vienne (1), en mourut de douleur, le 29 décembre suivant. Le 24 août, Louis XVI par sa signature faisait lois les décrets du 12 juillet 1790.

Les évêques de France avaient d'abord opposé la force d'inertie aux empiètements du pouvoir civil. Ils espéraient que le roi refuserait sa sanction, que l'assemblée elle-même finirait par laisser un sujet si grave, ayant bien des soucis plus impérieux et des affaires bien plus pressantes. Le désir aussi de ne point augmenter l'irritation les réduisait au silence. Il fallut parler. Un grand nombre publièrent des écrits pour éclairer leurs diocésains. C'étaient surtout à ceux que le clergé avait envoyés aux états généraux qu'était échue l'obligation d'élever la voix. Ils n'y manquèrent pas.

Le 3 octobre 1790, parut la célèbre *Exposition des principes sur la constitution civile du clergé*. Elle avait été rédigée par l'archevêque d'Aix, Jean de Boisgelin, un des membres les plus judicieux et les plus sages de l'assemblée. Pierre de La Rochefoucauld y avait collaboré. Attaché du fond du cœur au catholicisme, pieux évêque et dévoué à tous ses devoirs, il la signa avec empressement. A côté de son nom se trouve celui de son frère. Unis par le sang, ils l'étaient par les idées et par la foi. Puis les archevêques de Rouen, Dominique de La Rochefoucauld ; de Reims, Alexandre-Angélique de Talleyrand Périgord ; d'Arles, Jean-Marie du Lau ; de Damas, François-Pierre de Bernis, coadjuteur d'Alby ; de Toulouse, François de Fontanges ; de Bourges, Jean-Auguste de Chastenet de Puységur. Puis venaient les évêques de Montauban, Anne-François-Victor Le Tonnelier-Breteuil ; de Condom, Alexandre-César d'Anteroche ; du Mas, François-Gaspard de Jouffroy de Gonssan ; de Limoges, Louis-Charles du Plessis d'Argentré ; de

---

1. Frère cadet du poète Jean-Jacques Le Franc, marquis de Pompignan.

Nîmes, Pierre-Marie-Madeleine Cortois de Balore ; de Rodez, Seignelay-Colbert de Cast le Hill ; de Montpellier, Joseph-François de Malide ; de Perpignan, Antoine-Félix de Leyris Desponchez ; de Chartres, Jean-Baptiste-Joseph de Lubersac ; de Laon, Louis-Hector-Honoré-Maxime de Sabran ; de Saint-Flour, Claude-Marie Ruffo, des comtes de Laric ; de Châlons-sur-Marne, Anne-Antoine-Jules de Clermont-Tonnerre ; d'Oloron, Jean-Baptiste-Auguste de Villoutreys de La Faye ; de Dijon, René Desmontiers de Mérinville ; de Coutances, Ange-François de Talaru de Chalmazel ; de Poitiers, Martial-Louis de Beaupoil de Saint-Aulaire ; de Luçon, Marie-Charles-Isidore de Mercy ; de Clermont, François de Bonal ([1]) ; d'Uzès, Henri-Benoît-Jules de Bethisy ([2]) ; et de Couserans, Dominique de Lastic, prieur de Saint-Eutrope de Saintes. Tous ces noms appartiennent à la noblesse, on le voit. Et certes il y avait bien un abus à ce que les évêchés devinssent presque des fiefs héréditaires de l'ordre. Pourtant il faut reconnaître que ces prélats, entrés pour un grand nombre peut-être dans le ministère sans vocation, surent en face du péril tenir une conduite admirable ([3]).

1. Mort à Munich le 3 septembre 1800.
2. Décédé en juillet 1817.
3. Je veux citer à l'appui cette appréciation de l'ouvrage de M. l'abbé Sicard que je trouve dans la *Revue historique* de mars-avril 1893, sous la plume du directeur M. G. Monod : « M. Sicard a fait un tableau très complet de tout ce faste, de toute cette mondanité de l'épiscopat, mais il a aussi fait ressortir les mérites du clergé du XVIIIe siècle. Ces grands seigneurs ecclésiastiques étaient en général très préoccupés de la prospérité de leur diocèse. Non seulement ils entretenaient largement toutes les œuvres de charité et à leur mort léguaient au diocèse la fortune que leurs fonctions leur avaient permis d'acquérir, mais leur sollicitude s'étendait à tous les intérêts du diocèse, intellectuels et économiques aussi bien que religieux.

« L'instruction publique était une de leurs premières préoccupations ; et après l'expulsion des jésuites c'est grâce à eux que plus de cent collèges, privés de leurs maîtres, ont pu continuer à fonctionner. Dans les pays d'états, ils s'occupent de tous les détails de l'administration, encouragent l'agriculture, surveillent les travaux publics. Dillon, archevêque de Narbonne et président des états de Languedoc, est le bienfaiteur du pays par le zèle avec lequel il s'occupe de tous ses intérêts temporels. Quand on crée les assemblées provinciales, les évêques les président et sont les plus ardents à l'œuvre.

« Le nombre des évêques non résidents n'est pas d'ailleurs aussi grand qu'on l'a cru quelquefois ; il ne dépasse pas un quart du nombre total. S'il y a des évêques qui changent de siège, beaucoup d'autres restent fidèlement attachés à leur diocèse ; et comme ils sont nommés jeunes, ils les gouvernent longtemps, et ces longs règnes épiscopaux sont un bienfait pour leurs administrés. Peu d'évêques sont vraiment étrangers aux préoccupations religieuses ; on n'en compte guère que quatre dont on puisse affirmer qu'ils étaient indifférents à toute croyance ; on en voit par contre qui, par leur foi, comme par l'austérité de leur vie, sont de véritables saints. L'épiscopat était, dans sa généralité, instruit et zélé. »

Sauf un Jarente, un Talleyrand, un Brienne, déjà perdus de mœurs en 1789, un Savines, dont les extravagances mirent en doute la sanité d'esprit, les évêques répondirent à ce qu'on attendait de véritables apôtres. Le cardinal de Rohan lui-même, si compromis dans le scandale du collier, s'amenda, paya ses dettes avec des revenus bien diminués, et donna l'exemple édifiant d'une vie irréprochable. A défaut de la foi, dans beaucoup de ces âmes vivait encore l'honneur, ce dernier rempart des sociétés, qui s'oppose du moins aux transactions honteuses et aux lâchetés des apostasies.

« L'*Exposition des principes des évêques*, dit l'abbé Rohrbacher dans son *Histoire de l'église*, réclamait la juridiction essentielle de l'Église, le droit de fixer la discipline, de faire des règlements, d'instituer des évêques et de leur donner une mission, droit que les nouveaux décrets lui ravissaient en entier. Elle n'oubliait pas de se plaindre de la suppression de tant de monastères, de ces décrets qui fermaient des retraites encore souvent consacrées à la piété, qui prétendaient anéantir des promesses faites à Dieu, qui apprenaient à parjurer ses serments et qui s'efforçaient de renverser des barrières que la main de l'homme n'avait point posées. Les évêques demandaient en finissant qu'on admît le concours de la puissance ecclésiastique pour légitimer tous les changements qui en étaient susceptibles ; qu'on s'adressât au pape, sans lequel il ne se doit traiter rien d'important dans l'église ; qu'on autorisât la convocation d'un concile national et de conciles provinciaux ; qu'on ne repoussât pas toutes les propositions du clergé ; enfin qu'on ne crût pas qu'il en était de la discipline de l'Église, comme de la police des états, et que l'édifice de Dieu était de nature à être changé par les hommes. »

Cette déclaration solennelle eut un immense retentissement. Cent dix-neuf évêques français, parmi lesquels étaient l'évêque d'Angoulême, Philippe-François d'Albignac de Castelnau, et celui de La Rochelle, Jean-Charles de Coucy, ou ayant des extensions de diocèse en France se joignirent aux trente premiers signataires. C'était la presque unanimité de l'épiscopat. En outre 98 ecclésiastiques députés à l'assemblée nationale, sans compter ceux qui ne rendirent pas leur adhésion publique, signèrent, le 19 novembre 1790, une déclaration dans le même sens (1).

Cet accord eût du faire réfléchir l'assemblée, lui montrer qu'elle allait se heurter à un obstacle insurmontable. Mais la passion janséniste unie à la haine voltairienne, qui avait inspiré au comité ecclésiastique ces décrets schismatiques et anti-catholiques, ne voulait pas céder. Elle accusa le clergé de voir un intérêt spirituel où il n'y avait qu'un règlement administratif. Pourtant des jansénistes eux-mêmes réfutèrent les opinions d'Armand-Gaston Camus, avocat du clergé de France, qui s'était montré au comité ecclésiastique et à l'assemblée l'ardent promoteur de ces mesures violentes.

---

1. Nous trouvons dans ce nombre l'abbé de La Rochefoucauld, député de Provins ; Pinelière, curé de Saint-Martin en l'Île de Ré, député de La Rochelle, et La Brousse de Beauregard, curé de Champagnolles, député de Saintes.

CHAPITRE XIII.

Lettre pastorale de l'évêque de Saintes sur l'autorité spirituelle. Comment elle est appréciée. — Il est dénoncé au directoire du département. — Réquisitoire de Garnier. — Arrêté du département. — L'évêque est dénoncé à l'accusateur public. — Son mandement interdit.

L'évêque de Saintes ne se contenta pas de signer l'*Exposition des principes* avec ses confrères. Il voulut, dans un écrit spécialement destiné à ses diocésains, mettre en garde contre des erreurs funestes les âmes confiées à ses soins. Il composait un mandement pour éclaircir les doutes, montrer le péril, faire la lumière et prémunir les fidèles contre des paradoxes habilement présentés. Ainsi venait d'agir, avec beaucoup d'autres évêques, le savant professeur d'hébreu à la Sorbonne Jean-René Asseline, évêque de Boulogne [1]. Il avait publié, le 24 octobre 1790, une *Instruction pastorale sur l'autorité spirituelle* [2].

Cette instruction, la quatrième du prélat depuis sa nomination, la première où il s'occupait des événements de l'époque, formait un petit traité, historique et dogmatique à la fois, sur les deux pouvoirs, religieux et civil. Écrit de circonstance, il n'a pas cessé de l'être. Car la question, traitée dès 1790, n'est pas encore résolue, bien qu'elle ait été examinée sous toutes

---

1. Sacré à Paris le 3 janvier 1790, avec Charles de Coucy, il était le 12ᵉ évêque de Boulogne ; il mourut en émigration, le 10 avril 1813, à Ailesbury, comté de Buckingham (Angleterre).
2. In-4º de 36 pages, Paris, chez Guerbart, imprimeur-libraire. — L'évêque de Langres fit aussi une instruction de ce genre ; plusieurs prélats l'adressèrent à leurs diocésains ; de ce nombre fut Philippe-François d'Albignac de Castelnau, nommé évêque d'Angoulême le 2 mai 1784, qui publia à propos du serment divers écrits : *Lettre* à MM. les membres du département de la Haute-Charente, 4 février 1791 ; *Instruction* aux curés, vicaires et autres ecclésiastiques de son diocèse qui n'ont pas prêté le serment, 17 avril 1791 ; *Catéchisme pour le peuple sur l'église* ; *Lettres* de N. S. P. le pape sur le serment, 24 mai 1791, etc.

ses faces. « La puissance civile, dit Asseline, est souveraine, absolue, indépendante dans tout ce qui est de son ressort. » Il faut lui être soumis « en tout ce qui est de sa compétence, non seulement par crainte de châtiment, mais aussi par devoir de conscience. » On lui doit, selon la parole de saint Paul, le tribut, la crainte, l'honneur. Le chrétien en outre montrera par sa conduite que la religion forme les meilleurs citoyens.

Mais la puissance civile a des bornes. A côté d'elle existe l'autorité spirituelle ; et les prescriptions qu'elle pourrait faire contre cette autorité sacrée ne seraient que des erreurs où elle tomberait, non des lois qu'elle aurait le droit d'imposer. « Cette autorité spirituelle est aussi souveraine, aussi absolue, aussi indépendante, en ce qui est de son ressort, que la puissance civile dans ce qui est du sien, et comme ce n'est pas aux dépositaires de l'autorité spirituelle qu'il appartient d'administrer l'empire, de même ceux qui exercent la puissance civile n'ont point le droit de gouverner l'Église. »

Jésus-Christ est le principe unique de l'autorité spirituelle, et cette autorité ne peut appartenir qu'à ceux à qui il l'a communiquée. Ce n'est pas aux agents du pouvoir civil qu'il a donné le droit d'enseigner les dogmes, et d'administrer les sacrements. Et toujours cette vérité a été reconnue et admise. Aux temps primitifs du christianisme, les empereurs torturaient les chrétiens, mais ne se mêlaient pas de leur administration. Quand le souverain devint l'évêque du dehors, l'Église fut encore libre, quoique protégée ; et si quelques monarques entreprirent parfois d'avoir dans les affaires religieuses une influence qui ne leur appartenait pas, de généreux pontifes les rappelèrent courageusement à leur devoir, et leur fixèrent des limites qu'ils ne pouvaient franchir.

Or « dans quel ordre faut-il ranger la suppression, l'érection, la circonscription des métropoles, des diocèses et des cures ; la suppression des églises cathédrales et autres titres de bénéfice ; les règles concernant le choix, l'institution des pasteurs et la manière d'exercer la juridiction spirituelle ? » Évidemment dans l'ordre spirituel. C'est l'autorité ecclésiastique, et historiquement cela a toujours eu lieu, qui seule peut ériger ou supprimer une circonscription religieuse, c'est-à-dire donner à quelqu'un, métropolitain ou évêque, pouvoir sur un clergé et des fidèles. « Mais donner la juridiction spirituelle, ôter la juridiction spirituelle, sont évidemment des actes de l'autorité spirituelle. Comment donc la puissance civile pourrait-elle se le permettre ? » Sans doute, elle peut proposer ses vues sur ces importants objets, et s'entendre avec l'autorité spirituelle ; seule elle ne peut rien. Elle n'a pas ce droit. De qui le tiendrait-elle ? La puissance civile n'est pas moins incompétente dans le choix des pasteurs et leur institution. « Donner le droit de choisir les pasteurs, fixer les conditions requises pour l'éligibilité, déléguer le pouvoir de confirmer ceux qui ont été élus, prescrire les précautions qu'il faut prendre pour s'assurer de la doctrine de ceux qui demanderont l'institution canonique, ne sont-ce pas autant d'actes de l'autorité spirituelle ? D'après quels principes la puissance civile pourrait-elle s'attribuer le droit de le faire ? »

A l'origine, Jésus-Christ choisit ses apôtres et soixante-douze autres disciples. Les apôtres se choisissent des successeurs, et règlent les qualités qu'ils doivent avoir ; et ainsi de suite. En vain prétend-on ramener la discipline primitive. Elle ne peut être rétablie que par l'autorité qui l'a établie. Mais où a-t-on vu, dans les premiers siècles, des élections d'évêques faites sans le clergé ? N'est-ce pas chose inouïe que les laïques aient entrepris de choisir ceux, évêques ou curés, qui devaient leur dispenser les choses saintes ? A quelle époque les pasteurs du peuple catholique ont-ils pu être nommés par des hommes qui ne seraient pas membres de l'Église, et peut-être même ne seraient pas baptisés ?

Ces vérités sont confirmées par des textes de l'Écriture et des Pères, par des citations des historiens. La réfutation des erreurs à la mode est ainsi complète ; et plus d'un la signerait encore maintenant. Ajoutons même que ces idées d'indépendance réciproque des deux pouvoirs, toujours soutenues par l'Église catholique, font chaque jour des progrès ; et que si en certaines matières mixtes où le spirituel confine au temporel, on reconnait l'utilité d'un accord préalable entre les deux partis, on constate de plus en plus, avec raison, la nécessité d'une séparation bien nette entre l'autorité administrative et l'autorité ecclésiastique pour tout ce qui est du domaine de la conscience.

Pierre de La Rochefoucauld reconnaissait ses propres sentiments dans ceux de son confrère. Avec une modestie et une abnégation qu'il faut admirer, il sacrifia son instruction commencée ; et, à l'exemple de plusieurs pontifes de France, entre autres de l'évêque de Metz (1), se borna à adopter celle de monseigneur de Boulogne. Le 25 novembre, il l'envoya à toutes les paroisses, à toutes communautés de son diocèse. En tête, se trouve ce court mandement :

« Quels cruels reproches n'auriez-vous pas à nous faire, nos très chers frères, si, témoins des progrès rapides et aussi effrayans qu'affligeans, que font tous les jours des principes faux et destructeurs, nous n'employions pas tous les moyens que Dieu a remis entre nos mains, pour vous préserver des erreurs et des pièges dans lesquels vous pourriez tomber! Nous ne pourrions y parvenir qu'en les combattant avec toute l'énergie et la force dont nous sommes capables. Notre tendre et continuelle sollicitude pour le salut des âmes que la divine providence a daigné confier à nos soins, nous en fait un devoir indispensable et sacré, et, quand il s'agit d'aussi grands intérêts, nous ne devons mettre aucunes bornes à notre zèle.

« Notre négligence, ou notre indifférence, nous rendrait coupable aux yeux de Dieu qui, au jour du jugement, appréciera les moindres actions des hommes, et les jugera avec la plus grande équité, et en même temps avec la plus grande sévérité, ainsi que nous l'apprennent les divines écritures.

« Animé du désir le plus sincère et le plus ardent de vous remettre sous les yeux vos devoirs et vos obligations dans l'ordre de la religion, nous nous occupions de vous adresser une instruction pastorale, lorsque nous avons eu connaissance de celle de M. l'évêque de Boulogne.

« Après nous être convaincu, N. T. C. F., de la solidité des

---

1. Louis-Joseph de Montmorency-Laval, cardinal en 1789.

principes qu'elle contient, et qui tous ont été puisés dans les sources les plus pures, et sont fondés sur les autorités les plus respectables, persuadé d'ailleurs que nous n'avions pas atteint le point de perfection que nous présente cet ouvrage, nous nous sommes empressé, à l'exemple de plusieurs de nos confrères dans l'épiscopat, d'adopter cette instruction pastorale.

« Nous vous l'adressons donc avec d'autant plus de confiance, que nous sommes dans la douce persuasion de son utilité et de ses avantages pour vous, et qu'elle fortifiera les vrais enfans de l'Église dans leur croyance et dans les seuls principes qu'ils peuvent et désirent reconnaître, comme ceux qui sont enseignés par l'Eglise, à laquelle Jésus-Christ a confié tous ses pouvoirs. Elle aura, du moins nous l'espérons, encore cet avantage d'éclairer et de ramener aux véritables maximes ceux qui auraient pu s'égarer, ou qui, étant chancelans, ont besoin qu'on leur prête une main secourable, pour les empêcher de se précipiter dans l'abime entr' ouvert sous leurs pas.

« C'est dans les sentimens et avec l'espérance que Dieu, sans lequel nous ne pouvons produire aucun bien, et avec lequel nous pouvons tout, secondera nos efforts et nos pieux desseins, que nous vous adressons cet ouvrage, digne de toute votre attention.

« A ces causes, nous déclarons que nous avons adopté et adoptons l'instruction pastorale de M. l'évêque de Boulogne, sur l'autorité spirituelle de l'Église. En conséquence, nous ordonnons qu'il en sera adressé un exemplaire à toutes les paroisses de notre diocèse, ainsi qu'aux communautés ecclésiastiques, séculières et régulières, d'hommes et de filles, exemptes et non exemptes, pour en avoir connaissance, nous en rapportant au zèle et à la sagesse de nos fidèles coopérateurs dans le saint ministère, pour le moment et la forme de la publication.

« Donné à Paris, où nous sommes retenu par notre qualité de député à l'assemblée nationale, le vingt-cinq novembre mil sept cent quatre-vingt dix.

« ✠ P.-L. *évêque de Saintes.* »

La plus grande modération règne dans ces deux écrits. Il n'y est fait même aucune mention des événements qui leur donnaient naissance, et ils restent dans les régions des idées et des principes. Dirigés contre les décrets de l'assemblée nationale, ils ne semblent pas les connaître. Et n'était leur date, on les pourrait croire indépendants des circonstances. Le devoir des deux prélats est de parler ; ils le font, sans aigreur, sans animosité. Ils manqueraient à leur mission s'ils n'instruisaient les fidèles, embarrassés entre la loi civile qui ordonne et la loi religieuse qui défend, entre l'assemblée nationale qui impose une nouvelle organisation et leur conscience qui la refuse, entre la force qui commande et le droit qui n'a pour protection que la protestation.

C'est pourtant ces pages si paisibles du doux évêque de Saintes qui ont provoqué la colère de l'historien de la Saintonge. « A la tête de la coalition religieuse de la Charente-Inférieure, écrit Massiou (1), se trouvait placé, par sa fougue désordonnée plus encore que par sa position sociale, Pierre-Louis de La Rochefoucauld, évêque de Saintes. Ce prélat n'avait cessé, depuis le commencement de la révolution, soit par ses motions à l'assemblée nationale, où il représentait le clergé de la sénéchaussée de Saintes, soit par des mandements et lettres pastorales, adressés à ses diocésains, de s'opposer aux réformes décrétées par l'assemblée nationale. La constitution civile du clergé devint surtout le but de ses protestations et de ses attaques. »

Certes il est permis de se tromper, et l'on sait si à chaque page de ses six volumes Massiou use de la permission. Qu'il ait même une certaine tendresse de cœur pour la constitution civile du clergé qui a peuplé les prisons, traîné des milliers de citoyens sur tous les chemins de l'exil, rempli la Guyane, entassé dans les pontons de Rochefort et de l'île d'Aix tant de prêtres fidèles, fait charrier des centaines de cadavres à la Charente dont les eaux en étaient empestées, et rougi si souvent l'échafaud, nous le comprenons. Mais la partialité la plus ex-

1. *Histoire politique, civile et religieuse de la Saintonge et de l'Aunis*, par M. D. Massiou. Saintes, 1846, in-8°, tome VI, p. 109.

cessive jamais n'autorisera l'historien à altérer ainsi les faits.

Mgr de La Rochefoucauld était d'une mansuétude remarquable ; on le métamorphose en forcené. Cette « fougue désordonnée » éclate dans un mandement de deux pages où il est impossible de trouver un mot amer. « Ses protestations et ses attaques », surtout contre la constitution civile du clergé, sont toutes dans ces quelques lignes que nous avons citées ou que nous allons reproduire. Enfin « ses motions à l'assemblée nationale », par lesquelles il s'opposait « aux réformes décrétées », se bornent aux simples paroles qu'il prononça pour défendre son frère. Donc monter une seule fois à la tribune et cela dans une circonstance où il y allait de la liberté, de la vie peut-être, d'un frère tendrement chéri, écrire à ses diocésains pour leur envoyer une instruction pastorale, non pas même la sienne, mais celle d'un autre qu'on se contente d'adopter, remplir un devoir de conscience, c'est être fougueux, c'est faire des motions violentes, c'est s'opposer aux réformes ! Ajoutons que donner son sang pour sa foi, refuser d'apostasier, et mourir martyr, c'est être séditieux.

Massiou, qui n'a que du blâme pour la courageuse conduite du pontife, et ne dit pas un mot de sa mort héroïque, est tout prêt à s'apitoyer sur-le-malheur de l'autorité civile ainsi maltraitée, à exalter sa bonté, sa patience, et à lui faire un mérite de n'avoir pas sur-le-champ envoyé le prélat à la lanterne. « Bien que, dit-il, la conduite de l'évêque de Saintes eût maintes fois embarrassé la marche de l'administration en excitant le clergé du diocèse à la révolte, et en jetant le trouble dans les consciences, l'autorité avait feint d'ignorer ces manœuvres par déférence pour leur auteur. Mais celui-ci, enhardi par la longanimité du pouvoir temporel, finit par se porter à des actes de rébellion si patents que le silence ne fut plus possible. »

On a entendu le langage du pasteur ainsi accusé de maints actes de rébellion. Or cet acte de *rébellion* est le premier ; et voici ce qu'il y a de plus vif dans l'écrit de Mgr de Boulogne : « Soyez donc soumis à l'autorité spirituelle en tout ce qui est de son ressort... Et pour donner maintenant à cette autorité sainte, dont Jésus-Christ est le principe, la preuve de soumission qu'elle a droit d'attendre de vous, ne coopérez à aucun changement dans l'ordre spirituel avant qu'elle ait parlé. Demeurez inviolablement attachés à la chaire de Saint-Pierre, à la sainte Église romaine, mère et maîtresse de toutes les églises, centre de l'unité catholique... Demeurez-nous attachés comme à votre véritable évêque : car de même qu'il n'y a qu'une seule chair de Notre-Seigneur, un seul autel, un seul calice, aussi n'y a-t-il qu'un seul évêque dans chaque église ; et ceux qui ne sont pas envoyés par la puissance ecclésiastique et canonique, mais viennent d'ailleurs, ne sont pas ministres légitimes de la parole et des sacrements... *(Concile de Trente.)* Vous ne pouvez donc reconnaître aucun autre évêque que nous, jusqu'à ce qu'il ait plu à Dieu de nous rappeler à lui, ou que l'autorité spirituelle ait délié le nœud sacré qui nous unit à vous... Demeurez aussi inviolablement attachés à vos pasteurs actuels qui veillent, sous notre conduite, pour le bien de vos âmes, vous ne pouvez en reconnaître d'autres, à moins qu'ils n'aient reçu la mission canonique de nous, ou de nos successeurs légitimes, ou de nos supérieurs dans l'ordre de la hiérarchie. Et vous, nos chers coopérateurs, conservez toujours les sentiments dont vous avez été pénétrés jusqu'ici pour l'épiscopat. »

C'est là ce que Massiou appelle « une sorte de manifeste lancé par l'évêque de Saintes contre le serment des prêtres et dans lequel étaient enseignées les doctrines les plus hostiles à la constitution (1). » Dans ces pages le mot serment n'est pas même écrit ; et par une raison toute simple. Bien qu'inscrit dans la loi du 24 juillet 1790 sanctionnée par le roi le 24 août, le serment ne fut réellement exigible qu'en vertu du décret du 27 novembre, devenu légal par la sanction du roi seulement le 26 décembre et postérieur, par conséquent, de près de deux mois au mandement de l'évêque de Saintes. Le serment est un autre acte de ce drame qui se dénoue par l'assassinat.

Chose bien triste à dire ! ce fut un prêtre du diocèse, Jean

---

1. M. le baron Eschasseriaux, ordinairement exact, a cru aussi, parce qu'il s'en est rapporté à Massiou, que le mandement de Pierre Louis était « un manifeste contre le serment des prêtres. » *(Assemblées électorales de la Charente-Inférieure, 1790-1799.)*

Vanderquand, curé de Virollet, qui se fit le dénonciateur de son évêque. La pancarte publiée alors dans tout le département l'appelle « un ecclésiastique recommandable par ses lumières et par sa religion ». Chacun sait qu'on est peu difficile sur les vertus des gens qui vous rendent de pareils services. Or, voici ce qu'un prêtre un peu plus recommandable par sa religion et aussi peut-être par ses lumières, Bonnerot, curé de Saint-Maur, plus tard vicaire général, disait de lui dans une note, que je n'ose, bien qu'en latin, transcrire tout entière : « Moribus jamdudum perditis, audax, factiosus, delator legitimi sui episcopi, ejus dignitatis ambitiosus appetitor, ancillæ suæ corruptor ac sponsus... » D'autre part, Taillet le cite « comme un modèle d'incontinence, de libertinage... » avec « Guimberteau, intrus de Barbezieux, qui a épousé sa servante, et a causé une telle indignation que les habitants d'un commun accord l'ont chassé de la ville. »

Le malheureux ambitionnait le siège épiscopal de Saintes. Quand il vit que l'assemblée nationale, sur la proposition d'un de ses secrétaires, envoyait (15 janvier), au comité des recherches, les instructions pastorales de l'évêque de Boulogne et de l'archevêque de Paris, il crut l'occasion favorable pour déposséder La Rochefoucauld. Il ne réussit pas à s'asseoir sur son siège ; mais il contribua à l'envoyer aux Carmes (1).

1. Jean Vanderquand, né à Courcoury, le 10 juin 1754, d'Eutrope, propriétaire, et de Catherine Sicard, a écrit ce qui suit : « Ce jourd'hui 17 avril 1791, dimanche des Rameaux, je soussigné, ayant été nommé et proclamé, par l'assemblée électorale du district de Saintes, curé constitutionnel de la paroisse de Gemozac, et institué suivant les formes canoniques dans la susdite place par M. Robinet, évêque constitutionnel du département de la Charente-Inférieure, pour remplacer le sieur Robert, qui est destitué par son refus d'émettre le serment civique prescrit aux ecclésiastiques fonctionnaires publics par la loi du 26 décembre dernier, ai pris possession de la dite cure de Gemozac par émission légale de mon serment avant la messe paroissiale de ce jour, que j'ai célébrée en présence d'une grande affluence de peuple, de la municipalité et des gardes nationales, de cette paroisse. Que Dieu soit glorifié ! Que les Français soient heureux et libres ! VANDERQUAND, *curé de Gemozac.* »

Un an et demi après, le 20 janvier 1793, devant Pierre Pellisson, maire de Gemozac, il épouse Suzanne Renaud, âgée de 26 ans, née à Saint-Fort sur Gironde, le 16 juin 1764, fille des défunts Pierre, cultivateur, et de Marie Charron, domiciliée à Gemozac, en présence de Philippe Girardeau, notaire, de Jean Généraud, meunier, de François Labbé, cultivateur, et d'Antoine Louvet, curé de Tanzac. Il eut quatre enfants. Vanderquand fut professeur à l'école centrale de Saintes, maître de pension. Il est mort aux Gonds le 9 octobre 1812. Sa sœur Marie Vanderquand épousa Antoine Louvet, vicaire de Gemozac, curé de Tanzac, puis aide bibliothécaire à Saintes.

CHAPITRE XIII.

Le 22 janvier 1791, trois mois après sa publication, le mandement de monseigneur de Saintes sur l'autorité spirituelle de l'Église, qui n'était pas le sien, mais dont il était légalement l'auteur, puisqu'il en acceptait la responsabilité, fut apporté au directoire du département par le procureur général syndic. C'était Jacques Garnier, né le 31 mars 1755 à Saintes, en 1784 conseiller du roi et avocat du roi, dont il devait voter la mort. Maire de Saintes le 26 juillet 1789 à la place de Gaudriaud jusqu'au 1er juillet 1790, il avait été élu procureur général syndic le 28 juin de cette année et fut envoyé le 6 septembre 1792 à la convention, où il fut connu sous le nom de Garnier de Saintes ([1]). Il est avec Bernard, d'après Taillet, un des « deux qu'on désigne et qu'on désignera toujours comme les plus grands perturbateurs de la province de Saintonge, comme les plus odieux artisans et exécuteurs de complots et de crimes. Le sieur Garnier, procureur syndic du département, s'est toujours occupé à sapper, tantôt sourdement, tantôt publiquement, les fondements de l'autel et du trône ; il travailloit de toutes les manières possibles à dégoûter les peuples de la relligion catholique, et même de toute relligion. Il les soulevoit contre le roi, par de noires calomnies et par des déclamations sou-

---

1. Député en mission sur les côtes de La Rochelle, dans la Manche, dans la Sarthe, dans la Gironde, dans les Pyrénées ; président de la société des jacobins de Paris, le 14 octobre 1794 ; député suppléant au corps législatif (20 vendémiaire an IV) ; secrétaire du conseil des Cinq Cents, le 21 mars 1798 ; président du tribunal criminel de la Charente-Inférieure, le 15 avril 1798 ; maintenu par arrêté consulaire du 20 mai 1800, Il reçut, le 14 juin 1804, le brevet de chevalier de la légion d'honneur, le 12 novembre 1809, celui de chev... l'empire. Représentant à la chambre en 1815, puis atteint par l'ordonnance du 24 juillet 1815, et obligé de quitter la France, il se retira à Bruxelles, de là dans les États-Unis, où, en descendant l'Ohio, il se noya avec son fils. M. le baron Eschasseriaux, toujours indulgent, a cité quelques actes où il se montra meilleur que sa réputation. Nous ne voulons pas, le *Moniteur* en main, chercher ses paroles dans le procès de Louis XVI citées par la *Biographie Saintongeaise*, ses propositions de la peine de mort contre les agioteurs et tous les émigrés, son chant de triomphe en l'honneur de Robespierre ou son apologie de Carrier. Rappelons-nous qu'il fit sortir de prison son ancien professeur, l'abbé Hardy, détenu pour refus de serment, et aussi l'arrêté où, comme maire, il demandait que la religion catholique, apostolique et romaine fût seule proclamée religion d'état. Peut-être avait-il ce dernier acte à se faire pardonner.

Prudhomme dans son chapitre des *Crimes commis à Bordeaux sous le proconsulat de Treilhard. Mathieu, Tallien... le prêtre Garnier (de Saintes)*, v. p. 423, lui donne faussement à plusieurs reprises le titre de *prêtre*. Il le confond sans doute avec son frère, Henri Garnier, curé de Meschers, qui fut exilé en Espagne par refus de serment.

gueuses. On l'a vu durant quelqu'une des assemblées électorales, monter dans la chaire même de vérité, et crier que Louis XVI étoit un tyran, qu'il falloit le tuer ; aussi ayant été député à la convention, non seulement il a eu part au régicide, mais il en a été l'apologiste et le panégyriste. Homme sans talents, sans caractère, incapable de jouer un rôle dans tout autre temps que dans un temps de révolution, il avait lu qu'Érostrate s'était rendu célèbre en brûlant un temple ; et lui aussi il a voulu être célèbre et d'une célébrité plus honteuse encore ; il a surtout voulu arriver à la fortune, et il y est arrivé ; mais il n'a pas assés réfléchi que le chemin qu'il prenoit, était aussi le chemin de l'échaffaud. »

Voici la réfutation qu'il fit du mandement épiscopal. Imprimée à Saintes, chez P. Toussaints, elle fut lue à l'issue de la messe paroissiale et affichée dans toutes les communes. Sans vouloir déprécier ce petit morceau, il ne vaut pas l'écrit semblable que publia à Angers, chez Pavie, 1791, le curé d'Emberménil, Grégoire, futur évêque de Blois, sous se titre : *Légitimité du serment civique exigé des fonctionnaires ecclésiastiques.*

« La plus belle des constitutions de l'univers, dit Garnier, vient de s'élever au milieu des orages et des conspirations ; cet édifice majestueux touche à sa perfection ; les efforts de la tyrannie et de la haine se sont vainement réunis pour l'ébranler. Un peuple libre et digne de l'être est le gardien invincible de ce monument éternel du courage et du génie de nos représentants.

« Mais des hommes égoïstes, ennemis du bonheur de la patrie, lorsqu'il leur serait si doux de le partager avec elle, essaient un dernier moyen, celui de la séduction : ils n'ont pu ébranler le patriotisme des Français, ils s'efforcent d'effrayer leurs consciences. Vous avez vu un nombre de ci-devant chapitres, par un criminel concert, inonder le royaume de protestations, qui, sous le langage d'une piété simulée, renfermaient des principes propres à alarmer les peuples, et à les inviter à la désobéissance. Mon devoir m'avait réduit à l'obligation rigoureuse de vous en dénoncer une, contre les dangers de laquelle il était pressant de prémunir nos concitoyens. Éclairé par votre vigilance, rassuré par vos principes, ce bon peuple, qu'il est affreux de tromper, a eu le bonheur d'être désabusé. Aujourd'hui, on tente avec la même hardiesse de le séduire encore. On a recours à ces armes du fanatisme, qui autrefois ont été malheureusement si puissantes sur l'ignorance des peuples.

« Un ecclésiastique recommandable par ses lumières et par sa religion (1) vient de me dénoncer un imprimé ayant pour titre : *Mandement de M. l'Évêque de Saintes portant adoption de l'instruction pastorale de M. l'Évêque de Boulogne sur l'autorité de l'Église*. Cet écrit insidieux qui porte l'empreinte du mépris des lois et de leur infraction méditée, est d'autant plus pernicieux que le poison qu'il renferme est plus adroitement enveloppé. On a épuisé toutes les recherches de l'érudition pour démontrer que la puissance civile n'a point le droit de prononcer sur ce qui est de l'ordre spirituel, lorsque nul citoyen n'a tenté de contester ce principe, tellement reconnu par nos représentants qu'ils n'ont porté leurs regards que sur ce qui était civil dans la constitution du clergé. Une telle réforme politique était sans contredit du ressort de l'autorité temporelle, et les riches de l'église ne pouvaient se soustraire à son exécution.

« Mais des hommes, plus versés dans la science tortueuse des sophismes, ont conçu le projet de démontrer que de circonscrire des métropoles et des diocèses, de supprimer des évêchés, et de réunir des cures, était attenter à l'autorité spirituelle de l'Église. C'est cette morale erronée que renferme le mandement que je vous dénonce.

« Si nous devons, messieurs, à nos concitoyens de prévenir par notre surveillance tout ce qui tend à troubler leur tranquillité, nous leur devons aussi de les éclairer sur les erreurs dont on cherche à environner leur croyance. »

Puis, après avoir essayé de démontrer que les apôtres ayant reçu mission de prêcher partout, leurs successeurs les évêques ne pouvaient voir circonscrire leur ministère, et

---

1. Le curé de la paroisse de V***

partant que c'était seule l'autorité civile qui avait déterminé et pouvait encore déterminer l'espace où ils l'exerceraient, il ajoute :

« Nos dogmes et notre foi ne peuvent être différents de ceux que le fondateur de notre religion nous a enseignés. Lorsqu'il institua ses apôtres, il leur conféra la plénitude de la puissance spirituelle, et le droit infini d'aller prêcher son évangile par toute la terre. Cette puissance s'étant transmise aux évêques sans altération, ils ont nécessairement reçu la même étendue de pouvoirs.

« Lorsque les nations éclairées se sont soumises à la foi de cette religion sainte, les prêtres, après avoir été admis à la prédication, ne prétendront pas sans doute avoir donné eux-mêmes au culte l'existence civile, ni circonscrit et partagé entre eux la portion de territoire confiée à leurs soins. Leur régime politique fut nécessairement l'ouvrage de la nation qui embrassait cette nouvelle religion.

« L'intérêt public voulut que chaque évêque ou chaque disciple, au lieu de prêcher dans l'étendue du gouvernement, comme il en avait reçu le droit, eût une portion de territoire, dans laquelle il exercerait primitivement des fonctions dont la plénitude s'étend dans tout l'univers.

« Dès lors, tels prêtres ou tels évêques, qui, par l'imposition des mains et le don du Saint-Esprit, avaient reçu le pouvoir illimité d'annoncer indistinctement la parole de Dieu en tous lieux, obligés par le résultat de la volonté nationale et par des convenances sociales, de le restreindre dans tel territoire désigné à leurs prédications, n'ont reçu de limitation à leurs pouvoirs que dans l'exercice.

« Et certes ce pouvoir radical, quoique universel dans son institution, ne peut ôter aujourd'hui à la puissance temporelle le droit de restreindre ou d'étendre, suivant les avantages de la société, les limites territoriales qu'elle avait originairement fixées à chaque ministre de la religion.

« Des pasteurs, à qui on veut confier la conduite d'un plus grand troupeau, ne prétendront donc jamais, sans absurdité, qu'ils ont un caractère spirituel pour en diriger une partie; et que ce caractère indélébile disparaît tout à coup lorsqu'il est question de conduire l'autre (¹).

« Citoyens vertueux qu'on égare, apprenez que votre religion, désormais plus révérée, va être plus digne de l'Être suprême qui l'a instituée. Ne vous y trompez plus ; ce qu'une nation a pu faire, et a nécessairement fait dans l'origine sans hérésie, elle peut sans doute se le permettre encore, sans que Dieu s'en offense (²).

« Cette approbation, limitée à un territoire déterminé, ne doit son effet qu'au pouvoir temporel, qui en avait ainsi précédemment réglé les limites ; mais cette autorisation, une fois donnée, transmet pour toujours à celui qui la reçoit le pouvoir d'étendre, ou l'obligation de restreindre l'exercice de ses fonctions, à mesure que l'autorité temporelle resserre ou étend les limites de son territoire.

« C'est donc outrager la vérité évangélique que de l'invoquer pour prouver qu'une circonscription géographique est du pouvoir spirituel, lorsque le fils de Dieu lui-même a eu soin de dire à ses apôtres, *que son royaume n'est point de ce monde, et qu'il faut rendre à César ce qui est à César*.

---

1. « Quand les apôtres allèrent porter la parole de Dieu de Smyrne à Antioche, de Rome à Corinthe, d'un royaume dans un autre, aucun d'eux ne s'avisa de dire que celui qui était sorti du territoire qu'il s'était choisi, n'avait plus de pouvoir dans un territoire voisin ; que la foi qu'il avait enseignée en un lieu, n'était plus la même foi parce qu'il la prêchait dans un lieu différent ; que les peuples convertis étaient mal convertis ; et que Dieu ne pouvait pas recevoir leurs hommages, parce que les prêtres qui leur avaient appris à l'adorer *en esprit et en vérité*, étaient sans mission et sans caractère hors de leur territoire.

« Voilà cependant le système mensonger à l'aide duquel on veut persuader au peuple qu'on a porté atteinte à notre sainte religion, comme si nos dogmes n'étaient plus les mêmes ; comme si nos mystères étaient méconnus, et que JÉSUS-CHRIST ne fût plus, pour nous, notre Rédempteur et le Fils de Dieu ; comme si enfin ceux qui sont chargés de nous prêcher l'évangile, ne doivent pas nous le prêcher tel qu'il est sorti des mains de son auteur. »

2. « On objecte, il est vrai, que tout ministre de l'Église a besoin, pour exercer ses fonctions, de l'institution canonique ; que cette institution n'est donnée que pour un territoire respectivement déterminé, qu'ainsi, en changeant les démarcations, la puissance temporelle entreprend sur la puissance ecclésiastique. Est-ce bien à l'aide d'un sophisme aussi captieux, qu'on ose se permettre de crier à l'anathème ? Tout prêtre, en recevant le sacerdoce, ne reçoit-il pas sans limitation le droit de lier et de délier ? n'est-il pas dès ce moment investi de la mission que JÉSUS-CHRIST avait reçue de son Père ? ne peut-il pas aller annoncer la parole de Dieu partout où il trouvera des hommes assez heureux pour l'entendre ? Et s'il lui faut l'institution de l'évêque, cette approbation autorisée par les canons et adoptée par l'ordre politique, ne peut rien changer dans l'institution divine qui est une, immuable, éternelle, et hors de l'atteinte des changements humains. »

La Rochefoucauld.

« Mais c'est outrager à la fois la religion et les lois, que d'inviter séditieusement les peuples à ne reconnaître pour évêques que des évêques rebelles, lorsque, perdant leurs sièges par leur désobéissance et leur renonciation volontaire, ils seront remplacés par d'autres évêques, revêtus comme eux de la consécration, et nommés comme on les nommait dans la primitive Église.

« De tels conseils ne furent jamais ceux d'un véritable pasteur. L'homme de Dieu ne doit à son troupeau que des paroles de consolation et de paix. Le premier soumis aux lois, parce que la religion et la société lui en font un devoir, il doit par ses exhortations et son exemple y rappeler les peuples que l'égarement ou l'ignorance pourraient en éloigner ; et, lorsque par une conduite opposée, il les prépare et les invite à l'insubordination, la nation ne peut plus voir en lui qu'un citoyen rebelle, que le ciel rejette et que la loi condamne.

« L'écrit de l'évêque de Boulogne, adopté par l'évêque de Saintes, est donc un écrit imposteur et séditieux, qui tend à abuser le peuple, à le rendre parjure, à le dégager de l'obéissance qu'il doit aux lois de sa patrie, et à le soulever contre leur autorité.

« Jusqu'ici le parti qu'on a pris de se contenter de dénoncer de tels écrits, n'a fait qu'enhardir leurs auteurs ; c'est aujourd'hui contre ces coupables citoyens que la justice outragée demande à sévir.

« A ces causes, le procureur général syndic requiert que l'imprimé dont il est porteur, ayant pour titre : *Mandement de M. l'évêque de Saintes, portant adoption de l'instruction pastorale de M. l'évêque de Boulogne, sur l'autorité spirituelle de l'église*, et finissant par ces mots : *Jean-René, évêque de Boulogne*, soit renvoyé à l'accusateur public, établi près le tribunal du district de cette ville, à l'effet de poursuivre, comme rebelle aux lois et perturbateur de l'ord e public, M. l'évêque de Saintes, qui a ordonné la publication et l'envoi du dit mandement; qu'il soit défendu, sous pareilles peines, à tous curés, vicaires et autres ecclésiastiques, d'en donner lecture au prône ou ailleurs, ainsi qu'à toutes personnes, de le vendre ; que votre ordonnance à intervenir soit envoyée, sans délai, aux districts et municipalités du département, pour être publiée, affichée et lue à issue de la messe paroissiale, à la diligence du procureur de la commune de chaque municipalité, de laquelle lecture il certifiera le département dans le mois. »

Ce réquisitoire est singulier. L'auteur y est évidemment plus docteur de Sorbonne qu'administrateur du département. Il avait trouvé l'occasion favorable pour développer une thèse de théologie, et pour convaincre d'ignorance ou de fausseté un professeur de Sorbonne et un licencié en théologie de la maison de Navarre. Il l'a saisie avec empressement. Mais ce domaine n'est pas le sien. Un procureur requiert au nom de la loi, au nom de l'ordre public. Les disputes dogmatiques et les querelles métaphysiques ne sont point de sa compétence. Toutefois, il nous a paru bon de citer ce morceau à côté de l'écrit qu'il prétend réfuter : on jugera mieux.

Le directoire du département écouta cette plainte, et prit aussitôt l'arrêté suivant :

« Nous, faisant droit au réquisitoire du procureur général syndic ; considérant que l'imprimé ayant pour titre : *Mandement de Monsieur l'évêque de Saintes, portant adoption de l'Instruction pastorale de Monsieur l'évêque de Boulogne sur l'autorité spirituelle de l'église*, contient des principes formels de désobéissance aux lois de l'état ; considérant que monsieur l'évêque de Saintes, non content de les transgresser, invite encore par la publicité de son mandement les peuples à l'imiter et à devenir désobéissants comme lui ; que cet écrit, propre à séduire ou à effrayer des consciences timides, peut devenir une arme dangereuse entre les mains des gens malintentionnés ; que la morale qu'il contient est absolument contraire aux lois et tend à soulever les peuples contre l'autorité légitime de la nation et du roi : arrêtons qu'à la requête du procureur général syndic, monsieur l'évêque de Saintes (1)

---

1. « Il y a lieu à information même contre un député de l'assemblée nationale, pourvu qu'il ne soit décrété qu'après que le corps législatif, sur le vu des informations et des pièces de conviction, aura décidé qu'il y a lieu à l'accusation. »
Décret du 16 juin 1790.

sera dénoncé à l'accusateur public, à l'effet d'être poursuivi comme ennemi de la nation, de la loi et du roi ; faisons défenses sous les mêmes peines à tous curés, vicaires et autres ecclésiastiques de donner lecture du dit mandement au prône ou ailleurs, ainsi qu'à toutes personnes de le vendre, publier, ni colporter ; ordonnons également que notre arrêté sera envoyé sans délai aux districts et municipalités du département... Arrêtons au surplus que la présente délibération sera adressée à l'assemblée nationale. Fait en directoire de département, ce 22 janvier 1791.

« *Signé :* Rondeau, président ; Bréard, Riquet, Eschasseriaux, Jouneau, Duret, Ruamps, Rabotteau, Chesnier, Garnier, procureur général syndic ; Emond, secrétaire. »

CHAPITRE XIV.

François-Joseph de La Rochefoucauld dénoncé par le département de l'Oise. — Réquisitoire. — Lettre à l'assemblée. — Suppression du chapitre de Saintes. — Résistance. — Protestation du chapitre ; — jugée par le *Journal* ; — dénoncée au directoire du département ; — au directoire du district ; — à l'assemblée nationale. — Proposition de supprimer le traitement des chanoines.

Pendant que le directoire du département de la Charente-Inférieure dénonçait ainsi l'évêque de Saintes, l'assemblée administrative du département de l'Oise, dans sa première session, prenait la même mesure, et aussi pour une violation de la constitution civile du clergé, contre l'évêque de Beauvais. Les deux frères commençaient à être unis dans la même proscription. Voici le récit de la séance du 12 novembre 1790 (1).

Un des membres a pris la parole et fait le discours suivant : « Messieurs, si dans un état libre, tout homme a le droit de veiller au maintien de la constitution et des lois, pour ceux auxquels les suffrages de leurs concitoyens ont confié l'administration et la surveillance publique, ce n'est pas seulement un droit, c'est un devoir indispensable. J'avoue que c'est à regret que j'élève la voix pour accuser un homme, qui, dans des temps de calamité, s'est montré le père des pauvres, et que des bienfaits multipliés ont rendu cher à cette ville (2).

---

1. Ont été présents : MM. Stanislas-Xavier Girardin, Thibault, Boilé, Simon, Budin, Lagache, Francastel, Demay, Desmoulin, Dupressoir, Descourtils, Calon, Langlier, Andrien, Lesquendieu, Dupuis, Charbonnier, Levasseur, Juéry, Tronchon, Forchon, Lucy et Dubourg, procureur général syndic.
2. Nous avons rappelé plus haut quelques traits de sa charité. En outre, le 20 mars 1785, il autorisa la paroisse de Bresles à exploiter chaque année trois arpents de tourbes dans les marais, à la condition qu'une partie du produit serait employée à supprimer les toits en chaume. Il fournit même gratuitement le bois de charpente aux indigents. Enfin par son testament il légua toute sa fortune aux pauvres.

« Mais, citoyen français, membre du corps administratif de ce département, je me crois obligé de dénoncer un délit, qui, par sa nature et par ses conséquences, peut apporter à la régénération de la France les obstacles les plus dangereux.

« Le décret sur la constitution civile du clergé, accepté et sanctionné par le roi, a été publié à Beauvais, le 5 octobre dernier. L'article 1er du titre 2 porte qu'à compter du jour de la publication du présent décret on ne connaîtra qu'une seule manière de pourvoir aux évêchés et aux cures, c'est à savoir la forme des élections. La cure de Puiseux, dans le district de Senlis, est devenue vacante par la mort du titulaire arrivée le 14 octobre. M. de La Rochefoucauld (je ne sais si je puis dire M. l'évêque du département de l'Oise), M. de La Rochefoucauld a nommé à cette cure le 22 octobre; et le 27 octobre, le sieur Quignon, muni de cette nomination inconstitutionnelle, a pris possession de la cure de Puiseux.

« Ainsi, l'assemblée nationale et le roi auront vainement travaillé à réformer les abus; vainement ils auront restitué au peuple le droit d'appeler aux fonctions pastorales ceux qui lui en paraîtront les plus dignes. Les habitants de Puiseux ont encore sous les yeux les affiches de la loi, et l'on vient de la violer dans un temple qui retentit encore de sa publication. Je vous dénonce ici trois coupables : M. de La Rochefoucauld, qui a nommé à la cure; le sieur Quignon, qui a osé en prendre possession; et enfin l'homme public qui n'a pas craint de rédiger l'acte d'usurpation de la cure de Puiseux.

« Il est temps de faire connaître à des hommes, qui affichent ainsi leur mépris pour les lois de l'état et pour les droits du peuple, que ce peuple a ses défenseurs qui veillent pour lui et qui ne l'abandonnent jamais. Il est temps aussi que votre zèle s'exerce à lever les obstacles qui s'opposent à l'exécution des décrets sur la constitution civile du clergé.

« On a publié des lois pour une nouvelle organisation des corps administratifs, et de nouveaux corps administratifs ont été organisés; on a publié des lois pour une nouvelle formation des tribunaux et de nouveaux tribunaux ont été formés. Les décrets sur la constitution civile du clergé sont légalement promulgués, et ils restent sans exécution; et celui qui est destiné dans ce département à concourir le plus puissamment à les faire exécuter est le premier à les violer.

« Quoi donc, messieurs, serait-il encore dans la nation une classe d'hommes qui se croiraient au-dessus de la nation?

« Serait-il encore dans la société un citoyen qui ne se croirait pas obligé par les lois générales de la société?

« Je n'oublie pas, messieurs, ce que je vous ai dit de la bienfaisance de M. de La Rochefoucauld (1), mais acquiert-on par des bienfaits le droit de ne point obéir à la loi?

« Je n'oublie non plus que M. de La Rochefoucauld est du nombre des représentants de la nation; mais n'est-il pas plus coupable, lorsqu'il enfreint des lois auxquelles il a eu l'honneur de concourir? Fermer les yeux sur un délit aussi grand, ce serait trahir le plus sacré de nos devoirs.

« La constitution est violée; le droit du peuple est usurpé; hâtons-nous de défendre la constitution et les droits du peuple; et n'ayons jamais à nous reprocher les maux funestes que trop de lenteur ou de timidité de notre part pourrait occasionner.

« Je propose donc, messieurs, que l'assemblée administrative du département de l'Oise dénonce à l'assemblée nationale la nomination inconstitutionnelle de M. de La Rochefoucauld; que M. le procureur général syndic soit chargé de faire toutes poursuites et diligences nécessaires pour qu'attendu la nullité de la nomination du sieur Quignon à la cure de Puiseux, il soit pourvu d'une manière légale à la nomination de cette cure; que, prenant en considération tous les dangers qui résultent de l'inexécution des décrets sur la constitution civile du clergé, elle charge M. le procureur général syndic de lui rendre compte dans le plus bref délai de tout ce qui concerne l'exécution de ces décrets et des obstacles qui peuvent s'y opposer.

« La discussion s'est ouverte sur l'ensemble de la motion, puis sur chaque article des conclusions; le premier et le

---

1. Durant un hiver rigoureux la ville de Beauvais, pour faire subsister ses pauvres, n'eut d'autre moyen que d'organiser un bureau de charité, et elle les employa à des travaux de terrassements. L'évêque se chargea de les payer les dimanches et fêtes, comme s'ils eussent travaillé ces jours-là, afin de leur donner le repos nécessaire et le temps de remplir leurs devoirs religieux.

troisième article ont été arrêtés par l'assemblée. L'ajournement a été prononcé sur le second. »

Le mardi suivant, l'assemblée entendit la lecture du projet de dénonciation de M. de La Rochefoucauld à l'assemblée nationale, et l'ayant adopté elle dénonça l'évêque de Beauvais, tout en faisant l'éloge de sa charité (1).

La constituante ne s'occupa point d'abord de ces dénonciations. Elle continuait son œuvre de prétendue réforme du clergé. D'abord, elle lui avait enlevé ses prérogatives; il y avait consenti volontiers; il avait accepté les charges communes. Payer l'impôt comme les roturiers, taille, corvée et autres, lui était du reste moins onéreux que ce tribut si lourd qui revenait tous les trois ou quatre ans en moyenne sous le nom ironique de don gratuit. On l'avait même dépouillé de ses biens en lui faisant ce raisonnement qui serait peu du goût de certains propriétaires, mais qui, appliqué à des ecclésiastiques, fut trouvé concluant : Ces biens sont entre vos mains pour telles et telles fins; je me charge de remplir les conditions, et ils sont à moi. Le clergé n'avait rien dit. Selon les paroles de Montlosier, les évêques, chassés de leurs maisons épiscopales,

---

1. A messieurs les députés de l'assemblée nationale.

Messieurs, nous trahirions notre devoir, si nous gardions le silence sur un délit qui porte atteinte aux lois constitutionnelles décrétées par l'assemblée nationale et acceptées par le roi.

C'est à regret que nous nous voyons obligés de dénoncer un représentant de la nation, un homme que sa bienfaisance avait montré digne d'occuper la place de premier pasteur de ce département.

La proclamation du roi concernant la constitution civile du clergé, étant parvenue au directoire du département, le directoire, empressé de s'y conformer, a chargé son président, le 2 octobre, d'écrire à l'évêque, M. de La Rochefoucauld, pour le prévenir de la publication qui allait en être faite, et pour l'engager à se hâter de concourir à son exécution.

Cependant le directoire a cru ne pas devoir retarder cette publication. La proclamation a été envoyée dans les différents districts, le 5 octobre, et le même jour elle a été publiée et affichée dans la ville de Beauvais.

Le 8, M. de La Rochefoucauld, par une lettre datée de Tigerie près Corbeil, a répondu que ne pouvant prévoir le moment où finiront les séances de l'assemblée nationale, il ne peut non plus fixer le temps auquel il pourra se rendre dans son diocèse.

Le 14, la cure de Puiseux, district de Senlis, est devenue vacante par la mort du titulaire.

Le 22, M. de La Rochefoucauld a nommé à cette cure le sieur Quignon, et le 27, le sieur Quignon en a pris possession dans la forme ci-devant usitée.

Nous croyons, messieurs, devoir nous borner à ce simple exposé; il suffit pour mettre l'assemblée nationale en état de prononcer. Nous attendons avec respect la décision qu'elle prendra dans sa sagesse.

se retirèrent dans la chaumière du pauvre qu'ils avaient nourri, et privés de leur croix d'or, ils en prirent une de bois, la croix de bois qui a sauvé le monde. Après tout, il ne s'agissait que de dîmes et de propriétés. Mais quand l'assemblée, prenant « pour évangile la profession de foi du vicaire savoyard, dit Mortimer-Ternaux (¹), et pour guides spirituels Mirabeau, le fougueux débauché, Camus, le froid janséniste », eut, par ses règlements inopportuns et injustes, changé l'organisation religieuse, il y eut explosion de murmures et de protestations. Ce n'est pas impunément qu'on porte atteinte à la conscience, ce domaine inviolable et sacré. On fait des martyrs. Et puis la violence répond à la violence. La Vendée, pour défendre ses curés menacés et ses autels renversés, se soulève avec le Poitou, dont trois députés ecclésiastiques précisément avaient été les premiers — 13 juin 1789 — à se réunir à l'assemblée du tiers état. Les provinces qui ne prennent point les armes sont troublées, mécontentes, et vouent une haine profonde à ce pouvoir despotique, qui, non content de commander des fusillades et des massacres, veut encore imposer des prières et des sacrements. On peut courber la tête devant les uns ; on ne subit pas les autres.

Le décret du 12 juillet 1790, devenu par la sanction royale loi du 24 août, supprimait l'évêché de la Rochelle ; il supprimait aussi le chapitre de Saintes. Toutefois les chanoines de Saint-Pierre avaient continué de prier Dieu, matin et soir. Cela ne pouvait durer. Le 18 novembre, le directoire du district, qui avait pour président Guillau de Sersé, « cultivateur de Montpellier »(²), s'assemble. Et « considérant, quoique le décret de l'assemblée nationale sur la constitution civile du clergé du 12 juillet dernier, sanctionné par le roy, le 24 août suivant, ait

---

1. *Histoire de la terreur*, I, page 326.
2. Pierre-Nicolas Guillau de Sersé, époux de Thérèse Garnier, sœur de Jean Garnier, propriétaire et maire de Chérac, fille de Jean Garnier, dite veuve en 1830 (11 février), a eu Thérèse-Antoinette-Lucile de Sersé ; Noémi, femme d'Édouard de Laporte, lieutenant de gendarmerie, etc. (Voyez, page 106 et passim, *Études et documents relatifs à la ville de Saintes*). Il fut nommé juge au tribunal de Saintes, le 25 germinal an v, — 14 avril 1797 — puis magistrat de sûreté ou substitut du commissaire du gouvernement près le tribunal criminel de la Charente-Inférieure, 1ᵉʳ floréal an IX, remplaça Briault, président, mort le 19 juin 1810, et   égea jusqu'à sa mort, 31 juillet 1830, à l'âge de 68 ans. Il fut aussi conseiller municipal de 1814 à 1830.

été publié et affiché dans l'étendue de ce département dès le 15 octobre, et que l'art. du titre 1er éteigne et supprime toutes dignités, canonicats, prébendes, demi-prébendes, néanmoins les ci-devant chanoines, composant l'ancien chapitre de cette ville, n'ont cessé depuis ce tems de continuer leurs exercices ordinaires dans le même costume; et que c'est là un mépris formel de la loi que les corps administratifs, à qui l'exécution en est confiée, ne peuvent tolérer sans se rendre coupables de la négligence la plus punissable, il arrête : « Ouï le procureur syndic, que, comme cette infraction à la loi de la part de ces ecclésiastiques peut provenir de ce qu'ils ont pensé peut-être que le décret de l'exécution duquel il s'agit devait leur être notifié officiellement pour qu'ils fussent dans le cas de cesser leurs fonctions, il convenait, avant d'employer aucune voye de rigueur pour mettre cette loi à exécution, de la dénoncer officiellement audit chapitre. »

Aussitôt le directoire écrit au chapitre, « en la personne de son ci-devant syndic », d'avoir à convoquer les chanoines pour le lendemain. En effet, Eschasseriaux et Dubois, avec le procureur syndic Dupinier et le secrétaire Godet, leur notifient le décret qui les supprime. Dubois ajoute que le chapitre, désormais éteint et supprimé, ne devait plus faire corps ni s'assembler capitulairement. Le doyen répond qu'institué par le concours des deux puissances, spirituelle et temporelle, pour s'acquitter de la prière publique, le chapitre ne peut se regarder comme supprimé par l'une d'elles seulement; il ne reconnaissait pas les décrets qui l'obligeaient à cesser l'office ; et son intention était de le continuer aussi longtemps qu'il serait possible. Le commissaire réplique qu'avant d'accorder cette tolérance, ils vont en référer à l'administration supérieure. Et pendant qu'ils s'enquièrent, le chapitre, prévoyant le jour où, ne se réunissant plus capitulairement, il ne pourrait exercer la juridiction épiscopale que de temps immémorial il a sur plusieurs paroisses, arrête qu'il en remettra provisoirement l'exercice entre les mains de Mgr de La Rochefoucauld. Les vicaires généraux acceptent au nom de l'évêque. C'est le *morituri te salutant*.

Les commissaires reviennent. Le directoire consent à la demande, sous la condition que les offices se feront sans camail, sans chappe, sans aumusse. Le doyen ajouta qu'il acceptait, si on l'exigeait absolument ; mais il n'entendait pas que cette marque de condescendance pût faire croire que le chapitre adhérait à sa suppression.

Après vêpres nouvelle visite des commissaires. MM. du département acquiescent au désir des chanoines, sans exiger qu'ils reconnaissent par écrit leur suppression. Mais les offices ne seront célébrés qu'en surplis et bonnet carré ! Beau sujet de délibération pour un corps administratif que l'aumusse d'un chanoine ! Delaage voulut faire insérer au procès-verbal la réponse faite que le chapitre ne se regardait point comme supprimé. Refus des commissaires.

Ils offrent d'inscrire que le chapitre n'a rien répondu. Les chanoines refusent à leur tour. Il est convenu que le doyen écrirait lui-même la réponse. Ce qui eut lieu. Et les commissaires allèrent rendre compte de leur mission.

Avant de se séparer les chanoines présents, sauf trois, signèrent une protestation rédigée le matin. Les absents y adhérèrent ensuite, à l'exception de deux. La pièce fut bientôt rendue publique : « Les doyens, dignitaires et chanoines de l'église de Saintes, fidèles aux principes religieux qu'ils ont toujours annoncés et pratiqués, céderont aux circonstances impérieuses dans lesquelles ils se trouvent. Mais avant de se séparer, ils se croient autorisés à faire de fortes et de justes représentations sur le coup qui les frappe. En conséquence, ils ont arrêté de faire la déclaration suivante (1).

C'est tout ce que j'ai pu avoir de cette protestation. Mais l'article suivant du *Journal patriotique de Saintes* la fera suffi-

---

1. Nous cédons à la force, répondit le chapitre de Beauvais à la notification (25 novembre 1790) du décret qui le frappait de mort civile et confisquait ses biens au profit de la nation ; mais en succombant, qu'il nous soit permis de nous livrer à des motifs de consolation capables d'adoucir les angoisses du moment : nous allons disparaître du milieu de cette cité florissante qui nous a presque vus naître avec elle. Elle ne nous survivra pas sans regret, nous osons l'espérer. Ce généreux citoyen dont nous tenions à honneur de partager le zèle pour le bien public... cette classe précieuse d'habitants que nous nous sommes fait un devoir de secourir... toute cette société ne sera certainement pas indifférente à notre dispersion. »

samment connaître. Il est du reste à citer comme échantillon de la polémique religieuse d'alors, qui est un peu celle d'aujourd'hui : « Je ne souillerai pas un journal patriotique par la publication des sophismes dangereux dont elle fourmille. Le style, quoique ferme et vigoureux, n'offre qu'un réchauffé des maximes prétendues canoniques de la déclaration des ci-devant chanoines comtes de Lyon, arrangées avec des variantes ascétiques par le pieux abbé T...[aillet]. Le ci-devant chapitre de Saintes veut rendre ses derniers moments remarquables. C'est un colosse qui cherche à persuader aux esprits faibles que sa chute peut intervertir l'ordre social en détruisant la sainte religion de nos pères ; ridicule et pitoyable forfanterie, bonne tout au plus pour les siècles de l'ignorance et des dotations monastiques ! La congrégation sacrée des dévotes va sonner la cloche d'alarme et me dévouer à l'anathème... Je sais que chez les anciens, les soupirs des agonisants avaient quelque chose de sacré ! l'humanité a gravé ce principe dans mon cœur : mais il s'agit d'une protestation fanatique contre les décrets de l'auguste assemblée nationale, d'une déclaration dont la publicité peut égarer des gens superstitieux, et allumer les torches dévorantes de la guerre civile ; et je ne connais pas d'accommodement avec ma conscience. Sentinelle publique, placée par le patriotisme, je dois crier *Qui vive !* sur tout ce qui porte atteinte à la loi. » Le vantard !

« L'or et la faveur des Crésus du siècle, les promesses insidieuses des ennemis de la révolution, rien ne peut me faire quitter un seul instant le poste d'honneur qui m'est confié ! Invariable dans mes principes et dans mon amour pour la vérité, je ne cherche pas à appeler les vengeances populaires sur les têtes des sages ministres que la volonté suprême du souverain dépouille des biens dont ils n'étaient que les fermiers ; la main qui trace ces lignes avec énergie est toujours prête à s'armer pour leur défense, et mon corps à leur servir d'égide... Ma bouche s'ouvrirait encore pour les consoler, s'ils avaient eu le courage d'imiter le généreux dévouement des chanoines de l'église de la Rochelle. »

Comment le chapitre de La Rochelle avait-il mérité les

éloges intéressés de Bourignon? Il se composait en 1790 de trente membres dont neuf étaient dignitaires; le doyen, élu par ses confrères, Moreau de Marillet, 67 ans; l'abbé, à la nomination du roi, de La Roche-Poncier, 61 ans; le trésorier, Bineau, 43 ans; l'aumônier, Aldebert, 61 ans; le premier archidiacre, Gilbert, 60 ans; le deuxième archidiacre, Levacher, qui jura plus tard, 53 ans; le chantre, Gauthier, 40 ans; le sous-chantre, de La Boucherie, enfin le troisième archidiacre, Le Gay, 60 ans, tous offices à la collation de l'évêque ainsi que les vingt premiers canonicats, le vingt-unième était à l'abbé de l'Apsie (1).

Le 12 novembre 1790, les administrateurs du directoire du district de La Rochelle se rendirent à la salle capitulaire, où les chanoines et l'évêque, prévenus la veille, s'étaient réunis. Massias(2), vice-président, fit connaître le décret de suppression: « C'est aux ministres des autels, dit-il, à donner l'exemple de la soumission; aussi nous ne doutons pas que vous ne vous empressiez d'y obéir et que, malgré le sacrifice douloureux de ce que vous avez de plus cher, vous ne donniez en cette occasion, au peuple qui l'attend, cette preuve éclatante de votre respect pour la nation, la loi et le roi. »

Mgr de Coucy demanda de continuer jusqu'à nouvel ordre l'office divin dans la cathédrale. Le district le permit, sous réserve de l'approbation du département auquel il allait en référer; mais il ajouta que, d'après la proclamation du roi du 24 août, « le ci-devant chapitre de La Rochelle est absolument dissous; que toutes les fonctions relatives à vos anciennes

---

1. Il y avait en outre deux secrétaires prêtres, deux prêtres de bas chœur, douze chantres, six enfants de chœur, trois bedeaux, un sonneur, un archiviste et plusieurs officiers de justice, tous payés sur les biens du chapitre.

2. Le 9 mars 1785, en l'église de Crazannes, messire Jacques-Gabriel Massias, chevalier, président-trésorier de France au bureau des finances et chambre des domaines de la généralité de La Rochelle, fils de feu Mr Me Jacques Massias, président et lieutenant général au siège royal de Rochefort, et de feue Madeleine-Élisabeth Thierce, demeurant à La Rochelle, épouse demoiselle Antoinette-Charlotte-Pauline-Alexandrine Dumas, fille de messire César Dumas, chevalier, ancien capitaine au régiment de la Couronne infanterie, et de Marie-Thérèse-Victoire-Josèphe de Malartic, habitants du lieu de Raulin, paroisse Saint-Maffré, diocèse de Cahors, habitante depuis 3 ans au château de Crazannes; présents: Jean-Baptiste-Marc Chevalier de Saint-Michel d'Unezat, chevalier, capitaine des vaisseaux, chevalier de Saint-Louis; Pierre-Jacques-Joseph Mullon, chevalier, conseiller du roi au bureau des finances de la généralité de La Rochelle, seigneur de la châtellenie d'Aytré; messire Jacques de Chaudruc, écuyer, seigneur de Crazannes; Jean de Chaudruc, écuyer.

dignités respectives vous sont interdites, et que vous devez vous abstenir de toutes assemblées et actes capitulaires ; qu'enfin l'évêché de La Rochelle, demeurant supprimé, le prélat qui en occupait le siège est privé de sa juridiction. » L'évêque appose son nom au bas de la proclamation du roi imprimée. Quant au procès-verbal, lui, les dignitaires nommés plus haut, et les chanoines : Massieux, Poilièvre, Souzy, Pichon, Couet, La Richardière, Jubaud, Pichard de Nanclas, Doué, Brunetière, Grenier, Gautier jeune, Rodrigue, Jouanne de Saint-Martin, Victor-Donatien de Musset-Pathay, Cossin, refusèrent de signer.

Il n'est point question de Poulin, qui jura plus tard. Gastumeau, Gauzargnes et Desrolles étaient absents. Était-ce une manière de protester contre l'illégalité dont ils étaient victimes (1) ?

Le 15, les commissaires revinrent ; le département avait donné des ordres positifs pour faire « cesser toutes fonctions canoniales », et défendre même de célébrer l'office divin à la cathédrale. M. de Coucy répondit qu'il n'avait rien à ajouter à ce qu'il avait dit le 12 ; et la plupart des chanoines se retirèrent pendant qu'on apposait les scellés. La protestation pour n'être pas bruyante n'était pas moins formelle, et le refus de signature prouvait bien qu'on ne voulait pas reconnaître la validité du décret (2).

Sur les vingt-quatre chanoines de Saintes, cinq, avons-nous dit, avaient refusé de mettre leur nom au bas de la protestation (3). Le journaliste ne leur ménage pas les éloges : « Je ne dois pas passer sous silence le refus honorable de signer la

---

1. Non pas certes pour Gastumeau, qui donna les plus tristes exemples. René-Alexis Gastumeau, né à La Rochelle, le 22 novembre 1731, fils de Jean-Baptiste Gastumeau, négociant, et de Henriette Gravié, devint vicaire épiscopal de Robinet, et épousa à Saintes le 4 messidor an II, — 12 juin 1794, — Jeanne Coussereau, âgée de 25 ans, née à Libourne, le 20 avril 1769, fille de Jean Coussereau, cordonnier, et de Madeleine Lafond, demeurante au dit lieu de Libourne, illettrée, qui le laissa bientôt. — Je trouve une note où il est dit qu'il divorça le 21 germinal an III avec Jeanne Charbonnier. Se serait-il marié deux fois ?

2. *La suppression de l'évêché et du chapitre de La Rochelle en 1790*, par l'abbé E. Gendre, dans le *Bulletin religieux du diocèse de La Rochelle et de Saintes*, X, 121 ; n° 11, 13 septembre 1873.

3. Voir *Pièces justificatives*.

déclaration du ci-devant chapitre de Saintes, manifesté par cinq de ses membres ; leur patriotisme figurera avec éclat dans les fastes de la révolution. Saint-Légier de Boisron (1), Grelet (2), Capdeville (3), du Pavillon (4), de Luscan (5), volez, noms immortels, vers le temple de la patrie ! Les palmes civiques vous attendent. » Sauf deux qui jurèrent, et un qui mourut à temps, ils volèrent vers les douceurs de l'exil ou les délices des pontons, ces « temples de la patrie ».

La déclaration du chapitre devait être imprimée et adressée au directoire du département et à tous les chapitres du royaume. Elle circula partout. Aussi bientôt le procureur général syndic la déféra au directoire. « La loi, disait-il par le plus étrange sophisme, n'est autre chose que la volonté générale ; et lorsque cette volonté a parlé, tout citoyen doit fléchir devant elle. Le décret du 12 juillet a prononcé la suppression de tous les chapitres du royaume ; et du jour de sa publication, les chapitres ont été supprimés. Nul prêtre n'a donc plus le droit de

---

1. René-Antoine de Saint-Légier de Boisron d'Orignac, né le 6 septembre 1755, fut placé au collège de Saint-Magloire par le duc d'Orléans ; chanoine en 1780, il fut élu un des onze officiers municipaux à Saintes, le 7 février 1790 ; émigra en Espagne à Burgos, puis en Angleterre à Plymouth. Il refusa l'évêché de Périgueux, fut vicaire général honoraire, conseiller général de la Charente-Inférieure, et mourut curé de Jonzac, le 24 février 1845. Voir lettres de son émigration dans le *Bulletin religieux du diocèse de La Rochelle*, 31 décembre 1881.

2. Pierre-Gabriel Grelet du Peyrat, de Limoges, fils de Gabriel Grelet et de Françoise Faulte, chanoine de Saintes en 1772, prêta serment. Il est mort à Saintes le 20 juin 1829.

3. Louis Capdeville, né en Béarn, chanoine en 1762, mort à Saintes, paroisse de Saint-Pallais, le 5 septembre 1792, âgé de 91 ans.

4. Joseph du Cheyron du Pavillon, élu chanoine de Saintes, le 26 juin 1782, à la place de Duchosat, mort à Paris le 20, âgé de 30 ans, prit possession le 1er juillet. Il eut (8 mars 1788) une pension de 3600 livres sur l'abbaye de Saint-Ouen. Il fut, à son retour des vaisseaux de Rochefort, recueilli à Saintes, avec l'abbé de Féletz, par Faure-Douville. Pour éviter une nouvelle déportation, il passa en Espagne, d'où il ne revint qu'en 1801. Voir *Mélanges*, I, 114, par M. de Féletz, et plus haut, page 100.

5. Joseph Gémit de Luscan, prêtre du diocèse de Comminges, gradué nommé de l'université de Toulouse, bachelier en théologie (23 juillet 1751), tonsuré le 30 mai 1744, maître ès arts le 8 janvier 1749, prêtre le 22 septembre 1753, curé et vicaire perpétuel de Saint-Pierre de Saintes du 17 décembre 1768 au 28 décembre 1777, chanoine en 1777. Il était né le 15 mai 1728, cinquième fils de Jean Gémit, sieur de Luscan et de Barsous, et de Marthe de Binos, dame de Vidaussan, frère de Gérard, chanoine de Tarbes, vicaire général de Saint-Papoul, d'Alexandre, chanoine et vicaire général de Tarbes, de Charles, capitaine au régiment de Bourbonnais, mort à 82 ans en émigration, et de Louis-François, marquis de Luscan. Après avoir prêté le serment, il se retira dans sa famille et mourut en 1807.

prendre la qualité de chanoine, et de s'assembler en corps ; ceux qui le font troublent l'ordre, insultent à la loi, et invitent par leur exemple les autres citoyens à devenir coupables comme eux.

« L'organisation civile du clergé, décrétée par l'assemblée nationale, ne porte atteinte ni au dogme, ni à la doctrine, seules bases sur lesquelles repose la foi de nos pères. Citoyens, vous que l'erreur a quelquefois égarés, mais qui, par inclination, voulez toujours le bien, n'en croyez pas le zèle simulé de ces hommes qui vous disent qu'on renverse la religion. Redoutez ces paroles empoisonnées ; elles ont été dans tous les temps la source des plus grands malheurs. Notre religion est toujours la religion vraie, la religion sainte ; et tant que nos dogmes et nos mystères seront révérés, ne voyez, dans les hommes mécontents qui vous obsèdent, que des esprits dangereux qui veulent alarmer votre foi pour mieux exécuter leurs criminels projets. »

Le directoire du district ne resta pas en retard. Le 27 novembre, voici ce qu'il disait : « Le directoire, après avoir pris lecture d'une déclaration faite par les individus composant ci-devant le chapitre de Saintes et à lui adressée par le sieur Delaage, se disant doyen du dit chapitre, ensemble d'une lettre du dit sieur Delaage, en date du vingt-six de ce mois ;

« Considérant que le premier devoir de tout Français est d'être citoyen, et de respecter les loix constitutionnelles qui en assurent à chaque individu les droits imprescriptibles et sacrés ;

« Que toute protestation contre ces loix, résultat de la volonté générale, est un attentat qui doit être réprimé par la force publique, puisqu'elle tend à fomenter le trouble et l'anarchie, et à renverser l'ordre social établi pour le bonheur de tous ;

« Que les ci-devant chanoines, guidés par un vil intérêt particulier qu'ils veulent en vain couvrir du voile respectable de la religion, paraissent non seulement se refuser à l'exécution des décrets, mais même chercher par de perfides insinuations à ramener le tems des vexations et des abus proscrits d'une manière solennelle par le seul vrai souverain, la volonté générale de la nation, et dont le pouvoir ne fut que trop longtemps enchaîné par la tyrannie et le despotisme ;

« Considérant que le prétexte du maintien de la religion, sur lequel ils fondent leur coupable déclaration, ne peut que porter l'alarme et le trouble dans les consciences et susciter des ennemis à une constitution qui a mis au premier rang des dépenses publiques, celles des ministres du culte, et prouve si évidemment le respect de nos législateurs pour la loi sainte qu'ont professée leurs pères ;

« Que si dans tous les cas le refus d'obéir aux loix est répréhensible, il prend un caractère encore plus criminel et plus dangereux lorsqu'il est fait par des hommes qui, par leur état, doivent particulièrement enseigner le précepte, et donner l'exemple de la soumission ;

« Considérant enfin que la tranquillité publique, le respect dû à la loi, l'affermissement de la confiance publique sur la sûreté de la vente des biens nationaux, nécessitent des mesures aussi promptes que sévères pour prévenir les suites d'une semblable protestation ;

« Est d'avis que la suppression du chapitre, opérée de droit depuis la notification du décret du 12 juillet dernier, s'opère de fait ; qu'en conséquence les scellés soient apposés sur les portes extérieures de l'église cathédrale, destinée à devenir paroisse jusqu'au jour où l'évêque aura donné ses ordres à cet égard, ou qu'il y soit autrement pourvu en vertu des décrets ; qu'il soit fait inhibition et défense aux membres du ci-devant chapitre de s'assembler sous peine d'être arrêtés comme perturbateurs du repos public, et punis selon la rigueur des loix ; que leur écrit soit supprimé, comme injurieux et attentatoire au respect dû à l'assemblée nationale et aux décrets sanctionnés par le roi ; qu'ils soient poursuivis pour être déclarés déchus de leur traitement ; que provisoirement il soit sursis à la fixation de leur traitement, et qu'il ne leur soit accordé aucunes sommes que préalablement ils n'ayent publiquement prêté le serment civique, tel qu'il a été décrété, et désavoué hautement leur déclaration ; que les commissaires nommés pour l'apposition des scellés se feront accompagner de la force armée, et se feront représenter les registres des délibérations pour être déposés en lieu de sûreté ; qu'il sera écrit au corps municipal de veiller avec le plus grand soin au maintien de la tranquillité publique, à peine de demeurer responsables de tous les événements ;

« Qu'enfin l'arrêté du département sera lu, publié et affiché, et que copies d'iceluy et du dit écrit seront adressées à l'assemblée nationale.

« ARDOUIN, DUBOIS, ESCHASSERIAUX. DUGUÉ. »

Au fond peut-être le directoire du district n'avait pas grande envie de molester les chanoines. On les dénonçait à l'assemblée. L'assemblée n'avait pas le temps de s'en occuper. Les prendre par la famine était une idée plus ingénieuse. Elle ne fut pas perdue. Le 26 octobre 1791, Fauchet, évêque constitutionnel du Calvados, après avoir tonné contre la persécution, concluait au refus de payer la pension aux prêtres insermentés. Après la délibération du 27 novembre 1790, on y songea encore mûrement. Quelle gloire si le jeûne forçait les prêtres à venir humblement devant Ardouin, Dubois, Eschasseriaux et Dugué, rétracter leur déclaration, et pour un morceau de pain vendre leur conscience !

Aussi quand le chapitre, par l'organe du doyen Delaage, réclama pour l'année écoulée le traitement que lui assurait la loi et qui, d'après lui, ne pouvait pas être moindre de six mille livres, le directoire du district, le 8 janvier 1791, sur la motion du procureur syndic, « réfléchissant sur la protestation du ci-devant chapitre de Saintes, dont le sieur Delaage est signataire, réfléchissant sur les inconvénients qui pourraient résulter de cet acte qui porte l'empreinte du mépris des lois, et capable d'élever contre leurs sages auteurs les esprits faibles et peu éclairés, si l'administration ne l'eût proscrit aussitôt par une proclamation dont la sagesse et la fermeté ont consolé les consciences faussement agitées ; réfléchissant encore sur l'avis que les membres du directoire du district, dont le civisme fut indigné, adressèrent alors au département pour que ces ecclésiastiques fussent privés de leur traitement jusqu'à une rétractation solennelle de cet écrit séditieux », pensa d'abord qu'il fallait persister dans sa première résolution, et refuser la demande de cet ecclésiastique ; mais ensuite, « considérant que des administrateurs ne peuvent se conduire que par la loi, ni être plus rigoureux qu'elle ; considérant que l'assemblée nationale n'a pas encore prononcé de peines sur un pareil écart, malgré qu'elle eût été instruite que plusieurs chapitres ont osé s'y livrer ; considérant enfin que des administrateurs ne sont jamais plus grands que lorsque, par leur bienfaisance envers les ennemis de la constitution, ils forcent ceux-ci au repentir et à respecter la loi », il émet l'avis « que la fixation du traitement du requérant soit soumise à la sagesse du directoire du département ».

Le directoire du département, lui, avait déjà reculé devant l'odieux de ce moyen. Torné, évêque constitutionnel de Bourges (¹), devait s'écrier un peu plus tard : « Condamner à la faim des hommes ci-devant fortunés, après les avoir condamnés à l'indigence, ce serait une cruelle et basse parcimonie. Grâce pour l'insermenté, auquel on ne peut reprocher que son grabat et son scrupule. » Le 13 janvier 1791, le département constata bien que le chapitre avait « fait une déclaration contenant des principes contraires aux lois relatives à la constitution civile du clergé, » et que « le conseil général du département, par sa déclaration du 27 novembre dernier, avait cru devoir la dénoncer à l'assemblée nationale, et lui demander d'être autorisé à ne faire délivrer aucun à-compte de traitements aux signataires jusqu'à ce qu'ils l'eussent désavouée ; que néanmoins il arrêtait provisoirement que tout paiement serait suspendu. » Mais l'assemblée n'avait rien répondu ; et elle n'avait point édicté de peines contre les ecclésiastiques qui protesteraient ainsi. Donc, avant la décision attendue de l'assemblée, priver de traitement les chanoines de Saintes serait préjuger la loi et la créer. On passa outre ; la délibération prise fut déclarée non avenue, et l'on paya les chanoines. Ainsi déjà apparaissait la tentation du pouvoir, d'ôter d'une main ce

---

1. Pierre-Anastase Torné, fils de Bertrand, homme de loi, et de Pauline Borjella, évêque métropolitain de Bourges et président de l'administration du département du Cher, épousa à Bourges, le 15 nivôse an II, âgé de 67 ans, Jeanne Colet-Messine, d'Issoudun, qui en avait 49. Il divorça peu après, partit pour les Pyrénées, devint bibliothécaire à Tarbes, où il était né, le 21 janvier 1727. C'est là qu'il mourut subitement le 12 janvier 1797.

qu'il donnait de l'autre, et de priver les ayant-droit de la rente promise en échange de leurs biens. Inconvénient d'un clergé salarié par l'état (1) !

1. On paya aussi le bas-chœur. Par une curieuse délibération prise le 3 décembre 1790 et qu'on trouvera, page 119 dans notre ouvrage *Saint-Pierre de Saintes*, « le directoire ayant ensuite vu un mémoire intitulé : Table de la dépense ordinaire par mois dans l'église cathédrale de Saint-Pierre de Saintes, pour le bas-chœur, pour la messe de prime et pour la psalette, montant à la somme de six cent soixante-trois livres neuf sols six deniers ; le dit mémoire en date du 1er de ce mois signé Marchal ; sur ce ouï le procureur syndic, » fut d'avis « que, le chapitre de Saintes étant supprimé par le décret de l'assemblée nationale sur la constitution civile du clergé du 12 juillet dernier, les individus qui composaient le bas-chœur de ce chapitre ne pouvaient plus être payés collectivement comme ils l'étaient ci-devant, mais individuellement et comme ci-devant attachés au service du dit chapitre. »

En conséquence, M. Delaage, receveur du district, paya aux dénommés ci-après pour leurs appointements du mois de novembre dernier, savoir, au sieur Close, ancien second vicaire, la somme de 45 livres, y compris 7 livres et 10 sols, moitié de 15, pour les messes de prime. ... ... 45ˡ.
Au sieur Girard, troisième vicaire, 25 livres 10 sols, compris même la somme de 7 livres 10 sols, pour l'autre moitié des messes de prime... ... ... 25ˡ.10ˢ.
Au sieur Josse, maître de musique, 251 livres, 9 sols, 6 deniers, savoir 29 livres, 3 sols, 4 deniers pour ses appointements et 222 livres, 6 sols, 6 deniers pour l'administration et entretien de la psalette... ... ... 251ˡ.9ˢ.10ᵈ.
Au sieur Fauchay, taille ... ... 49ˡ.3ˢ.4ᵈ.
Au sieur Mery, serpent ... ... 33ˡ.6ˢ.8ᵈ.
Au sieur Geoffroy, basse-contre. ... ... 54ˡ.3ˢ.4ᵈ.
Au sieur Laurier, haute-contre.. ... ... 50ˡ.0ˢ.0ᵈ.
Au sieur Baymond, baleinier ... ... 24ˡ.
Au sieur Boiguier, baleinier ... ... 24ˡ.
Au sieur Gontat, suisse ... ... 18ˡ.15ˢ.4ᵈ.
Au sieur Brunet, sonneur... ... ... 16ˡ.10ˢ.
Au sieur Berthomé, sacriste ... ... 12ˡ.10ˢ.
Au sieur Savigny, basse-contre.. ... ... 54ˡ.3ˢ.4ᵈ.

Total : 651ˡ.9ˢ.10ᵈ.

Quant à la somme de douze livres qui manque pour parfaire le montant de l'état des appointements des individus du dit bas-chœur, et qui était attribuée au Sr St Cyprien, ci-devant premier vicaire, le directoire arrête que cette somme ne sera pas payée au dit Sr St Cyprien attendu qu'il est salarié comme curé de la paroisse de St-Pierre.

La séance a été levée à midi,

DUBOIS. ARDOUIN. DUGUÉ. ESCHASSERIAUX.
GODET, *secrétaire*.

CHAPITRE XV.

Pierre-Louis prié d'organiser son clergé. — Défense aux chanoines de dire la messe dans le chœur et de porter leur habit. — Sollicitude pour les enfants de chœur. — Scellés apposés sur le chœur et la chaire. — Rapport de Voydel à l'assemblée contre François-Joseph.

Il fallait bien payer les chanoines : car, en les proscrivant, on était bien aise de se servir d'eux. Le 6 décembre, eut lieu l'installation des juges du district de Saintes (1). Le doyen, invité la veille par une députation de la municipalité, entonna, au milieu d'une grande foule et de tous les corps constitués, le *Veni Creator*, et célébra une messe du Saint-Esprit qui se termina par un *Te Deum*. Cette condescendance ne sauva pas le chapitre. Jusque-là, on avait usé de tolérance. Après leur avoir signifié le décret de leur dissolution, on les avait laissés dire messe et vêpres à leur guise. Qu'importait, en effet, au repos public que des prêtres chantassent matines ou laudes ? Et puis, c'étaient des hommes considérables dans le pays, alliés aux meilleures familles. Ils avaient donné des preuves de patriotisme en maintes occasions, officié quand on avait voulu, prêté leur église pour les assemblées électorales. Plusieurs, par leur libéralisme, avaient mérité d'être élus officiers municipaux ou notables. Tout cela fut nul. L'article VII de la loi du 26 décembre 1790 était formel : « Ceux desdits évêques, ci-devant archevêques, curés et autres ecclésiastiques fonctionnaires publics, conservés en fonctions et refusant de prêter leur serment respectif, ainsi que ceux qui ont été supprimés, ensemble les membres des corps ecclésiastiques séculiers également supprimés qui s'immisceraient dans aucunes de leurs fonctions

---

1. André-Antoine Bernard des Jeuzines, René Briaud, René Duchaine-Martimont, Jérôme-René Landreau et Étienne Dangibeaud, remplacé l'année suivante, 10 décembre, après sa démission, par Joseph Dubois.

publiques ou dans celles qu'ils exerçaient en corps, seront poursuivis comme perturbateurs de l'ordre public et punis des mêmes peines que ci-dessus. »

En conséquence, les administrateurs du département arrêtèrent, le 1ᵉʳ février (1):

« Que le directoire du district de Saintes serait chargé de faire défense aux ci-devant chanoines de la cathédrale de cette ville de s'immiscer publiquement et en corps dans aucune des fonctions de leur ministère, à compter du jour de l'avertissement qui leur en serait donné, sans que par cette prohibition il soit néantmoins ôté à aucun prêtre la faculté de dire la messe dans la dite église, destinée à être église cathédrale paroissiale.

« Et attendu que, lors de l'organisation du nouveau conseil de l'évêque, il sera vraisemblablement convenable pour la majesté du peuple de conserver des enfans de chœur,

« Nous arrêtons, sur ce ouï le procureur général sindic, que la pension de ceux qui étaient ci-devant consacrés au service de l'ancienne cathédrale, leur sera continuée jusqu'aux dispositions définitives qui seront prises à cet égard, après avoir consulté le directoire du district.

RONDRAU, *président*. RABOTEAU. ESCHASSERIAUX. DUCHESNE. RUAMPS. JOUNEAU. RIQUET. EMOND, *secrétaire*.

On y mettait certainement des formes. Ces gens n'étaient point mauvais pour la plupart. Le torrent était plus fort qu'eux. Peut-être auraient-ils voulu résister ; ils n'osaient.

---

1. « Aujourd'hui premier février 1791, il a été dit par monsieur le procureur général sindic, que le décret du 12 juillet, sanctionné le 24 août, ayant supprimé toutes les collégiales, les églises cathédrales et tous chapitres tant séculiers que réguliers, il devait être défendu à celui de cette ville de s'imiscer dans aucunes fonctions canoniales, du jour de la publication du district ; que néantmoins des considérations particulières avaient déterminé le corps administratif du département à écrire à M. L'évêque avant de prendre aucun parti positif, en le prévenant qu'on lui laissait quinzaine pour procéder à l'organisation de son nouveau clergé, pendant lequel temps on tolérerait que les ci-devant chanoines continuassent à remplir publiquement les fonctions du culte divin dans leur église, pourvu qu'ils ne se décorasent d'aucunes marques distinctives qui annonçassent encore l'existence d'un corps supprimé ; que depuis cette époque l'assemblée nationale ayant rendu un nouveau décret, le 27 novembre, sanctionné le 26 décembre suivant, qui prohibe à tous les ecclésiastiques supprimés de continuer aucunes de leurs fonctions publiques, à peine d'être poursuivis comme perturbateurs de l'ordre public, le dit procureur général sindic, chargé de l'exécution de la loi, se voyait aujourd'hui indispensablement obligé de requérir qu'il fût interdit aux ci-devant chanoines de s'assembler en corps, pour faire aucunes fonctions de leur ministère, et demandait que le directoire voulût bien statuer sur son réquisitoire. »

L'arrêté arriva au directoire du district qui, le 2, invita les officiers municipaux à prendre les mesures nécessaires : ordonner aux chanoines de cesser toute fonction publique, défendre au sacristain de sonner les cloches pour les offices du chœur désormais supprimés, apposer les scellés sur les trois portes du chœur pour interdire la grand' messe et sur la chaire pour empêcher la prédication, avertir les clergeons que leur pension leur est continuée, enfin mettre les troupes sur pied, doubler les postes et tenir la ligne et la garde prêtes à marcher à la première réquisition (1).

Le 3 février, la municipalité envoya Gout, Lesacques et Boisnard intimer au doyen et à la compagnie l'ordre du directoire. Ils arrivèrent, accompagnés du greffier et précédés de deux gardes de l'hôtel de ville. La grand' messe allait se dire. On dut s'arrêter. Chacun en particulier eut défense de prêcher, célébrer la messe, faire un office quelconque. On permettait cependant des messes basses dans les petites chapelles de la nef. On autorisait le sacristain Berthomé à fournir les ornements et le maître de la psalette à continuer l'instruction des enfants de chœur jusqu'à nouvel ordre. Les scellés furent apposés sur les trois portes du chœur et sur celle de la chaire. « Et dès ce moment, ajoute mélancoliquement Legrix, l'office public, célébré sans interruption dans cette église depuis près de mille ans, a entièrement cessé. » C'en était fait du chapitre.

Ce premier succès obtenu, on songea à une victoire plus considérable. L'évêque fut attaqué. On avait cru ou feint de croire que Pierre-Louis de La Rochefoucauld serait docile. Le 18 novembre 1790, le directoire du district, en même temps qu'aux chanoines, lui notifiait la constitution civile du clergé et l'engageait à se hâter « de faire choix de ses vicaires, conformément à l'article 22 du titre 2 du décret du 12 juillet dernier pour parvenir plus promptement à la formation de la paroisse cathédrale. » Le département de son côté écrivait à

---

1. J'ai publié dans l'ouvrage *Saint-Pierre de Saintes*, page 124, la lettre du directoire du département aux officiers municipaux relative à la suppression du chapitre. On me permettra d'y renvoyer le lecteur pour ne pas la publier une seconde fois.

l'évêque « de se décider, d'ici au 29 de ce mois, sur le choix de ses vicaires. » Le 22, Dubois et Eschasseriaux, qui étaient allés au palais épiscopal, rapportent le procès-verbal de signification du décret. Mgr de Saintes laissa dire, écrire et dresser procès-verbaux. Son frère, lui, à un avis semblable du directoire du district de Beauvais, avait, nous l'avons vu, répondu qu'occupé à Paris, par les travaux de la constituante, il ne pouvait songer à réorganiser sa cathédrale. La lettre avait paru un peu irrévérencieuse. On s'en plaignit à l'assemblée nationale; et à la séance du vendredi soir 26 novembre 1790 [1], Voydel, faisant, au nom des comités d'aliénation ecclésiastique, des rapports et des recherches réunis, un rapport sur l'opposition des évêques à la constitution civile du clergé, signalait en particulier la conduite de François-Joseph de La Rochefoucauld : « Vous allez voir au surplus, disait-il, que les rebelles, uniformes quant à la résistance, en varient les effets au gré de leurs diverses passions, de leurs craintes ou de leurs espérances.... Ainsi M. l'évêque de Beauvais, membre de cette assemblée, pressé par le directoire du département de l'Oise de donner des ordres pour la prompte exécution dans son diocèse du décret sur la constitution civile du clergé, la formation de sa cathédrale en paroisse, la suppression et réunion des cures, la nomination de ses vicaires, a répondu que, ne voyant pas le terme de votre session, il ne pouvait en assigner une à son retour. »

1. *Moniteur universel* du 28, VI, page 483.

CHAPITRE XVI.

Le serment à l'assemblée nationale. — Lettre de Pierre-Louis sur la séance de l'assemblée. — Son refus de jurer. — Son exemple est imité par la grande majorité du clergé de Saintes. — Les professeurs du collège refusent. — Lettres que l'évêque leur adresse. — Les jureurs. — Lettre de François-Joseph.

Vint le décret du 27 novembre. Il ordonnait que les évêques et curés seraient tenus de prêter, dans la huitaine, le serment à la constitution civile du clergé, faute de quoi les récalcitrants seraient censés avoir donné leur démission. S'ils continuaient à s'immiscer dans leurs anciennes fonctions, on les poursuivrait comme perturbateurs du repos public. Louis XVI, après un mois d'hésitation, finit, comme toujours, de guerre lasse, par se rendre aux vœux de l'assemblée, le 26 décembre 1790. Dès le lendemain, Grégoire, curé d'Emberménil, prêtait serment. Avec lui dom Gerle, le chartreux, qui n'y était point astreint, puis soixante-quatre moines ou prêtres séculiers, parmi lesquels quelques-uns voisins de la Saintonge : Pierre-Mathieu Joubert, curé de Saint-Martin d'Angoulême ; René Lecesve, curé de Saint-Triaize, qui, élu évêque de la Vienne, le 27 février 1791, mourut subitement au moment où il se disposait à lancer l'interdit sur les prêtres fidèles ; Dillon, curé du Vieux-Pouzauges, diocèse de Luçon ; David-Pierre Ballard, curé de Poiré-sous-Velluire ; René Jallet, curé de Chérigné, quatre députés de Poitiers, sur sept. Le 28 ce fut le tour de Talleyrand, évêque d'Autun ; puis de Massieu, curé de Sergy, futur évêque de l'Oise, régicide et apostat ; cinq jours après, vint Jean-Baptiste Gobel, évêque de Lydda, suffragant de l'évêque de Bâle. La Rochefoucauld était resté tranquille à son banc, regardant avec affliction défiler devant lui les renégats. Leur nombre était petit ; mais il pouvait s'augmenter.

Le délai de rigueur allait expirer. Le 2 janvier, Bonal,

évêque de Clermont, monte à la tribune pour protester une dernière fois contre le droit que s'arrogeait l'assemblée sur les consciences. Le 4 janvier est le terme fatal. Laissons La Rochefoucauld raconter, dans la lettre suivante que nous citons tout entière à cause de son intérêt, cette scène mémorable qui fut le triomphe du clergé, et après laquelle Mirabeau put dire avec raison : « Nous avons leur argent ; mais ils ont conservé leur honneur. »

« Vous attendez, je m'imagine, avec bien de l'impatience, mon cher abbé, les détails de la séance d'hier : je vais tâcher de vous en donner le précis. Si l'espèce d'acharnement avec lequel on poursuit les ministres du Seigneur et l'on veut forcer leur conscience vous afflige, vous serez un peu consolé par la fermeté et le courage qu'ont montré les évêques et un grand nombre d'ecclésiastiques du second ordre, quoiqu'on n'ait absolument négligé aucun des moyens qu'on a crus propres soit à les intimider, soit à les séduire.

« A une heure et un quart, terme fatal qui était marqué, comme je vous l'ai mandé hier, la majorité de l'assemblée a montré une grande impatience pour interrompre l'objet qui était à l'ordre du jour. Afin de commencer à travailler le clergé, on a interrompu l'orateur qui était à la tribune, et qui parlait, à la vérité depuis longtemps, et on a demandé que son opinion fût continuée au lendemain. Il s'est élevé quelques débats à cet égard, qui ont fini par nous donner encore jusqu'à deux heures pour faire nos réflexions. Si on nous avait consultés, nous aurions été d'avis que la question qui nous concernait se traitât sur-le-champ. Pendant le peu de temps qu'on nous avait donné une partie de l'assemblée montrait la plus vive impatience ; et l'on a crié plusieurs fois au président qu'il était deux heures. Il a été obligé de se rendre aux instances du parti qui nous est opposé, avant même que le nouveau délai fût expiré ; il est vrai qu'il n'y avait plus que trois ou quatre minutes ; mais enfin l'heure fatale n'était pas encore arrivée.

« La première personne qui est montée à la tribune est l'abbé Grégoire. Il a voulu nous prouver que l'assemblée n'avait point entrepris sur le spirituel ; qu'elle l'avait déclaré plusieurs fois, et il a fini par exhorter ses confrères, les curés et les évêques, pour lesquels il a protesté être plein de respect, de se rendre aux vœux de l'assemblée, et de prêter le serment pour éviter les troubles et les malheurs qui pourraient être la suite de leur résistance (¹). Mirabeau a succédé à l'abbé Grégoire, et a commencé par se plaindre avec force, du titre qu'on avait mis à l'affiche du décret concernant le serment. Par ce titre il était dit que ceux qui ne prêteraient pas le serment seraient poursuivis comme perturbateurs du repos public. Était-ce un fait exprès? était-ce une inadvertance? Il ne prononce rien à cet égard pour ne pas blesser la charité. Mirabeau a voulu ensuite étendre un peu les raisons de l'abbé Grégoire, et a dit à peu près qu'on ne devait pas, à la vérité, regarder comme perturbateurs du repos public les personnes qui ne prêteraient pas le serment, mais qu'elles le deviendraient, si elles voulaient, après s'y être refusées, continuer leurs fonctions; il n'a cependant pas conclu, comme on s'y attendait, à ce que tous ceux qui ne prêteraient pas le serment donnassent leur démission.

« Après Mirabeau, Bailly est monté à la tribune pour justifier l'affiche mise par ordre de la municipalité. Il s'est assez mal défendu. Il a prétendu que la loi lui était parvenue telle qu'elle avait été affichée, et a rejeté la faute sur le comité chargé de l'envoi des décrets. Il a ajouté qu'on avait, dès que l'on s'était aperçu de l'erreur, fait placarder les anciennes affiches par de nouvelles où on avait retranché ce qui pouvait égarer le peuple. Le fait n'était pas de la plus grande exactitude : car on en trouva encore une aux portes de l'assemblée pareille à celles qui avaient excité de justes réclamations (²).

---

1. Pour obtenir plus de serments, Grégoire prétendait que la loi demandait seulement aux fonctionnaires de jurer d'obéir à la loi et de l'exécuter, et qu'on pouvait intérieurement garder sur elle son opinion, comme on obéit aux lois de police en tant que faits, tout en les désapprouvant dans sa conscience. On y a vu là une restriction mentale; c'était une simple confusion; un règlement de voierie que j'exécute n'engage pas ma conscience; mais une croyance que je viole l'engage. On ne pouvait donc jurer d'observer une loi qu'on était décidé à transgresser.

2. Une affiche placardée sur les murs de Paris au nom de la municipalité déclarait que les ecclésiastiques étaient condamnés au serment sous peine d'être déclarés perturbateurs du repos public. Le maire de Paris expliqua le faux par une erreur de copiste commise dans les bureaux, Candide Bailly ! et pour réparer la faute, de nouveaux placards où la loi n'était plus falsifiée furent apposés.... à côté des anciens qu'on laissa subsister.

« Malouet fit ensuite sa motion pour qu'on recherchât les auteurs d'une faute si grave et qui pourrait avoir les suites les plus fâcheuses ; cette motion n'a pas été mise aux voix; elle en valait cependant bien la peine !

« Barnave, à son tour, a demandé qu'on insérât dans le procès-verbal l'explication qu'avait donnée le maire Bailly. Passant à l'objet principal, et après avoir répété ce qu'on avait déjà dit sur le spirituel, et avoir tâché de prouver que l'assemblée n'avait rien mis dans la constitution du clergé qui y touchât, il a conclu à ce qu'on interpellât tous les fonctionnaires publics ecclésiastiques qui étaient à l'assemblée, de faire le serment, et qu'après ces interpellations, s'ils s'y refusaient, il fût ordonné au président de se retirer par devers le roi pour le prier de donner des ordres aux départements de mettre le décret du 27 à exécution. On voulait faire rédiger le procès-verbal de la séance tout de suite, et y faire insérer ce qu'avaient dit l'abbé Grégoire et Mirabeau sur le spirituel. On espérait par là séduire quelques personnes. On s'y est opposé, parce que l'intention réelle de l'assemblée n'est pas de ne point entreprendre sur le spirituel. L'abbé Mauri a demandé la parole. A peine a-t-il prononcé trois mots qu'on a dit qu'on n'avait plus d'explications à entendre, et on *l'a écarté de la tribune par un décret*. On a encore disputé pour savoir si on inscrirait le dire de l'abbé Grégoire et de Mirabeau dans le procès-verbal. Desprémenil a voulu monter à la tribune pour faire ses observations et démontrer à l'assemblée qu'elle est de mauvaise foi ; ce sont ses propres paroles, qui ont été entendues avec bien de l'impatience. Décret qui lui interdit la parole. Enfin l'on décrète la première partie de la motion de Barnave. Pendant l'intervalle des interpellations, Mirabeau se tourne et se retourne pour interpréter les intentions de l'assemblée. Un seul curé se laisse séduire et prête le serment purement et simplement, en faisant observer qu'il avait sa conscience tranquille, d'après les réflexions qui ont été faites.

« Il est enfin décidé qu'on interpellera chacun nominativement. On apporte la liste ; on appelle M. l'évêque d'Agen. Au moment où il allait prendre la parole pour répondre, on entend les cris d'une multitude effrénée qui entoure la salle et vomit des imprécations contre les ministres du Dieu saint. Elle vocifère : « A la lanterne ! A la lanterne ! » Beaucoup de voix s'élèvent dans l'assemblée pour faire remarquer ce bruit au président, et pour lui dire de donner des ordres afin d'écarter cette multitude. Il en donne ; on entend encore de nouvelles menaces. Nouvelles interpellations au président de faire cesser le tumulte et de faire éloigner de l'assemblée cette multitude, j'oserais dire, de cannibales; une pluie d'averse secourt fort à propos la garde nationale. La foule se dissipe en partie, et le calme paraît se rétablir au milieu de l'assemblée. M. l'évêque d'Agen peut se faire entendre ; il répond avec fermeté que, quoiqu'il soit sur le point de perdre sa place et tout ce qu'il a dans le monde pour subsister, cette crainte ne le fera pas manquer à sa conscience, et qu'il ne prêtera point le serment(1). Beaucoup d'applaudissements de notre côté, et un morne silence de l'autre. On appelle ensuite M. de Fournets, curé de Puy-Miquelan ; il répond : « Je me ferai toujours gloire de suivre les traces de mon évêque ; et, quelque chose qui puisse m'arriver, j'espère que Dieu me fera la grâce de le suivre partout comme saint Laurent suivit le pape saint Sixte. Je refuse de prêter le serment. »

« Après avoir appelé quelques personnes absentes, se présente encore un curé qui veut motiver son refus avec autant de force que les deux autres. On crie que l'on ne veut pas d'explications, et qu'il faut répondre simplement : « Je jure ou je refuse. » On demande qu'on cesse l'appel nominal et qu'on s'en tienne à une interpellation générale. Grand débat à cet égard. Enfin la proposition est décrétée. Nouvelles explications données par Mirabeau. L'abbé Mauri demande encore la parole ; le président la lui accorde. Il monte à la tribune et en est écarté par un nouveau décret, sans avoir pu proférer une seule parole. Nouvelle dispute sans qu'on puisse s'entendre. Cazalès propose à l'assemblée d'accepter la formule de

---

1. « Je ne donne aucun regret à ma place, aucun à ma fortune, mais j'en aurais infiniment de perdre votre estime que je veux mériter en vous témoignant mes regrets de ne pouvoir prêter le serment que vous avez décrété. »

M. de Clermont (1), et observe qu'il ne peut y avoir de difficultés, puisque l'assemblée prétend n'avoir ni touché ni vouloir toucher au spirituel. Cette proposition est rejetée avec beaucoup de vivacité, pour ne rien dire de plus. Enfin, on fait une interpellation et on décrète la dernière partie de la motion de Barnave. Voilà dans l'exactitude ce qui s'est passé. Les évêques et les curés ont montré courage et fermeté. Nous devons donc rendre grâces à Dieu de nous avoir soutenu dans cette circonstance. J'espère que l'exemple que viennent de donner les membres de l'assemblée inspirera de l'énergie et la constance aux autres. »

Oui ce fut un jour solennel que celui où le clergé accepta aussi noblement la misère, l'exil, la persécution, la mort, pour ne point faire un serment contraire à sa conscience. Le récit de Mgr de la Rochefoucauld est scrupuleusement exact. On retrouve les mêmes incidents dans le *Moniteur*, dans les relations du temps, dans une lettre de l'évêque d'Uzès à un de ses vicaires généraux. On y voit cette intolérance de l'assemblée qui refuse ou coupe la parole aux orateurs qui lui déplaisent ; ce qui faisait dire au marquis de Foucault :

« C'est une tyrannie ; les empereurs qui persécutaient les martyrs leur laissaient prononcer le nom de Dieu, et proférer les témoignages de leur fidélité à la religion. » Et pour compléter la ressemblance, on y entend les mêmes clameurs furieuses. On criait : « A la lanterne ! » comme sous Néron on criait : « Les chrétiens aux lions ! »

Ainsi sur 297 prêtres, composant l'assemblée, 98 avaient juré, dont deux évêques, Gobel et Talleyrand, auxquels vinrent se joindre plus tard Charles Lafont de Savines, évêque de Viviers, Jean-Baptiste Miroudot du Bourg, évêque de Babylone, suffragant de Gênes, Jarente, évêque d'Orléans, et Étienne-Charles Loménie de Brienne, archevêque de Sens et cardinal,

---

1. Voici cette formule que François de Bonal, évêque de Clermont, avait publiée quand, le 2, l'assemblée avait refusé de l'entendre : « Je jure de veiller avec soin sur les fidèles dont la conduite m'a été ou me sera confiée par l'église, d'être fidèle à la nation, à la loi et au roi, et de maintenir de tout mon pouvoir *en ce qui est de l'ordre politique* la constitution décrétée par l'assemblée nationale et acceptée par *le roi, exceptant formellement les objets qui dépendent essentiellement de l'autorité spirituelle.* »

ancien premier ministre de Louis XVI, cet indigne prélat, dit Thiers, qui, après avoir déchaîné les tempêtes sur son pays, couronna sa vie en se faisant jacobin et apostat ; enfin Martial Loménie de Brienne, archevêque de Trajanopolis *in partibus*, neveu et coadjuteur du cardinal, qui fut condamné à mort le 21 floréal an 11 avec toute sa famille. Ajoutons que le lendemain une vingtaine de prêtres rétractèrent leur serment, et sortirent de la salle au milieu des huées et des outrages. On compte que sur 60,000 ecclésiastiques, 50,000 demeurèrent fidèles.

A Saintes, le magnanime exemple de l'évêque avait encouragé. On voulait l'imiter. Personne n'était pressé de jurer. La municipalité avait, le 15 janvier, reçu du directoire du district le décret relatif au serment, et l'avait fait transcrire sur ses registres ; ce qui fit qu'à la suite Pierre, chevalier de Luchet, inscrivit sa démission d'officier municipal. On l'avait crié à son de trompe dans toute la ville. Un registre même était tout prêt à recevoir les noms des curés obéissants. Nul ne venait.

Non seulement on ne jurait pas mais même on protestait de son attachement au véritable pasteur. Il y a une *Lettre* imprimée de *MM. les curés et vicaires de la ville et faubourgs de Saintes et du supérieur du séminaire à M. l'évêque de Saintes.* « Si, disent les signataires, si la parole de notre divin législateur pouvait manquer à son Église, si les portes de l'enfer pouvaient prévaloir contre elle, le dernier refuge de la religion serait, sans doute, l'âme d'un pasteur ; sa bouche, fidèle à sa mission, ne cesserait qu'à son dernier soupir de la professer et de la défendre. Quelle satisfaction donc pour les hommes vraiment chrétiens, quelle gloire pour l'église de France de pouvoir encore lui compter autant d'asiles inviolables, qu'elle a de bons et véritables prélats ! Rougissent nos Cranmers [1] du jour en comparant leur indigne faiblesse à la conduite

---

1. « Sans doute allusion à Thomas Cranmer, chassé de l'université de Cambridge, pour s'être marié, apologiste en 1530 du divorce de Henri VIII, devenu, par son hypocrisie, pénitencier à Rome du pape Clément VIII, marié secrètement en Allemagne avec la sœur du ministre Osiander, archevêque de Cantorbéry, fauteur et ministre des passions de Henri VIII, qui finit après avoir abjuré ses erreurs, puis rétracté son abjuration, par périr sur le bûcher en 1555. »

ferme et constante qu'ils leur ont vu tenir ! qu'ils frémissent d'avoir ignominieusement, pour les biens fragiles de la terre, trahi leur conscience et leur ministère (1) ».

« Nous finissons, monseigneur, en vous priant de nous soutenir par vos avis et par vos conseils, dans la carrière dure et pénible qui va s'ouvrir devant nous. Tout secours, il est vrai, nous vient d'en haut, mais pourrions-nous ne pas avouer que les moyens de la Providence se trouvent souvent dans la force et l'exemple de ceux qu'elle a donnés pour chefs à son Église ? »

J'ignore si les dix curés de la ville signèrent cette déclaration ; mais tous ne persévérèrent pas dans les bonnes résolutions qu'ils venaient de montrer. L'évêque répondit : « Comment pourrai-je vous peindre, messieurs, combien mon cœur et mon âme ont été sensiblement et tendrement affectés à la lecture de la lettre que vous m'avez fait l'honneur de m'écrire ? Avec quelle joie, avec quelle douce satisfaction n'y ai-je pas reconnu les sentiments qui devraient être ceux de tous les fidèles, et qui animent dans ce moment tous les ministres du Dieu vivant, qui n'ont pas perdu de vue la grandeur du caractère auguste et sacré dont ils sont revêtus ? Je me suis donc réjoui devant le Seigneur ; je me suis même glorifié d'avoir des coopérateurs si dignes de son cœur.

« Votre attachement aux principes et aux vérités que nous enseigne la religion, et dont vous devez instruire les fidèles

---

1. Et plus loin : « Placés par l'autorité de l'Église pour veiller et gouverner une portion de votre troupeau, nulle force humaine ne nous ôtera l'intime conviction, qu'aux yeux de Dieu nous en resterons chargés, tant que nous n'aurons pas fait une démission canonique. Inviolablement attachés à cette maxime de foi, que de JÉSUS-CHRIST, et par conséquent de l'Église seule, émane tout pouvoir, toute autorité spirituelle, nous ne cesserons de reconnaître et de révérer en vous, et dans tous les évêques catholiques actuels, les seuls premiers pasteurs de l'Église de France ». Ils finissaient en ces termes : « Si la persécution vient nous arracher à des fonctions augustes, que nous désirons, que nous voulons remplir toute notre vie, nous adorerons en silence le décret terrible du Tout-Puissant, et nous ne craindrons pas d'exposer nos têtes au glaive du persécuteur, pour la défense et le maintien d'une religion qu'on cherche évidemment à détruire. Eh ! quelle autre vue peut faire présumer un projet que l'impiété philosophique voudrait en vain colorer du prétexte spécieux, mais grossier, de rappeler l'Église à sa perfection primitive.

« Telle a toujours été l'arme favorite des réformateurs ; l'exemple des empires voisins est une leçon vivante pour les amis de la vraie religion. Mais ces réflexions affligeantes nous mèneraient trop loin... ».

confiés à vos soins, votre respect pour l'autorité et la discipline de l'Église, dont on ne peut se détacher sans se rendre coupable aux yeux de Dieu, vous mettront dans le cas d'éprouver des persécutions de la part des hommes. Mais vous vous y exposerez sans peine et sans murmure, parce que vous ne perdrez jamais de vue le conseil donné par notre divin législateur à ses disciples : « Craignez, leur dit-il, celui qui peut perdre « votre âme, mais ne craignez pas celui qui peut faire périr « votre corps. » Ne craignons donc pas les hommes, mais ayons continuellement la crainte de Dieu devant les yeux ; remplissons nos devoirs avec fidélité, courage et fermeté. C'est le seul moyen de nous rendre dignes des récompenses dont Jésus-Christ nous a ouvert le trésor par ses humiliations et ses souffrances, et que nous ne pourrons acquérir qu'en imitant son exemple. »

Et il continue à leur tracer les meilleures et les plus sages mesures de conduite : « Gémissons devant Dieu, qui seul peut bien juger les actions des hommes, de la cruelle nécessité où on nous met de paraître réfractaires à la loi. Ne nous dissimulons pas les couleurs noires sous lesquelles on peindra notre résistance ni les interprétations malignes et mensongères qu'on y donnera. Mais qu'une vaine terreur ne nous empêche pas de remplir notre devoir. Nos intentions sont pures et Dieu nous en est témoin. » Il leur recommande la fermeté dans leurs principes, mais aussi la charité, la commisération pour la faiblesse de ceux qui viendraient à violer leurs devoirs ; ils doivent chercher à les ramener par la douceur. Jamais ils n'abandonneront leur troupeau. Ils instruiront les fidèles « de l'obligation où ils sont de ne pas reconnaître d'autres pasteurs » qu'eux : car tous les successeurs qu'on prétendra leur donner sont intrus, et leurs actes nuls, « puisqu'ils ne tiendront leurs pouvoirs que de la puissance civile ».

« Je n'ai pas besoin, ajoute-t-il, de vous exhorter à allier, dans vos exhortations et dans les avis particuliers que vous pouvez donner, la prudence et la sagesse avec le courage et la fermeté dignes de la grandeur de notre ministère.

« Ne nous exposons pas, par un zèle inconsidéré, aux reproches des personnes qui désirent nous trouver des torts ; mais aussi qu'une pusillanimité, indigne même d'un simple fidèle, ne nous en mérite pas de Celui seul vis-à-vis duquel nous ne trouverions aucune excuse ! Ne cessons de nous montrer fidèles aux engagements que nous avons contractés, et au moment de notre baptême, et à celui où, en recevant l'onction sainte, nous avons été revêtus de grands pouvoirs sur les fidèles dont le salut doit être l'unique objet de nos soins et de notre vigilance. N'oublions jamais que nous ne devons pas vivre pour nous mais pour eux, et que rien ne doit nous coûter lorsqu'il s'agit de leur procurer tous leurs biens spirituels. »

Ce que le pieux prélat craignait arriva. La municipalité, chaque jour, se faisait représenter le registre des prestations de serment ; chaque jour, elle constatait depuis longtemps que rien n'y était encore écrit.

Enfin, le 20 janvier 1791, un ecclésiastique qui, depuis trois ans, habitait Saint-Pallais, malade et infirme, Pierre Marsay, curé de Barzan, se présenta. Bonnerot le note ainsi : « Homo singularis, novitatum amator ac disciplinæ desertor, nil non egit deficiens ab ecclesia, facto functus in sede sua quam deseruerat ac resumpserat. » Vu son état de santé, on décida que, ne pouvant se transporter dans sa paroisse, il prêterait le serment, le dimanche 30, à Saint-Pallais ; ce qui eut lieu. Les professeurs du collège de Saintes avaient été invités à se conformer au décret. C'étaient des prêtres séculiers. Ils avaient, en 1766, succédé aux bénédictins de la congrégation de Saint-Maur qui, depuis 1762, remplaçaient les jésuites expulsés.

« Ce collège, dit Taillet, doit être distingué parmi les nombreux établissements de ce genre qui presque tous avoient honteusement dégénéré depuis le départ des jésuites. Dans celui-ci il y avoit des talents, de la piété, des mœurs ; aussi jouissoit-il de l'estime générale, et les provinces voisines y envoyoient leurs enfants. »

Comme beaucoup, les maîtres étaient embarrassés ; d'une part leur conscience, de l'autre les intérêts de l'établissement, l'avenir de tant de jeunes gens confiés à leurs soins. Le principal était alors Sigisbert de Rupt (¹). Venu à Saintes, en 1767, comme professeur de rhétorique, il avait plus tard succédé à Louis-Augustin Hardy (²), principal pendant 20 ans du collège de Saintes, comme il devait plus tard, en 1805, le remplacer dans la cure de Saint-Pierre (³). De Rupt consulta son évêque ; il en reçut la touchante réponse suivante, dont l'original a été donné par l'abbé Briand à l'évêché de La Rochelle où on ne le retrouve plus :

« Je sens, monsieur, combien votre position est cruelle et votre perspective affligeante. C'est précisément parce qu'elle se présente à moi dans toute son horreur que j'admire davantage votre fermeté et votre courage! Je n'en ai jamais douté un seul instant ; et je connais trop bien vos sentiments et vos principes en religion pour n'avoir pas prévu le parti que vous prendriez, si on voulait exiger de vous un serment que la religion réprouve, et auquel, en conséquence, votre conscience se refuse.

« Faire notre devoir, obéir à Dieu voilà le seul objet qui doit nous occuper. Ne désespérons pas de sa providence, et soyons bien sûrs qu'après avoir mis notre foi à l'épreuve, il trouvera les moyens de nous secourir dans notre malheur. D'ailleurs, s'il a décidé que nous devions périr pour une si belle cause, réjouissons-nous en lui de ce qu'il nous a jugés dignes de souffrir pour lui. Je désire bien que messieurs les professeurs imitent votre exemple, et conforment leur conduite

---

1. Sigisbert de Rupt, né en 1743 à Heudicourt, près de Saint-Mihiel (Meuse), mort à Saintes le 19 janvier 1819, âgé de 76 ans, était issu d'une noble et ancienne famille lorraine, qui tire son nom probablement de la commune de Rupt-devant-Saint-Mihiel, et qui portait *de sable au lion d'or*. C'est lui qui fonda à Saintes la communauté de Sainte-Marie de la Providence pour l'éducation des jeunes filles.

2. Louis-Augustin Hardy, maître ès-arts à l'université de Paris, chapelain des Daunis en la paroisse de Saint-Nazaire, né à Taillebourg de Jacques Nicolas, syndic des gens du roi, et de Suzanne Perraudeau, principal du collège, le 7 octobre 1766. Voir plus haut page 102. Il était frère de Jaques Hardy, bachelier en droit le 30 avril 1746, licencié le 27 mai 1747, nommé le 18 décembre 1772, maire de Cognac par le duc de La Vauguyon, propriétaire des offices municipaux de la ville de Cognac, et accepté comme tel pour neuf années par le roi, le 7 avril 1773, nommé juge suppléant au tribunal de Saintes le 18 octobre 1795, puis second juge le 24 floréal an VIII, mort à Saintes le 30 décembre 1811, âgé de 87 ans.

3. Voir pour Hardy et de Rupt *Saint-Pierre de Saintes*, pages 86-89. On y trouvera des extraits de la correspondance secrète du commissaire du directoire exécutif près l'administration centrale du département relatifs à l'abbé Hardy.

à ceux que vous me nommez dans votre lettre. S'ils aiment leurs devoirs, et qu'ils aient conservé l'esprit ecclésiastique, ils ne peuvent se conduire autrement.

« Recevez, etc.

« Paris, 31 janvier 1791.

« ✠ PIERRE-LOUIS, *évêque de Saintes.* »

Cette lettre n'était pas parvenue à Saintes que déjà le professeur de philosophie, Guillaume-Roch Létourneau, prêtre du diocèse d'Angoulême, au collège depuis quatre ans, avait trompé les douces espérances de son évêque. « L'oubli du saint exercice de l'oraison journalière, dit l'abbé Briand, III, 37, le mépris pour l'étude spéciale du prêtre, les goûts frivoles, les visites inutiles, la présomption audacieuse et tranchante comme l'inspire l'ignorance, conduisirent ce jeune ecclésiastique à l'apostasie et au scandale [1]. » Létourneau avait une imagination vive, mais une âme capable de générosité. Nous en aurons une preuve plus tard. Il jura le 27 janvier. Le procès-verbal de cet acte est assez curieux. La municipalité, qui avait attendu longtemps, est toute heureuse enfin d'avoir un assermenté ; et comme elle s'excuse de n'être pas plus nombreuse en cette mémorable occasion [2] !

---

1. Létourneau, né à Angoulême, le 7 août 1761, de Guillaume-Roch Létourneau et de Françoise Klotz, était venu au collège en 1787 comme professeur de philosophie ; il fut maintenu dans sa chaire le 16 mars 1791, donna sa démission le 3 novembre, revint dans sa ville natale, où son concitoyen Mathieu Joubert, devenu évêque, lui confia la direction du grand séminaire avec Marchais, ancien génovéfain. Comme eux il se maria le 24 février 1794 avec Jeanne de Labatud, née à Ruelle, le 5 octobre 1762, de Pierre de Labatud, seigneur des Pascauds, avocat en la cour et au présidial, et de Françoise-Marie-Anne de La Charlonie (Voir *Les La Charlonnie*, p. 87, par Anatole Laverny), mariage réhabilité dans la cathédrale d'Angoulême, le 2 juin 1803, en vertu d'une dispense du légat Caprara. Létourneau fut longtemps maître de pension à Angoulême, où il est mort le 15 novembre 1839. J.-B. Marchais épousa en 1793 Marie-Anne Trémeau, qui, après sa mort (1805), a tenu un pensionnat florissant de jeunes filles et est morte vers 1850 fort âgée, grand'mère du littérateur angoumoisin Albéric Second.

2. « A l'issue de la messe paroissiale, le dit jour, environ les neuf heures du matin, s'est présenté le dit sieur Guillaume-Roch Létourneau ; lequel, après avoir mis la main sur le *pectus*, a juré en notre présence et celle de MM. les officiers municipaux et notables qui nous accompagnaient et plusieurs autres personnes présentes, qu'il était dans la ferme résolution de remplir les fonctions de son état de professeur avec exactitude et toutes autres qui pourraient lui être confiées ; d'être fidelle à la nation, à la loy et au roy ; de maintenir de tout son pouvoir la constitution décrétée par l'assemblée natio-

La municipalité eut pourtant une déception. Un « prêtre de cette ville, employé en qualité de vicaire du chœur au service du ci-devant chapitre », Gilles-Joseph Closse, avait, le 18 janvier, déclaré qu'il jurerait. Mais « il n'avait tenu compte de se présenter dans aucune paroisse... quoiqu'il eût été invité et sollicité de se présenter à l'église paroissiale de Saint-Pierre ». Ce n'était que différé. Closse, en effet, le 18 février, annonça que le dimanche suivant, 20, après la messe du prieuré des Arènes, qu'il desservait, il jurerait dans l'église paroissiale de Thenac. Il fut curé intrus de Floirac.

A côté de cette satisfaction de la municipalité qui vient d'assister à « cette auguste cérémonie », il y a la tristesse de l'évêque. La Rochefoucauld écrivit à ce sujet une nouvelle lettre à l'abbé de Rupt. Briand la cite aussi, III, 36. C'est la douleur du prêtre qui s'exhale doucement dans un cœur ami : « Vous ne devez pas douter, monsieur, du plaisir que j'ai eu en apprenant que presque tous les membres du collège s'étaient refusés à prêter le serment. Je suis vivement peiné qu'il y en ait eu un qui, quoique jeune encore, se soit persuadé qu'il était plus éclairé que les évêques de France, le plus grand nombre des pasteurs respectables qui ont cru ne pas devoir le prêter. Il faut avoir un bien grand fond d'amour-propre ou être de bien mauvaise foi pour tenir une pareille conduite ! Plusieurs personnes m'avaient déjà parlé de l'ouvrage de M. Létourneau. On m'avait même mandé qu'il m'en avait adressé une copie. Je ne l'ai point reçue, et j'en suis fort aise. Je ne crois pas, d'après l'extrait que vous m'en donnez, qu'il fasse beaucoup de prosélytes. Je pense au contraire qu'un pareil ouvrage ne peut que faire tort à son auteur, qui sera peut-être bien honteux, un jour, de l'avoir fait. Dieu veuille lui faire la grâce

---

nale et acceptée par le roy. A quoy il a ajouté qu'il répandrait jusqu'à la dernière goutte de son sang, plutôt que de manquer au serment qu'il venait de contracter et pour le soutien de la religion. De quoi nous lui avons octroyé acte pour valoir ce que de raison ; et avons observé de suite au dit sieur Létourneau que, si le collège municipal ne se trouvait pas en plus grand nombre à cette auguste cérémonie, c'est qu'une partie de ceux qui le composent se sont trouvés obligés de se transporter à ce même instant sur le faubourg et paroisse de Saint-Pallais lès Saintes, aux fins d'y recevoir le serment d'un autre ecclésiastique fonctionnaire. Fait, clos et arrêté dans l'église paroissiale dudit Saint-Pierre de Saintes. »

de se repentir d'avoir ainsi trahi sa conscience, ses devoirs et sa religion (1).

« Voulez-vous bien témoigner à vos messieurs combien j'admire leur fermeté et leur courage? Les circonstances où nous nous trouvons en demandent beaucoup ; mais quand on est bien pénétré de la grande, importante vérité qu'une seule chose doit nous occuper sur la terre, et que c'est le soin de notre salut, à quels sacrifices ne se soumettrait-on pas pour pouvoir l'opérer sûrement? Quelque dure que puisse devenir notre position, nous devons encore remercier Dieu de ce qu'il nous juge dignes de souffrir pour lui. En jetant souvent les yeux sur la croix de notre divin Sauveur, nous y trouverons bien des motifs de nous consoler de tous les maux dont il nous afflige. Puisse-t-il nous faire la grâce de les prendre en expiation de toutes les fautes dont nous nous sommes rendus coupables à ses yeux !

« Recevez les assurances du tendre et inviolable attachement avec lequel, etc.

« Paris, le 8 février 1791.
« ✠ PIERRE-LOUIS, *évêque de Saintes.* »

Quels nobles sentiments ! quelle résignation triste et calme ! quelles douloureuses prévisions que l'événement ne devait point tromper ! Cette lettre est vraiment admirable.

Il est touchant de trouver les mêmes idées pieuses et sombres, la même foi vive et affligée, la même douleur soumise et confiante, dans le frère de l'évêque de Saintes, le doux évêque de Beauvais. Lui avait eu plus de chagrin. Dans sa ville épiscopale,

---

1. Taillet parle de lui en ces termes: « M. Létourneau, prêtre angoumois, professeur de philosophie, ne s'est pas contenté de jurer ; il a voulu justifier son serment par un écrit, fort plat et fort pesant, dans lequel il prétendoit prouver que les princes avoient le droit de changer la discipline extérieure de l'église, qu'ils pouvoient retrancher les habits sacerdotaux, certaines formes de culte extérieur et même la loi du célibat, sans que les prêtres fussent autorisés à réclamer. Il s'appuyoit sur l'autorité d'un publiciste allemand moderne et peu connu, l'un des écrivains à gages dont se servoit Joseph II pour légitimer, aux yeux des peuples, les violentes suppressions qu'il se permettoit dans l'empire et ses perfides innovations. Je n'ai pas besoin de remarquer que cet écrit, vicieux dans la forme, plus vicieux dans le fond, fut fort applaudi par les amis et agents de la révolution qui devoient le faire imprimer et en répandre plusieurs milliers d'exemplaires. Il est pourtant resté manuscrit, et la gloire de l'auteur n'y a rien perdu. »

tous les curés avaient juré, sauf celui de Sainte-Marguerite et celui de la Madeleine. François-Joseph écrivait de Paris, le 18 janvier 1791, au premier (1) :

« Aurés-vous, mon cher pasteur, dans Beauvais des imitateurs de votre foy, de votre courage, du sacrifice généreux que vous faites pour faire respecter le ministère sacré que le sauveur du monde vous a confié ? Vos confrères me donneront-ils la consolation de reconnaître enfin la voix de leur chef ? Puis-je me flatter que les dernières paroles que je leur ai adressées ayent fait quelque impression sur leur cœur ? Dieu, dans sa miséricorde, aura-t-il donné à mes expressions cette douceur, cette onction, cette grâce qui éclaire et conduit avec sûreté dans la voye étroite du salut ? Hélas ! que j'attends avec impatience des nouvelles de la journée de dimanche passé ! Je suis dans une grande perplexité. Si je m'en rapporte à la lettre que vous et vos confrères m'avés écrite, je ne dois que verser des larmes bien amères ; mais j'espère le secours du souverain pasteur ; j'espère qu'il ne permettra pas que l'église de Beauvais se souille d'une tache dont elle ne se laveroit jamais. Votre exemple, vous, ministre des saints autels, celuy que donnent à vos confrères trois vicaires de votre ville, sera sans doute suivi. Si l'on a paru chanceler, on se sera réconforté. Le bon exemple, des avis plus éclairés, des prières adressées au thrône du Dieu vivant par un cœur humble et sincère, n'ayant en vue que la gloire de celuy dont nous sommes les ministres, auront sans doute obtenu les lumières de l'Esprit-Saint. Je l'espère.

« Quant à vous, mon cher pasteur, mon cœur oppressé avoit besoin d'être soulagé ; vous le faites, autant qu'il est en vous ; j'en rends grâce à Dieu, et le prie de vous faire ressentir, toute votre vie, la douceur, l'ineffable onction dont votre âme est favorisée, et que vous a méritée votre courage et votre amour pour votre créateur. Comparez la paix, la tranquillité de votre intérieur avec l'état effrayant de ceux qui n'auroient pas suivi votre exemple. On assure que, dans Paris, Dieu a déjà manifesté son improbation sur la lâcheté de ses ministres ; deux de

---

1. Briand tronque un peu cette lettre. Je la donne en entier et avec son orthographe.

MM. les curés de Paris qui ont fait le serment, sont tombés dans un état bien déplorable et qui a des caractères de désespoir. Je ne vous certifie pas ce fait ; mais on en parle beaucoup.

« Vous avez fait un grand sacrifice ; mais la Providence ne vous abandonnera pas ; contés-y. Des fidelles, que dis-je ? nos frères égarés, même les protestans, s'empressent de réparer l'injustice que l'on comet envers ceux qui restent fidelles à leur devoir. Plusieurs d'entre eux trouvent des secours dans les protestans même. Il se forme à Paris une caisse pour soulager la misère à laquelle on nous a réduits. Je ne doute pas qu'à l'exemple de Paris, les provinces ne se portent à en faire autant ; mais quand ce ne seroit pas, il est bien assuré que si l'Être suprême nous croit utiles en ce monde, il trouvera bien les moyens de nous y faire subsister. Si, au contraire, nous avons rempli la tâche qu'ils nous a imposée, et que le sacrifice que nous lui faisons en ce moment-cy luy est agréable, et que par sa grande bonté, il veuille bien l'accepter en réparation de nos fautes commises contre luy, de notre lâcheté dans son service, s'il daigne lui attacher quelque prix, félicitons-nous s'il nous appelle à luy, et ne nous inquiétons pas du mode qu'il voudra bien choisir dans la séparation qu'il fera de notre âme d'avec le corps. Voilà les pensées, les réflexions dont nous devons aujourd'huy nourrir notre âme. Priés Dieu qu'il veuille bien les graver aussi réellement en mon cœur que je le fais sur le papier.

« J'ai l'honneur d'être, avec un sincère attachement, mon cher pasteur, votre très-humble et très-obéissant serviteur,

« ✠ F. J. *évêque de Beauvais.* »

Ainsi, à Saintes, tous les professeurs du collège en exercice, de Rupt, Saboureau, sous-principal, Tarnier, diacre, Coutelin, Tourneur, clerc tonsuré, Duret, Favreau, Tessandier, et Forget [1], avaient, sauf un, refusé le serment ; et aucun autre

---

1. Voir pour ces noms et tout ce qui regarde le collège, *Notice sur le collège de Saintes (1571-1857)*, par Pierre-Stanislas Moufflet, avec notes et appendices par M. Louis Audiat ; Saintes, Mortreuil, 1886, in-8º.

La Rochefoucauld était président du bureau d'administration du collège. Un jeton

ecclésiastique ne s'était jusques-là présenté. C'est la joie du chanoine Legrix qui s'écrie : « Grâce à Dieu, ils ont été les seuls. Le dimanche suivant, six février, personne n'a requis la municipalité, ni ne s'est présenté pour prêter le susdit serment. » Mais ce triomphe fut de courte durée.

frappé en 1786 montre d'un côté la face de Louis XVI : LUDOVICUS XVI REX CHRISTIANISSIMUS, et de l'autre, une femme assise tenant de la main droite un sceptre, de la gauche une balance ; à ses pieds est une branche de laurier ; près d'elle une lampe antique. On lit en légende : ADMINISTRATIO REG. COLLEGII SANTONENSIS, et en exergue: P. L. LA ROCHEFOUCAULD, EPIS. PRÆSES 1786. Chaque administrateur recevait à chaque séance un de ces jetons de la valeur de 50 sous et le président deux ; car les revenus du collège étaient de 30.000 à 35.000 livres, qui furent réduits à zéro, quand on eut supprimé les dîmes et vendu les fonds. Le collège laïcisé décrut rapidement. Un contemporain qui a tenu un journal des événements, raconte que les choix des professeurs furent déplorables et « prouvent le peu de soin que les corps administratifs prennent pour former de bons sujets et de braves gens. Une grande partie des pensionnaires sont partis ; beaucoup de pères ont retiré leurs enfants. Les braves gens de la ville gémissent d'une pareille conduite et disent qu'ils préfèrent avoir des enfants ignorants et leur conserver des mœurs. J'en avois deux ; je les ai retirés. » Des 55 à 60 pensionnaires, il n'est demeuré que 15 et trois seulement des 18 élèves de rhétorique. « Il n'est guère possible qu'il en soit autrement avec un principal et des professeurs sans mœurs, sans religion et sans science, à moins qu'ils n'en montrent à enseigner les principes de la constitution, ce que c'est qu'un aristocrate, un démocrate, un démagogue ; alors ils sont savants... Il n'est point de mauvais traitements qu'on n'ait fait éprouver aux braves professeurs, qu'on a comme chassés, particulièrement à M. le principal, par MM. Bréard, vice-président du *département*, Bernard et Héard... Tous les professeurs remplacés sont sortis du collège et se sont retirés dans différentes maisons. M. de Rupt, principal, demeure chez M. le doyen ; M. Coutelin, professeur de rhétorique, est aumônier des Sainte-Claire ; M. Saboureau, sous-principal, chez Mme du Breuil ; M. Tarnier, professeur de physique et mathématiques, est précepteur des enfants de madame de .... parente de madame d'Escoyeux ; M. Tourneur, professeur de 3e, est allé demeurer dans sa famille à Saint-Jean d'Angély ; M. Duret, professeur de 4e, est en pension chez M. Lamoureux, et est dans l'intention de monter un pensionnat avec une de ses sœurs ; M. Favreau, professeur de 5e, chez M. Fonrémis Lamothe, en attendant son départ pour le Médoc. »

CHAPITRE XVII.

Proclamation du département pour inviter les prêtres à jurer. — Les réfractaires sont remplacés. — Nouveaux professeurs au collège. — Nombre et noms des prêtres jureurs, — des fidèles. — La municipalité constate le refus de serment de l'évêque. — Il est déclaré démissionnaire.

Les administrateurs voulaient résolument faire exécuter la loi. Un peu vexés de voir que la seule édiction du décret ne suffisait pas pour amener en foule les prêtres au serment, ils les invitèrent et les pressèrent. Une *Proclamation du Directoire du département de la Charente Inférieure, relative au serment à prêter par les fonctionnaires publics*, fut imprimée par Toussaints, jadis imprimeur du clergé et franc-maçon comme Fauchay, secrétaire de l'évêché, envoyée à tous les districts, à toutes les municipalités, lue et affichée partout :

« L'assemblée nationale par son décret du 27 novembre dernier, sanctionné le 26 décembre suivant, a ordonné que les évêques, les ci-devant archevêques, curés et autres ecclésiastiques fonctionnaires publics prêteraient le serment dont la formule leur a été prescrite.

« Par son décret du 4 janvier dernier, sanctionné le 9 suivant, l'assemblée nationale a ordonné que le serment serait prêté purement et simplement, sans qu'on pût se permettre aucunes sortes de préambules, d'explications ou de restrictions.

« Le directoire du département est très persuadé que tous les fonctionnaires publics s'empresseront de donner des preuves de leur déférence et de leur soumission à la loi. Peut-il y avoir, au sein de l'empire, des citoyens assez ennemis de l'ordre et de leur devoir pour méconnaître des lois que la nation a droit sans doute de s'imposer à elle-même ?

« Si l'aveuglement qui naît ou de l'intérêt personnel ou des inductions étrangères avait conduit quelques fonctionnaires publics à manquer à ce devoir sacré, la peine est prononcée contre eux par la loi ; ils sont réputés avoir renoncé à leur office ; et il sera pourvu à leur remplacement.

« Cette peine est encourue de droit par le seul refus de prestation du serment ; mais l'intérêt de la religion, le respect que nous lui devons, exigent qu'il n'y ait aucun intervalle dans l'exercice du culte et des cérémonies religieuses, et ne permettent point par conséquent aux fonctionnaires actuels d'abandonner leur emploi jusqu'au moment où ils seront remplacés de fait.

« L'article VII du décret du dit jour, 27 novembre, qui prohibe aux ecclésiastiques qui n'auraient pas fait le serment de s'immiscer en aucunes fonctions publiques, ne s'entend que de ceux qui tenteraient de le faire au moment où ils seraient remplacés ; cette interprétation, si juste et si naturelle, vient d'être confirmée par l'assemblée nationale elle-même.

« Par ces considérations, le directoire du département rappelle à tous les fonctionnaires publics qui auraient négligé ou refusé de prêter le serment décrété par l'assemblée nationale, et dans les délais déterminés, qu'ils ne peuvent abandonner leurs fonctions jusqu'à leur remplacement, auquel il va être incessamment procédé ; et, s'il en est besoin, il leur enjoint de s'y maintenir jusqu'à cette époque, à peine de demeurer garans et responsables de tous événements qui pourraient résulter de l'abandon de leur place.

« Délibéré et arrêté en directoire, le 29 janvier 1791. BRÉARD, *vice-président*. RABOTEAU. RIQUET. DURET. ESCHASSERIAUX. CHESNIER. JH. JOUNEAU. RUAMPS. GARNIER, *procureur général sindic*. EMOND, *secrétaire*. »

Le 13 février, Jean Bonifleau, curé de Saint-Eutrope, et Jacques Martineau, vicaire, celui dont « la résistance anticivique » avait tant scandalisé Bourignon, prêtent serment ; et le *Journal patriotique du district de Saintes*, 20 février 1791, donne cette nouvelle en ces termes : « M. le curé de Saint-

Eutrope les Saintes a prêté le serment civil ; et il a été imité par son vicaire le sieur Martineau. Oh ! (¹) »

Dans le même numéro on lit : « La majorité des ecclésiastiques de ce district (Montlieu) a prêté le serment civique. »

Le dimanche, 20 février, c'est Benjamin-Henri Chassériau du Chiron, curé de Saint-Michel, qui plus tard épousa une protestante (²) ; Louis-Eutrope Doussin, curé de Saint-Vivien, dont il a été question ; Pierre Tessandier, professeur de seconde, et Jean-Baptiste Forget, professeur de sixième au collège. Le 3 avril, un des quatre curés de Saint-Pallais, Louis-Joseph Racapé, qui devint plus tard avocat à Saintes, jura aussi. Puis, le 1ᵉʳ mai, à Saint-Eutrope, Anselme Meusnier, prêtre récollet ; le 2, à Saint-Pallais, Jean-Placide Vallette, aussi récollet ; le 25 décembre, Joachim Martin, vicaire de la paroisse principale de Saint-Pierre. C'est tout pour l'année 1791 à Saintes ; et c'est peu. On récompensa les dociles ; on persécuta les réfractaires. Les professeurs eurent l'honneur de commencer. Sauf trois, ils n'avaient pas, il faut l'avouer, montré beaucoup de condescendance aux désirs de l'autorité. Pouvaient-ils, avec cet esprit d'indiscipline, rester encore en fonctions ? Le 8 février, sur l'ordre du directoire du district, le collège municipal nomma pour former le bureau d'administration : Robert de Rochecouste, maire, président ; Claude-Antoine Gout, officier municipal ; Boisnard, procureur de la

---

1. Il est fâcheux que lui, amateur de poésie, ne donne pas les couplets qui coururent alors sur les prêtres jureurs, et qu'on fredonnait sur l'air du *roi Dagobert* :
   Et toi, Bonifleau,
   Et toi, Gastumeau,
   Et toi, Dalidet,
   Faites votre paquet...

2. « A la tête de ces étranges apôtres fut placé un curé de la ville de Saintes, un sieur Chasserlaux, ancien oratorien du diocèse de La Rochelle, qui depuis longtemps appeloit par ses vœux l'exécution de la constitution civile du clergé. Il avoit calculé que son changement d'état feroit une forte augmentation dans sa fortune ; il répétoit souvent et avec une joye vive qu'il alloit être premier vicaire de l'évêque, et qu'au lieu de 25 louis, il en auroit plus de 100. Il étoit pourtant un de ces curés intrépides qui avoient protesté et signé qu'ils mourroient plutôt que de jurer ; plus d'une fois il avoit dit à ses paroissiens qu'on ne pouvoit jurer sans se damner ; mais les 100 louis ont radouci la sévérité de sa théologie. Il n'a plus trouvé qu'il y eût si grand mal à jurer : il a même fini par trouver que c'étoit un grand mal de ne point jurer, et il est devenu jureur, intrus, clubiste, persécuteur ; puis il a remis ses lettres de prêtrise ; puis il s'est marié. » TAILLET.

commune; Bernard, président du tribunal du district; Lafaye, aîné; Héard, aîné, avocat en parlement; Delaage, receveur des tailles de la ville, et Landreau, juge. Ce bureau demanda l'avis du district. Et, le 22 février, le district répondait « qu'il serait impolitique de laisser plus longtemps confiée aux soins de professeurs réfractaires une jeunesse dont ils ne peuvent qu'enflammer l'esprit en sens inverse de la constitution »; qu'il était « temps que les jeunes citoyens sortissent des entraves d'une institution servile, qui, assortie aux mœurs d'un régime fondé sur des moyens arbitraires et oppressifs, n'est plus faite pour les jours de la raison et de la liberté. » Il renvoyait, du reste, à la municipalité pour le choix à faire, qui ne devait pas être borné aux seuls ecclésiastiques, mais « s'étendre indistinctement à tous les autres citoyens sans autre distinction que celles du mérite et des vertus (1). »

1. *Délibération du directoire du district sur les professeurs du collège.*
Le directoire assemblé, qui a pris communication de l'extrait de délibération des administrateurs du collège de Saintes, tendant à avoir l'avis de l'administration du directoire sur le choix à faire de nouveaux sujets pour remplacer les professeurs qui ont négligé de prêter le serment décrété par l'assemblée nationale du 27 novembre dernier;
Oui le procureur syndic;
Estime que la nécessité du remplacement des professeurs rétractaires à la loi du 26 décembre sur le décret du 27 novembre, est d'autant plus urgente qu'il serait impolitique de laisser plus longtemps confiée à leurs soins une jeunesse dont ils ne peuvent qu'enflammer l'esprit en sens inverse de la constitution, sinon par des conseils du moins par une manifestation de principes contraires au nouvel ordre de choses; qu'on ne saurait en ces circonstances appeler trop promptement à remplir les fonctions délicates de l'éducation nationale, des citoyens dont le talent et le civisme seront le garant de leurs soins à faire germer dans le cœur de leurs élèves l'amour de la patrie et de leurs devoirs, et à les pénétrer du sentiment de leurs droits; qu'enfin il est temps que les jeunes citoyens sortent des entraves d'une institution servile, qui, assortie aux mœurs d'un régime fondé sur des moyens arbitraires et oppressifs et sur les préjugés, n'est plus faite pour les jours de la raison et de la liberté.
En conséquence, est d'avis qu'il soit pourvu sans délai au remplacement des professeurs qui, à raison de leur résistance à la loi du 26 décembre dernier, sur le décret du 27 novembre, ne peuvent plus continuer des fonctions dont cette même loi les exclut; qu'à cet effet et en conformité de l'article 10 du titre 1er du décret des 23 et 28 octobre dernier, sanctionné le 5 novembre, la municipalité de Saintes soit entendue sur le choix à faire des personnes que leurs talents et leurs vertus doivent rendre dignes d'être préposées à un soin aussi précieux et aussi intéressant que celui de l'enseignement public, lequel choix sera provisoire, déterminé sur les renseignements et sur l'avis du directoire du district par l'administration du département.
Le directoire pense au reste que ce choix d'après les principes de la constitution ne peut ni ne doit être borné aux seules personnes qui, dans ce moment, exercent des fonctions ecclésiastiques; mais qu'il doit s'étendre indistinctement à tous les citoyens, sans autre distinction que celle du mérite et des vertus. La séance est levée à midi.
DUBOIS. ESCHASSERIAUX. ARDOUIN. DUGUÉ. GODET, *secrétaire*.

Le 4 mars, le conseil municipal fixe le jour de l'élection au 14. Ce jour, le bureau d'administration, uni au conseil municipal et au directoire du département, 39 personnes en tout, sous la présidence de Bréard, vice-président, nomma principal par 26 voix, Pierre Dalidet, prêtre du diocèse, ci-devant religieux récollet, qui, après les plus grands écarts, fut converti par Mathieu Messeix, ancien bénédictin de Saint-Jean d'Angély, curé de Saint-Eutrope, et mourut repentant; sous-principal et professeur d'humanités par 33 voix, Charles-François Jupin, prêtre, dont on a un discours (¹). Létourneau garda la première chaire de philosophie; Tessandier eut la deuxième par 35 bulletins. Le rédacteur du *Journal patriotique de Saintes*, François-Marie Bourignon, ci-devant Bourguignon, lieutenant colonel de la garde nationale, fut élu par 20 suffrages professeur de rhétorique (²). Forget, prêtre, professeur de sixième, fut élevé par 35 suffrages à la chaire de seconde. Au troisième scrutin, on choisit, au ballottage avec Phelippot, François Jobit, sous-diacre, par 32 voix, pour régent de troisième; le diacre François-Pallade Guérin pour régent de quatrième; Jean-Fabien Phelippot pour la sixième. La cinquième eut le sous-diacre dom Dulac (³), ancien religieux de chœur chez les trap-

---

1. *Discours par le citoyen Jupin, professeur de langues anciennes, à l'occasion de la plantation d'un arbre de la liberté dans la cour de l'école centrale à Saintes*, à la suite duquel est *Discours en vers sur la fondation de la république par le citoyen Vanderquand an VII, 2 pluviôse*. Saintes, Mareschal, imprimeur du département.

2. Il écrivit, le 27 mars, une lettre de démission à son régiment : « Les tracasseries et l'injustice des méchants ne m'ont jamais découragé...... Mais pour prouver que l'amour de la patrie, bien plus que l'amour des épaulettes, m'a constamment retenu dans la garde nationale, je vous prie très instamment de vouloir bien m'admettre au rang de simple grenadier. Le pompon rouge sera pour moi une décoration bien précieuse. Je ne vous quitterai pas, je suivrai vos traces, et ça ira. »

3. Pierre-Honoré Dulac, né à Saintes le 2 mai 1757, était fils de Pierre Delacoste-Dulac, employé dans les fermes du roi, et de Marie-Eustelle Fleuret, que le certificat de la municipalité de Dompierre sur Loire, dont dépendait l'abbaye de Septfonts (Allier), nomme, on ne sait pourquoi, Zacharie Fleurette. Il s'était fait trappiste à Septfonts; il est qualifié bibliothécaire du couvent dans l'inventaire du 28 mai 1790. Il revint à Saintes, où il ne resta que trois mois, professeur au collège. Le 22 juin 1791, il signe à Saint-André de Dolus « desservant », et le 12 septembre « curé ». Le 5 pluviose an II, « le citoyen Pierre Dulac, sans-culottes et sergent dans la garde nationale de la commune des Sans-Culottes, île de la Liberté, ci-devant Dolus, île d'Oleron », épouse sa servante, jadis marchande de sardines, « la citoyenne Marguerite Guinot, majeure, âgée de 34 ans; née au lieu de Trillou, commune de la Montagne, ci-devant Saint-Trojan ». Il signe « Dulac Sans-Culottes ». Le 16 frimaire an III, il eut un fils qu'il nomma Guillaume-Cyprès. Il est alors qualifié marchand.

pistes de Septfonts. Ces nouveaux élus prêtèrent serment, le 20 mars, à Saint-Pierre, sauf Jobit qui, absent, jura le 10 avril. Peu après, Auguste Gaudin de Montandre, prêtre, plus tard juge de paix à Montandre (1), remplaça Forget devenu sous-principal (2), et jura le 22 mai à Saint-Pierre. Benjamin Maublanc (3), Sébastien Duchaine, Joseph Martinaud et Philippe Collet furent nommés professeurs de philosophie, de logique, de quatrième et de cinquième, à la place de Létourneau, Tessandier, Guérin et Dulac, tous quatre dans les ordres. L'acte de prestation de leur serment, 27 novembre, est signé de Robinet, évêque, Chassériau et Guérin, vicaires épiscopaux (4).

Il est bien difficile de faire le dénombrement de ceux qui prêtèrent le serment civique. « Le nombre des prévaricateurs, dit le vicaire général Taillet, a été très grand parmi les curés et vicaires du diocèse de Saintes ; peu de diocèses ont offert le scandale de tant de chutes. » Et il calcule que sur près de cinq cent cinquante curés, trois cent cinquante ont juré, et la moitié au moins des cent vicaires: quelques-uns de bonne foi; d'autres

---

1. Voir *Le dernier marquis de Montandre*, dans la *Revue de Saintonge et d'Aunis*, XV, 356, ou *Le combat de Montandre en Saintonge* (1895), in-8°, p. 61.

2. J.-B. Forget, nommé principal du collège de Poitiers, ne put entrer en fonctions ; il mourut en 1811, préfet des études au collège Sainte-Barbe à Paris. Charlotte-Polydore Forget, né à Saintes le 26 messidor an VIII (14 juillet 1800), de Jean-Baptiste Forget et de Henriette-Charlotte Lacheurié, qui mourut en lui donnant le jour (Marie-Charlotte Lacheurié, née à Saintes le 1er novembre 1765, fille de François, commis au bureau des classes de la marine, eut pour parrain et marraine, Michel-Louis Desmier de Saint-Simon et Marie-Anne-Charlotte de Saint-Simon), fut un professeur fort remarquable à la faculté de médecine de Strasbourg, où il est mort en 1858.

« Le plus coupable des trois professeurs qui jurèrent, dit Taillet, est M. Forget qui s'est attaché à l'évêque intrus et est devenu supérieur du séminaire constitutionnel, plus l'un des vicaires de la cathédrale ; il a été l'un des premiers de ce clergé impur qui ait bravé l'opinion publique et abjuré le célibat... Forget, jeune professeur du collège de Saintes, de mœurs suspectes avant le schisme, de mœurs scandaleuses après le schisme, placé à la tête du jeune clergé constitutionnel, en qualité de supérieur du séminaire, il a montré à ses élèves jusqu'où pouvait s'étendre la liberté révolutionnaire. Il a abjuré son sacerdoce et sa foi, et même toute pudeur naturelle, et il vit publiquement dans les liens infâmes d'une union qu'il qualifie de mariage, mais que les fidèles regardent comme un affreux concubinage. »

3. Benjamin Maublanc, de Saint-Maixent, après avoir « combattu la contre-révolution dans la Vendée en qualité de capitaine commandant, fit à 23 ans imprimer à Saint-Jean d'Angély, par Josserand, en 1793, un livre, « *Principes de morale*, par Benjamin Maublanc, citoyen françois et professeur de philosophie ».

4. Au mois d'août 1791, sur le prospectus du collège (le prix de la pension est de 424 livres), nous trouvons : Jupin, principal ; Forget, sous-principal ; Bourignon en rhétorique ; Gaudin en seconde ; Jobit en troisième ; Maublanc, professeur suppléant de 4e ; Collet de 5e ; Philippot est toujours en 6e.

pour ne pas abandonner leurs paroissiens, par timidité, faiblesse, crainte de la misère, entraînement ; d'autres, par ressentiment de quelque injustice, vraie ou fausse, par vanité, ambition ; quelques-uns, par perversité. Il y a des degrés dans la chute. Ceux-ci s'arrêtèrent au serment que plus tard ils rétractèrent ; ceux-là allèrent jusqu'à l'intrusion, l'apostasie, le mariage, etc., la persécution de leurs frères.

Parmi les plus compromis Taillet cite — « J'aimerais mieux, dit-il, cacher leurs fautes et les ensevelir dans un profond silence ; mais ce ne sont point des fautes secrètes que je révèle ; ce sont des actions publiques, éclatantes que je censure. Les lois de la véridique histoire obligent à dire le mal comme le bien ; et puisque j'ai nommé plusieurs d'entre les bons pour engager à les imiter, pourquoi ne nommerais-je pas, quoique avec répugnance, quelques-uns des méchants pour éviter à d'autres la tentation de leur ressembler ? » — cite comme un modèle de fanatisme révolutionnaire un sieur Dubois, curé intrus de Pons. On le citait jusqu'à trente ans pour un exemple de douceur, de modestie, de piété. La révolution est venue ; elle a paru lui avoir donné une tout autre âme : il est devenu dur, impie, violent jusqu'à persécuter ; et frappé d'une maladie qui l'a emporté tout jeune encore, il a conservé jusqu'au dernier soupir son fougueux attachement à la constitution civile, et a demandé en mourant pour toute grâce qu'on écrivît sur sa tombe : « Dubois, 1er curé constitutionnel de Pons ».

« Je nommerai pour modèles d'un patriotisme plus ardent, ou plutôt d'une fureur sans bornes, un sieur Deschamps, intrus de Dompierre, le panégyriste de Mirabeau, qui a été dans son canton le fléau des curés fidèles, et qui, plus d'une fois, a pris contre eux des mesures qui tendoient à les faire assassiner ; un sieur Faye de la ville de Rochefort [1], qui a soulevé le peuple contre son seigneur lequel étoit en même temps son bienfaiteur et son créancier, l'a forcé à s'enfuir et, après son départ, a

---

1. Pierre-Jean Faye, curé de Saint-Martin de l'Eguille depuis 1788, jura et remplaça à Royan (9 septembre 1791) Jean-Tiburce Delon, chanceladais, né en 1746, qui fut déporté en Espagne à Orduna, et devint en juin 1803 curé d'Arvert, où il mourut le 27 avril 1814, et où il eut pour prédécesseur Germain Ranson et pour successeur François Chennau.

aidé à spolier son château ; qui, fier de cet exploit, a été s'emparer à main armée de la cure de Royan et y a épanché tout son fiel contre les nobles et les prêtres, surtout contre l'estimable pasteur qu'il avoit dépouillé et dont la présence et les vertus le fatiguoient ; c'est encor lui qui, au moment de la déportation, lorsqu'une multitude de prêtres étoit réunie à Royan pour s'embarquer, fit courir le bruit qu'ils venoient pour l'égorger, demanda une garde de sûreté, fit sonner le toscin au milieu de la nuit, et excita un mouvement fâcheux qui pouvoit aller loin. Il s'est marié depuis avec une de ses paroissiennes [Melle Dubois, fille d'un chirurgien], et vit aussi méprisé des protestants que des catholiques ; et un sieur Gasse (^{1}) qui, perdu de réputation et chassé du séminaire, a été ordonné par l'intrus et fait en très peu de temps sous-diacre, diacre, prêtre et curé. Son emportement contre les gens de bien alloit jusqu'à la rage ; on le voyoit souvent avec une épée nue ou dans sa maison ou au-dehors, surtout dans les cabarets, crier qu'ils périroient par sa main, vomir contre eux des injures, des imprécations, des jurements jusque dans le lieu saint, jusqu'au moment des redoutables mystères. Il est à peu près le plus jeune des intrus du pays qu'il habite, et il en est très certainement le plus féroce. » Puis, Léonard, curé de Marennes, qui « a vu avec une joye indicible la destruction de l'église catholique. Il s'est agité tant qu'il a pu pour multiplier les jureurs, pour faire adopter la constitution civile du clergé et pour consolider le schisme. Partisan forcené de Mirabeau, il a osé placer sur l'autel le buste de ce scélérat, à côté de la croix de Jésus-Christ et lui faire partager l'encens avec le Dieu trois fois saint (^{2}). » Puis Doussin (^{3}), curé de La Tremblade, « depuis longtemps hardi dans ses

---

1. Pour Gasse, voir plus haut page 90.
2. Louis-Marie-Henri-Joseph Léonard, né en 1749, à Chevanceaux, de Jean-Joseph Léonard, intendant du comte de Sainte-Maure, seigneur de Chaux, et neveu de Mandé Léonard, prieur-curé de Challaux de 1746 à 1787, fut nommé, en 1784, par l'abbesse de Saintes, curé de Saint-Pierre de Sales en Marennes. Il prêta, puis rétracta le serment de liberté-égalité, et fut élu président du club, honneur qu'il mérita par sa violence. Cela ne le préserva pas de la persécution. Il fut embarqué sur le vaisseau les *Deux Associés* ; il y mourut le 15 août 1794. En 1888, l'archiprêtre de Marennes, Pierre Bonnin, lui a dédié une cloche, comme « confesseur de la foi », et pour rappeler « son attachement inébranlable à la foi catholique ». Est-ce une ironie ?
3. Pour Doussin, voir plus haut page 144.

opinions, qui a vu sans s'effrayer les triomphes de l'irréligion et y a pris part, tous deux ennemis de l'autorité épiscopale, tous deux ayant secoué, avant la révolution, les bienséances et les gênes de leur état, tous ceux ont eu le lamentable avantage d'attirer dans le schisme les filles de Saint-Vincent, et les infecter du poison contagieux de l'erreur. »

« Je citerai le père Billard, récollet, apostat octogénaire, qui n'étant attaché à aucune paroisse, alloit, comme une espèce de missionnaire, prêcher de toutes parts le bonheur de la liberté nouvelle ; engageoit le peuple des villes et les paysans à tuer les seigneurs, les nobles, tous les aristocrates et surtout les prêtres réfractaires ; qui chaque jour exhaloit sa rage avec une violence que la glace des années n'avoit point refroidie. On a écrit de France qu'il étoit mort en désespéré ; seroit-il improbable que celui qui, pendant plus de soixante ans, avoit vécu en athée, fût mort comme un démon ? » L'historien nomme encore Duc, Métadier, Vanderquand, Guimberteau, Berny et Jacques Roux, dont nous avons parlé, et les vicaires épiscopaux de Robinet qu'on trouvera plus bas.

Les religieux ont aussi fourni leur contingent au parjure et au schisme. Parmi les communautés d'hommes, étaient les religieux mendiants dont tout annonçait en Saintonge l'extinction inévitable et prochaine. « Ils y avoient un certain nombre de maisons, mais peu ou point de sujets. Les récollets avoient dix maisons et n'avoient pas trente religieux. Il y avoit une douzaine de cordeliers répandus dans cinq maisons ; huit ou dix jacobins dans trois maisons, trois capucins, deux augustins, deux carmes. Encore, si ce petit nombre eût été bon, mais, grand Dieu ! qu'ils ont fourni d'apostats et d'intrus !... Combien d'entre eux se sont fait un jeu de violer des vœux prononcés depuis 20, 30, 40, 50 ans ! Combien ont cumulé l'apostasie, le parjure et l'intrusion ! Nous comptons parmi les prévaricateurs deux capucins, trois jacobins, un cordelier et une vingtaine de récollets. Rendons justice aux religieux qui demeuroient à Saintes. Les jacobins et les cordeliers n'y ont point juré, et sur cinq récollets trois sont restés fidèles ; parmi lesquels doit être particulièrement cité un P. Gabriel, ex-provincial, qui a toujours respecté ses devoirs et son habit. On l'a vexé, tourmenté ; une fois on l'a chassé violemment de la ville ; mais on ne l'a point fait tomber. Il a passé son exil en Espagne emportant les regrets, l'estime et la confiance de tous les bons catholiques de Saintes. Certes, c'est un grand mérite d'être resté constamment vertueux parmi des confrères si gangrenés. »

Dans le diocèse de Saintes étaient encore trois maisons de bénédictins, l'une à Saint-Jean d'Angély, l'autre à Bassac, la troisième à Saintes. Cette dernière, établie à Saint-Eutrope, était de la congrégation de Cluny, qui venait d'être sécularisée quelques moments avant la révolution. Des quatre religieux un seul jura.

« Les bénédictins de Saint-Jean d'Angély, au nombre de 12 ou 13, s'étoient séparés la plupart avant le serment et avoient passé dans leurs diocèses respectifs. Un seul jura, « dom Le Maire, plus que septuagénaire, qui depuis longtemps méprisoit son état et dont la tête étoit affaiblie ; mais aussi nous sçavons positivement que le curé très respectable de cette ville, dom Déforis, a été déporté en Espagne avec trois de ses vicaires relligieux qui, comme lui, avoient refusé le serment et qu'il y est mort à Burgos. »

Bassac avait dix religieux ; un seul jura, puis apostasia, Meisseix, curé de Saint-Nicolas ; le prieur dom François de Sainte-Marie passa en Espagne. Il y avait encore une communauté de bernardins à La Frenade, composée de deux religieux ; l'un a juré et fut intrus.

Des douze chanoines réguliers de la congrégation de Chancelade, à 3 lieues de Saintes, aucun n'a voulu faire le serment ; et les anciens et les jeunes se sont disputés à qui montreroit le plus de courage. Tous ou presque tous partirent pour l'exil ; l'un d'entre eux, M. Monmor, très jeune prêtre, fut aumônier du prince de Condé.

Les cinq frères de la Charité à Saintes jurèrent tous. Par contre, aucun des sept directeurs du séminaire. Cinq furent déportés en Espagne. Nous avons parlé du collège.

Fait à noter ! ce sont les femmes qui montrèrent le plus de

fermeté. Des quatre-vingt-deux bénédictines (cinquante-six dames de chœur, vingt-six sœurs converses), pas une n'a voulu profiter de la liberté offerte de quitter le couvent. Il fallut les faire sortir de force, au nom de la liberté, puisqu'elles préféraient rester dans leur cloître. « La vénérable abbesse, Mme de Parabère, qui avait gouverné cette maison durant 40 ans et qui demandait à Dieu, pour toute grâce, de ne jamais rentrer dans le siècle, expira, pleine de joie et de confiance, la veille du jour où il lui eût fallu sortir. » Même conduite chez les trente filles de madame de Lestonnac, les Notre-Dame (vingt-et-une dames, neuf converses), dont la supérieure était Mme Dangibeaud, « pleine de mérites, de modestie et de foi ». Il y eut une défection chez les dix-huit carmélites (15 dames de chœur, trois converses) ; « encore la coupable n'étoit-elle plus des leurs ; elle avoit donné précédemment dans des écarts qui l'avoient fait exiler et renfermer ; elle vivoit parmi les carmélites ; mais elle n'étoit plus carmélite celle qui a pu se résoudre à jeter de côté son habit et ses vœux, à adopter promptement les passions et les vices du monde, et à contracter tout de suite des liens impurs dont les libertins même ont rougi. »

Une des vingt-huit religieuses de Sainte-Claire (dix-neuf dames, neuf sœurs) donna le même scandale. Les onze hospitalières (deux converses) ont suivi l'exemple de fermeté que leur donnait leur supérieure madame de Mareuil. Les six sœurs de la Charité — il y en avait trois autres à Saujon et trois à Tesson — « ont été vraiment sublimes. On leur faisoit beaucoup de mal ; elles s'en vengeoient en faisant beaucoup de bien. Les pauvres mêmes s'élevoient contre elles ; elles redoubloient de soins pour les pauvres. Plus d'une fois les magistrats vendus à la révolution sont venus dans leur église faire des scènes de violence et d'irréligion ; jamais ils n'ont pu déconcerter leur piété, ni entamer leur orthodoxie. Les choses ont été portées si loin que plusieurs centaines de gardes nationaux ont investi et attaqué, la nuit, ces vierges modèles de toutes les vertus dans leur maison, asile de la pudeur ; mais Dieu prit leur défense, et leurs nombreux agresseurs tout armés, saisis d'une terreur panique, ont été dissipés en un instant (1).

Les sœurs de la Sagesse, qui avaient deux hôpitaux dans le diocèse, ne montrèrent pas moins d'énergie que les filles de Saint-Vincent de Paul, et souffrirent la persécution sans se relâcher ni dans leur piété, ni dans leurs bonnes œuvres. « Je me rappelle avec consolation avoir vu à Saintes la supérieure de l'hôpital de l'île d'Oleron ; elle faisoit vingt lieues pour se confesser à un prêtre catholique au risque d'être fréquemment insultée sur la route dans un âge encore jeune. » Seules leurs deux maisons de Marennes et de La Tremblade ont contristé leur congrégation, ayant été égarées et conduites en erreur par les curés de ces deux paroisses. Quelques bénédictines de Cognac, retirées dans leurs familles, eurent le tort de montrer une frivolité indigne de leur état. Enfin une hospitalière de Saint-Jean, « ignorante et inconsidérée », s'est laissée séduire par les menaces de la révolution. En somme, malgré deux ou trois apostasies et quelques fautes, les communautés de femmes ont parfaitement prouvé par leur conduite « la fausseté de l'insolente assertion des philosophes qui osoient prédire que, si l'on ouvroit la porte des cloîtres, on en verroit sortir sur-le-champ toutes les victimes qu'ils recéloient. »

En face de ces lâchetés l'historien doit citer les beaux exemples de courage et d'héroïsme ; Alexis Taillet n'y manque pas. En premier lieu il rend hommage à ces « deux-cent-cinquante pasteurs ou vicaires qui n'ont jamais adoré l'idole,

---

1. « C'est ici le lieu de raconter une anecdote particulière qui prouve l'acharnement des méchants contre ces saintes filles et le caractère ferme et chrétien de la sœur Durand, leur supérieure. Celle-ci fut accusée par deux calomniateurs, dont un mourut subitement peu de jours après, d'avoir voulu faire des enrôlements pour Coblentz ; c'étoit alors le crime le plus impardonnable, le véritable crime de lèse-nation. L'un des témoins étoit valet de meunier, l'autre à peu près de la même classe ; ce fut sur de pareils témoignages qu'on arrêta cette sœur sexagénaire, et on la mit dans la maison publique. Le geôlier qui la logeoit crut avoir un ange chez lui : mais des monstres qui entourèrent la maison poussèrent dans les ténèbres des hurlements de rage, et tandis que la sœur prioit avec tranquillité le Dieu qui sonde les cœurs et qui protège les innocents, l'un d'eux tira dans les ténèbres de la chambre un coup de fusil dont l'édifiante prisonnière pensa être atteinte ; celui qui fit le coup s'en vanta et fut applaudi ; mais la sœur, toujours renfermée, attendit assez longtemps son jugement. Peu s'en fallut qu'on ne l'envoyât à Orléans pour être une de ces victimes dont l'assassinat était déjà prémédité. La perversité a pourtant ses bornes ; on rendit la liberté à la sœur Durand dont cette détention ne put refroidir ni le zèle ni la charité. »

ou, s'ils l'ont adorée un instant, sont revenus presque aussitôt aux autels du vrai Dieu, avec un courage très louable et au milieu de dangers dont le moindre étoit la misère », et à ces « confesseurs, qui ont été renfermés dans des prisons et pendant plusieurs mois pour n'avoir pas trahi leur ministère ; tels que MM. Glâtron, curé des Essarts, De Pain (1), archiprêtre, Terrien, curé de Saint-Germain (2). »

« M. Arsonneau, vicaire de Saintes (3), qui, traîné à l'hôtel de ville par une soldatesque effrénée, pour avoir célébré un mariage selon les loix de l'église, y a été enfermé plusieurs jours, a presque vu dresser sous ses yeux une potence à laquelle on avoit le projet de l'attacher, a entendu les cris de ceux qui le maudissoient, et qui étoient altérés de son sang, et a conservé le calme qui ne peut venir que d'une conscience pure.

« Le diocèse s'honorera de ces pasteurs charitables qui, chassés de leur maison, dépouillés de tout, se sont retirés dans quelque cabane à portée de leurs paroissiens pour les visiter, les consoler, les fortifier, qui, gênés et surveillés sans cesse, avoient encore le secret de sauver leurs brebis au milieu des hurlements des loups, et n'ont quitté leur poste qu'à la dernière extrémité ; tels ont été les curés fidèles de Saintes et en particulier M. Bonnerot, curé de Saint-Maur (4), qui, désigné par les méchants comme une victime qu'il falloit prompte-

---

1. Sans doute Pierre Depain, né à Saintes, qui fut enfermé, passa en Espagne, puis fut aumônier de l'hospice de Saintes où il est mort à 68 ans, le 18 février 1820. Il y avait encore Elie-Gabriel Pain, dominicain, curé d'Antezan, deux fois mis en prison, mort aux Notre-Dame, en 1796 ; puis Pierre Pain, curé de Mornac, qui jura, et un autre Pierre Pain, curé de Tanzac depuis 1773, homme excellent, déporté, depuis curé de Mornac en 1803.

2. Jean-Michel Terrien, curé de Saint-Germain de Lusignan après juillet 1785 jusqu'en avril 1792, né à Mortiers, fils d'un chirurgien. Il signe en 1791 ses actes : « prêtre de l'église catholique, apostolique et romaine » ; il fut déporté ; au retour de l'exil, il fut nommé curé de Mortiers, où il est mort en 1834.

3. André-Henri-Charles Arsonneau, né en 1756 dans le diocèse de Saintes, nommé prieur de Sainte-Radegonde en 1782, fut, après la révolution, curé de Courant.

4. Thomas-Joseph Bonnerot, diacre du diocèse de Cambrai, né à Landrecies (Nord), bachelier de Sorbonne, vint à Saintes en 1766, comme professeur de physique au collège. Il fut prieur commandataire de Saint-Pierre de Montandre, bénéfice qu'il résigna le 18 janvier 1781 à Sigisbert de Rupt, sous-principal. Il fut nommé curé de Saint-Maur par l'évêque de Saintes, à la mort de Jean-Baptiste Faure, 5 octobre 1783 et prit possession le 9. Après le rétablissement du culte, il fut vicaire général de La Rochelle, et mourut, pensionné du gouvernement, le 2 décembre 1832 à Saintes, âgé de 88 ans. Il est l'auteur d'un manuscrit important, un pouillé du diocèse de Saintes en 1789.

ment immoler, ne put s'évader de la ville, qu'à la faveur des ténèbres, sous l'habit grossier d'un charretier; tel un M. Ferret, curé de la ville de Pons (¹), qu'une populace furieuse assiégea dans sa maison, et alla déterrer dans un grenier; il s'y étoit caché et enveloppé dans des tapisseries, que des soldats yvres piquoient de la pointe de leurs épées; mais par un bonheur inconcevable, il ne fut point blessé, et fut porté dans la rue et étendu sur le pavé, par des paroissiens ingrats, que sa présence tourmentoit, que son courage déconcertoit. Il s'honorera d'un M. Rollet (²), qui, quoiqu'entouré d'espions, alloit sans cesse de tous côtés, confessant et donnant la communion; il avoit avec une très chétive santé un zèle infatigable, et il a été pendant plus d'un an une des principales ressources de toutes les familles catholiques de Saintes.

« Il s'honorera d'un M. Gaildreau, curé de Belluire, qui, arraché le matin de la maison d'un de ses paroissiens, qui lui avoit donné azile, fut conduit, le long d'un grand chemin, pendant plusieurs lieues, par une troupe de soldats et de paysans, qui le chargeoient d'injures et d'imprécations. A pied, les mains liées, il fut obligé de les suivre presque toute la journée, et tandis qu'ils s'arrêtoient dans des cabarets, ils le laissoient en

1. Guillaume Ferret, né à Saint-André de Dolus en l'île d'Oléron, le 12 janvier 1750, vicaire de Marennes (1774-1781), desservant de Saint-Bonnet, en 1781, puis de Saint-Genis, fut nommé vicaire perpétuel de Saint-Martin de Pons en 1784. Taillet dans son attestation (Bilbao, 30 novembre 1792), contresignée par Rollet, nous le montre « bonis operibus semper intentum, a lucro abhorrentem, pauperes foventem quamquam foret ipse pauperrimus ; ipsum repulisse sacramentum civicum, e sede sua ejectum fuisse media inter pericula medios inter ictus, nec potuisse nisi per summam vim ab ovibus suis eripi et separari, tandemque ingravescente persecutione, coactum exulare, ad hispanicam regionem appulisse, nudum opibus, virtutibus divitem... » Voir *Archives historiques de la Saintonge*, IX, 382. Taillet ajoute : « La ville de Pons étoit on ne peut mieux partagée en pasteurs, au moment de la révolution. Outre M. Ferret, elle avoit MM. Barraud et Monnoir, tous deux vrais ministres du Seigneur, tous deux sont restés en France. Le premier, retiré dans le diocèse de Bordeaux, à l'ombre d'un déguisement, a parcouru les villes et les campagnes ; et dans le temps de la plus affreuse tyrannie, ayant toujours la guillotine sur la tête, a sauvé des âmes. Nous souhaitons qu'il n'ait pas succombé. Le second, deux fois emprisonné mais toujours ferme et inébranlable, a refusé le premier acte de soumission et le second, montrant à toute la Saintonge qu'un prêtre catholique doit toujours être un fidèle et courageux royaliste. » Monnoir, vicaire de Saint-Maur à Saintes, fut curé de l'hôpital de Pons ; il fut enfermé aux Notre-Dame à Saintes. Il signait pendant la persécution « prêtre, exerçant le culte catholique ».

2. Pour Rollet, chanoine de Saint-Georges de Rexe, et secrétaire de La Rochefoucauld, voir page 136.

dehors, exposé à la pluye la plus violente ; puis sortant avec une fureur que le vin avoit augmentée, ils redoubloient leurs hurlements et leurs menaces; vingt fois ils se mirent en devoir de le pendre ou de l'égorger; il ne doutoit point que sa dernière heure ne fût venue. Enfin, soit que la compassion de quelques-uns eût arrêté la rage des autres, soit que la longueur du chemin les eût lassés, soit que l'yvresse eût affaibli leurs bras et leur tête, ils laissèrent échapper leur proye en la maudissant ; et le digne curé mourant de faim, excédé de fatigue, arriva le soir à Saintes, priant Dieu de pardonner aux autheurs et aux acteurs d'une scène aussi atroce (1).

« Il s'honorera d'un M. Cazey, ancien curé (2), qui, lorsque l'évêque intrus vint pour lui faire visite dans une maison de campagne, près de la ville de Saintes, appercevant de loin la soutane violette, ouvrit sa fenêtre, et prenant le ton de l'indignation, cria à cet usurpateur de s'éloigner, qu'il ne vouloit pas le voir. Le schismatique insista et le pria d'ouvrir : «*Nolite recipere eum in domum nec ave ei dixeritis.*» Ce fut toute la réponse du pasteur orthodoxe. Le sieur Robinet le conjura, au nom de leur ancienne amitié, de permettre qu'il s'entretînt avec lui : « Je fus votre ami, reprit M. Cazey, je ne le suis plus. «*Qui dicit ei ave communicat operibus ejus malignis*» ; et la porte resta fermée ; l'intrus reprit tristement le chemin de la ville, repassant dans son esprit l'amère leçon qu'il venoit de recevoir. Il est à remarquer que ce respectable curé avoit rejetté l'épiscopat constitutionnel qui lui avoit été offert, et que, pour bien manifester la pureté de ses sentiments, il avoit écrit aussitôt à Mgr de La Rochelle pour lui renouveller la promesse d'obéissance que tout prêtre, au moment de l'ordination, fait à son légitime évêque.

« Il s'honorera d'un P. Pichon, ex-jésuite, plus qu'octogénaire, qui resté en France, y a subi deux fois une prison bien plus dure que l'exil, et a montré que la vieillesse, qui affaiblit le

---

1. Romain Gaildrean, né en 1749, curé de Belluire en 1786, se cacha longtemps, puis fut forcé de s'expatrier en Espagne. En 1803, il fut nommé curé de Saint-Just de Luzac.
2. Daniel Cazey, licencié en théologie, prieur (1781) de Saint-Blaise en la paroisse de Saint-Grégoire d'Ardenne, official du diocèse, résigna sa cure de Bords, le 26 juin 1783, devant Bigot, notaire. Voir plus haut, page 51.

corps, n'affaiblit point le courage, ni la foi. Deux de ses frères, prêtres comme lui, et imitateurs de sa vertu, partageoient sa détention ; tous trois ont donné l'exemple d'une patience que les privations, les angoisses et les dangers ne déconcertoient point ; le second des trois y a succombé (1).

« Il s'honorera d'un P. Réveillaud (2), aussi ex-jésuite, octogénaire, qui est parti pour l'exil, avec un courage fait pour en inspirer à tous ; qui deux ans après, forcé encore de s'exposer aux dangers de la mer, et aux fatigues de la terre, témoignoit de la joye de consacrer aux souffrances les restes d'une vie qui avoit été fort utile ; qui, conduit à Orense, y a employé le peu de force que laisse un si grand âge, à donner une retraite ecclésiastique et l'a donnée avec ce ton apostolique, cette onction patriarchale qui ranime les âmes, puis s'est endormi dans le Seigneur, regretté de tous les prêtres dont il était le doyen, regretté du saint évêque d'Orense, dont il a reçu la bénédiction avant de mourir.

« Il s'honorera de la contenance évangélique avec laquelle tant de prêtres condamnés à la déportation, ont quitté leur patrie, insultés, maltraités, maudits, volés à leur départ et rendant bénédiction pour malédiction et louant Dieu d'être réduits à la mendicité, faisant des vœux pour cette patrie même qui les chassoit avec tant de cruauté.

« Enfin et surtout il s'honorera de ceux qui ont subi les rigueurs de la réclusion, ou qui ont été entassés dans des vaisseaux comme dans d'horribles cachots, et qui ont succombé à l'infection et à la misère ; s'ils n'ont pas résisté jusqu'au sang ils ont eu une espèce d'agonie plus effrayante, plus douloureuse, leur mort, et par ses causes, et par ses circonstances, peut et doit être appelée un véritable martyre. »

※

C'était bien quelque chose que ces curés qui prêtaient le serment ; ce n'était pas assez. Le chef du diocèse, député à

---

1. Voir pour les Pichon, page 77.
2. D. Réveillaud, nommé par l'évêque de Saintes, en 1730, chapelain de Chagras dans l'église de Gimeux. Il était frère de Joseph Réveillaud, conseiller au présidial de Saintes, et de Marie-Anne Réveillaud, femme de Louis de Luchet de La Mothe.

l'assemblée nationale, dont l'exemple eut entraîné tant d'ecclésiastiques, paraissait ignorer l'existence du décret qu'il avait vu discuter et qu'il avait repoussé de son vote. A Saintes, on s'inquiétait de son silence, ou plutôt on tenait à constater son refus. Le 2 février, jour où jadis l'échevinage inscrivait scrupuleusement sur ses registres le récit de la fête de la chandeleur à laquelle il avait assisté, le conseil municipal s'informe si l'évêque de Saintes a envoyé son serment. Il constate qu'il n'y a rien sur les registres (1).

Cela suffisait pour une séance. Dans l'après-midi, le maire somme encore le greffier Senné, de lui présenter son registre des prestations de serment. Nouveau désappointement. Les conseillers municipaux n'y trouvent ni l'évêque, ni ses vicaires généraux, ni les supérieur et directeurs du séminaire. Le registre est encore vierge de ces noms ; les feuillets blancs sont immaculés, et l'office de greffier des assermentés va devenir une sinécure (2).

1. « L'an 1791, le 2e du mois de février, environ sur les dix heures du matin, nous, Robert de Rochecouste, maire de la ville de Saintes, nous étant rendu à l'hôtel commun de la ville, où s'est trouvé le sieur Pierre-Côme Senné, secrétaire greffier du dit hôtel de ville, auquel nous avons demandé s'il était de sa connaissance que M. Louis-Pierre de La Rochefoucauld, évêque du diocèse, actuellement à Paris où il réside en qualité de député de la province à l'assemblée nationale depuis le mois d'avril 1789, eût fait notifier au greffe de cette municipalité un extrait de la prestation du serment qu'il était tenu de faire à l'assemblée nationale dans la huitaine qui a suivi la sanction du décret du 27 novembre dernier, sanctionné par le roi, le 26 décembre suivant ; sur quoi le dit sieur Senné nous ayant ouvert son registre, sur lequel sont établis les différents actes faits à son greffe, que nous avons parcouru avec lui, nous n'y avons trouvé aucunes déclarations faites à la requête de mon dit sieur l'évêque de Saintes qui justifie et fasse mention qu'il a exécuté en aucune façon ce qui est prescrit par l'article IV du décret sus-mentionné du 27 novembre dernier ; de quoi nous avons cru devoir dresser le présent procès-verbal de n'être tenu en aucune demeure ; duquel nous sommes le dit M. Senné, greffier, de délivrer incessamment une expédition et de la remettre à M. le procureur général du département de la Charente-Inférieure. Fait, clos et arrêté à l'hôtel commun de la dite ville de Saintes, le jour, an et heure sus dits, en présence de MM. Gout, Lesacques, Canolle, Néron, Maréchal et Boisnard, procureur de la commune, qui ont signé avec nous. »

2. « Advenant le même sus dit jour, 2 du mois de février 1791, à l'hôtel commun de la dite ville de Saintes, environ les deux heures après midi, nous, Robert de Rochecouste, maire de la dite ville, avons sommé M. Pierre-Côme Senné, greffier secrétaire du dit hôtel, de nous déclarer si les vicaires de M. de La Rochefoucauld, évêque de Saintes, et les supérieurs et directeurs du séminaire de la dite ville lui ont fait quelques déclarations tendant à annoncer ou prouver qu'ils étaient dans l'intention de prêter le serment ordonné par le décret de l'assemblée nationale du 27 novembre 1790, sanctionné par le roi, le 26 décembre suivant ; à quoi il nous a répondu, après avoir mis en évidence les registres, qu'aucuns des vicaires, supérieurs et directeurs du séminaire, résidant dans la présente ville et même dans le présent diocèse, ne lui ont mani-

Il était bien constaté que l'évêque de Saintes n'avait pas mis beaucoup d'empressement à jurer. Son confrère de La Rochelle, Charles de Coucy, n'avait pas fait preuve de plus de zèle. Ces deux prélats étaient donc réputés démissionnaires; et le siège de Saintes vacant, celui de la Rochelle demeurant supprimé, il fallait combler le vide ; il fallait vite donner un pasteur à tant d'âmes qui soupiraient après lui, et remplacer ce prêtre qui restait obstinément fidèle à sa conscience. L'article 4 du décret du 18 juillet 1790 disait : « Sur la première nouvelle que le procureur général syndic du département recevra de la vacance du siège épiscopal, par mort, démission ou autrement, il en donnera avis aux procureurs syndics des districts, à l'effet par eux de convoquer les électeurs qui auraient procédé à la dernière nomination des membres de l'assemblée administrative ; et en même temps il indiquera le jour où devra se faire l'élection de l'évêque, lequel sera au plus tard le troisième dimanche après la lettre d'avis qu'il écrira. » En conséquence l'assemblée électorale, c'était la seconde, fut convoquée aussitôt.

Une des plus malheureuses inspirations de l'assemblée nationale avait été la constitution civile du clergé. On le vit, mais trop tard, par les embarras qu'elle lui causa à elle-même, à la législative et à la convention. Or, le décret du 12 juillet 1790, qui établissait un évêché par département, avait aussi décidé que les titulaires des bénéfices seraient nommés par le peuple. Le titre II disait :

« A compter du jour de la publication du présent décret, on ne connaîtra qu'une seule manière de pourvoir aux évêchés et aux cures, c'est à savoir la forme des élections.

« Toutes les élections se feront par la voie du scrutin et à la pluralité absolue des suffrages.

---

festé en aucune façon vouloir se conformer et exécuter ce qui est prescrit pour la disposition du sus dit décret ; de quoi nous avons dressé le présent procès-verbal pour n'être tenu en aucune demeure, duquel nous enjoignons au dit sieur Serré de délivrer expédition en forme le plus tôt possible à M. le procureur général syndic du département de la Charente-Inférieure, pour nous conformer à ce qui nous est prescrit par le sus dit décret. Fait, clos et arrêté, le jour, an et heure sus dits, à l'hôtel commun de la dite ville, en présence de MM. Gout, Lesac, Canole, Néron, Maréchal et Boisnard, procureur de la commune, qui ont signé avec nous. »

« L'élection des évêques se fera dans la forme prescrite et par le corps électoral indiqué dans le décret du 22 décembre 1789 pour la nomination des membres de l'assemblée du département. »

Sans doute on avait voulu ainsi prévenir l'abus du favoritisme, et éviter ces nominations scandaleuses dont le clergé souffrait le premier. N'avait-on pas vu le huguenot Sully posséder trois abbayes ; des femmes même être titulaires de bénéfices ecclésiastiques, et l'influence d'une maîtresse disposer des évêchés ? Mais était-ce bien le remède au mal ? Oui, le peuple entier, exerçant solennellement la plénitude de ses droits, s'était montré sage dans ses choix, pratique dans ses vœux, modéré dans ses doléances. Le vote parut un spécifique absolu. On avait élu les maires ; on élira les curés. On avait élu les administrateurs du département ; on élira les évêques. Mais le prêtre n'est pas un fonctionnaire : car il ne reçoit pas ses pouvoirs de l'état. L'état n'a aucune prise sur les âmes. Elles échappent à ses ordres et à ses agents. Quand il essaie de s'imposer aux consciences, il devient tyrannique ; alors, le martyre est prêt.

Au point de vue même du droit des gens, il y avait contrat synallagmatique. Les circonscriptions diocésaines, les règles d'institution canonique et d'élection, avaient été faites du consentement des deux pouvoirs, spirituel et temporel. Une des parties contractantes brisait donc ses engagements. Enfin, on avait agi avec tant d'imprévoyance et de précipitation qu'on n'avait pas remarqué une conséquence monstrueuse de la loi. Tout le monde avait le droit de choisir les curés. Dans le protestantisme chaque église nomme son ministre ; mais on n'appelle pas les catholiques au scrutin (1). Ici tout citoyen actif, c'est-à-dire ayant la qualité de français, l'âge de 25 ans, un an de domicile, une contribution directe équivalant à trois journées de travail et n'étant point domestique, participait à

---

1. Ici l'injustice était particulièrement choquante. En effet, la loi qui spoliait les catholiques laissait leurs biens aux églises protestantes et tout en accordant aux protestants, la libre et exclusive élection de leurs pasteurs, leur permettait en même temps de prendre part à l'élection des évêques et des curés.

la nomination de l'évêque et du curé, qu'il fût du reste impie, athée, calviniste, juif ou mahométan, pourvu qu'il se soumît à la formalité dérisoire d'assister à la messe le jour de l'élection.

Donc, tous les protestants de la Saintonge furent convoqués pour désigner celui qui devait commander aux âmes catholiques et pour implicitement déclarer que La Rochefoucauld en était bel et bien indigne.

Dès le 21 février 1791, on prépare la cérémonie de l'élection; la municipalité fait transporter à la cathédrale des bancs, tables et chaises nécessaires aux électeurs. Le même jour, ordre est publié d'abattre toutes les armoiries. La vue en pourrait blesser le prélat démocratique qu'on va faire. On appose aussi les scellés à l'évêché, au séminaire. Tout sera prêt au jour fixé.

CHAPITRE XVIII.

Seconde assemblée électorale. — Briault, président. — Premier vote sans résultat. — Les députations. — Protestation des évêques de Saintes et de La Rochelle. — Taillet. — Les candidats au siège épiscopal. — Robinet est élu.

Cette seconde assemblée électorale, annoncée la veille par le son des cloches de la cathédrale, s'ouvrit à Saintes le 27 février, à neuf heures du matin « dans l'église paroissiale cathédrale de Saint-Pierre ». Chassériau, curé de la paroisse Saint-Michel de Saintes, célébra une messe basse du Saint-Esprit. Puis les 280 membres présents prirent place dans la nef. Le curé de la paroisse de Cram, canton de Courçon, Bourdon, s'assit au fauteuil comme doyen d'âge, et nomma pour secrétaire provisoire Dupinier. Les plus âgés après le président, Boussiron, Claquemain et Breuil, remplirent les fonctions de scrutateurs. Puis l'assemblée se rendit dans ses six bureaux tels que les avait constitués la première assemblée (14 juin 1790) à l'évêché, au collège, au palais, chez les récollets, chez les jacobins et à la Bourse. Le nombre des électeurs inscrits était de 800 ; 381 seulement votèrent, le tiers, moins de la moitié. Au premier tour de scrutin, René Briault, avocat à Saintes, fut nommé président par 142 suffrages, la majorité étant de 141. Au se~~ d tour, sur 330, Jean-Aimé Delacoste, avocat à La Rochelle, qui signait autrefois de La Coste, fut proclamé secrétaire par 299 voix. C'étaient les mêmes que pour la première assemblée.

Le président, après quelques phrases de remerciements, explique le motif de la réunion en un petit discours qui est bien de l'époque et par les idées et par l'enflure :

« L'objet qui nous rassemble en ce jour, messieurs, mérite toute notre attention. Il s'agit de nous donner un évêque, un pasteur fidèle, qui veille avec soin et avec zèle sur le troupeau qui va lui être confié. Cette importante dignité n'appartient qu'à un homme riche en vertus. L'ambitieux, qui ne voit que lui-même dans les honneurs auxquels il aspire, n'en est pas digne. L'intrigant et l'homme de cour, dont l'unique talent est de cacher leurs bassesses sous les dehors trompeurs de l'honnêteté et de la franchise, ne le méritent pas. L'homme hypocrite doit à jamais en être exclu. Comment, en effet, placer le mensonge et l'imposture sur la chaire de la vérité ? Que l'ecclésiastique vertueux fixe donc seul nos regards ; que notre élection, marquée au coin du discernement et de la prudence, déconcerte nos ennemis et les étonne, et justifie les vues sublimes de l'assemblée nationale, en rendant aux peuples le droit de se choisir leurs pasteurs. Prouvons enfin que le décret sur la constitution civile du clergé est une des plus sages lois qui existent.

« O vous, qui, dissipant de vaines terreurs et qui méprisant des suggestions perfides, pasteurs citoyens, qui avez prêté le serment décrété par nos augustes représentants, accourez, volez dans nos bras, et venez recevoir la récompense due au patriotisme éclairé et au vrai mérite. Et vous que l'erreur égare, et qui, peut-être, vous faites volontairement illusion, pasteurs rebelles à la loi, revenez sur vos pas ; quittez vos anciens préjugés, et rendez à la patrie des citoyens utiles ; rendez à cette tendre mère des enfants qui, malgré leur aveuglement, lui sont encore chers, et qu'elle est prête à recueillir tous les jours dans son sein. Puisse, messieurs, ce souhait s'accomplir ! Puissent tous les Français se réunir, et, ne faisant qu'une même famille unie par les mêmes intérêts et les mêmes sentiments, travailler à l'envi au maintien de la constitution et perpétuer la félicité publique. »

La fin de la séance est remplie par la prestation individuelle du serment civique et par la nomination des scrutateurs, presque tous avocats [1].

---

1. Jean-François Lauranceau, avocat à Pons, né à Pons le 5 mai 1752, mort à Pons le 11 mai 1833, député au conseil des Cinq-Cents ; Jean-Baptiste Thénard-Dumousseau, avocat à Montguyon, depuis député au conseil des Cinq-Cents et au corps législatif,

Le 28, à huit heures, les bureaux se forment. A 10 heures, le recensement général constate qu'aucun candidat n'a réuni la majorité absolue. Alors se présente une députation de la société des Amis de la constitution qui, dit M. le baron Eschassériaux, page 38, « était très nombreuse et comptait l'élite de la population. » L'orateur est encore un avocat, Pierre-François Héard du Taillis (¹), alors accusateur public près le tribunal du district de Saintes. Son style est à la hauteur de ses idées. « Portés au plus haut rang dans la société, puisque c'est vous, messieurs, qui distribuez les grades les plus honorables, qu'il est consolant pour nous de ne voir dans votre élévation au ministère délicat et important qui vous est confié que l'effet de vos vertus et du patriotisme le plus pur. C'est à ces traits, messieurs, à ces caractères gravés dans vos cœurs, c'est à ces sentiments que nous admirons en vous, que nous devons le projet glorieux de vous posséder dans notre sein. »

Après ces phrases assez obscures, Héard invitait l'assemblée à honorer chaque soir de sa présence les réunions de la société. En outre, il demandait une adresse aux paysans pour leur expliquer ce que c'était qu'un évêque constitutionnel. Plus que jamais, s'écriait-il, « on voit s'élever des orages au sein de la tranquillité; chaque jour nos ennemis inventent de nouveaux stratagèmes pour accomplir leurs horribles projets. Convaincus de leur faiblesse, impuissants à l'aspect de nos armes, ils attaquent aujourd'hui les consciences. Arrêtez, messieurs, les effets dangereux de la séduction. Dégagés du choix d'un évêque,

---

sous-préfet de Jonzac, où il est mort en 1846 ; Gervaud ; Gabriel-Jacques-Constantin Croizetière, de La Rochelle, avocat à Rochefort, déporté à Brouage, auteur (1801) des *Poésies morales et philosophiques*, et Bernard des Jeuzines, avocat à Saintes, comme secrétaires adjoints, et Pierre-André Hébre de Saint-Clément, négociant à Rochefort ; Pierre Garreau, avocat à Marennes, depuis baron Garreau, et Maurice Binet, avocat à Saint-Jean d'Angély, comme scrutateurs.

On ne peut s'empêcher de remarquer le nombre considérable d'avocats, qui figurent dans ces assemblées. Les voilà à notre connaissance sept ou huit sur les neuf membres du bureau. Aux états généraux ils étaient 272 sur 1118, le quart de l'assemblée. C'est beaucoup ; ne serait-ce pas un peu trop ?

1. Pierre-François Héard, né à Saintes le 2 avril 1748, fils de Michel Héard, avocat en la cour, et de Marie Mareschal ; il mourut le 5 décembre 1814 dans sa propriété du Taillis, commune de Chaniers, où il s'était retiré en 1811. Il fut député au conseil des Cinq-Cents, accusateur public, juge au tribunal d'appel de Poitiers, etc. Voir *Études et documents sur la ville de Saintes*, p. 69.

nous vous supplions de terminer vos travaux par une adresse aux gens de la campagne, qui les assure de la validité et de la stabilité de la nomination que vous allez faire. Lue au prône par des prêtres patriotes, elle tranquillisera les consciences troublées par le langage de l'erreur, de l'illusion et du fanatisme. Brisez, messieurs, brisez les chaînes que l'ancien despotisme se hâte de forger sous les dehors séduisants de la religion ; évitez, par vos sages précautions, le moment horrible que nos ennemis apprêtent pour faire égorger les citoyens, les frères, les amis. Opposez des vérités à l'erreur, les principes de la religion au fanatisme. Nous vous jurons que l'amour de la patrie sera toujours dans nos cœurs l'écueil et le désespoir des âmes lâches qui la trahissent. » Héard savait-il bien qu'au lieu de ces chaînes « forgées sous les dehors de la religion », se façonnait déjà le plus effroyable despotisme dont l'histoire ait enregistré le souvenir ? « Ce moment apprêté pour faire égorger les citoyens » allait être l'heure où ses amis massacreraient sans pitié ceux dont ils feignaient de craindre les complots chimériques.

Briault répondit à la députation que « la société des Amis de la constitution et les membres de cette auguste assemblée ne composaient que la même famille. » Il mit même un peu la société au-dessus de « l'auguste assemblée ». Viendra, s'écriait-il en finissant, viendra un temps, où, le voile se déchirant, la vérité brillera dans tout son éclat, et dissipera les ombres et les nuages dont on cherche encore à l'envelopper. Un temps viendra, un temps où nos ennemis confus et abjurant leur erreur, se hâteront de faire connaître leur repentir. Heureux alors du bonheur général, nous n'aurons plus qu'à nous féliciter de nos efforts, à jouir tranquillement des fruits précieux de la liberté, et à chérir sans cesse ceux qui en ont posé les premiers fondements. »

L'optimisme a du bon ; mais comme il est souvent ridicule ! En attendant, « l'auguste assemblée », image de l'assemblée législative et de la convention dominée par la commune de Paris, décidait qu'obéissante aux vœux de la société populaire, elle ferait une adresse aux citoyens, et qu'elle assisterait le soir à la séance (¹). Alors il se passa un grave incident. Plusieurs paquets avaient été adressés à MM. les électeurs; un entre autres contenait, datée de Saintes, le 28 février 1791, une lettre de l'abbé Taillet, vicaire général. Le président demanda « si l'intention de l'assemblée était de faire ouvrir ces paquets et d'entendre la lecture des pièces ou lettres qu'ils pouvaient contenir ou de les laisser fermés. » A la grande majorité, il fut décidé que tout serait lu. Il n'y eut pas de difficultés pour les huit premières lettres : c'étaient des électeurs qui s'excusaient de ne pouvoir se rendre aux réunions. La lettre de l'abbé Taillet était ainsi conçue :

« Messieurs, je croirais vous manquer si je ne vous faisais remettre deux lettres qui m'ont été adressées pour vous; l'une est de monsieur de Saintes; l'autre est de monsieur de La Rochelle. Je vous les envoie avec d'autant plus de confiance que je connais les sentiments dont ils sont pénétrés tous les deux. Leur intention expresse et formelle a été de ne rien écrire qui ne pût se concilier avec le respect qui vous est dû, messieurs, et avec l'amour de la paix dont tout bon citoyen doit faire profession surtout dans leur état. Je suis... TAILLET, v. g. »

Delacoste commença à lire la « lettre de M. l'évêque de Saintes à MM. les électeurs du département de la Charente-Inférieure », datée de Paris le 18 février 1791 (²). « Messieurs, disait le prélat, au moment où vous êtes assemblés pour élire un évêque, pourrais-je sans me rendre coupable aux yeux de Dieu, sans m'exposer aux reproches amers que vous me feriez un jour, ne pas chercher à vous éclairer sur l'importance de la démarche que vous allez faire, et sur les dangereuses conséquences qu'elle peut entraîner? Mon silence vous deviendrait aussi funeste qu'à moi-même. Ministre de JÉSUS-CHRIST, successeur des apôtres, aucun péril, aucun danger ne doit m'arrêter, quand il s'agit de vos intérêts les plus chers et les plus précieux.

---

1. « On est, disait Rivarol, un peu scandalisé de voir dans tous les journaux français qu'une nation aussi polie que la nôtre se traite elle-même *de première nation du monde*, qu'elle appelle son assemblée nationale *la plus auguste assemblée* de l'univers. » *Tableau des travaux de l'assemblée constituante*, p. 67. Les assemblées de districts étaient aussi très augustes.

2. Paris, chez Crapart, libraire-imprimeur, place Saint-Michel, 1791, in-8°, 16 pages.

« Devant répondre de votre salut au jour terrible du jugement, je ne dois négliger aucun des moyens que je crois propres à vous le procurer. Malheur à moi ! si, redoutant davantage la colère des hommes que celle de Dieu, devant lequel nous devons tous comparaître pour recevoir la récompense ou la punition des actions de notre vie, malheur à moi ! dis-je, si des considérations humaines m'engageaient à trahir mon ministère ! Non, messieurs, quand il s'agit de votre bonheur ou de votre malheur éternel, aucun sacrifice ne doit me coûter ; celui de ma vie même ne serait pas trop grand, si je pouvais, à ce prix, gagner une seule de vos âmes à JÉSUS-CHRIST.

« Un des devoirs du bon pasteur, disait ce divin maître à ses apôtres, est de donner sa vie pour son troupeau ; je voudrais donner la mienne pour vous, et j'espère que Dieu, sans le secours duquel nous ne pouvons rien, me donnera la force de la sacrifier, si cela est nécessaire à votre salut.

« Animé de ce saint zèle, je vais vous parler avec toute la fermeté que doivent m'inspirer, et le caractère auguste dont je suis revêtu, et la mission toute divine que j'ai à remplir auprès de vous.

« Je n'ai pas la même autorité, je le sais, sur tous ceux qui composent votre assemblée : tous ne font pas partie de mon troupeau ; je n'ai pas le droit de parler à tous comme évêque et comme premier pasteur ; la vérité ne doit pas pour cela rester captive sur mes lèvres, parce que la vérité étant une, elle doit également être écoutée de tous.

« Avez-vous le droit d'élire un évêque ? Si vous avez ce droit, devez-vous en élire pour un siège qui n'est pas vacant ? De quels maux affligeants votre élection deviendrait-elle la source et l'origine, si vous veniez à la consommer ?

« Telles sont, messieurs, les trois questions que vous devez vous proposer avant de procéder à cette élection ; de leur décision dépend effectivement la légitimité ou l'illégitimité de la démarche à laquelle on veut vous forcer. Il est de mon devoir de vous en démontrer les inconvénients et les suites. C'est ce que je vais entreprendre. »

C'était assez ; on réclame aussitôt. Quoi ! dans une aussi

auguste assemblée quelqu'un ose faire « des déclamations contre la loi » ! Les oreilles délicates des pudibonds patriotes peuvent-elles entendre des principes inconstitutionnels !

Ils demandent qu'on s'arrête. Mais, répliquent d'autres, il y a un arrêté pris; il faut tout lire. En quoi d'ailleurs « les principes invoqués par l'auteur de la lettre pouvaient-ils être dangereux ? » Tous « ne sont-ils pas prémunis contre tout ce qui attaquerait la loi ? » Un troisième avis consiste à renvoyer la lecture aux bureaux ou à des commissaires. Enfin, après bien des débats sur la motion et les divers amendements, il est décidé, contrairement au premier arrêté, que la lecture de la lettre de La Rochefoucauld serait interrompue. Ainsi se trahissait déjà cette impatience des assemblées à toute contradiction. Les foules ne sont pas moins irascibles que les individus. Et si elles viennent de parler bien haut de liberté, soyez sûrs qu'elles vont opprimer.

Il semble vraiment que les électeurs de Saintes obéissaient à un mot d'ordre. Un fait identique s'était passé, huit jours auparavant, à Beauvais, pour François-Joseph de La Rochefoucauld. Le 20 février, l'assemblée était réunie en l'église Saint-Pierre, pour procéder à l'élection d'un évêque. A l'ouverture de la séance, un électeur, Descourtils, dépose au nom de l'évêque un écrit dont la lecture est aussitôt demandée. Devait-on lire ? Une discussion très vive s'engage. On vote la lecture. Mais dès les premières lignes la réclamation de l'évêque soulève de violentes rumeurs, et l'on décide qu'elle sera déférée à la justice.

Que prêchait donc le doux pontife de si pernicieux ? Pierre-Louis prétendait que l'Église a seule l'autorité spirituelle, seule le droit de l'exercer, partant de choisir ses ministres; qu'au point de vue historique, le suffrage du peuple existait, il est vrai, dans les premiers siècles, mais simplement comme témoignage du mérite des vertus, des lumières de l'aspirant aux fonctions épiscopales ; que c'étaient les évêques de la province qui choisissaient librement le candidat désigné par la voix publique ou un autre plus digne à leurs yeux ; qu'à présent, au contraire, le clergé n'était plus même consulté, comme clergé ; que ce n'étaient plus les seuls catholiques qui élisaient leurs évêques à eux, mais bien aussi les protestants et les juifs. Qui d'ailleurs avait accordé au peuple la nomination de ses pasteurs, en supposant que les évêques n'eussent eu que le pouvoir de confirmation? L'Église assurément, non la puissance temporelle. Or, l'Église lui a ôté ce droit. L'État ne peut donc aujourd'hui le lui concéder. Il y aurait une confusion épouvantable du spirituel et du temporel. Donc les électeurs n'ont pas le droit d'élire un évêque. « Quand j'ai accepté le gouvernement du diocèse de Saintes, ajoute M. de La Rochefoucauld, j'ai contracté avec cette église une union spirituelle, dont les liens ne peuvent être rompus que par ma mort, une démission libre et volontaire acceptée par l'Église, qui m'a confié une partie des pouvoirs qu'elle tient de JÉSUS-CHRIST, ou par un jugement canonique qui me déclarerait indigne d'exercer mon ministère. Il n'est point intervenu de jugement; je n'ai point donné ma démission; vous devez donc toujours me regarder comme le légitime pasteur du diocèse; vous ne devez donc pas me donner un successeur, quand je vous déclare formellement que mon intention, que mon désir est de consacrer mes jours à travailler à votre sanctification. C'est mon devoir, c'est un devoir très cher à mon cœur; je ne désire point me séparer de mon troupeau, et j'ose espérer que vous me rendrez encore assez de justice, pour, au moment même où vous entreprendriez de dissoudre l'union spirituelle qui m'a conféré le titre glorieux de votre père en Dieu, avouer que, depuis l'instant que je vous ai adoptés, vous avez été le plus tendre et le plus cher objet de mes sollicitudes.

« Pourquoi donc voudriez-vous vous séparer de moi? Quel crime ai-je commis, pour mériter de perdre la confiance que vous m'avez toujours témoignée, et que j'ai toujours été si jaloux de conserver?

« Serait-ce parce que je me suis refusé de prêter un serment auquel la religion et la conscience me défendaient de souscrire? Un serment si contraire à celui que j'ai prononcé en recevant l'onction sainte, qui m'a conféré la plénitude du sacerdoce, et m'a rendu dépositaire de l'autorité que JÉSUS-

CHRIST a laissée à ses apôtres et à leurs successeurs légitimes ?

« Ah ! messieurs, que ne puis-je vous peindre la cruelle alternative où je me suis trouvé, lorsqu'on a exigé de moi ce serment ! Placé entre la crainte de me rendre criminel aux yeux du souverain juge, et celle de me voir exposé à être regardé comme ennemi des lois, et peut-être comme perturbateur du repos public, quels violents combats n'ai-je pas eu à soutenir ! Avec la grâce de Dieu, j'en suis sorti victorieux ; et je n'aurai pas à me reprocher toute ma vie, et encore au moment où nous comparaîtrons tous devant ce tribunal terrible où toutes mes actions seront pesées et discutées par le juste des justes, d'avoir préféré des avantages et des biens fragiles et temporels, aux récompenses éternelles qui sont promises à ceux qui ne se seront pas écartés des voies de la justice.

« Et voyez les conséquences du vote. Il y aura deux pasteurs. Si le vrai est abandonné, si le schisme désole l'Église, ce sera la faute des électeurs. Quelle terrible responsabilité ils encourent ! Ma mission est la véritable, je la tiens de JÉSUS-CHRIST même ; elle m'a été transmise par l'Église, comme il l'avait transmise lui-même à ses apôtres ; elle seule peut m'en dépouiller et dissoudre les liens de l'union spirituelle qui m'attachent à mon siège.

« Vainement prétendriez-vous que l'autorité civile vous a donné le droit de me l'enlever ? Incompétente pour me la donner, elle l'est également pour m'en priver. L'autorité dont j'ai été revêtu, lorsque j'ai été appelé au gouvernement de mon diocèse, est une autorité toute spirituelle, et l'assemblée nationale a souvent répété que son intention n'avait jamais été d'entreprendre sur le spirituel. On objecte que la démission est présumée par le refus de serment. Or, le titulaire affirme qu'il n'entend pas être démissionnaire ; et l'on ne peut le déposséder que par un jugement préalable et un jugement canonique. Il n'y a pas dans l'histoire un seul cas semblable. L'indignité ne se suppose pas.

« Ah ! messieurs, je vous en conjure au nom de la patrie, au nom de la religion, qui est ce que vous devez avoir de plus cher, puisqu'elle seule peut vous procurer des biens éternels, renoncez à un projet qui vous laisserait des remords bien cruels et bien déchirants ; n'entreprenez pas de séparer ce que Dieu même a uni ; ne jetez pas le trouble et l'alarme dans toutes les consciences ; ne déchirez pas de la manière la plus cruelle et la plus effrayante pour vous, le sein de cette tendre mère, qui vous a enfantés à JÉSUS-CHRIST, et vous a donné des droits à son héritage ; qu'elle n'ait jamais à vous reprocher de n'avoir pas été dociles à la voix de celui qui a toute l'autorité pour vous parler en son nom.

« Puissent les réflexions que j'ai cru devoir vous soumettre, messieurs, faire une impression vive et forte sur vos cœurs. Recevez-les comme une nouvelle preuve de mon zèle, de ma tendre et vigilante sollicitude pour le salut des âmes, qui doit m'occuper dans tous les instans de ma vie, parce que, lorsque j'y penserai le moins, Dieu me demandera compte de toutes celles qu'il a daigné dans sa miséricorde confier à mes soins (1). »

Un tel langage si modéré, si affectueux, si patriotique et si sage, méritait bien une punition. Les deux évêques étaient certainement coupables. Au seul point de vue matériel, l'un perdait 20.000 livres et l'autre 64.000 livres de revenus, dont, du reste, ils savaient bien user, puisque Charles de Coucy seul, dans les années 1790 et 1791, avait distribué 100.000 francs aux pauvres. Et ils avaient l'audace de se plaindre ! Les gens ainsi dépouillés n'ont qu'à s'incliner et à bénir.

Donc, le président fut « chargé de déposer les deux lettres, de lui et du secrétaire paraphées au pied de toutes les pages, entre les mains de l'accusateur public » — c'était Héard, l'orateur de la société populaire, — et de les lui dénoncer comme écrits incendiaires et ayant pour objet de porter le trouble dans l'assemblée et contenant des déclarations contraires à la constitution et à la loi. »

Nous n'avons pu retrouver la lettre de l'évêque de La Rochelle, et nous aurons souvent un regret semblable à exprimer. Il eût été important cependant de voir dans le texte même

---

1. Voir Pièces justificatives.

le degré de perversité et de juger si les électeurs, au langage si vif tout à l'heure, ne faisaient pas preuve d'une pruderie excessive. Ce que nous en savons, et c'est la dénonciation (19 avril 1791) du directoire du département à l'assemblée nationale qui nous l'apprend, c'est que ces deux prélats déclaraient à l'assemblée électorale son incompétence pour le choix d'un évêque et leurs protestations contre tout ce qu'elle ferait. Aucune puissance temporelle ne lui avait donné le droit d'élire un pasteur des âmes; et malgré elle, ils seraient les seuls légitimes évêques de Saintes et de La Rochelle.

Jean-Charles de Coucy n'eut pas un meilleur sort que La Rochefoucauld devant le conseil électoral. On avait réglé qu'on lirait « la signature et quelque passage pour pouvoir prononcer sur la qualité prise par l'auteur et sur ses principes ». Le secrétaire lut donc : « Charles de Coucy, évêque de La Rochelle ». Or, ce titre parut certainement inconstitutionnel. Il n'y avait plus d'évêque de La Rochelle; il n'y avait plus d'évêque de Saintes, puisqu'à la place de ces deux prélats, Charles de Coucy et Pierre de La Rochefoucauld, on allait élire Isaac Robinet. Malgré lois et décrets, malgré l'effroi causé par ce titre hérétique à l'orthodoxe et « auguste assemblée » de Saintes, Charles de Coucy continua à s'appeler « évêque de La Rochelle ». Et même quand, en 1801, il eut refusé sa démission que lui demandait le pape, — il ne la donna qu'en 1815, et fut nommé archevêque de Reims, — il n'en continua pas moins à s'appeler *évêque de La Rochelle* comme avant le décret de l'assemblée nationale et après le vote des électeurs, ses diocésains (1).

L'incident terminé, on songea sérieusement au choix de l'évêque. Les compétiteurs étaient nombreux. Il y avait le

---

1. Il quitta La Rochelle en juillet 1791, suivi de quelques chanoines. Le 27, il adressait à ses diocésains « une lettre pastorale, dit Léopold Delayant, *Histoire des Rochelais*, II, 216, très grave, très modérée, où il montre à chaque ligne sa douleur d'être séparé d'une église à laquelle il avait voué sa vie, mais où perce à peine la plainte. » Réfugié en Espagne, il refusa de reconnaître le concordat et fut un des chefs de la petite église, avec Alexandre de Thémines de Lausières, évêque de Blois. J'ai publié (*Une histoire de la petite église*; Vannes, Lafolye, 1895, in-8°) plusieurs lettres inédites de lui sur le schisme. Nommé en 1817 à l'archevêché de Reims dont il ne prit possession que quatre ans après, créé pair de France le 31 octobre 1822, il est mort à Reims, le 8 mars 1824, dans sa 78e année.

curé de Virollet, Jean Vanderquand, qui aurait bien voulu échanger sa portion congrue de 1200 livres contre les 12.000 livres d'évêque. On en fit un curé de Gemozac, où il épousa sa servante. Il y avait Pierre-Joseph Leroy, prêtre de l'oratoire, et curé de Saint-Sauveur à La Rochelle. Au premier tour de scrutin, il obtint le plus de voix (61 sur 381), et échoua au deuxième. De retour à La Rochelle, il voulut se consoler de l'épiscopat par le mariage. Mais le jour même de ses noces, après la cérémonie, douleur, remords, émotion, il mourut subitement. Un troisième concurrent était François « Duc, curé du Seure, électeur du district de Saintes, procureur de la commune de sa paroisse, président d'une des sections de l'assemblée du canton d'Écoyeux », dit Bourignon dans le *Journal patriotique de Saintes*. Depuis quelque temps déjà il préparait sa candidature. Dans le numéro « du dimanche 26 décembre 1790, deuxième éleuthérie », il adressait au notaire André « Godet, juge de paix du canton d'Écoyeux (1) », des vers dont voici les dernières stances :

> Que le sceptre du despotisme
> Brisé par le patriotisme
> Soit l'épouvantail des tyrans !
> Tu soutiendras avec courage
> L'immortel et sublime ouvrage
> De nos sages représentants.
>
> O sainte Paix ! divine Astrée !
> Pourquoi rester dans l'Empyrée ?
> Viens habiter chez les Français !
> Et que la discorde rugisse,
> En apprenant pour son supplice
> Que GODET EST JUGE DE PAIX !

---

1. André Godet, « licencié ès lois, notaire et juge des juridictions de Brisambourg, Saint-Hilaire, Le Douhet et Vénérand », fut père de Cosme-Pierre Godet, procureur au sénéchal de Saintes, qui eut de Jacquette-Julie Robin, un fils, Cosme-Pierre, baptisé le 15 novembre 1785 à Saint-Pierre. Le 1 février 1780, en l'église d'Auton, Pierre-André Godet de la paroisse d'Écoyeux épousa Marie Douhé, de la paroisse de Montchaude, depuis onze mois en celle d'Auton.

C'est avec ces sentiments et cette poésie que Duc, religieux de Chancelade, né à Périgueux le 10 avril 1741, prétendait déposséder La Rochefoucauld. Il est vrai qu'il avait pour lui la feuille locale qui éditait ses couplets. Du reste, d'autres preuves de civisme militaient en sa faveur. Le 3 novembre, la garde nationale du Seure avait voulu aussi avoir son service en l'honneur des victimes de Nancy. Duc s'empressa de chanter une messe solennelle; et dans « un discours analogue à la cérémonie », il avait montré l'obligation étroite pour tout bon citoyen « de maintenir au prix de son sang et de sa vie la nouvelle constitution qui doit assurer le bonheur des Français en les faisant jouir de la liberté sous l'empire de la loi ».

Bourignon l'appuyait chaudement. Il était, selon lui, « recommandable par ses efforts généreux et patriotiques pour soutenir dans sa paroisse, voisine de Migron, la tranquillité et l'amour des lois ». Par-dessus tout, il joignait à ces qualités celle « de souscripteur du *Journal patriotique de Saintes* ». Eh bien! en dépit de tous ses titres, malgré ses propres efforts, malgré Godet, Bourignon et ses vers, le curé-poète du Seure n'eut qu'un très petit nombre de voix. Il abjura la prêtrise et fut commissaire de sa commune. « Des personnes qui disoient le bien connaître, écrit Taillet, l'accusoient d'être sans aucun principe. Il ne l'a que trop montré dès que la révolution s'est déclarée. Il a applaudi à tous les coups qu'on a portés au clergé, à l'Église, à la religion; il a déclamé hautement contre le pape et les évêques, comme l'eussent fait Luther et Calvin. Non seulement il a quitté son habit; non seulement il s'est fait jureur; mais il en a fait tomber plusieurs dans le piège. Il espéroit et désiroit s'asseoir sur la chaire pontificale; heureusement son ambition a été déçue. Du caractère dont il est qui sçait combien de crimes il eût pu conseiller et faire commettre! »

Un autre qui aurait bien ceint la mitre électorale était Joseph-Jean Mestadier, curé de Breuille (1776), archiprêtré de Saint-Jean d'Angély. Il espérait que les suffrages se porteraient sur lui. Espoir frivole. Mais les électeurs des Deux-Sèvres furent moins difficiles, et pour cause; ils ne trouvaient pas de prêtre disposé à accepter la crosse de leurs mains. Jacques Jallet (¹) avait refusé l'évêché des Deux-Sèvres. Le 13 mars 1791, les électeurs fort embarrassés avaient, après deux scrutins sans résultats, choisi un membre du chapitre de Ménigoute, maire de sa commune, peu connu mais honnête, Charles Prieur, qui fut en 1837 grand vicaire de l'évêque d'Angers, Charles Montault, ancien évêque constitutionnel de la Vienne. Prieur, surpris, avait accepté ; un mois après, plein de regrets, il donnait sa démission. Rassemblé pour la troisième fois, le 8 mai, le corps électoral, par 97 voix sur 193 votants, choisit, contre le savant Frigard, directeur du collège des oratoriens, « ardent patriote, partisan avoué de la constitution civile du clergé, ambitieux et entreprenant », qui n'eut que 29 voix, le curé de Saint-Léger de Breuille. Et Mestadier, qui prit pour un de ses douze vicaires épiscopaux Castagnary, prêtre du diocèse de Saintes, se consola sur le siège nouveau de Saint-Maixent, de n'avoir pu remplacer Pierre de La Rochefoucauld sur celui de Saintes. En l'an VIII, il affirmait encore qu'il n'avait rétracté aucun de ses serments civiques. Puis il traîne d'école en école sa misérable existence. Il est mort notaire et instructeur de la jeunesse à Coulon, près de Niort, le 3 octobre 1803, dans sa 65ᵉ année (²).

Le 28, à deux heures, eut lieu une seconde réunion dans les bureaux, et à 4 heures une séance générale. Sur 381 voix, Le-

---

1. Né à La Mothe Saint-Héray, 13 décembre 1732, mort d'apoplexie à Paris, 14 août 1791 ; curé de Cherigné et député aux états généraux. On lui a, en 1884, élevé un monument à La Mothe Saint-Héray. Il avait été, le 29 novembre, élu évêque au second tour par 123 voix. Il en avait obtenu 94 au premier tour, où 15 voix avaient été données à l'évêque de La Rochelle, Charles de Coucy.

2. « Métadier comme M. Robinet est né à Saint-Jean d'Angély, et comme lui est parvenu à l'épiscopat constitutionnel. Il a acheté cette avilissante élévation par des déclamations incendiaires contre les nobles, contre le roi et l'Église. Il étoit, depuis nombre d'années, curé d'une petite paroisse. Dès que la mitre a brillé à ses yeux, que n'eût-il pas fait pour l'obtenir ? Jamais sa conscience ne l'a arrêté et moins encore les lois ecclésiastiques, qu'il respectoit peu, notamment la loi du célibat des prêtres. A peine évêque, sa fureur a augmenté sensiblement. Il a donné des mandements pleins du plus âcre venin et de l'irréligion la moins déguisée. Selon lui il ne faut point de pape : chaque évêque est pape dans son diocèse. Selon lui, il faut persécuter à outrance et les nobles, et les prêtres, et les curés fidèles. On ne peut pas accuser celui-là d'hypocrisie, mais d'une certaine atrocité d'âme qui heureusement se trouve chez peu d'individus. S'il eût pu disposer d'agents aussi pervers que lui, il eût fait couler bien du sang dans son évêché, et ce sang eût été celui de tous les gens de bien. » TAILLET.

roy, curé de Saint-Sauveur, en avait obtenu 61 ; Robinet, curé de Saint-Savinien du Port, arrondissement de Saint-Jean d'Angély, 56. Il en fallait 191 au moins. C'était à recommencer. Mais avant cette nouvelle opération, René Briault prévint les électeurs que leurs suffrages ne pouvaient plus être donnés qu'à l'un de ces deux concurrents. Au scrutin de ballottage, Robinet eut 212 voix, Leroy 157. Douze voix furent perdues. En conséquence, le président proclama évêque du département de la Charente-Inférieure, M. Isaac-Étienne Robinet. Des applaudissements saluèrent ce choix. La municipalité voulut conserver la mémoire de ce grand événement. Elle en consigna, le 1er mars, le récit dans ses annales, « pour, y est-il dit, laisser à la postérité un monument mémorable des élections populaires qui justifie le droit des peuples aux nominations des places confiées aux bontés de l'assemblée nationale » (1).

---

1. *Élection de Robinet, évêque de la Charente-Inférieure. Procès-verbal de la municipalité de Saintes.*

MM. les électeurs du département de la Charente-Inférieure, invités par M. le procureur général syndic du département, résidant dans cette ville, s'y étant rendus, samedy dernier, 26 du mois de février aussi dernier, se seraient assemblés, le lendemain 27, dans l'église de Saint-Pierre et autres endroits désignés pour établir leurs bureaux, aux fins de procéder à la nomination d'un nouvel évêque pour le département, d'autant que M. de La Rochefoucauld, qui l'était précédemment, n'a tenu aucun compte de satisfaire aux dispositions du décret de l'assemblée nationale qui lui enjoignait de prêter serment de fidélité dans l'instruction de son peuple, d'obéissance à la nation, à la loi et au roy, et de maintenir de tout son pouvoir la constitution décrétée par l'assemblée nationale et acceptée par le roy, dans le délai fixé par le décret du 27 novembre 1790, sanctionné, le 26 décembre suivant, par le roy ; et mes dits sieurs les électeurs n'ayant pu se concilier sur le choix à faire d'un nouvel évêque pour tout le jour de dimanche 27 février, ils auraient continué leur opération par la voie du scrutin. Lequel mis trois fois en usage, le lundi 28 du dit mois, environ les quatre heures après midy, l'assemblée serait parvenue à nommer et choisir pour évêque la personne de M. Robinet, prêtre, curé de la paroisse de Saint-Savinien ; ce que M. Jouneau et deux autres électeurs étant venus annoncer aux officiers municipaux, et les ayant invités de rendre cette cérémonie la plus solennelle qu'il serait possible, ils auraient de suite ordonné qu'on sonnerait de volée les cloches des églises paroissiales et autres de la présente ville, ce qui a été exécuté. Ensuite MM. du département ayant bien voulu prêter les quatre pièces de canon placées dans leur hôtel, elles furent conduites sur la place de Bellair, où il en fut tiré neuf coups. Le lendemain matin, 1er mars, M. le président de l'assemblée électorale, s'étant transporté chez M. le maire et ne l'ayant pas trouvé, se rendit chez M. Gout, premier officier municipal, auquel il dit qu'il était chargé par MM. les électeurs d'inviter la municipalité d'assister à la messe qu'ils se proposaient de faire célébrer dans l'église de Saint-Pierre, le même jour, à onze heures du matin, en le priant de requérir MM. les officiers d'Agénois et ceux de la troupe nationale de cette ville de vouloir bien se rendre à cette cérémonie ; à quoi les officiers municipaux ayant déféré, ils se transportèrent, environ les onze heures du matin dans la dite église de Saint-Pierre où ils assistèrent, ainsi que les troupes de la ligne et de la

Isaac-Étienne Robinet était né à Saint-Jean d'Angély, le 28 novembre 1731, d'une honorable famille bourgeoise (1). En 1777, il avait été par l'abbé de Bassac, Green de Saint-Marsault, évêque *in partibus* de Pergame, nommé curé de Saint-Savinien du Port en l'archiprêtré de Taillebourg. C'était, dit Briand, III, 66, un « homme aussi dépourvu de la véritable science qu'il était dénué de toute élévation d'âme, prêtre plus bassement pusillanime que profondément pervers ». Et Rainguet, *Biographie Saintongeaise*, 501, ajoute : « Il avait un caractère sans énergie, des mœurs paisibles, était homme d'assez d'esprit, d'un savoir ordinaire, de bonne société, et se faisait aimer de ses paroissiens sans distinction de parti et de religion. » Bonnerot le dit « *homo simplex ac bonus sed mollis ; suorum manceps et victima* ». Ce jugement est pleinement confirmé par le vicaire général Taillet : « Caractère faible et mou, incapable de se plaire dans le trouble. » Robinet était ce qu'on appelle un bon homme ; sans défauts, sans vertus, il avait tout ce qu'il fallait pour plaire à une assemblée d'électeurs. Ses talents n'offusquaient point leur génie, et ses vertus, honnêtes et modérées, n'étaient pas pour effaroucher leur piété assez paisible. A hommes médiocres, chef plus médiocre. On dit que Robinet comprit pourtant où il se laissait entraîner. « Vous me faites faire un faux pas, répétait-il, qui me coûtera la vie. » Le faux pas lui coûta plus que la vie ; il lui coûta l'honneur.

---

nation, à une messe basse célébrée par M. Lay, curé de Courcoury ; pendant laquelle il fut exécuté de la musique vocale et instrumentale ; et à la fin d'ycelle fut chanté un *Te Deum*, répété à la fin de chaque verset par l'orgue de l'église ; après quoi une salve de neuf coups de canon sur la place de Bellair. De tout quoi a été dressé le présent procès-verbal pour valoir et servir ce que de raison, ce jour premier du mois de mars 1791. Et ont MM. les officiers présents signé ainsi qu'il suit pour laisser à la postérité un monument mémorable des élections populaires qui justifie le droit des peuples aux nominations des places confiées aux bontés de l'assemblée nationale.

ROBERT DE ROCHECOUSTE, *maire*. C.-A. GOUT, *officier municipal*. MARTAIN, *officier municipal*. (Registre des délibérations.)

On voit que la postérité n'a pas oublié ce « monument mémorable des élections populaires qui justifie le droit des peuples ». En effet, la pièce méritait d'être citée.

1. « Ce mesme jour, 29 novembre 1731, a esté baptisé Izaac-Estienne Robinet, né d'hier, fils naturel et légitime de Jean-Baptiste Robinet, procureur et notaire royal, et de Marthe Picot, ses père et mère. Le parrain estait Izaac Robinet frère, et la marraine Marie Henry, cousine. » *Registres paroissiaux de Saint-Jean d'Angély*.

En 1761 un Robinet était premier secrétaire de l'intendance à La Rochelle.

A Beauvais le corps électoral choisit, le 22 févier 1791, pour évêque Jean-Baptiste Massieu. Né à Pontoise, le 17 décembre 1743, il avait été précepteur des Lameth ; il était curé de Sergy, près de Pontoise, connu par une traduction des *Œuvres* de Lucien, lorsqu'il fut élu, le 21 mars 1787, député du clergé du bailliage de Senlis aux états généraux. Un des premiers il s'était réuni au tiers, siégeait à la gauche de l'assemblée dont il fut secrétaire (22 décembre) et avait prêté le serment. Au troisième tour de scrutin, il fut nommé évêque contre M. de Comeiras, grand archidiacre du Beauvoisis. Massieu accourt aussitôt de Paris ; le 23, il est introduit dans la salle du directoire du département ; Stanislas de Girardin, qui préside, lui annonce le résultat de l'élection ; on se rend à l'église. Massieu monte au jubé avec plusieurs électeurs et Girardin. Chant du *Te Deum*. De là on va à l'hôtel de ville ; en l'absence du maire, Dutron, officier municipal, harangue le nouveau prélat, qui dut être peu flatté du discours : « Monsieur, la commune de Beauvais se félicite d'être la première à présenter son hommage au nouvel évêque du département de l'Oise. Mais permettez qu'à ses félicitations se mêlent quelques expressions de regrets pour le prélat qui gouvernait ce diocèse. Sur le siège où la voix du peuple vous appelle, il a constamment honoré l'humanité par ses vertus ; il l'a consolée par ses largesses, et l'on peut dire de lui, comme de notre divin maître, qu'il a marqué tous ses pas par des bienfaits. Ces sentiments ne sauraient vous déplaire ; si nous étions incapables de reconnaissance, pourriez-vous être jaloux de notre amour ? On ne veut être aimé que de ceux qu'on estime, et votre plus beau triomphe sera de le remplacer dans nos cœurs. Il aimait la religion, il aimait les mœurs. Vous les ferez fleurir... »

Massieu répondit à l'antienne : « Je ne peux qu'applaudir au sentiment noble et louable qui vous inspire de justes regrets pour un prélat dont les vertus me sont connues comme à vous et auxquelles je rends hommage avec vous. Ah ! s'il avait été soumis aux lois, si ce prélat que vous regrettez eût couronné les vertus de son état par un patriotisme aussi pur, je ne m'affligerais pas en ce moment de succéder à un homme vivant, à un homme riche et bienfaisant, et surtout à un homme vertueux. » Regrets hypocrites !

Massieu se fit sacrer à Paris et prit possession le 20 mars. Élu député à la convention le troisième sur 12 par 315 voix sur 627 votants, dans le procès du roi, il ne voulut pas, dit-il, « par son suffrage contribuer à prolonger l'existence du plus cruel ennemi de la justice, des lois de l'humanité ; je vote pour la mort. » Il renonça à ses fonctions ecclésiastiques, et épousa la fille du maire de Givet. Envoyé en mission dans les Ardennes, puis dans la Marne, il commit tant de crimes qu'il fut, après thermidor, dénoncé par André Dumont, décrété d'accusation, puis amnistié. Exilé en 1816, il mourut à Bruxelles, le 6 juin 1818, âgé de 75 ans. Voilà l'homme que le suffrage universel mettait à la place du prélat dont tout le monde, et lui-même, ne pouvaient en le mettant à la porte s'empêcher de faire l'éloge, et qui avait « constamment honoré l'humanité par ses vertus, consolé par ses largesses » et « marqué tous ses pas par des bienfaits ».

CHAPITRE XIX.

Robinet accepte. — Sa lettre. — Discours du président. — Circulaire aux habitants pour expliquer l'élection. — Adresse à l'assemblée nationale ; — au roi. — Le *Moniteur*.

Pendant que le canon et les cloches annonçaient l'élection de Robinet à la ville et aux faubourgs, un courrier en portait immédiatement la nouvelle à celui qu'elle intéressait le plus. Le curé de Saint-Savinien du Port était en outre prié de se rendre le lendemain à une messe qui serait célébrée en son honneur. Il ne vint pas ; mais il envoya son acte d'acceptation :

« Saint-Savinien, 28 février 1791.

« Messieurs, quoique je ne puisse me dissimuler mon insuffisance pour la place éminente à laquelle vous m'avez fait l'honneur de m'élever, je croirais manquer à la reconnaissance que je vous dois, si je vous mettais par mon refus dans le cas de faire un autre choix et de vous faire peut-être douter de mon civisme dont je ne cesserai de me faire gloire. Soyez persuadés, messieurs, que je chercherai tous les moyens de prouver mon attachement à la constitution, et de vous convaincre des sentiments aussi sincères que respectueux avec lesquels je suis, messieurs, votre, etc.

« ROBINET, *curé de Saint-Savinien.* »

C'en était fait. Robinet s'asseyait sur le siège de saint Eutrope, de saint Ambroise, de saint Léonce, de saint Vivien, de saint Pallais. Il s'y asseyait par la volonté de 212 électeurs sur 800, malgré les protestations du pasteur légitime, en dépit de l'anathème fulminé par le chef de l'Église.

Le président alors éleva sa voix solennelle. Il faut écouter cette effusion de lyrisme : « Le despotisme est abattu ; nos fers sont brisés. L'ancienne administration est changée ; et aux agents de l'autorité arbitraire ont succédé des administrateurs citoyens, dont la moindre vertu est le désintéressement.

« Des abus immenses s'étaient glissés dans le clergé. Les dignités se donnaient aux plus intrigants et rarement au mérite. Un protégé sans talents était préféré à l'homme instruit et éclairé ; et souvent le courtisan flatteur et corrompu s'élevait sur les ruines de l'humble vertueux. Ces maux étaient intolérables ; ils ne pouvaient durer plus longtemps. Il était de la prudence et de la sagesse de nos législateurs de faire cesser ce scandale et de le détruire sans retour. Le moyen le plus efficace était de rendre aux peuples le droit d'élire leurs pasteurs, et ils l'ont décrété. Par là, ils ont proscrit la simonie, banni la faveur, déconcerté l'ambition et l'intrigue, et ont assuré à la vertu la récompense qui lui est due.

« Vous venez, messieurs, d'en faire la douce expérience, en élisant votre évêque. Vous n'avez suivi que les lumières de votre conscience, et vous n'avez consulté que les vertus de celui qui faisait l'objet de vos vœux. Puisse-t-il jouir longtemps de l'estime de ses concitoyens et de leur amour, gouverner avec soin des brebis qui doivent lui être chères, et prouver par sa conduite que le peuple se trompe rarement dans son choix, et qu'il est presque toujours conforme à celui de Dieu. Que je m'estime heureux, messieurs, d'être dans ce moment l'instrument de la loi et votre organe ! C'est, en effet, au nom de la loi, et comme président de l'assemblée électorale, que je proclame M. Robinet, curé de Saint-Savinien, évêque du département de la Charente-Inférieure.

« Peuples, reconnaissez votre pasteur ; suivez ses conseils ; imitez son attachement à la loi, souvenez-vous de respecter le ministre de Jésus-Christ. Filles de Sion, réjouissez-vous ; votre époux va venir bientôt à vous, rempli de douceur et accompagné du cortège brillant des vertus ! Portes du sanctuaire, ouvrez-vous à sa voix ; et vous, lévites, entonnez les hymnes sacrés ; que les voûtes de ce temple retentissent de nos chants d'allégresse et remercient avec transport et avec reconnaissance l'Être Suprême du don qu'il nous a fait ».

Briault était avocat.

Après cet accès de fureur poétique et ce débordement d'enthousiasme, le président proclama Robinet évêque. Le curé de Courcoury, Guillaume Lay, un des électeurs, monta à l'autel et célébra la messe. Les officiers municipaux, les officiers et soldats du bataillon d'Agenois, la garde nationale, assistaient à la cérémonie. On chanta un *Te Deum* « à grand chœur » ; et l'assemblée se sépara à 11 heures et demie du matin (1).

Les électeurs avaient décidé qu'une circulaire serait adressée à tous les citoyens de la Charente-Inférieure pour les instruire de leurs devoirs religieux à l'égard du nouvel élu, et les bien convaincre qu'ils étaient complètement déliés de toute obligation morale envers leur ancien pasteur. De plus, une lettre devait être envoyée à l'assemblée nationale et au roi pour les féliciter du décret sur l'élection des évêques et leur faire connaître le nom d'Isaac Robinet. Pour rédiger ces pièces qui furent toutes trois imprimées « à Rochefort chez J.-B. Bonhomme, libraire, imprimeur du roi, l'an second de la liberté française », et que signèrent seuls René Briault, président, et Delacoste, secrétaire, le 1er mars 1791, furent désignés Bernard des Jeuzines, plus tard connu à la convention sous le nom de Bernard de Saintes, Jean-Jacques de Bréard, conseiller en l'élection de Marennes, depuis membre de la convention et du comité de salut public ; Joseph Eschasseriaux, avocat au parlement de Bordeaux, président de l'élection de Marennes, député à la convention ; Pierre Rodrigues, trésorier de France à La Rochelle ; Jean-François Hérard, ex-procureur au présidial de La Rochelle, et Delacoste, secrétaire de l'assemblée. La circulaire aux habitants de la Charente-Inférieure, espèce d'instruction synodale, n'a rien de saillant. C'est une déclamation dans le goût du temps :

« Citoyens, disait-elle, les électeurs que vous avez honorés de votre confiance ont toujours devant leurs yeux leurs concitoyens, leurs frères ; ils n'ont pu se rassembler une seconde fois, sans penser à vous, aux plus chers intérêts qui vous touchent. Appelés par la loi, nous venons de remplir le plus au-

---
1. Le procès-verbal de cette réunion fut imprimé à Saintes par P. Toussaints, imprimeur du département de la Charente-Inférieure.

guste des devoirs ; nous avions à choisir un évêque, nous avons trouvé un vrai pasteur, un père ; nous l'avons placé sur le siège qui ne doit plus être que celui des vertus et de l'amour des loix. Heureux du choix que nous avons fait, nous venons nous entretenir avec vous et porter notre surveillance fraternelle sur votre situation présente (¹).

---

1. Elle continuait : « Vous jouissez de la liberté ; vous en ressentez les avantages ; mais plus elle vous devient précieuse et chère, plus on fait d'efforts pour vous l'enlever ou vous la faire haïr : les mêmes hommes qui vouloient rendre éternelles les chaînes que vos mains généreuses ont brisées, qui vouloient vous tenir toujours asservis sous le joug des abus, des préjugés et de l'infortune, s'efforcent encore de rallumer les torches du fanatisme, et de changer en jours affreux, les jours d'union et de concorde qu'ils voient avec douleur luire pour vous. Désespérés jusqu'ici de voir tomber tous leurs projets, ils ont osé associer à la religion leur cause impie ; ils ont placé leur dernier espoir dans les troubles qu'ils tentent de répandre, en voulant persuader au peuple que cette religion est attaquée par les loix. Quels autres prétextes emploieront-ils encore, lorsque le peuple éclairé aura déjoué leurs projets ?

« Les insensés ! quand la nation s'affermit de plus en plus dans la plénitude de ses droits, quand la volonté générale se déclare, ils s'arment contre cette volonté souveraine ; et, dans leur coupable délire, ils calomnient l'ouvrage de vos représentants.

« Citoyens, ces dignes représentants, que vous avez choisis, ont fait les loix que vous auriez faites vous-mêmes ; inspirés par le génie du bien, par l'amour de leurs frères, ils n'ont cherché partout que votre bonheur. Nul peuple ne fut soulagé à la fois de plus d'infortune, ne reçut tant de bienfaits. Peut-on vous faire croire encore qu'ils aient voulu vous voir malheureux ?

« Tandis que vos législateurs travailloient à rendre à la religion tout son éclat, on a voulu vous faire entendre qu'ils cherchoient à la détruire ; tandis qu'ils ramenoient le culte à ses beaux jours, à sa sainteté première, tandis qu'ils éloignoient de ses ministres cette scandaleuse opulence qui en faisoit la corruption et la honte, les mêmes hommes, s'armant des intérêts du ciel, ont dit qu'on renversoit les loix de l'église.

« Ils ont dit qu'on renversoit les loix ! Lorsque la main sage de vos représentans traçoit à chaque évêque le juste partage du territoire et du troupeau confiés au soin de son ministère ; et lorsque vos législateurs remettent dans vos mains le choix des pasteurs qui doivent vous instruire, la faveur et encore l'intrigue qui environnèrent les autels de prêtres fortunés vous disputent le droit de disposer de votre confiance, de nommer vos pasteurs, le droit sacré que sous le règne florissant de la religion ont exercé nos pères.

« Quel est donc ce malheureux génie qui empoisonne tout, qui poursuit tout ce qui est bon, tout ce qui est juste ?

« Lasse de tant d'audace et d'erreurs, la voix du peuple, plus forte que le cri des passions de quelques hommes, la voix de la raison, de la justice et de l'humanité commencent à détruire enfin toutes les calomnies que les ennemis de la constitution ont publiées contre les sages décrets de vos législateurs. Leurs efforts devenus impuissants ne fatigueront bientôt plus que leur âme obsédée par l'affreux repentir d'avoir voulu déchirer leur patrie. Rassurez-vous, citoyens libres de ce département ; loin de vous ces vaines terreurs dont on vous environne. Que les alarmes, que les artifices de cette calomnie, qui prend mille formes pour vous tromper, vous effrayer ou vous séduire, ne vous inspirent qu'une vertueuse indignation. Que vos consciences reposent tranquilles ; notre religion est respectée, notre foi, nos dogmes demeurent entiers et révérés. La loi vient de nous donner un évêque vertueux ; le ciel applaudit à ce choix du peuple ; des ministres dignes de nos respects vont orner nos temples par leurs vertus. Peuple devenu libre ! vous verrez partout votre religion à côté de votre constitution. Dieu et vos loix seront désormais réunis dans votre cœur et dans votre culte. »

« La Révolution s'achève, citoyens; tous les dangers vont bientôt disparaître; le fanatisme s'agitera peut-être encore pour vous égarer; mais le zèle de votre nouveau pasteur veillera pour vous instruire. Songez que vous êtes entourés d'amis prêts à vous avertir des pièges que l'on essayerait de semer sous vos pas et prêts à vous défendre. Songez que vos braves frères, les gardes nationales de ce département, vos concitoyens que vous avez placés dans les corps administratifs, songez que tous veillent pour vos intérêts; liés à vos destinées, inséparables de vous, nous avons partagé vos sollicitudes; nous venons d'assurer votre bonheur.

« Nous sommes vos frères et amis, les électeurs du département de la Charente-Inférieure.

BRIAULT, *président*. DELACOSTE, *secrétaire*.
Saintes, le 1er mars 1791. »

L'adresse à l'assemblée nationale est du même style. Il faut y noter un magnifique éloge de Robinet et une vive protestation d'attachement « à la foi de nos pères ».

« Messieurs, vos sages décrets ont fait disparaître ces loix tyranniques, ces usages bizarres qui dégradèrent pendant tant de siècles le plus beau royaume de l'Europe. Vous avez rendu à l'homme toute sa dignité et au citoyen ses droits si longtemps méconnus. La religion, ce ressort puissant des empires, ce lien sacré qui unit le ciel à la terre et l'homme à Dieu, la religion va vous devoir un nouvel éclat (1).... »

---

1. « Parmi les nombreux abus de l'ancienne hiérarchie, vos regards ont surtout distingué ceux qui dans la composition du clergé présentaient le contraste si frappant de son opulence et de son faste, avec les mœurs antiques et l'heureuse simplicité des premiers disciples de l'évangile.

« Quoi qu'en disent de vains déclamateurs, c'est dans ce livre divin, dont la morale sublime s'allie si bien avec les principes de notre nouvelle constitution, que vous avez puisé le texte qui sert de base aux règles que vous venez d'établir dans l'organisation civile du clergé. Vous avez rejeté ces maximes ultramontaines qui enlevèrent aux fidèles le plus beau droit qu'ils eurent dans la primitive église, celui d'élire leurs pasteurs.

« Après vous être assurés de sa fidélité aux loix de l'empire, vous avez assigné et circonscrit à chacun de ces pasteurs son bercail et son troupeau; le pouvoir souverain qui vous est délégué vous en donnoit le droit.

« Les fonctions publiques du culte seront désormais confiées à des prêtres éprouvés, à des ministres patriotes dignes de présenter à l'Éternel les vœux et les hommages d'un peuple libre. On ne verra plus la faveur ou l'intrigue placer sous le dais épiscopal et dans la chaire pastorale des hommes que la voix du peuple n'avait pas désignés. »

« Un prêtre citoyen qui ne doit sa réputation qu'à ses vertus, un pasteur vénérable qui veille sans cesse au soin de ses brebis et qui s'en fait aimer, M. Robinet enfin, curé de la paroisse de Saint-Savinien, privé de ces titres pompeux, de ces brillans avantages de la fortune ou du hazard, qui conduisoient d'heureux privilégiés aux premières places du sacerdoce, voilà l'homme que nous avons choisi, que nos suffrages ont élevé à la dignité d'évêque de ce département ; voilà celui qui nous fera chérir et respecter par ses exemples la foi de nos pères. Sous ses heureux auspices nous verrons le calme renaître dans son diocèse, l'envie elle-même se taire au récit de ses vertus, et les flambeaux du fanatisme s'éteindre aux pieds du siège épiscopal où nos vœux l'appeloient, où nos mains l'ont porté. Ses mœurs honoreront notre choix ; et la douceur persuasive de ses leçons, en dissipant de funestes erreurs, nous fera bénir encore la constitution qui nous l'a donné. »

La lettre au roi est un morceau de prix. Elle est courte. Louis XVI y est comparé au curé de Saint-Savinien, et tous deux sont aussi dignes de commander l'un à la France, l'autre à la Charente-Inférieure.

« Sire, le procès-verbal des électeurs du département de la Charente-Inférieure concernant l'élection d'un nouvel évêque, est un hommage digne du cœur de Votre Majesté. C'est à vous, c'est au vertueux Louis XVI, au fils aîné de l'église, que nous nous empressons de présenter M. Robinet, curé de la paroisse de Saint-Savinien, objet de notre choix, l'image des vertus qui vous caractérisent. Un évêque patriote mérite que Votre Majesté joigne aux suffrages des représentans du peuple qui l'ont élu, celui d'un roi citoyen qui s'est déclaré l'ami, le protecteur de la constitution, et qui met son bonheur et sa gloire dans la félicité qu'elle promet aux Français dont il est le monarque et le père !

« Nous sommes avec un profond respect, Sire, etc. »

Un peu moins de deux ans après, trois des auteurs de cet éloge du « roi-citoyen, protecteur de la constitution, monarque et père des Français », votaient sa mort.

Ainsi, grâce à 212 électeurs catholiques ou protestants,

dévots ou irréligieux — et si on les examinait l'un après l'autre on trouverait peut-être dans ce nombre quelques fervents catholiques — tout fidèle devait s'incliner sous la main bénissante d'Isaac Robinet, quand Grégoire ou Lindet l'aurait oint du chrême épiscopal. Et ceux qui ne voudront pas le reconnaître seront des réfractaires. Et ceux qui iront se confesser à d'autres qu'à ses acolytes seront des violateurs de la loi. Il n'en est pas du prêtre pourtant comme du juge ou du gendarme. Je puis ne pas admettre son pouvoir; cependant je suis forcé d'y avoir recours. Mais aucune puissance humaine ne me peut contraindre à donner ma confiance à qui ne l'a pas. On avait vu les parlements forcer les curés à absoudre et à communier des mourants. On allait voir les fidèles obligés de subir le prône, la messe et l'absolution de curés dont ils ne voulaient pas. La tyrannie déjà odieuse devenait grotesque.

Le *Moniteur universel* qui à la table nomme Robinet Jean-Étienne, apprit, le 11 mars 1791, deuxième année de la liberté, aux 89 départements qu'un évêque de plus était sorti de l'urne électorale. Sans enthousiasme du reste il mit sous la rubrique : *Département de la Charente-Inférieure, La Rochelle, le 4 mars*, ce simple entrefilet où il trouva moyen selon son habitude de commettre deux erreurs : « Le 1er de ce mois, l'*assemblée* électorale s'est *assemblée* à Saintes, pour procéder à l'élection de l'évêque du département. M. Robinet, curé de Saint-Savinien, a réuni la majorité des suffrages au *troisième* scrutin. »

CHAPITRE XX.

Première entrée de Robinet. — Robinet au directoire du département. — On le presse de se faire sacrer. — Il n'a pas d'argent. — On lui alloue 3000 livres à-compte. — Robinet avec deux notaires somme Saurine de le sacrer. — Lindet, prélat consécrateur. — Maudru. — Becherel.

Robinet avait hâte de venir jouir de son succès, et d'entrer dans sa métropole. Trois jours après sa nomination, le 4 mars 1791, il quitta Saint-Savinien, d'où il pouvait apercevoir Crazannes, séjour de celui dont il allait usurper le siège. Il parut à Saintes escorté de quelques officiers municipaux et de quelques gardes nationaux, à pied, bréviaire au bras. La municipalité fit sonner les cloches; deux compagnies de la milice citoyenne prirent les armes et le lieutenant-colonel complimenta le nouvel évêque au nom du corps. Robinet « avoua, dit Damien Rainguet, que ce fut pour lui le commencement d'un vrai supplice » que cette ovation. Il n'y eut pas d'autres cérémonies pour le moment. Robinet séjourna seulement trois ou quatre jours à Saintes, logé au faubourg Saint-Pallais chez Jean-Michel Tardy, son parent, conservateur des hypothèques. « Il a reçu très peu de visites, » raconte le chanoine Legrix. Et Bourignon ajoute : « Ce vénérable prélat entra en ville avec des guêtres de laine et dans le costume qui retraçait l'humble simplicité des premiers siècles de l'église. Ce spectacle offrait le contraste de la pompe fastueuse des prélats de cour avec le modeste appareil d'un évêque du peuple. » Un peu plus tard, « l'évêque du peuple » se dédommagea bien de ce modeste appareil; et « l'humble simplicité » du pontife des électeurs n'eut rien à envier à « la pompe fastueuse des prélats de cour ». Le journaliste s'était un peu trop pressé.

La seconde entrée devait être plus solennelle que la première ; les guêtres de laine pouvaient disparaître. Robinet n'était pas riche, quoique la cure de Saint-Savinien valût 2400 livres. Il allait pouvoir se nipper.

Le lendemain de cette intronisation pour ainsi dire incognito, il se rendit au directoire du département. Deux des sept membres présents allèrent au devant de lui. Il entra accompagné de la garde nationale de sa paroisse. « Il a, dit le procès-verbal, parlé de son élévation avec cette modeste simplicité qui convient si bien à un pasteur choisi pour faire revivre les vertus des premiers siècles de l'église. » Rondeau, qui présidait, lui répondit « en lui témoignant la satisfaction de l'administration et l'assurant de tout son zèle pour le maintien de la religion ». Puis sur un ton moins épique on s'entretint « des mesures à prendre pour la consécration de M. l'évêque et l'accélération de l'organisation de son nouveau clergé. » La conférence fut longue. Elle finit cependant. Le prélat retiré, le procureur général syndic se leva. Écoutons son prône :

« M. Robinet vient d'être élevé par le suffrage libre de ses concitoyens à la place éminente d'évêque. Ce choix éclairé nous assure qu'il réunit les connoissances de l'ecclésiastique instruit, aux mœurs de l'ecclésiastique vertueux. Mais dans ces moments difficiles où les ennemis de la patrie, sous le prétexte de deffendre la religion, l'outragent et la trahissent par des conseils et des discours qui jettent l'incertitude et l'alarme dans les consciences, il est important que nos nouveaux prélats se présentent avec un grand caractère, avec des principes invariables, et une volonté soutenue, qui déconcertent les desseins de ceux qui se proposent ou de s'emparer de leur opinion ou d'entretenir le germe d'opposition qu'ils ont semé dans la société.

« Les hommes libres ne connaissent point la flatterie ; le seul compliment qui puisse être agréable à l'homme honoré de la confiance publique, c'est de lui parler de ses devoirs. Lors donc que M. Robinet a accepté la garde d'un grand troupeau, nous devons lui dire qu'il a contracté l'obligation de tout lui sacrifier pour le conserver ; nous devons lui dire que les circonstances exigent qu'il apporte la plus grande célérité à se faire consacrer, parce que c'est à ce moment qu'est renvoyée l'époque de la tranquillité dans son église. C'est lui qui doit organiser son conseil ; c'est avec lui que doivent se faire les circonscriptions des paroisses ; c'est lui qui doit dissiper les inquiétudes des âmes timides ou séduites ; c'est lui qui doit ranimer la foi par ses mœurs et par sa doctrine ; c'est à lui enfin qu'est réservée la gloire de contribuer à faire revivre, par son exemple et par sa sagesse, l'ancienne splendeur de la religion.

« Tous les moments qui tendroient à éloigner son inauguration seroient autant de retards apportés à la tranquilité publique. Nous entrons dans ces jours de pénitence où la confiance des prêtres s'accroît à mesure que le chrétien plus religieux vient plus fréquemment offrir à Dieu l'hommage de sa foi. Quelles occasions, messieurs, pour des ecclésiastiques qui refusent d'obéir aux lois et qui s'étudient à les calomnier, que celles qui leur ménagent les moyens d'ébranler les principes de leurs pénitens, d'effrayer leurs consciences et de changer leurs opinions ! Ces efforts, auxquels l'ignorance ou la crédulité peuvent assurer de grands succès, présentent des dangers que la prudence et l'amour de la paix doivent prévenir. Le siège de cette église ne peut demeurer plus longtemps vaquant, sans nuire à la fois à la religion et à la société. Nous connaissons, messieurs, les sentiments de M. Robinet ; il ne se pardonnerait pas d'avoir occasionné des maux qu'il était en son pouvoir d'arrêter ; et, jaloux de répondre aux témoignages de la confiance de ses concitoyens, il est sans doute impatient de hâter le moment qui doit donner un pasteur aux fidèles de son diocèse.

« A ces causes, je requiers qu'il soit envoyé à M. Robinet une expédition du procès-verbal de son élection en le priant et l'invitant de prendre les mesures les plus promptes pour se faire consacrer ; et, attendu que les sièges voisins sont vaquants, je requiers qu'il lui soit indiqué dès demain l'évêque auquel il doit s'adresser pour sa consécration, lequel évêque sera prié de vouloir la lui donner le plutôt possible.

GARNIER, *procureur syndic.* »

Garnier parlait d'or. Mais quel évêque que celui qui méritait de tels conseils ! Comme on lui parlait de haut ! et comme on lui faisait sentir sa sujétion ! Quel plus sanglant outrage pouvait recevoir un homme de cœur, ou seulement soucieux de sa dignité !

Oui, ce n'était pas tout que d'être élu : il fallait être sacré. Cette cérémonie était la panacée universelle des maux de la Saintonge. Robinet oint, tout était fini ; plus de troubles ; plus de divisions ; le schisme disparaissait ; les réfractaires repentants se jetaient aux pieds de l'intrus ; les chanoines abjuraient leur protestation ; les fidèles acclamaient le nouveau pontife, et l'ancien, abandonné de tous, mourait de dépit de voir la Charente-Inférieure rangée, docile et pieuse, sous la houlette bienfaisante du pasteur aux guêtres de laine ! Illusions un peu naïves, peut-être sincères, que l'événement allait dissiper sans pitié. On avait même songé que le temps pascal approchait, et que, dans le carême, beaucoup d'âmes réclamaient des secours spirituels. Pouvait-on pousser plus loin la prévoyance ! Il y avait pourtant quelques difficultés. Pour consacrer il faut un consécrateur ; et même, ordinairement, deux autres prélats. Or, les évêques disposés à prêter leur ministère à leur récent confrère étaient peu nombreux. Le directoire le savait. Il chercha, et parvint à trouver deux noms qu'il indiqua à Robinet. La précaution était sage. « Attendu, disait-il, qu'il n'existe aucun évêque voisin qui se soit soumis à la loi, indiquons à M. Robinet. M. l'évêque d'Orléans auquel il sera tenu de s'adresser pour le prier de vouloir bien lui donner la consécration, et dans le cas où mon dit sieur l'évêque d'Orléans serait absent, l'autorisons à se rendre à Paris et à s'adresser à M. l'évêque d'Authun pour se faire consacrer ; arrêtons en conséquence qu'il sera écrit à l'un et à l'autre de ces évêques pour les prier de vouloir bien procéder, le plutôt possible, à sa consécration, et que pour y parvenir, il sera délivré à mon dit sieur Robinet un procès-verbal de sa nomination. »

On ne s'étonnera pas de cette injonction : c'était la loi. Selon le décret du 14-15 novembre 1790, sanctionné le 24, l'élu, assisté de deux notaires, se présentait devant le métropolitain, à son refus devant chacun de ses suffragants, toujours flanqué de ses deux inévitables notaires, pour obtenir la confirmation canonique. Après avoir inutilement parcouru tous les évêques de la région, il revenait devant le tribunal du district de son évêché ; ce tribunal déclarait alors qu'il y avait abus, et désignait l'évêque auquel l'élu devait recourir pour la confirmation. A Saintes le cas était embarrassant : car dans la circonscription aucun évêque n'avait prêté serment. Un directoire de district était donc investi d'un pouvoir qu'avaient seules autrefois les cours souveraines de la monarchie. Et les évêques nouveaux acceptaient cette insulte ; l'humilité sied bien aux apôtres.

C'était fort bien d'envoyer l'élu à Orléans et à Paris aux adresses qu'on lui donnait. Pourtant un obstacle était là. Le curé n'avait pas d'argent. Pauvreté n'est pas vice, surtout chez un prêtre. Il n'osait pourtant l'avouer ; cependant il fallut se résigner. On le pressait de toutes parts. Pâques s'avançait : qui chanterait l'*Alleluia* à la cathédrale ? Le département qui l'avait nommé évêque lui devait les moyens de le devenir.

Robinet adressa donc, le 7 mars, une supplique au directoire pour obtenir quelques secours. Il exposait qu'on devait, puisqu'on l'avait fait évêque, lui fournir les ressources nécessaires pour aller à Paris ou ailleurs se faire sacrer, afin qu'il pût venir ensuite remplir les fonctions dont la confiance de l'assemblée l'a honoré. Du reste il laissait la somme à la générosité de l'administration. La pétition fut transmise par le directoire du district au directoire du département. Et le département, « considérant qu'il est instant qu'il puisse se livrer aux opérations essentielles dont il va se trouver chargé, » lui alloua 3000 fr.... à valoir sur son traitement (¹).

---

1. « Aujourd'hui, 7 mars 1791, le directoire du département de la Charente-Inférieure, assemblé au lieu ordinaire de ses séances, a reçu du directoire du district de Saintes une pétition adressée par M. Robinet, curé de Saint-Savinien, expositive qu'ayant été élu évêque du département de la Charente-Inférieure, et devant aller incessamment soit à Paris, soit ailleurs, pour se faire sacrer, et n'ayant pas par devers lui les moyens de frayer aux dépenses du voyage, il auroit besoin que l'administration lui mit entre les mains une somme suffisante pour cet objet. Au bas de cette pétition est l'avis du directoire portant qu'il soit délivré au dit sieur Robinet une somme de trois mille livres à imputer sur le traitement qui lui est assigné par la loi, en sa qualité d'évêque.

« Le directoire délibérant, et après avoir entendu le procureur-général syndic ;

Muni de cet à-compte de 3000 francs sur ses 12,000 livres de traitement épiscopal, Mgr partit. Robinet vit-il Jarente et Talleyrand ? En éprouva-t-il un refus ? Ou bien désobéit-il au directoire ? Nous ne savons. Mais nous le trouvons, le 19 mars, chez Jean-Pierre Saurine, député du bailliage de Béarn à la constituante, et en même temps que lui nommé évêque du département des Landes. Tous les évêques des provinces ecclésiastiques de Bordeaux et d'Auch, ayant refusé le serment, Saurine se trouvait le plus ancien évêque de l'arrondissement du sud-ouest, dont la métropole était Bordeaux. Robinet se présenta chez lui à Paris, accompagné de deux notaires, Pierre Bévière et Jean-Antoine Dosfant, députés de la ville de Paris à l'assemblée nationale (1).

« Considérant combien il est important au bien public que la consécration de l'évêque, choisi par le peuple ait lieu le plutôt possible, puisque c'est de l'époque de son installation que nous devons attendre la tranquillité de l'église, et qu'il est instant qu'il puisse se livrer aux opérations essentielles dont il va se trouver chargé ;

« Considérant aussi que le dit sieur Robinet n'ayant pas par lui-même les moyens de frayer aux dépenses nécessaires pour son voyage, c'est à l'administration à y pourvoir, afin que rien ne retarde l'époque désirée de la consécration ;

« Nous arrêtons qu'il sera payé au dit sieur Robinet une somme de trois mille livres, au moyen d'un mandat que nous délivrerons sur le trésorier du district de Saintes ; laquelle somme sera imputée à valoir sur le traitement qui lui est assigné par la loi en sa qualité d'évêque de Saintes, et qu'au surplus M. le contrôleur général sera prévenu des motifs qui ont déterminé l'avance faite à M. Robinet par anticipation sur son traitement.

« RONDEAU, *président*. BRÉARD, *vice-président*. J.-J. JOUNEAU. DURET. RIQUET. ESCHASSERIAUX. RABOTEAU.

Par le directoire, EMOND, *secrétaire*.

1. *Sommation de Robinet pour se faire sacrer.*

L'an 1791, le samedi 19e jour de mars, onze heures du matin, en la présence et la compagnie des notaires à Paris, soussignés, députés de la ville de Paris, à l'assemblée nationale, M. Jean-Étienne Robinet, prêtre, curé de Saint-Savignien du Port, district de Saint-Jean d'Angély, demeurant ordinairement au lieu de Saint-Savignien du Port, présentement à Paris, logé rue Saint-Thomas du Louvre, hôtel de Genève, paroisse de Saint-Germin l'Auxérois, élu à l'évêché du département de la Charente-Inférieure, dont le siège est à Saintes, en l'arrondissement de la métropole du sud-ouest, dont le siège est à Bordeaux, suivant le procès-verbal des électeurs dudit département, en date des 28 février dernier et premier mars présent mois, par le président de ladite assemblée, conformément à la loy.

S'est transporté en la demeure de M. Jean-Pierre Saurine, évêque du département des Landes, dont le siège est à Dax, en l'arrondissement de la dite métropole du sud-ouest, dont le siège est à Bordeaux, sise à Paris, rue d'Anfer, n° 119, paroisse Saint-Sévrin.

Où étant, parlant à mon dit sieur évêque, le dit sieur Robinet lui a représenté le procès-verbal sus-énoncé de l'assemblée électorale du département de la Charente-Inférieure du vingt huit février dernier et premier mars présent mois, contenant l'élec-

Saurine voulut bien accorder, sur les très humbles supplications de Robinet, l'institution canonique à son collègue de la Charente-Inférieure. Mais il ne le consacra pas. Pour cet office il délégua le curé de Bernay, député du bailliage d'Evreux, Robert-Thomas Lindet, nommé évêque du département de l'Eure, le 15 février précédent, frère du conventionnel Jean-Baptiste-Robert Lindet. Ce Thomas Lindet, aussi député à la convention, vota la mort de Louis XVI. A la séance du 24 novembre 1792, Manuel vint annoncer que l'évêque d'Évreux s'était marié et en demanda la mention honorable au procès-verbal de l'assemblée, « dont le devoir et le but sont de former l'esprit public », motion que Prieur combattit « parce qu'on ne doit pas de reconnaissance à qui ne fait que son devoir de citoyen » (*Moniteur*, XIV, 560). Le 18 brumaire an II, Lindet, à la suite de Gobel, évêque de Paris, et de Julien, ministre protestant de Toulouse, qui renoncèrent à toutes fonctions religieuses, abjura, disant qu'il n'avait accepté les fonctions d'évêque qu'eu égard aux circonstances. « J'attendais, dit-il, le moment favorable d'abdiquer solennellement mes fonctions. »

---

tion de sa personne à l'évêché du dit département, ainsy que sa proclamation au dit évêché du dit département faite comme il vient d'être dit.

En conséquence, et attendu que M. l'évêque métropolitain du dit sud-ouest n'a point prêté le serment prescrit par la loi et n'est point encore remplacé, le dit sieur Robinet a suplié avec instance, et même très humblement requis mon dit sieur Saurine, comme plus ancien évêque de l'arrondissement de la dite métropole qui ait prêté le serment, de vouloir bien lui accorder la confirmation canonique de la dite élection.

Sur quoy mon dit sieur évêque du département des Landes, après avoir pris communication du procès-verbal sus-énoncé, l'avoir attentivement examiné et trouvé régulier et en bonne forme, et après avoir pris du dit sieur requérant le serment mentionné en l'article 18 du titre deux de la loi du vingt-quatre août 1790, a par ces présentes déclaré acquiescer à la dite réquisition et accordé au dit sieur Robinet l'institution canonique et la confirmation de l'élection faite de sa personne au dit évêché du département de la Charente-Inférieure. Et sur la prière présentement faite à mon dit sieur évêque, par le dit sieur Robinet, de vouloir bien faire la cérémonie de la consécration ou en déléguer le pouvoir à un autre évêque, mon dit sieur évêque du département des Landes a par ces présentes donné et délégué à M. l'évêque du département de l'Eure, dont le siège est à Evreux, tout pouvoir nécessaire pour procéder incessamment à la consécration du dit sieur Robinet.

Dont et de tout ce que dessus le dit sieur Robinet a requis acte aux dits notaires qui lui ont octroyé le présent pour lui valoir ainsi que de raison, à Paris, dans le cabinet de mon dit sieur l'évêque, les jour et an sus dits ; et ont signé la minute des présentes dont une expédition a, à l'instant, été remise et délivrée à mon dit sieur évêque du département des Landes, qui le reconnoît. En marge de laquelle minute est écrit : enregistré à Paris, le vingt et-un mars 1791, reçu deux livres. Signé : Lezan, Bévière et Dosfant. »

Il ajouta : « Toute la France sait que j'ai été le premier à me donner une épouse (1). »

Lindet avait avec lui, comme prélats assistants, Saurine et le fameux curé d'Emberménil, député du bailliage de Nancy, l'abbé Henri Grégoire, évêque de Loir-et-Cher. On choisit le deuxième dimanche de carême, 20 mars, pour la cérémonie. L'église fut celle de l'oratoire que le supérieur, Jean Poiret, élu curé de Saint-Sulpice, le 30 janvier, avait mise à leur disposition. L'assistance était nombreuse ; on y remarquait Bailly, ancien président de l'assemblée nationale et maire de Paris ; Treilhard, aussi président de la constituante et président de l'un des tribunaux de Paris ; Régnault, député de Saint-Jean d'Angély ; Firmin Fricot, Petit-Mengin, tous deux députés de Mirecourt, tous deux procureurs du roi ; Pourret-Roquerie, procureur du roi au bailliage de Perriers, député de Coutances ; Pain, député des paroisses du bailliage de Caen ; Bernard, syndic du chapitre de Weissembourg, député des communes des villes impériales d'Alsace ; Maupetit, procureur du roi ; de Lalande, lieutenant de maire, tous deux députés de la sénéchaussée du Maine ; Douchet, cultivateur, député du bailliage d'Amiens, Jean-Joseph Mougins de Roquefort, premier consul de la ville de Grasse, député de la sénéchaussée de Draguignan ; Vieillard, fils, avocat, député de Coutances, qui fit un rapport sur les troubles de Saint-Jean d'Angély, fit annuler l'élection de Rondeau, juge à Rochefort, rendre un décret sur le collège des arts à Poitiers ; enfin quelques autres personnages dont l'énumération serait fatigante. Il faut seulement remarquer dans cette liste Régnauld. C'était le seul député de la province de Saintonge qui eût voulu donner ce témoignage de sympathie à l'évêque de la Charente-Inférieure.

Robinet n'était point seul à recevoir l'onction. On faisait alors les évêques par fournée ; trois furent sacrés le même jour, c'est ce qui explique la présence à la messe des députés

---

1. *Moniteur* du 9 novembre 1793, XVIII, 369. — Voilà quel fut le prélat consécrateur de Robinet. Briand s'est trompé, et après lui Rainguet, en racontant, III, 68, que le curé de Saint-Savinien « fut fait évêque par Talleyrand-Périgord, né plutôt lui-même pour la diplomatie menteuse qui trompe les rois que pour l'épiscopat divin qui sauve les peuples. » Du reste au point de vue ecclésiastique l'un valait l'autre.

de Caen, de Mirecourt, de Coutances et d'ailleurs. Avec le curé de Saint-Savinien étaient le curé de Saint-Loup près d'Avranches — Saint-Lô, dit le *Moniteur*, — François Bécherel, qui, député de Coutances à la constituante, avait prêté serment, le 31 décembre 1790, et avait été élu évêque du département de la Manche. Il fut, après le concordat, nommé évêque de Valence et créé (1809) baron de l'empire, ce qui ne l'empêcha pas de saluer avec enthousiasme le retour des Bourbons. Puis le curé d'Aydoilles près d'Épinal — d'*Edoile* dit le *Moniteur*, d'*Aidouille* dit le procès-verbal, — Jean-Antoine Maudru, fils d'un maître d'école du village d'Adompt, élu évêque du département des Vosges, sur le refus de Demanges, curé d'Escles, district de Mirecourt, qui, nommé, répondit : « J'ai prêté le serment civique ; j'ai rempli les devoirs de citoyen. Mais je dois une cure à M. Chaumont (1), évêque de Saint-Dié ; je ne remplacerai pas mon bienfaiteur. » Maudru avait été moins scrupuleux ; Robinet aussi (2).

1. Barthélemy-Louis Martin de Chaumont de La Galaizière.
2. Voir aux Pièces justificatives le procès-verbal du sacre.

CHAPITRE XXI.

Entrée solennelle de Robinet. — Scellés à l'évêché. — Réception officielle. — Accueil à La Rochelle. — Vicaires généraux. — Il supprime quatre paroisses à Saintes à la demande du département. — Son ordonnance. — Arrêté relatif aux chantres et aux officiers de chœur. — La psalette.

La cérémonie faite, Robinet s'en fut à Saintes. Massiou, qui ne connaît pas sa consécration, et qui lui fait quitter définitivement le 31 mars, son humble presbytère de Saint-Savinien pour venir prendre possession de son palais épiscopal, s'écrie tout ravi, VI, 112 : « Ce dut être, il faut l'avouer, un sujet de grand scandale, parmi les ci-devant privilégiés de l'église, que de voir un simple curé de village, sans naissance et sans fortune, s'élever du dernier degré de l'échelle sacerdotale au siège épiscopal qu'avaient illustré les grands noms des Rochechouart de Mortemart, des Soderini, des Bassompierre, des La Chataigneraye, des La Rochefoucauld, et sur lequel s'était assis un prince de la maison de Bourbon. L'humble condition où les électeurs du département allèrent chercher un évêque semble au moins prouver en faveur du nouveau prélat ; et l'on doit supposer qu'il rachetait par ses vertus évangéliques, autant que par son dévouement aux institutions du pays, ce que le sort lui avait refusé du côté du rang et de la fortune. »

La supposition de l'historien est peu flatteuse pour son personnage. Du reste, il nous semble que Robinet n'était pas le seul évêque de Saintes qui se fût « élevé du dernier degré de l'échelle sacerdotale au siège épiscopal ». Tristan de Bizet, qui succéda au cardinal de Bourbon, était un pauvre moine de Clairvaux ; et le prédécesseur des Soderini, Raymond Péraud, était fils d'un artisan de Surgères. De plus, la délibération par laquelle l'assemblée générale du clergé de France, où se trouvaient seize archevêques ou évêques, aussi compétente pour le choix d'un évêque que 212 électeurs catholiques ou protestants pris dans les diverses paroisses de la Saintonge, présentait Louis de La Rochefoucauld au roi pour un évêché, ne fait pas trop mauvaise figure près du scrutin où Robinet fut ballotté. Et si l'on va jusqu'au bout, la fin « d'un prélat de cour », massacré pour ne point apostasier sa foi, vaut bien celle de « l'évêque du peuple » mourant un jour dans une vigne à la suite de ses vendangeurs (1).

Le 28 mars, le directoire du district invite la municipalité à faire préparer un logement convenable dans le palais épiscopal à Robinet qui doit arriver sous trois jours, à apposer les scellés au séminaire et à l'évêché, enfin, « les pâques étant ouvertes depuis quelques jours, à prendre les plus grandes précautions pour faire observer le bon ordre dans toute la ville » : car « il pourroit y avoir quelques rumeurs à l'arrivée de M. l'évêque » (2).

---

1. C'est la version de Briand. Voici l'acte officiel du décès :
Aujourd'hui vingt-trois fructidor, l'an cinq de la république française (9 septembre 1797), une et indivisible, étant dans la maison commune, sur les huit heures du matin, par devant moi Pierre Meneau, officier public de la commune de Torxé, canton de Tonnay Boutonne, département de la Charente-Inférieure, est comparu Louis Susane, propriétaire, âgé de cinquante-deux ans, lequel, accompagné de Pierre Bernard, propriétaire, âgé de vingt-six ans et de Jacques Longuet, cultivateur, âgé de trente-un ans, demeurant les uns et les autres dans cette commune, section de Chez-les-Benets, m'a déclaré que Izaac-Étienne Robinet, ex-évêque de Saintes, est décédé dans sa maison de Péray, le jour d'hier sur les six heures du soir, âgé de soixante-six ans, fils de feu Me Robinet et de Marguerite Picot.
D'après cette déclaration certifiée sincère et véritable par les témoins, je me suis transporté dans la maison de Péray où je me suis assuré de son décès, et j'ai rédigé le présent acte que j'ai signé avec le déclarant et Pierre Bernard, Longuet ne sachant signer. A la maison commune de Torxé, les jour, mois et an susdits.
SUZANE. BERNARD. PIERRE MENEAU, *officier public*.

2. Le directoire assemblé, un membre a dit : « MM. nous avons appris que M. Robinet, évêque de ce département, a été sacré le dimanche vingt du présent mois et qu'il doit se rendre vers la fin de cette semaine ; dans ces circonstances, je pense qu'il devient instant que les scellés soient apposés sur les effets et portes du secrétariat de l'évêché, sauf sur le registre courant et journalier qui devra être laissé ès mains du secrétaire afin de ne pas interrompre dans cette partie le service public ; il n'est pas moins instant encore d'aviser aux moyens de faire vider une partie des appartements de l'évêché, dont les meubles appartiennent à M. de La Rochefoucauld, afin que M. Robinet puisse s'y loger à son arrivée, et ne soit pas dans le cas d'avoir recours à une maison étrangère. Au surplus, messieurs, je ne vous dissimulerai pas que la conduite que tiennent dans ce moment les ecclésiastiques de cette ville réfractaires à la loi, inquiète les bons citoyens ; il court des bruits que les discours séditieux qu'ils se permettent chaque jour et surtout l'affectation qu'ils ont eue de devancer les pâques, ont

La municipalité docile s'exécute. Elle veillera à ce que la communion pascale ne cause aucune émeute ; à ce que les fidèles, après ce devoir accompli, ne cherchent à renverser ni le district, ni la municipalité, ni la royauté. Pour les scellés on envoie Gout et Boisnard au séminaire et à l'évêché ([1]).

Les scellés apposés sur les papiers, on mit dehors les meubles de Mgr de La Rochefoucauld. La place est vide. Robinet peut entrer. Le conseil municipal associant son amour du roi

---

ou l'effet qu'ils ont pu s'en promettre ; qu'ils sont parvenus à soulever quelques citoyens contre la constitution ; et qu'enfin il pourroit y avoir quelque rumeur lors de l'arrivée de M. l'évêque. Je pense donc, messieurs, que nous devrions écrire à la municipalité de cette ville pour l'inviter : 1º à apposer les scellés au secrétariat de l'évêché ; 2º à faire préparer les appartements de cette maison de manière que l'évêque puisse y loger à son arrivée ; 3º pour qu'elle prenne toutes les précautions que sa prudence et sa sagesse lui suggéreront pour le maintien de la paix, de l'union et de la concorde, soit en faisant doubler les patrouilles, soit en prévenant les troupes armées de se tenir toujours prêtes à la première réquisition. Je demande, messieurs, que nous délibérions de suite sur ma proposition. »

Sur quoi délibéré, et ouï le procureur sindic, le directoire, adoptant la proposition ci-dessus, a arrêté qu'il serait écrit sur le champ à la municipalité de cette ville et qu'elle serait invitée de s'y conformer en tous points.

DUBOIS. ESCHASSERIAUX. ARDOUIN. DUGUET. GUDET, *secrétaire*.

1.   *Procès-verbal de l'apposition des scellés à l'évêché.*

« De suite, nous Claude-Antoine Gout, premier officier municipal, et Étienne Boisnard, procureur de la commune, commissaires nommés par la délibération ci-dessus, nous sommes transportés au palais épiscopal de cette ville aux fins d'apposer sur le secrétariat et sur le trésor contenant les archives du dit évêché les scellés ; et y étant parvenus, nous avons trouvé dans le secrétariat, M. l'abbé Rollet, auquel nous avons annoncé le sujet de notre mission ; à quoi déférant, nous avons de suite fait apposer les scellés sur trois armoires du bureau, après en avoir reçu de M. l'abbé Rollet la clef. La visite desquels ayant été faite, ils ont été refermés, et nous nous en sommes nantis, ainsi que la clef de la porte d'entrée, après avoir remis entre les mains de M. l'abbé Rollet deux registres de dispenses et de commissions, concernant les mariages, commençant par ces mots : « du 23 novembre 1789 », et finissant par « le 29 mars 1791 » ; plus un autre registre intitulé : *Commissions pour les abjurations et visites d'église*, commençant du 7 février 1784 et finissant le 28 février 1791, lesquels registres sont restés à la garde de mon dit sieur l'abbé Rollet pour en faire remise toutes fois et quand il en seroit requis par la municipalité ; lequel a signé avec nous le présent procès-verbal ; et avons laissé à la garde de Pierre Vieuille, portier de l'évêché, les dits scellés ; lequel s'en est chargé et a signé avec nous. En reconnaissance des deux registres qui m'ont été laissés. ROLLET, *prêtre*. C.-A. GOUT. BOISNARD, *procureur de la commune*.

« Et de suite montés à l'appartement au-dessus du secrétariat, dans lequel est déposé les archives du dit évêché, nous nous sommes fait remettre la clef ; après avoir fait la visite, nous avons apposé les scellés que nous avons également confiés à la garde du dit Vieuille ; et la clef déposée entre les mains de notre secrétaire-greffier.

« Fait, clos et arrêté au palais épiscopal, sur les onze heures du matin, les dits an et jour sus dits.

« C.-A. GOUT. BOISNARD, *procureur de la commune*. »
(*Registre des délibérations du conseil municipal*, II, page 30.)

au zèle pour son nouveau pasteur, ordonne, le 31 mars 1791, sur la demande du directoire du département, que d'abord le corps ira attendre Mgr Robinet au pont, selon l'usage, et le conduira au palais épiscopal ; ensuite que « la convalescence de Louis XVI, notre roy le bien-aimé, le régénérateur de l'empire français, ayant mis la joie dans tous les cœurs des citoyens », il sera chanté un *Te Deum*, le dimanche suivant. Le soir du 31 mars, pour fêter l'entrée de Robinet, tous les habitants de la ville et surtout les maisons religieuses devront « illuminer depuis huit heures jusqu'à onze heures, sans pouvoir s'en dispenser sous quelque prétexte que ce puisse être, se réservant la municipalité, en cas de contravention à la présente ordonnance, de faire punir ceux qui y deviendraient contraires par les voies que sa prudence lui suggérera. » Voilà de l'allégresse toute spontanée !

Dès neuf heures du matin, sur la route de Saint-Jean d'Angély, s'échelonnaient deux bataillons de la garde nationale de Saintes en grande tenue. La gendarmerie et la troupe à cheval s'étaient avancées jusqu'à une demi-lieue de Saintes. Après trois heures d'attente, l'évêque parut ; il descendit de voiture. Savary, membre de la société des Amis de la constitution, le harangua à la tête d'une députation. Puis, au milieu des grenadiers, précédé des tambours et de la musique, il arriva à la barrière de la ville. Il y fut reçu par la municipalité, au bruit des cloches et de l'artillerie, aux acclamations de la foule, et se rendit au palais épiscopal entre deux haies de soldats, salué par les citoyens qui garnissaient les fenêtres. On n'alla pas à l'église. Cette visite était réservée pour un autre jour. Le reste de la journée fut occupé par les réceptions des corps constitués. Le soir, la ville s'illumina, on sait avec quel élan et quelle bonne volonté. Ainsi se termina l'intronisation du nouveau pontife. Massiou remarque que « les élus du peuple ne dédaignaient pas non plus cette pompe officielle que le journaliste reprochait aux créatures du pouvoir absolu ».

Le 8 avril, Robinet se rendit à l'hôtel-de-ville ; il exhiba ses papiers, c'est-à-dire le procès-verbal de son élection et l'acte notarié de sa consécration. Les bulles du pape manquaient dans le nombre. Nul ne songea à les exiger. Il demanda à être installé et à prêter serment, le dimanche suivant.

Et advenant le dix avril à dix heures du matin, « tous les corps civils, militaires, judiciaires, se réunirent à l'église de Saint-Pierre pour assister à la prise de possession de Robinet. »

Quand tous furent placés, « M. Robinet en ses habits pontificaux est entré par la principale porte du chœur, accompagné de son clergé, pour y célébrer la sainte messe avec les cérémonies usitées; après laquelle le conseil général de la commune s'est avancé à l'hôtel — lire *autel* — et placé en ordre, M. Boisnard, procureur de la commune, a requis qu'il fût donné lecture du procès-verbal de réquisition d'institution canonique et confirmation de l'élection de mon dit sieur Robinet, de même que celui de sa consécration (1)... »

Robinet jura donc, en présence des officiers municipaux, du peuple et du clergé, de veiller avec soin sur les fidelles du diocèse qui lui est confié, d'être fidelle à la nation, à la loi et au roi et de maintenir de tout son pouvoir la constitution décrétée par l'assemblée nationale, acceptée par le roi. Le serment prêté, Gout lui dit : « Nous vous invitons, monsieur, à venir occuper la place que vos vertus et votre patriotisme vous ont méritée. » Aussitôt il l'accompagne à la place désignée par la municipalité; et Gout ajoute : « Au nom de la loi, dont nous sommes ici l'organe, nous installons et mettons en possession du siège épiscopal du département de la Charente-Inférieure, M. Jean-Étienne Robinet, élu et proclamé évêque par M. le président de l'assemblée électorale, le premier du mois de mars dernier (2). »

---

1. De suite, M. Gout a, au nom de la municipalité, ordonné que par le secrétaire-greffier il soit à l'instant fait lecture des dits procès-verbaux ; après quoy il sera procédé à la réception du serment, installation et prise de possession de mon dit sieur Robinet, les dits procès-verbaux ayant été enregistrés au greffe de la municipalité pour y avoir recours, où lecture faite par le secrétaire-greffier, MM. Robinet et Gout ont prononcé un discours analogue à la circonstance, lesquels seront transcrits à la suite des présentes.

2. Ce fait, il a été chanté un *Te Deum* en musique en actions de grâces, pendant lequel toutes les cloches de la ville ont sonné de vollée ; et il a été fait par la garde nationale une salve de douze coups de canon durant la cérémonie. De tout quoy il a été dressé le présent procès-verbal en la dite paroisse cathédrale, sur l'heure de midi. D'après laquelle nous avons été faire visite en corps à mon dit sieur Robinet ; et nous

Il serait intéressant d'avoir le discours de l'intronisé et la harangue de l'intronisant. Le scribe du collège municipal, malgré la décision prise, oublia de les transcrire. Nous ne pourrons même combler cette lacune par la lettre que la société des Amis de la constitution, enflammée d'un beau zèle pour la religion et son nouveau ministre, adressa à la municipalité.

Robinet avait juré d'être fidèle à la nation; la nation lui devait la pareille. Le conseil général de la commune ne se le fit pas dire deux fois. Au reçu de la missive de la société, séance tenante, il jura le 4 juin 1791, « de reconnaître M. Isaac-Étienne Robinet pour seul légitime évêque du département de la Charente-Inférieure... et d'accepter, comme par le passé, toutes les charges, contributions patriotiques, » y compris le droit de patente (1).

Robinet, un peu plus tard, visita en tournée pastorale La Rochelle, ce chef-lieu d'un évêché supprimé, et deuxième capi-

---

sommes ensuite rendus au présent hôtel. Et arrêté qu'en exécution de l'article XXXIV du titre II de la loi sur la constitution civile du clergé, le présent procès-verbal sera transcrit au long sur le registre particulier à ce destiné.
✝ J.-E. ROBINET, *évêque du département de la Charente-Inférieure.* C.-A. GOUT, *officier municipal président.* NÉRON, *officier municipal.* LOUIS SUIRE, *officier municipal.* CANOLLE, *officier municipal.* LESACQUE. APERT. CRUGY, *off. municipaux.* MARESCHAL. » *Délibérations du conseil municipal,* II, p. 36.

1. Aujourd'hui, quatrième juin mille sept-cent quatre-vingt onze, le collège général de la municipalité assemblé, présidé par M. Gout, premier officier municipal, M. le procureur de la commune a dit qu'il aurait été adressé à la municipalité une lettre de la société des Amis de la constitution, y joint un extrait de deux délibérations en date des vingt-neuf et trente-et-un du mois de mai, par laquelle elle invite la municipalité de vouloir bien donner son adhésion au serment qui a été prêté à leur séance du vingt-neuf par tous les membres qui la composent. Sur quoy, le collège général, à ces fins assemblé pour délibérer sur la demande qui lui est faite, arrête, à la plus grande majorité, que le serment sera fait par tous les membres de la même manière énoncée de la dite délibération. En conséquence, M. Gout président, a, le premier, prononcé le serment de reconnaître M. Isaac-Étienne Robinet pour seul légitime évêque du département de la Charente-Inférieure, ainsy que tous les autres pasteurs qui seront constitutionnellement élus, de leur donner secours et protection ainsi qu'à tout fonctionnaire public et prêtre qui se sont soumis à la loy, d'accepter comme par le passé toutes les charges, contributions patriotiques auxquelles nous serons légalement assujettis, et le droit de patente à raison des états que nous professons. M. Néron l'a juré aussi, de même que M. Lesac l'a fait aussi; M. Apert également; Mareschal l'a aussi prêté; M. Morean de même; M. Boisnard, procureur de la commune, l'a aussi proféré; de même M. Buisson, substitut; MM. les notables Gillet, Baudris, Rongé, Arnauld, Crouzat, Guérin, Savary, Cornillon, Maillet, Eymeri, Hubert l'ont également proféré, à l'exception de MM. Grégoireau et Hubert, aussi notables, qui se sont retirés. MM. Suire et Métayer, Viollaud, Comminges, Dumey, Lemet, Bellou, Ronnin, Lafaye, Limail s'étant trouvés absens. *Registre des délibérations du conseil municipal,* 1891, page 54.

tale du département de la Charente-Inférieure en attendant qu'elle devînt la première. La municipalité envoya, le vendredi 19 août 1791, jusque aux Trois-Canons, à moitié chemin de Rochefort, Perry, officier municipal, et Morin, procureur de la commune, avec un carrosse à six chevaux. Il arriva en ville à 11 heures du matin, précédé de la cavalerie Rochelaise, de la garde nationale et suivie de celle d'Aytré. La garde nationale-infanterie était sous les armes; et la troupe de ligne sous l'autorité du général M. de Verteuil, « aussi bon patriote que les Rochambeau et les Luckner, » formait double haie depuis la porte Saint-Nicolas, jusqu'à la maison de M. Dezilles, hôtel Garesché, dans la rue Porte-Neuve, où il devait loger. Il entra à pied, escorté de deux municipaux, au bruit de douze coups de canons et les cloches sonnant à la volée. Il reçut la visite du général et de quelques officiers attachés à la place. Une députation de la société des Amis de la constitution, ayant à sa tête M. Labadie, chevalier de Saint-Louis, ancien capitaine d'artillerie, vint le complimenter, ainsi que le district et le tribunal. L'académie de La Rochelle lui fit un beau discours, dont nous extrayons ce passage :

« La religion, si pure dans sa naissance, était défigurée par plusieurs siècles de barbarie et par des abus multiples qui la rendaient méconnaissable. Ces abus, cet attirail gothique ont été renversés, malgré la résistance que l'orgueil et la cupidité opposaient aux représentants de la nation Française. Alors la tourbe innombrable qui s'en repaissait, de nouveau a fait retentir l'Europe de ses gémissements...

« Vains efforts ! rage impuissante ! L'éloquence et la philosophie avaient préparé elles-mêmes le triomphe de la religion. Ces divinités bienfaisantes de l'humanité ont juré sur l'autel de la patrie une alliance éternelle, et le premier fruit de cet accord céleste a été la déclaration des droits de l'homme...

« La dignité éminente de l'épiscopat, trop longtemps prostituée au hasard de la naissance ou à l'intrigue, a été rendue au choix libre des délégués du peuple et sera désormais le prix de la vertu, la récompense des longs travaux apostoliques.

« Courage, pontife vénérable ! achevez avec fermeté la noble, la sainte mission que vous ave*z* acceptée avec tant de modestie et de résignation ; rassurez par votre présence ce bon peuple qui vous est confié... »

Le soir, il y eut illumination. Le lendemain, le maire Gareschè « traita magnifiquement l'évêque constitutionnel, et lui donna pour convives d'excellents patriotes. » *Les affiches de la Rochelle*, du 26 août, qui publient ces détails, ajoutent :

« En général le peuple Rochelais a reçu avec respect son nouveau pasteur ; il a paru touché de son air vénérable et de ses mœurs simples. Un seul domestique composait toute la suite de M. l'évêque et des deux vicaires généraux. On n'a pas manqué de rapprocher ce cortège de celui de nos ci-devant *mitrés par la grâce du Saint-Siège apostolique*, cortège insolent qui se mêlait jusque dans le sanctuaire au milieu des cérémonies les plus augustes de la religion. »

Avant son départ Robinet donna la confirmation dans l'église Notre-Dame. Les chroniqueurs du temps ne parlent plus des guêtres de laine ; mais en revanche ils n'oublient pas le carrosse à six chevaux. La réception n'eut rien à envier à celle qu'on avait faite, il y avait peu de temps, à Mgr de Coucy (¹).

Robinet assista avec Saurine, évêque des Landes, et Barthe, évêque d'Auch, au sacre de Pacareau, âgé de 80 ans, chanoine de Saint-André de Bordeaux, qui avait été élu au troisième tour évêque de Bordeaux le 3 mars 1791. Le montant des dîners offerts aux évêques « patriotes et constitutionnels » qui vinrent assister à la cérémonie, s'éleva à 2016 livres.

Le premier acte de Robinet à Saintes, fut de reprendre son nom d'*Isaac* que lui avait imposé son frère sur les fonts baptismaux. Il avait trouvé sans doute que ce vocable hébraïque jurait

---

1. « M. de Coucy était né de l'illustre maison de ce nom, en Champagne. Un frère de M. de Coucy père, qui était chanoine régulier de la congrégation de Sainte-Geneviève, et M. de Belloy, auteur du *Siège de Calais* et de *Gabrielle de Vergy*, firent reconnaître cette illustre famille. Le dernier fit imprimer un mémoire justificatif des preuves de sa haute origine. M. de La Roche-Aymon, archevêque de Reims, soutint l'abbé de Coucy dans ses études à Saint-Sulpice, et par la suite lui donna une riche abbaye et le fit nommer aumônier de la reine. Il devint évêque en 1789. Le roi lui ayant fait don des revenus réservés, M. de Coucy donna aux pauvres en 1790 et 1791 plus de 100,000 fr. » *Mémoires* de Mgr J. Brumauld de Beauregard, évêque d'Orléans, qui avait été son vicaire-général, t. II, p. 588, *et passim*. Voir aussi les biographies Michaud, Didot, etc.

un peu avec sa nouvelle dignité d'évêque catholique ; et, n'en sachant plus que faire, il l'avait remplacé par celui de *Jean*. C'est ainsi qu'il s'appelle dans son acte de prise de possession, dans son procès-verbal de consécration ; et il signe J.-E. ROBINET sur sa prestation de serment et installation. Le *Moniteur* ne l'enregistre que sous le nom de *Jean*. Mais c'était irrégulier. Désormais il ne s'appellera plus que *Isaac-Étienne*.

Ensuite, il se choisit des vicaires. L'article XI du décret du 12 juillet 1790 lui en accordait douze, qui, avec un vicaire supérieur et trois vicaires directeurs chargés du séminaire, devaient former son conseil permanent. Sinécures et superfétation. Un conseil ! à quoi bon ? c'était le suffrage universel qui nommait les curés ; c'était le district ou le département qui administrait et réglait tout, même la psalette. Un ou deux vicaires auraient suffi pour les sacrements; personne n'allait aux jureurs, et les fonctionnaires publics qui exaltaient les assermentés, qui assistaient même à leurs cérémonies officiellement, ne s'étouffaient pas à leurs confessionnaux. L'évêque faisait les offices curiaux ; et son premier acte comme curé de Saint-Pierre, fut un enterrement, où il signe : ✠ *j. e. Robinet, évêque du département de Charente-Inférieure*. Des directeurs de séminaire ! « Son séminaire était un lieu de scandale et de licence où les jeunes gens réunis, sans frein, sans règle, sans étude, fréquentaient les cafés bien plus que les offices, adoptaient des manières et un langage qu'on n'eût point pardonnés à des dragons. Ils étaient bien sûrs d'arriver aux ordres par le chemin même qui aurait dû les en écarter pour toujours et par des désordres que les hommes les plus corrompus n'ont jamais entrepris d'excuser. » Mais c'était la loi, et Robinet, docile, ne pouvait qu'obéir en cette circonstance surtout où il pouvait satisfaire quelque ambition et être agréable à certaines recommandations. Ses choix lui furent pour ainsi dire imposés. Il ne pouvait prendre pour collaborateurs que ceux qui avaient juré, et qui par leur conduite avaient déjà donné des gages à la révolution. Son premier vicaire, avec un traitement de 3000 livres, fut (9 avril) Henri-Benjamin Chassériau du Chiron, prêtre du diocèse de La Rochelle, nommé curé de la paroisse de Saint- Michel de

Saintes au mois de septembre 1788 par le doyen du chapitre, sur la résignation de Jean-Baptiste-Antoine Deaubonneau (1), puis Joseph Martineau, vicaire de Saint-Eutrope (10 avril), Jean-Baptiste Gounin, curé de Crazannes, son ancien voisin; Bigot (2) était vicaire directeur (11 avril). Puis vinrent Fournier (3), ancien bénéficier (17 mai); René-Alexis Gastumeau, chanoine de La Rochelle, 2° vicaire épiscopal (19 avril) avec 2400 l. de traitement; Jean-Claude Delataste (22 avril), qui avait été son vicaire à Saint-Savinien, devint son neveu en épousant Sophie Chédaneau (4), et mourut receveur de l'enregistrement à Surgères; Huon, curé de Juicq. Dalidet était vicaire-supérieur du séminaire, après avoir été quelques mois principal du collège (5). Citons encore Nicolas Chaudon, vicaire de Dolus (1760-1772), curé de Fouilloux et de Revignac son annexe en 1772 (6); Martin, ancien religieux; Arnoult, Bousseron,

1. Deaubonneau, né le 14 octobre 1751 à La Rochelle, chapelain de La Fouqueraire en l'église d'Argenton-le-Château, diocèse de La Rochelle, prit possession de la cure de Saint-Michel de Saintes, le 23 août 1783, dont le revenu était de 600 livres. Nommé par M. de Saint-Légier, chanoine de Saintes, à la cure de Saint-Séverin de Nieuil-le-Virouil, qui valait 2000 livres, il prit possession le 26 septembre 1787. Il prêta serment, émigra en Angleterre, se rétracta le 23 juillet 1795 entre les mains de Champion de Cicé, archevêque de Bordeaux, en présence entre autres de Jean-Baptiste Merlin, curé de Saint-Barthélemy de La Rochelle, et de Samuel Saint-Médard, curé de Nantillé; il mourut curé de Cozes.

2. Probablement Eutrope Bigot, chanoine régulier de Chancelade de la maison d'Aubrac en Rouergue, qui, laissant son couvent, s'était établi à Saintes, le 1er mars 1791. Il y a aussi Jean-Baptiste Bigot, curé de Thézac, puis de Préguillac, qui jura, fut cependant emprisonné comme suspect (17 nivôse an II), fut curé de Neuillac en 1803 et mourut le 12 mai 1836. En 1788, un Bigot était greffier de l'officialité.

3. Est-ce Fournier, aumônier de l'hôpital de Saint-Martin de Ré, qui jura le 6 février 1791 ?

4. Jean-Claude de La Taste, fils de Jean-Jacques, avocat en la cour, conseiller du roi, président civil et criminel de l'élection en chef de Saintes, seigneur du Chatelet, paroisse de Saint-Coutant-le-Grand, et de Catherine Dangibeaud. Ses parents, le 28 novembre 1778, lui constituèrent une rente de cent livres à titre clérical pour la tonsure, au séminaire de Saintes. Il fut secrétaire de la mairie à Surgères.

5. Un Dalidet nommé, 17 novembre 1790, procureur de la commune de Saintes, refuse pour cause de santé, par une lettre datée de Chermignac le jour même. — Pierre Dalidet, né à Saintes, le 4 février 1729, d'Élie Dalidet, notaire royal, et de Marguerite Jobet, frère de Jean-Baptiste, né le 31 décembre 1731, avait été récollet à Mirambeau. Le 1er prairial an II — 20 mai 1794 — à l'âge de 64 ans, assisté de son frère Jean Dalidet, notaire national, et de Louis Valleing, propriétaire, il épouse à Saintes Jeanne-Suzanne Mestayer, née le 25 novembre 1759, fille majeure de François, apothicaire, et de Catherine Châteauneuf. Il était (an V) maître d'école à Écoyeux, canton de Burie.

6. Il fut remplacé comme curé en juin 1793, par Jean Flandrin, frère récollet de Bordeaux, sous le nom de frère François dit Morice, ordonné prêtre par Robinet probablement, puis curé de Sousmoulins en 1801 jusqu'à sa mort. 6 décembre 1811.

vicaire directeur ; Rempnoux, etc. Les simples vicaires épiscopaux avaient 2000 livres ; les trois vicaires directeurs du séminaire 800, et le supérieur 1100.

« Je n'ai pas le dessein et je n'aurois pas le courage de faire l'histoire entière de ce honteux conseil, écrit Taillet ; je ne veux pas même en nommer tous les membres, je me contenterai de citer les plus méprisables et les plus méchants. » C'est d'abord Chassériau qui a été dépeint, page 220 ; Forget, jeune professeur au collège de Saintes. (Voir plus haut, page 223.)

En second lieu, Jean-Baptiste Gounin de La Coste, Angoumoisin, curé de Crazannes en 1785. Il jura, fut intrus de Saint-Vivien de Pons, et employé à la salpêtrière de cette ville. « Il étoit curé dans le lieu même où étoit la maison de campagne de monseigneur de La Rochefoucauld, qui chaque jour l'admettoit à sa table, et le combloit de bontés, et il a été l'un des premiers à aller s'emparer de son palais épiscopal d'un air insultant et comme par droit de conquête, joignant ainsi la plus noire ingratitude au parjure et au schisme. Des aventures antérieures à la révolution, mais qui n'ont été connues que depuis, ont prouvé que cet indigne pasteur, outre l'ingratitude, avoit le cœur gâté par bien d'autres vices. »

Puis « Huon, qui sur soixante ans de sa vie en a passé trente à maudire son sort, furieux contre le légitime évêque qui ne lui avoit point donné un bénéfice digne de son mérite, furieux contre le chapitre qui ne l'avoit point fait chanoine, furieux contre tout l'univers, qui ne l'apprécioit point ce qu'il valoit. Il a cru devenir un personnage par la révolution ; il a juré et pour se signaler il a adopté une fort singulière formule de serment ; il a déclaré qu'il juroit comme citoyen, comme prêtre, comme curé, c'est-à-dire, qu'il a voulu mettre en évidence qu'il étoit un mauvais citoyen, un prêtre sans principes, et un pasteur indigne. On trouveroit difficilement un homme d'une imagination plus allumée et d'une âme plus tristement inquiète. »

Puis « Dalidet, ex-récollet, apostat. Dès qu'un décret licentieux eut ouvert la porte des cloîtres, il en sortit avec une impudente précipitation et abjura ses vœux. Dès que le serment civique fut proposé, sans en être requis, il se hâta de le prêter et le fit avec une audace froide qui désigne une conscience impie et gangrenée, et pour prix de ce double parjure, il fut mis à la tête du collège, quoique son ignorance fût stupide, et bientôt à la tête du séminaire, quoique sans mœurs. Ensuite admis à la confiance intime du sieur Robinet, il a fait sous son nom tout le mal qu'il a pu faire. Enfin, quand il a fallu faire le dernier pas et remettre ses lettres d'ordre, il les a remises ; et par un parjure plus coupable que les deux autres, il a abjuré son sacerdoce et après quarante ans de religion et de prêtrise, il a pris femme.... »

« Enfin, le sieur Gastumeau, chanoine de la Rochelle. Il a accepté ou plutôt brigué la place de vicaire de cathédrale non par besoin, mais pour pouvoir faire plus de mal, et pour déclarer une guerre ouverte à la vertu. On ne sçait ce qu'il respiroit le plus, ou la cruauté, ou le vice. Il étoit du nombre de ceux que saint Pierre a si énergiquement peints dans sa seconde épître : *Oculos habentes, plenos adulterii et incessabilis delicti*, et n'a eu qu'un seul chagrin dans la révolution, celui de n'avoir pas massacré lui-même quelque prêtre et de n'avoir pas lavé ses mains dans son sang. On seroit surpris qu'un homme de cette trempe n'eût pas poussé l'impiété jusqu'où elle pouvoit aller en remettant ses lettres de prêtrise. Sous l'habit sacerdotal, il étoit couvert d'infamie ; sous l'habit laïc, il ne l'est pas moins. Il s'est marié à soixante ans avec une jeune ouvrière, qui trois mois après, soit dégoût, soit remords, l'a abandonné ; et aujourd'hui conspué par les intrus mêmes, conspué par les plus libertins, on le montre au doigt comme un vieux prêtre impur, apostat et immoral, et l'excès de sa dépravation n'a pas peu servi à décréditer l'église constitutionnelle et ses suppôts. » (Voir plus haut, page 190.)

Avec de tels conseillers et un tel entourage, que pouvait faire ce malheureux évêque ? Il n'était point méchant et avant son élévation à l'épiscopat, il jouissait dans son importante paroisse d'une certaine réputation d'honnêteté et de bonté ! « On l'accusoit cependant, c'est un ecclésiastique qui parle, d'être très relâché dans ses principes et d'étendre outre mesure les bornes de la juridiction, sans respect pour la réserve des cas. Ses amis s'étonnèrent qu'il eût accepté une place qui le rendoit doublement odieux et parce qu'il devenoit usurpateur et parce que celui qu'il dépouilloit passoit pour avoir quelque droit à sa reconnaissance. On croit assez généralement qu'il eût refusé, s'il n'eût été subjugué par des parents pauvres et avides, qui voyoient dans cette dignité une élévation qui les flattoit et une augmentation de fortune qu'ils comptoient bien partager. En voyant les choix qui ont été faits dans la plupart des autres départements, on est tenté de se féliciter d'avoir eu un intrus de cette trempe, d'un caractère faible et mou, incapable de se plaire dans le trouble et porté à respecter la tranquillité d'autrui par respect pour la sienne. Il est à présumer que, s'il n'eût pas été livré à des impressions étrangères, il eût fait très peu de mal ; que peut-être même, il se fût opposé au mal ; mais s'il ne s'y est pas porté par volonté et par goût, il s'y est laissé entraîner par faiblesse ; et d'ailleurs, n'eût-il fait que le mal inséparable de sa place, n'eût-il fait que se prêter au schisme, les catholiques auroient droit de s'élever contre lui, et l'église auroit droit de le flétrir. »

D'abord, il fallait des prêtres au nouvel évêque et au nouveau diocèse. Robinet ordonnoit contre toutes les lois antiques de l'église qui ont fixé le temps des ordinations, l'âge des ordinands et les intervalles qu'ils doivent garder. Il fit prêtre des moines apostats, des vagabonds, des ignorants, des libertins et tous ceux que le légitime évêque avoit refusé d'ordonner, et tout ce qu'il pouvoit ramasser de plus déhonoré, de plus immonde pour en faire l'ornement et l'appui de son nouveau sanctuaire, qui se trouva rempli de toute espèce de gens, à qui l'on conféroit en même temps tous les ordres. Tel s'éveillait laïque qui, après quelques heures, se trouvait sous-diacre, diacre et prêtre. Ainsi se comblaient les vides.

Un autre moyen était de diminuer le nombre des paroisses. Du premier coup, il interdit les quatre églises paroissiales de Saintes, Saint-Pierre, Saint-Maur, Sainte-Colombe et Saint-Michel. C'était la loi : une paroisse pour six mille âmes ;

s'il y a plus de six mille âmes, on aura autant de paroisses que les besoins du peuple le demanderont. Il faut pourtant rendre à l'évêque cette justice : il ne fit qu'obéir en cette occasion.

Le 15 avril 1791, le procureur général syndic disait au directoire du département :

« Messieurs, M. l'évêque a été installé dimanche dernier ; ce prélat, plein de zèle pour l'exercice des fonctions importantes dont ses concitoyens l'ont honoré, a déjà composé en grande partie son conseil ; le service dans l'église cathédrale est dans le cas d'être fait avec exactitude et solennité. La loi du 24 août veut, article 15, que, dans les villes qui ne se composent pas de plus de six mille âmes, il n'y ait qu'une seule paroisse, et que les autres soient supprimées et réunies à l'église principale. Notre population, dans l'intérieur de la ville, n'excédant pas ce nombre, nous sommes donc dans le cas de faire fermer les quatre églises de Saint-Michel, Saint-Maur, Saint-Pierre et Sainte-Colombe, pour les réunir à la cathédrale qui sera l'église paroissiale de toute la ville ; et il est d'autant plus instant de faire provisoirement exécuter cette disposition de la loi que trois des ci-devant curés de ces quatre paroisses ont ouvertement manifesté des principes qu'il serait dangereux de leur laisser plus longtemps propager.

« Quant aux curés des trois paroisses des faubourgs, comme elles ont le bonheur d'avoir pour pasteurs des ecclésiastiques amis de la loi et de leurs devoirs, et que d'ailleurs nous ne sommes pas bien fixés sur l'utilité de leur suppression ou de leur conservation, je requiers que, de concert avec M. l'évêque et MM. du district, qui, sur notre invitation, ont bien voulu se rendre au département pour se concerter avec nous, nous commencions par statuer pour le moment que les quatre curés de la ville demeureront supprimés provisoirement, en prenant à cet égard les mesures convenables pour que cette exécution de la loi se fasse avec décence et tranquillité, et qu'il soit renvoyé à un autre jour, sur le parti à prendre relativement aux curés des faubourgs.

« GARNIER. »

Et aussitôt, le département prit un arrêté conforme à ces conclusions (1).

Ainsi étaient punis par la fermeture de leurs églises les habitants dont les pasteurs n'avaient pas juré. Les fidèles de Saint-Eutrope, de Saint-Pallais et de Saint-Vivien, heureux d'avoir des prêtres assermentés, conservaient leurs paroisses et leurs curés.

Robinet publia en conséquence l'ordonnance qui suit :

« Nous, Isaac-Étienne Robinet, par la miséricorde divine et dans la communion du Saint-Siège apostolique constitutionnellement élu évêque du département de la Charente-Inférieure.

« Vu le réquisitoire de M. le procureur général syndic, et l'ordonnance de MM. les administrateurs du directoire du département ci-dessus, pour nous conformer aux dispositions de la loi du 24 août dernier, déclarons que les églises de Saint-Pierre, Saint-Michel, Saint-Maur et Sainte-Colombe dénommées, sont réunies à notre église cathédrale paroissiale, et demeureront de ce moment interdites ; et qu'en conséquence elles seront fermées par qui il appartiendra pour n'y être plus fait aucun service paroissial ; et commettons, pour faire la visite des tabernacles et vases sacrés des dites églises, la personne de M. Dalidet, principal du collège, que nous chargeons de transporter avec décence et piété dans la sacristie de la dite

---

1. « Vu le réquisitoire du procureur général sindic, en présence de M. l'évêque du département et des administrateurs du directoire du district, assemblés en la salle ordinaire des séances des administrateurs du directoire du département, pour travailler de concert à l'exécution de la loi du 24 août dernier sur la formation et l'organisation de la cathédrale et la réunion des différentes cures de la ville à la cure principale, le directoire du département, considérant que la population des quatre paroisses de la ville de Saintes ne s'élève pas au-dessus de 6,000 âmes ; que, par conséquent, il ne peut y avoir qu'une paroisse dans cette ville, a arrêté provisoirement que les cures de Saint-Pierre, Saint-Michel, Saint-Maur et Sainte-Colombe seraient et demeureraient réunies à l'église cathédrale et principale de la ville, dont M. l'évêque est le premier pasteur. A cet effet, M. l'évêque sera invité de donner ses ordres pour faire cesser tout service dans les dittes églises ; et les administrateurs du directoire du district ou la municipalité par eux déléguée, chargés de prendre toutes les précautions nécessaires pour mettre les effets des églises en sûreté, et en faire fermer les portes ; et en ce qui est relatif aux paroisses des trois faubourgs, le directoire a sursis à statuer jusqu'au travail général qui sera incessamment fait sur la circonscription des paroisses.

Jean-Joseph Jouneau. Rondeau. Bréard. Eschasseriaux. Raboteau. Duchesne. Ruamps. Riquet.

Par le directoire. EMON. »

cathédrale, pour y demeurer en dépôt jusqu'à ce qu'il en ait été autrement ordonné par l'administration.

« Donné à Saintes, de l'avis de notre conseil, le quinzième avril mil sept cent quatre-vingt onze.

« ROBINET, *évêque du département de la Charente-Inférieure.* CHASSÉRIAU, *premier vicaire.* MARTINEAU, *vicaire.* GOUNIN, *vicaire.* BIGOT, *vicaire directeur.*

« Par monseigneur. ARNOUT, *secrétaire.* »

On s'exécuta. Le directoire du district avait décidé que ces églises seraient fermées à clef, que les vases sacrés seraient portés en dépôt chez Dalidet, principal du collège. Canolle et Gout, officiers municipaux désignés, vont à Sainte-Colombe. Guillebot, le curé, remet calice, soleil, ciboire et croix d'argent. Dalidet, revêtu des habits sacerdotaux, prend à l'autel le ciboire et « l'emporte avec les espèces ». Même opération aux autres églises. Le tout fut remis à la sacristie de la cathédrale.

La délimitation de la paroisse centrale et des trois paroisses suburbaines fut alors réglée telle à peu près qu'elle est maintenant (1).

---

1. Messieurs les administrateurs du district de Saintes qui procèdent à la démarcation des paroisses de l'arrondissement dudit district, ayant demandé à M. l'évêque et à son conseil leur avis sur la démarcation de la paroisse cathédrale Saint-Pierre, et la fixation des bornes qui doivent séparer irrévocablement la ditte paroisse cathédrale d'avec les paroisses du faubourg de Saint-Vivien, de Saint-Pallais et de Saint-Eutrope, Mgr l'évêque et son conseil, après avoir délibéré sur l'objet dont il s'agit, sont d'avis, que, quant à la paroisse de Saint-Pallais, les bornes qui doivent les séparer de celle de la cathédrale étant fixées par la nature qui a placé une rivière entre les deux paroisses, la dite rivière ainsi que le pont qui est dessus doivent en être les bornes, de manière que l'arc de triomphe qui fait à peu près le milieu dudit pont séparera les deux paroisses irrévocablement.

Quant à la séparation de la paroisse Saint-Pierre d'avec celle de Saint-Eutrope, l'avis du conseil est que celle de Saint-Pierre doit s'étendre jusqu'au faubourg de la Bertonnière, et comprendre les maisons qui sont à droite et à gauche dudit faubourg de la Bertonnière, savoir : 1° celles qui sont sur la gauche comme on va à Saint-Eutrope jusqu'à la première rue que l'on trouve sur la gauche sur laquelle perce la maison du sieur Fourestier apoticaire dit Pouillade ; laquelle en tournant vient joindre la rivière de la Charente et celles qui sont sur la droite comme on va aussi à Saint-Eutrope, jusqu'à la rue qui est la première qui est sur la droite et qui monte à la Cabaulière jusqu'au chemin nouveau de l'ancienne citadelle et suivant le dit chemin nouveau toutes les maisons qui se trouvent sur la droite du dit chemin jusques à la rivière de la Charente.

DELATASTE, *vic. épiscopal.* J. ROBINET, *évêque du département de la Charente-Infér.* FOURNIER, *vic. épis.* HUON, *vic. épiscopal.* ARNOUT, *vicaire, directeur, secrétaire.*

Du reste, en fermant les églises, on n'en voulait pas au culte, provisoirement ; ainsi, le 3 janvier 1792, le prélat en grande pompe alla bénir processionnellement un nouveau cimetière dans le jardin du prieuré de Saint-Vivien, sur la réquisition de la municipalité — toujours l'autorité civile commande et l'évêque obéit — et interdit les autres cimetières de la ville et de Saint-Vivien [1] ; on cherchait même à augmenter l'éclat des cérémonies. Le directoire du district n'avait rien plus à cœur que la magnificence des cérémonies. « Considérant, disait-il, le 29 juillet 1791, à propos du tableau des musiciens nécessaires au service de la cathédrale, que l'évêque avait présenté au département et qui avait été communiqué au district, le 28 avril, considérant que, quoique la religion chrétienne soit tout intérieure et toute spirituelle, les chrétiens sont des hommes qui ressentent, comme les autres, les impressions des sens et de l'imagination ; que la majeure partie, incapable de s'appliquer aux opérations purement intellectuelles, a besoin que la piété soit aidée par les choses sensibles ; que si, par cette conséquence, les yeux doivent être frappés par la grandeur et la netteté des objets extérieurs et propres à orner le temple du Seigneur, la musique est également essentielle, puisque la douceur et l'agrément de ses accents dégagent pour ainsi dire l'âme de la matière, l'élèvent et l'environnent de sentiments divins ;

« Considérant que ces dispositions ne nous éloigneront point de la simplicité des premiers chrétiens : car ceux-ci, simples seulement dans leurs mœurs, avaient des temples magnifiquement ornés et un clergé nombreux et bien réglé, parce qu'ils savaient que l'ordre et la grandeur des objets extérieurs sou-

---

1. L'an de grâce mil sept cent quatre-vingt-douze et le trois janvier, nous soussigné nous sommes transporté processionnellement avec notre clergé au lieu ci-devant appelé le jardin du prieuré Saint-Vivien, au réquisitoire de la municipalité de cette ville, où étant rendu nous l'avons pontificalement béni et consacré pour servir de cimetière et de sépulture aux fidèles tant de la paroisse cathédrale de Saint-Pierre que de celle de Saint-Vivien, les autres cimetières de la ditte ville et de la paroisse de Saint-Vivien demeurant pour toujours interdits tant de droit que de fait ; laquelle bénédiction nous avons faite en présence d'une grande affluence de citoyens de cette ville et des soussignés :

Fs. FAVRE, *fabric.* J. VIAULD, l'aîné, *fabriqueur.* NADAUD, *fabriqueur.* DULAC. F. B. CHASSERIAU, *1er vicaire épiscopal.* GASTUMEAU, *2e vic. épis.*, FOURNIER, *vic. épis.* ✠ L. E. ROBINET. *év.*

tient la noblesse et la pureté dans les pensées ; que celles-ci dirigent les affections, et que l'âme s'applique difficilement aux bonnes choses tandis que le corps souffre, et que l'imagination est blessée ; qu'enfin la piété était assez importante pour l'aider en toutes manières ;

« Considérant que l'assemblée nationale a consacré l'exercice de la religion catholique, et l'a regardé comme le premier objet des devoirs du peuple français, en décrétant que la dépense nécessaire à ce culte serait la première des charges de l'état ; que l'économie nationale ne peut point être rigoureusement observée à ce sujet, et se porter sur la pompe indispensable au service divin ;

« Considérant que l'église paroissiale de Saintes est la première du département, et celle où le premier des fonctionnaires publics ecclésiastiques exerce le ministère sacerdotal avec un clergé nombreux ;

« Considérant qu'indépendamment des motifs ci-dessus établis, il est important de convaincre les ennemis de la constitution que cette constitution n'a porté aucune atteinte à notre respect pour la religion, et à notre attachement aux cérémonies qui en soutiennent la majesté et la grandeur... », il fut « d'avis qu'il y avait lieu d'adopter la proposition de M. l'évêque et son conseil, et d'attribuer en conséquence à l'église paroissiale de Saintes une belle musique et un nombre de serviteurs proportionné à son importance », c'est-à-dire quinze personnes, y compris le fossoyeur, le bedeau, le sonneur, l'organiste, un chef d'orchestre et deux serpents [1] à 700 livres chacun.

Le département fut encore plus généreux. En approuvant le tableau, le 13 août suivant, il ajoutait deux enfants de chœur. Le district ne négligeait rien. Les enfants de chœur devaient être habillés tous les deux ans. Pour leur vêtement, on s'en rapportait à l'usage. Du reste, selon lui, il fallait nommer à ces nouveaux emplois ceux qui les remplissaient sous l'ancien régime. « Leur conduite et leur zèle à exercer leurs fonctions, depuis que l'église est ouverte à l'évêque constitutionnel, exigeait cette préférence. » Heureux clergeons !

---

1. Voir *Saint-Pierre de Saintes*, page 127 où la pièce entière est imprimée.

CHAPITRE XXII.

Robinet préside la procession en l'honneur de Mirabeau. — Léandre-Démophile Deschamps. — Pamphlet contre Robinet. — Les curés insermentés dénoncés. — *Exhortation pastorale* de Robinet. — *Avertissement* de Pierre-Louis de La Rochefoucauld. — *Ordonnance* contre Robinet et contre Joubert, évêque de la Charente.

Robinet ne tarda pas à avoir une occasion d'officier avec toute la pompe sacerdotale. Le 18 avril — Massiou dit le 31 octobre — la société des Amis de la constitution, qui avait pris l'initiative du serment à l'évêque élu, fait célébrer une pompe funèbre « pour le repos de l'âme de feu M. de Mirabeau, mort le 2 avril, ce héros citoyen, à qui la France, dit le procès-verbal de l'hôtel de ville, a les plus grandes obligations ». Après l'office, « il a été prononcé par M. l'abbé Deschamps une oraison funèbre en mémoire de ce grand homme, qui mérite tous nos regrets, et celui qui l'a prononcé, les plus grands éloges. »

Malgré la phrase gracieuse du scribe municipal, Robinet n'avait pas eu la main heureuse en choisissant Deschamps pour panégyriste de Mirabeau. Pierre Deschamps, vicaire de Chaniers, puis curé constitutionnel de Dompierre à la place de Jean-Jacques Péronneau, homme fort distingué, qui avait été professeur de philosophie au collège, changea son nom de baptême, et publia une horrible « profession de foi », datée de « Dompierre, le 2 frimaire an II de la république française, une et indivisible ». C'est là qu'il s'intitule « Léandre-Démophile Deschamps, citoyen français, électeur de 1792, ci-devant ministre à Dompierre d'une religion qui exigeait l'esprit le plus faible et la plus robuste foi » ; et qu'il y fait cette solennelle déclaration : « Pendant quatorze ans de prêtrise, j'ai entretenu

le peuple dans les chimères d'une religion à la vérité de laquelle je n'ai pas cru un seul instant ; j'ai fait nombre de dupes sans l'être, chose peu honnête sans doute, mais légitimée par les lois du gouvernement absurde sous lequel nous gémissions. »
Il finissait son apostasie par ces mots : « Je me repose avec confiance sur la justice d'une nation éclairée et magnanime qui ne saurait me livrer à la misère après le sacrifice loyal et volontaire que je lui fais d'une profession qui était mon unique ressource. »

La république fut généreuse ; elle le fit secrétaire général du district, puis du département et professeur à l'école centrale. Mais un beau jour, Deschamps fut déporté à Rochefort et embarqué pour Cayenne, en août 1798. Tant il est vrai que les renégats n'inspirent jamais que dégoût à ceux même qu'ils servent, et que, dans le temps des persécutions, c'est se tromper que de croire échapper à la mort par l'apostasie. Après le concordat, Deschamps, revenu de la déportation, fut curé à Germignac (1804-1844) ; il y avait une telle réputation, qu'aucun prêtre ne voulait assister à son enterrement [1]. Voilà de quels

---

1. L'évêque d'Orléans, J. Brumauld de Beauregard, dans ses *Mémoires* (2 vol. in-12, Poitiers, 1842) parle ainsi, t. II, p. 254, de Deschamps dont il fait à tort un chanoine de Saintes : « Il avait été atteint de l'esprit de nouveauté, et avait adopté la révolution dans les commencements. Par la suite, dans des temps plus modérés, il avait été appelé au département ; il y avait porté beaucoup de sagacité, l'esprit des affaires et une large tolérance. Plus d'une fois, il contraria les sévérités du directoire ; il fut déporté. Son genre était l'histoire, la politique et la littérature. Il parlait haut, mais il savait écouter. C'est une modération fort rare dans un homme savant ; il était sensible et bon ; et sa conversation était agréable. » On voit que l'auteur de ces *Mémoires* ne connaissait des antécédents de Deschamps que ce que celui-ci avait bien voulu lui en apprendre.

Deschamps, aux élections de l'an v, avait, par un écrit public, conseillé aux électeurs de « repousser avec indignation les persécuteurs de l'innocence et des talents, les ignorants présomptueux, les aboyeurs marâtisés qui crispaient tous les cœurs et noyaient dans les larmes, ces lâches conventionnels, ivres d'un pouvoir qu'ils ne savent point abandonner. » Dénoncé par le directoire comme ayant été « en germinal dernier (mars-avril 1798) un des plus zélés coopérateurs des agents royaux », ayant « manifesté à toutes les époques sa haine contre le gouvernement républicain et ses institutions », et ne cessant « de calomnier chaque jour, avec une audace toujours croissante, la mémorable journée du 18 fructidor », il fut, par arrêté (24 ventôse an v) du directoire exécutif, condamné à la déportation. Que lui avait servi son apostasie ? Il fut embarqué le 2 août 1798 sur la *Vaillante* qui fut prise par les croisières anglaises, et conduit en Angleterre ; il fut mis en liberté. Voir *Bulletin des Archives historiques de Saintonge*, IV, 240 et VI, 403.

J'ai copié sur sa tombe cette épitaphe : « Ci-gît Pierre Deschamps, né à Saintes en 1736, décédé le 6 septembre 1844 à Germignac, où il était curé depuis 1804. Il fut bien aimé de tous. Son souvenir ne périra point, et son nom sera répété de race en race. »

hommes s'entourait et était forcé de s'entourer Robinet ; voilà ceux qui chantaient dans une église les louanges de Mirabeau (1).

Après l'office, il y eut procession. L'évêque la suivit à la tête de son clergé. Il se montra une seconde fois dans une solennité semblable quand, le 30 octobre suivant, la société des Amis de la constitution, qui siégeait dans l'église des récollets, inaugurait le buste du grand orateur par une procession sur la place Blair, changée en place de la Liberté, autour d'une colonne élevée depuis peu par elle en mémoire de la révolution. Le buste émigra avec la société dans une salle de l'hôtel de ville ; puis, le 11 décembre 1791, dans la salle des exercices du collège. « Un détachement de la garde nationale, dit un contemporain, est allé le prendre ce matin pour l'y transporter ; on ne l'a pas conduit aujourd'huy comme un saint, mais comme un grand homme. Une chaise à porteurs le suivit immédiatement. On le regarde comme vivant ; il l'est, en effet, dans le cœur de tous ses semblables, qui suivent avec zèle ses plans et sa façon de penser. » La découverte de l'armoire de fer transforma le patriote en traître, et le demi-dieu en scélérat. A Paris

1. C'est de ce même Pierre Deschamps, curé de Dompierre, que parle Mme de Bremond d'Ars, Jeanne-Marie-Élisabeth de La Taste, dans une lettre datée du château de Dompierre le 6 décembre 1791, écrite à son mari, le comte Pierre de Bremond d'Ars, député à l'assemblée nationale, qui était récemment parti pour Paris:

« Le mauvais pasteur du village parla dimanche à l'église de ton départ ; il dit publiquement à ses paroissiens : « Mes chers frères et amis, je vous avertis que votre ci-devant seigneur est parti d'hier pour les pays étrangers. C'est un homme qui a peur, mais qui portera les armes contre vous, s'il le peut. Il a fait son testament à sa femme avant de partir, j'en suis sûr, et il a déposé cet acte chez un tabellion d'ici près » — et il le nomma. « Tenez-vous sur vos gardes. Je vous avertis également qu'en huit jours tous les prêtres seront forcés de faire le serment, et que s'ils ne le faisaient pas, ils seraient privés de toute espèce de pensions ; et les deux qui sont au delà de la rivière » — et il les nomma encore — « seront chassés impitoyablement ».

« Tu sens que ce discours a produit son effet et qu'il a grandement animé quelques esprits qui, depuis ce jour, s'épuisent en menaces. C'est un méchant coquin que ce ministre d'une religion de paix ; mais, patience, sûrement Dieu le punira dès ce monde-ci... On m'a dit également que, le soir de ce beau prône, tout le corps municipal fut passer la veillée avec lui et que là on s'entretint beaucoup de toi... Quoi qu'il en soit, je suis fort tranquille sur la suite de ces propos, et bien que je dispose tout en ce moment pour retourner en ville passer l'hiver, je ne partirai pas une heure plus tôt. »

Elle raconte à son mari que les gens d'Orlac voulaient empêcher l'exploitation du bois de la Garenne que l'on venait de vendre ;

« Ils prennent pour prétexte que c'est un argent qui doit passer à l'étranger et que par conséquent, ils ont droit d'empêcher cette exploitation. Voilà toujours les menaces qu'ils font hautement et qui leur sont suggérées par le curé Deschamps. »

Marat le remplaça au Panthéon ; le peuple jeta ses cendres au vent, et la société des Amis de la constitution à Saintes décida que son buste serait brisé solennellement à coups de canne (1).

Robinet avait paru dans le cortège. Et comme un jour il avait écrit : « Nous nous sommes pénétré de la grandeur de nos fonctions », un témoin indigné lui lança cette trop verte apostrophe : « Vous, pénétré de la sainteté de vos fonctions ; vous qu'on a vu, un jour de dimanche, à l'heure des offices de l'église, à la tête de votre clergé, marcher à une procession révoltante, où l'on portoit en triomphe la tête d'un monstre qu'une mort précoce a enlevé au glaive du bourreau, mais que la postérité rangera parmi les plus infâmes scélérats ! cet homme qui se vantoit de décatholiciser la France ; cet homme qui n'a eu de grands talents que pour commettre de grands attentats, voilà la honteuse idole que vous promeniez comme objet de culte, après lui avoir rendu dans le temple les hommages les plus solennels. Vos propres partisans en ont été humiliés pour vous. Le peuple n'a pu contenir son indignation ; et ce seul jour a fait plus de tort à votre épiscopat que tous les écrits des ennemis de la révolution. »

Ces paroles étaient un indice. Jusqu'alors tout allait bien. Les hosannah retentissent ; les félicitations pleuvent ; les cloches font entendre leurs voix joyeuses ; le canon frappe l'air en signe d'allégresse. Robinet, acclamé, fêté, peut se croire véritablement heureux. Tout lui souriait. On le comblait de prévenances et de déférences. Les harangues le proclamaient sage, zélé, patriote ; et pourtant derrière le char du triomphe marchait le héraut, chargé de lui rappeler qu'il était homme. Une note stridente, railleuse, injurieuse, amère, se mêlait au concert des louanges emphatiques et officielles. L'expiation commençait. Nous en avons une preuve dans la dénonciation

---

1. Cette colonne, d'une architecture saugrenue, qui fait la joie des étrangers, représente pour les uns 1793, pour les autres 1815, pour ceux-ci 1830, pour ceux-là 1848. Le fait est qu'elle a porté successivement le drapeau tricolore, le drapeau blanc fleurdelisé, un coq, un faisceau, un tambour, une girouette, un bec de gaz. Les pierres dont elle est composée proviennent des arènes de Saintes. Dans le soubassement, on plaça une bouteille contenant la déclaration des droits de l'homme.

faite, le 10 et le 14 avril 1791, au directoire du district de Saintes contre Jean Delany, curé de Brives-sur-Charente, qui passa en Espagne l'année suivante, et Péronneau, curé de Dompierre, aussi exilé en Espagne. Ils avaient en chaire, dit-on, traité de fou l'évêque élu, et exhorté leurs paroissiens à ne pas reconnaître son autorité. Le district (14 avril) fut d'avis qu'ils devaient « être poursuivis comme perturbateurs du repos public et punis selon la rigueur des lois (1) ».

L'usage voulait que le prélat installé publiât un mandement. Robinet suivit l'usage et écrivit son *Exhortation pastorale*. Je n'ai pu avoir cette pièce, et je n'en suis pas juge. Elle fut vivement attaquée dans une brochure anonyme de 14 pages in-8° : *Réflexions aristocratiques sur le mandement d'Isaac-Étienne Robinet, évêque du département de la Charente-Inférieure*. L'auteur, que Rainguet affirme être un ecclésiastique, relève dans six pages, cinq mensonges, trois calomnies et trois blasphèmes, sans compter ceux qu'il n'a pu noter. « Vous vous vantez de vos suffrages, dit-il, ne semble-t-il pas qu'un vœu général vous ait appelé à régir l'église de Saintes? Mais qui ignore qu'il n'y avait point à votre élection plus de la moitié des électeurs et que vous n'avez pas réuni plus de la moitié de leurs suffrages? C'est donc à 200 environ que se réduisent ces suffrages dont vous êtes si fier. Et si l'on en retranchait les suffrages mendiés, les suffrages des protestants, que vous resterait-il? Voyez quel rôle vous jouez dans cette ville épiscopale! et de quel mépris vous y êtes couvert! Comme tous les honnêtes gens vous fuient! Comme tous leurs regards vous condamnent! comme ils semblent vous reprocher votre habit, votre croix et jusqu'à votre existence! Le grand-prêtre de l'ancienne loi portait sur ses habits pontificaux ces deux mots écrits : URIM et THURIM, *lumière* et *justice*. Et vous, on lit sur votre front, sur vos vêtements, sur tous les murs de votre habitation, ces deux terribles mots : *Intrusion* et *schisme*. »

Le polémiste a beau jeu. Robinet avait dit : « *La constitution assure à chacun dans l'étendue de ce vaste empire le repos et*

---

1. Voir pièces justificatives.

la liberté ; elle ne fait d'un peuple immense qu'une seule famille. » Il se demande « quelle liberté que celle des citoyens français qui sont liés, enchaînés, garrottés ! Quelle famille que celle où l'on entend parler sans cesse de massacres, d'incendies, de dévastations ; où retentissent continuellement des cris de proscription ; où les enfants apprennent avec avidité et répètent avec une allégresse féroce des chansons de sang et de mort qui feraient frémir les peuples les plus sauvages ! » (¹)

1. On jugera de la situation par quelques extraits des lettres de la comtesse de Bremond d'Ars à son mari. Elle lui mande de Saintes, le 10 avril 1792... « Depuis quelque temps, les méchants travaillent les habitants des campagnes et les ont montés dans le sens de la révolution d'une manière tout à fait affligeante.

«Ils se promènent par bandes et vont dans les maisons mettre à contribution les gens qu'ils soupçonnent d'aristocratie. Ils se font donner à boire et à manger ; heureux ceux qui en sont quittes pour un repas. En général, ce sont les volontaires des paroisses nouvellement inscrits qui vont faire le tapage chez les propriétaires honnêtes.

«Une troupe de ces brigands s'était, il y a quinze jours, emparée de la maison de M. de Chastaignier à Burie, et ils y faisaient bombance depuis une huitaine, lorsqu'on fut obligé d'envoyer la force armée d'ici pour les en chasser. Pareille chose se passait, en même temps, à Augeac, chez Mme de Chièvre. On se contente de chasser les coquins et l'on ne punit personne. Voilà le mal et qui fait craindre que pareilles scènes se renouvellent souvent.

« Jusqu'à présent, nous en sommes quitte à meilleur marché. Le jour de l'assemblée du canton à Dompierre, qui était précisément le 25 du mois dernier, une bande d'insolents drôles de Chéroc, au nombre de cinquante et quelques, se porta à la maison et força notre homme à leur donner à boire et à manger. Heureusement qu'ils ne sont restés que le temps de prendre leur repas. Ils avaient fait avant, chez le pauvre Pelletreau, une passée aussi désagréable.

« Quant au séquestre des biens, il n'a point encore été mis à exécution. En attendant, le directoire a fait, la semaine dernière, un arrêté qu'il a envoyé à tous les municipaux de villages pour les engager à veiller sur le bien des émigrés et empêcher que rien ne se vende et ne sorte des maisons. Le réquisitoire qui est en tête de cet arrêté est digne de son auteur ; il est bien sot, bien plat, bien coquin et bien incendiaire. Peut-il sortir autre chose de la plume du sieur Garnier ?... Nos *écharpés* [municipaux] de Dompierre, très dociles à la leçon, ont été sur-le-champ trouver notre régisseur et lui ont enjoint de ne rien envoyer de la maison. On dit même qu'ils se disposaient à faire tout de suite l'inventaire des effets ; mais leur curé leur conseilla d'attendre de nouveaux ordres de leurs chefs... Tu vois, mon cher ami, que la bonne volonté ne manque nulle part pour l'exécution des justes et douces lois de l'assemblée...

« ... Le club [de Saintes] a fait, hier, une superbe chose : il a décidé qu'il serait fait une instruction en forme de catéchisme, pour envoyer ensuite dans toutes les campagnes du département qu'il ne trouve pas encore assez patriotes. En conséquence, ils ont nommé Garnier, Godet et Duchesne pour rédiger ce beau chef-d'œuvre. Ils ont de plus arrêté que, tous les dimanches et fêtes, il y aurait club à trois heures, afin que les paysans des environs puissent y assister. Tu vois encore que ce ne sera pas la faute des patriotes de notre ville, si les imbéciles habitants des hameaux ne deviennent pas aussi méchants qu'eux...

« Nous sommes, malgré cela, assez tranquilles jusqu'à présent, parce que le nombre des honnêtes gens est ici encore assez considérable et en impose aux agitateurs... »

On voit par là que l'invention des manuels et des conférences date de loin et aussi que les honnêtes gens, toujours les plus nombreux, se laissent néanmoins mener par quelques coquins.

Robinet avait ajouté : « Constitution enfin que l'auguste prince, chargé de l'exécution des lois, désirait depuis longtemps. » Quoi ! s'écrie l'adversaire, « le roi désirait qu'on le détrônât pour faire régner les factieux !... Apparemment aussi il a désiré d'être le jouet des bandits, d'être sous le poignard des assassins, d'être arrêté à Varennes, d'être rassasié d'opprobres par un peuple qu'il chérissait ! C'est ainsi que les nobles ont désiré qu'on brûlât leurs châteaux ; c'est ainsi que l'infortuné Berthier a désiré qu'on le mît en morceaux ; c'est ainsi que Charles Ier a désiré de périr sur un échafaud. » Cette allusion au roi d'Angleterre était prophétique.

Où la riposte éclate, c'est à propos des émigrés. Maladroitement l'évêque, dans une ordonnance qui devait prêcher l'apaisement et le calme, avait cru devoir employer contre eux le langage des jacobins, au risque de froisser leurs parents et d'attirer sur ces derniers les vengeances populaires : « Ce ne sont plus, disait-il, les nations étrangères qui sont sur le point de venir nous combattre. Ce sont nos propres frères, qui, retirés chez les puissances voisines, trament leurs barbares complots, préparent des projets de sang et de dévastation, que leur orgueil et leur fanatisme leur ont fait enfanter. Leur cœur est aveuglé par des passions funestes. Ils projettent la destruction de leur patrie, après avoir transporté leurs trésors chez les nations étrangères. O précieuse liberté ! ô inestimable égalité ! voilà donc les ennemis que vous nous avez faits ! Il est vrai que la vertu en trouve comme le crime... » Puis rappelant qu'ils étaient français, qu'ils étaient des frères, il réclamait indulgence et humanité : « Épargnez leur sang, quoiqu'ils soient altérés du vôtre. »

L'auteur des *Réflexions* trouvait que cette compassion banale corrigeait peu la violence de ces déclamations : « Quoi ! s'écriait-il, tu oses publier que les émigrés sont altérés du sang français ? et c'est dans la chaire de vérité que tu fais publier cette infernale accusation ! Par qui ? par les ministres d'un Dieu de paix. Dans quel moment ? Dans celui où les têtes sont les plus exaltées, les esprits les plus échauffés, où se font entendre de toutes parts des imprécations contre les émigrés et leurs familles, dans un moment où la plus vive effervescence fait craindre les plus horribles explosions. Et c'est contre des malheureux que tu aiguises ainsi le poignard. *Ils sont altérés de notre sang !* Sont-ce eux qui ont tué les Bossuet, les Rully, les Voisin, les Belzunce, les d'Anton, les Paschalis, les Mauduit ? Sont-ce eux qui ont fait périr tant d'Avignonais sous la hache des Jourdan et de ses criminels satellites ?... » Puis, il s'efforce de décharger les émigrés des crimes dont les accuse le prélat ou des intentions perverses qu'il leur prête : « Quel rôle honteux vous jouez, lui dit-il ! Un évêque doit implorer, lorsqu'il le peut, la grâce des coupables, et vous, vous provoquez le supplice des innocents. Il doit éteindre les haines, et vous les allumez. Il doit atténuer les fautes, et vous les envenimez, et vous en supposez où il n'y en a pas, et vous lâchez le frein à toutes les passions que votre ministère devrait contenir. Non : vous n'êtes pas évêque ; vous êtes l'organe du mensonge et de la calomnie. »

Certes, ces paroles étaient dures, et l'expression en aurait pu être adoucie. Mais ce pontife, écho des déclamations des clubs, ne se les était-il pas attirées ?

Pas n'est besoin d'entrer dans le détail des réfutations. C'en est assez pour faire apprécier le ton de la polémique, l'inhabileté de Robinet, la répulsion qu'il excitait chez nombre de ceux dont il se disait le prêtre. Peut-être fut-il touché de cette virulente philippique. C'était le troupeau qui lançait l'anathème au pasteur. Robinet n'était point mauvais ; faible et assez pauvre d'intelligence, il se laissait diriger. Ce coup lui dut être sensible. Il en allait recevoir un plus rude, parce qu'il partait de plus haut, et qu'énergique au fond, il était calme dans la forme.

La Rochefoucauld avait vu avec une douleur profonde le schisme déchirer la France. Son diocèse, auquel il était si sincèrement attaché, où il avait essayé d'opérer d'urgentes réformes et dont, grâce à son zèle, la situation s'améliorait chaque jour, tout à coup se trouvait en proie à la révolte et à la persécution. Des prêtres s'y faisaient les dénonciateurs de leurs frères. Les administrateurs trop dociles à la loi exécutaient des décrets iniques. Les fidèles, privés des cérémonies de leur culte, atteints dans leur liberté de conscience, forcés d'avoir recours à des pasteurs sans mandats ou de s'exposer à la proscription, gémissaient autour de leurs temples fermés ou profanés. Les églises étaient en deuil. Et sur le siège épiscopal osait s'asseoir un intrus, évêque par la volonté des électeurs et l'imposition des mains d'un Saurine, d'un Grégoire et d'un Lindet. Pierre-Louis éleva la voix ; il le devait. Son *Avertissement au clergé séculier et régulier et à tous les fidèles de son diocèse* est un monument de fermeté et de grandeur. Il ne se dissimulait pas les périls de sa courageuse résistance. Il avait entendu les clameurs autour de son nom. Et ceux qui avaient proclamé sa déchéance n'étaient point disposés à le laisser tranquille dans l'obscurité. On avait dénoncé à l'accusateur public quelques pages où il approuvait le mandement de Mgr de Boulogne. On ne permettrait pas qu'il protestât contre « l'élu du peuple », et qu'il osât dire aux fidèles : C'est un imposteur qui vient à vous couvert du masque de la vérité. Il le savait et il parla. « Le mystère d'iniquité se consomme, nos très chers frères, écrivit-il. Le schisme s'étend sur toute la France. L'église gallicane s'écroule de toutes parts, et la religion catholique va disparoître de ce royaume. Par une catastrophe dont les fastes de l'Église n'offrent point d'exemples, tous les évêques de France, si l'on en excepte quatre, et la plus grande partie des curés sont arrachés par violence à leurs diocèses et à leurs paroisses, sans délit de leur part, sans jugement, sans le concours de l'autorité spirituelle, contre tous les principes, toutes les règles, toutes les lois, et la puissance du siècle leur substitue des ministres évidemment intrus et schismatiques. Et il se trouve des prêtres assez aveugles ou assez lâches pour envahir, sans aucun titre légitime, des places qui ne sont point vacantes, et dont la bienséance et l'honneur les repousseraient, quand même la justice et la religion ne leur en feroient pas un crime ! Et il s'est rencontré des évêques prévaricateurs, assez ennemis de l'Église, assez perfides, pour imposer les mains à ces usurpateurs ; n'ayant ni mission, ni juridiction, ni territoire, violant effrontément toutes les règles et bravant les anathèmes de l'Église ! Quel amas monstrueux de crimes, de profanations et de sacrilèges ! »

En même temps qu'il imprimait cet *Avertissement* (¹), il n'oubliait pas qu'il avait le pouvoir de lier et de délier. Il publia donc en tête son « Ordonnance de M. l'évêque de Saintes, au sujet de l'élection faite, le 28 février 1791, de M. Robinet, curé de Saint-Savinien, diocèse de Saintes, par MM. les électeurs du département de la Charente-Inférieure, en qualité d'évêque du dit département. » Il faut lire en entier cette pièce. On avait pu reprocher à La Rochefoucauld un peu de faiblesse, d'hésitation : ce n'était que de la modestie et de la bonté. On le vit bien quand les circonstances l'exigèrent. Ce

---

1. « Nous vous avertissons de nouveau, N. T. C. F., « comme ambassadeurs de « JÉSUS-CHRIST auprès de vous, et nous vous exhortons de la part de Dieu », de faire la plus sérieuse attention au danger terrible où vous place la crise présente par rapport à votre salut. Il est ici question de votre bonheur ou de votre malheur éternel, du salut ou de la perte éternelle de vos enfants dans les générations futures.

« Les nouveaux pasteurs qu'on vous donne ne sont point vos pasteurs ; ils sont de faux pasteurs ; ils n'ont point l'institution de l'Église ; ils n'ont point la mission de JÉSUS-CHRIST ; ils sont hors de la succession légitime ; ils sont des mercenaires, des usurpateurs, des intrus, des schismatiques ; ils entrent dans la bergerie selon l'expression de Notre Seigneur *pour égorger et pour perdre* (JOANN., cap. X). Leur ministère est frappé de stérilité ; ils ne peuvent ni remettre les péchés, ni accorder des dispenses, ni bénir les mariages ; tous les actes de juridiction qu'ils pourroient faire seroient nuls. Ils sont en horreur à l'Église, dont ils déchirent le sein, et loin d'attirer sur les peuples les bénédictions du ciel, ils allument sa colère par leurs sacrilèges, et provoquent ses vengeances.

« En vous adressant cet avis, N. T. C. F., nous remplissons un devoir que la religion nous impose, et que l'amour, dont nous sommes pénétrés pour vous, nous prescrit. Comme votre pasteur, nous devons vous éclairer et vous instruire. Ministres de la religion, c'est à nous qu'il appartient plus spécialement de la défendre, et de combattre pour elle. Mais enfin, N. T. C. F., c'est pour vous, comme pour nous, que nous la défendons. Ce don du ciel, le plus précieux de tous les biens, vous appartient autant qu'à nous ; il est notre bien commun ; et si nous veillons sans relâche sur ce dépôt sacré, dont la garde nous est confiée, c'est pour le transmettre à vos enfants dans toute sa pureté. Si nos avis, N. T. C. F., ne vous font point impression, si nos instructions ne vous persuadent pas, si nos exhortations ne vous touchent point, si tous nos soins, toutes nos peines sont sans succès auprès de vous, vous vous perdrez ; mais votre perte ne nous sera point imputée par le souverain pasteur des âmes. Il connaît, ce juste juge, et la pureté de nos intentions, et toute notre tendresse pour vous, et toute notre sollicitude, et les amertumes dont notre âme est remplie, et la douleur dont notre cœur est déchiré à la vue des dangers auxquels votre salut est exposé et des malheurs qui vous menacent, et l'ardeur des vœux que nous faisons pour que vous les évitiez.

« Donné à Paris, où nous sommes retenu comme membre de l'assemblée nationale, le premier avril mil sept cent quatre vingt onze.

✠ Pi.-Lo., *évêque de Saintes*.

1. A Paris, chez Crapart, rue d'Enfer, n° 129, près la place Saint-Michel, in-4° de 8 pages.

sont les difficultés qui souvent révèlent les hommes. Le péril, loin de l'abattre, fortifie le cœur magnanime. On éprouve du plaisir vraiment, après le spectacle honteux de tant d'apostasies, après l'ignominie de certains événements que nous avons racontés, en face de la couardise et de l'infamie, à voir enfin se lever un homme de cœur, à entendre une voix brave et convaincue, et à contempler cette scène toujours émouvante de l'honnête homme seul, soutenu par sa conscience, refusant de forfaire à l'honneur et au serment, bravant la foule ameutée qui l'insulte et qu'il domine, et par sa généreuse folie aiguisant la hache du bourreau et la pique des assassins.

« Nous avons été informé par la voix publique que, le lundi 28 février de cette année, monsieur Isaac-Étienne Robinet, curé de Saint-Savinien de notre diocèse, a été nommé par les électeurs du département de la Charente-Inférieure évêque du dit département, et qu'il a accepté. La même voix nous a appris que, méprisant et étouffant les reproches qu'a dû lui faire et que lui a sûrement faits sa conscience, il a été recevoir la consécration qui lui confère la plénitude du sacerdoce ; qu'il est dans l'intention, s'il ne l'a déjà fait, de prendre possession d'une place pour laquelle il n'a pas reçu de mission légitime ; qu'il se persuade, par une entreprise aussi audacieuse et hardie que contraire à la pureté des règles de la discipline ecclésiastique, dont il devrait être le zélé défenseur, nous priver et nous dépouiller de la juridiction que nous tenons de JÉSUS-CHRIST, et dont il est le divin fondateur, et à laquelle il a conféré tous ses pouvoirs en donnant à ses apôtres la même mission qui lui avait été donnée par son Père : *Sicut misit me pater, et ego mitto vos.* (Saint Jean, ch. XX, v. 21.)

« Pénétré plus que jamais des obligations que nous impose notre ministère sacré dans une circonstance aussi critique pour la religion et le salut des âmes confiées à nos soins, nous nous sommes prosterné au pied de la croix ; et, après l'avoir arrosée de larmes, après avoir imploré les lumières de l'Esprit-Saint et tous les secours qui nous sont nécessaires, par les vœux les plus ardents et par la puissante intercession de la sainte

Vierge, de saint Pierre, prince des apôtres, patron de notre église cathédrale et de saint Eutrope, qui a jeté les premiers fondements de la foi en Saintonge, nous disons et déclarons ce qui suit : « L'élection de Robinet est nulle, nulles la nomination et l'ordination qu'il vient de faire ; défense lui est faite à lui et à Joubert, évêque de la Charente, d'exercer aucune fonction ecclésiastique dans le diocèse de Saintes, aux curés et aux fidèles d'avoir aucun commerce avec les intrus, » etc. (¹).

---

1. « Il est de foi, qu'il y a dans les ministres de l'église deux pouvoirs très distincts, le pouvoir de l'ordre qui est conféré par l'ordination, et le pouvoir de juridiction qui émane de JÉSUS-CHRIST et qui est transmis par l'église ; qu'il ne suffit pas, pour qu'un évêque ou un prêtre puisse se dire légitimement pasteur, qu'il soit ordonné ; qu'il faut encore qu'il soit investi de la mission de l'église, et que cette mission ne peut être validement conférée que par les supérieurs qui ont le droit et l'autorité. (*Conc. Trid.*, sess. 23, chap. 7.)

« ... 1° C'est une vérité qui appartient à la foi, que la puissance séculière n'a ni le droit, ni le pouvoir d'instituer les pasteurs, et par conséquent de les destituer. (*Conc. Trid.*, sess. 23, chap. 4.)

2° « La nomination faite par MM. les électeurs du département de la Charente-Inférieure de M. Isaac-Étienne Robinet, en qualité d'évêque du dit département, est donc radicalement nulle et de nul effet ; et nous sommes toujours le véritable et légitime évêque du diocèse de Saintes, que nous continuerons de gouverner avec l'autorité épiscopale, jusqu'à ce que la mort, ou un jugement canonique, ou notre démission acceptée par l'église, nous ait séparé du troupeau qui nous a été confié.

4° « En conséquence, et en vertu de la puissance de JÉSUS-CHRIST dont nous sommes revêtu et dont il nous demandera un compte rigoureux, lorsque nous comparaîtrons à son tribunal redoutable, nous défendons à M. Isaac-Étienne Robinet, sous les peines prononcées par les SS. canons contre les intrus et les schismatiques, de se dire évêque du département de la Charente-Inférieure, ce qu'il ne pourroit faire sans usurper des droits qui nous appartiennent comme seul légitime évêque de Saintes, de prendre possession de notre siège, déclarant la dite prise de possession, au cas où il l'auroit déjà prise, nulle et de nulle valeur ; de s'immiscer en aucune manière dans le gouvernement de notre diocèse et d'y exercer dorénavant aucune fonction épiscopale ; déclarant que toutes les fonctions qu'il y exerceroit, seroient autant de crimes et de profanations ; que tous les actes de juridiction qu'il feroit, seroient radicalement nuls et de nul effet ; que tous les prêtres qui recevroient de lui l'institution seroient pareillement des intrus et de faux pasteurs ; que les absolutions données en vertu de cette institution, seroient nulles, ainsi que tout autre acte de juridiction ; comme aussi les absolutions données en vertu de l'approbation de mon dit sieur Robinet, curé de saint Savinien, excepté à l'article de la mort, auquel cas, au défaut de tout autre prêtre, l'Église, toujours attentive au salut de ses enfants, accorde la juridiction.

5° « Défendons à tous les curés, à tous les vicaires, à tous les prêtres séculiers ou réguliers et à tous les ministres de la religion, dans toute l'étendue de notre diocèse et sous les mêmes peines que dans l'article ci-dessus, de reconnaître M. Isaac-Étienne Robinet, curé de Saint-Savinien, pour leur évêque et de lui obéir en cette qualité.

6° « Nous défendons également à tous les fidèles de notre diocèse de reconnoître mon dit sieur Robinet ou tout autre que nous pour leur évêque et de lui obéir en cette qualité, de recevoir de lui les sacrements, d'assister à la messe ou à tout autre office qu'il célébreroit ; leur prescrivons de se comporter à son égard de la manière que l'église le prescrit à l'égard des intrus et des schismatiques, avec lesquels on ne peut,

Cette éloquente protestation était une flétrissure publiquement jetée sur le front de Robinet et de Joubert, ainsi que de leurs complices ou de leurs adhérents. Ils purent quelque temps, esclaves de la multitude qu'ils flattaient, se croire les vainqueurs. Mais ce n'est pas impunément qu'on heurte les consciences. Le flot qui les avait apportés les laissa sur le sable. Un jour, ils se trouvèrent échoués sur la plage, seuls,

sans se rendre complice de leur intrusion et de leur schisme, communiquer dans l'exercice de leurs fonctions.

7° « Nous défendons, sous les mêmes peines que celles-ci dessus, art. 4 et 5, à tout prêtre de recevoir de mon dit sieur Robinet la qualité de vicaire de l'évêque du département de la Charente-Inférieure, et d'exercer en cette qualité aucune fonction, déclarant nuls et de nul effet tous actes de juridiction qu'il exerceroit.

8° « Attendu que les destitutions de plusieurs curés de notre diocèse, prononcées par la puissance temporelle seule, sous le prétexte de défaut de prestation de serment, sont radicalement nulles, ainsi que les nominations d'autres prêtres pour remplacer les dits curés, nous défendons, sous les peines portées par les SS. canons contre les intrus et les schismatiques, à tous prêtres de prendre la qualité de curés des dites paroisses en vertu des dites nominations, et de s'immiscer dans le gouvernement spirituel des dites paroisses ; déclarant que tous les actes de juridiction qu'ils feroient seroient nuls et que toutes les fonctions du saint ministère qu'ils rempliroient seroient autant de profanations et de sacrilèges. Défendons à tous les fidèles des dites paroisses de les reconnoître pour leurs pasteurs, de recevoir d'eux les sacrements, et leur prescrivons de se comporter avec eux ainsi que l'église le prescrit à l'égard des intrus et des schismatiques, avec lesquels on ne peut, sans se rendre complice de leur intrusion et de leur schisme, communiquer dans l'exercice de leurs fonctions, soit par l'assistance à la messe et à l'office divin, ou de toute autre manière que ce soit.

9° « Nous faisons à M. Joubert, curé de Saint-Martin d'Angoulême, nommé évêque du département de la Charente par MM. les électeurs du dit département, les mêmes défenses, et sous les mêmes peines, et avec les mêmes déclarations que celles que nous faisons à M. Isaac-Étienne Robinet par l'article 4 de la présente ordonnance ; et ce respectivement à la partie du dit département de la Charente qui est de notre diocèse ; comme aussi nous faisons aux curés, vicaires, prêtres et autres ministres de la religion et aux fidèles de notre diocèse, compris dans le dit département de la Charente, les mêmes défenses, sous les mêmes peines et avec les mêmes déclarations à l'égard de mon dit sieur Joubert, curé de Saint-Martin d'Angoulême, que celles portées par les articles 5, 6 et 7 de notre présente ordonnance, à l'égard de mon dit sieur Isaac-Étienne Robinet, curé de Saint-Savinien.

« Nous faisons défense, sous les mêmes peines que ci-dessus, à toutes personnes d'exercer, dans quelque portion de notre diocèse que ce soit, aucune fonction épiscopale, sous prétexte de nomination ou élection qui auroit été faite d'elles en qualité d'évêques de quelques départements qui renfermeroient quelque partie de notre diocèse, comme aussi nous faisons les défenses et déclarations portées aux articles 5 et 6 de notre présente ordonnance, à tous les curés, vicaires, prêtres et autres ministres de la religion et à tous les fidèles de notre diocèse qui seroient compris dans les dits départemens à l'égard des dites personnes.

« Et attendu que les circonstances où nous nous trouvons ne nous permettent pas d'employer, pour la signification et la publication de la présente ordonnance, les formalités ordinaires, nous déclarons que la conscience de chacun de ceux qu'elle concerne, sera liée pour son exécution du moment que son authenticité leur sera suffisamment connue.

« Donné à Paris, le premier avril 1791.   † PI-LO., *évêque de Saintes.* »

abandonnés, méprisés. Tous ces évêques, sauf deux ou trois scélérats, après quelques mois de faveur populaire, se perdent dans l'oubli. On ignore le plus souvent ce qu'ils sont devenus. Voyez l'histoire de Robinet. Voyez celle de Joubert (1). Ce Pierre-Matthieu Joubert, né à Angoulême, le 16 novembre 1748, fils d'un médecin, prêtre en 1769, usurpateur, comme Robinet, des droits de La Rochefoucauld, comme Robinet frappé par lui d'anathème, avait été nommé le premier député du clergé d'Angoumois aux états généraux, avec douze livres de traitement par jour. Il s'était, le 16 juin 1789, réuni un des premiers aux communes, en déclarant que, « pénétrés de la grandeur de leur caractère, connaissant toute l'étendue des obligations qu'il imposait, ils n'avaient pas eu besoin d'être entraînés par l'exemple de ceux de leurs confrères qui les avaient précédés dans la noble carrière du patriotisme (2). » Le 4 juillet, il prétendit, contre l'évêque d'Angoulême, que le mandat impératif l'autorisait à admettre le vote par tête. Le 3 décembre, il défendit le comité de la ville d'Angoulême et le commandant de la garde nationale, M. de Bellegarde, qui, sur une dénonciation du comité de Blanzac, avaient arrêté l'abbé de La Blinière comme porteur de lettres suspectes, et M. de Béraudin, chef d'escadre, comme auteur d'une de ces lettres adressées à M. le marquis de Saint-Simon, député à l'assemblée nationale, et il empêcha la destitution du commandant et des membres du comité. Il fut un des premiers qui jurèrent, le 27 décembre 1790. Aussi mérita-t-il d'être, le 8 mars suivant, élu évêque de la Charente. Sacré à Notre-Dame de Paris le 27, il fit son entrée solennelle à Angoulême, le 3 avril, prit possession de l'église cathédrale, le 10. Après avoir été harangué à la grille du chœur par le maire Périer de Gurat, il officia, et montant en chaire lut une lettre

---

1. L'évêque d'Angoulême, Albignac de Castelnau, docteur de Sorbonne, vicaire général de Bayeux, un des aumôniers de Louis XVI, qui avait refusé le serment et s'était retiré en 1791 au Triadou, à trois heures de Montpellier, d'où il passa en Angleterre, où il mourut en janvier 1815 après avoir refusé de reconnaître le concordat, anathématisa aussi de son côté Pierre-Matthieu Joubert. Voir *Lettre à M. Joubert, curé de Saint-Martin de la ville d'Angoulême*, au Triadou, le 8 avril 1791, et ordonnance de M. l'évêque d'Angoulême, au sujet de l'élection faite le 8 mars dernier de M. P.-M. Joubert en qualité d'évêque... au Triadou, le 12 avril 1791.

2. *Moniteur*, I, page 79.

pastorale, qui est une chaleureuse apologie de la constitution civile du clergé. La veille, il avait présidé la société des Amis de la constitution et y avait prononcé un discours terminé par un éloge pompeux de Mirabeau, qui venait de mourir. Il avait besoin de prêtres, quoique, à l'exception de celui de Saint-Martial, Louis-Marie Poirier, lazariste, les dix autres curés de la ville épiscopale eussent juré avec leurs vicaires. Dans l'*Ordo* pour 1793, il inséra donc cette note : « Ceux qui désireront être admis aux ordres sacrés, sont prévenus de se présenter devant l'évêque et son conseil les 30 et 31 octobre pour être examinés sur leurs mœurs, science et capacité. » Un certain nombre se présentèrent qu'il fit prêtres ; tous se marièrent, quelques-uns avant l'ordination. Grandeur éphémère! La mitre lui pesa bientôt. Il se maria, quitta Angoulême et vint à Paris, où il se fit nommer président de l'administration du département de la Seine. Le 6 frimaire an VII — 27 octobre 1798 — il est fait régisseur de l'octroi municipal de Paris. Le *Moniteur* du 17 ventôse an IX — 26 mars 1801 — envoie préfet du Nord à Douai « Joubert, ex-constituant, administrateur de l'octroi de Paris », et un arrêté du 1er consul Bonaparte, le 7 ventôse, an IX — 26 mars 1801 — de préfet le fit conseiller de préfecture de la Seine. Il resta dans cette position jusqu'à sa mort, à Paris, avril 1815 (1).

---

1. Joubert eut pour successeur en 1802 Dominique Lacombe, né à Montréjean (Haute-Garonne) le 25 juillet 1749, ancien doctrinaire, principal (1788) du collège de Guyenne, curé constitutionnel de Saint-Paul de Bordeaux, député de la Gironde à l'assemblée législative, élu évêque métropolitain de Bordeaux en 1797, sacré en 1798, entré à Angoulême le 16 juin 1802, mort le 7 avril 1823. Voir sur ce personnage l'*Ami de la religion*, 26 avril 1823, n° 909, t. XXXV, p. 337. C'est lui qui voyant Pie VII enlevé de Rome, emmené prisonnier en France, publiait un mandement où il déclarait que « la souveraineté temporelle ôtée et soustraite des attributions de N. S. P. le pape, c'est là le doigt de Dieu, » etc.

CHAPITRE XXIII.

Boisnard dénonce l'*Avertissement* et l'*Ordonnance*. — Le conseil municipal refuse de poursuivre. — Arrêté du district. — La municipalité supprime l'*Avertissement*. — Réquisitoire de Garnier. — Lettre du département qui dénonce La Rochefoucauld. — L'*Avertissement* à Pons. — Avanie des carmélites à Robinet. — Arrêté de la municipalité qui leur enjoint de le respecter.

La parole vraiment digne, vraiment évangélique de La Rochefoucauld dut avoir un immense retentissement en Saintonge. Elle ne contribua pas peu à maintenir les orthodoxes dans leurs idées et à leur inspirer l'horreur du parjure et de l'apostasie, la haine de l'intrusion et du schisme. Le procureur de la commune s'en émut. Le 18 avril, on le voit venir à l'hôtel de ville requérir les foudres de la municipalité contre l'*Ordonnance* et l'*Avertissement* du pontife : « Aujourd'hui dix-huitième avril 1791, la municipalité assemblée, à laquelle a présidé M. le maire, M. le procureur de la commune est entré et a dit qu'il étoit informé qu'il se répandoit avec profusion dans cette ville et ses environs un écrit intitulé : *Avertissement et ordonnance de M. de La Rochefoucauld*, cy devant évêque de Saintes, contenant des principes inconstitutionnels et propres à allumer le flambeau du schisme et de la discorde parmi les citoyens ; qu'entre autres maximes, qui étoient contenues dans cet écrit, il auroit remarqué que le cy-devant évêque déclaroit nuls et inéficaces pour le salut tous les secours spirituels qui seront conférés par les ministres qui se sont soumis à la loi du serment. En conséquence de ces principes aussi erronés que contraires à l'ordre public, requiert le dit procureur de la commune, pour tarir dans sa source les abus qui se sont déjà introduits dans cette ville relativement à cette doctrine perverse, ce qui détourne de leur vrai devoir des citoyens paisibles en leur faisant rechercher d'autres sanctuaires que ceux de leurs paroisses, qui est le vrai centre d'unité de notre foi, qu'il soit défendu à tous les religieux de cette ville, qui ont accoutumé d'avoir tous les jours dans leur chapelle une messe conventuelle pour les besoins particuliers de leurs maisons, ainsy que des hôpitaux pour leurs malades, de faire célébrer dans leur église d'autre messe que celle d'usage ; que deffences soient également faites de permettre dans les dites chapelles aucun autre exercice de religion ; que les dites maisons religieuses soient dirigées par des ministres qui auront satisfait à la loi du serment, par la raison que leur direction peuvent perpétuer dans les esprits le schisme et l'erreur, sous toutes les peines telles que de droit. BOISNARD, *procureur de la commune.* » (1)

Cette proposition du théologien-procureur n'eut aucun effet. Plus tolérant, le conseil municipal composé du maire Robert de Rochecouste, Senné, secrétaire, Louis Moreau, Martain, Mareschal, Canolle, Apert, déclara que rien dans la loi ne l'autorisait à prendre une pareille mesure, aussi vexatoire qu'arbitraire (2).

J'aurais assurément mieux aimé avec cet appel à la loi une déclaration énergique en faveur de la liberté de conscience et des cultes, un refus bien motivé de commettre un tel acte d'arbitraire. Dans ce moment c'était beaucoup que ce refus.

---

1. Étienne Boisnard, maître ès-arts et en chirurgie, prévôt de la communauté des maîtres en chirurgie de la ville de Saintes, fut maire en l'an II. Taillet dit de lui : « Le sieur Boisnard, chirurgien, devenu procureur de la commune, puis maire, s'est annoncé l'implacable ennemi des couvents, des prêtres non jureurs, de tous les catholiques. Il se plaisoit surtout à écraser les nobles, ne leur pardonnant pas d'avoir été au-dessus de lui. Sa haine contre le trône étoit si exaltée que, peu de temps après la mort du roi martyr, un député de la convention ayant passé à Saintes, il le félicita, dans une harangue aussi basse qu'extravagante, de ce qu'il étoit membre d'une assemblée dont « la céleste sentence avoit fait tomber la tête du tyran ».

2. « Sur quoy la municipalité, après avoir ouï lecture du réquisitoire du procureur de la commune, a délibéré que, d'autant qu'il n'a point été rapporté l'écrit ou ordonnance de M. de La Rochefoucauld, sur lequel il s'est fondé dans les motifs de son réquisitoire, et que d'ailleurs il n'a pu citer ny rapporter aucuns décrets de l'assemblée nationale qui attribue aux municipalités une jurisdiction sur les évêques, les ecclésiastiques, les religieuses cloîtrées, les officiers municipaux ont déclaré ne pouvoir, quant à présent, prendre un party sur le réquisitoire du procureur de la commune. » *Registre des délibérations*, page 41.

D'autant qu'il n'y eut pas unanimité et que Gout mit après sa signature : « pour le réquisitoire » (1).

Battu à la municipalité, le procureur de la commune se tourna vers le directoire du district. Il lui envoya son réquisitoire. Le 20, le district le signale au département en lui recommandant de l'énergie, surtout contre les religieuses.

« Le directoire assemblé, qui a pris communication d'une expédition du réquisitoire du procureur de la commune de Saintes et de la délibération, prise sur iceluy par la municipalité ;

« Considérant que le dit réquisitoire renferme des vues qui ne sauraient être plus sages ni plus prudentes, puisqu'elles tendent à ramener au bercail des brebis égarées par le faux zèle des ecclésiastiques réfractaires aux lois de l'empire et à empêcher le trouble et la révolte que les ennemis du bien public cherchent à semer parmi les citoyens ;

« Considérant qu'il est étonnant que la municipalité, qui est spécialement préposée pour prévenir tout ce qui peut tendre à intervertir l'ordre et la tranquillité publique et qui ne cesse de donner des preuves de son zèle et de son activité à cet égard, n'ait pas secondé dans cette occurrence par sa délibération les motifs louables du procureur de la commune, puisqu'ils étaient puisés dans l'article 7 de la loi du 26 décembre sur le décret du 27 novembre précédent ;

« Considérant enfin qu'il est notoire que l'*Avertissement* et l'*Ordonnance* du sieur de La Rochefoucault mentionnés au dit

---

1. Claude-Antoine Gout — qu'on appelait *Ca Gout*, parce qu'il signait C. A. GOUT — né le 2 août 1744 de Jean Gout, marchand, et de Marie Mouchar, fut un des six membres du tiers, choisis le 20 août 1789, pour faire partie du comité de 24 personnes, tiers, noblesse et clergé, chargé d'aviser aux moyens d'empêcher la disette ; élu un des onze officiers municipaux, le 7 février 1790, il devint en 1791 le premier ; juge à la juridiction consulaire de 1772 à 1789, échevin en 1784 (Voir *Études et documents sur la ville de Saintes*, p. 85, 153). Il fut maire du 13 juin 1791 au 11 août 1792, date de sa mort. Bourignon a fait dans la chaire de Saint-Pierre son oraison funèbre. Il fut enterré aux frais de la ville, et son nom donné à la rue du Ha. Taillet a écrit de lui : « Un sieur Gout, maire, qui jusqu'alors avoit eu des sentiments très modérés, et s'étoit concilié l'estime des citoyens, mais qui une fois revêtu de l'écharpe municipale s'est déchaîné contre les amis du roi et de la religion avec une colère habituelle qui approchoit de la frénésie. Il connaissoit tous les mouvements populaires, il les approuvoit quelquefois, il les excitoit, et s'il n'eût pas trouvé ordinairement de grandes résistances, il eût occasionné de terribles malheurs ; il est aujourd'hui dans le tombeau. Gardons-nous de troubler sa cendre, comme il a troublé le repos de ses concitoyens. »

réquisitoire, existent, et qu'il est pressant de prévenir les maux qu'ils peuvent occasionner ;

« Ouï le procureur syndic ;

« Est d'avis qu'attendu l'urgence du cas dont il s'agit, le directoire du département prenne sur-le-champ l'arrêté que sa sagesse et sa prudence lui suggéreront pour maintenir l'exécution des articles 6, 7 et 8 de la loi du 26 décembre dernier ; qu'au surplus le dit arrêté porte notamment inhibition et défense à tous religieux et religieuses, qui ont accoutumé d'avoir, tous les jours, dans leur église, une messe conventuelle pour les besoins particuliers de leur maison, d'y faire célébrer d'autre messe que celle d'usage, et qu'il leur soit enjoint de n'avoir pour aumôniers que des ecclésiastiques qui ayent prêté le serment exigé par la loi du 27 novembre dernier, attendu que ce ministère les range dans la classe des fonctionnaires publics, le tout à peine que de droit contre les dits religieux et religieuses, et à peine contre les ecclésiastiques réfractaires d'être poursuivis comme perturbateurs de l'ordre public.

« ARDOUIN. DUGUÉ. ESCHASSERIAUX. DUBOIS. GODET, *secrétaire*. »

Fort de son succès au district, Boisnard, trois jours après (23 avril), revient à la municipalité ; cette fois il apporte triomphant l'écrit incriminé. La nuit a porté conseil ; les réflexions sont venues ; et ces braves conseillers municipaux qui n'y avaient rien trouvé de blâmable, qui s'étaient d'ailleurs jugés incompétents, le déclarent illégal et « incendiaire ». La belle chose que la peur !

« A l'instant le procureur de la commune, ayant donné lecture de l'*Avertissement* donné par M. de La Rochefoucauld, ci-devant évêque de cette ville, au clergé séculier et régulier et à tous les fidèles de son diocèse, et d'une *Ordonnance* par lui rendue au sujet de l'élection faite, le 28 février dernier, de M. Robinet, curé de Saint-Savinien, par MM. les électeurs du département de la Charente-Inférieure, à la dignité d'évêque du département, l'une et l'autre pièces datées de Paris le premier de ce mois, signées : « Pierre-Louis, évêque de Saintes », après laquelle lecture la municipalité ayant entré en délibération, elle a unanimement décidé que les faits contenus dans les susdits avertissement et ordonnance sont calomnieux et incendiaires, tendent à détruire dans les âmes faibles et timorées, la confiance qu'elles doivent avoir dans M. Robinet, leur nouvel évêque élu constitutionnellement. »

Et la municipalité fit afficher son arrêté imprimé par P. Toussaints :

« Ordonne que les susdits écrits demeureront supprimés comme contraires au bon ordre et à la discipline de l'église; à l'effet de quoi elle fait inhibition et défense à tous libraires, imprimeurs, marchands, colporteurs et autres particuliers de les vendre ou distribuer, sous telle peine que de droit; enjoint la même municipalité à tous citoyens résidant dans son étendue de rapporter et remettre, sous trois jours pour tout délai, au greffe de la municipalité, les exemplaires qu'ils peuvent avoir par devers eux du dit *Avertissement* et *Ordonnance ;* au surplus fait inhibition et défense la dite municipalité à tous ecclésiastiques qui n'ont pas satisfait au serment ordonné par le décret de l'assemblée nationale du 27 novembre dernier, d'exercer aucunes fonctions publiques dans l'étendue de cette municipalité ; et le présent arrêté sera imprimé, lu et affiché partout où besoin sera.

« Fait à l'hôtel commun de la ville de Saintes, les jour et an que dessus. ROBERT DE ROCHECOUSTE, *maire.* C.-A. GOUT. SUIRE. MOREAU. LESACQUE. CRUGI. CANOLLE. MÉTAYER. APERT. MARTAIN, *officiers municipaux.* BOISNARD, *procureur de la commune.* SENNÉ, *secrétaire* [1].

Ces poltrons rachetaient ainsi et au centuple leur essai de résistance ; ils donnaient plus qu'on ne leur demandait. Il leur fallait se faire pardonner leur honnêteté.

Le directoire du département avait eu la main plus heureuse que le procureur de la commune. Dès le 19, le lendemain du jour où Boisnard avouait ne pas avoir en sa possession le mandement de Mgr de La Rochefoucauld, le procureur général syndic en déposait deux exemplaires sur le bureau du

---

1. Cette délibération est signée par onze membres : la première l'avait été par sept, qui signent aussi la seconde.

directoire. Garnier en fit lecture (¹). A peine put-on l'écouter. L'indignation était à son comble. Les diatribes des clubs et les profanations ne soulevaient aucune réprobation. Mais un langage ferme au service de la vérité, une revendication solennelle du droit audacieusement violé devait indigner ces âmes égarées.

« Aujourd'hui dix-neuf avril 1791, le directoire assemblé, il a été fait lecture d'un imprimé ayant pour titre : *Avertissement de M. l'évêque de Saintes au sujet de l'élection faite, le 28 février dernier, de M. Robinet en qualité d'évêque du département.*

« Le directoire, indigné du contenu de ces écrits, susceptibles de porter partout le trouble et la division, a unanimement arrêté qu'à la diligence du procureur général syndic, l'un des deux exemplaires déposés sur le bureau, seroit dénoncé à l'accusateur public, avec invitation de le joindre aux autres pièces précédemment adressées, et d'y donner suite ; et que l'autre seroit envoyé à l'assemblée nationale, avec prière de rendre un décret qui puisse imprimer une salutaire terreur aux mal intentionnés, et anéantir leurs perfides complots.

« Délibéré en directoire, les jour et an que dessus. RONDEAU, *président*. BRÉARD, *vice-président*. ESCHASSERIAUX. C. RABOTEAU. DURET. J.-J. JOUNEAU. Par le directoire : ÉMOND, *secrétaire*. »

L'effet suivit les paroles. Le même jour, le directoire du département écrivait à l'assemblée nationale la lettre ci-après. A Rouen, le tribunal du district avait été plus sévère pour l'*Instruction pastorale* du cardinal de La Rochefoucauld. Par

---

1. « Le sieur Garnier, procureur syndic du département, dit Taillet, s'est toujours occupé à sapper, tantôt sourdement, tantôt publiquement, les fondements de l'autel et du trône ; il travailloit de toutes les manières possibles à dégoûter les peuples de la relligion catholique, et même de toute relligion ; il les soulevoit contre le roi par de noires calomnies et par des déclamations fougueuses. On l'a vu, durant quelqu'une des assemblées électorales, monter dans la chaire même de vérité et crier que Louis XVI étoit un tyran ; qu'il falloit le tuer. Aussi ayant été député à la convention, non seulement il a eu part au régicide, mais il en a été l'apologiste et le panégyriste. Homme sans talents, sans caractère, incapable de jouer un rôle dans tout autre temps que dans un temps de révolution ; il avoit lu qu'Erostrate s'étoit rendu célèbre en brûlant un temple ; et lui aussi il a voulu être célèbre et d'une célébrité plus honteuse encore ; il a surtout voulu arriver à la fortune et il y est arrivé, mais il n'a pas assez réfléchi que le chemin qu'il prenoit, étoit aussi le chemin de l'échaffaud. » Voir plus haut, page 173.

un jugement du 24 mars 1791, il l'avait condamnée à être lacérée et brûlée par l'exécuteur des jugements criminels au pied du grand escalier du palais. A Saintes, on se contentait de remettre l'affaire entre les mains de l'assemblée.

« Il y a quelque temps que M. de La Rochefoucauld, ci-devant évêque de Saintes, fit distribuer dans notre département une lettre prétendue pastorale, portant adoption d'un mandement de l'évêque de Boulogne. Ce mandement et cette lettre contiennent des principes opposés à la constitution civile du clergé, décrétée par l'assemblée nationale et sanctionnée par le roi. Fidèles à nos devoirs, nous avons dénoncé ces écrits à l'accusateur public. Lors de la session de l'assemblée électorale pour l'élection de l'évêque constitutionnel du département, le sieur abbé Taillet, ci-devant vicaire général de l'église de Saintes, fit remettre à un électeur un paquet contenant trois lettres, l'une de lui et les deux autres de MM. de La Rochefoucauld et Couci, se disant, l'un évêque de Saintes, l'autre de La Rochelle ; par ces lettres ils déclaroient à l'assemblée électorale qu'elle n'étoit point compétente pour élire un évêque du département ; qu'aucune puissance temporelle ne pouvoit lui en donner le droit ; qu'ils protestoient contre tout ce qui y seroit fait à cet égard, et qu'ils seroient toujours les seuls légitimes évêques de Saintes et de La Rochelle. L'assemblée arrêta que, sans avoir égard à ces protestations illégales et qui ne pouvoient être regardées que comme une production délirante de l'entêtement et de l'ambition, elle rempliroit sa mission, et que ces trois lettres seroient remises à l'accusateur public. Cet arrêté fut exécuté ; et M. Robinet, curé de Saint-Savinien, fut élu et proclamé évêque du département de la Charente-Inférieure.

« Les électeurs se sont ensuite réunis dans leurs districts respectifs, et ont procédé au remplacement des curés qui avoient refusé de prêter le serment prescrit par la loi aux fonctionnaires publics ecclésiastiques ; toutes les élections se sont faites sans troubles.

« Notre vénérable pasteur, après avoir été consacré à Paris, a été mis en possession du siège épiscopal ; et depuis ce moment il s'occupe avec zèle de l'organisation du clergé de son église et du soin de pourvoir au service du culte dans toute l'étendue du département.

« Tout paroissoit, messieurs, nous donner lieu d'espérer que rien ne troubleroit notre tranquillité, et qu'en continuant d'user, comme nous l'avons toujours fait, d'une fermeté prudente et d'une sage tolérance, nous jouirions de la douce satisfaction de voir les esprits égarés rentrer en eux-mêmes et qu'éclairés par le temps et par l'expérience, ils reconnoîtroient bientôt l'erreur dans laquelle les ont entraînés des hommes intéressés à perpétuer l'existence d'abus révoltants que vous avez eu le courage d'anéantir.

« Déjà nous nous flattions du doux espoir de voir nos concitoyens réunis de cœur et d'esprit avouer que la religion et le civisme n'ont rien d'incompatible entr'eux et servir en paix Dieu et la patrie, lorsque nous avons été informés qu'il circuloit dans la ville et dans les campagnes deux imprimés dans le nom de La Rochefoucauld, se disant évêque de Saintes, l'un ayant pour titre: *Avertissement de M. l'évêque de Saintes au clergé séculier et régulier et à tous les fidèles de son diocèse*, et l'autre : *Ordonnance de M. l'évêque de Saintes au sujet de l'élection faite le 28 février 1791 de M. Robinet en qualité d'évêque du département*.

« Des exemplaires nous ont été remis. Après en avoir pris lecture, nous sommes demeurés convaincus qu'ils contiennent des assertions contraires aux lois, et dont le but est évidemment d'alarmer les consciences, de semer partout le trouble, et d'exciter la division dans le sein même des familles. Nous avons arrêté qu'à la diligence du procureur général syndic, ces pièces seroient remises à l'accusateur public près le tribunal de Saintes pour être jointes à celles qui lui ont déjà été dénoncées, avec invitation d'y donner suite.

« Nous croyons devoir, messieurs, vous faire aussi la dénonciation de cette nouvelle infraction à la loi; elle est d'autant plus condamnable qu'elle paroît commise par M. de La Rochefoucauld, l'un des députés de ce département à l'assemblée nationale.

« Placés trop loin des lieux où l'hypocrisie et le fanatisme s'efforcent d'exciter la guerre civile, il ne vous est pas aussi facile qu'à nous d'apercevoir tous les maux qui résulteroient infailliblement de ces attentats, s'ils restoient impunis ; nous vous conjurons donc, messieurs, au nom de la patrie, d'employer promptement les moyens que dans votre sagesse vous jugerez convenables, pour mettre un terme aux manœuvres sacrilèges que des hommes, qui ont la lâcheté de ne pas vouloir être bons citoyens, osent mettre en pratique pour élever autel contre autel, et allumer, comme le firent autrefois les prêtres ambitieux et perfides, les torches infernales du fanatisme pour embraser l'empire et opérer sa ruine.

« Tandis qu'il en est temps encore, messieurs, hâtés-vous de prévenir, par une loi rigoureuse mais nécessaire, les coupables entreprises des ennemis du bien public et des profanateurs de la religion qu'ils osent se vanter de servir. Trois fois déjà, M. La Rochefoucauld a tenté par des incitations criminelles de soulever le peuple contre son devoir et de l'éloigner de la soumission qu'il doit à la loi ; et c'est dans le temps même qu'il siège au rang des législateurs qu'il cherche à élever une barrière contre la loi même. Faut-il donc que nous soyons sans cesse en garde contre les perfides entreprises, et, malgré notre zèle infatigable, pourrions-nous toujours répondre de préserver de la séduction des citoyens qu'on cherche à abuser par le plus dangereux des prestiges, celui d'une piété feinte et simulée, sous le masque de laquelle se cache la passion et l'intérêt personnel ? Prenés un party vigoureux, messieurs ; nous le croyons nécessaire ; nous vous jurons de faire de notre côté tout ce qui sera en notre pouvoir pour contenir les malveillans, et coopérer au maintien des loix salutaires que la France vous doit, et qui ont acquis pour toujours notre reconnoissance. »

A Pons, le maire Deluc brûla solennellement, un dimanche, sur la place publique, l'ordonnance de Mgr de La Rochefoucauld. On la recherchait partout. Le 30 avril, la municipalité composée de Dumas, de Pelligneau (¹), et du maire Deluc, ap-

---

1. Son frère, Louis-François Pelligneau, chanoine, vicaire général et archidiacre de Bourges, né à Pons le 9 mars 1739 de Jean Pelligneau, juge de la châtellenie de Pons, et d'Agnès Heudebourg, mourut dans un cachot souterrain du Paté à Blaye, le 28 mai 1794. Voir *Bulletin de la société des Archives*, VIII, 82.

prend que Charles Barraud, curé de Saint-Vivien, plus tard en 1801 fondateur du petit séminaire de Pons et de l'établissement des dames ursulines du Sacré-Cœur, distribue l'écrit prohibé. Vite il est mandé. Il déclare qu'il ne connaît pas la pièce. Les municipaux l'arrêtent (¹).

On pouvait bien déclarer supprimée l'ordonnance de l'évêque, la brûler, la pourchasser partout ; on pouvait bien dénoncer le prélat et aiguiser la pique qui lui allait percer le cœur. Mais donner des fidèles à l'intrus, obliger au respect, imposer la déférence, voilà ce que les arrêtés n'obtenaient pas. Aussi les couvents transformés en prisons ne tardèrent pas à se peupler de gens qui refusaient d'assister aux messes des assermentés. C'est ainsi que Mme de Bremond d'Ars (Marie-Eutrope-Mélanie de Sartre) y fut enfermée avec toute sa famille à l'âge de huit ans, parce qu'elle ne voulait pas entendre le prône de Perrineau, curé constitutionnel de Vénérand. A Pons, les curés refusèrent unanimement de lire au prône l'instruction pastorale de Robinet, ainsi que le constate une délibération du 21 mai 1791. A Jonzac, même conduite de la part du curé, Simon-Pierre de Ribeyreys, qui périt, en 1794, sur l'échafaud à Rochefort (²).

---

1. Charles Barraud, né à Saintes le 29 décembre 1747, chapelain de Saint-Roch (1785) en la paroisse de Saint-Martin de Pons, et de l'hôpital d.: Pons (1784), nommé en 1784 curé de Saint-Vivien à Pons, par l'abbé de Saint-Florent de Saumur. Ayant refusé le serment, il fut persécuté. Il se cacha à Bordeaux (Voir plus haut, page 231) et ne quitta la France c l'en 1797 pour aller en Espagne rejoindre son frère qui se trouvait depuis 1791 à Astorga. Il reprit son ancienne paroisse de Saint-Vivien à Pons, où il établit les ursulines et fonda le séminaire. Il est mort le 27 février 1842. Voir Rainguet, *Biographie saintongeaise*. Il était frère (?) de Jean-Baptiste Barraud, né en 1748, curé d'Arthenac en 1784, où il refusa le serment le 4 février 1791 en ces termes :

« Aujourd'hui quatre février mil sept cent quatre vingt onze. Je soussigné, pour me conformer à la loi, me suis transporté au greffe de la municipalité de cette paroisse, où j'ai déclaré que mon respect et ma soumission aux décrets de l'assemblée nationale n'auroit jamais de bornes dans tout ce qui seroit conciliable avec les lumières et les droits de ma conscience ; mais que le serment à exiger des prêtres fonctionnaires publics n'étant pas de ce genre, je ne pouvois ni ne devois le prêter.

« A Arthenac le quatre février 1791. BARRAUD, *curé d'Arthenac*. »

Il partit pour l'Espagne. Il eut pour successeur l'intrus Sicard, qui se maria et se fit aubergiste à Gemozac. Il devint en 1803 curé d'Archiac et est mort le 20 novembre 1825. A Saint-Aulais était aussi curé un Barrand.

2. Nommé, le 7 février 1777, curé de Jonzac, il refusa le serment, et fut dénoncé par Parenteau, et par le curé intrus de Réaux, prêtre marié, Jacques-Alexis Messin, qui fut lui-même détenu à Brouage. Voir *Le cri de la vérité par J.-A. Messin* ; Saintes, imp. Mareschal. Messin avait été vicaire de Chaniers. « Pessimus sacerdotum, totus in persecutione promovenda... cædes tentavit et fecit. » Voir *Revue de Saintonge*, IX, 379.

Les ordres mêmes contre le culte, pour être exécutés par les autorités constituées, avaient parfois besoin d'être visés par la société des amis de la constitution. Le 14 mai 1791, le registre municipal de Pons dit : « MM. les amis de la constitution nous ayant adressé une ordonnance de M. Robinet, évêque du département de la Charente-Inférieure, donnée à Saintes le onze de ce mois, qui prononce interdiction de l'église des cy-devant jacobins de cette ville et d'y exercer aucunes fonctions du ministère, il a été arrêté qu'afin qu'aucun citoyen ne pût en prétendre cause d'ignorance, la dite ordonnance serait publiée et affichée dans tous les lieux accoutumés de cette ville. »

On ne fut pas partout aussi pacifique. A Arthenac, quand le maire d'Archiac voulut, selon l'arrêté du directoire du district de Pons et l'ordre du directoire du département, faire transporter les effets « de la ci-devant église d'Arthenac, — on avait déjà enlevé la cloche — dans l'église d'Archiac, il trouva une opposition énergique. La foule, hommes et femmes, résista : on leur a ôté la cloche ; ils la veulent reprendre ; on veut leur ôter les effets de leur église ; ils ne le souffriront pas. On prétend aussi les empêcher d'entendre la messe dans l'église de Sainte-Eugène. En vain, le maire, en vain le greffier s'efforcent de leur lire l'arrêté du département ; des huées leur couvrent la voix. Ils envoient promener le district et le département : « ils veulent prier Dieu dans leur église, y avoir leur cloche et leur cimetière pour y être enterrés ». L'émeute gronde. On va se battre. « Par prudence, raconte le maire, nous nous sommes à l'instant retiré pour nous en revenir à notre maison commune (1). »

D'après ces faits, on juge de quel œil étaient vus les nouveaux curés. Aussi les administrateurs craignaient tout. Sur la proposition d'un membre qui prétendait que les curés réfractaires et remplacés légalement par l'assemblée électorale, affectaient dans des discours débités en chaire « d'insinuer à leurs paroissiens que les curés nouvellement nommés sont incapables

---

1. Voir aux pièces justificatives le curieux récit de cette émeute.

de célébrer la messe et d'administrer aucun sacrement, et que, ces discours pouvant avoir fait quelques sensations sur les esprits faibles et crédules, il serait possible qu'il y eût de la rumeur lorsque les nouveaux curés iront prendre possession de leur cure », le directoire du district de Saintes écrivit « à toutes les municipalités qui éprouvent un remplacement de curé, pour qu'elles redoublent de vigilance et de zèle dans cette occurrence, afin de prévenir toutes les insurrections et maintenir l'ordre et la tranquillité publiques ». Ce seul acte montre bien l'empressement qu'on mettait à recevoir les jureurs (1).

Quant aux sentiments qu'inspirait Robinet lui-même, on put bientôt les connaître. C'était le jeudi saint. En dévot catholique, il crut devoir faire ses stations dans les diverses églises qu'il n'avait pas encore interdites. Les curés, jureurs comme lui, l'accueillirent très bien. Il alla plus loin. Se considérant, malgré l'ordonnance du légitime pasteur, comme le supérieur des maisons religieuses, comme le chef, même de ceux qui ne l'avaient pas nommé et ne voulaient pas de lui, il se présenta dans la chapelle des carmélites. Elle était ouverte au public. Il entra avec la foule. Mais les sœurs l'aperçurent. Aussitôt elles fermèrent avec bruit la clôture de la grille pour lui ôter l'idée de la franchir. Grand scandale parmi les patriotes! On les dénonce au conseil municipal. Aussitôt le conseil municipal s'assemble. Le cas est grave. La patrie est en danger. On requiert contre les mutines. Leur procédé est jugé inconvenant, déplacé, blâmable. Il faudra que désormais elles aient un peu plus d'égards pour « le dit sieur Robinet », et s'il leur fait l'honneur de se présenter dans leur église, elles devront le recevoir avec respect et honneur sous peine de châtiment.

---

1. « Le directoire assemblé, un membre a exposé que plusieurs des curés qui n'ont pas prêté le serment prescrit par la loi, et au remplacement desquels l'assemblée électorale vient de pourvoir, affectent par des discours qu'ils débitent en chaire, d'insinuer à leurs paroissiens que les curés nouvellement nommés sont incapables de célébrer la messe et d'administrer aucuns sacrements ; que ces discours pouvant avoir fait quelques sensations sur les esprits faibles et crédules ; il serait possible qu'il y eût de la rumeur, lorsque les nouveaux curés iront remplacer les anciens et prendre possession de leurs cures ; que, dans ces circonstances, il croit qu'il serait prudent que le directoire écrivit à toutes les municipalités qui éprouvent un remplacement de curé, pour qu'elles redoublent de vigilance et de zèle dans cette occurrence, afin de prévenir toutes les insurrections, et maintenir l'ordre et la tranquillité publiques.

« Cette proposition mise aux voix, le directoire l'a adoptée à l'unanimité. »

Briand qui a oublié cette anecdote en raconte, III, 69, une autre d'un goût douteux. « L'apostat Robinet, dit-il, fut instruit de l'estime qu'il inspirait. Une caisse lui arriva par la messagerie ; il la reçut comme un présent. A l'ouverture, il n'y trouva qu'un agneau en putréfaction avec ce titre : « Tel « pasteur, tel troupeau !... » Condamnation sévère de l'évêque intrus et de ses adhérens. »

Le fait est-il authentique ? Peut-être ; Robinet dut être exposé à plus d'une avanie. Aussi comprend-on que la municipalité ait imprimé et affiché l'histoire des carmélites. C'est une leçon qu'elle voulait donner aux récalcitrants (1) ; il était urgent « d'arrêter le scandale dans sa source ».

« Sur quoi la municipalité ayant délibéré, il a été unanimement reconnu et déclaré que le procédé des dites religieuses carmélites était à tous égards déplacé et blâmable ; en conséquence ordonne qu'il leur sera fait inhibition et défense de se comporter à l'avenir de pareille façon, et à elles enjoint de recevoir avec honneur et respect le dit sieur Robinet, et le reconnaître pour leur évêque chaque fois qu'il se présentera dans leur église ou maison, et ce, sous telle peine que de droit ; en outre il a été ordonné que la présente délibération et arrêté leur seraient notifiés du consentement du procureur de la commune et sur sa réquisition, copie à elles délivrée le plus tôt possible par le greffier de l'hôtel commun, comme un témoignage certain de l'improbation et désaveu de leur conduite de la part de la municipalité. »

Voilà le respect ordonné par décret.

---

1. Aujourd'hui vingt-trois avril 1791, les officiers municipaux assemblés à la manière accoutumée, environ les deux heures après-midi, un de MM. a dit qu'il demeure averti que M. Robinet, actuellement évêque du département de la Charente-Inférieure, s'étant présenté jeudi dernier, jour de jeudi saint, avec son clergé, environ les cinq heures du soir, dans l'église des carmélites de cette ville, pour y faire sa station devant le Saint-Sacrement, les religieuses qui étaient dans le chœur, occupées à réciter l'office ou en oraison, avaient affecté, au moment où il entra dans leur église, de fermer avec bruit et violence la clôture de leur grille, qu'elles rouvrirent au moment de sa sortie de la dite église ; et comme cette affectation de leur part témoigne leur indifférence et même leur mépris pour ce respectable prélat, elles excitèrent un scandale caractérisé dans l'esprit de tous ceux qui étaient présents, scandale qu'il est intéressant d'arrêter dans sa source.

CHAPITRE XXIV.

Les chapelles interdites au public. — Il n'y sera dit qu'une messe par jour. — Robinet approuve l'arrêté du département. — Le district ferme les couvents de filles, « foyers de fanatisme ». — Le département punit les religieuses d'avoir mal reçu les vicaires épiscopaux.

Cazalès avait prévu l'avenir quand il s'écriait à l'assemblée constituante : « Croyez-vous, en chassant ces évêques de leurs sièges, ces curés de leurs presbytères, vaincre la résistance que leur conscience vous oppose ? Non ; vous êtes au premier pas de la persécution qui s'ouvre devant vous. Doutez-vous qu'une partie des fidèles ne demeure attachée à ses anciens pasteurs et aux principes éternels de l'Église ? Alors le schisme est introduit ; les querelles de religion commencent ; le royaume sera divisé. Vous verrez les catholiques, errant sur la surface de l'empire, suivre dans les cavernes, dans les déserts les ministres persécutés, afin de recevoir d'eux des sacrements valides. »

Les prophétiques paroles de l'éminent orateur se réalisaient à Saintes. Les églises qu'on avait supprimées et fermées demeuraient désertes ; mais celles qu'on avait laissées aux assermentés ne s'emplissaient pas. Comment faire ? S'abstenir d'aller au prône officiel, c'était acte d'opposition à la loi ; ne pas se confesser à l' « élu du peuple » était forfaire à la constitution.

Les maisons religieuses avaient conservé leurs oratoires. On avait bien ouvert les portes du cloître ; trois seulement étaient sorties, et le seul monastère de l'abbaye comptait 82 religieuses [1]. On continuait chez soi à prier Dieu à sa façon, à

---

1. Les bénédictines de Sainte-Marie comptaient 56 dames de chœur et 26 converses ; les carmélites, 15 et 3 ; les Notre-Dame, 21 et 9 ; les clarisses, 19 et 9 ; les hospitalières, 9 et 2 ; les sœurs de Saint-Vincent, 6 ; il y en avait en outre 3 à Saujon, 3 à Tesson, etc. Les communautés d'hommes étaient les clunistes de Saint-Eutrope, les jacobins, les charitains, les cordeliers, les récollets, les lazaristes. Il y avait 24 édifices consacrés au culte, églises ou chapelles. Voir *Le diocèse de Saintes au XVIIIe siècle*, 1894, in-8°, ou t. XXIV des *Archives historiques de Saintonge et d'Aunis*.

recevoir qui l'on voulait, prêtre ou laïque, et à ne confier ses fautes qu'à ceux en qui l'on avait confiance. C'était trop d'audace. On leur défendra de célébrer aucune messe, de faire aucun exercice religieux, autres que ceux qui sont nécessaires pour leurs maisons. Le directoire du district, le 28 avril, prit un arrêté pour obliger, sous trois jours, les aumôniers et chapelains des hôpitaux et prisons à jurer, et fixer à une le nombre des messes qui pourraient y être dites, parce que « ce trop grand nombre de messes et le concours trop multiplié des citoyens peut entretenir des inconvénients réels pour la tranquillité des malades des dits hôpitaux ». « La chapelle des sœurs grises demeurait supprimée, et on leur défendait d'y recevoir aucun prêtre (1). » On tombe en admiration devant cette administration d'un grand département, où il y avait tout à organiser, poussant la sollicitude jusqu'à fixer le nombre des messes à dire dans les chapelles (2).

Cet arrêté transmis aussitôt au district fut immédiatement envoyé à la municipalité. Le collège municipal nomma, le 29 avril, Gout et Canolle pour le notifier aux intéressés (3).

Et l'évêque laissait faire.

Un mois après pourtant, il s'avisa que le département s'arrogeait un pouvoir qu'il n'avait peut-être pas et que c'était bien un peu attenter à l'autorité spirituelle. Aussi il publia une ordonnance (24 mai) par laquelle il approuvait tout ce qui avait été fait et défendait aux communautés religieuses de faire donner aucunes bénédictions, à tous les ecclésiastiques non fonctionnaires d'y confesser, prêcher, administrer aucun sacre-

---

1. Voir aux pièces justificatives.

2. A rapprocher cette sommation de l'huissier Roché envoyée, le 6 septembre 1890, par un curé de Saintes à un de ses confrères, « lui faisant défense de pénétrer, sans la permission du requérant, dans l'oratoire de la maison curiale (religieuses de Saint-Vincent de Paul), pour y exercer *le culte catholique.* »

3. « Nous commissaires susdits, sommes transportés chez les filles de Notre-Dame, hospitalières, sœurs grises, carmélites, la charité, Sainte-Claire, pénitens, abbaye royale, aux fins de la notification susdite, qui a été faite aux supérieurs des dites communautés.

« Fait à l'hôtel commun de la ville de Saintes, les jour et an susdits, sur l'heure de sept heures et demie du soir.

« C.-A. GOUT, *officier municipal commissaire.* CANOLLE, *officier municipal commissaire.* »

ment, à tout prêtre de célébrer le saint sacrifice dans aucune chapelle privée, sans sa permission (1).

Ce mandement (2) et l'arrêté du département furent signifiés aux personnes qu'ils intéressaient. A Pons on les communiqua aux religieuses de la Foi ; et on leur enjoignait par une délibération du 8 juin « de faire cesser toutes fonctions publiques dans leur église et d'en faire fermer les portes extérieures, et cela à compter du moment que M. le maire leur aura donné connaissance par écrit de la présente délibération, qui les somme en outre de donner à la municipalité, dans le délai de trois jours, le nom de famille et patronymique du prêtre qui dessert leur église. » Après cette mesure prise, pour que le contraste fût piquant, on prescrivit aux habitants de Pons de tendre les rues pour la fête-Dieu.

Les arrêtés succèdent aux arrêtés, de plus en plus restrictifs. C'est au nom de la liberté qu'on interdit ce qu'il y a de moins

---

1. « Isaac-Étienne Robinet, par la miséricorde divine et dans la communion du Saint-Siège apostolique constitutionnellement élu évêque du département de la Charente-Inférieure.

« A nos vénérables coopérateurs dans le saint ministère, et à tous les fidèles de notre diocèse, salut et bénédiction en Notre-Seigneur JÉSUS-CHRIST.

« Obligé de veiller à ce que le troupeau, dont la conduite spirituelle nous est confiée, soit écarté des fausses maximes qu'on cherche journellement à lui suggérer, étant d'ailleurs assuré soit par la connaissance personnelle que nous en avons, soit par la notoriété publique, que plusieurs communautés religieuses affectent, au mépris de la loi et du respect dû à l'autorité municipale, de multiplier dans leurs églises ou chapelles des pratiques de dévotion, sans en avoir obtenu la permission, ce qui éloigne les fidèles d'assister à leur paroisse ; à ces causes, pour maintenir le bon ordre, et de l'avis de notre conseil, défendons à toutes communautés religieuses, de faire donner aucunes bénédictions du Saint-Sacrement dans leurs églises ou chapelles, et à tous prêtres non fonctionnaires d'y confesser, prêcher et administrer aucun sacrement sans en avoir obtenu de nous la permission par écrit ; comme aussi défendons à tous prêtres de célébrer le saint sacrifice dans aucune chapelle privée qu'il n'ait été par nous nommé des commissaires pour constater la décence des lieux et des ornements, et sur leur rapport être statué par nous ce qu'il appartiendra.

« Sera notre présente ordonnance envoyée à toutes les communautés ainsi que dans toutes les paroisses de notre diocèse, pour y être lue au prône de la messe paroissiale qui suivra sa réception et affichée partout où besoin sera.

« Donné à Saintes le vingt-quatre mai 1791.

« † J. E. ROBINET, *évêque du département de la Charente-Inférieure*. CHASSÉRIAU, *premier vicaire*. DELATASTE. MARTINEAU. CHAUDON. HUON, *vic. sup. du sém.*, BIGOT, *vic. direct. du séminaire*.

« Par M. l'évêque et son conseil : ARNOUT, *secrétaire*.

2. Robinet scellait ses actes officiels d'un cachet ovale portant en légende : ÉVÊCHÉ DU DÉPARTEMENT DE LA CHARENTE-INFÉRIEURE. Sur un autel d'où sortent deux tiges d'arbres sont deux livres ouverts surmontés d'une croix rayonnante, sans doute l'Évangile et les « Droits de l'homme ».

facile à proscrire, l'élan de l'âme et les aspirations du cœur. On est vraiment stupéfait de voir tout le tracas que, de gaieté de cœur, des administrateurs, aussi intelligents que quiconque, et qui devraient avoir des soucis plus pressants, se donnent pour prohiber l'exercice pacifique d'un culte qu'ils professent, et la célébration dans des oratoires privés d'offices ou de messes qui ne les regardent en rien. Est-ce haine ? Ne serait-ce pas plutôt manie de règlementation, zèle de gens qui goûtent pour la première fois les douceurs du commandement, ignorance des vrais principes libéraux ou peur d'être taxés de modérantisme et d'aristocratie, frayeur d'être accusés de ne point assez montrer de dévouement aux institutions nouvelles ?

Le directoire du district prit (26 mai) la détermination suivante, destinée à « arrêter le funeste progrès du fanatisme » en fermant les couvents de filles, « foyers de fanatisme qu'entretiennent continuellement les prêtres réfractaires... hommes criminels et ennemis de la constitution ».

Le directoire assemblé qui a pris lecture des trois procès-verbaux, relatifs aux difficultés et aux procédés qu'ont éprouvés quelques-uns de MM. les vicaires de l'église cathédrale de la part des supérieurs des quatre couvents de la ville, lorsqu'ils se sont transportés dans les églises de ces couvents pour y célébrer la messe ; ensemble d'une lettre écrite à l'administration par l'évêque du département et son conseil, le 24 de ce mois ; après avoir entendu les conclusions du procureur syndic ;

« Considérant qu'il importe essentiellement à la tranquillité publique, à l'établissement de la constitution, d'arrêter le funeste progrès du fanatisme qui paraît s'étendre de plus en plus dans cette ville, et dont les effets ne seraient rien moins que le scandale de la religion, le mépris de ses ministres les plus respectables par leur double caractère de prêtre et de citoyen, des officiers civils que la loi a investis du pouvoir de promulguer et faire exécuter les lois ;

« Considérant que les couvents de filles sont des foyers de fanatisme, qu'entretiennent continuellement les prêtres réfractaires, en abusant de la crédulité de ces filles trop peu éclairées pour discerner les véritables motifs de la conduite de ces hommes criminels et ennemis de la constitution (1) ;

« Que la preuve de leurs perfides conseils se tire de la conduite coupable des supérieures de ces maisons religieuses, à l'égard des vicaires de M. l'évêque et des officiers municipaux qui les accompagnaient, dont elles ont insulté le caractère par les réponses, les expressions les plus ironiques et le refus constant de leur faciliter le moyen de célébrer la messe dans leurs églises ;

« Considérant que la publicité du culte dans ces églises, dont on refuse avec tant d'indécence l'entrée aux prêtres conformistes, expose le temple de la religion à des scandales journaliers, qui peuvent à la fois prévenir les citoyens faibles et faussement agités contre le nouveau clergé, et détruire les véritables principes religieux que l'assemblée nationale a consacrés par tous ses décrets ;

« Considérant que l'exercice du culte dans les couvents ne doit servir qu'à l'usage particulier de la maison, et que les maisons religieuses sont toutes d'une étendue assez vaste pour y former une chapelle intérieure ; que l'église paroissiale de cette ville est suffisante pour les fidèles qui veulent assister aux cérémonies, et que la loi l'a ouverte aux prêtres non conformistes comme aux autres afin de ne pas contrarier les opinions religieuses ;

« Considérant que l'administration pour prévenir le désordre qu'on vient de rappeler, doit particulièrement se fixer sur la conduite des religieuses carmélites, Notre-Dame et clarisses ; que le procès-verbal exprime, outre le refus opiniâtre de délivrer des ornements, les actes de la malhonnêteté et de la dérision de la part des deux supérieures des deux premières communautés à l'égard d'un officier municipal en fonction et

---

1. On comparera ces deux textes ; c'est une étude intéressante. Ainsi quand le district appelle les couvents de filles « des foyers de fanatisme qu'entretiennent continuellement les prêtres réfractaires, en abusant de ces filles trop peu éclairées pour discerner les véritables motifs de la conduite de ces hommes criminels », le département, adoucissant la brutalité de l'expression, écrit : « Les couvents de cette ville sont particulièrement des lieux où les prêtres réfractaires, ces ennemis de la religion, viennent entretenir sans cesse et alimenter ces sentiments pervers, en abusant de la crédulité faible et nécessairement peu éclairée ». Le sens est le même ; mais les variantes sont à noter.

d'un des vicaires de M. l'évêque ; que ce procédé coupable auquel s'est livré la supérieure des carmélites est une récidive, puisqu'elle eut l'indécence de faire fermer les grilles du chœur, lorsque M. l'évêque entra dans l'église de ce couvent le jour du jeudi saint avec une affectation qui étonna et scandalisa les partisans mêmes de l'aristocratie réunis en nombre dans la dite église ;

« Considérant que le salut de la chose publique est dans le respect dû à la loi, à ses organes et aux véritables ministres de la religion ;

« Considérant enfin que le directoire doit prendre toutes les mesures administratives qui peuvent assurer la pleine exécution des lois, et que les circonstances exigent impérieusement qu'on emploie des moyens prompts et efficaces pour maintenir l'ordre public ;

« Est d'avis qu'attendu l'inutilité des églises des carmélites, clarisses et Notre-Dame pour le public, et que l'assemblée nationale en conservant ces églises n'a envisagé que l'exercice particulier du culte pour les religieuses ; attendu encore les scènes scandaleuses qui s'y sont commises et qui pourraient s'y récidiver, M. l'évêque et son conseil, auquel sera adressée copie de l'arrêté du département, soient invités et requis d'interdire sans retard les dites églises ; et que, cette interdiction prononcée, les portes principales des dites églises soient fermées ; que les grilles et les portes extérieures qui y communiquent soient maçonnées ; et que l'autel et les tableaux soient transportés dans l'intérieur du monastère, et établis par les religieuses de la manière qu'elles croiront convenable, pour la célébration de l'office divin ; que la municipalité soit, en conséquence, invitée de nommer deux commissaires pour l'exécution de l'arrêté du département ; lesquels requéreront à cet effet la force publique dans le cas où ils la croiront utile ; que la supérieure des carmélites, et la religieuse sacriste de Notre-Dame, qui sont convaincues, par le procès-verbal, signé de témoins irréprochables, d'avoir insulté, par des expressions malhonnêtes et des accens de la dérision, au caractère du sieur Gout, officier municipal, et du sieur Dalidet, supérieur du séminaire, qui s'étaient préalablement fait connaître, soient tenues de réparer cet outrage fait aux organes de la loi et de la religion, par une lettre d'excuses qu'elles écriront aux dits sieurs Gout et Dalidet, et qui sera signée de tous les membres de la communauté dont elles portaient le vœu ; que jusques à cette réparation le traitement des dites religieuses sera suspendu ; que l'assemblée nationale sera incessamment instruite des dispositions de l'arrêté du département que l'ordre public a rendu nécessaire et qu'il sera imprimé et envoyé aux districts des municipalités pour y être publié et affiché.

« DUBOIS. ARDOUIN. ESCHASSERIAUX. DUGUÉ. GODET, *secrétaire.* »

Le lendemain même, le directoire du département réalisait le désir du directoire du district. L'arrêté qui suit était imprimé à Saintes par Toussaint et affiché partout. Plus modéré dans la forme parce qu'il allait être rendu public, il était plus rigoureux au fond puisqu'il fermait aux personnes de l'extérieur les chapelles des carmélites, des clarisses et des bénédictines. Quant à l'amende honorable, que sous peine de privation de traitement réclamait le district, il n'en est pas question. L'incident n'eut pas laissé, même en ce temps, de paraître grotesque dans un document officiel [1].

---

1. « Vu les quatre procès-verbaux relatifs aux difficultés et aux procédés qu'ont éprouvés quelques-uns des vicaires de l'église cathédrale, de la part des supérieures des quatre couvents de filles de cette ville, lorsqu'ils s'y sont présentés, accompagnés de quelques officiers municipaux, pour y célébrer la sainte messe, et particulièrement des sœurs de Notre-Dame, Sainte-Claire et carmélites, les dits procès-verbaux en date des 23, 24 et 25 mai présent mois, la lettre écrite à l'administration par M. l'évêque de ce département et son conseil, le 24 du dit mois, ensemble l'avis du district ;

« Sur ce ouï le procureur général syndic ;

« Considérant qu'il importe essentiellement à la tranquillité publique et à l'affermissement de la constitution d'arrêter les funestes progrès du fanatisme qui semble de plus en plus étendre son empire sur cette ville ;

« Considérant que les couvents de cette ville sont particulièrement les lieux où les prêtres réfractaires, ces ennemis de la religion, viennent entretenir sans cesse et alimenter ce sentiment pervers, en abusant de la crédulité faible et nécessairement peu éclairée ;

« Que la preuve de leurs sinistres conseils et de leurs insinuations perfides résulte assez de la conduite coupable des supérieures de ces maisons religieuses à l'égard des vicaires de M. l'évêque et des officiers municipaux qui les accompagnaient, dont elles ont non seulement méconnu, mais encore outragé le caractère par les réponses, les expressions les plus déplacées, et le refus constant de faciliter les moyens de célébrer la messe dans leur église ;

Le 31 mai, la municipalité reçoit 20 exemplaires de cet arrêté. Gout, Canolle et Crugy se rendent immédiatement, aux

« Considérant que le procédé des supérieures et sacristes des maisons et couvents ci-dessus indiqués est un véritable attentat à l'ordre public et à l'autorité légitime ;

« Qu'on ne peut concevoir sans indignation que des personnes, à la sûreté et à la liberté desquelles la loi de l'état veille sans cesse, entreprennent de refuser aux ministres de la religion sainte que professe l'état, l'exercice de son culte dans un temple qui lui appartient spécialement ;

« Que ce refus est plus coupable encore dans la circonstance où, par une suite des principes sacrés de la liberté des opinions même religieuses, la main bienfaisante des représentants de la nation vient d'ouvrir ses temples à tous les ministres de la religion indistinctement ;

« Considérant au surplus que l'exercice du culte dans les couvents ne doit servir qu'à l'usage particulier de la maison, et que les maisons religieuses ci-dessus indiquées sont toutes disposées de manière à ce qu'on puisse réduire leur culte à une chapelle intérieure en fermant toute espèce d'entrée et communication extérieure ;

« Que déjà par un salutaire exemple le département de Paris avait établi de pareilles dispositions pour son territoire, par son arrêté du 11 avril dernier, dont l'assemblée nationale a consacré les principes par son décret du 7 du présent mois ;

« Considérant en outre que les églises paroissiales de cette ville sont suffisantes pour les fidèles qui veulent assister aux cérémonies, et que la loi les a ouvertes aux prêtres même non conformistes pour assurer pleinement la liberté des opinions religieuses ;

« Considérant enfin que le directoire doit prendre toutes les mesures administratives propres à assurer la pleine exécution des lois, et que les circonstances exigent impérieusement qu'on emploie des moyens prompts et efficaces pour maintenir l'ordre public ;

« Nous arrêtons qu'attendu l'inutilité des églises des filles de Notre-Dame, Sainte-Claire, carmélites et bénédictines pour l'exercice du culte public ; attendu encore la résistance opiniâtre et scandaleuse à ce que les vrais ministres de la religion y exerçassent leur culte, les portes extérieures des dites églises seront fermées de manière à former et devenir des oratoires privés et particuliers, dont l'entrée ne sera ouverte et permise qu'aux seules personnes du couvent, sans que, sous quelque prétexte que ce soit, les dites religieuses puissent y faire célébrer aucun office public, l'administration se réservant en ce cas de prendre les mesures convenables pour maintenir l'exécution du présent arrêté.

« Arrêtons en outre que les dites religieuses, ayant par ce moyen la faculté de régler seules ce qu'elles jugeront convenable à l'exercice de leur culte, elles ne pourront néanmoins avoir qu'un seul prêtre ou aumônier pour chaque maison, sauf à l'égard des bénédictines auxquelles, attendu leur grand nombre, il sera permis d'en avoir trois, mais à la charge par les supérieures des dites maisons de déclarer à la municipalité les noms patronimiques et de famille des prêtres dont elles entendent employer le ministère, et ce dans le délai de trois jours à compter de celui où le présent arrêté leur sera notifié.

« Et pour l'exécution des présentes sera la municipalité invitée de nommer des commissaires qui seront autorisés à ces fin à employer tous les moyens indiqués par la loi, même la force publique dans le cas où ils le croiront utile. Réservons au surplus à la municipalité, à qui la connaissance des faits de police appartient, à statuer ainsi qu'il conviendra à raison de l'outrage fait particulièrement par les soeurs de Notre-Dame, Sainte-Claire et carmélites au caractère et à la personne des sieurs Gout, Boisnard et Dalidet, ainsi qu'il résulte des procès-verbaux ci-dessus énoncés, et ne perdant pas de vue que le salut de la chose publique est dans le respect dû à la loi, à ses organes et aux véritables ministres de la religion.

« Sera notre présent arrêté imprimé, publié et affiché dans les districts et dans toutes les municipalités du département. A Saintes, le 27 mai 1791.

« BRÉARD, *vice-président*. RABOTEAU. RIQUET. ESCHASSERIAUX. DURET. JOUNEAU. DUCHESNE. GARNIER, *procureur général sindic*. EMOND, *secrétaire*. »

carmélites (¹), aux Notre-Dame, aux Sainte-Claire et aux bénédictines, pour leur enjoindre de s'y conformer. Mme de Parabère était malade. On répondit en son nom qu'on obéirait. Les supérieures des carmélites, des clarisses et des Notre-Dame firent ainsi.

1. La communauté se composait de 15 religieuses de chœur et de 3 sœurs converses. Le district de Saintes accorda à chacune des premières 300 livres de pension, et 150 seulement aux secondes. Les clarisses eurent 475 et 237 par tête suivant les catégories. Les Notre-Dame eurent comme les carmélites ; elles étaient 21 et 9. Leur revenu était de 4885. On allouait par trimestre à l'abbesse des bénédictines 12,575 pour elle et ses religieuses. Les hospitalières comptaient 9 religieuses et 2 converses.

CHAPITRE XXV.

Persécution contre les prêtres assermentés. — Ils sont maltraités. — Arrêtés du corps municipal. — Procès-verbal des violences commises. — Elles indignent un prêtre jureur. — Lettre de Létourneau. — Nouveau tumulte. — Maisons forcées. — Arrêté de la municipalité. — Arrêté du département sur les filles de la charité.

On peut juger quel trouble apportaient ces arrêtés multipliés et vexatoires dans une ville paisible, attachée à des ecclésiastiques qu'elle estimait depuis longtemps. On n'épargnait personne. Les prêtres de la mission avaient donné des preuves de condescendance: ils avaient prêté leur maison pour des banquets patriotiques. Le supérieur avait chanté la messe à la fête de la fédération du 14 juillet. Qu'importe ! Le 30, on « leur défend de célébrer dans leur église aucune messe que celle qu'ils voudront y dire eux-mêmes, et d'ouvrir la porte à aucun citoyen pour les entendre, cette église devant être absolument fermée au public, attendu son inutilité. » Peu à peu la persécution s'étendait.

Ces inhibitions portèrent leurs fruits. Des individus, tirant les conséquences de l'arrêté du directoire et s'inspirant de son esprit, injurièrent les prêtres fidèles. Le 29 mai, le procureur de la commune, qui avait requis ces mesures oppressives et appelé la haine sur les ecclésiastiques qui allaient dire leur messe dans les chapelles, pour ne pas reconnaître l'intrus Robinet, s'en vint tout effaré à la municipalité raconter que des gens conséquents ont exécuté un peu brutalement son réquisitoire et « que certains mouvements ont excité ce matin dans cette ville des alarmes qu'il paraît intéressant de faire cesser ». Il demandait donc un ordre pour « tous les citoyens soumis à l'administration de cette municipalité de se comporter à l'avenir avec toute la modération et les égards dont peuvent être susceptibles des hommes raisonnables les uns envers les autres, en conséquence d'observer chacun en droit soi tout ce qui est prescrit par les décrets de l'assemblée nationale, sans qu'il soit permis à qui que ce soit de s'en écarter, médire, mal faire à aucun de ses concitoyens, et ce sous telle peine que de droit. »

C'était une menace contre les insulteurs ; mais il fallait bien aussi requérir contre les insultés. La municipalité prendrait donc sous sa protection les prêtres insermentés, s'ils se conformaient exactement aux décrets de l'assemblée nationale ; sinon elle leur infligera « les peines que leur désobéissance pourrait leur faire encourir ». De plus, les chanoines ont obtenu la permission de se réunir pour s'occuper de leurs affaires temporelles ; cette autorisation doit leur être retirée sur-le-champ[1].

Cet arrêté suppose des faits dont il ne nous rend pas compte. Pourquoi ces menaces et ces ordres rigoureux et ces avis très doux ? C'est qu'il y avait eu tapage, injures, violation de domicile, arrestation arbitraire ; des soldats du régiment national commandés par Bernard des Jeuzines étaient allés chez Bonnerot, chez Lacroix de Saint-Cyprien [2] et quelques autres

---

1. « Sur quoi le collège municipal ayant délibéré, il a été unanimement convenu et arrêté que, pour faire cesser les bruits et allarme qui ont eu lieu ce matin dans la présente ville, il seroit ordonné à chaque citoyen de vivre en paix et tranquillité en observant régulièrement tout ce qui est prescrit par les décrets de l'assemblée nationale, en obéissant purement et simplement à la nation et au roi, et se conformant dorénavant aux ordonnances de M. l'évêque de ce département. En outre, le collège municipal ordonne à tous les prêtres et ecclésiastiques non conformistes de vivre dans la paix et la tranquillité, se conformant scrupuleusement à ce qui leur est prescrit par les décrets de l'assemblée nationale et les ordonnances de M. Robinet, évêque de ce département. Auquel cas, la municipalité déclare les prendre sous sa sauvegarde et sous sa protection, et s'il en était autrement de leur part, elle prendra les moyens de leur faire infliger les peines encourues par leur désobéissance. Fait aussi le collège municipal inhibitions et défenses aux ecclésiastiques qui composoient le ci-devant chapitre de cette ville de s'assembler à l'avenir, en conséquence de la permission qu'ils en avoient obtenue pour leurs affaires temporelles, laquelle demeure révoquée de plein droit et dès cet instant. Sera la présente ordonnance exécutée provisoirement non obstant appel et sans y préjudicier, en outre lue, publiée et affichée aux lieux ordinaires de la présente ville. Fait à l'hôtel commun de la ville de Saintes, les jour, mois et an susdits, environ les deux heures du soir.
ROBERT DE ROCHECOUTE, maire, etc. »

2. A la mort (16 mai 1786) du curé de Saint-Pierre de Saintes, Godreau, prêtre du diocèse de la Rochelle, ancien curé de Migron, le chapitre nomma (le 19) curé Louis-François Lacroix de Saint-Cyprien, « jeune gentilhomme de Chalais en Saintonge », « à la demande que M. l'évêque en a faite au chapitre ». Le 1er juin, il prit possession et fut installé au chœur comme premier vicaire de chœur. Il fut député du clergé aux états

ecclésiastiques, leur signifier de sortir de la ville dans les vingt-quatre heures, sous peine de mort. De plus l'abbé Bardeau avait failli être massacré. Laissons la parole au maire Robert de Rochecoute et à Gout, officier municipal, qui montrèrent un vrai courage en cette circonstance :

« A messieurs les maire et officiers municipaux.

« Ce jour, trente du mois de may, plusieurs personnes de cette ville étant accourues, environ une heure après midy, chez M. le maire, dans le moment qu'il étoit à table, lui déclarer que plusieurs soldats du régiment national de cette ville s'étoient permis d'entrer dans la maison de la veuve Duchaine, marchande, domiciliée sur la paroisse et rue de Saint-Pierre, et vouloient de leur propre authorité enlever le sieur abbé Bardeau, prêtre, y demeurant en qualité de pensionnaire ; le dit sieur maire, étonné de pareilles entreprises, ayant à l'instant sorti de sa table et s'étant transporté chez M. Gout, officier municipal, il lui auroit proposé d'aller ensemble chez la dite veuve Duchaine ; où s'étant transportés ensemble, ils y auroient trouvé une affluence de peuple considérable et environ quinze à seize soldats nationaux armés de leurs sabres ; parmi lesquels étoient les sieurs Baille, Moreau, Brousset, Blanchard, auxquels M. le maire, adressant la parole, auroit dit : « Mes-« sieurs, estes-vous commandés par un officier de votre régi-« ment dans cette démarche ? » A quoi ayant répondu que non, il auroit repris ainsi : « Le plus ancien d'entre vous est « sans doute porteur des ordres que vous paraissez déterminés « à exécuter ? » A quoi ayant répondu : « Nous agissons au « nom de la nation », M. Gout, présent, leur auroit représenté que la nation règle sa conduite sur la teneur des décrets de l'assemblée nationale, et que n'en existant pas qui permit de troubler le repos public, il requéroit, en qualité d'officier municipal, tant en son nom que celui de M. le maire présent, qu'ils eussent à se retirer de suite et à obéir à l'ordre qu'on leur en

---

provinciaux de Saintonge. Il émigra en Espagne. De la famille des Lacroix du Repaire, de Besne et de Saint-Cyprien, seule branche aujourd'hui subsistante en la personne des enfants de Jacques-Marie-Marc de Lacroix de Saint-Cyprien et de Marie-Marguerite Masson de La Sauzaye.

donnoit. Sur quoi les dits Baille, Moreau (¹), ayant élevé la voix, ont déclaré qu'ils ne reconnaissoient point les officiers municipaux, et qu'ils vouloient enlever le dit sieur Bardeau. Ils auroient appelé leurs camarades à leur secours, qui s'étant approchés avec eux du dit sieur Bardeau, après avoir tiré leurs sabres, s'en seroient saisis et mis à même de l'entraîner malgré lui ; ce qu'ayant vu M. Gout, il auroit saisi le dit abbé Bardeau au travers du corps et dit aux soldats que, puisqu'ils méconnaissoient la subordination, ils l'emmèneroient ensemble. Ce propos n'ayant rien opéré, les dits sieurs abbé Bardeau et Gout ont été entraînés par force hors de la maison et conduits jusque sur la rue. Ce qu'ayant vu le dit sieur maire, il a imploré le secours d'un détachement de la garde du régiment d'Agenois en garnison dans cette ville; lequel est à l'instant accouru avec plusieurs officiers, qui sont parvenus à en imposer à cette troupe indocile, qui a constamment persisté à méconnoître l'autorité municipale.

« Comme de pareilles entreprises et voies de fait de cette espèce pourroient avoir les suites les plus fâcheuses, s'il n'y étoit incessamment remédié, MM. le maire et Gout se sont retirés à l'hôtel commun, après avoir requis des patrouilles pour assurer le bon ordre, la tranquilité et la paix qu'ils sont

---

1. C'est de Baille et Moreau que parle la comtesse de Bremond d'Ars à son mari dans une lettre de Saintes, le 19 décembre 1791. « La garde nationale soldée que nous avons ici inquiète beaucoup les honnêtes gens. Ils font toutes les nuits un tapage effroyable ; on a peine à fermer la paupière. Le club a décidé, jeudi dernier, de faire mettre sur la porte de chaque habitant, *la liberté ou la mort*, en lettres bleues et rouges, et de faire donner cinq sols aux peintres Moreau et Baille qu'ils ont envoyés à toutes les portes. On s'est prêté à cette nouvelle inquisition de la meilleure grâce du monde ; déjà toutes les maisons sont barbouillées de cette liberté que tant de gens transforment en licence. La nôtre est du très petit nombre de celles qu'on n'a pas encore osé griffonner. On cherche à m'effrayer pour les suites de cette distinction ; mais je t'avoue que je ne saurais jamais me décider par faiblesse, comme beaucoup d'autres personnes que je connais, à envoyer chercher un des agents de cette canaille... On a aussitôt fait afficher hier une défense de la part de la municipalité à tous prêtres non assermentés de confesser et de donner la communion ; enfin, hors la messe, toute autre espèce de fonction leur est interdite. Le département, qui voudrait le bien, dit-on, a blâmé la municipalité ; mais le club le menace. La crainte s'est emparée des esprits, et on n'a pas le courage de faire exécuter ce que le devoir et la raison prescrivent »....

Jean Moreau, qualifié peintre, était un peintre d'enseignes, qui barbouillait aussi d'horribles croûtes. Il a eu, le 6 décembre 1780, d'Élisabeth Gouin, u⁷ fils, Nicolas Moreau, mort le 21 septembre 1867, bibliothécaire de Saintes de 1816 à 1867. auteur de quelques mémoires d'histoire locale, etc.

chargés de maintenir et de protéger, où ayant fait appeler leurs confrères, ils les ont priés de délibérer sur l'exposé sus établi ; de sorte que la matière mise en délibération, il a été unanimement reconnu que la démarche des soldats nationaux vis-à-vis l'abbé Bardeau (1) (qu'ils ont taxé de les avoir traités de *drôles* et *insolens*, ce qu'il a dénié, quoique, selon lui, il eût été fondé à leur dire quelque chose de désagréable, puisqu'ils se sont permis ce matin de lui faire laisser dans la sacristie des religieuses carmélites, l'aube, le manipule et l'étole dont il était revêtu pour dire la messe, sans lui représenter aucun ordre qui pût autoriser leurs prétentions), étoit totalement inconstitutionnel et contraire aux dispositions des décrets, en quoi ils sont blâmables, ainsi que pour avoir méconnu l'autorité des officiers municipaux qui les ont plusieurs fois rappelés à l'ordre, et par là encouru les peines portées contre ceux qui méconnoissent les décrets ; il a été ordonné qu'ils seroient mandés et blâmés de la conduite par eux tenue, invités de se comporter dorénavant conformément à ce qui est prescrit par les décrets et blâmés pour ne l'avoir pas fait.

ROBERT DE ROCHECOUTE. C. A. GOUT. »

Il faut le dire : même parmi les transfuges du sanctuaire, il s'en trouvait qui blâmaient ces vexations. C'étaient ceux qui, par entraînement, peut-être animés d'un faux amour du bien, avaient cru éviter des malheurs en cédant aux circonstances. En voici un. Guillaume-Roch Létourneau avait vivement contristé son évêque en donnant, le premier, l'exemple du parjure ; et La Rochefoucauld l'avait blâmé dans une lettre que nous avons citée. Il rachète un peu pour nous cette faute grave par la lettre qu'il écrivit, le 29 mai, au conseil municipal de Saintes. Il y a de l'emphase et de l'ineptie, mais on y peut admirer le sentiment qui l'inspira ; la démarche valait mieux que le style :

« Messieurs, plusieurs particuliers sont allés ensemble aujourd'hui chez monsieur Bonnerot, chez M. Lacroix de Saint-

---

1. Un François Bardeau avait été nommé, en 1776, curé de Chambon par le doyen-prieur de Soubise. Il s'agit ici de dom Claude-Louis Bardeau, prêtre d'Anduse, diocèse d'Alais, religieux cluniste, mensionnaire au prieuré de Saint-Eutrope à Saintes, et infirmier de Thornac en Languedoc.

Cyprien, et chez quelques autres ecclésiastiques pour leur dire de sortir de la ville sous vingt-quatre heures, autrement qu'ils ne répondent pas de leur vie. Voilà le fait que je vous dénonce ; de quelque côté qu'on l'envisage il ne peut paroître indifférent.

« Si ces particuliers donnent eux-mêmes des ordres arbitraires, sous la terrible sanction d'une peine capitale, ah ! messieurs, où en sommes-nous ? Parmy de pareils attentats, ozerions-nous croire que nous sommes si libres ? Non, messieurs, on n'est libre que lorsqu'on dépend de la loy seule, c'est-à-dire lorsque, après avoir obéi à la loy, on peut sur le reste faire ce que l'on veut, sans être forcé à faire ce qu'on ne veut pas. La liberté exclut la violence et l'arbitraire. Quoi cependant de plus arbitraire que l'ordre donné aux ecclésiastiques que j'ay nommés ! Il n'aimane que de la volonté capricieuse de huit ou dix individus, qui sans fonctions, sans pouvoir, sans parler au nom de la loy, que d'ailleurs ils ne sont pas chargés de faire exécuter, s'arrogent une toute puissance, une vraye dictature, la souveraynété toute entière ! Quoy de plus violent ! Ils arrachent sans aucune façon des cytoyens à leurs habitudes, à leurs amis, à leurs familles, ou du moins ils les mettent dans l'alternative cruelle d'un exille malheureux ou d'une mort déplorable. C'est une proscription odieuse (1).

---

1. « Quand je n'aurois, messieurs, que l'intérêt d'humanité qui me lie aux citoyens qu'on persécute, j'éleverois la voye pour leur défense, pour invoquer votre protextion en leur faveur ; mais à ce motif s'en joignent d'autres, celuy d'abord de ma sûreté personnelle, de la vôtre, messieurs, de celle de tous nos concitoyens. Oui, messieurs, la hache que l'on balance aujourd'huy sur la tête de nos frères, demain, quand elle aura frappé, sera levée et sera suspendue sur la nôtre. Il s'y joint encore mon amour pour la liberté et l'effroy que m'inspire le despotisme, je n'ésite pas à le dire. S'il faut cependant que je tremble sous les fureurs de mes concitoyens, ôtez vous de rendre à nos tirans leurs lettres de cachet, leur Bastille, leurs sombres cachots et les chaines dont ils nous y surchargeoient. Cet état seroit moins affreux, moins redoutable pour moy. Dans l'éloignement où je suis du despote, j'espérerois lui échapper ; toute ma vie je pourrois lui rester inconnu. Mais quel moyen de me soustraire aux jalousies, aux haines, aux vengeances, aux atrocités de mes cruels ennemis, si, quand ils se permettent tout à mon égard, l'impunité leur est assurée ? Douce liberté, je renoncerois à ton empire pour aller m'ensevelir dans le tombeau de la servitude ! Quel est donc l'excès de nos maux ? Et ne croyez pas, messieurs, qu'il y ait rien d'exagéré dans mes craintes ? C'est une vérité reconnue que le despotisme d'un seul est préférable au despotisme de tous. Les dangers, dit Mirabeau, rallient à la domination absolue. Et dans le feu de l'anarchie un despote même paraît un sauveur. »

« Je demande donc, messieurs, au nom de la patrie et de la liberté en danger, au nom de l'humanité qu'on outrage, au nom des loix qu'on méprise, au nom des magistrats que l'on brave, que vous assuriez liberté, protection et sûreté aux ecclésiastiques qu'on a menacés, et que vous déployiez toute la sévérité de la loy contre les auteurs d'une pareille violence.

« Mais sy ces particuliers ne se sont réunis et n'ont été mus que par un sentiment de pitié et de compassion, sy, instruits d'un complot tramé contre les ecclésiastiques qu'ils ont avertis, ils ne cherchent qu'à les soustraire au fair des assassins, s'yls viennent les inviter à fuire pour arracher par là des victimes à des féroces conspirateurs !

« J'aime à croire, et pour l'honneur de mes concitoyens je voudrois encore que le complot ne fût qu'une chimère capable au plus d'inspirer une terreur panique à des esprits faibles ; mais dans ce cas là même, il est important, messieurs, que vous parveniez à connoître ces particuliers pour les louer de leur bonne intention ; en même temps, vous les éclaircirez sur leurs devoirs. Vous leur direz, messieurs, que leur conduite est au moins équivoque : car ils ont semé l'alarme. On ne sait s'ils avertissent ou s'ils commandent ; vous leur apprendriez qu'ils ne peuvent pas recéler dans leur âme le secret d'une conspiration qui menace des cytoyens ; ils en doivent à l'autorité protectrice de tous une manifestation courageuse ; vous les inviterez à vous la faire. L'estime publique sera le prix de leurs vertus ; une couronne civique en sera le glorieux monument.

Saintes, le 29 may 1791.
ROCH LÉTOURNEAU (1). »

Quel vivace optimisme ! Après avoir réclamé la sévérité des loix contre les assassins, les amnistier, et chercher si l'on ne pourrait pas leur voter « une couronne civique » ! Dans ces forcenés armés de fusils, qui violent un domicile, menacent d'une mort sommaire des citoyens inoffensifs, méconnaissent et violentent maire et officiers municipaux, vouloir admirer

---

1. Archives Municipales. *Registre des délibérations*, 1791, page 53. L'orthographe de cette lettre est assurément celle du copiste municipal.

d'honnêtes gens qui cherchent à dévoiler d'horribles complots et à sauver la patrie, ce n'est pas même de la sottise, ce n'est que de la lâcheté. La peur règne déjà ; la terreur approche.

La proclamation de la municipalité bénévole et tremblante, pas plus que la lettre équivoque du professeur de philosophie, n'était de nature à réprimer l'audace des malfaiteurs. Ils y virent ce qui s'y trouvait, un encouragement. Ce qu'on blâmait en effet, c'étaient plutôt les victimes. Pourquoi ne cédaient-elles pas à la force ? on ne leur demandait que peu de chose, un petit serment en quelques lignes, formule anodine qui ne sacrifiait que leur conscience et ne les rendait coupables que d'un parjure. Certes elles avaient tort : on le leur fit bien voir.

Trois jours après, nouveau tumulte, nouvelles avanies aux prêtres. On s'introduit dans les maisons de vive force ; on profère les dernières menaces, on outrage les citoyens. Le délit est flagrant. L'encre du dernier arrêté qui ordonne le respect des propriétés et des individus n'a pas encore eu le temps de sécher. C'est une bravade à l'autorité, un défi publiquement jeté. Certainement elle le relèvera ; elle va punir, elle va appliquer la loi, empêcher le retour de pareils scandales. La municipalité s'assemble en hâte. Boisnard requiert : la loi est foulée aux pieds ; il est temps de sévir. Donc, ce soir, à 6 heures, la garde nationale s'assemblera sur la place Blair. On lui lira le précédent arrêté et on l'exhortera de nouveau à « respecter à l'avenir et exécuter ce qui est prescrit par les décrets ». Les récidivistes s'exposeraient à être « punis comme perturbateurs du repos public ». On n'est pas plus débonnaire et plus patient. Mais faut-il s'étonner que les gens, ainsi impunément menacés de mort, exposés à chaque instant à être devant l'autorité impuissante, sinon complice, massacrés par la populace en délire ou les gardes nationaux chargés de maintenir l'ordre, aient essayé de sauver leur tête en s'éloignant d'une terre qui les repoussait et où leur vie n'était plus en sûreté(1) ?

---

1. Voir Pièces justificatives.

CHAPITRE XXV.

Jamais on n'avait tant parlé de liberté qu'en ces temps où sévissait le plus abominable despotisme ; liberté de conscience, liberté de culte, nobles mots dont chaque arrêté vexatoire et oppressif était orné. Le directoire du département publie, le 30 juin 1791, un arrêté où il affirme que « la liberté des opinions religieuses est indéfinie : que les gêner chez quelques individus que ce soit, ce serait donner naissance à un fanatisme nouveau, quand la constitution en a détruit jusqu'au moindre germe ; ce serait donner l'exemple d'une odieuse intolérance, quand la religion de nos pères nous prescrit la charité. »

En conséquence, on enlève la direction des écoles aux filles de la charité, parce qu'elles refusent un serment qui blesse leur conscience. Et, deuxième inconséquence, on leur permettra de continuer à se dévouer au service des malades dans les hôpitaux, « actes de bienfaisance et de charité qui n'appartiennent vraiment qu'à des âmes pures ». En retour de ce dévouement authentiquement constaté, lorsque, le 8 juillet 1791, elles demandent la permission au directoire du district de faire dire une messe dans leur chapelle, le 19, fête de saint Vincent de Paul, on passe dédaigneusement à l'ordre du jour : « Il n'y a pas lieu à délibérer (1) ».

---

1. Cette pièce est importante. Comme on y voit les fluctuations de l'administration. Nous la reproduisons aux pièces justificatives.
Ces religieuses étaient six à Saintes. Il y en avait trois à Saujon.

CHAPITRE XXVI.

Arrêté relatif au libre exercice du culte. — Réquisitoire contre les insermentés qui disent publiquement la messe. — Menaces de la municipalité. — Les gardes nationaux pourchassent ces prêtres. — Troisième arrêté qui défend la violence. — Municipalité blâmée par le département. — Nouveaux troubles.

Ce n'est pas la seule pièce où la liberté religieuse est solennellement proclamée. Le 27 octobre, un nouvel arrêté du directoire du département annonce encore que chacun a le droit d'exercer le culte auquel il est attaché. Quand on voit tant de proclamations sur la liberté, on peut affirmer sans se tromper que la tyrannie règne. Les citoyens vraiment libres n'ont pas besoin que, tous les huit jours, on vienne leur répéter qu'ils sont libres.

« Le directoire du département de la Charente-Inférieure, considérant que la différence des opinions religieuses chez un peuple libre et dégagé de préjugés, ne doit inspirer que des sentiments de support et d'indulgence, et que tous les citoyens de l'empire français ne doivent plus se reconnoître que sous les douces relations de frères et d'amis ;

« Considérant que la liberté des opinions religieuses, ce droit l'un des plus naturels et des plus inviolables du pacte social, a été formellement consacré par le titre premier de la constitution, qui laisse la liberté à tout homme d'exercer le culte religieux auquel il est attaché ;

« Considérant que le roi des François, en acceptant la constitution de l'état, de la manière la plus franche, la plus loyale, a témoigné n'avoir rien plus à cœur que de voir écarter à jamais toute idée d'intolérance, et que chacun en observant les loix puisse à son gré pratiquer le culte qui lui convient ;

« Considérant enfin que la liberté ne sera jamais mieux affermie, que les bases de la constitution ne seront jamais plus inébranlables, et les François vraiment heureux que lorsqu'ils se réuniront tous sous l'étendard de la loi, pour concourir unanimement au parfait établissement de l'ordre ;

« Sur ce ouï le procureur général sindic ;

« Nous arrêtons que tous citoyens, toutes sociétés, agrégations et communautés religieuses ou séculières, pourront ouvrir leurs églises, chapelles, temples et autres lieux qu'ils entendent destiner à l'exercice d'un culte religieux quelconque, sans être soumis à autre surveillance qu'à celle des officiers de police, auxquels il est enjoint de veiller à ce qu'il ne se fasse dans ces lieux aucune exhortation, prédication ou enseignement contre la constitution du royaume, et à ce qu'il ne s'y passe rien de contraire à l'ordre public. Faisons défense à qui que ce soit d'apporter aucun trouble ni empêchement à l'exercice d'aucun culte, ni d'insulter en aucune manière les personnes qui les professeront, à peine d'être poursuivis et punis suivant la rigueur des loix ; chargeons spécialement les procureurs des communes de tenir la main à l'exécution du présent arrêté, et de dénoncer et poursuivre toutes personnes qui, par voyes de fait, injures ou menaces, tenteroient de porter atteinte à la liberté la plus entière ; et sera notre présent arrêté imprimé, publié et affiché dans toutes les municipalités du département et lu à la diligence des procureurs des communes, à issue de messes paroissiales, le premier dimanche après sa réception.

« Fait à Saintes, en directoire, le 27 octobre 1791.

« RABOTEAU. DUPUY. DUCHESNE. GARNIER. EMOND. »

Le département copiait mot pour mot le dispositif d'un arrêté du directoire du département de Paris en date du 19 octobre, inséré au *Moniteur* du 23. Un citoyen envoya de La Rochelle, le 11 novembre, au *Moniteur* du 25 novembre 1791, cette pièce qui, dit-il, « deviendra bientôt sans doute l'arrêté général de toutes les assemblées administratives, qui voudront marcher sur la ligne de la constitution et de la loi, faire jouir les citoyens de la liberté, de l'ordre et de la paix qu'elles leur doivent, et ne pas épuiser elles-mêmes toute leur force d'administration en mesures de police, fausses, puériles, contradictoires et anarchiques. »

Quand cette pièce, imprimée à Saintes chez Vincent Cappon

et Mareschal, toute parsemée de fleurs de lys, eut été apposée sur tous les murs et lue dans toutes les municipalités, quelques naïfs y crurent de bonne foi, les ecclésiastiques surtout. Ils ne tardèrent pas à être désabusés. Qu'est-ce que la liberté inscrite sur un chiffon de papier quand elle n'est pas dans les mœurs? Bientôt le procureur de la commune de Saintes vint représenter avec indignation à la municipalité que « les prêtres non conformistes se permettoient journellement de faire des fonctions publiques qui leur sont interdites par cette même loy qui les astreint à ne pouvoir dire, dans les églises paroissiales, succursales et oratoires nationales, que la messe seulement Au mépris d'une loy aussi précise les prêtres dissidents se permettent journellement de confesser, donner la communion, faire des exhortations et des fonctions publiques en tout genre. Pour faire cesser un tel abus et maintenir la loy du 13 may, je requiers qu'à l'avenir, et à dater de ce jour, il soit hinibé et défandu à ces prêtres non conformistes de s'imisser dans aucunes fonctions publiques et de ne pouvoir y dire que la messe seulement. En conséquence je requiers de plus la publication et exécution de la dite loy. »

Que devenait l'arrêté du directoire du département ? Que devenait la liberté *indéfinie* du culte ?

La municipalité (1) donc, le 14 décembre 1791 :

---

1. « Considérant que plus les ennemis de la chose publique font d'efforts pour renverser l'édifice de notre bonheur, plus il est de son devoir de redoubler de zèle et de courage pour rappeller l'exécution des loix oubliées ou méconnues ;

Considérant que le salut du peuple est la suprême loy ; que la liberté des opinions religieuses a pour bornes l'intérêt de la société et la tranquillité générale ; que la manifestation en doit être interdite toutes les fois qu'elle trouble l'ordre public ; que ces principes sacrés seront toujours la règle invariable et constante de sa conduite ;

Considérant que les prêtres non conformistes s'immisent journellement dans les fonctions publiques et ministérielles, au mépris de la loy du 13 may dernier qui leur permet seulement de dire la messe ; que l'étendue illimitée qu'ils ont donnée à l'arrêté du département de la Charente-Inférieure du 27 octobre dernier, est contraire à l'esprit de ce même arrêté, qui ne peut leur avoir conféré une faculté que la loy leur interdit ;

Considérant que la conduite de ces ecclésiastiques est d'autant plus dangereuse qu'il est impossible d'acquérir des preuves légales de leur prévarication, parce que ce n'est que sous le secret de la confession qu'ils propagent leurs funestes principes, secouent partout les torches du fanatisme et de la discorde ;

Considérant que la loy du 13 may subsiste encore dans toute sa force puisqu'elle n'a été abrogée par aucune postéri e ; qu'elle est une modification au principe consacré dans l'article 10 de la déclaration des droits de l'homme et qu'il n'appartient qu'au pouvoir législatif d'étendre ou de limiter le sens d'une loi...

« Arrête à l'unanimité qu'elle s'en tiendra à l'exécution stricte et rigoureuse de la loy du 13 may dernier ; ordonne qu'elle sera de nouveau publiée, affichée et lue aux messes paroissiales pour être exécutée suivant leur forme et teneur ; fait défense à tout prêtre non conformiste de s'imiscer dans les fonctions publiques, leur enjoint de se borner à dire la messe dans les différentes églises, sous peine d'être poursuivis et punis suivant la rigueur des loix ; charge spécialement son procureur de la commune de veiller à l'exécution du présent arrêté et de luy dénoncer toutes les infractions qui pourroient y être commises.

« La municipalité représente en outre aux vrais amis de la constitution que tous les citoyens, quelque soient leurs opinions religieuses, sont sous la sauvegarde des loix et des corps administratifs ; que tous les actes d'autorité arbitraire sont attentatoires au respect dû aux autorités constituées ; que nul n'a le droit de se faire justice soi-même ; qu'une conduite qui s'écarteroit de ces principes seroit d'autant plus criminelle que la voie de la dénonciation est ouverte à tous les citoyens, et que le zèle et le patriotisme des corps administratifs et judiciaires doit assez les rassurer sur la vengeance de la loi, quant il y aura été commis quelque infraction. En conséquence la municipalité invite tous les bons citoyens à se pénétrer de ces principes qu'elle saura faire respecter par tous les moyens que la loi a mis en son pouvoir. Fait et arrêté à l'hôtel commun les jour, mois et an que dessus (1).

La municipalité semait des orages ; elle s'étonnait de recueillir des tempêtes. Après une telle proclamation les avanies pleuvent de plus belle. Bientôt on vient lui apprendre que des volontaires, « tant du bataillon du département de la Charente-Inférieure que de la garde nationale, égarés sans doute par un faux zèle ou un patriotisme trop exalté se permettoient journellement de troubler la tranquilité publique et d'attenter à la liberté des citoyens, en se transportant dans leur maison pour les insulter sous prétexte qu'ils ne sont pas partisans de

---

1. Cela est signé : « C.-A. Gout, *maire ;* Marechal, Gaudin, Mullier, Gillet, Savary, Cornillon, Canolle, Drouers et Nouvion. *c. greffier.* »

la révolution. » Le 8 janvier 1792, le collège municipal, « considérant qu'il est étonnant que des citoyens, dont les mains ne sont armées que pour veiller aux propriétés et à la sûreté des individus, soient les premiers à violer ces principes sacrés sur lesquels repose le bonheur de la société », arrête « qu'il est temps enfin de faire cesser des désordres aussi scandaleux et aussi contraires aux vrais principes de la constitution », et que les commandants prendront des mesures pour en découvrir et punir les auteurs, et aussi pour en prévenir le retour. C'était le troisième de ce genre.

Mais voici qui se complique. Le département, le 12, mande la municipalité dans la personne du maire, Claude-Antoine Gout, et du procureur de la commune, Boisnard, et la semonce vertement comme coupable de tout le mal, comme négligente, inactive, incapable. La réponse de la municipalité fut vigoureuse : « Considérant qu'une administration ne doit point se prévaloir de sa supériorité et de sa hiérarchie du pouvoir pour appesantir un joug de fer sur un corps qui n'a jamais été guidé dans toutes ses démarches que par son zèle et son dévouement entier à la chose publique », elle lui adressa, le 14 janvier 1792, une lettre où elle repousse énergiquement le blâme jeté sur elle : car, dit-elle, « les désordres que vous imputez à notre négligence ont une autre source que vous ne devriez pas ignorer ([1]). »

Et ce ne sera pas tout. Le 28 avril suivant, les désordres se renouvellent. Des gardes nationaux armés abandonnent leurs bataillons assemblés sur la place publique, vont chercher dans leur domicile quelques prêtres insermentés et les entraînent hors de la ville. C'est ce que raconte sous le coup de l'émomotion madame de Bremond, dans une lettre à son mari, le 1er mai 1792. Elle commence ainsi ([2]) :

---

1. Voir Pièces justificatives.
2. « On est, depuis hier matin, à faire l'inventaire de tes meubles de campagne, mon cher ami ; ta sœur (la chanoinesse) s'était rendue caution sous la garde de ton régisseur ; mais on a refusé cette caution, parce que, dans notre usage, les femmes ne peuvent en servir, et que la personne qui me conseillait ne connaissait pas cet usage-là... Ton frère vient de se rendre notre caution pour la maison de Dompierre et celle de la ville. Les commissaires chargés de cette besogne dans le premier de ces endroits sont : Ardouin, de Chérac, et un nommé Cousin, de la même paroisse. On ignore encore quels seront ceux d'ici ; il faudra bien que ce soit quelques coquins, puisque tous les honnêtes gens refusent cette désagréable commission... Je n'ai pas besoin de te dire combien cette loi barbare est odieuse et cause d'inquiétudes !... »

« Il y a eu ici, dimanche, une insurrection dirigée contre les malheureux prêtres fidèles à leur devoir. Les brigands, d'accord sans doute avec la municipalité, profitèrent du moment où l'on avait rassemblé toutes les troupes sur la place pour entendre lire la proclamation de guerre, pour chasser tous les ecclésiastiques hors la ville, qu'ils furent inhumainement prendre dans toutes les maisons, non seulement qu'ils habitent, mais celles où ils ont l'habitude d'aller en société... La gendarmerie à cheval, informée à temps de cette violence, se précipite sur les pas des misérables fugitifs et les ramène en triomphe en les mettant sous sa protection spéciale.

« On peut dire que cette compagnie, la maréchaussée et la troupe de ligne se sont fait beaucoup d'honneur ce jour-là et ont bien rassuré les honnêtes gens par leur contenance ferme et décidée... Cette espèce de guerre, qui fut bientôt terminée, a fait connaître aux coquins que leur parti n'était pas le plus fort ; et à moins qu'ils ne mettent les paysans de leur côté, on ne croit pas à présent qu'ils soient envieux de tenter quelque autre expédition... Je te fais tous ces détails, mon cher ami, afin que tu ne les apprennes pas par quelques étrangers d'une manière exagérée et qui pourrait te causer de l'inquiétude. Ces scélérats, à peu près au nombre de vingt, tous armés, vinrent à la maison chercher le pauvre abbé de Saint-Légier, qui, heureusement, était parti de la veille pour Orignac. Tu sens combien il aurait été effrayé! il serait mort sur place... Je fus fort contente de son absence. Je m'applaudis bien aussi, dans ce moment, de n'être pas naturellement peureuse : car des scènes aussi imprévues pourraient être fort dangereuses dans mon état (1). La présence de ton frère contribua aussi à me rassurer. C'est lui qui parla à cette canaille, qui se retira tout de suite et avec l'air assez confus. Je reconnus à la tête de cette troupe un drôle de Boguier (2), Ransard et d'autres du même

---

1. Mme de Bremond était alors grosse d'un enfant qui naquit le 31 mai 1792 et mourut en prison, où sa mère était enfermée.
2. Ce Boguier était avec Moreau et Goguet, secrétaire de la société populaire. Tous trois signent avec P. Hector Savary, ex-président, une adresse (5 décembre 1793) à tous les maires et officiers municipaux du district de Saintes pour les engager à envoyer au directoire les vases sacrés des autels, « où les prêtres de la superstition buvaient tous les jours à la santé des ignorants et des esclaves ».

calibre... ce qu'il y a de fâcheux dans cette aventure, c'est que les corps administratifs qui paraissent pourtant être dans d'assez bons principes, n'ont pas cherché à punir les coupables. »

La municipalité s'empresse de prendre des mesures, et parvient à dissiper les rassemblements. La liberté est rendue aux prêtres. Mais pour combien de temps ?

Le 29 avril, le directoire du département, informé des désordres de la veille, mande bien le district et les officiers municipaux « pour aviser aux moyens de rétablir l'ordre et de prévenir de nouveaux troubles pour l'avenir ». Les autorités étaient impuissantes parce qu'elles n'avaient pas d'énergie, et qu'ayant l'air de « veiller avec la plus grande exactitude à la sûreté des personnes et des propriétés », elles font tout pour les compromettre. Quand elles ont mis le feu au bûcher, elles crient pour qu'on éteigne l'incendie.

Ainsi les chanoines n'existaient plus : ils ne se peuvent réunir dans la salle capitulaire, seul lieu d'existence légale. Mais on les voit encore dans la « salle littéraire ». On fermera donc la salle littéraire. De plus, le 8 février, le procureur de la commune annonce que « des plaintes réitérées viennent journellement à la municipalité de ce que se permettent les sœurs de la charité de cette ville de souffrir un concours nombreux de prêtres non conformistes pour aller célébrer dans leur oratoire ; cette conduite affectée de leur part, après différents avis qui leur ont été donnés d'en faire cesser le cours, excite parmy les citoyens de cette ville des murmures et des mécontentemens qui troublent l'ordre et le repos public. » Or, « voulant faire cesser les désordres de tout genre que cette conduite occasionne », il demande « qu'il soit pris par la municipalité un arrêté tendant à ce que l'église des filles de la charité soit fermée et sur icelle les scellés apposés, et que les vases sacrés, servant au culte de cette chapelle, soient saisis et envoyés à l'hôtel des monnoyes, ainsy que la cloche d'icelle et les ornements également mis sous les scellés ».

Le département fit plus. Par un arrêté du 13 août 1792, tout en proclamant la liberté du culte pour les prêtres insermentés, il n'en ordonnait pas moins la fermeture des églises des communautés religieuses (¹).

Ainsi la persécution, déclarée depuis deux ans au clergé, devenait de jour en jour plus violente. Nulle trêve à quiconque portait l'habit religieux et avait refusé de le souiller dans la fange du parjure. Quand les clubs se taisaient, les administrations sévissaient ; quand les autorités se reposaient un peu de leurs arrêtés despotiques, les gardes nationaux se mettaient en marche et leurs sabres se chargeaient d'exécuter les réquisitoires, ou plutôt c'étaient les sociétés populaires, dirigées par deux ou trois fanatiques féroces, quelques ambitieux avides et aigris, quelques déclassés haineux et impuissants, qui à leur tour

---

1. Le département de la Charente-Inférieure assemblé en conseil général, après avoir pris l'avis du conseil général du district et de celui de la commune de Saintes, invités à la séance, et ce requérant le procureur général syndic ;

Considérant que, depuis la révolution, les germes les plus violents de haine et de discorde ont pris leur origine dans les opinions religieuses ;

Que les inquiétudes des citoyens se manifestent à cet égard d'une manière plus vive dans les circonstances actuelles, et qu'il importe à la tranquillité publique d'en prévenir les effets ; a arrêté ce qui suit :

Article I. — Toutes les églises des communautés religieuses sont dès ce moment interdites au public ; elles seront fermées à l'extérieur, et les clefs remises à la municipalité.

Article II. — Chaque communauté pourra avoir un ou deux aumôniers à la charge par la supérieure d'en déclarer le nom à la municipalité.

Article III. — Tous autres prêtres que ceux désignés par l'article précédent, qui s'introduiroient dans une maison religieuse, pour y dire la messe, ou pour y faire toute autre fonction relative au culte, seront poursuivis, comme perturbateurs du repos public.

Article IV. — Toutes les églises conservées comme paroisses succursales ou oratoires nationaux continuent d'être ouvertes aux prêtres inassermentés pour y dire la messe seulement, toutes autres fonctions leur étant interdites par la loi du 31 mai 1791.

Article V. — Les autres églises ou chapelles, desservies par un ecclésiastique sermenté, salarié par la nation, seront réputées oratoires nationaux ; en conséquence les prêtres inassermentés pourront s'y présenter pour y dire la messe, sauf à modifier cette disposition d'après l'avis des directoires de district, sur les représentations des municipalités.

Article VI. — Les prêtres inassermentés et leurs sectateurs auront la faculté, conformément à la loi ci-dessus citée, d'acheter ou de louer un édifice, pour y célébrer leur culte librement, et tranquillement sous la surveillance de la municipalité, en se soumettant à l'inscription qui sera déterminée par le directoire du département.

Article VII. — Tout citoyen qui outragera les objets d'un culte quelconque et en troublera l'exercice, sera dénoncé pour être puni suivant la rigueur des lois.

Article VIII. — Le procureur général syndic, les procureurs syndics et ceux des communes sont spécialement chargés de tenir la main à l'exécution du présent arrêté, et de dénoncer toutes les infractions qui pourroient y être commises.

Fait à Saintes en directoire, le treize août mil sept cents quatre-vingt-douze, l'an quatre de la liberté.

DUCHESNE, vice-président. ESCHASSERIAUX. DUPUY. RENOULLEAU.

menaient en laisse directoires et municipalités. Les hommes placés à la tête des corps constitués n'étaient pas dépourvus de talent et étaient honnêtes pour la plupart. L'énergie leur manquait. Qu'une motion partît de la tribune démocratique, ils tremblaient. Ils ne se sentaient plus que la force d'obéir. Dans la sanglante période qui commence et où, grâce à Dieu, nous n'avons pas à pénétrer bien avant, il est une chose qui révolte plus peut-être que les noyades de Nantes et les fusillades de Lyon, les massacres en grand et les boucheries gigantesques ; c'est la couardise, c'est la lâcheté, c'est la peur. Elle est partout ; dans ceux qui aiguisent le couteau de la guillotine et dans ceux qui le subissent. Une demi-douzaine de scélérats suffit à terroriser un grand peuple, qui s'appelle le peuple français.

Au milieu de ces troubles et de ces compétitions, de ce désordre administratif et de ces persécutions qui s'aggravent chaque jour, que devient l'évêque acclamé, il n'y a pas encore un an, ce prélat évangélique dont les vertus exaltées officiellement devaient ramener la paix dans les consciences, l'amour dans les cœurs, l'âge d'or dans son diocèse usurpé? Il s'était prêté à tout; avoit anathématisé les dissidents, lutté contre de pauvres religieuses, terrorisé des cloîtres, vexé des filles de la charité; il avait figuré pontificalement à toutes les fêtes patriotiques, à toutes les cérémonies laïques ; en dernier lieu il avait officié à l'anniversaire de la prise de la Bastille et à la confédération, le 18 juillet 1791 ; il y avait même prononcé un discours pour engager ses « frères et amis » à prononcer le serment civique (1).

1. Voici cette allocution qui nous donnera une idée de l'éloquence de l'orateur : « Citoyens militaires, frères et amis, c'est en ce moment, devenu si intéressant pour tout l'empire, que le peuple français, porté par un même mouvement de zèle et de l'amour de la patrie, au pied des autels du Dieu vivant, va lui rendre de publiques et de solennelles actions de grâces, en reconnaissance du bienfait signalé qui l'a rétabli dans ses droits primitifs, que l'esprit de domination, l'insatiable cupidité, l'ambition, l'idée mal conçue d'une grandeur imaginaire, avaient tellement défigurés, qu'à peine pouvait-on se persuader qu'ils eussent existé. Oui, frères et amis, ces droits sacrés que la nature avait gravés dans tous les cœurs, en caractères ineffaçables, viennent enfin d'être connus ; l'homme né libre n'a pu plus longtemps se courber sous le poids énorme qui l'accablait ; il a senti que la loi seule qu'il s'est imposée dans l'ordre social doit le commander, mais il doit sentir aussi, qu'il faut que cette nécessité d'obéir à la loi, en respectant l'autorité de ceux à qui l'exécution en est confiée, tempère et modifie ce sentiment de liberté qui, mal entendue, ne pourrait que l'égarer et le perdre. S'il est libre, il faut que

CHAPITRE XXVI.

Malgré ces démonstrations solennelles, sa présence aux pompes théâtrales de la procession de Mirabeau, malgré son obséquiosité, on s'était lassé de cette docilité qui n'était pas une force; l'instrument était usé; on méprisait cette autorité morale sans effet, ce pouvoir spirituel sans croyances; on consentait encore à payer les frais d'impression de son mandement parce qu'il y recommandait de bien payer les impôts; encore lui faisait-on entendre qu'il ne faudrait pas recommencer. On n'avait plus besoin de ses services. Honni des fidèles, dédaigné des constitutionnels, abandonné du gouvernement, il voit qu'on s'est servi de lui et qu'il n'a plus rien à faire, pasteur sans troupeau, évêque sans églises, prêtre au milieu de collaborateurs mariés.

« Le 6 décembre 1793, raconte un contemporain, Robinet, qui avait abdiqué honteusement son évêché, après avoir remis au département tous ses titres le concernant, même, dit-on, ses lettres de prêtrise, a laissé son palais épiscopal, a abandonné la ville et est allé cacher sa honte et sa turpitude dans une petite maison de campagne de M. Robinet, son frère, près de Saint-Jean d'Angély. Son règne, qui a passé dans le mépris, n'a pas été long ; il a été détruit par les mêmes mains qui l'avaient élevé. Tous ses indignes coopérateurs se sont aussi séparés ; ils ont abandonné l'évêché, et ils sont errants dans des maisons, ou chambres de la ville. » J'ai raconté la fin de ce pontife éphémère. Il a tenu si peu de place, il disparaît si obscurément, que l'historien de la Saintonge, celui-là même qui a vanté ses guêtres de laine, salué cet apôtre de la primitive église, et suivi pieusement son cortège démocratique, ne s'inquiète plus en-

---

les autres le soient aussi ; il doit ménager leur liberté, respecter leurs propriétés, les secourir dans leurs besoins, les protéger contre l'oppression et l'injustice ; enfin il ne doit jamais oublier que si le bien et l'intérêt général l'emportent sur l'intérêt personnel, ces droits que la loi accorde à chacun en particulier, doivent être sacrés et inviolables ; prenons donc garde de ne nous pas laisser aller à une fausse idée de liberté, et évitons par une entière adhésion aux vues bienfaisantes de nos sages législateurs, le malheur de ceux qui ont osé porter atteinte à la propriété, à la sûreté des hommes que les lois ont rendues sacrées. C'est avec de tels sentiments, frères et amis, que vous devez approcher de l'autel pour y faire, sous les auspices de la religion et en présence du Dieu qui sonde les cœurs et les consciences, votre serment civique ; c'est-à-dire, promettre d'être inviolablement fidèles à la nation, dont chacun de nous fait une partie intégrante, à la loi que vous vous êtes vous-mêmes imposée et de maintenir de toutes vos forces et de tout votre pouvoir, la nouvelle constitution, dont l'ensemble doit faire le contentement, la satisfaction et le bonheur de tous. »

suite de son sort : « Nous ignorons, avoue-t-il sans façon au dernier volume de son *Histoire de la Saintonge*, tome VI, p. 390, nous ignorons ce qu'était devenu ce prélat au milieu des orages de la révolution. » Hélas! il était devenu qu'il était mort, délaissé de ceux qui l'avaient porté aux honneurs, abandonné de ceux qui l'avaient acclamé, oublié de ceux qui avaient décrit son humble costume et ses vertus constitutionnelles.

CHAPITRE XXVII.

Lettre des évêques au pape. — La Rochefoucauld la signe. — Sa fermeté. — Mandement pour adopter l'instruction de Pie VI. — Sa protestation d'attachement à l'Église. — Robinet demande que le département fasse les frais de sa lettre pastorale. — Accordé parce qu'il prêche le payement des impôts. — Pierre-Louis à Soissons.

Il n'y avait plus de place pour Mgr de La Rochefoucauld dans son diocèse. Les prêtres fidèles, là comme ailleurs, étaient, sous peine d'être déportés sur les pontons de Rochefort ou de mourir sur l'échafaud, forcés de s'expatrier. Et quand ils ne se hâtaient pas assez de partir, on a vu comment on savait les y contraindre. Les religieuses, inoffensives dans leur cloître, étaient sommées de respecter l'intrus.

Elles n'ont pour armes que les prières ; c'est encore trop ; on les leur interdira ; toujours au nom de la liberté de conscience et du culte. Sur le siège épiscopal siégeait Robinet, escorté d'un clergé déjà déconsidéré et qui chaque jour se déshonorait davantage, soumis au département qui lui dictait ses ordres ponctuellement exécutés. La présence de l'évêque n'eût fait qu'exciter la persécution ; et il eût inutilement compromis les amis qui se seraient dévoués à le recevoir. Sa voix était étouffée ; on déchirait ses mandements ; on brûlait ses écrits pastoraux ; on le dénonçait à l'accusateur public et à l'assemblée nationale. Il resta à Paris. Là aussi il entendait les hurlements de la haine ; il voyait effiler les piques. Peut-être espérait-il y être moins en vue qu'en Saintonge En vain on le pressait de partir. Ses collègues dans l'épiscopat quittaient une terre où chaque pas les exposait à la mort ; ils allaient chercher chez les étrangers la liberté de prier Dieu que la patrie leur refusait et mettre à l'abri leur vie chaque jour menacée sur le sol natal. Il resta, décidé à lutter jusqu'à la fin et à accomplir son devoir jusqu'au bout.

Pierre-Louis avait signé l'*Exposition des principes*. Pie VI y répondit par son bref du 10 mars 1791. « Le pape, dit l'abbé Barruel ([1]), y déclarait ne vouloir rien prononcer du tout sur la révolution française relative aux objets civils et au gouvernement temporel qui ne sont, en effet, nullement de sa compétence hors de ses états. Mais il examinait à fond les lois et les principes relatifs au gouvernement religieux du clergé, à la hiérarchie et aux dogmes évangéliques ; il ne prononçait encore aucune censure contre ceux qui auraient fait le serment de maintenir la constitution décrétée par le clergé ; mais il décidait, en qualité de souverain pontife, successeur de saint Pierre, vicaire de Jésus-Christ chargé de maintenir l'unité et les dogmes de l'Église, que cette constitution civile du clergé était un chaos de schisme et d'hérésie. »

Le 3 mai, les trente évêques signataires rappelèrent au pape tout ce qu'ils avaient fait à l'assemblée nationale pour prévenir les maux dont gémissait l'Église. Pied à pied ils avaient combattu toutes les propositions qui conduisaient au schisme. On voulait l'élection des évêques ; ils l'admettaient ; mais ils voulaient qu'elle fût faite par les évêques, par les prêtres et les députés des églises. On voulait supprimer les chapitres et les remplacer par des vicaires épiscopaux ; eux proposaient de faire des chanoines les vicaires de l'évêque. Ainsi du reste. Toujours ils avaient reconnu la nécessité des réformes ; mais toujours aussi ils avaient nettement distingué les règles disciplinaires des principes constants, pour se prêter aux modifications des unes et maintenir énergiquement les autres. Partout éclate dans cet écrit le patriotisme le plus sincère et la modération la plus grande. Ce qui les affligeait surtout, ce n'était ni la perte de leurs biens, ni les persécutions dont ils étaient l'objet ; c'était la situation malheureuse de l'église gallicane. Aussi, ils n'hésitaient pas, et étaient tous prêts à se sacrifier eux-mêmes au bien de l'état et de la religion. « Éle-

---

1. *Histoire du clergé pendant la révolution française*, I, 96.

vez-vous, s'écriaient-ils en finissant, élevez-vous, Très-Saint-Père, dans toute la sagesse et la liberté de votre ministère. Sortez du milieu de ces considérations et de ces convenances privées qui meurent avec nous. Nous occupons un faible point dans le temps comme dans l'espace, et notre sort ne peut point entrer en balance avec les destinées des empires et les promesses de l'Église. Voyez la loi qui s'arme de la force et qui retentit comme un tonnerre public d'un bout de la France à l'autre. Voyez tous les évêques de France, excepté quatre, destitués de leurs sièges ; les uns décrétés par les tribunaux, d'autres arrachés de leurs habitations par la force, ou même transportés comme des criminels hors de leurs diocèses, d'autres mis en fuite sans défense et forcés de se dérober, non pas au péril, mais à la nécessité d'épargner un crime à des concitoyens ; des pasteurs vertueux et des prêtres fidèles insultés, attaqués au milieu du temple, dans la chaire de vérité, sur les marches du sanctuaire et dans le sein même de ces asiles inviolables où s'entretient le feu pur et sacré de la religion et de la vertu ; des vierges saintes que la jeunesse et l'innocence, la faiblesse de l'âge ou les infirmités n'ont pu dérober aux injures. Voyez nos églises envahies par un nouveau sacerdoce, et celles où n'ont point pénétré les innovations, interdites à la piété qui cherche les saintes solennités et qui fuit les profanations ; cette foule de ministres de tous rangs enlevés à leurs fonctions, séparés de leurs paroisses, dont l'Église ne les sépare point encore, et chargés, par sa mission qu'elle n'a point révoquée, de ces saintes obligations dont la loi leur fait un crime. Voyez les fidèles placés dans cette situation la plus cruelle de toutes, celle qui semble les mettre dans une contradiction nécessaire avec eux-mêmes entre la religion et la loi. » Si pour remède le pape voulait leurs démissions, ils la lui offriraient de grand cœur : « Que les principes soient en sûreté, que les pouvoirs de l'Église sur l'institution de ses ministres soient respectés et maintenus, et qu'une mission canonique puisse nous donner des successeurs légitimes, nous mettons à vos pieds, Très-Saint-Père, nos démissions, non pas ces démissions forcées, et ces interprétations arbitraires auxquelles nous n'avons point consenti ; ni tous ces actes garants de notre attachement pour nos devoirs, qu'on traduit comme un renoncement à nos places; mais nos libres et volontaires démissions fondées sur ces mêmes sentiments qui repoussent le joug d'une contrainte que les lois civiles ne peuvent pas nous imposer et qui n'admettent dans l'ordre de nos fonctions spirituelles d'autre autorité que celle de l'Église. Nous remettons nos démissions dans vos mains, afin que rien ne puisse plus s'opposer à toutes les voies que votre sainteté pourrait prendre dans sa sagesse pour rétablir la paix dans le sein de l'Église gallicane. »

En même temps que Pierre-Louis de La Rochefoucauld signait avec ses vingt-neuf confrères cette magnanime lettre, se répandait en France le bref du 13 avril. Pie VI, instruit de la consécration des évêques constitutionnels, de leur intrusion et de l'expulsion des vrais pasteurs, déclarait illégitimes et contraires aux canons ces élections et l'érection de nouveaux sièges. Il prononçait la suspense contre tous les ecclésiastiques qui avaient fait purement et simplement le serment de maintenir la constitution civile, s'ils ne se rétractaient pas dans les quarante jours. Il interdisait de toutes fonctions épiscopales tous ceux qui avaient été consacrés évêques contre les lois de l'Église.

Le déchaînement fut grand contre ces actes du Saint Siège. Au Palais-Royal à Paris et dans diverses villes, on promena sur un âne un mannequin habillé en pape, et après mille saturnales, la foule, en blasphémant et en chantant, jeta dans les flammes et les brefs et l'effigie du souverain pontife.

Ces orgies et les menaces n'effrayèrent pas Mgr de Saintes. On ne saurait trop admirer ce courage calme dans le péril. Il n'a pas l'air de soupçonner qu'à chaque mot il joue sa tête. Il va son chemin ; il fait son devoir. Le reste, la suite, l'avenir est à Dieu. Le conquérant est beau sur le champ de bataille au milieu du trépas qui frappe autour de lui sous mille formes. Il ne faut pas moins glorifier ce défi jeté à la mort, à une mort cruelle, pour une page écrite de sang froid dans le silence du cabinet, mort sans éclat, obscure aux yeux des hommes, sans les fanfares qui excitent, sans l'exemple qui entraîne, sans les cris et la poudre qui enivrent.

Le 3 juin 1791, La Rochefoucauld adressa avec le bref du pape un mandement où il accepte pleinement les bulles apostoliques du 13 avril, prononce en ce qui regarde son diocèse les peines ordonnées par Pie VI, et finit par un témoignage de profond attachement au siège de Rome.

« Pierre-Louis de la Rochefoucauld, évêque de Saintes par la miséricorde divine et la grâce du Saint Siège apostolique, au clergé et à tous les fidèles de notre diocèse, salut en notre seigneur Jésus-Christ (1) :

---

1. Vu la lettre de notre saint père le pape du treize avril dernier, adressée aux évêques, au clergé et à tous les fidèles de l'église de France, concernant les ecclésiastiques qui ont prêté le serment prescrit par l'assemblée nationale le 27 novembre précédent, et les faux pasteurs déjà en possession ou prêts à s'emparer de l'administration des diocèses et des paroisses ;

Vu aussi le bref particulier, écrit le même jour par le souverain pontife aux métropolitains chargés, suivant l'ancien ordre de l'église, de transmettre et communiquer les dites lettres aux évêques de leurs provinces pour la distribution en être faite dans les principaux lieux de chaque diocèse ;

Considérant qu'il est de notoriété publique que le chef de l'église a été saisi par le roi et par les évêques de France du nouveau plan de constitution du clergé et de tout ce qui s'en est ensuivi dans ses rapports avec la religion ; que ce concours au premier siège était conforme à la pratique immémoriale des grandes églises d'Orient et d'Occident, et que l'intervention de l'église romaine devenait plus indispensable encore depuis que la permission de s'assembler en concile avait été refusée aux instances des représentants de l'église de France ;

Considérant que nos pères nous ont appris que c'est dans le saint siège principalement et dans le corps de l'épiscopat uni à son chef qu'il faut trouver le dépôt de la doctrine catholique confiée aux évêques par les apôtres, et qu'il n'est point d'orthodoxe qui doute que le pape ne soit chef, primat et pasteur de l'église universelle, père et docteur de tous les chrétiens, selon le langage du concile de Florence, et qu'il ne puisse en cette qualité pourvoir, dans le cas et selon les formes de droit, au régime de tous les diocèses et à toutes les fonctions pastorales, qui y sont nécessaires pour le bien des âmes ;

Considérant que déjà la lumière a commencé à se répandre du haut de la chaire apostolique par la réponse de sa sainteté aux prélats députés à l'assemblée nationale ; que sa nouvelle instruction, adressée à l'église de France tout entière, ne laissera plus de doute aux yeux des peuples sur l'enseignement uniforme du pape et des évêques ; que plus nous en avons médité les dispositions, plus nous y avons trouvé la *tradition de notre église*, le langage de nos collègues dans l'épiscopat, la doctrine et la pratique de l'église universelle, et que Pierre a parlé par la voix de son successeur ;

Considérant enfin que telle est aujourd'hui la violence de la tempête contre l'église gallicane, que les évêques voudraient en vain procéder à l'acceptation et publication du décret apostolique dans les formes antiques et solennelles que la sage discipline de nos pères avait consacrées ; qu'il s'agit des plus grands intérêts de la religion, et que privés de la consolation de recevoir, en corps de pasteurs, la décision du souverain pontife, nous n'en sommes pas moins tenus de faire connaître notre vœu, pour éclairer les consciences, affermir nos frères dans la foi et préserver des malheurs du schisme la portion du troupeau de Jésus-Christ confié à notre sollicitude...

« Nous déclarons accepter avec respect et soumission le jugement émané de l'autorité du saint siège, le 13 avril de la présente année 1791, et notamment les dispositions qui condamnent le serment exigé des ecclésiastiques français, et celles qui, relatives aux évêchés et aux cures, prononcent dans l'ordre de la religion la nullité des nouvelles érections, nominations et confirmations, et de tous les actes de juridiction faits en conséquence par des pasteurs intrus et sans pouvoir.

« Nous déclarons unir notre voix à celle du vicaire de Jésus-Christ pour rappeler à l'observation des saints canons, par des avertissements paternels et charitables, les ecclésiastiques de notre diocèse qui ont eu le malheur de consentir à une prestation pure et simple du serment ordonné, et ceux qui, ne se bornant pas à cette première contravention, se seraient ingérés dans la charge des âmes sans une mission expresse des dépositaires de l'autorité spirituelle. A l'égard des censures et peines purement canoniques, décernées à Rome dans des circonstances extraordinaires contre les membres du clergé coupables d'intrusion ou de parjure et qui persévéreraient dans leur défection, nous en ordonnons l'exécution en ce qui concerne notre diocèse, sans préjudice du droit ou plutôt du devoir attaché à notre qualité de juge ordinaire et immédiat des personnes ecclésiastiques en matière spirituelle. Et quant au très petit nombre d'anciens et légitimes évêques dont la chute nous afflige profondément, si les conjonctures où se trouve l'église de France ne permettoient pas de les renvoyer devant le concile de leur province, leur personne ne doit pas être jugée sans quelques mesures conservatrices des formes établies pour ces sortes de procédure par le droit canonique du royaume. Nous comptons toujours au premier rang des devoirs de notre apostolat le soin de resserrer par notre exemple, les liens de l'obéissance due à l'autorité du saint siège et à la personne de notre très saint père, le pape Pie VI. Puissent ne s'effacer jamais de la mémoire des véritables enfants de l'église gallicane les leçons immortelles du plus célèbre défenseur de ses libertés! Il y a, disait Bossuet parlant au nom de toutes les églises de France, « il y a un premier évêque ; il y a un Pierre, préposé par Jésus-Christ même à conduire le troupeau ; il y a une mère-église qui est fondée sur cette unité comme sur un roc inamovible et inébranlable... Qu'elle est grande l'église romaine, soutenant toutes les églises, portant le fardeau de tous ceux qui souffrent, entretenant l'unité, confirmant la foi, liant et déliant les pécheurs, ouvrant et fermant le ciel ! Qu'elle est grande encore une fois, lorsque, pleine de l'autorité du saint père, de tous les apôtres, de tous les conciles, elle en exécute avec autant de force que de discrétion les salutaires décrets !...

« Quel aveuglement quand les royaumes chrétiens ont cru s'affranchir en secouant le joug de Rome qu'ils appelaient un joug étranger, comme si l'église avait cessé d'être universelle ou que le lien commun, qui fait de tant de royaumes un seul royaume de Jésus-Christ, fût devenu étranger à des chrétiens !... L'église de France est zélée pour ses libertés, et elle a raison... Mais nos pères nous ont appris à soutenir les libertés sans manquer au respect !...

« Sainte église romaine, mère des églises et mère des fidèles, église choisie de Dieu pour unir ses enfants dans la même foi et dans la même charité, nous tiendrons toujours à ton unité !... Vous qui m'écoutez... tremblez à l'ombre même de la division ; songez au malheur des peuples qui, ayant rompu l'unité, se rompent en tant de morceaux [1]. »

Et ailleurs : « Quand le pape, comme le chef et la bouche de toute l'Église, du haut de la chaire de saint Pierre dans laquelle toutes les églises gardent l'unité, annonçait à tous les fidèles la commune tradition avec toute l'autorité du prince des apôtres, les évêques reconnaissaient dans le décret du premier siège la tradition de leurs saints prédécesseurs, toute vivante dans leurs églises ; et ce consentement était la première marque de l'assistance du Saint-Esprit qui animait tout le corps de l'église catholique. C'était là cet examen que le grand pape saint Léon avait tant loué. Ainsi les évêques avouaient que le premier siège, lorsque le besoin de l'Église le demandait, pou-

---

1. BOSSUET, *Sermon sur l'unité de l'Église*.

vait commencer, pour être suivi avec connaissance par les sièges subordonnés, en sorte que tout aboutit à l'unité catholique (¹). »

« Et sera la présente ordonnance envoyée à toutes les églises paroissiales et à toutes les communautés ecclésiastiques séculières et régulières de notre diocèse avec les lettres apostoliques du 13 avril dernier et une traduction française pour l'instruction de tous les fidèles. Nous attendons de l'esprit sacerdotal qui anime nos vénérables coopérateurs dans l'exercice du saint ministère, qu'ils agiront avec autant de circonspection et de prudence que de zèle et de charité, pour faire connoître à leurs paroissiens le jugement du père commun des fidèles, en assurer l'effet sur les consciences et concourir ainsi à la paix de l'église et au rétablissement des lois.

« Donné à Paris, le trois juin 1791.

« ✠ PIERRE-LOUIS, évêque de Saintes. »

Ces belles et sages paroles parvinrent-elles à leur adresse? On peut l'affirmer. La foi était vive, et se ranimait au spectacle des défaillances. La voix de l'évêque dut consoler, encourager, raffermir. Quelle différence entre lui et son successeur officiel! La Rochefoucauld agit, quoi qu'il arrive; Robinet, avant d'envoyer son mandement, le soumet humblement au visa des administrateurs du département et les prie d'en payer les frais d'impression. On consent bien volontiers: car outre qu'elle « respire la religion la plus évangélique », cette lettre contient l'exhortation la plus pressante pour le payement des contributions... source précieuse du bonheur public. » La pièce vaut la peine d'être citée :

« Aujourd'hui 26 janvier 1792, le directoire du département assemblé au lieu ordinaire de ses séances, sont entrés MM. les vicaires de l'église cathédrale du département, qui ont mis sur le bureau un mandement pastoral de M. l'évêque aux fidèles de son diocèse, et ont demandé qu'attendu l'utilité générale qu'il pouvait offrir, l'administration arrêtât que la dépense de

---

1. « Procès-verbal de l'assemblée du clergé de 1700. » — C'est le renvoi que met Briand; mais je n'ai point trouvé ce passage à l'endroit indiqué. Je le cite d'après l'*Histoire de l'église Santone*.

l'impression fût prise sur les fonds qu'elle devait fixer pour les frais du culte du service de l'église épiscopale. Lecture ayant été faite de ce mandement, le directoire y a reconnu le sentiment qui respire la religion la plus évangélique, l'exhortation la plus pressante pour le payement des contributions et l'accomplissement de tous les devoirs que prescrit la constitution qui régit les Français. En conséquence, après avoir délibéré sur la proposition de MM. les vicaires, le directoire, considérant combien il est important de propager une morale aussi pure et aussi utile dans un temps où les ennemis de la chose publique s'agitent en tous sens pour renverser l'édifice sacré de la constitution, en semant une doctrine contraire à l'esprit de la religion, pour exciter le fanatisme, et en arrêtant par leurs perfides manœuvres le cours des recouvrements, source précieuse du bonheur public, a arrêté que provisoirement le mandement serait imprimé, et les frais d'impression pris sur les fonds destinés aux frais du culte ; que copie du présent arrêté serait envoyée au ministre de l'intérieur pour obtenir l'approbation du roy, et qu'il serait prié de faire connaître en même temps d'une manière précise au directoire quels sont les objets de dépenses du service de l'évêque et de son conseil, qui doivent être considérés comme frais de culte.

« Arrêté en directoire les dits jour et an. RABOTEAU. LE VALLOIS. RENOULLEAU. DUCHESNE. EMOND. »

Le mandement du 3 juin 1791 fut le dernier acte épiscopal de La Rochefoucauld. Nous trouvons cependant encore de temps en temps son nom mêlé aux faits qui se passent en Saintonge. Ainsi, le 12 juillet 1791, il réclame au directoire du district de Saintes le complément de son traitement pour l'année 1790. Après mûre délibération, le directoire, sur un état de recettes présenté par un fondé de pouvoirs, fixe approximativement son revenu à 30,000 livres, et lui accorde 12,412^l, 18^s, 8^d dont il faudra déduire la contribution patriotique ([1]).

Robinet n'était pas plus heureux pour se faire payer. Le 11 juin 1791, il demande à toucher quelque chose de son traite-

---

1. Voir Pièces justificatives.

ment. Aussitôt « le directoire, considérant que le sieur Robinet a droit à son traitement comme évêque, à dater du 20 mars dernier, époque de sa consécration, et qu'il n'a reçu en cette qualité que le montant du trimestre de sa pension d'avril à juillet de la présente année,

« Est d'avis qu'il soit payé au sieur Robinet, comme évêque constitutionnel du département, sur la caisse du district, la somme de 330^l, 3^s, 4^d, pour son traitement depuis le 20 mars jusqu'au 1er avril de la présente année, sauf à imputer sur ladite somme celle de 55^l, 11^s, 1^d, dont il se trouve débiteur à la caisse du district, à raison du remboursement qu'il doit effectuer de pareille somme qu'il a touchée pour son traitement, comme curé de Saint-Savignien depuis le 20 mars jusqu'au 1er avril 1791, à raison de 500^l par trimestre. »

On rendit cependant justice une fois à l'évêque dépossédé. Le 3 janvier 1792, le directoire du district trouva que son fondé de pouvoirs réclamait « avec raison la réduction de la contribution patriotique de cet évêque en proportion de celle de ses revenus anciens, et que ne devant jouir, en 1790, que de trente mille livres de traitement, le quart de cette somme doit être la dose du payement à faire pour le terme de 1791, et conséquemment la somme de 2,500 livres sera suffisante pour l'acquitter ». Ainsi le directoire fut d'avis « que le sieur La Rochefoucauld soit admis à ne payer au receveur de la contribution patriotique que la somme de 2,500^l pour le terme d'avril 1791, et que sur la représentation de la quittance de cette somme, le receveur du district soit tenu d'acquitter à ce dernier la somme de 12,413^l, 4^s, 8^d, portée dans l'ordonnance du département du 23 août 1791. »

Le 7 février suivant, nouvelles réclamations. La Rochefoucauld, par l'intermédiaire de Descroizettes, demande son traitement pour 1791. Le directoire juge qu'il n'a été fonctionnaire public que jusqu'au 10 avril 1791. On ne lui doit donc que 7,500 livres. Pour les neuf autres mois de l'année, il n'a droit qu'à 7,500^l, et le caissier est autorisé à payer 15,000^l pour l'année entière 1791. Mais comme sa contribution patriotique est fixée sur un traitement de 30,000 l. et que son traitement n'est plus que du tiers, on lui accorde, sur sa demande, de ne payer que 1250¹ pour son troisième et dernier trimestre. Grâce suprême accordée à celui dont naguère on briguait la faveur et les bienfaits.

Louis de La Rochefoucauld devait siéger pour la dernière fois dans l'assemblée nationale le vendredi 30 septembre 1791. Le lendemain s'ouvrait l'assemblée législative ; comme tous ses collègues de la constituante, il ne pouvait y être appelé, mesure déplorable, inspirée par un ridicule sentiment de générosité, qui remettait une seconde fois les destinées de la France en des mains inexpérimentées et en outre moins capables : car il est difficile après avoir élu les 1208 hommes les plus éminents d'un pays d'en trouver aussitôt un égal nombre d'aussi distingués. L'évêque de Saintes est resté à Paris, refusant l'expatriation comme beaucoup de ses confrères, comptant, avec sa générosité native, sur la bonté des hommes. Qu'il devait être cruellement détrompé !

Après la journée du 20 juin, ou plutôt après la séance du 4 juin, où l'ex-capucin Chabot avait dénoncé le cardinal de La Rochefoucauld comme tenant chez lui des assemblées illicites, raconte dans son style Briand, III, 55, qui confond l'archevêque de Rouen avec l'évêque de Beauvais, « les deux frères se retirent à Soissons chez leur sœur, abbesse de Notre-Dame. Les révolutionnaires ayant envoyé dans cette ville quelques détachements de troupes imbues de l'affreux esprit de l'époque, les deux évêques furent bientôt obligés de retourner à la capitale, afin de ne pas exposer leur sœur et ses religieuses aux vexations et aux poursuites de ces cannibales. » Il paraît qu'une perquisition minutieuse faite dans le monastère amena la découverte d'une petite imprimerie portative dont l'évêque, dans ses moments de loisir, se servait pour composer quelques prières aux religieuses. Aussitôt, cet inoffensif instrument de passe-temps fut transformé en un engin qui répandait à flots des libelles contre la révolution. Heureusement, les deux prélats, pendant la nuit, à la faveur d'un déguisement, purent quitter Soissons (¹). Paris leur semblait, comme à beaucoup

1. *La France pontificale. Diocèse de Beauvais*, p. 138.

d'autres, un lieu d'asile plus sûr. La foule n'est-elle pas un désert? Mais il est des hommes qui ne se dérobent pas facilement aux regards. Et à cette époque un prêtre, un évêque, un La Rochefoucauld devait forcément attirer les yeux. Mgr de Saintes n'avait jamais cherché à briller, il s'imaginait que l'obscurité l'environnait. Les événements allaient entourer son nom d'une auréole qu'il n'aurait osé espérer.

Quant à l'abbesse de Soissons, Marie-Charlotte de La Rochefoucauld ne tarda pas à être expulsée de son monastère. « Emprisonnée sous la Terreur, dit Mathon de La Varenne (1), comme les personnes de son rang, infirme, réduite à l'indigence et subsistant du faible travail de quelques-unes de ses religieuses qui instruisaient la jeunesse, elle supporta toutes ses traverses avec une piété angélique, et fut toujours un exemple des vertus chrétiennes... Une piété éminente, une tendre charité envers les pauvres, la stricte observation de ses devoirs, lui avaient gagné tous les cœurs... Ses funérailles ont été célébrées avec une pompe égale à la douleur que causait sa perte. » Digne sœur de deux frères martyrs (2)!

---

1. *Histoire particulière des événements d'août et septembre 1792*, p. 32.
2. Pierre-Louis avait le culte de la famille. Voici une nouvelle preuve de son affection pour les siens, même éloignés. En 1641, le 26 août, François de la Rochefoucauld, écuyer, seigneur de Fontpastour en la paroisse de Vérines, épousait Marie de Beaucorps. (Anselme, *Histoire des grands officiers de la couronne*, IV, 457.) Marie de Beaucorps était fille de Henri de Beaucorps, seigneur de Guillonville et d'Annezay, et petite-fille d'Antoine de Beaucorps, seigneur de Guillonville et de Châteaubardon, capitaine dans l'armée du prince de Condé, etc., qui épousa, en 1585, Dorothée de La Jaille, dame d'Annezay. En raison de cette alliance des La Rochefoucauld et des Beaucorps, les membres de ces deux familles se traitaient de cousins, et l'évêque de Saintes tint à donner la confirmation dans sa chapelle épiscopale à son petit-cousin, Henri-Charles de Beaucorps de Parençay, fils de François, marquis de Beaucorps de La Bestière, et de Marie du Souchet de Maqueville, qui fut baptisé, à Saint-Laurent-la-Barrière, le 8 septembre 1774, et reçu de minorité dans l'ordre de Malte le 8 mai 1779. Il épousa en 1804 Anne du Vergier de La Rochejaquelein, et mourut en 1850.

CHAPITRE XXVIII.

Le 10 août. — Arrestation de l'évêque de Beauvais. — L'évêque de Saintes veut suivre son frère en prison. — Comité du Luxembourg. — Les Carmes. — Vie en prison. — Angoisses. — Pierre-Louis refuse de s'échapper. — Manuel aux Carmes. — Les massacres du 2 septembre. — Prémédités et organisés. — La tuerie. — Mort des deux frères.

L'échauffourée du 10 août, où seulement périrent soixante-quatorze des assaillants, était devenue une révolution. Cette surprise dont, jusqu'à succès, doutèrent les chefs, Danton, Robespierre et Marat, avait réussi : le trône était tombé ; il fallait renverser l'autel. La facilité du premier coup de main encourageait pour le second. Si Louis XVI avec toutes ses troupes avait opposé une résistance aussi nulle, combien devrait être commode de se débarrasser de gens d'église, dispersés, qui n'avaient pour armes que la prière ! Au plus fort de l'insurrection, l'assemblée législative avait autorisé son président, Gensonné, à nommer des commissaires qui exciteraient partout le peuple « à prendre lui-même les mesures nécessaires pour que les crimes fussent frappés du glaive de la loi ». Le lendemain, le conseil général de la commune de Paris disait dans une proclamation : « Peuple souverain, suspends ta vengeance ; la justice endormie reprendra aujourd'hui ses droits, tous les coupables vont périr sur l'échafaud. » Et des instructions étaient transmises à toutes les sections pour arrêter les nobles et les prêtres, et les enfermer à Saint-Firmin, à l'Abbaye ou aux Carmes.

Le zèle des comités n'avait pas besoin d'être excité. Il ne fallait qu'un signal. Le jour même, 11 août, la section du Luxembourg et celle du jardin des Plantes se mirent avec ardeur à cette besogne. C'était sur leur territoire qu'il y avait le plus grand nombre d'établissements religieux.

La première siégeait dans une des salles du grand séminaire

de Saint-Sulpice, que le vénérable supérieur, Jacques-André Emery, avait gracieusement mise à sa disposition. La seconde, qui s'était donné le nom de section des Sans-Culottes, se tenait rue Saint-Victor, au coin de la rue des Fossés Saint-Bernard, dans l'église du séminaire de Saint-Firmin qui appartenait aux pères de la mission de la maison Saint-Lazare. Dans l'après-midi, soixante-douze ecclésiastiques avaient déjà paru devant le seul comité du Luxembourg. Le 13, cinquante-deux autres étaient emprisonnés à Saint-Firmin. Qu'on ne s'étonne pas de cette rapidité ; il y avait longtemps que les listes étaient préparées. L'évêque de Saintes fut un des premiers arrêtés avec l'évêque de Beauvais et l'archevêque d'Arles. C'était par les pasteurs qu'on devait naturellement commencer : le troupeau serait plus facilement dispersé et égorgé.

François-Joseph, on ne sait pourquoi, avait attiré sur lui particulièrement la haine. L'affaire de sa correspondance saisie avait-elle laissé une impression fâcheuse pour lui ? On l'accusait d'avoir fait partie du fameux et chimérique comité autrichien, et, le 4 juin, Chabot avait fait un long rapport où il dévoilait toutes les menées des contre-révolutionnaires. L'archevêque de Rouen, Dominique de La Rochefoucauld, avait été mêlé à ces dénonciations. « Le Chevalier, commissaire de police de la section du faubourg Montmartre, disait Chabot (*Moniteur*, du 6 juin, XII, 579), donne avis d'un rassemblement de chevaliers armés de poignards, et ajoute que le ci-devant évêque de Rouen, M. La Rochefoucauld, tient chez lui des assemblées suspectes d'où partent des courriers pour les départements. »

Évidemment, il était resté quelque chose de ces calomnies. Le cardinal était en terre étrangère. Mais un La Rochefoucauld restait. Il pourrait payer pour deux. Peut-être faut-il chercher dans cette confusion de nom l'acharnement spécial dont était l'objet le pacifique et doux évêque de Beauvais.

Du reste il prévoyait le danger et s'y préparait ; le 13 août, il rédigeait ainsi son testament, dont la minute fut, le 12 octobre suivant, déposée par des mains fidèles en l'étude de M. Ballanger, notaire à Beauvais.

« Au nom du Père, du Fils et du Saint-Esprit.

« Les circonstances fâcheuses où se trouvent les ecclésiastiques qui ont refusé le serment exigé par l'assemblée constituante, devant leur faire craindre la fureur du peuple que l'on cherche à animer contre eux, je me crois dans le cas de mettre par écrit mes volontés, si Dieu permettait que je fusse victime de cette animosité.

« Je déclare que je n'ai rien à me reprocher sur ce qu'on appelle contre-révolution ; que je n'ai jamais directement ni indirectement rien fait contre le nouveau gouvernement ; que personne ne s'est plus porté que moi à payer de bonne grâce les secours que chacun doit à sa patrie : voilà ce qui regarde la puissance temporelle.

« Je déclare en outre que je suis évêque catholique, apostolique et romain ; que je crois toutes les vérités que ma religion m'a enseignées et me charge de pratiquer et enseigner ; qu'avec la grâce de Dieu que j'implore humblement, je mourrai dans le sein de l'Église catholique, apostolique et romaine.

« Je demande pardon à Dieu des fautes et négligences que j'ai pu commettre dans l'exercice du redoutable ministère que l'Église m'a confié, ainsi que de toutes les fautes que j'ai commises pendant ma vie ! J'espère de la miséricorde infinie la rémission de mes péchés et la vie bienheureuse promise aux élus.

« J'institue le bureau des pauvres de la ville de Beauvais mon légataire universel (1)...

« Je recommande et même ordonne d'être enterré en vrai pauvre...

« A Paris, ce 13 août 1792.

« ✠ La Rochefoucauld, consacré évêque de Beauvais en 1772. »

---

1. Autre exemple de la charité du prélat. Il était seigneur d'une partie de sa ville épiscopale comme son frère de la sienne. Le 13 juillet, fête d'inauguration d'une statue, une grêle terrible ravage 7 paroisses et la ville. Le 19 août 1788, lors du serment des échevins élus, on donna lecture de l'acte par lequel il remettait à ses vassaux et censitaires de la ville et de la banlieue, les droits seigneuriaux qui lui étaient dus pour cette année. *Histoire de la ville de Beauvais depuis le XIVe siècle*, par C.-L. Doyen. Beauvais, Moisand, 1842, in-8°, 2 volumes.

Une expédition authentique de cette pièce, dit M. l'abbé Delettre (1), vicaire-général et doyen du chapitre, à qui nous l'empruntons avec quelques autres faits, « fut à peu près ce qui en revint au bureau des pauvres, la nation s'étant adjugé la succession du testateur, au détriment des pauvres et de trois religieuses, sœurs du prélat, qui se trouvèrent réduites à l'indigence, parce qu'elles furent privées de la pension viagère que l'hospice devait leur servir. »

Il était temps. A peine ces dispositions étaient-elles rédigées et remises en mains sûres, qu'on se présenta chez lui. Il se nomme ; on l'arrête (2). Et enchantés d'une aussi facile et aussi riche capture, les sicaires partent.

L'évêque de Saintes habitait avec son frère. Il était dans un appartement voisin. Or, fait étrange, il n'y avait pas d'ordre pour l'arrêter. Il pouvait échapper à l'incarcération, c'est-à-dire à la mort, rien qu'en se taisant. Son cœur parla plus haut. Il oublia le soin de sa vie pour ne songer qu'au malheur de son frère. Peut-il l'abandonner, du reste, en cette circonstance critique ? Depuis plus de quarante ans, l'affection la plus vive les unit. Il a partagé ses joies ; il a fréquenté les mêmes écoles, suivi les mêmes séminaires, parcouru le même cercle d'existence, toujours le plus près possible de ce frère aimé. Ils s'en sont allés, la main dans la main, s'appuyant l'un sur l'autre, l'aîné protégeant le plus jeune, le cadet environnant de tendresse le plus âgé. Et quand les devoirs de la charge épiscopale les éloignaient forcément l'un de l'autre, l'amour fraternel rapprochait Beauvais et Saintes. Même alors, grâce au cœur, il n'y avait plus de distance. A l'assemblée ils avaient siégé au même banc ; ensemble ils avaient affronté la calomnie et l'émeute. A défaut du sang, ce sont des liens solides qu'ont ainsi formés la ressemblance de la vie et la communauté du péril. Pierre-Louis ne put supporter que son frère partît ainsi.

Au moment où les gardes satisfaits entraînaient François-Joseph, il se présente : « Non, s'écrie-t-il, vous ne l'emmènerez

---

1. *Histoire du diocèse de Beauvais*, tome II, page 351 ; Beauvais 1843.
2. La date exacte de son arrestation est ignorée. Le procès-verbal, s'il a été rédigé, n'existe plus. Les uns citent le 11 août ; on voit que le 13 les deux frères étaient libres.

pas seul. Je lui ai toujours été uni par la plus affectueuse amitié ; je le suis encore par un égal attachement à la même cause. S'il est coupable pour aimer sa religion et avoir le parjure en horreur, je suis aussi coupable. Il me serait d'ailleurs impossible de voir mon frère traîné ainsi en prison et de ne pas lui tenir compagnie: je demande à être conduit avec lui. »

Son désir ne pouvait qu'être exaucé. La prise du reste était excellente, et une victime de plus était une bonne fortune qu'on n'avait garde de laisser échapper. Il voulait être massacré. Qu'il était facile de le contenter ! On refusait d'ailleurs si souvent à ceux qui demandaient le contraire !

Les deux prélats furent amenés devant le comité de la section du Luxembourg, dans cette même salle du séminaire de Saint-Sulpice où ils avaient passé jadis, jeunes étudiants, pleins d'espoir et d'avenir, novices du sacerdoce dont ils étaient aujourd'hui les premiers. La confrontation n'était pas difficile. L'interrogatoire ne dura guère. On était pressé. Le nombre des prisonniers augmentait. A chaque instant c'était un nouveau prévenu qui paraissait. Trois membres du comité siégeaient. Ils demandèrent leurs noms, prénoms et qualités, et s'ils avaient prêté le serment. Les deux prélats avouèrent hautement leur refus, se firent gloire d'être prêtres et se déclarèrent prêts à mourir plutôt que de jurer. Et cette salle du séminaire où s'était éclairée et fortifiée leur foi, fut témoin de leur constance et de leur fermeté. Les deux frères restèrent jusqu'au soir se demandant ce que l'on ferait d'eux. A neuf heures, on les fouilla scrupuleusement et on leur enleva tous les petits objets qu'ils avaient sur eux ; couteaux, canifs, ciseaux. Les futurs égorgeurs tenaient d'avance à démentir eux-mêmes les fables qu'ils jetteraient à la foule ameutée, que les prisonniers en armes allaient égorger les patriotes. Escortés de gardes nationaux nombreux, les deux La Rochefoucauld avec Mgr du Lau ([1]) et cinquante-neuf autres personnes, furent conduits

---

1. Jean-Marie du Lau, né le 30 octobre 1738 à Biras (Dordogne), d'Armand du Lau, seigneur de La Côte, et de Françoise de Salleton, chanoine et trésorier de Pamiers, vicaire général de Bordeaux, prieur de Gabillon, agent général du clergé de France en 1770, archevêque d'Arles, le 2 mars 1775. Voir *Monseigneur Jean-Marie du Lau, archevêque d'Arles*, par M. Bernard (Arles, 1892, in-8°, 80 pages) ; *Jean-Marie du Lau, archevêque d'Arles*, par l'abbé Pecout (Périgueux, 1892, in-8°, 157 pages).

aux carmes déchaussés de la rue de Vaugirard. L'église fut leur prison. Ils y trouvèrent des murs et quelques chaises pour se reposer, du pain et de l'eau pour se restaurer. Ils n'eurent pas même la consolation d'échanger quelques paroles. Un garde veillait à côté de chacun d'eux. Sa consigne était d'empêcher les détenus de communiquer entre eux.

Ainsi se passa la première nuit. Les trois ou quatre qui suivirent ne furent pas autres. On dormait sur le pavé. Il fut ensuite permis à ceux qui en avaient les moyens de se procurer des lits de sangle et des paillasses. Quelques personnes charitables purent même introduire des matelas. Et ce misérable sommeil était fréquemment interrompu et par le cliquetis des armes et par les propos outrageants des gardiens. Souvent ils avaient des alarmes qui semblaient annoncer leur dernière heure. Un jour surtout, c'était le soir du 15 août, ils entendent au loin les cris d'une nombreuse populace et les coups de fusils qui se mêlent aux hurlements de la fureur. Le bruit approche, le fatal *Ça ira*, le chant de mort, s'entend distinctement. Nos confesseurs ne doutent plus que c'est eux qu'on menace. De toutes les parties de l'église, tous courent au sanctuaire, tous se mettent sous la protection de la reine des martyrs, tous offrent à Dieu le sacrifice de leur vie. La porte s'ouvre, ce sont de vénérables prêtres, les curés octogénaires, les professeurs et les prédicateurs émérites arrachés à l'asile de la vieillesse ; c'est toute la maison de Saint-François de Sales, fondée pour le repos des ecclésiastiques consumés de travaux et d'années qu'amènent les cohortes du Finistère. Ce sont, avec ces respectables vieillards, tous les jeunes lévites préparés pour la maison du Seigneur dans celle des messieurs de Saint-Sulpice qui arrivent avec leur directeur, sous la même escorte, et que les mêmes fureurs ajoutent au nombre des captifs ([1]). »

Parmi ces novices du sacerdoce, se trouvaient deux saintongeais Charles-Abraham Richard, de Saintes, et François de Meschinet, de Saint-Jean d'Angély. Ils avaient été arrêtés à Issy, près de Paris, où les Sulpiciens avaient une maison de

---

1. Barruel, *Histoire du clergé pendant la révolution française.*

campagne et où, depuis l'installation à Saint-Sulpice de l'oratorien Poiré, curé constitutionnel, à la place de Pancemont, les clercs allaient passer les jours de fêtes et les dimanches pour ne point assister à la messe de l'intrus. Avec eux, élèves et maîtres, avec les vieux prêtres de Saint-François, on avait pris les curés du village, puis les autres ecclésiastiques de diverses paroisses, qui avaient espéré se cacher plus facilement à Paris et s'étaient réfugiés à Issy.

Ces nouveaux venus furent reçus comme des frères. « Il serait impossible, dit Lapize de la Pannonie, chanoine de Cahors, d'exprimer le saisissement que nous éprouvâmes à l'aspect de ces respectables vieillards. Les traitements qu'ils avaient essuyés dans leur route me font frémir d'horreur. Il est un surtout que ses infirmités empêchaient de suivre à pas égal ses cruels conducteurs ; ils l'avaient tout meurtri en le poussant avec leurs fusils pour le faire marcher. Revenus de notre frayeur, nous nous empressâmes de procurer à ces hôtes inattendus les secours dont ils avaient besoin. » L'archevêque d'Arles adressa quelques paroles d'encouragement à François de Meschinet qui lui paraissait surtout fatigué et abattu. Bientôt un souper fut servi : car l'indigence, la misère des détenus aux premiers jours avait ému un des sectionnaires, qui jusqu'alors avait montré le plus de fureur pour leur incarcération. « Il fit donner aux gardes la permission de laisser entrer ce qu'on apporterait aux prisonniers, en prenant néanmoins toutes les précautions nécessaires pour s'assurer qu'il n'y avait point d'armes. Il fut ensuite lui-même, dans les maisons des environs, inviter les âmes charitables à secourir les prêtres prisonniers (1). » Et Meschinet ajoute: « Des personnes aisées et pieuses se faisaient un devoir de fournir abondamment des vivres aux confesseurs de la foi. »

Le lendemain, après interrogatoire, tous ceux qui n'étaient point prêtres étaient mis en liberté. Mais les vides laissés ne tardèrent pas à être comblés. Dès le lendemain, on y amena cinq ecclésiastiques des Robertins, qu'on garda. Les élèves qui

---

1. Barruel.

avaient été pris avec eux furent relâchés. C'étaient les trois évêques qui allaient au-devant des prisonniers, et faisaient pour ainsi dire les honneurs de la maison. Louis de La Rochefoucauld, raconte l'abbé Barruel, « conserva dans sa captivité volontaire toute sa sérénité d'âme. Toujours souriant, toujours prévenant, il se plaisait surtout avec son frère, à accueillir les nouveaux prisonniers avec une bonté, avec des attentions qui bientôt faisaient oublier toutes les peines. »

Il fallait, en effet, les acclimater ; il fallait adoucir les rudes premiers moments de captivité, ménager la brusque transition d'une vie libre à une existence de privations, de misères et d'angoisses. Il s'y employait avec une admirable abnégation et un rare succès ! Que de malheureux il a ainsi consolés, que de douleurs il a ainsi adoucies ! que d'âmes troublées un moment il a pour toujours rassérénées ! « Je ne me souvins plus de mes peines, disait un des prisonniers, lorsque je vis Mgr de Saintes s'approcher de moi avec un air de calme et de gaieté qui me faisait douter s'il était au nombre des prisonniers. »

Deux jeunes curés partageaient ces douces occupations. C'étaient Auzuret, prêtre du diocèse de Saintes, et Fronteau, curé de Saint-Aubin au Pont de Cé. Tous deux échappèrent au massacre.

Ainsi d'après des témoins oculaires, l'évêque de Saintes avait conservé son calme et sa mansuétude. Il était dans sa prison comme dans son palais épiscopal, aimable, souriant, serein. Et pourtant quelle existence ! Dans une église de grandeur médiocre, ils étaient là cent cinquante personnes entassées. Se figure-t-on tous les inconvénients d'un tel rassemblement? « Le médecin civique s'était vu obligé de demander qu'il leur fût permis de se promener dans le jardin, pour éviter la maladie contagieuse que pouvaient occasionner tant d'hommes renfermés nuit et jour avec leurs gardes dans un espace si étroit ([1]). » On leur accorda donc une heure de promenade le matin, une heure le soir. Ainsi on enlevait au typhus des

---

1. Barruel.

prisons la proie qu'on réservait aux piques des Marseillais.

Ces promenades étaient un grand soulagement. On pouvait prendre un peu d'exercice, respirer un peu d'air non corrompu. On pouvait aussi loin des oreilles, sinon des yeux des gardiens, se communiquer ses craintes et ses espérances. Les deux frères se retrouvaient. Ils rappelaient sans doute les jours écoulés, les souvenirs du paisible château du Vivier, du séminaire de Saint-Sulpice, les douces journées du château de Crazannes ou de Bresle ; ils songeaient à leurs sœurs de Soissons et d'Angoulême, à leur frère émigré. Et puis résignés ils s'allaient agenouiller au fond du jardin dans le petit oratoire qui devait voir le commencement de leur supplice ; ils y demandaient à Dieu en commun de leur accorder la force de confesser son nom jusqu'au bout et de ne point séparer, pendant les quelques jours qui leur restaient à vivre, deux frères que l'éternité allait bientôt unir pour jamais.

Si pour les repas les prêtres, grâces aux soins de pieuses personnes, n'avaient rien à désirer — et une seule dame, qui ne voulut jamais être nommée, fournit constamment la nourriture à vingt d'entre eux, — si après les premiers jours ils purent échanger contre un lit ou un matelas les dalles de la chapelle ; les soupçons des geôliers, les vexations des gardes et la brutalité des soldats n'étaient pas sans troubler ce bien-être relatif. Les mets qu'on apportait étaient scrupuleusement visités ; les sabres fouillaient le pain et la viande ; jusque dans le bouillon des malades on cherchait des lettres ou des instruments de mort, tant on redoutait que les prisonniers voulussent par un trépas volontaire se soustraire à la justice du peuple qui se préparait. Leurs oreilles étaient sans cesse offensées des propos les plus outrageants. Chaque jour, la garde nouvelle se faisait un jeu de venir saluer les captifs par les doux mots d'hypocrites, de scélérats et de brigands. Leur foi était l'objet des plus sanglants blasphèmes, et ils entendaient le pontife de Rome traité des noms les plus odieux. L'archevêque d'Arles, les évêques de Saintes et de Beauvais avaient la plus grande part dans ces concerts de vociférations et d'injures : *Discipulus potior magistro !* Leur naissance, leur dignité les élevaient au-dessus des autres. Il était juste qu'ils subissent plus d'avanies. On ne les leur épargna pas. Mais la patience des victimes égalait la barbarie des persécuteurs.

Louis de La Rochefoucauld surtout, avec une longanimité aussi grande que son frère et Mgr Du Lau, « avait une grâce souriante qui frappait tout le monde », dit l'abbé Rohrbacher. Il s'amusait des minutieuses précautions que l'on prenait pour les tenir sans armes ; et quand, pendant les repas, il voyait les gardiens épier minutieusement leurs mouvements, il plaisantait agréablement de leur prudence, il raillait leurs efforts inopportuns pour les empêcher de se suicider.

Cette tranquillité d'âme et ce calme de l'esprit contrastaient singulièrement avec le tapage scandaleux des gardes, les cris et les chansons des soldats. On avait refusé aux prêtres l'autorisation de dire la messe. Mais dès le troisième jour, on leur avait permis de s'entretenir. Ils en profitèrent pour prier en commun. Dès que l'aurore les arrachait à leur grabat où ils avaient goûté un sommeil plus doux que leurs persécuteurs, « ils fléchissaient ensemble les genoux, ils adoraient ce Dieu qui les avait choisis pour lui rendre témoignage ». Ils passaient une partie de la journée en prière, agenouillés sur les degrés de l'autel où ils ne pouvaient monter. Aussi voyait-on, aux heures assignées pour les visites, accourir aux Carmes non pas seulement des amis qui venaient embrasser leurs amis, mais des personnes étrangères qui désiraient s'édifier de la vertu de ces pieux confesseurs, se raffermir à leur constance et s'échauffer à leur foi. Au milieu du Paris de Voltaire et de Diderot, reparaissaient les catacombes de la Rome des premiers siècles. Mgr de Saintes en particulier attirait l'attention « par une quiétude d'esprit et une patience vraiment évangéliques ». Les témoignages sont unanimes sur ce point. « Parmi les prisonniers, dit l'abbé Barruel, les plus frappants sans doute étaient les trois prélats, cet archevêque d'Arles que l'estime publique avait accoutumé aux égards des impies eux-mêmes, et ces messieurs de La Rochefoucauld, tenant par les liens du sang à toutes les grandeurs du siècle. Tous les trois en ce jour, au sein de leur prison, jouissent d'une tranquilité, d'une joie douce et pure, qui semblaient augmenter à mesure que les outrages s'accumulaient sur eux. »

A la fin d'août, le nombre des détenus augmenta de tous les prêtres que l'on trouva réunis dans la maison des Eudistes. Parmi eux était Charles-Jérémie Béraud du Pérou, seigneur d'Auvrignac, du diocèse de Saintes.

La prison était pleine. A Saint-Firmin, dès le 13, il y avait cinquante-deux détenus ; du 13 au 28, on en amena encore vingt. Il n'y avait plus de place ; on jeta les autres à l'abbaye de Saint-Germain et à l'hôtel de la Force. Ce n'était pas suffisant.

Le 26 août, l'assemblée législative, qui n'avait plus à demander la sanction du roi, rendit son décret de déportation contre les prêtres insermentés. Ils devaient sortir sous quinze jours du royaume. Ceux qui n'obéiraient pas seraient déportés à la Guyane. Saisissant le prétexte de ce décret, on fit dans la nuit du 28 au 29 des visites domiciliaires. On s'empara ainsi de tous les ecclésiastiques qui restaient encore. Quant à ceux qui voulaient obéir au décret, ils ne purent pour la plupart obtenir leur passeport, et furent arrêtés aux barrières. Ce qu'on voulait, c'était une extermination. Personne n'en faisait plus mystère. Dès le 23 août, Pétion le constatait (*Moniteur* du 10 novembre 92). Une section était venue déclarer au conseil de la commune que « fatigués, indignés des retards qu'on apportait dans les jugements, les citoyens forceraient les portes des prisons et immoleraient à leur vengeance les coupables qui s'y trouvaient. »

Le 30, le conseil général de la commune arrêtait que « les sections seraient chargées d'examiner et de juger sur leur responsabilité les citoyens arrêtés la nuit dernière ou dans la matinée de ce jour. » Le lendemain Tallien, au nom d'une députation de la commune composée de lui, de Manuel et de Pétion, disait à l'assemblée nationale (*Moniteur* du 2 septembre) : « Nous avons fait arrêter les prêtres perturbateurs ; ils sont enfermés dans une maison particulière et dans peu de jours le sol de la liberté sera purgé de leur présence. » Tallien, Fabre d'Églantine, Danton, l'abbé Fauchet faisaient mettre en liberté ceux à la vie desquels ils s'intéressaient. Robespierre, ancien boursier du collège d'Arras, où il avait harangué Louis XVI, sauvait ainsi l'abbé Bérardier, ancien principal du collège Louis-le-Grand, qui lui avait fait, en 1781, obtenir une gratification de 600 livres pour « ses talents éminents... sa bonne conduite et ses succès ». Personne, dit Michelet, ne doutait des massacres.

Aux Carmes on pressentait la fin. L'évêque de Saintes, son frère et l'archevêque d'Arles donnèrent ordre aux domestiques qui les visitaient de payer les dettes qu'ils pouvaient avoir et de ne pas revenir le lendemain sans les quittances.

Et cependant, par la plus amère dérision, on cherchait à les entretenir dans l'espoir d'une délivrance prochaine. Le procureur syndic de la commune de Paris, Manuel, se rendit plusieurs fois aux Carmes ; d'abord sous prétexte d'examiner la cause de Duplain de Saint-Albine, libraire et journaliste, qui avait réclamé sa liberté à Manuel et à Pétion comme n'étant point prêtre, et qui fut, le 29 août, envoyé par la section du Luxembourg au conseil général de la commune qui l'expédia à l'Abbaye, où il fut égorgé. Il dit aux prisonniers qu'on avait examiné leurs papiers, qu'on n'avait rien trouvé qui pût les compromettre, et qu'ils seraient bientôt libres. François-Urbain Salins, chanoine de Saint-Lizier à Couserans, lui demanda quel était leur crime : « Vous êtes tous, répondit-il, prévenus de propos. Il y a un jury établi pour vous juger... on relâchera les innocents... » Et Salins montrant les vieillards de Saint-François de Sales : « Ces personnages-là n'ont-ils pas l'air de redoutables conjurés ! » Manuel ajouta que les sexagénaires et les infirmes seraient renfermés dans une maison commune.

Quelques jours après, il revint. Avec un air de bonhomie qui dupa plusieurs, il s'informa auprès des vieillards dans quel endroit ils désiraient être envoyés en sortant des Carmes. « Il fit de grandes phrases, nous dit l'abbé Montfleury, prêtre du séminaire de Saint-Sulpice, comparant le malheur qui était tombé sur eux à la foudre qui frappe indifféremment l'arbre chargé de fruits et celui qui est stérile. » Ce récit est confirmé par l'abbé Vialar. Un jeune ecclésiastique normand, racontet-il, osa dire à Manuel : « Vos principes de liberté, de bienfaisance et de philanthropie qu'on ne cesse de proclamer, s'accordent mal avec le traitement arbitraire et cruel qu'on fait subir aux prêtres. » Manuel répondit : « Que voulez-vous ? il a fallu abattre un grand arbre dont les racines profondes étaient envenimées, les branches vermoulues et le tronc pourri. Parmi les branches il a pu se trouver quelque rameau sain et pur ; mais il a dû tomber avec le reste. »

Le 30 août, Manuel revint. Il déclara, dit Jean-Marie Berthelet de Barbot (1), que les Prussiens étaient en Champagne, que le peuple de Paris en masse allait marcher contre eux ; mais il ne voulait pas laisser les prêtres derrière soi ; qu'ils eussent donc à obéir au décret et se préparer à sortir de France. » Le soir même, afin que nul n'en ignorât, le décret du 26 fut affiché dans l'église. Il importait, en effet, de bien convaincre les détenus qu'ils allaient partir pour un lointain voyage. De cette façon ils auraient sur eux, le 2 septembre, tout l'argent, tous les effets précieux qu'ils auraient pu recueillir. Pareille déclaration fut faite aux prêtres détenus dans la prison de la mairie. L'abbé Sicard, le célèbre instituteur des sourds muets, a rapporté ses propres expressions : « Je viens vous apporter des paroles de consolation et de paix. Dans trente-six heures, vous recevrez de la municipalité les détails des mesures d'exécution de la déportation à laquelle sont condamnés tous ceux qui n'ont pas fait le serment civique ; et douze heures après, vous serez libres ; et vous aurez quinze jours pour vous préparer à votre voyage; mais il faudra que chacun prouve qu'il est prêtre : car l'avantage de sortir de France en ce moment, est une faveur que bien des gens envieraient. »

Et les malheureux, confiants dans ces promesses, ne supposant pas qu'on les pût duper aussi indignement, s'empressèrent de ramasser le plus d'argent possible pour un voyage dont ils ne connaissaient ni le terme, ni la durée. Et un sulpicien, ancien directeur du séminaire d'Angers, où il avait commencé

---

1. Chanoine de Chartres, vicaire général de Mende, mort à Paris le 5 décembre 1818.

ses études, Henri-Auguste Luzeau de La Mulonière, écrivait à son père de n'avoir aucune inquiétude, qu'un commissaire de la commune leur avait assuré que leur affaire serait réglée le 2 ou le 3 septembre, ce qu'ils avaient pris pour un élargissement. En effet, le 2 septembre ils seront tous libres ; leur affaire sera réglée, et leur élargissement prononcé. Mais à la façon des égorgeurs de la Force qui disaient : « Élargissez monsieur » pour : « Égorgez. » Il n'y a rien de plus atroce que ces plaisanteries funèbres et ces jeux de mots sur des victimes vouées au trépas.

Quelques détenus, ou plus jeunes, ou plus crédules, avaient pleine confiance. Il est si doux de se rattacher à la vie ; il est si doux d'espérer contre toute espérance, et de croire encore aux jours futurs quand on a été si près de la mort ! Le plus grand nombre avait conscience de son sort. Au dehors les rumeurs qui couraient dans Paris ne laissèrent personne dans le doute. Aussi des amis essayèrent-ils de faire sortir quelques-uns des détenus. Le 1er septembre, le valet de chambre de l'évêque de Saintes, Becquerel, homme sûr, dévoué, industrieux, vint le voir. Il savait bien, lui, que tout était à redouter. Il apporte à son maître des vêtements séculiers qu'il est parvenu à cacher sous ses habits et qui lui permettront de s'évader. « Mais, lui demande Louis de La Rochefoucauld, avez-vous aussi un semblable travestissement pour mon frère ? — Non, monseigneur. Il ne m'aurait probablement pas été possible d'en introduire ici deux à la fois. — En ce cas, mon ami, je ne profiterai pas du mien (1). » C'était la seconde fois que par dévouement fraternel Mgr de Saintes refusait la vie.

On était au 1er septembre. Ce jour-là, tout le monde se confessa. Et pendant ce temps, Danton, au comité de sûreté générale, racontant le bruit qui courait de l'investissement de Verdun par les Prussiens, s'écriait : « Mon avis est que, pour déconcerter ces mesures et arrêter l'ennemi, il faut faire peur aux royalistes. Oui, vous dis-je, il faut leur faire peur. » De là, il court à la commune, lui dicte un arrêté que tout Paris

---

1. Aimé Guillon, IV, 494, tient le fait de Mme de La Rochefoucauld, belle-sœur des deux prélats, à qui Becquerel l'avait raconté.

le lendemain à son réveil lut en frémissant : « Les barrières seront fermées ; tous les citoyens seront prêts à marcher au premier signal ; tous les suspects seront désarmés ; le canon d'alarme sera tiré ; la générale battra ; et les membres du comité général se rendront sur-le-champ dans leurs sections respectives, y peindront avec énergie à leurs concitoyens les dangers imminents de la patrie, les trahisons dont nous sommes environnés... Ils leur feront sentir que le retour de l'esclavage le plus ignominieux est le but de toutes les démarches de nos ennemis, et que nous devons, plutôt que de souffrir, nous ensevelir sous les ruines de la patrie... »

Sous l'influence de ces excitations au crime, l'assemblée générale de la section du Luxembourg, réunie dans l'église de Saint-Sulpice, sous la présidence de Joachim Ceyrat, ancien clerc tonsuré de Clermont-Ferrand, ancien Robertin de Saint-Sulpice, professeur de mathématiques, récemment élu juge de paix, entendait Louis Pierre, marchand de vins, déclarer dans la chaire changée en tribune qu'il fallait marcher au plus vite contre les ennemis, mais que pour lui, il ne bougerait pas, tant qu'on ne serait point débarrassé des individus renfermés dans les prisons et surtout des prêtres détenus aux Carmes ; et sur l'observation d'un membre que tous n'étaient pas coupables, que d'honnêtes citoyens ne voudraient certainement pas tremper leurs mains dans un sang innocent, le président s'écria : « Tous ceux qui sont détenus aux Carmes sont coupables, et il est temps que le peuple se fasse justice. » Et l'assemblée à la majorité prend cette décision : « Sur la motion d'un membre de purger les prisons en faisant couler le sang de tous les détenus de Paris avant de partir, les voix prises, elle a été adoptée. » Et trois commissaires, Lohier, Lemoine, Richard étaient députés à la commune pour lui communiquer cette délibération, s'entendre avec elle « afin de pouvoir agir d'une manière uniforme ». Et comme un des honnêtes commissaires qui n'était point dans le secret, Lohier, demandait naïvement à l'assemblée comment on entendait se débarrasser des personnes d'une manière uniforme : « Par la mort ! » s'écrièrent les assistants et le président lui-même.

Or, quelques instants après, survenait à la section du Luxembourg une députation de la section Poissonnière avec un arrêté « par lequel, considérant les dangers imminents de la patrie et les manœuvres infernales des prêtres », elle avait décidé « que tous les prêtres et personnes suspectes enfermées dans les prisons de Paris, d'Orléans et autres, seront mis à mort... » Les exécuteurs de ces délibérations étaient depuis longtemps embrigadés et armés, le salaire promis, le prix de la journée convenu (1). Senart assure avoir, à la mort de Maillard, trouvé dans ses papiers, avec d'autres pièces relatives au massacre, une lettre par laquelle le comité lui recommandait « de disposer sa bande d'une manière utile et sûre, de s'armer surtout d'assommoirs, de prendre des précautions pour empêcher les cris des mourants, d'expédier promptement, de faire emplète de vinaigre pour laver les endroits où l'on tuerait de crainte d'infection, de se pourvoir de balais de houx pour bien faire disparaître le sang, et de voitures pour transporter les cadavres. » Depuis trois jours, un fossoyeur de Saint-Sulpice avait reçu 300 livres pour faire creuser au cimetière Vaugirard une large fosse et aider à la dépouille des morts. Ainsi les plus petits détails étaient minutieusement prévus ; rien n'avait été négligé pour le succès définitif. Les armes, les hommes pour frapper, les chariots pour transporter, le vinaigre et les balais pour effacer les caillots de sang et son odeur, les croquemorts pour ensevelir, la fosse béante, tout était prêt. Certes, les ordonnateurs pouvaient être fiers de leurs mesures, et on pouvait commencer. La cloche de l'église des cordeliers donna le signal, répété bientôt partout. A deux heures, retentit le canon d'alarme. C'est le moment. L'assemblée législative s'en effraie, et croit qu'il est l'annonce de la prise de Verdun. « Non, dit Danton, c'est une invitation à détruire les despotes. » En effet, au bruit du premier coup, les vingt-quatre détenus de la mairie sont jetés dans six voitures qui, lentement, portières ouvertes, à travers la foule ameutée, escortées de Marseillais, les conduisent à l'Abbaye. Là, au troisième coup de

---

1. On en peut voir les preuves dans l'*Histoire de la terreur*, de Mortimer-Ternaux, tome III.

canon, tous, sauf l'abbé Sicard, tous sont égorgés sous les yeux du comité, dont les cris des victimes n'attirent pas l'attention et ne peuvent altérer la tranquille sérénité. Il délibère gravement sur les affaires publiques avec l'impassibilité d'un Dieu. A l'offre de secours que lui fait un commissaire de la commune il répond : « Tout se passe bien ici. » En effet, tout se passait bien; aussi quand, à cinq heures du soir, le substitut du procureur de la commune, François-Nicolas Billaud-Varennes, de La Rochelle, ancien oratorien, vint, marchant sur des cadavres, se rendre compte par lui-même des progrès du massacre, il put crier aux assassins: « Peuple, tu immoles tes ennemis ! tu fais ton devoir. » Et Maillard lui répondait avec la satisfaction du devoir accompli : « Il n'y a plus rien à faire ici ; allons aux Carmes. »

Aux Carmes la besogne était commencée ; Maillard faillit en être pour ses frais de bonne volonté.

Là, dès le matin, la surveillance avait redoublé, chaque prisonnier était consciencieusement fouillé ; les objets les plus inoffensifs lui étaient enlevés ; on ôta même les chandeliers de l'autel et les crucifix, tant on redoutait qu'ils s'en fissent une arme. Les parents, les amis qui étaient venus les voir, se retiraient en pressant convulsivement leurs mains ; et, n'osant leur dire *au revoir*, ils leur murmuraient *adieu* avec larmes. Eux seuls demeuraient calmes. C'est cette tranquille résignation qui faisait dire au journaliste Duplain de Sainte-Albine : « Je crois bien qu'il y a ici quelque chose d'extraordinaire ; nous ne souffrons pas pour la même cause. »

La promenade du matin fut retardée. En rentrant, ils s'aperçurent que leurs gardes avaient été changés plus tôt qu'à l'ordinaire, et qu'ils étaient plus nombreux. Seul le commandant portait un uniforme ; ses hommes armés de piques étaient coiffés du bonnet rouge. A midi, eut lieu le dîner dans l'église. Les prêtres prirent leur repas avec peut-être un peu plus de gaîté que de coutume. Après, un commissaire de la section vint faire l'appel nominal. Un officier de garde leur répéta : « Lorsque vous sortirez, on rendra à chacun ce qui vous appartient. » Et déjà les bourreaux cachés dans les corridors guettaient impatiemment leurs victimes. La promenade fut différée ; elle n'eut lieu qu'un peu avant quatre heures. Contre l'usage, on força les vieillards, les infirmes, tout le monde à se rendre au jardin. Les prisonniers entendaient le tocsin, le canon et les vociférations de la foule dans les rues. Ils se dispersèrent dans les allées, çà et là, en divers groupes. Seul Séverin Gérault, directeur des religieuses de Sainte-Élisabeth, resta près du bassin central, en prière, à genoux. L'évêque de Saintes et plusieurs autres se dirigèrent vers le petit oratoire du fond. Il demanda à l'officier de garde qu'on le leur ouvrît. Quelques-uns s'agenouillèrent et récitèrent l'office des vêpres. L'évêque de Beauvais s'y trouvait.

A ce moment, les chansons des Marseillais partis de l'abbaye de Saint-Germain, retentissent avec des hurlements féroces. Les soldats embusqués aux Carmes croient que c'est le signal. Au nombre d'une dizaine environ, ils se précipitèrent dans le jardin, ivres de fureur et de vin. Le premier qui tomba fut l'abbé Guérin. Tout entier à ses prières, il ne s'était point levé, ni détourné. Un coup de sabre l'étendit. Les piques l'achevèrent. En le voyant tombé, Salins s'avança courageusement pour attendrir les massacreurs. Un coup de feu l'abattit près de son confrère.

Les assassins s'étaient divisés en deux groupes. Celui qui avait pris l'allée de la chapelle s'avançait en criant : « Où est l'archevêque d'Arles ? » Du Lau se présente. Un coup de sabre lui est asséné sur la tête ; un second lui ouvre le crâne. Le prélat porte la main à son front, sa main est abattue et un dernier coup le renverse sans connaissance. Un des forcenés piétine sur son corps, lui enfonce dans la poitrine sa pique avec tant de violence, que le fer y resta. Il s'en dédommagea en volant la montre de la victime.

Quatre jours après, le véridique et officieux *Moniteur*, dans le seul passage où soient racontées les journées de septembre, apprenait au monde que c'était monseigneur Dulau qui avait été cause de tout le mal. « Le dimanche 2, seize particuliers armés de pistolets et de poignards avaient été arrêtés. L'archevêque d'Arles et le vicaire de Saint-Ferréol de Marseille étaient du nombre. On veut les conduire de la cour du palais au comité des Quatre-Nations. Ils font résistance, et l'un d'eux tire un coup de pistolet qui blesse mortellement un citoyen. Alors ils deviennent victimes de leur propre fureur... L'indignation du peuple était à son comble. « Eh bien ! qu'ils meurent tous, « s'écrie un citoyen qui venait de s'enrôler. Que les scélérats « meurent tous ! » Cette résolution subite se propage avec une activité incroyable ; le peuple se porte de toutes parts aux prisons (1). » Au bruit, au coup de feu, à la vue des morts, les prêtres des Carmes s'étaient mis à fuir dans toutes les directions. Quinze à vingt plus jeunes avaient assez aisément franchi un mur à hauteur d'appui. Mais réfléchissant que leur fuite, en rendant les brigands plus furieux, attirerait sur les autres un malheur, hélas ! déjà inévitable, plusieurs revinrent héroïquement.

Vialar, secrétaire particulier de l'archevêque d'Albi, se trouvait au fond du jardin, à gauche, au moment où les égorgeurs y pénétrèrent. Il tombe à genoux au pied du mur, offrant ses jours à Dieu. Il attend. La mort ne venant pas, et l'instinct de la vie s'agitant, il se relève, examine la muraille ; l'escalade n'était point impossible. Il grimpe, il arrive au sommet. L'évêque de Saintes passait : « Venez vite, monseigneur, lui crie-t-il ; venez vite. » Le prélat pouvait l'imiter ; il était sauvé. « Mon frère ? » répondit-il. Son frère, c'est toujours le mot qui s'échappe de son cœur. Sa pensée après Dieu ne voit que lui. Dieu leur devait la grâce de ne les point séparer au dernier moment (2).

---

1. *Moniteur* du 6 septembre 1792, XIII, 614. Ajoutons que, le 8, il rectifia le fait pour Mgr Du Lau « qui a péri aux Carmes avec les autres prisonniers qui y étaient détenus ».
2. Jérôme-Noël Vialar, secrétaire particulier de l'archevêque d'Albi, François Pierre de Bernis, l'avait accompagné à Paris où il avait été député aux états généraux. Voir Guillon, *Martyrs de la foi*, 1, page 195. — Le 28 août 1792, il traversait, vêtu en laïque, la rue de Vaugirard, lorsqu'il fut reconnu par un individu : « C'est un calotin ! » Aussitôt arrêté, Vialar fut conduit aux Carmes. Après avoir, le 2 septembre, opéré l'ascension du mur, il se trouva dans une cour close de murs plus élevés encore. Il se tapit dans un réduit situé sur l'oratoire du jardin des Carmes ; et y entendit les hurlements des bourreaux, les cris d'agonie des victimes. Un bout de solive dans le mur lui permet d'y grimper ; il saute et se trouve devant un hôtel fermé par une grille, l'hôtel de Toulouse aujourd'hui occupé par le conseil de guerre, rue du Cherche-Midi. Il escalade la grille, trouve la maison inhabitée et démeublée. Égaré, il parvient au dernier étage ; une chambre est ouverte ; un matelas gît sur le plancher. Il s'y étend, accablé de lassitude

Son frère était dans la chapelle. Là s'étaient réfugiés bon nombre d'ecclésiastiques ; c'était un asile. Tous dans un profond silence, ils faisaient offrande de leur existence au Dieu de l'autel. La mort du vénérable archevêque d'Arles avait excité la joie des soldats. Ils se mirent à entonner le chant de la *Carmagnole*. Lapize de La Pannonie, qui avait essayé de recevoir le coup destiné à Mgr Du Lau, arrive. Quelqu'un s'écrie : « Voici les Marseillais. » — « Messieurs, répondit Gabriel Desprez, vicaire général de Paris, auparavant de Nevers, messieurs, nous ne pouvons être mieux qu'au pied de la croix pour faire à Dieu le sacrifice de notre vie. » Et tous se jettent à genoux, se donnent mutuellement l'absolution. C'est dans cette position que les scélérats les trouvèrent. Leurs balles criblent ces hommes en oraison. Chaque décharge porte. Ils frappent dans le tas. Le sang, qui ruissela sur les dalles et inonda les murs de la chapelle, attesta, jusqu'à la destruction de cet édifice deux fois sacré, et la fureur des bourreaux, et la mansuétude des victimes. Là tombèrent, couvrant de leur sang les habits de leurs co-détenus, Pierre-François de Pazery, vicaire général de l'archevêque d'Arles, et ses neveux les deux frères Pazery de Chorame (1). François-Joseph de La Rochefoucauld fut atteint d'une balle qui lui brisa la cuisse. Elle était destinée à Lapize de La Pannonie. Il tomba, on le crut mort ; son agonie devait se prolonger. Dans l'enclos, la chasse aux prêtres était organisée. Au chant du *Ça ira*, les brigands tiraient sur les ecclé-

---

et brisé d'émotions. Il dort deux ou trois heures. A son réveil, la nuit arrivait. Il entend parler à la porte, descend, rencontre une femme, lui conte son aventure, se fait ouvrir, et va se réfugier dans une autre partie de la ville. Il y resta caché deux mois, puis la persécution sévissant encore, il s'enfuit vers Senlis, faillit y être compris dans un recrutement de 300,000 hommes ordonné par la convention, revint à Paris, et ne pouvant se procurer un passeport, déguisé en marchand colporteur, il prit une pacotille sur son dos, traversa la France, arriva en Suisse, se rendit à Rome à la fin de 1793, en partit l'an 1798 lors de l'invasion française, devint en Russie chapelain de l'ambassadeur de Naples. De retour en France au printemps de 1819, il en repartit vers la fin de juillet pour reprendre à Saint-Pétersbourg ses fonctions de chapelain. L'abbé Guillon, *Les Martyrs de la foi*, tome I, p. 495.

1. L'un, Joseph-Thomas, sous-doyen du chapitre de Blois ; l'autre, Jules-Honoré-Cyprien, grand vicaire de Toulon. Ce dernier partait pour les missions étrangères, lorsque l'évêque, Étienne de Castellane-Mazaugues, l'avait, à force d'instances, retenu près de lui. Il ne se doutait pas qu'on pouvait trouver en France le martyre qu'il allait chercher dans les pays sauvages.

siastiques comme sur les bêtes fauves. Jeunes, vieux, infirmes, tout leur était bon. Parfois ils se donnaient le plaisir d'ajuster. Il y a de la gloire à tirer droit, et un chasseur qui vise n'est pas un assassin qui frappe. Ils forçaient quelques malheureux à fuir, qu'une balle atteignait bientôt. Jeu agréable. Le gibier humain a un attrait particulier. Combien furent atteints d'un plomb homicide !

L'hallali résonnait. La meute se précipitait à la curée. Tout à coup une voix s'entend : « Arrêtez, arrêtez ; c'est trop tôt ; ce n'est pas ainsi qu'il faut s'y prendre. »

En effet, on avait violé la consigne. Le carnage se faisait sans méthode, sans principes ; l'égorgement n'était plus administratif comme ailleurs. On s'était trop pressé. Il fallait procéder dans les formes. Maillard avec sa bande, après s'être arrêté devant la section du Luxembourg, avait remonté la rue Férou, celle de Vaugirard, et pénétré dans le couvent.

Et le commandant du poste, demeuré près des bâtiments pendant cette scène, qui avait duré un quart d'heure, cria d'une voix formidable : « Tout le monde à l'église. » Il ne fallait pas qu'un seul pût échapper ; les égorgeurs devaient avoir leur compte. Ils tenaient du reste à bien gagner les six livres que la commune leur accordait pour « nettoyer » les prisons, purger la terre des monstres qui la souillaient. Aussitôt on cherche à obéir. Les malheureux s'acheminent vers l'église. Mais les baïonnettes qui s'acharnaient après eux se croisaient pour les empêcher d'y entrer. Ils étaient acculés dans l'étroit escalier qui y conduit : « Nous y eussions tous été tués, raconte Berthelet de Barbot [1], si, par des prières réitérées, le commandant n'eût enfin obtenu que ces assassins nous laisseraient entrer. »

---

1. Jean-Marie Berthelet de Barbot, vicaire général de Mende, entendit, le soir du 2 septembre, un des égorgeurs, se plaindre au comité en son nom et au nom de ses camarades qu'on les eût trompés : on leur avait promis trois louis, on ne voulait leur en donner qu'un. Le commissaire répondit qu'ils avaient encore dans les prisons de Saint-Firmin, de la Conciergerie et autres, de l'ouvrage pour deux jours ; ce qui ferait le compte. L'abbé Bardet vit un travailleur des Carmes en fureur parce qu'on lui avait refusé une culotte qu'il avait cru pouvoir enlever à un défunt, disant qu'il avait bien gagné une culotte en rendant un aussi grand service à la nation ; que six francs, ce n'était pas trop pour une pareille journée. « J'en ai assez tué pour mériter une culotte de plus. »

Mgr de Saintes, docile à l'ordre, se rendait à l'église. A côté de lui, marchait Bardet, curé de Besançon. Ils passent à côté de Jacques-Gabriel Galais, supérieur des Robertins. Galais était monté sur un arbre d'où il lui était facile de gagner le mur et de se laisser couler dans la rue. En voyant le prélat s'avancer courageusement, il eut honte de sa pusillanimité. Se dérober au martyre quand d'illustres prélats y volaient d'eux-mêmes ! Il descend aussitôt (1), remet à un homme de physionomie plus honnête un assignat qu'il doit au traiteur de la maison, son portefeuille et sa montre qu'il destine au soulagement des pauvres. Puis il se livre aux exécuteurs. Quelques prêtres remirent aussi en d'autres mains pour leurs parents, leurs montres et leurs effets qui ne parvinrent jamais à leur adresse.

Et pendant ce temps, « trois cents hommes armés, raconte Mercier, faisaient l'exercice dans le jardin du Luxembourg, à deux cents pas des prêtres que l'on massacrait dans la cour des Carmes ». Le quartier tout entier laissait faire. « Pour glacer la pitié, dit Edgard Quinet, *La Révolution*, I, p. 386, il avait suffi que les massacres eussent l'apparence de coup d'état. Les tueurs tranquillement assis à la porte des greffes et jouant leur rôle de juges, les municipaux qui venaient inspecter l'ouvrage, les écharpes mêlées à la tuerie, les assassins qui travaillaient à la corvée des meurtres et gagnaient leur journée, cette assurance dans le sang, tout cela donnait l'idée d'une mesure administrative exécutée au nom de l'autorité. Il n'en fallait pas davantage pour ôter aux meilleurs la pensée de s'opposer à un carnage officiel. Les assassins ne furent qu'une poignée ; le reste trembla. »

Ceux d'ailleurs qui essayèrent de mettre un terme au massacre le firent inutilement. Antoine-Raphaël Petit, sous-commandant de la section du Luxembourg, courut au comité et demanda du secours; l'assemblée, présidée par Ceyrat, passa à l'ordre du jour. Henri Estagne, capitaine du poste Saint-Sulpice, envoya un de ses volontaires prévenir la section. Le

---

1. Relation de François-Alexis de Meschinet qui confirme Barruel. C'est donc à tort que M. Alexandre Sorel semble mettre le fait en doute.

président répondit : « Nous avons bien autre chose à penser ; il faut laisser faire ; d'ailleurs tous ceux qui sont aux Carmes sont coupables. » Plus tard, le commandant Tanche demande ce qu'il faut faire. On décide qu'il se rendra aux Carmes avec trente hommes sans armes, pour prévenir les accidents. Un membre, Bourgeois, fait observer que de tels secours sont insuffisants ; mais un autre affirme « que tout est rentré dans le calme » au couvent. Le calme y rentra, en effet ; mais quand il n'y eut plus une seule personne à tuer.

Le commissaire Viollette qu'on envoya régularisa la boucherie. Le commandant Tanche assista impassible aux « accidents » qu'il avait la mission ostensible de prévenir et l'ordre secret de laisser accomplir. Quand il revint, il raconta « que sa prudence n'a pu empêcher ces mêmes accidents ; il observe que la force serait devenue inutile dans cette occasion ; que la multitude innombrable — il n'y eut pas plus de trente égorgeurs — s'est portée à sacrifier à sa juste vengeance les plus perturbateurs qui étaient détenus dans cette maison » ; et divers citoyens « présents à cette expédition » inoffensive, attestent « toute la prudence que mon dit sieur le commandant avait apportée dans cette circonstance délicate ». Et « l'assemblée, convaincue du patriotisme qui a toujours animé M. le commandant, applaudit à la prudence qu'il a employée. »

Aussi les « accidents » continuaient-ils aux Carmes ; et Tanche avait toute facilité pour montrer à la fois et son patriotisme et sa prudence « dans cette circonstance délicate ».

Les prêtres avaient pu enfin pénétrer dans l'église, harcelés par les coups de piques. Les premiers entrés se précipitèrent à genoux devant le sanctuaire. Les autres peu à peu se réunirent à eux, échappant à grand'peine aux coups qu'on leur lançait de toutes parts. Pierre-Louis de La Rochefoucauld arrive, cherchant l'évêque de Beauvais. Séparé de lui dans le tumulte du massacre, il ignore ce qu'il est devenu : « Où est mon frère ? demande-t-il. Je vous en supplie, ne me séparez pas de mon frère. » Et il se jette à genoux, implorant de Dieu la grâce de lui être réuni. En ce moment on apporte François-Joseph blessé. Bardet l'avertit ; il se lève, court à lui, l'embrasse, lui prodigue les marques de la plus affectueuse tendresse et les soins qui sont en son pouvoir. Derniers témoignages d'amour que le bourreau allait interrompre.

Un commissaire, les uns disent Viollette, les autres Maillard, ou quelqu'un des siens, s'établit avec une table et le registre d'écrou de la prison des Carmes auprès de la porte par laquelle on descendait au jardin, désigné désormais sous le nom de *Parc aux cerfs*. Devant lui défileront ceux qui vont à la mort. Les gendarmes nationaux de garde se rangent en haie ; les uns devant le sanctuaire pour tenir les victimes sous leurs yeux ; les autres sont disposés dans l'intérieur de la maison, aux portes, pour empêcher le peuple de troubler les bourreaux. Les bourreaux eux ont un poste assigné ; c'est le haut et le bas de l'escalier qui aboutit à l'enclos.

A cette division régulière, à cet ordre savant dans le forfait, à ce jeu toujours uniforme et toujours le même, que la pièce se passe aux Carmes de Vaugirard, ou à l'abbaye de Saint-Germain, on reconnaît la main d'un unique et suprême ordonnateur. Les rôles ainsi distribués, on peut commencer la tragédie ; les horribles scènes du jardin n'étaient que le prologue.

Cent ecclésiastiques environ restaient à immoler. Les sicaires étaient au nombre de trente tout au plus. Le carnage de l'enclos avait commencé un peu avant quatre heures, il était environ quatre heures et quart. Pendant les préparatifs de l'assassinat officiel, les détenus resserrés dans le sanctuaire, priaient.

Si quelque chose eût pu émouvoir les cœurs, c'était bien le spectacle de ces hommes, jeunes, vieux, prêtres, évêques, qui attendaient tranquilles le coup de pique final. A l'appel de leur nom, ils se levaient et s'avançaient les uns avec sérénité, les autres avec empressement, ceux-là sans daigner même quitter des yeux la page du bréviaire commencée, ceux-là murmurant quelques versets de psaumes. La plupart marchaient à une mort cruelle comme à l'acte le plus indifférent. Ils n'appartenaient déjà plus à la terre.

Dans le sanctuaire on récitait les prières des agonisants ;

on faisait la recommandation de l'âme : « Partez, âme chrétienne ». Les hurlements de la douleur, les hurrahs frénétiques arrivaient à chaque moment aux oreilles des prisonniers. Tels jadis les premiers chrétiens dans les «carceres» de l'arène entendaient les rugissements des lions prêts à les dévorer, les applaudissements de la foule qui saluait la mort de quelques-uns de leurs frères.

Le nombre diminuait d'instant en instant. La Rochefoucauld voyait peu à peu sortir du chœur et disparaître tous ses compagnons. Procession funèbre qui défilait sous ses yeux. Évêque, il marchait le dernier. Quelle longue agonie que ces minutes d'attente ! Il vit partir Gallais qui lui dut la gloire de périr en ce jour ; Louis Menuret, le vénérable supérieur du petit séminaire de Saint-François de Sales à Issy, ancien curé de Montélimart ; Claude-François Gagnère des Granges, ancien professeur de philosophie chez les jésuites, homme d'une science quasi-universelle ; Urbain Le Fèvre, qui, sur le point d'échapper, dit au garde sous la protection duquel on l'avait placé : « J'aime mieux aller avec les autres. » Les deux Nativelle, Jean-Baptiste, vicaire d'Argenteuil, et René, vicaire à Lonjumeau, qui, réclamés par quelques habitants de la rue de Bussy, périrent pour n'avoir point voulu prêter le serment de liberté-égalité, condition de leur délivrance ; Jean-Antoine Guillemenet, prêtre de Saint-Roch à Paris ; et le seul laïque des Carmes, Charles-Régis de Valfons, ancien officier du régiment de Champagne, son ami, qui avait voulu mourir avec lui et marcher au trépas à ses côtés comme aux heures de la promenade ; puis le général des bénédictins de Saint-Maur, Ambroise Chevreux, et Louis Barreau, son neveu ; dom René Massey ; Jean-Jacques Morel des Prés, capucin ; Hermes, docteur de Sorbonne, auteur d'excellents ouvrages ; Kerenrun, proviseur de la maison de Navarre ; Felix, supérieur des doctrinaires ; Jean-François Burté, procureur de la maison des cordeliers à Paris ; Charton de Millou, aumônier des dames du Saint-Sacrement, « à qui il ne manquait qu'un peu de santé pour être le Bourdaloue de son siècle », dit Barruel ; Jacques-Jules Bonneau, vicaire général de Lyon, connu par ses ouvrages ; Charles-François Legué, et Jacques Friteyre-Durvet, deux des meilleurs prédicateurs de Paris ; Delfaut, archiprêtre de Sarlat, député à la constituante, qui, une demi-heure avant l'entrée du bourreau, faisait répondre à ses amis : « Dites-leur que je n'ai jamais été mieux portant et si heureux. » Mathieu-Nicolas Villecroin, directeur des religieuses de Bellechasse ; Le Rousseau, directeur des dames de la Visitation de la rue du Bac, qui avait été arrêté pour un autre et ne voulut jamais révéler la méprise : religieux, curés, grands vicaires, tous unis dans la même foi, montrant même zèle et même patience.

L'évêque de Saintes restait encore. La providence semblait le réserver pour le dernier, afin qu'il pût n'entrer au ciel qu'avec son frère. L'amitié qui les avait unis était « cette vraie fraternité, que nulle dissension n'a violée ; c'était celle des saints qui répandent leur sang pour suivre le Seigneur, qui méprisent les grandeurs du siècle, arrivent ensemble au royaume céleste. » Il était auprès de son frère gisant sur un mauvais matelas et endurant avec calme d'horribles souffrances. Il le consolait, il essayait de le soulager ; n'attendant plus rien pour lui-même que le trépas, il s'efforçait de croire qu'on épargnerait le malheureux. Voit-on dans les batailles les plus furieuses qu'on achève les blessés ! Pendant qu'il lui fait entendre les plus douces paroles, son nom retentit sous les voûtes de l'église. Son tour est venu. Il n'a plus qu'à mourir. Il donne à son frère le suprême baiser, l'adieu de la mort ; et ces deux hommes pleins de vie s'embrassent déjà dans le trépas. Fier et tranquille, Louis de La Rochefoucauld s'avance, il se hâte comme s'il pouvait, par son obéissance à s'offrir aux coups racheter ce qui reste de vie à l'infortuné. Et il murmure cette touchante prière qu'une pieuse tradition nous a conservée : « Mon Dieu, soumis à vos décrets, je remets mon âme entre vos mains, et je recommande à votre clémence divine ces pauvres gens qui ne se souilleraient pas d'homicide si d'affreux artifices ne leur avaient ravi la crainte de vos jugements et l'amour de votre bonté. » Ce furent ses dernières paroles.

A la porte le commissaire lui demande encore s'il a prêté, s'il veut prêter serment, comme pour prouver bien clairement que la victime allait être immolée pour sa foi. La question était bien superflue. Et des cent vingt prêtres qui furent égorgés là, pas un ne songea à racheter sa vie par un parjure. Les Marseillais se ruèrent sur lui ; ses pieds glissaient dans le sang fumant. Les piques firent leur œuvre. Il chancelle ; c'en était fait. Ainsi périt à l'âge de quarante-huit ans, haut et puissant messire Pierre-Louis de La Rochefoucauld, chevalier, conseiller du roi en son conseil d'état, seigneur évêque de Saintes, abbé de Vauluisant, chanoine de Beauvais. Mais celui que les bourreaux avaient renversé parmi ces monceaux de corps mutilés et palpitants, celui que leur rage croyait bien avoir détruit à jamais, sortait de ces décombres humaines plus grand, plus glorieux, immortel. Tombé La Rochefoucauld et évêque il se relevait pontife et martyr.

L'immolation de l'évêque de Saintes ne sauva pas l'évêque de Beauvais. Aussitôt après on l'appelle. Il se soulève sur son lit de douleur : « Je ne refuse pas, dit-il aux sicaires qui l'entourent, je ne refuse pas de mourir comme les autres ; mais vous voyez, je ne puis marcher. Ayez, je vous prie, la charité de me soutenir vous-même, et d'aider à me porter où vous voulez que j'aille. » On le porte donc ; et à l'endroit où son frère expire, il reçoit le coup fatal. Il tombe sur son cadavre encore chaud et il étreint son corps en expirant. L'histoire des dévouements fraternels comptait un héroïsme de plus.

François-Joseph fut presque le dernier immolé. Selon Mathon de La Varenne, c'est un tailleur d'habits qui eut la gloire de faire martyrs les deux évêques. Il était alors près de six heures. Le massacre avait duré deux heures environ.

Et ce soir-là, il y avait grand dîner au ministère de l'intérieur. Roland fêtait ses amis. On devisait agréablement de « l'événement du jour ». C'est le mot de madame Roland, qui continue : « Clootz prétendit prouver que c'était une mesure indispensable et salutaire. » Parmi les convives était aussi un membre du comité civil de la section des Quatre-Nations. Delaconté. Il avait signé toute la journée les fameux bons de vins et de victuailles exigés par les travailleurs des prisons, et il s'était chargé d'en proposer le remboursement au ministre de l'intérieur. Roland lui répondit tranquillement qu'il n'avait pas de fonds pour de semblables objets (¹). » Voilà tout ce que sut faire en ces circonstances le ministre de l'intérieur, donner à dîner et ne pas payer sur sa caisse les égorgeurs de l'évêque de Saintes et des autres. Et l'odeur tiède de leur sang répandu s'élevait de terre, et les invités de Roland humaient le fumet de ses vins.

---

1. « Les massacres de septembre sont l'œuvre voulue, préméditée de la commune et de Danton », a dit M. Wallon, *Intermédiaire des chercheurs*, 10 juin 1892.

CHAPITRE XXIX.

Mutilation du cadavre de l'évêque de Saintes. — Ecclésiastiques du diocèse de Saintes aux Carmes. — Ceux qui ont échappé. — François de Meschinet. — Charles-Abraham Richard. — André Auxuret. — Le député Jouneau. — Victimes. — Charles Béraud du Pérou. — Pierre-Michel Guérin. — Le puits des Carmes. — Sépulture. — Le cimetière de Vaugirard. — La crypte des Carmes.

Ce n'était pas assez d'assassiner, il fallait que le corps sans vie fût encore outragé avant d'être dépouillé et volé. Le sang ne suffisait pas aux scélérats ; et leur rage poursuivait jusqu'après le trépas. Martin Froment, garçon chez Marchand, traiteur au Luxembourg, coupa les oreilles à Mgr de Saintes et à Mgr de Beauvais. Et fier de son exploit, il le vanta partout [1]. Plus de trois ans après, quand on songea à punir les auteurs des massacres de septembre, alors dispersés, morts, perdus, oubliés, Froment fut dénoncé comme s'étant glorifié d'avoir coupé le nez et les oreilles à deux évêques. Interrogé, il prétendit que ce fait lui avait été assuré par des passants, le soir du 2 septembre, qu'il avait répété le propos, mais que lui n'était pas sorti de la maison de son patron. Des cinquante accusés, deux seulement furent condamnés. Froment, un des quatre poursuivis pour les égorgements des Carmes, avec le cordonnier Nicolas Paris, qui avait affirmé avoir tué quinze prêtres pour sa part, avec l'ébéniste Louis Juchereau, qui avouait avoir dépouillé les cadavres, mais ajoutait qu'il avait remis au commissaire de la section les objets trouvés, avec Joachim Ceyrat, qui avait présidé le comité du Luxembourg et poussé au massacre, Froment fut déclaré non coupable par le jury du jugement du 25 floréal an IV-14 mai 1796.— Or, cette absolution des scélérats subalternes,

---

1. Le même fait avait lieu à la Force pour la princesse de Lamballe avec un raffinement encore plus grand de barbarie et d'obscénité.

qui s'explique et par le long temps écoulé qui faisait une espèce de prescription, et par la difficulté d'avoir alors toutes les preuves nécessaires, et par la disparition des chefs, Danton, Robespierre, Marat, Maillard, et par des amnisties qui pouvaient aux yeux de certains jurés comprendre les assassinats de septembre, cette absolution ne détruit pas les pièces officielles et authentiques qui montrent dans Cey rat l'un des instigateurs du crime. Les trois autres inculpés peuvent être innocents comme lui.

Avec l'évêque de Saintes avaient été immolés quelques ecclésiastiques de son diocèse. Tous les Saintongeais incarcérés aux Carmes n'avaient pas eu le bonheur d'échapper.

Nous avons vu que François-Alexis de Meschinet avait été arrêté le 15 août ([1]).

Or, le 15 août 1792, racontent Meschinet et Gaston de Forcade ([2]), dans deux narrations presque identiques, qui se

---

1. François-Alexis de Meschinet, né le 10 mai 1742 à Saint-Jean d'Angély, fils d'un lieutenant au régiment de Beaujolais, après ses premières études chez les bénédictins de sa ville natale, était allé les achever au collège de Navarre à Paris. Dès 1787, il était titulaire de la chapelle des Aubert à Marennes. En 1790, il entrait au séminaire de Saint-Sulpice, temps singulièrement choisi pour se préparer au ministère sacerdotal. Il a écrit une *Relation de ce qui s'est passé à la campagne du séminaire de Saint-Sulpice et dans la prison des Carmes pendant les journées des 15 et 16 août 1792*, manuscrit dont Briand a donné des extraits, III, 45. « Homme d'esprit et de science, profond théologien, poète distingué, rempli de cette sensibilité touchante qui s'épure au contact de la charité chrétienne, dit P. Rainguet, cet ecclésiastique est mort regretté de ses concitoyens, surtout des pauvres qu'il avait tant de fois aidés et consolés. Il a laissé plusieurs pièces de vers latins et français, quelques chansons populaires écrites en patois et où brillent une finesse et une originalité de pensées et d'expressions singulières. » On connaît celle du conscrit :

« J'avais nessent en mon village ;
« De mon père j'étis le fils ;
« O m'était bien encore avis
« Que j'étis quasiment dans l'âge...

presque aussi répandue que celle de son neveu, l'abbé de Meschinet, sur la visite d'un paysan saintongeais au petit séminaire de Montlieu :

« Pusque je ne sons pas malade,
« Demain matin, si o fait bias,
« Mon feil, tu prendras ton chapias,
« Thieu que tu mets pre la ballade ... »

Ordonné prêtre en 1806, par Paillou, évêque de La Rochelle, François de Meschinet, débile, ne pouvant marcher qu'avec peine, se consacra aux pauvres, raconte Hippolyte d'Aussy, *Chroniques saintongeaises*, p. 580, avec des appointements de 72 francs par an, la nourriture et le logement. Il mourut dans sa ville natale le 24 janvier 1848.

2. Cité page 63, par M. Alexandre Sorel, *Le couvent des Carmes pendant la Terreur*.

complètent, les élèves de Saint-Sulpice à Issy se promenaient dans le parc. Deux cents jeunes gens se présentent, commandés par un ouvrier du faubourg. C'étaient des volontaires bretons, étudiants de l'université de Rennes, qu'on avait envoyés, sans le leur dire, contre des prêtres et des enfants, eux qui croyaient marcher contre les Prussiens. « Nous sommes assez forts pour vous y contraindre, si vous résistez. » Ils ne songeaient guère à opposer la violence à la violence. Aussitôt directeur, élèves, et cinq prêtres étrangers qui se trouvaient à la maison, sont conduits, entre deux haies de soldats, à l'extrémité du faubourg Issy-les-Paris, et enfermés dans une salle assez spacieuse, chez un boulanger ou épicier, Jean-Baptiste Gogue, maire de la commune, et fournisseur de la maison. Ce brave homme fit tous ses efforts pour qu'on laissât aller tout le monde, répondant de chacun. Il ne put obtenir que la liberté de M. Duclaux et d'un vieillard.

« Le commandant pose des gardes à la porte et à chaque angle de la salle, leur défend toute conversation avec leurs prisonniers, consigne qui ne fut point gardée ; puis avec le reste de sa troupe, il revient au séminaire, se fait ouvrir les chambres, fouille les secrétaires, les armoires, les malles dans l'espoir de trouver des lettres ou des écrits qui pussent compromettre les maîtres ou les élèves ; mais toutes les recherches furent vaines. Dans l'appréhension de quelques visites de ce genre, on avait eu soin de soustraire tout ce qui aurait pu être suspect. Le commandant, après avoir inutilement fouillé tout le séminaire pour y trouver quelque chose de compromettant, se rend sans délai dans une maison de retraite peu distante du séminaire et dans laquelle des prêtres à qui l'âge ou les infirmités ne permettaient plus l'exercice du ministère, passaient leurs derniers jours dans la solitude et la prière. Le supérieur, qui était aussi chargé du temporel, et le seul prêtre valide, intercéda vainement pour ces vénérables vieillards qui furent conduits, aussi bien que lui dans la salle du boulanger. »

Cette razzia faite, « on vit paraître un personnage assez bien vêtu tenant à la main une épée nue ; deux hommes du peuple armés de haches et de pistolets, paraissaient être ses satellites. Tout à coup, il agite son épée, d'un air furieux, en s'écriant à diverses fois : « Vengeons nos frères. »

« Les deux hommes de sa suite brandissaient leurs haches et paraissaient disposés à frapper. Alors un des vénérables prêtres de la maison de Saint-François de Sales tombe à genoux, fait le sacrifice de sa vie, et tend le cou à la hache qui le menaçait; mais le moment n'était point arrivé; la couronne lui fut différée de quelques jours. On ne voulait, sans doute, qu'effrayer pour le moment. On ne réussit point (1).

« Sur les six heures du soir, le commandant donne l'ordre du départ. On lui représente qu'il y a des vieillards et des infirmes pour qui le voyage sera bien pénible. « Je vais, dit-il, dépêcher quelques soldats pour faire rendre quelques carrosses de place que l'on prendra sur la route. » On part avec cette promesse qui ne se réalisa pas. Où nous conduisait-on ? Les uns pensaient que c'était à la section du Luxembourg, d'autres à l'hôtel de ville ; et dans ce dernier cas, quelle fatigue pour les infirmes, quel danger pour tous! Le peuple déchaîné contre ceux qu'il vénérait encore il y a quelques mois, ne viendrait-il pas les arracher à la faible escorte qui les protège, les immoler à sa fureur, avant qu'ils aient pu atteindre l'hôtel de ville ? On se communiquait ces tristes réflexions et l'on attendait l'événement. Les habitants d'Issy ne firent éclater à notre départ aucun sentiment de joie ou de tristesse ; la politique leur interdisait cette dernière démonstration.

« Les jeunes gens qui vinrent nous arrêter, reprend Gaston de Forcade, étaient des jeunes gens de l'université de Rennes.

---

1. « Une douce sérénité se faisait remarquer sur les visages des prêtres et des élèves; tous éprouvaient de la satisfaction à souffrir quelque chose pour la foi ; tous s'étaient nourris le matin du pain des forts, et ils en ressentaient dans le moment les merveilleux effets. Tous comptaient sur la protection de la sainte Vierge qu'ils avaient priée avec ferveur. Animés d'une foi vive, la perspective d'une mort prochaine n'avait rien d'effrayant pour eux. Après leur inutile démonstration de fureur, les terroristes se retirent. Le commandant, qui avait vu son autorité méconnue par ces trois hommes et qui dans les recherches faites au séminaire n'avait rien trouvé qu'il pût déférer aux frères et amis, devint tout à coup modéré et complaisant, au point de promettre que le supérieur et un vieillard de soixante-treize ans demeurassent au séminaire ; il nous y reconduit à la tête de sa troupe. Chacun obtient la permission d'aller prendre dans la chambre ce qu'il juge à propos. Ceux qui avaient fait provision d'habits laïques, ont soin de s'en revêtir. »

Nous fîmes connaissance avec eux. Nous les avions calmés ; aussi ils nous protégeaient contre la populace de Paris qui nous aurait égorgés sans pitié. On nous fit partir à l'entrée de la nuit au nombre de quarante ; plus de la moitié des personnes arrêtées étaient étrangères au séminaire. Arrivés à la Croix-Rouge, notre escorte avait toutes les peines du monde à nous préserver de la fureur du peuple ; prévenue que si elle nous conduisait à l'hôtel de ville, comme c'était son projet, nous serions massacrés, elle nous mena à la section la plus voisine qui se réunissait dans une des salles du séminaire. La section délibéra que nous serions conduits aux Carmes. » Ce qui fut fait, nous l'avons vu.

« Le souper était à peine achevé que des commissaires envoyés par la section du Luxembourg, enjoignent aux ecclésiastiques qui ne sont point dans les ordres de le déclarer avec serment. Cet ordre exécuté, on leur assigna une salle haute où les Carmes tenaient ordinairement leur chapitre ; deux paillasses envoyées par les frères furent attribuées aux quatre plus faibles, les autres se placèrent sur les bancs qui régnaient autour de la salle ou sur le plancher. De tristes réflexions éloignèrent le sommeil. Pourquoi cette séparation ? On veut sans doute nous rendre la liberté ; mais sera-t-elle pour nous un bien ?... Désormais nous serons environnés de ces ennemis de Dieu qui ne poursuivent avec tant d'acharnement ses ministres, que pour anéantir son culte, si cela était en leur pouvoir. Ils s'efforceront d'ébranler notre foi ; saurons-nous résister constamment ? Qu'il nous serait avantageux de partager le sort de nos guides, de nos pères qui s'attendent à mourir pour la foi ! Un sort si glorieux ne nous est point réservé ; nos infidélités nous en rendent indignes.

« La nuit parut fort longue : le lendemain vers les huit heures arrivent deux commissaires chargés d'interroger chacun de nous en particulier, et de dresser procès-verbal de nos réponses. Il est à croire que des personnes bien intentionnées se glissaient parmi les révolutionnaires et parvenaient à gagner leur confiance pour rendre des services et même sauver des victimes ; la conduite de nos deux commissaires nous autorise à le penser. Ils se montrèrent doux, honnêtes, et laissèrent même échapper quelques marques d'intérêt ; il fut aisé de voir qu'ils cherchaient plutôt à favoriser qu'à nuire. Toutefois ils se trouvaient dans l'obligation d'adresser quelques demandes propres à embarrasser le répondant, ou à obtenir des aveux qui l'auraient compromis. Ils faisaient alors deux questions de suite, et la dernière n'était jamais embarrassante : il suffisait d'y répondre. En voici un exemple : Un des élèves eut à répondre à cette double question : « Étiez-vous en correspondance avec quelque émigré ? » et de suite avant toute réponse : « Avez-vous écrit contre le gouvernement actuel ? » L'élève ne répondit qu'à la dernière question. On eut toute facilité de revoir ses dires, de les expliquer. Un jeune Parisien, nommé Nézel (1), fut retenu d'après ses dires. Il était professeur dans un établissement nouveau connu sous le nom de communauté des clercs de Saint-Sulpice. Le commissaire lui adressa cette question obligée : « Avez-vous enseigné les droits de l'homme ? » Il aurait pu répondre que l'âge de ses élèves ne leur permettait pas de saisir une telle instruction ; mais comme il ne redoutait rien tant que de retourner dans sa famille, qui l'avait souvent sollicité de communiquer avec l'intrus de sa paroisse, il répondit que, loin d'avoir enseigné les droits de l'homme, il n'avait pas même cherché à les connaître. On lui représenta que cette réponse le ferait demeurer aux Carmes. C'était son désir. Il ne voulut rien changer à ses dires, et fut, quelques heures après, réuni à ceux qui se trouvaient dans les ordres. Il partagea leur sort et leur gloire.

« Sur les quatre heures du soir, un commissaire vint annoncer aux élèves qu'ils étaient libres, et pouvaient sortir des Carmes à l'instant même. M. Nézel était seul excepté. Il fut de suite réintégré dans l'église des Carmes avec ceux qu'on ne voulait point élargir. En quittant cette maison, il ne nous fut point permis de faire nos adieux aux prêtres détenus.

---

1. Nézel, clerc tonsuré, professeur d'humanités à Issy. M. d'Exauvillez, dans la vie de Mgr de Quélen, en fait un sous-diacre. Aimé Guillon, *Martyrs de la foi*, IV, 138, dit « qu'il avait fait ses études au célèbre collège de Sainte-Barbe, et qu'il était nouvellement élevé à la prêtrise. Nézel n'était point dans les ordres.

« Nous sortions, et l'un des élèves, le seul qui fut en soutane, allait franchir le seuil de la porte sans songer au danger auquel il s'exposerait en sortant dans les rues avec un costume proscrit depuis deux mois. Le commissaire pria un officier de la garde nationale d'escorter ce jeune homme et de lui donner le bras. Sous cette égide, l'élève se rendit au séminaire sans éprouver le moindre désagrément (¹).

« Quoique la persécution ne s'étendît encore que sur le clergé, un grand nombre de personnes se hâtaient de sortir de Paris. Toutes les places se trouvaient arrêtées aux diligences pour plusieurs jours ; les élèves furent donc obligés de se réfugier au séminaire ; un petit nombre seulement chez des parents ou des amis bien dévoués, et tous, à peu près, se trouvaient dans la capitale au 2 septembre, époque du massacre (²).

« A la difficulté de trouver des places dans les diligences, se joignait celle des passeports qui devaient être revêtus de différentes formalités. Ce fut vers le milieu de septembre que, dispersés par la tempête, nous quittâmes avec regret un asile qui nous était bien cher. »

*_**

Charles-Abraham Richard, saintongeais, comme Meschinet, fut, comme lui, logé à Saint-Sulpice. Le 2 septembre s'y passa dans les angoisses les plus vives. Le 3, on vint prévenir Émery qu'à la section du Luxembourg, tout près de lui, s'agitait la question de faire prêter le serment à tous les prêtres enfermés au séminaire et de procéder comme aux Carmes, s'ils refusaient. Le supérieur frémit à la pensée du péril qui menaçait les directeurs et les séminaristes. Il les assembla : « Messieurs, leur dit-il, nous n'avons que quelques moments à vivre. Que ceux qui auraient besoin de se confesser le fassent sans délai. Après,

---

1. Cet élève était encore l'abbé de Meschinet.
2. Voici les noms de quelques-uns de ces élèves : De Houdet d'Auzers, qui est devenu évêque de Nevers ; Blanquet de Rouville, mort coadjuteur de Reims, évêque de Numidie ; de Forcade, de Marmande ; de La Gardiole, de Nîmes ; du Teste, d'Avignon ; de Montant, de Nérac ; Courtade, de Saint-Chély ; Martin, de Castelnaudary ; Fauché, de Bordeaux ; de Montfleury, de Caen, prêtre du séminaire de Saint-Sulpice, qui se sauva pendant le massacre ; de Ravinelli, de Bellac ; Louis de Muret, de Limoges ; Antoine-Jean Clémenceau, âgé de 23 ans, né à Vannes, étudiant en droit, rue du Paon ; Henri de Solminihac, de Bordeaux, 17 ans, demeurant en hôtel garni.

cela mettons-nous en prière, et faisons à Dieu le sacrifice de notre vie. » Au bout de deux heures d'angoisses inexprimables, on frappe ; c'était l'annonce de la délivrance. Le comité, en égard au patriotisme d'Émery, qui l'avait logé, chauffé, éclairé, rafraîchi, avait résolu de le laisser provisoirement tranquille, lui et les ecclésiastiques du séminaire.

Richard put enfin trouver une place à la diligence. Il arriva à Senlis, chez son grand-oncle, Louis Baudoin de Dournon, receveur des fermes du roi ; puis il revint à Saintes, où, le 27 brumaire an X (18 novembre 1801), il épousa Marthe Dières de Monplaisir, fille de Georges et de Françoise-Perpétue de Bonnegens des Hermitans. Il y est mort, le 26 octobre 1844 [1].

**

Un autre prêtre, curé dans le diocèse de Saintes, qui échappa aux massacres, est l'abbé André Auzuret, que les biographes Barruel, Aimé Guillon, M. l'abbé Manseau, font victime des septembriseurs. André Auzuret, né à Niort, le 17 novembre 1755, prêtre en 1780, vicaire à Niort, s'était acquis une telle réputation qu'en 1789, il fut appelé à prononcer le panégyrique de saint Pierre dans la cathédrale de Saintes. La Rochefoucauld fut si frappé de ses qualités, qu'il le nomma curé d'Usseau, archiprêtré de Mauzé, où il refusa le serment. « Jeune encore, dit Guillon, *Martyrs de la foi*, II, 102, il avait toute la fermeté évangélique des prêtres consommés dans le sacerdoce. Dans

---

1. Charles-Abraham Richard, né à Saintes le 16 mars 1772, avait entre autres sœurs ou frères : François, né le 9 juin 1765 ; Jean-Baptiste, né le 11 juin 1766 ; Gabriel né à Saintes, le 15 octobre 1767; Élisabeth-Catherine, née le 23 novembre 1768, qui épousa M. de Meschinet ; Marie-Geneviève, née le 2 novembre 1770, morte la même année. Son père François Richard, qui avait été écrivain de la marine au port de Rochefort, avait épousé à Saintes, Marie-Élisabeth-Geneviève Bossuet. Gabriel Richard, élève du collège de Saintes, du séminaire d'Angers en 1784, maitre-ès-arts en 1786, sulpicien en 1790, prêtre en 1791, missionnaire chez les Illinois en 1792, supérieur de la mission au Michigan en 1798, vicaire général de l'évêque de Cincinnati, curé de Sainte-Anne au Destroit (États-Unis), est mort le 13 septembre 1832, victime de sa charité en soignant les cholériques. Sa vie a été écrite par Pierre Guérin, vicaire à Saint-Jean d'Angély, décédé curé de Surgères. C'est lui qui, à l'époque où les professeurs du collège de Saintes furent dépossédés pour refus de serment, avait appelé d'Issy et confié à l'abbé Dubourg, qui venait d'y établir une pension, son plus jeune frère Charles-Abraham, que ses parents ne voulaient pas laisser aux assermentés. Un fils de Charles Abraham, Joseph Richard, embrassa la carrière ecclésiastique, fut professeur au séminaire de Saint-Jean d'Angély, et décéda prématurément le 18 mai 1846, aumônier des dames de Chavagnes.

cet état de proscription, il jugea convenable de venir se réfugier à Paris, près de son évêque qui lui avait donné l'exemple d'une semblable constance dans la foi. » Il partit avec Jean Goizet, curé de Notre-Dame de Niort, — écrit *Croizet* dans Guillon, *Boisset* dans Barruel — avec Jean-Philippe Marchand, et Pierre Landy, — *Londry* dans Barruel, *Laudry* dans Guillon — vicaires de Notre-Dame de Niort qui tous trois périrent aux Carmes ([1]). Dénoncés par le charpentier Nigot, leur guide, qui mourut fou de douleur et de remords, il fut avec ses compagnons arrêté dans les jours qui suivirent la catastrophe horrible du 10 août 1792 ([2]) ; il fut conduit au comité de la section du Luxembourg pour y voir encore éprouver sa foi au milieu des plus imminents dangers, par la proposition de faire le serment civique, lequel comprenait celui qu'il avait déjà refusé. Un nouveau refus de sa part, fait avec plus de courage encore que le précédent, lui valut d'être condamné à être emprisonné avec d'autres généreux confesseurs de JÉSUS-CHRIST, dans l'église des Carmes. Il s'y fit remarquer surtout par l'empressement qu'il mettait à venir au devant de ceux qui arriveraient après lui et à leur rendre tous les soins de la plus touchante charité. Agile et jeune, le 2 septembre, il put escalader un mur de clôture et tomba dans le jardin d'une habitation occupée par d'honnêtes et vertueuses femmes. S'exposant elles-mêmes à la mort, elles cachèrent le fugitif, et à la faveur d'un déguisement il put s'échapper ([3]). « La ville de Saint-Maixent, dit le vicomte de Lastie Saint-Jal, se souvient encore avec attendrissement et respect de ce pieux et vénérable vieillard qui y exerça avec amour et ferveur son ministère depuis sa rentrée jusqu'à son décès. »

1. Voir *Le couvent des Carmes*, page 147, déclaration de Jacques Hennechart, tenant l'hôtel garni de Provence, rue des Fossoyeurs, n° 1072, qui constate que, la nuit du 2 au 3 septembre, six particuliers, se disant commissaires de la section, ont forcé une commode dans la chambre occupée par l'abbé Landy et autres, et y ont pris 366 fr. Le vol après l'assassinat.
2. *L'Église et la Révolution à Niort et dans les Deux-Sèvres*, par M. le vicomte de Lastie Saint-Jal (Niort, 1850, in-8°), p. 97.
3. L'abbé Jarlit a raconté dans le *Bulletin de la société des Archives historiques de Saintonge*, VIII, 461, les péripéties émouvantes de cette existence. Grâce à un sauf-conduit de Dumouriez, il put passer en Hollande. Il vint à Paris où il travailla dans une imprimerie, fut arrêté plusieurs fois, exerça secrètement le culte à Saint-Maixent, dont il fut curé jusqu'à sa mort, le 27 janvier 1834.

∗∗∗

Aux Nouillers, commune du canton de Saint-Savinien, voisine de celle de Torxé, où mourut l'évêque constitutionnel de Saintes, et sur le territoire de laquelle s'élève le château de Bois-Charmant que faillit habiter Louis de La Rochefoucauld, j'ai foulé dans le cimetière une modeste tombe sur laquelle on lit :

« Jean-Joseph Jouneau, ancien député, chevalier de Saint-Louis et maire de cette commune, décédé le 25 janvier 1837 âgé de 81 ans ([1]).

Or Jean-Joseph Jouneau, né aux Dauves, commune de Barret près de Barbezieux, en 1756, mort sur son domaine des Razes, en la paroisse des Nouillers (1837), lieutenant de gendarmerie dans l'île de Ré, administrateur du département de la Charente-Inférieure (1790), député à l'assemblée législative le 20 août 1791, fut presque une victime des septembriseurs. Le 14 juin 1792, à propos de l'amnistie de Jourdan-Coupe-tête, Jouneau, qui siégeait au côté droit, eut avec Grangeneuve, son collègue, une altercation suivie d'une provocation en duel refusée par le député de la Gironde, et terminée par des coups de canne. Pour ces voies de fait Jouneau fut poursuivi devant les tribunaux. Mais il fallait l'autorisation de l'assemblée, qui fut accordée le 10 août. Jouneau fut incarcéré à l'abbaye de Saint-Germain des Prés. Ce fut miracle s'il échappa. Il put faire passer à son collègue, Jean-Aimé Delacoste, de La Rochelle, député de la Charente-Inférieure, ce billet daté du *Lundi midi* : « Mon cher collègue, ce brave canonnier qui vous remettra cette lettre m'a dit que, si j'étais réclamé de l'assemblée nationale, je ne courrais pas le moindre risque dans le moment actuel. Faites tout de suite ce que votre prudence et votre amitié vous

---

1. A côté deux autres tombes : « Jules-Pascal Jouneau, sous-officier, décédé le 8 janvier 1848 à 28 ans », et « Henri-Adam Jouneau, ancien officier de l'administration de la marine, chevalier de la légion d'honneur, décédé le 27 novembre 1840, âgé de 61 ans ». Voir pour les Jouneau, *Revue de Saintonge*, XIV, 106, où il est dit qu'il eut quatre enfants de son mariage avec Mlle Franquiny de Feu. Il épousa à Saintes, le 8 juillet 1793, Marie-Anne-Henriette d'Abbadie, âgée de 30 ans, née à La Rochelle, le 9 janvier 1763, de Joseph Blaise-Pascal d'Abbadie et de Marie-Madeleine Arrangée Dumesnil Roland, divorcée d'avec Paul-Charles Dubreuil de Théon de Chateaubardon, comte de Guitaut, ancien officier au régiment de Jarnac dragons, dont elle avait trois enfants.

engageront. J'attends tout de votre zèle et de la sagesse de l'assemblée nationale (¹). » Et l'assemblée porta le décret demandé. Elle n'ignorait donc pas le danger que couraient les prisonniers et ce qui se passait! Fauchet, du reste, lui annonçait au même moment « que 200 prêtres viennent d'être égorgés dans l'église des Carmes ». Jouneau, délivré, arrive à la barre, accompagné d'une douzaine de citoyens : « Avec votre décret sur la poitrine, dit-il, je suis sorti de ma prison au milieu des acclamations du peuple. Ces braves citoyens m'ont accompagné avec le plus grand empressement. Leur zèle atteste le respect qu'on a partout pour vos décrets. » Le député flattait un peu l'assemblée ; mais il lui indiquait son devoir.

Il n'avait, semble-t-il, évité les piques de la bande de Maillard que pour tomber sous les coups des habitants de Rochefort, qui le dénoncèrent comme incivique. Ils ne purent toutefois que le faire destituer par le ministre de la guerre de son grade de lieutenant-colonel de la gendarmerie (²).

⁎

Un qui périt certainement c'est Charles-Jérémie Béraud du Pérou, dont tous les écrivains, sauf Barruel, ont fait *Duperron*. Convoqué à l'assemblée de Saintes pour les états généraux de 1789 pour son fief d'Auvignac en la paroisse de Montils, il se fit représenter par son frère, François Béraud, seigneur de Montils, de La Ferrière et en partie du Pérou, dit le chevalier Béraud du Pérou (³), qui était aussi fondé de pouvoirs de sa sœur Marie-Catherine, décédée à Versailles en 1794, et de son frère aîné, Joseph-Ignace Béraud du Pérou, seigneur en partie du Pérou, d'Orville, d'Auvignac et de Jarlac, sous-aide major des armées navales à Rochefort, enseigne de vaisseau.

---

1. Mortimer-Ternaux, *Histoire de la Terreur*, III, 260.
2. Eschasseriaux, *Assemblées électorales de la Charente-Inférieure*, page 322.
3. Le 5 octobre 1767, François Béraud épousa, en l'église de Saint-Vivien de Saintes, Jeanne-Victoire d'Aulnis du Chézac, née le 29 mai 1739, fille de feu Louis d'Aulnis, écuyer, seigneur du Vignaud, et de dame Marie-Jeanne-Berthomée Pissonnet de Bellefons. Jeanne-Victoire avait pour sœurs : 1º Anne-Madeleine, née le 26 juillet 1735, mariée le 29 novembre 1763 à Joseph-Ignace Béraud du Pérou, son beau-frère ; 2º Marie, qui épousa, le 19 décembre 1768, Jean Bernard de Montsanson ; 3º Marie-Jeanne, femme en premières noces de Claude Bérand du Pérou et puis, le 21 février 1764, de Charles-Honoré d'Hérisson, écuyer, capitaine au régiment de Navarre.

Charles-Jérémie Béraud du Pérou, fils de Joseph Béraud, écuyer, seigneur du Pérou en la paroisse de Meursac et de Catherine Huon (¹), était, à ce qu'on croit, prêtre de la congrégation des eudistes à Paris, dont le supérieur était alors François-Louis Hébert, coadjuteur du supérieur général, et confesseur de Louis XVI, depuis que le curé de Saint-Eustache, Jean-Jacques Poupart, avait prêté le serment constitutionnel ; c'est du moins chez eux et avec eux qu'il fut arrêté à Paris. « Digne coopérateur du vénérable supérieur de cette communauté, dit Guillon, II, 186, par sa vie exemplaire et par son zèle pour la foi, il méritait comme lui d'en être récompensé par la gloire du martyre. » Arrêté après le 10 août, il fut

1. Voici un essai de filiation de Charles-Jérémie Béraud du Pérou. Je n'ai pu la faire complète.

I. Nicolas Béraud, frère d'Alexandre Béraud de La Bellerie eut :

II. Nicolas Béraud, conseiller du roi et garde des sceaux en la cour des aides de Guienne, et lieutenant particulier au siège présidial de Saintes, qui est mort en 1692. Il épousa, le 15 avril 1653, Marguerite Aymar, fille de Jacques Aymar, écuyer, sieur du Pérou et du Grand-Lauron, conseiller du roi en ses conseils d'état et privé, et de Renée Urvoy, cousine de Michel Raoul, évêque de Saintes. Elle lui apportait en dot la propriété du Pérou en la paroisse de Meursac, celle de Beaulieu en Saint-Pallais et une maison sise dans la grande rue à Saintes. Ils eurent dix-sept enfants dont six étaient morts au décès du père. Les autres sont :

1º Marie, femme de N. Huon ; 2º Angélique, mariée au sieur de Girac ; 3º Marie-Anne, qui épousa, le 9 janvier 1682, le sieur de la Brégement en Poitou ; 4º Jeanne, religieuse ; 5º Marguerite, entrée à l'abbaye de Saintes en mars 1677 ; 6º N. Béraud de La Bellerie, fils ainé ; 7º François-Ignace, conseiller en la cour des aides de Guienne, né le 25 septembre 1662 ; 8º François, religieux jacobin, qui fit profession en 1686 ; 9º Nicolas, décédé le 11 juin 1672 ; 10º Jacques, mort le 9 mai 1674 ; 11º Joseph, capitaine au régiment de Normandie, tué en Italie l'an 1701, époux de Marie-Madeleine Dejean, dont postérité. François-Ignace eut : 1º Jeanne-Françoise, morte fille ; 2º Alexandre Béraud, chanoine de Saintes ; et 3º Joseph Béraud, écuyer, seigneur du Pérou, capitaine d'infanterie dans le régiment de Beauce, mort brigadier des armées du roi, chevalier de Saint-Louis ; il épousa, le 5 septembre 1725, Catherine, fille de Jérémie Huon.

C'est de ce Joseph qu'était fils Charles-Jérémie Béraud, massacré aux Carmes, qui avait pour frères et sœurs :

1º Charles-Alexandre, né le 13 août 1729 ; 2º Jeanne-Françoise, née le 4 octobre 1730 ; 3º Marie-Anne, née le 28 février 1732 ; 4º Jeanne-Sophie, née le 2 juin 1733, morte le 29 septembre 1739 ; 5º Louis, né le 22 octobre 1735 ; 6º Joseph-Ignace qui épousa d'abord Madeleine d'Aulnis, fille de feu Louis d'Aulnis, écuyer, seigneur du Vignaud, Chatelars et Chézac, puis Victoire Beaupoil de Saint-Aulaire ; 7º François, époux de Jeanne-Victoire d'Aulnis ; 8º Marie-Catherine, décédée à Versailles en 1794 ; 9º Autre Marie-Catherine, mariée à Étienne-Simon de Cursay de Villers, écuyer, seigneur de Saint-André et Boisroche. François Béraud, chevalier, seigneur du Pérou, de Jarlac et Montils, Orville, Auvignac, La Ferrière, garde de la marine le 9 août 1756, capitaine de vaisseau, chevalier de Saint-Louis, mort émigré à Montjoie, duché de Juliers, le 17 décembre 1792, avait, dit Saint-Allais, *Nobiliaire*, II, p. 281, épousé Marie-Justine Bidé de Maurville, fille de Bernard-Hippolyte, vice-amiral.

conduit à la section du Luxembourg avec son supérieur et huit de ses confrères (¹). Sauf Saurin, ils périrent tous, le 2 septembre. Le lendemain, deux autres eudistes étaient massacrés à Saint-Firmin.

***

Aux Carmes tomba aussi Pierre-Michel Guérin, sulpicien, né à La Rochelle, le 8 mars 1759. Sa mère était une marchande de fruits. Veuve, elle trouva moyen, par son activité et son économie, d'élever son fils. Doux, sage, modeste, l'enfant fixa l'attention de Legrix, vicaire de Saint-Sauveur de La Rochelle, à qui il servait la messe (²). Legrix lui donna les premières leçons de latin, puis lui fit achever ses études. Il entra au séminaire d'Angers le 3 novembre 1779. Il fut ensuite professeur, puis économe à Nantes jusqu'en 1791, époque à laquelle il quitta le séminaire de cette ville et vint à La Rochelle. Après quelques mois, il partit pour Paris et se cacha à Issy (³). C'est de là qu'il fut amené aux Carmes, le 15 août 1792, avec

1. Nicolas Beaulieu, Jean-François Dubousquet, Pierre Dardon, âgé de 63 ans, qui avait été pendant 30 ans confesseur de Sainte-Barbe ; Jacques Fryteyre-Durvet, un des meilleurs prédicateurs de Paris ; André Grasset, de Saint-Sauveur ; Robert Lebis ; François Lefranc, de Vire en Normandie, supérieur des eudistes de Caen, vicaire général de Coutances, auteur de plusieurs ouvrages sur la franc-maçonnerie, âgé de 53 ans ; et Saurin.

2. Claude-Furcy-André Legrix, né le 29 septembre 1745 en la paroisse de Saint-Jean du Perrot, à La Rochelle, vicaire de Saint-Sauveur en cette ville. Il fut nommé en 1781, chanoine de Saint-Pierre de Saintes ; en 1789, titulaire de la chapelle d'Étienne Huré et de celle de Notre-Dame des Seize ou des Guenons en l'église Saint-Michel de Saintes. Après la suppression du chapitre, en 1791, il fut contraint de s'exiler. Pendant dix ans, il souffrit en Espagne, en Allemagne, en Angleterre. De retour en France, il fut nommé doyen du chapitre de La Rochelle et vicaire général du diocèse. Il est mort dans sa ville natale en mai 1818. Son *Journal*, de janvier 1781 à mars 1791, a été publié en 1867.

3. Briand a une autre version qu'il tient de Meschinet. « Guérin, fait prêtre au commencement de la révolution, exerça quelque temps le saint ministère dans sa ville natale et fut le directeur de sa vertueuse mère. L'abbé Legrix, chanoine de La Rochelle, se proposant de passer en Angleterre, se rendit d'abord à Paris avec l'abbé Guérin, à qui le séjour du séminaire plut tellement, qu'il pria son protecteur de vouloir bien lui permettre de n'aller pas plus loin. Ce qui lui fut accordé. Après environ trois mois d'une vie paisible, il fut appelé au combat du 2 septembre. » P.-D. Rainguet a répété, page 385, *Biographie saintongeaise*, cette légende à laquelle nous avons préféré les dates de M. Alexandre Sorel, p. 141 ; d'autant que Legrix n'était pas chanoine de La Rochelle, mais de Saintes ; que Guérin n'était pas prêtre à La Rochelle en 1791, et qu'on ne voit pas comment cet ecclésiastique passant par Paris est reçu à Saint-Sulpice où il reste trois mois. Enfin « cette vie paisible » pendant les mois qui virent les journées du 20 juin et du 10 août, est une phrase de fantaisie qui va bien avec le petit roman du fils « directeur de sa vertueuse mère ».

Charles Richard et François de Meschinet. Il fut la première victime, comme l'affirme cette inscription gravée sur une petite colonne élevée dans le jardin où il tomba disant son bréviaire :

ICI

A ÉTÉ TUÉ

L. GUÉRIN

PRÊTRE

1re VICTIME

DU MASSACRE

DES CARMES

LE DIMANCHE

2 SEPTEMBRE

1792

**

Le lendemain du jour où avait eu lieu la boucherie des Carmes et pendant que le 3, le 4, le 5 et même le 6, on massacrait encore à l'Abbaye, à la Force, au Châtelet, à la Conciergerie ; pendant qu'à la tour Saint-Bernard, près du pont de la Tournelle, on égorgeait froidement soixante-douze individus condamnés aux galères ; qu'à Bicêtre on assommait à coups de bûches quarante-trois jeunes enfants du peuple, dont le plus âgé avait 17 ans, « plus difficile à achever que les hommes faits », dit un témoin oculaire : « Vous comprenez, à cet âge la vie tient si bien » ; qu'à la Salpêtrière on violait et on tuait trente-cinq malheureuses femmes ou filles ; que l'autorité restait inerte et laissait faire la commune ; que l'assemblée législative détournait ses regards et ne s'occupait de rien, sauf de porter pour l'abbé Sicard un décret qui fut retenu longtemps par la commune ; la commune de Paris, elle, « se hâte d'informer ses frères de tous les départements qu'une partie des conspirateurs féroces détenus dans les prisons a été mise à mort par le peuple au moment où il allait marcher à l'ennemi, et sans doute la nation entière, après la longue suite de trahisons qui l'ont conduite aux bords de l'abîme, s'empressera d'adopter ce moyen si nécessaire de salut public... »

C'est le ministre de la justice, Danton, qui envoyait partout cette approbation au crime, et qui excitait les provinces à imiter Paris. On sait si Reims, les 2 et 3 ; Meaux, le 4, eurent besoin de cet ordre, et comment Lyon, le 9, Versailles, les 8 et 9, Caen le 12, Gisors le 14, Orléans les 16 et 17, fêtèrent la glorieuse octave du 2 septembre.

Mais les cadavres accumulés ne pouvaient demeurer là. Les morts, en viciant l'air, auraient promptement eu raison des vivants. D'ailleurs, il n'était pas bon de laisser exposés ces corps mutilés. La pitié pouvait se réveiller et amener une réaction dangereuse. On songea à les enterrer. D'abord on les dépouilla. Le 3, dès le matin, sur l'ordre de la section du Luxembourg, Daubanel, son secrétaire, se transporta aux Carmes. Les corps gisant près de la chapelle furent rassemblés sous un if qui s'élevait près du bâtiment. Les ouvriers voulurent s'approprier les vêtements et ce qu'ils contenaient. Il fallut un arrêté de la section pour les empêcher de s'attribuer plus d'un habit à chacun. Le reste devait être distribué aux pauvres. Dans l'après-midi le comité décida que les dépouilles, attendu l'état de délabrement où elles se trouvaient, ne pouvant être que d'un rapport très modique, seraient données aux personnes qui avaient déshabillé les défunts. Quant aux objets qui leur avaient appartenu, les commissaires chargés de les recueillir apportèrent, le 10, dix-sept paquets estimés $30,846^l$, 6^s, 6^d. De plus Daubanel déclara avoir $2,844^l$ dont 31 louis d'or trouvés dans le dos de la soutane d'un ecclésiastique et le reste en assignats. Parmi les objets étaient quarante montres en or, dont quatre à répétition et une enrichie de diamants, quatorze en argent et une en galuchat. On ignore ce que devinrent ces valeurs. Furent-elles rendues aux familles ? Passèrent-elles dans les caisses de l'État et servirent-elles à payer les Marseillais ? Des faits postérieurs il résulterait que Daubanel en resta nanti, de connivence avec Ceyrat. Tous deux furent plusieurs fois sommés d'en rendre compte, jamais on ne le put obtenir d'eux.

Les cadavres dépouillés, on amena deux grands chariots dans le jardin du couvent ; on les y jeta ; mais ils ne purent contenir les 120 cadavres; aussi ne chargea-t-on que les plus près des bâtiments, la moitié environ. Quant aux autres, quant à ceux qui étaient épars dans le jardin, on les précipita tout simplement au fond d'un puits qui se trouvait dans un grand carré. La tradition avait conservé le souvenir de cet ensevelissement. Cependant des recherches faites dans les allées avaient constaté l'absence de tout puits, et l'on en était venu à regarder la légende comme fabuleuse. Le procès-verbal même du commissaire attestant l'inhumation à Vaugirard de cent vingt prêtres semblait en prouver authentiquement la fausseté. Mais la découverte récente du fameux puits a montré qu'elle était vraie et les objets trouvés avec une soixantaine de corps, plaques civiques, armes, boutons d'uniformes n'ont plus laissé le moindre doute. Daubanel, pour ne pas raconter cette sépulture dans un puits, s'était contenté de dire tous les martyrs inhumés au même endroit.

Ainsi s'en alla une partie des victimes. Mgr de La Rochefoucauld était du nombre : car il avait été massacré près de la chapelle, un des derniers, et son corps devait se trouver très rapproché des bâtiments. « Le 3, écrit Mathon de La Varenne, on voyait déjà Paris traversé en tous sens par des charrettes chargées de cadavres. Angélique Voyer et d'autres bacchantes, montées sur ces voitures, comme des blanchisseuses sur du linge sale, dansaient sur les corps mutilés, en criant : Vive la nation ! battaient la mesure sur les parties dont la nudité était la plus apparente, et portaient attachés à leur sein des lambeaux que la pudeur ne permet pas de nommer (1). »

Les chariots funèbres des Carmes se dirigèrent vers le cimetière de Vaugirard, en dehors de l'ancienne carrière, à droite, et touchant au chemin de ronde. L'emplacement, dit M. A. Sorel, à qui l'on doit la découverte du lieu où furent ensevelis les massacrés des Carmes, et à qui nous empruntons ces détails, l'emplacement enclos de murs existe encore, et ce n'est que depuis quelques mois seulement qu'on a enlevé les débris funéraires qui y étaient restés. En face de la petite

---

1. *Histoire particulière des événements qui ont eu lieu en France pendant les mois de juin, juillet, d'août et de septembre 1792*, page 402.

porte du milieu qui donnait sur un marais voisin, une large fosse ouverte attendait. On y jeta les cadavres, qu'on recouvrit d'un peu de chaux. « Daubanel, secrétaire nommé pour procéder à l'inhumation des personnes qui ont subi hier la juste vengeance du peuple, » alla à la section faire « rapport de sa mission et annonça que cent vingt personnes avaient été enterrées, ce matin, dans le cimetière de Vaugirard. »

Tout était dit. L'évêque de Saintes reposait dans la fosse commune ; mais il y était en compagnie de ses co-martyrs et de son frère. Une inscription fut placée dans la chapelle du fond du jardin, à gauche de l'autel. La plaque de marbre unissait dans la même épitaphe les deux frères qui n'avaient pu être séparés par la mort. Elle est maintenant dans l'escalier qui conduit au jardin :

D. O. M.

ILLUSTRISSIMIS ET REVERENDISSIMIS
PETRO-LUDOVICO DE LA ROCHEFOUCAULD
EPISCOPO SANTONNENSI

ET

FRANCISCO-JOSEPHO DE LA ROCHEFOUCAULD
EPISCOPO BELLOVACENSI
HIC PRO FIDE CATHOLICA NECATIS
DIE SECUNDA SEPTEMBRIS
AN. MDCCXCII.

La chapelle est tombée sous la pioche des démolisseurs pour laisser passer la rue de Rennes. Sous la terreur, ce jardin, teint du sang des martyrs, était devenu un bal champêtre. C'est maintenant une voie publique.

La crypte de l'église des Carmes qui conserve pieusement toutes les reliques de ces martyrs, y compris les taches de sang qui ont marqué les murs et le pavé, rappelle les noms des deux frères et de l'archevêque d'Arles.

ILLUSTRISSIMUS ET REVERENDISSIMUS
D. D.
JOANNES-MARIA
DU LAU
ARCHIEPISCOPUS ARELATENSIS
NATUS IN DIŒCESI PETROCORENSI XXXI OCTOBRIS
MDCCXXXV
INUNCTUS I OCTOBRIS MDCCLXXV

La seconde contient quelques erreurs de date qu'il serait à propos de rectifier :

ILLUSTRISSIMUS ET REVERENDISSIMUS
D. D.
FRANCISCUS JOSEPHUS
DE LA ROCHEFOUCAULD MAUMONT
EPISCOPUS BELLOVACENSIS
NATUS ENGOLISMÆ VII AUGUSTI MDCCXXXV
INUNCTUS XXII JUNI MDCCLXXII.

L'extrait suivant du registre des baptêmes de la paroisse Saint-Jean d'Angoulême ne laisse aucun doute sur la date de la naissance :

« Le 29 février 1736, a été baptisé messire François-Joseph de La Rochefoucauld, né du jour précédent, fils légitime de messire Jean de La Rochefoucauld, chevalier, seigneur de Maumont, Maignac, Barrot, etc. et de dame Marie-Marguerite Decescaud. Ont été parrains Mre François-Anne de La Rochefoucauld, frère du dit baptisé, et demoiselle Marie de Clairevaud, marraine ; le dit baptême fait par les soussignés.

JEAN DE LA ROCHEFOUCAULD. F. VERGNAUD. SAUVO, *chanoine et archiprêtre.* »

Le sacre est du 12 juillet non le 22 juin. L'acte de baptême de Pierre-Louis publié plus haut, page 12, prouve aussi que la naissance est du 12 octobre.

ILLUSTRISSIMUS ET REVERENDISSIMUS
D. D.
Petrus-Ludovicus
de La Rochefoucauld Bayers
Episcopus Sanctonensis
Natus in diœcesi petrocorensi XIII Octobris
MDCCXLIV
Inunctus VI Januarii MDCCLXXXII

Dans le diocèse que Pierre-Louis évangélisa on trouve quelques traces de son passage. Nous avons cité l'inscription de Crazannes, page 90.

Au mois de juillet 1869, le *Bulletin religieux de La Rochelle* du 31 annonçait la formation à Saintes, sous la présidence honoraire de l'évêque, la présidence de l'archiprêtre, la vice-présidence du maire, d'un comité chargé d'ériger, dans la cathédrale de Saint-Pierre, un monument à Mgr Pierre-Louis de La Rochefoucauld « cette douce victime de l'amitié fraternelle et de la charité du Christ ([1]) ». Le projet n'a pas eu de suite.

Le 25 juin 1892, l'archiprêtre de Saintes, M. Henri Valleau, aujourd'hui évêque de Quimper, a fait encastrer dans un mur de la cathédrale, un médaillon de marbre, œuvre de M. Morat, sculpteur à Bordeaux, représentant l'évêque-martyr en buste ; au-dessous est cette inscription, que j'ai reproduite photographiquement plus haut, page 95.

En 1886, M. l'abbé Boursaud, curé d'Ecurat, grâce à la

---

[1] Thomas, évêque de La Rochelle, depuis archevêque de Rouen et cardinal, *Discours prononcé à la bénédiction du pont de Saintes* (26 juillet 1879), dans les *Œuvres choisies*, t. II, 465.

libéralité de quelques-uns de ses paroissiens et du maire de la commune M. le baron Amédée Oudet, a fait placer dans l'église un vitrail, peint par M. Dagrand, verrier à Bordeaux, et représentant la Vierge de Lourdes. Au bas est en médaillon le portrait de La Rochefoucauld, d'après le tableau du château de Verteuil.

Et c'est tout.

PIÈCES JUSTIFICATIVES.

PIÈCE N° I. *(Page 131.)*

ÉMEUTE A SAINT-THOMAS DE COSNAC.

Du 29 avril 1790,

A l'assemblée de la municipalité extraordinairement assemblée, présidée par M. Garnier, maire, Lebouc, Chenier-Duchesne, le chevalier de Luchet, de Fonrémis, C.-A. Gout, Louis Suire, Briault, Godet et Bonneau de Mongaugé ; MM. de Turpin et Guitton, commissaires du roy pour le département de la Charente-inférieure, sont entrés et ont remis sur le bureau une lettre écrite à M. de Turpin par le sieur de Luc fils, membre de la municipalité de Pons, qui lui annonce que les plus grands désordres se commettent dans ses cantons ; qu'il y a déjà deux châteaux de brûlés près Saint-Thomas, et que, par une licence dont on ne peut pénétrer ici le but ni les causes, des particuliers se portent aux excès les plus dangereux et les plus funestes ; qu'ils ont incendié les châteaux de Saint-Georges des Agouts et de Boisroches, appartenant au sieur Paty de Bellegarde, des maisons particulières des habitants de Saint-Thomas ; que dans ce moment-ci ils brûlent la maison du sieur Martin, notaire à Saint-Thomas de Cosnac, porteur de la lettre d'avis du sieur de Luc, et qui a répété et attesté l'incendie de sa propre maison ; que les commissaires du roy, vivement affectés de ces désastres et dans l'impuissance de porter par eux-mêmes aucuns remèdes à des abus qu'ils n'ont pas le pouvoir de réprimer, puisqu'ils ne sont pas de leur compétence, s'empressent d'en prévenir la municipalité, laissant à sa prudence de prendre les moyens les plus efficaces pour arrêter de semblables désordres. TURPIN. GUITON.

Au même instant s'est présenté le sieur Jean Martin, notaire royal à Saint-Thomas de Cosnac ; lequel nous a déposé qu'il règne dans sa paroisse un désordre si effréné, que ni les propriétés, ni la vie des citoyens ne sont respectées. Une populace ameutée se répand indistinctement dans les châteaux voisins, dans l'église, dans les maisons des bourgeois, et met tout à feu et à sang. Le premier acte d'hostilité a commencé dimanche matin et s'est commis dans l'église, où on a brisé les bancs. Excités par ce premier succès, ces effrénés menaçaient d'incendier et de sacrifier à leur rage tous ceux qui contrarieraient leurs desseins. Le déclarant ayant voulu leur représenter les dangers auxquels ils s'exposaient en se livrant à de tels excès et la nécessité où on serait de faire sortir le drapeau rouge, ils le menacèrent de mettre le feu dans sa maison, ce qu'ils auraient effectué sur-le-champ sans l'opposition de gens prudents ; qu'hier ils se portèrent dans le château de Boisroche appartenant au sieur de Bellegarde ; ils le pillèrent et l'incendièrent ; qu'ils furent ensuite à celui de Saint-Georges, appartenant au même, et commirent les mêmes ravages. Le sieur Martin a ajouté ensuite que ces mêmes séditieux, au nombre de deux cents, ont investi, ce matin, sa maison avant le jour ; qu'ils ont brisé ses meubles, enfoncé ses portes ; qu'il a couru les plus grands risques et qu'il est persuadé que dans ce moment sa maison est devenue la proye des flames ; que tout le bourg est dans l'alarme et la consternation, et qu'il y a lieu de craindre que les violences et les désordres n'en restent pas là, si on n'y envoye des forces suffisantes, puisque deux membres mêmes de la municipalité de Saint-Thomas participent à tous ces excès, et que les nommés Morisset et Bernard, officiers municipaux, sont euxmême à la tête des révoltés, ajoutant encore que le dit sieur de Bellegarde ayant été par eux poursuivi, le nommé Viauld, de Saint-Georges, l'a atteint d'un coup de fusil, de manière qu'une balle lui a traversé l'épaule. Le dit Sr Martin, après avoir pris lecture de sa déclaration, l'a attestée sincère et véritable et a signé. MARTIN.

Sur ce délibéré, ouï le procureur de la commune, la municipalité, prenant l'avis en considération, a cru de sa prudence de prendre les précautions convenables pour fournir des secours à cette paroisse ravagée, en prévenant les chefs des différentes troupes militaires de se tenir prêts en cas de nécessité et de réquisition ; et néanmoins demeurant avertie qu'elle doit être instruite de cet événement par la municipalité de Pons et requise par elle, elle a décidé qu'elle attendrait les avis et réquisition de cette même municipalité, avant de prendre aucun parti, et qu'elle demeurerait en séance jusques-là.

Et advenant le trente avril, sur les six heures du matin, est arrivé un courier extraordinaire de la ville de Pons, lequel nous a remis une lettre de la municipalité en datte de ce jour, qui, en nous certiorant les désordres et les délits qui se commettent dans la paroisse de Saint-Thomas de Cosnac, requiert de nous les secours les plus prompts pour voler à la deffense des malheureux habitants de ce pays, nous demandant cent hommes de troupes réglées, autant de gardes nationales et un détachement de vingt gendarmes.

La matière mise en délibération, et ouï le procureur de la commune, la municipalité d'une voix unanime a décidé que, dans ce moment où plusieurs paroisses du département sont livrées au pillage et aux excès de gens mal intentionnés, elle ne saurait leur porter des secours trop prompts ; et faisant droit au réquisitoire de la municipalité de Pons, MM. les commandans du régiment d'Agenois, de la milice bourgeoise, des gardes nationales, de la gendarmerie et de la maréchaussée, ont été requis de fournir des détachements ; savoir, le premier de 112 hommes ; les deux autres, de 50 chacun ; le troisième de 20 gendarmes, et le lieutenant de la maréchaussée, de 4 cavaliers, avec ordre de se rendre auprès de la municipalité de Pons, dont ils attendront la réquisition pour se porter partout où elle le jugera convenable dans l'enceinte du département. Et il a été statué que la lettre de MM. les officiers municipaux de Pons serait transcrite tout au long sur le registre.

Au même instant, MM. les commandans des différentes troupes sont venus nous annoncer qu'en exécution de nos ordres et réquisition, leurs détachements venaient de se mettre en marche.

GARNIER, maire. LE BOUC. CHESNIER DUCHESNE. Le chev. de LUCHET. DE FONRÉMIS. BRIAULT. C. A. GOUT. LOUIS SUIRE. GODET. BONNAUD DE MONGAUGÉ. DUCHAINE MARTIMONT. SENNÉ. secrétaire.

Archives municipales. Délibérations du conseil municipal, 1790, p. 37.

Lettre écrite à la municipalité par MM. les officiers municipaux de Pons en date du 30 avril 1790.

Messieurs, nous avons cru ne pouvoir refuser main forte à MM. Guyot et Pelletan, habitans de Cosnac, qui nous requièrent à cet effet au défaut des municipalités des cinq paroisses révoltées, qui sont dans la terreur et composées de personnes éloignées qui ne peuvent se correspondre. En conséquence, nous requérons, MM., que vous vouliez nous prêter main forte et secours le plus prompt ; vous nous obligerez, si vous pouvez nous envoyer cent hommes du régiment d'Agénois, cent hommes de la milice nationale et vingt gendarmes. Nous pourvoirons au logement et à l'étape de vos troupes. Les nôtres, prêtes à se réunir aux vôtres, seront composées de cinquante hommes de pied et de vingt à cheval.

Nous venons encore d'être requis de la part de Mme de Baulon qui est en fuite, et qui déclare que M. le curé de Saint-Dizant, maire d'une des cinq paroisses, l'a prié verbalement de nous faire cette réquisition, en l'assurant que les circonstances ne lui permettaient pas de nous écrire. Nous sommes avec respect, MM., vos très humbles et très obéissants serviteurs, les officiers municipaux de la ville de Pons. RENAUD, maire. POTET. DUMAS. POITEVIN. DE LUC fils. ZIMMERMAN. GOUT, procureur de la commune.

PIÈCE N° II. *(Page 271.)*

PROCÈS-VERBAL DE CONSÉCRATION DE MAUDRU, BÉCHEREL ET ROBINET.

D'un procès-verbal reçu par les notaires de Paris soussignés, le vingt mars 1791, a été littéralement extrait ce qui suit :

Au nom de la Très Sainte Trinité, à tous et à chacun de ceux qui ces présentes lettres verront, est fait sçavoir qu'à l'an 1791, le deuxième dimanche de carême où l'église chante *Reminiscere*, vingtième jour du mois de mars, vers neuf heures du matin, en la présence des notaires à

Paris soussignés, députés à l'assemblée nationale, et en l'église de la congrégation de l'oratoire, située à Paris, rue Saint-Honoré, se sont rendus au chœur de la dite église, monsieur Robert-Thomas Lindet, évêque du département de l'Eure, dont le siège est à Évreux, en l'arrondissement de la métropole des côtes de la Manche, dont le siège est à Rouen, présentement à Paris, logé à l'hôtel de Charost, n° 343, paroisse de Saint-Rocq ;

Monsieur Henry Grégoire, évêque du département de Loir-et-Cher, dont le siège est à Blois, en l'arrondissement de la métropole du centre, dont le siège est à Bourges, député à l'assemblée nationale, à Paris, rue du Colombier, N° 16, paroisse Saint-Sulpice.

Monsieur Jean-Pierre Saurine, évêque du département des Landes, dont le siège est à Dax, en l'arrondissement de la métropole du Sud-Ouest, dont le siège est à Bordeaux, et député à l'assemblée nationale, demeurant à Paris, rue d'Anfer, N° 119, paroisse de Saint-Séverin ;

Monsieur Jean-Antoine Maudru, curé d'Aidouilles, et Monsieur François Bécherel, curé de Saint-Loup près Oranges (¹), et M. Jean-Étienne Robinet, prêtre, curé de Saint-Savinien du Port, district de Saint-Jean d'Angély, demeurant ordinairement au dit lieu de Saint-Savinien du Port, présentement à Paris, logé rue Saint-Thomas du Louvre, hôtel de Genève, paroisse de Saint-Germain l'Auxerrois, élu à l'évêché du département de la Charente-Inférieure, dont le siège est à Saintes, en l'arrondissement de la métropole du Sud-Ouest, dont le siège est à Bordeaux, suivant le procès-verbal des électeurs du dit département en datte des vingt-huit février dernier, et premier mars présent mois, dont la copie est signée : Rondeau, président et Emond secrétaire, et proclamé au dit évêché, suivant le même procès-verbal en la séance du premier mars présent mois, par la dite assemblée conformément à la loy.

Et avec mes dits sieurs évêques et les dits sieurs Maudru, Bécherel et Robinet, élus évêques, se sont aussi rendus au chœur de la dite église de l'oratoire plusieurs personnes du clergé de la dite église et autres particuliers, et là, après le consentement donné par M. Jean Poiret, supérieur de la dite congrégation à ce présent, les portes de la dite église étant ouvertes, et s'y trouvant un grand concours de citoyens de tous âges, sexes et états différens, il a été par l'un des notaires soussignés fait lecture à haute et intelligible voix : 1° d'un acte reçu par les mêmes notaires soussignés dont la minute est demeurée à M. Bévières, le jour d'hier, portant prière et réquisition par le dit sieur Robinet à M. l'évêque du département des Landes de lui accorder l'institution canonique et la confirmation de sa dite élection, et de vouloir bien faire la cérémonie de sa consécration, ou en déléguer le pouvoir à un autre évêque ; par lequel acte mon dit sieur évêque du département des Landes a accordé au sieur

---

1. Il faut lire *Avranches*.

Robinet l'institution canonique et la confirmation de sa dite élection, et a donné et délégué à mon dit sieur évêque du département de l'Eure, tout le pouvoir nécessaire pour procéder incessamment, avec les cérémonies et solennités usitées et convenables, à la consécration du dit sieur Robinet...

Cette lecture ayant été achevée et toutes les pièces ayant été trouvées en bonne forme par mes dits sieurs évêques du département de Loir-et-Cher et des Landes, mon dit sieur évêque du département de l'Eure, assisté de mes dits sieurs évêques des dits départements de Loir-et-Cher et des Landes, après la célébration de la sainte messe avec les cérémonies pontificales, et après avoir pris des dits sieurs Maudru, Bécherel et Robinet le serment, prescrit par l'article 21 du titre II de la loy du 24 août dernier, de veiller avec soin sur les fidèles du diocèse confié à chacun d'eux respectivement, d'être fidèles à la nation, à la loy et au roy, et de maintenir de tout leur pouvoir la constitution décrétée par l'assemblée nationale et acceptée par le roy, lequel serment ils ont prêté chacun séparément en présence des dits sieurs évêques assistans, du clergé de la dite église, du peuple et des citoyens présents et des dits notaires, lequel serment sera, pour satisfaire à la loy, réitéré par chacun d'eux en présence des officiers municipaux des lieux, du peuple et du clergé en la paroisse cathédrale de l'évêché de chacun d'eux respectivement, lors de la prise de possession, a donné et conféré, avec les prières et cérémonies et la solennité convenable, par la participation et la coopération du Saint-Esprit, la consécration épiscopale au dit sieur Maudru, élu à l'évêché du département des Vosges, au dit sieur Bescherel, élu à l'évêché de la Manche, et au dit sieur Robinet, élu à l'évêché du département de la Charente-Inférieure, ainsi que tout est établi par les pièces ci-devant énoncées ; lesquels sieurs nouveaux évêques se sont réservé de prendre incessamment chacun à son égard possession réelle, actuelle et corporelle de l'évêché à lui confié.

Ce fut ainsi fait et passé avec la solennité sus énoncée, notoirement et publiquement, les portes de l'église ouvertes et à la vue de nombre de citoyens présents, ainsi qu'il a été ci-devant dit.

De tout ce que dessus les dits sieurs Maudru, Bécherel et Robinet ont requis le présent acte à eux octroyé par les dits notaires à Paris en la dite église de l'oratoire, les jour et an susdits, et ont mes dits sieurs du département de l'Eure, département de Loyre-et-Cher, et du département des Landes, et les dits sieurs évêques du dit département des Vosges, du département de la Manche et du département de la Charente-Inférieure, signé avec mon dit sieur supérieur de la dite congrégation de l'oratoire, comme aussi avec plusieurs assistants ci-après nommés : savoir : M. Le Bailly, ancien président de l'assemblée nationale et maire de la ville de Paris ; M. Treilhard, ancien président de l'assemblée nationale et président de l'un des tribunaux du département de Paris ; M.

Régnault, Vieillard, Fricot, Petit-Mengin, Pouret, Pain, Bernard, de la Lande, Maupetit, Douchet et Mougins, tous députés de l'assemblée nationale ; M. Thenaux, président du comité de la section de l'oratoire ; Bérard, Guillet, Varangnes, tous commissaires de la dite section ; M. Tréviliers, commandant de bataillon ; Baillard, capitaine, Planages, lieutenant ; Janecty, sergent major ; M. Cartier, électeur et officier de la garde nationale ; M. Lagarde, citoyen soldat, tous dans la garde nationale, et encore avec les dits notaires. La minute du présent procès-verbal demeure à M. Bévières, l'un d'eux, au pied de laquelle minute est écrit : Enregistré à Paris, le 21 mars 1791, signé : Lezan, aîné ; ainsi signé à l'expédition Dosfant et Bévière.

Archives municipales de Saintes ; registre des délibérations, II, 35.

PIÈCE N° III. *(Page 294.)*

PROCÈS-VERBAL DE DÉNONCIATION CONTRE LES CURÉS DE DOMPIERRE ET DE BRIVES.

Le directoire ayant pris lecture, primo d'un procès-verbal de la municipalité de Dompierre, en date du 4 de ce mois, qui constate que le sieur Péronneau (¹), curé dudit lieu, s'est permis et se permet journellement de prêcher à tous les habitants que l'assemblée électorale a nommé un fou évêque ; qu'il ne sortira jamais de sa cure ; que la maison est à lui, et que, si ses paroissiens sont attachés à la vraie religion, ils ne souffriront pas que leur curé qui sera toujours leur vrai pasteur s'en aille ; 2° D'une lettre adressée à lui par le collège électoral de Brives en date du 10 de ce mois, par laquelle il expose que le sieur Delany, curé de la dite paroisse (²), a

---

1. Jean-Jacques Peronneau, né à Saintes, paroisse Saint-Eutrope, le 29 octobre 1742, de Jean Peronneau, charpentier, et de Jeanne Morisse, fut nommé par l'évêque de Saintes en 1776 chapelain de Saint-Maurice des Frères en l'église de Saint-Pierre d'Oleron, et la même année (6 décembre) prieur de Sainte-Catherine de Coux en l'Isle, paroisse d'Arvert, par l'abbé de Masdion, Hilaire-Marie d'Hérisson ; il fut, le 7 octobre 1766, nommé professeur de 4° au collège de Saintes, puis de philosophie. Il devint en 1780, curé de Saint-Blaise à Dompierre sur Charente, bénéfice de 2400 livres, à la nomination de l'abbé de Saint-Jean d'Angély, dans l'archiprêtré de Burie, population de 576 habitants. Intrépide défenseur de la foi catholique et écrivain distingué, il lançait chaque jour un pamphlet contre la révolution. Il fut remplacé par Pierre Deschamps, vicaire de Chaniers, et fut forcé de passer en Espagne, avec son frère cadet, Étienne-Henri Peronneau, né à Saint-Eutrope le 30 avril 1745, tonsuré en 1766, prêtre en 1770, vicaire amovible de Saint-Thomas de Cosnac, curé de Rioux-Martin depuis 1786. (*Archives historiques de Saintes*, II, 242.) En 1801, il fut nommé curé de Juicq, où il mourut en 1812.

2. Jean Delany, nommé curé de Brives sur Charente en 1785, fut forcé de passer en Espagne et remplacé par Berny, qui avait juré. (Est-ce Jean Berny, né en 1749, curé de Saint-Pallais de Phiolin depuis 1777, jureur et marié, ou son frère Jean-Claude Berny, curé depuis 1761 de Saint-Dizant de Gua où il fut renommé en 1803. Delany revint en France au commencement de 1797. Un Jean Delany, né à Pons le 6 janvier 1739, fut curé de la Chapelle des Pots et de Belluire en 1768 où il eut pour successeur en 1786 Romain Gaildreau. Est-ce le même ?

monté le dit jour en chaire pour chercher à persuader au peuple qu'il ne devait point reconnaître pour évêque celui que l'assemblée électorale du département venait de nommer, ni pour curés tous ceux qui avaient prêté serment, parce que ce sont des personnes incapables de célébrer la messe, et d'administrer aucun sacrement sans commettre des sacrilèges, et qu'on ne devait point s'amuser aux décrets de l'assemblée nationale parce qu'ils étaient rendus par des scélérats.

« Par lesquelles pièces les dites municipalités de Brives et de Dompierre prient l'administration de prévenir les inconvénients que pourraient entraîner de tels discours.

« Sur ce, ouï le procureur syndic,

« Considérant qu'en effet des propos, aussi irréfléchis et aussi déplacés que ceux que se sont permis les dits sieurs Péronneau et Delany, ne peuvent que jeter des inquiétudes et des défiances dans les esprits faibles et crédules dont le nombre est considérable, surtout dans les campagnes ;

« Considérant qu'ainsi le fanatisme pourrait insensiblement prendre de l'empire et faire revivre les scènes de sang et d'horreur qui désolèrent autrefois l'empire français ;

« Considérant que tout annonce dans ce moment une coalition déterminée entre les ecclésiastiques réfractaires à la loi pour s'opposer à l'achèvement de la constitution ; et qu'il est instant par conséquent de mettre un frein à la licence effrénée que se permettent ces ennemis de l'ordre et la tranquilité publique ;

« Considérant enfin que l'assemblée nationale, par l'article 2 de son décret du 4 de ce mois, charge les municipalités et les corps administratifs de dénoncer, et les tribunaux de poursuivre diligemment toutes personnes ecclésiastiques qui se trouveront dans les cas prévus par les articles 6, 7 et 8 du décret rendu le 27 novembre dernier, sanctionné le 26 décembre suivant ;

« Est d'avis que par M. le procureur général syndic du département, les dits sieurs Péronneau, curé de Dompierre, et Delany, curé de Brives, soient dénoncés à l'accusateur public du tribunal du district de Saintes, pour être poursuivis comme perturbateurs de l'ordre public et punis suivant la rigueur des lois, conformément à l'article 8 dudit décret.

« DUBOIS. ARDOUIN. ESCHASSERIAUX. DUGUÉ. GODET, secrétaire. »

PIÈCE N° IV. *(Page 315.)*

UNE ÉMEUTE A ARCHIAC EN 1793.

L'an mil sept cent quatre-vingt treize et le vint cinquième d'avril, à trois heures après midy, l'an 2ᵉ de la république française, les maire, officiers municipaux et notables d'Archiac, canton du dit lieu, assemblés en conseil général dans notre chambre municipale, lieu ordinaire de nos délibérations, en activité permenante et de surveillance, d'après le requisitoire du citoyen Duret, procureur de notre commune, du vingt-deux, qui a nécessité notre arrêté du vingt-trois, pour que l'arrêté du directoire du district de Pons du 18 eut son exécution conformement à l'arrêté du département du 13 du mois dernier, qui porte que les effets de la ci-devant église serait dans les 24 heures transportés dans l'église d'Archiac, nous nous serions déterminés d'employer tous les moyens que la prudence peut sucgérer pour que que l'exécution s'en fît sans trouble, et pour y parvenir le citoyen maire se serait rendu individuellement chez le citoyen Gendre, un de nos officiers municipaux habitant de la cure d'Arthenac, pour prendre les renseignements nécessaire sur ce qu'on lui avait dit qu'on avait entendu la caisse au dit lieu vers les onze heure du matin ; il aurait trouvé un grand rassemblement d'hommes et de femmes qui l'avait entouré ; le citoyen Gendre l'aurait invité d'entrer chez lui pour se rafréchir, et y étant entré, le dit Gendre ayant fermé la porte, le peuple lui a dit de l'ouvrir. On leur a répondu qu'on était à même de délibérer pour voir le parti qu'il y aurait a prendre pour les contenter ; les attroupés non contents de cette réponse leur observèrent qu'ils pouvaient délibérer devant eux ou qu'ils enfonceraient la porte, s'il ne l'ouvrait pas. La porte étant ouverte, ils dirent au citoyen Longueteau, maire, de marcher à leur tête, qu'ils voulaient se transporter à Archiac pour y aller chercher leur cloche qui était dans l'église paroisiale du dit Archiac. En chemin faisant le citoyen maire, acompagné des citoyens Juin et Georgeon, ces deux derniers habitants du lieu d'Arthenac, employèrent tous les moyens possibles pour les calmer et leur faire appercevoir en même temps que leur conduite était des plus répréensibles. Enfin, après plusieurs supliques ils parvinrent à obtenir qui n'avancerait pas plus loin que le champ de foire d'Archiac. Tel est le rapport que le citoyen maire nous faisait de la conduite sage et patriotique qu'a tenu dans cette occasion le nommé Juin et Georgeon, qui ont entré à l'instant accompagné de trois à quatre personnes, où il nous ont confirmé que la populace était bien animée et qu'il fallait agir avec beaucoup de circonspection ; nous leur avons fait voir les lois pour les convaincre que ce ne nous était pas possible de nous empêcher de nous transporter en corps pour les dissiper ; à quoi les dit Juin et Georgeon nous ont prié de leur confier les dites lois : ils allait aller leur en donner connaissance et qu'il espérait les faire retirer étant sans armes. Au même instant est entré le nommé Jules Houmié, masson, demeurant au village de Chez-Charmet, en disant qu'il était venu avec les autres pour enlever leurs cloches, ou qu'il y laisserait plutot sa tête s'il ne les enlevait pas, et qu'il n'avait qu'une mort à souffrir ; et c'es retiré de suite après les remontrances que nous lui avons fait, et ne l'avons pas vu depuis. Ensuite nous nous sommes transportés en conseil général sur le lieu du dit rassemblement. Nous avons perçu que l'atroupement se retirait du côté de la ci-devant église d'Arthenac. Malgré les instances réitérées des citoyens

Juin et Georgeon qui n'ont pu réussir à les dissiper, nous avons continué notre route jusqu'au devant la porte de l'église d'Arthenac où nous les avons trouvé rassemblé, où il y avait plus des femmes que d'hommes : une partie des hommes était retirée. Nous leur avons demandé qui était les motifs de leur rassemblement. Elles ont toutes demandée qu'elles voulaient leur église et leur clocher. Le citoyen Coflin ayant demandé la parole au citoyen maire pour expliquer à ces gens égarés les lois et les inviter à nous laisser remplir la mission dont nous étions chargés, malgré toutes les exhortations pacifique, à peine commençaient-ils à leur parler que plusieurs hommes et femmes parlaient tous à la fois et l'interrompait et surtout la citoyenne Joussaulme, fille aînée, du village de Chez-Rureau, qui lui dit avec beaucoup de colère : « Vous avez été faire une motion à la porte de l'église de la paroisse de Sainte-Eugène, pour qu'on nous ferme la porte de l'église, quand nous irions entendre la messe. » A quoi le dit Coflin lui a répondu qu'il était trop pénétré des vrais principes de la loi pour s'opposer à la liberté qu'ont tous les citoyens d'exercer quel culte que bon leur semble. N'ayant pas eu l'art de pouvoir leur persuader de l'écouté, il a été obligé de garder le silence. Un des membres les ont prié de se dissiper. Elles nous ont répondu qu'elles voulaient prier le bon Dieu dans leur église et y avoir leur cloche, et qu'elles voulaient leur cimetière pour y être enterré. Elle était appuyée dans leur discours et menaces par les citoyens Grimard, d'Arthenac ; Grimard, de Taule ; Colombeau, de Chez-Poussard ; Lerne, du Maine Sablon ; Pasquier aîné, d'Arthenac ; Barabeau fils, de Chez-Girard ; Lesné, domestique du citoyen L'hommeau, et Marot dit Maron. Indépendement de leur opiniâtreté, on a voulu tenter tous les moyens possibles pour les faire revenir de leur égarement, le citoyen Ferrant, notre secrétaire greffier, leur a dit : « Je vais vous donner lecture de l'arrêté du directoire du district de Pons. » A peine a-t-il commencé à lire, la majeure partie des dénommé et autres ce sont mis à le huer, et qu'il ne le voulaient pas écouter, en disant qu'il ne se soucient pas plus des arrêtés du directoire de Pons que de ceux du département ; qu'ils ne reconnaissent que ceux de la convention nationale ; ce qui nous déterminé à nous retirer à sept ou huit pas. Dans l'instant, le citoyen Barrier fils nous arrêta en nous priant de lui confier le dit arrêté pour leur en donner lecture. Cette proposition nous parut de bon augure, ce qui nous fit acquiéser à sa demande, persuadé que, d'après la lecture qui leur en serait faite, qui ne s'opposeraient plus à l'exécution du dit arêté. Malgré nos espérances qui ont été infructueuses, nous les avons sommé verbalement de se retirer en leur demandant néanmoins s'ils entendaient s'opposer à l'exécution du dit arrêté, à quoi ils ont répondu que oui, qu'il ne voulaient pas y consentir. Tel est la réponse que nous ont fait les attroupés, principalement les nommés Grimard, d'Arthenac, et Marot dit Maron. Par prudence nous nous sommes à l'instant retiré pour nous en revenir à notre maison commune. En chemin faisant nous avons rencontré le nommé Pierre des

Roches, capitaine de la garde nationale de la compagnie d'Arthenac, dans la rue des ci-devant récollets. Le citoyen maire l'a invité de se rendre avec nous pour nous donner des renseignements nécessaires et de savoir de lui qui avait ordonné de battre de la caisse ; à quoi il nous a répondu qu'il l'ignorait, puisqu'il n'était pas chez lui, quand on a été le chercher ; qu'il était à cet époque au bourg d'Archiac, chez le citoyen Tetard, et qu'il offrait de le justifier. — Un de nos membres nous a observé que le citoyen Gendre, officier municipal, qui demeure au lieu d'Arthenac, aurait dû donner connaissance à la municipalité des attroupements et même de s'y opposer, ce qu'il n'a pas fait, et que son devoir lui commandait impérieusement ; il lui avait même été écrit de se rendre à son poste, et la lettre lui a été remise à 7 heures du matin, au bourg d'Archiac, par notre secrétaire greffier, pour qu'il eût à se joindre à nous pour nous rendre à Arthenac pour la translation des effets qui se trouvent dans la dite église ; il n'a paru à la municipalité qu'après que le citoyen maire est revenu, sans être décoré de son écharpe ; non content de ce, il ne nous a pas accompagné quand nous avons été pour dissipé l'attroupement. Arrivé au bourg d'Arthenac, un de nos membres l'ayant rencontré chez lui pour qu'il eût à nous rapporter les clefs de l'église, et l'invita de se joindre à nous et de se décoré de son écharpe ; à quoi il répondit qu'il aimait mieux qu'on lui passât un sabre à travers le corps que de se rendre, mais qu'il allait nous faire passer les clefs. Ses qu'à notre retour le citoyen Barabeau, administrateur, nous a observé qu'il avait été provoqué dans sa maison par la nommée Bernard, femme Coulombeau, du lieu de Chez-Poussarts, en lui disant qu'il était continuellement au département et au district, et que c'était lui qui leur avait fait voler leur cloche, et qu'il aurait éprouvé une rixe, s'il ne se fut contenté d'écouter les mauvais propos de cette femme et de ne rien répondre, attendu que le rassemblement était devant sa maison. De tout quoi nous avons dressé le présent procès-verbal pour être, à la diligence du procureur de la commune, en donner avis au procureur sindic du district de Pons. Fait en séance publique, les jours mois et ans que des autres part.

LONGUETEAU, *maire*. COFLIN, *offi. m.* HERVOIRE ÉNÉ *offi. m.* VIROLLEAU, *offi. m.* ANDRÉ DUBREUIL, *notable*. GEORGFON, *notable*.

(Registres des délibérations de la commune d'Archiac, arrondissement de Jonzac.)

PIÈCE N° V. *(Page 319.)*

ARRÊTÉ DU DÉPARTEMENT CONTRE LES RELIGIEUSES.

Du vingt-huit avril 1791 le directoire du département de la Charente-Inférieure,

Considérant que l'assemblée nationale a statué, par son décret du quinze du présent mois : 1° que tous les chapelains ou desservans d'hôpitaux et prisons sont assujettis à la loi du serment prescrit pour les fonctionnaires publics, et que la non prestation de ce serment rend leurs places vacantes ;

2° Qu'en cas de vacance par non prestation ou autrement, les places doivent être supprimées, si elles sont superflues, ou remplies provisoirement, si le service public l'exige, par les directoires de département sur la présentation des municipalités et administrateurs du dit établissement ;

Considérant que les circonstances et l'ordre public exigent la plus prompte exécution de cette loi ;

Considérant que l'exercice du culte divin doit être réduit aux lieux nécessaires ;

Après avoir entendu le procureur général sindic et messieurs les administrateurs du directoire du district de cette ville réunis à la délibération au lieu ordinaire de nos séances ;

Nous avons arrêté ce qui suit :

1° Les aumôniers ou chapelains de l'hôpital général de cette ville et des prisons seront conservés, mais à la charge de prêter le serment prescrit par la loi du 27 novembre dernier pour tous les fonctionnaires publics ; la municipalité sera en conséquence chargée de requérir d'eux ce serment dans le délai de trois jours et en cas de refus de leur part de nous en instruire par la voye du directoire du district pour qu'il y soit par nous pourvu.

Au surplus, attendu que le trop grand nombre de messes et le concours trop multiplié des citoyens peut entraîner des inconvénients réels pour la tranquillité et le rétablissement des malades des dits hôpitaux, il ne pourra être dit ou célébré dans chacune des chapelles ci-dessus indiquées qu'une seule messe par l'aumônier ordinaire ou à son défaut, pour cause d'absence, maladie ou autre légitime empêchement, par tout autre prêtre ayant mission expresse de M. l'évêque de ce département. Faisons défense aux supérieurs des dittes maisons et tous autres d'y laisser célébrer aucune autre messe, et par aucun autre prêtre que celui qui sera spécialement attaché à cette fonction.

2° Il ne sera célébré aucun office ni aucune messe dans la chapelle des sœurs grises ; leur faisons défenses en conséquence d'en permettre l'entrée à aucuns prêtres, cette chapelle demeurant supprimée attendu son inutilité reconnue.

3° Arrêtons que les chefs supérieurs ou tous autres chargés de l'administration des ci-devant carmélites, clarisses, sœurs de Notre-Dame et bénédictines, et encore de la confrérie des pénitens, seront tenus de remettre à MM. les officiers municipaux les noms patronimiques et de famille de l'aumônier ordinaire de leurs églises ou chapelles respectives.

Sera notre présent arrêté transmis à messieurs les administrateurs du directoire du district de cette ville, pour qu'ils le fassent passer le plus tôt possible à la municipalité avec invitation de le ramener sans délai à exécution; et il sera en outre envoyé à tous les autres districts pour qu'ils puissent le faire exécuter et s'y conformer chacun en ce qui peut les intéresser.

Bréard. Raboteau. Duchesne. Ruamps. Garnier, *procureur général syndic.* Eschasseriaux. Riquet. Duret.

Par le directoire : Emond, *secrétaire.*

PIÈCE N° VI. *(Page 334.)*
DÉLIBÉRATION DU CONSEIL MUNICIPAL RELATIVE AUX TROUBLES.

Ce jour, deux du mois de juin 1791, la municipalité assemblée sur les neuf heures du matin, le procureur de la commune est entré et a dit : « Messieurs, c'est avec la plus vive surprise que je me vois forcé de vous dénoncer différentes plaintes qui m'ont été portées, ce matin, par plusieurs particuliers de cette ville.

Vous savez, MM., que l'insurrection de huit à dix particuliers, vêtus de la garde nationale de cette ville, excita, le 29 du mois dernier, des inquiétudes et des alarmes que la municipalité crut dissiper par son arrêté du dit jour.

Mais loin, messieurs, de parvenir à son but, des nouveaux mouvements qu'on s'est permis ce matin, en s'introduisant dans différentes maisons et y faisant les menaces les plus caractérisées, démontrent que les esprits se sont échauffés, au lieu de se calmer. Il devient donc indispensable, messieurs, pour dissiper l'orage qui nous menace, de faire parler la loy et intimer à ceux qui la méconnaissent, que c'est courir les plus grands risques que de s'en éloigner.

Partant requiert le procureur de la commune que M. le commandant de la garde nationale sera invité d'assembler, ce soir, à six heures, sa troupe sur la place de Belle-air, pour y entendre lecture du précédent arrêté, du présent réquisitoire et de l'arrêté que vous allez rendre ; que chaque individu qui se trouvera coupable des insultes et voies de fait qu'on leur reproche, sera exhorté à reconnoître la loy, à s'y conformer, et à la maintenir, et à avertir que, s'ils s'en éloignent, on lui infligera la peine prononcée contre ceux qui l'enfreignent.

Boisnard, procureur de la commune.

Sur quoy la municipalité, ayant mûrement délibéré, a arrêté que les huit ou dix particuliers désignés par les différentes plaintes seront blâmés des insultes et voies de fait par eux commises ; qu'il leur sera enjoint de respecter à l'avenir et exécuter ce qui est prescrit par les décrets de l'assemblée nationale avec déclaration que, s'ils viennent à rescidiver dans leurs insultes, menaces et voies de fait, ils seront poursuivis extraordinairement et punis comme perturbateurs du repos public, la municipalité voulant faire jouir tous les citoyens du droit de la liberté, sûreté et tranquilité qui leur est promise par la loi.

Fait à l'hôtel commun les jour et an susdits ». Ont signé : Robert de Rochecoute, maire ; C.-A. Gout, Louis Suire, Crugy, Apert, Néron, Mareschal, Lesacque, Buisson, Canolle, Metayer, Martain, officiers municipaux.

PIÈCE N° VII. *(Page 335.)*
ARRÊTÉ DU DIRECTOIRE DU DÉPARTEMENT DE LA CHARENTE-INFÉRIEURE CONCERNANT LES FILLES DE CHARITÉ.

Le directoire du département de la Charente-Inférieure, qui a vu l'extrait du procès-verbal de l'assemblée nationale du 14 mai dernier, ensemble la lettre de M. Delessart, ministre de l'intérieur, en date du 31 du même mois, après avoir ouï le procureur général sindic ;

Considérant que les fonctions des filles de la charité doivent être vues dans différents districts de ce département sous deux rapports particuliers ; l'un est relatif à l'instruction de la jeunesse, l'autre au service des pauvres malades, auxquels elles se sont essentiellement dévouées ; que sous le premier on doit les regarder comme inhabiles à tenir des écoles publiques, dès qu'elles se sont refusées à prêter le serment qui leur avait été prescrit par la loi ;

Considérant que jusqu'à ce moment on ne peut leur faire un crime d'avoir continué à tenir leurs écoles à la manière accoutumée, dès qu'il leur en a pas été fait des défenses légales de la part des administrateurs chargés de l'exécution des loix ; qu'il n'a pas encore été possible de suppléer jusqu'à ce moment au défaut d'établissement de cette nature dans les différents lieux où elles en remplissent les fonctions ;

Considérant que sous le second rapport, c'est-à-dire sous le rapport de filles dévouées au service des hôpitaux et au soulagement des pauvres malades, elles méritent la reconnoissance de tous les citoyens et ont un droit spécial à la protection de la loi, puisqu'elles exercent librement et volontairement des actes de bienfaisance et de charité qui n'appartiennent vraiment qu'à des âmes pures ;

Considérant que la liberté des opinions religieuses est indéfinie ; que les gêner chez quelque individu que ce soit, ce seroit donner naissance à un fanatisme nouveau, quand la constitution en a détruit jusqu'au moindre germe ; ce seroit donner l'exemple d'une odieuse intolérance, quand la religion de nos pères nous prescrit la charité ; que violer ces principes sacrés, c'est se rendre coupable aux yeux de Dieu et de la loi ;

Considérant enfin que si, par une erreur ou par un faux zèle, les filles de la charité s'étoient rendues coupables de quelques délits, c'est à la loi seule à les punir, et que se faire justice hors de la loi, c'est violer les principes de la constitution que tout bon citoyen a juré de maintenir :

Nous arrêtons qu'à la diligence des administrateurs des directoires de district, les municipalités des lieux où il y a des écoles publiques tenues par les filles de la charité, qui ne se seroient pas soumises au serment prescrit par la loi à tous les fonctionnaires publics, seront chargés de pourvoir à l'établissement d'écoles publiques en remplacement de celles ci-dessus mentionnées.

Rappelons aux citoyens que la loi accorde tant aux filles de charité qu'à tout autre individu la liberté de leurs opinions religieuses ; qu'en conséquence elles peuvent régler comme elles jugeront à propos le service intérieur de leur oratoire particulier, sans qu'on puisse les troubler dans l'exercice de leur religion. Chargeons expressément les municipalités et invitons tous les bons citoyens à dénoncer à l'accusateur public, pour être poursuivie et punie suivant la rigueur des loix, toute personne qui troubleroit, soit par des injures, soit par des voies de fait, les filles de la charité et tous autres dans l'exercice de leur religion dont la liberté est garantie par la constitution.

Et néantmoins si les sœurs de charité et tous autres individus troubloient la tranquillité publique par des discours ou par des actions contraires aux loix, invitons tous les citoyens à les dénoncer à l'accusateur public, afin qu'il leur fasse infliger les peines qu'elles auront encourues.

Invitons les sœurs de charité à mériter de plus en plus notre estime, en continuant auprès des pauvres malades les soins qu'elles ont donnés jusqu'à ce moment avec tant de zèle et tant de courage, leur recommandons expressément de se borner à ces soins, sans chercher à propager leur opinion en matière de religion, à en accréditer les principes auprès des esprits faibles et troubler par là, l'ordre public.

A Saintes, le trente juin 1791.

RUAMPS. BRÉARD, *vice-président*. RONDEAU, *président*. DUPUY. RIQUET. ESCHASSERIAUX. DUCHESNE. DURET. RABOTEAU. EMOND, *secrétaire*.

PIÈCE N° VIII. (*Page 340.*)
LETTRE ÉCRITE AU DÉPARTEMENT PAR LA MUNICIPALITÉ, LE 14 JANVIER 1792 A PROPOS DES TROUBLES.

Messieurs,

La municipalité a ressenti avec la plus vive émotion les reproches amers que vous lui avez adressés dans la personne de son procureur de la commune. Douloureusement affectée d'un procédé qui compromet aussi injustement son honneur et son patriotisme, elle va y répondre avec ce courage et cette franchise qui convient à des hommes libres qui ont pour eux le témoignage de leur conscience.

Nous connaissons, messieurs, la hyérarchie des pouvoirs, nous saurons toujours respecter la ligne de démarcation qui sépare votre administration de la nôtre ; nous savons que vous avez le droit de mander la municipalité pour la rappeler à ses devoirs, toutes les fois qu'elle s'en écarte. Mais ce droit, dont la constitution ne vous a armez que pour l'avantage de tous, deviendroit une arme trop terrible si elle pouvoit frapper également sur l'innocent comme sur le coupable.

Il est bien douloureux pour des citoyens qui sacrifient journellement leurs affaires personnelles pour se dévouer généreusement et gratuitement à la chose publique, qui, la plupart du temps, ne retirent d'autre récompense de leur zèle pour l'exécution rigoureuse de la loi que la haine et le ressentiment de leurs concitoyens, de se voir encore réprimandés sans l'avoir mérité avec ce ton d'aigreur qui ne devroit pas caractériser des administrateurs dans un siècle d'égalité et fraternité. Oui, messieurs, nous ne craindrons pas de le dire, parce que la preuve en est consignée sur nos registres, que les reproches que vous nous adressez sont autant de calomnies, calomnies d'autant plus outrageantes pour la municipalité que les désordres, que vous imputez à la négligence, ont une autre source, que vous ne devriez pas ignorer.

La municipalité, messieurs, a gémi la première de tous ces désordres. Elle a employé tous les moyens que la loi a mis en son pouvoir pour les faire cesser, pour en découvrir les auteurs. Elle a pris toutes les mesures générales de sûreté qui pouvoient assurer à ses concitoyens le bonheur et la tranquilité : et c'est dans un moment où elle a été exposée elle-même à la fureur d'une troupe indisciplinée, qu'une administration, qui devroit la protéger du poids de toute son autorité, cherche à répandre de l'amertume sur ses opérations, en calomniant ses motifs et en inculpant son patriotisme!

Il ne suffit pas à un corps constitué d'être exempt de tous reproches ; il faut encore qu'il détruise jusqu'au soupçon qu'on pourroit élever sur son administration. Nous vous faisons passer copie de tous les arrêtés que nous avons cru devoir prendre dans l'espace d'un mois pour maintenir une bonne police dans l'étendue de notre territoire, et pour rappeler à leurs devoirs tous les citoyens que de faux principes de patriotisme avoient égarés. Si nous n'avons pas eu le bonheur de réussir, au moins, messieurs, vous y verrez que les motifs qui nous ont déterminés sont purs ; nous en attendons avec confiance notre justification ; nous attendons de votre loyauté et de votre justice, la rétractation des soupçons injurieux que vous avez élevés sur notre zèle et notre patriotisme. Vous la devez à des fonctionnaires injustement calomniés qui n'ont d'autre désir que l'intérêt et le bonheur de leurs concitoyens ; vous la devez enfin à vous-mêmes parce qu'il n'appartient qu'à de grands cœurs de connoître leur erreur et de la réparer.

Les membres composant la municipalité : C.-A. GOUT, *maire*. CANOLLE. SAVARY. GAUDIN. PROUTIÈRE. CORNILLON. MULLIER, *officiers municipaux*. BOISNARD, *procureur de la commune*.

Archives municipales. *Registres des délibérations*, 1792, page 110.

PIÈCE N° IX. *(Page 355.)*
ARRÊTÉ DU DISTRICT RELATIF AU TRAITEMENT DE Mgr DE LA ROCHEFOUCAULD.

Vu une autre requête présentée par le sieur La Rochefoucauld, ci-devant évêque de Saintes, tendant au payement de son traitement de 1790 ;

Ouï le procureur syndic ;

Le directoire, après avoir examiné l'état des revenus anciens du dit La Rochefoucauld, tant en sa qualité de ci-devant évêque de Saintes, que ci-devant abbé de Vauluisant, ainsi que celui de sa recette et dépense relatif à l'année dernière, remis au secrétariat du district par son fondé de pouvoirs ; considérant que, malgré l'exactitude apportée pour acquérir des renseignements sur la sincérité de l'état des revenus produits par le sieur La Rochefoucauld, les districts auxquels ils appartiennent n'ont pas encore satisfait à la demande du directoire ;

Considérant qu'il résulterait toujours de l'importance de tous ses revenus annulés un traitement de 30.000 livres, quoique l'état serait vicié de quelque inexactitude ;

Considérant qu'il n'est pas possible de s'assurer parfaitement de la sincérité de la recette dudit sieur La Rochefoucauld, et que le chapitre de dépenses est soutenu de quittances justificatives ;

Est d'avis qu'il y a lieu de déterminer le traitement dont le sieur La Rochefoucauld eût joui, s'il eût conservé l'évêché de Saintes, à trente mille livres ci. ... ... 30.000^l.

Que sa recette doit être arrêtée pour 1790,

suivant l'état ci énoncé, à la somme de 12044^l. 10^s. 10^d.

Que la dépense portée à 4448^l. 4^s. 9^d. doit éprouver d'un côté une addition relative aux honoraires de la station du carême de 1790, payée par le sieur La Rochefoucauld et qui avait été omise dans l'état ; ainsi cet article de 150^l. justifié d'ailleurs par quittance, porte la dépense à la somme de... ... ... 4598^l. 4^s. 9^d.

Mais le résultat de la dépense doit éprouver, d'un autre côté, une modification relative à la taille payée, pour 1790, aux collecteurs de la paroisse de Saint-Palais-lès-Saintes, faubourgs et villages, savoir au Sr Corbinaud 107^l. 6^d. et au Sr Lafaye 33^l. 9^s. 3^d. ; cette imposition est personnelle, établie sur les facultés, et par conséquent à la charge du sieur La Rochefoucauld, qui ne peut jouir de la totalité de son traitement de 1790 sans payer une contribution dans la proportion décrétée par l'assemblée nationale le 8 janvier dernier, sans cependant pouvoir subir une augmentation, si les cotes n'ont pas atteint cette proportion ; en conséquence examinant les dites cotes montant à 140^l. 15^s. 3^d. de la masse de dépense, elle trouvera fixée à la somme de... ... ... 4457^l. 9^s. 6^d.

la recette étant donc, comme elle a été établie ci-dessus à la somme de ... ... 12044^l. 10^s. 10^d.

et la dépense de	4457¹.	9ˢ.	6ᵈ.
Le sieur La Rochefoucauld a reçu sur ses anciens revenus et à valoir sur son traitement	7587¹.	1ˢ.	4ᵈ.
et sur la caisse du district...	10000¹.		
Total	17587¹.	1ˢ.	4ᵈ.

D'après ces observations et ces calculs, le sieur La Rochefoucauld est autorisé à réclamer la somme de douze mille quatre cent douze livres, dix-huit sols, huit deniers pour le complément de son traitement de 1790. Et le directoire est d'avis qu'elle lui soit payée par le caissier du district, à la charge par le dit sieur requérant de justifier du paiement de la somme de 61¹. 11ˢ. 9ᵈ., sauf la modération dans le cas où les sommes cumulées excéderaient le dixième de son traitement, et à la charge encore de rapporter les quittances de sa contribution patriotique pour les deux termes.

PIÈCE Nº X. *(Page 190.)*

LES LUCHET, CHANOINES DE SAINTES.

Il y avait à l'époque de la révolution trois frères de ce nom chanoines de Saintes qui tous refusèrent le serment : 1º Jean-Louis-André de Luchet, né le 30 novembre 1731, archidiacre d'Aunis avant le 17 mai 1766, jour où il marie Louis Rigaud de Vaudreuil avec Anne-Marie Dubreuil de Théon ; archidiacre de Saintonge le 12 octobre 1782, à la mort de M. des Romans, prêtre du diocèse d'Angers, chanoine de Saintes ; abbé de Masdion en 1787 par l'influence du comte de Jarnac qu'il avait marié à Élisabeth Smith (Voir *Bulletin de la société des Archives historiques de Saintonge*, IV, 156) ; chanoine de Saintes en 1751, vicaire général de La Rochefoucauld ; 2º Michel-Dominique Luchet de La Motte, né à Saintes (Voir plus haut page 46), chanoine en 1769, mort sur les pontons de l'île d'Aix le 20 août 1794, enterré à l'île Madame ; 3º Jean de Luchet de Rochecorail, né en 1745, chanoine en 1773, déporté en Espagne à Calahorra. Tous trois étaient des quatorze enfants de Marie-Anne Réveillaud, et de François-Louis de Luchet, chevalier, que je crois fils de Charles de Luchet et de Judith Fresnaud, et petit-fils de Jean et de Bénigne de Rabaine. L'abbé Guillon *(Martyrs de la foi)* ne compte que neuf enfants. J'en ai donné la liste, p. 79 dans les *Études, documents et extraits relatifs à la ville de Saintes*.

J'en ai compté quatorze sur les registres paroissiaux : 1º le 7 août 1729, Marie-Jeanne-Victoire ; 2º Jean-Louis-André, qui eut pour parrain et marraine Jean de Luchet de Rochecorail, écuyer, seigneur de La Motte, et Jeanne Billaud, épouse de Réveillaud, conseiller du roi en l'élection ; 3º le 23 juin 1733, Marie-Henriette ; 4º le 4 août 1734, Michel-Dominique ;

5° le 16 août 1736, Jean-Charles-Joseph, qui eut pour marraine Marie-Claire-Toinette de Bremond ; 6° le 6 janvier 1738, Guillaume-Egon-Jean Baptiste, ainsi nommé par Guillaume-Egon Tambonneau, prêtre, bachelier en théologie, chanoine de Paris, prieur de Sainte-Honorine de Conflans, et par Élisabeth de Sainte-Maure, veuve de Jean-Baptiste-Gaston de Vernon, chevalier, seigneur de Melseau, Marconné, etc. ; 7° le 13 janvier 1739, Jean-Pierre, connu sous le nom de marquis de Luchet, mort à Paris, le 6 avril 1792, officier de cavalerie, bibliothécaire de Frédéric II, auteur d'un nombre considérable d'ouvrages en tous genres ; 8° le 25 juin 1740, Marguerite-Mélanie, tenue sur les fonts de baptême par Pierre de Bremond et Marguerite-Mélanie Nadaud de Neuillac ; 9° le 4 juillet 1741, Michel, qui eut pour parrain Michel de Luchet, chevalier, et pour marraine Mélanie de Pagave ; 10° le 24 septembre 1742, Marie-Adélaïde-Sophie, ainsi nommée par Marie-Adélaïde-Sophie Faure, emprisonnée pendant la terreur avec une de ses sœurs ; 11° le 5 janvier 1744, Jeanne-Rose ; 12° le 5 juillet 1745, Jean-Louis ; 13° le 23 octobre 1746, Pierre, tenu sur les fonts par Pierre de Laugerie, ancien major de dragons au régiment de la Sare, commandant pour le roi à Valence, et par Madeleine Bichon d'Aiguières, en présence de Charles-Marie-Antoine d'Aiguières, licencié en théologie, chanoine de Saintes ; 14° le 17 mai 1748, Sophie-Angélique. Cette liste servira à rectifier quelques noms et quelques dates de la *Biographie Saintongeaise* copiant les erreurs des *Martyrs de la foi*, article, LUCHET. Ajoutons que Luchet est un ancien fief de la paroisse du Chay près de Saujon. Le château a presque complètement disparu. Il reste encore le moulin de Luchet. La Motte est un autre fief en la paroisse de Saint-André de Lidon.

Jean-Louis-André de Luchet, ayant refusé le serment, fut forcé de s'expatrier en Allemagne, à Altona, dans le courant d'octobre 1793. Mme de Tessé, qui ne se distinguait pas par ses sentiments religieux, le prit pour aumônier. « L'aimable tante, lit-on dans la *Vie d'Anne-Paule-Dominique de Noailles*, l'aimable tante jugea à propos d'augmenter le personnel déjà nombreux de sa maison. Elle emmena avec elle un vieux prêtre déporté, l'abbé de Luchet, dont elle fit son chapelain. C'était chez elle un luxe tout nouveau qu'un chapelain, et pour l'abbé de Luchet l'emploi équivalait à une sinécure ; mais, disait en souriant Mme de Tessé à M. de Mun, ma mère est là pour l'occuper. » A l'occasion de l'installation provisoire à Ploen et des occupations de l'emménagement, on cite « l'abbé de Luchet, qui était fort gauche et fort distrait ; M. Boutelaud, qui faisait plus de bruit que de besogne ».

Un peu plus loin : « Quant à l'abbé de Luchet, nouveau venu dans la maison, il paraissait comme étourdi de ces conversations et n'osait s'y mêler. Son silence étonna et d'abord inquiéta Mme de Montagu. Pourquoi ne venait-il pas à son aide ? (Dans les discussions philosophiques et religieuses.) Était-ce par tiédeur, par crainte de déplaire, ou par ce sentiment secret d'infériorité personnelle qu'elle éprouvait elle-même en écoutant M*me* de Tessé? Elle étudia un grand mois cet abbé de Luchet avant d'oser s'ouvrir à lui en confession. Elle eut enfin la joie de reconnaître en lui un digne prêtre, peu brillant, très humble, peu capable peut-être de débrouiller un sophisme, mais très bon pour diriger dans la bonne voie une âme droite et simple. Elle assistait chaque jour à la messe que le vieillard célébrait dans sa mansarde... » M*me* de Montagu étant accouchée d'un garçon à Ploen ne voulait pas consentir à le laisser baptiser par les luthériens. De là des conflits avec l'autorité locale ; « l'abbé de Luchet n'ayant pas pu arranger l'affaire avec les pasteurs, M. de Montagu eut recours à son ami le Bailli, qui aplanit les difficultés. » La cérémonie (du baptême) fut précédée d'une assez vive controverse entre M*me* de Tessé et son vieux chapelain, à qui elle voulait prouver qu'un baptême protestant aurait été aussi bon qu'un baptême catholique. Le vieillard lui répondit brièvement, mais avec une tristesse visible. Il se mit à genoux, fit le signe de la croix ; tout le monde l'imita, et ce petit incident, au lieu de troubler la cérémonie, ne fit que la rendre plus calme et plus imposante. » Ailleurs, à propos d'un bal rustique donné aux moissonneurs par M*me* de Tessé à Witmold, et auquel prit part M*me* de Montagu : « L'abbé de Luchet, j'aime à le croire, n'en fut pas scandalisé, mais je n'en réponds pas. Il était d'humeur assez austère et quoique ennemi des jansénistes, il tombait volontiers dans leurs mélancolies et leur découragement à l'égard de la nature humaine ; il aimait sincèrement M*me* de Montagu ; il la voulait parfaite et la blâmait sans miséricorde de tout ce qui pouvait se mêler d'humain en son langage ou en ses actions. De temps en temps il l'accompagnait en la sermonnant dans ses excursions charitables ; et le lendemain, il reprenait son sermon soit à l'office, soit au grenier assis en face d'elle, en épluchant des pois, afin que tout marchât de front, la morale avec le travail. »

Il vivait encore en 1808, comme on le voit par une lettre du 10 août, adressée par M*me* de Montagu à M. de Bremond d'Ars, à l'occasion de la mort de sa sœur, M*me* de La Fayette : « Je n'ai pu vous remercier de tout votre intérêt, que par mon bon interprète l'abbé de Luchet, dans la pénible convalescence d'une maladie qui m'a mise à la mort. »

TABLE DES CHAPITRES.

                                                                                                 Page.

CHAPITRE I. — Les la Rochefoucauld. — Origine. — Généalogie. — Famille. — Frères et sœurs. — Le Vivier et Saint-Cybard le Peirat. — Naissance de Pierre-Louis de La Rochefoucauld.   1

CHAPITRE II. — Enfance. — Légende. — Jean de La Rochefoucauld, menuisier à Touvre. — Le cardinal de La Rochefoucauld. — Les La Rochefoucauld Saint-Ilpize. — Études à Navarre. — Augustin Taillet. — Pierre-Louis, licencié en théologie. — Prieur de Nanteuil. — Chapelain de Saint-Laurent. — Vicaire général et chanoine de Beauvais. — Abbé de Vauluisant...   14

CHAPITRE III. — Agent général du clergé. — Assemblée de 1775. — Subsides. — Avertissement aux fidèles. — Il signe la demande de canonisation d'Alain de Solminiac. — Affaires de discipline et de juridiction. — Assemblée de 1780. — Proposé au roi par l'assemblée pour un évêché.   25

CHAPITRE IV. — Pierre-Louis nommé évêque de Saintes. — Félicitations du chapitre de Beauvais. — Réjouissances à Saintes. — Il est sacré à Paris. — Prise de possession. — Entrée solennelle. — Cérémonial.   35

CHAPITRE V. — Accueil à Saintes. — Un procès devant le parlement de Bordeaux. — Romain de Sèze. — Le curé de Saint-Bonnet de Mirambeau. — L'assemblée de 1782. — Droits seigneuriaux de l'évêque sur la ville de Saintes. — Visites pastorales.   43

CHAPITRE VI. — Saint Eutrope, 1er évêque de Saintes et martyr. — Dévotion de Pierre-Louis de La Rochefoucauld. — Ses règlements synodaux. — Réforme dans le clergé. — Importance de ces règlements pour apprécier la situation religieuse du diocèse. — Écoles. — Curés. — Églises. — Élèves du séminaire. — Archives. — Mariage. — Projet de suppression de l'abbaye des Dames. — Mme de Parabère. — Violentes attaques des jansénistes contre l'évêque, — le chapitre, — l'abbaye, — Sainte-Colombe, — les Sainte-Claire, etc.   59

CHAPITRE VII. — Administration de l'évêque. — Il protège les communautés religieuses. — Melle Deliva. — Fondation d'un hôpital à Tesson, à Barbezieux. — Baigne et Saint-Liguaire. — Mort d'Alexandre-François de La Rochefoucauld. — L'évêque de Beau-

TABLE DES CHAPITRES.

Page.

vais à Saintes. — Séjour au Château de Crazannes. — Souvenirs qu'il y a laissés. — Les voisins, les Sainte-Hermine, les La Trémoille, les Grailly. — Son affabilité envers les paysans. — Traits touchants. — Bois-Charmant. — Les vicaires généraux : Joseph de Liniers, Joubert de Douzanville, Alexis Taillet, Mathieu Delord, Joseph du Cheyron du Pavillon, Guérin de La Magdelaine, Gaspard Mondauphin, Augustin Hardy. — Attaques des jansénistes... ... 70

CHAPITRE VIII. — États provinciaux de Saintonge. — Rôle de l'évêque. — Clergé et noblesse renoncent à leurs privilèges, — acceptent le doublement du tiers, — le vote par tête ; — réclament la suppression des intendants et une administration autonome. — Assemblée pour les états généraux. — Pierre-Louis, président. — Cahier des doléances du clergé. — Son importance. — Ses principales idées, — religieuses, — civiles. — Libéralisme du clergé. — Pierre-Louis élu député aux états généraux. 105

CHAPITRE IX. — Pierre-Louis à l'assemblée constituante. — On saisit la correspondance de son frère. — Il le défend à la tribune. — Se réunit au tiers. — Troubles en Saintonge — à Rochefort. — Révolte à Cosnac 123

CHAPITRE X. — Pierre-Louis ordonne des prières. — Mandement. — Union et enthousiasme des trois ordres. — Fêtes. — Le feu de la Saint-Jean. — Émeutes en divers endroits. — Prière pour les biens de la terre. 132

CHAPITRE XI. — Pierre-Louis change le vicaire de Saint-Vivien. — Doussin curé. — Émeute contre lui. — Installation d'un curé par la maréchaussée. — Lettre du comité à l'assemblée. — Élections des administrateurs du département. — L'évêque de La Rochelle. — Députations. — Le bataillon des dames d'Aunay. 143

CHAPITRE XII. — Service pour les victimes de Nancy. — Émeute à Varaize et assassinat de Latierce. — La constitution civile du clergé. — Pierre-Louis signe l'*Exposition des principes*... 156

CHAPITRE XIII. — Lettre pastorale de l'évêque de Saintes sur l'autorité spirituelle. Comment elle est appréciée. — Il est dénoncé au directoire du département. — Réquisitoire de Garnier. — Arrêté du département. — L'évêque est dénoncé à l'accusateur public. — — Son mandement interdit... 164

TABLE DES CHAPITRES.

Page.

CHAPITRE XIV. — François-Joseph de la Rochefoucauld dénoncé par le département de l'Oise. — Réquisitoire. — Lettre à l'assemblée. — Suppression du chapitre de Saintes. — Résistance. — Protestation du chapitre ; — jugée par le *Journal ;* — dénoncée au directoire du département ; — au directoire du district ; — à l'assemblée nationale. — Proposition de supprimer le traitement des chanoines... 181

CHAPITRE XV. — Pierre-Louis prié d'organiser son clergé. — Défense aux chanoines de dire la messe dans le chœur et de porter leur habit. — Sollicitude pour les enfants de chœur. — Scellés apposés sur le chœur et la chaire. — Rapport de Voydel à l'assemblée contre François-Joseph... 197

CHAPITRE XVI. — Le serment à l'assemblée nationale. — Lettre de Pierre-Louis sur la séance de l'assemblée. — Son refus de jurer. — Son exemple est imité par la grande majorité du clergé de Saintes. — Les professeurs du collège refusent. — Lettres que l'évêque leur adresse. — Les jureurs. — Lettre de François-Joseph. 201

CHAPITRE XVII. — Proclamation du département pour inviter les prêtres à jurer. — Les réfractaires sont remplacés. — Nouveaux professeurs au collège. — Nombre et noms des prêtres jureurs, — des fidèles. — La municipalité constate le refus de serment de l'évêque. — Il est déclaré démissionnaire... 218

CHAPITRE XVIII. — Seconde assemblée électorale. — Briault, président. — Premier vote sans résultat. — Les députations. — Protestation des évêques de Saintes et de La Rochelle. — Taillet. — Les candidats au siège épiscopal. — Robinet est élu. 238

CHAPITRE XIX. — Robinet accepte. — Sa lettre. — Discours du président. — Circulaire aux habitants pour expliquer l'élection. — Adresse à l'assemblée nationale ; — au roi. — Le *Moniteur*... ... 256

CHAPITRE XX. — Première entrée de Robinet. — Robinet au directoire du département. — On le presse de se faire sacrer. — Il n'a pas d'argent. — On lui alloue 3000 livres à compte. — Robinet avec deux notaires somme Saurine de le sacrer. — Lindet, prélat consécrateur. — Maudru. — Bécherel... 263

CHAPITRE XXI. — Entrée solennelle de Robinet. — Scellés à l'évêché. — Réception officielle. — Accueil à La Rochelle. — Vicaires généraux. — Il supprime quatre paroisses à Saintes à la demande du département. — Son ordonnance. — Arrêté relatif aux chantres et aux officiers de chœur. — La psalette.. 272

CHAPITRE XXII. — Robinet préside la procession en l'honneur de Mirabeau. — Léandre-Démophile Deschamps. — Pamphlet contre Robinet. — Les curés insermentés dénoncés. — *Exhortation pastorale* de Robinet. — *Avertissement* de Pierre-Louis de La Rochefoucauld. — *Ordonnance* contre Robinet et contre Joubert, évêque de la Charente... 290

CHAPITRE XXIII. — Boisnard dénonce l'*Avertissement* et l'*Ordonnance*. — Le conseil municipal refuse de poursuivre. — Arrêté du district. — La municipalité supprime l'*Avertissement*. — Réquisitoire de Garnier. — Lettre du département qui dénonce La Rochefoucauld. — L'*Avertissement* à Pons. — Avanie des carmélites à Robinet. — Arrêté de la municipalité qui leur enjoint de le respecter... 305

CHAPITRE XXIV. — Les chapelles interdites au public. — Il n'y sera dit qu'une messe par jour. — Robinet approuve l'arrêté du département. — Le district ferme les couvents de filles « foyers de fanatisme ». — Le département punit les religieuses d'avoir mal reçu les vicaires épiscopaux... 318

CHAPITRE XXV. — Persécution contre les prêtres assermentés. — Ils sont maltraités. — Arrêtés du corps municipal. — Procès-verbal des violences commises. — Elles indignent un prêtre jureur. — Lettre de Létourneau. — Nouveau tumulte. — Maisons forcées. — Arrêté de la municipalité. — Arrêté du département sur les Filles de la charité 327

CHAPITRE XXVI. — Arrêté relatif au libre exercice du culte. — Réquisitoire contre les insermentés qui disent publiquement la messe. — Menaces de la municipalité. — Les gardes nationaux pourchassent ces prêtres. — Troisième arrêté qui défend la violence. — Municipalité blâmée par le département. — Nouveaux troubles. 336

CHAPITRE XXVII. — Lettre des évêques au pape. — La Rochefoucauld la signe. — Sa fermeté. — Mandement pour adopter l'instruction de Pie VI. — Sa protestation d'attachement à l'église. — Robinet demande que le département fasse les frais de sa lettre pastorale. — Accordé parce qu'il prêche le payement des impôts. — Pierre-Louis à Soissons 347

CHAPITRE XXVIII. — Le 10 août. — Arrestation de l'évêque de Beauvais. — L'évêque de Saintes veut suivre son frère en prison. — Comité du Luxembourg. — Les Carmes. — Vie en prison. — Angoisses. — Pierre-Louis refuse de s'échapper. — Manuel aux Carmes. — Les massacres du 2 septembre. — Prémédités et organisés. — La tuerie. — Mort des deux frères... 359

TABLE DES CHAPITRES.

Page.

Chapitre XXIX. — Mutilation du cadavre de l'évêque de Saintes. — Ecclésiastiques du diocèse de Saintes aux Carmes. — Ceux qui ont échappé : — François de Meschinet, — Charles-Abraham Richard, — André Auzuret, — Le député Jouneau. — Victimes : — Charles Béraud du Pérou, — Pierre-Michel Guérin. — Le puits des Carmes. — Sépulture. — Le cimetière de Vaugirard. — La crypte des Carmes... 387

Pièces Justificatives 407

    I. Émeute à Saint-Thomas de Cosnac... 407
   II. Procès-verbal de consécration de Mandru, Bécherel et Robinet. 409
  III. Procès-verbal de dénonciation contre les curés de Dompierre et de Brives... 412
  IV. Une émeute à Archiac en 1793. 413
   V. Arrêté du département contre les religieuses... 416
 VI. Délibération du conseil municipal relative aux troubles... 418
VII. Arrêté du directoire du département de la Charente-Inférieure concernant les filles de charité... 419
VIII. Lettre écrite au département par la municipalité, le 14 janvier 1792 à propos des troubles. 420
 IX. Arrêté du district relatif au traitement de Mgr de La Rochefoucauld... 422
  X. Les Luchet, chanoines de Saintes. 423

TABLE ONOMASTIQUE [1].

A.

Abbadie (Marie-Anne d'); — (Joseph d'), 396.
Acarie (Jacques); — (Jean); — (Géry), 90; — (Louis), 91; — (René), seigneur du Bourdet, 91; — du Bourdet (Zacharie), 90.
Adompt, com. de Gelvécourt, cant. de Dompaire, arr. de Mirecourt.
Agonnay, cant. de Saint-Savinien, arr. de Saint-Jean d'Angély, 92.
Aiguières (D'), 197; — (Charles-Marc-Antoine), abbé d'Aiguières, 46, 88, 107, 424; — (Louis-François d'); — (François d'), lieutenant-colonel; — (Imbert), archevêque d'Arles; — (Pierre), podestat d'Arles, *107*.
Aix, île, cant. de Rochefort-sur-Mer, 47, 100, 169, 423.
Albert, curé des Gonds, 148.
Albignac de Castelnau (D'), évêque d'Angoulême, 122, 162, 164, *303*.
Aldebert, prêtre, 189.
Allaire de La Sablière, curé de Magné, 56.
Allarde (Le baron d'), capitaine, 124.
Alquier, avocat, 124.
Ambleville, cant. de Segonzac, arr. de Cognac, 129.
Amblimont (Le comte d'), 62; — (Claude-Marguerite-François d'), 40.
Ambroise (Saint), évêque de Saintes, 256.
Amelot, ministre d'état, 36, 72.
Amyot, curé de Crazannes, 91.
Ancelin de Saint-Quentin (Louis-Gabriel), 124.
Andras du Mesnil (Louis-Gabriel), 7.
Andrieu, 181.
Anduze, diocèse d'Alais, 331.
Angeac-Champagne, cant. de Segonzac, arr. de Cognac, 3.
Annezay, cant. de Tonnay-Boutone, arr. de Saint-Jean d'Angély, 358.
Anteroche (d'), évêque de Condom, 160.
Antezan, com. du cant. de Saint-Jean d'Angély, 80, 230.
Aper' officier municipal, 277, 306, 309, 419.
Archambauld, 145.
Archiac, chef-lieu de cant., arr. de Jonzac, 314, 315, 413 —416.
Archingeay, cant. de Saint-Savinien, arr. de Saint-Jean d'Angély, 97.
Ardillières, cant. d'Aigrefeuille, arr. de Rochefort-sur-Mer, 62.
Ardouin, 194, 196, 221, 274, 308, 324, 340, 413; — prêtre, 8.
Argenton-le-Château, chef-lieu de cant., arr. de Bressuire, 281.

Arnauld, 108; — notable, 278; — banquier, 33.
Arnandan, curé de Romegoux, 87.
Arnoult, Arnout, prêtre, 281, 287.
Arracq, com. de Tilh, cant. de Pouillon, arr. de Dax, 99.
Arsonneau, prêtre, 270.
Arthenas, cant. d'Archiac, arr. de Jonzac, 314, 315, 414 — 416.
Arvert, cant. de La Tremblade, arr. de Marennes, 111, 143, 145, 224, 412.
Asnière, com. du cant. de Saint-Jean d'Angély, 80.
Asnières, com. de Belluire, cant. de Pons, arr. de Saintes, 40.
Asseline, évêque de Boulogne, 148, 164, 165.
Aubourg (René d'), prieur de Saint-Eutrope de Saintes, 31.
Augier, négociant, 123.
Aujac, cant. de Saint-Hilaire, arr. de Saint-Jean d'Angély, 158, 295.
Aunay (Zoé d'), 7.
Aunay, chef-lieu de cant., arr. de Saint-Jean d'Angély, 154.
Aunis, Aulnis (Louis d'); — (Marie-Jeanne d'), 44; — de Chézac (Jeanne-Victoire d'); — (Louis d'); — (Anne-Madeleine d'); — (Marie d'); — (Marie-Jeanne d'), 397, 398; — de Meursac (Louis d'); — (Marie d'), 44.
Auray, chef-lieu de cant., arr. de Lorient, 101.
Aussy (Denys d'), 90, 95.
Auton, cant. de Saint-Hilaire, arr. de Saint-Jean d'Angély, 249.
Auvignac, Auvrignac, com. de Montils, cant. de Pons, arr. de Saintes, 369, 397, 398.
Auzuret, curé d'Usseau, 366, *394*.
Aviau (d'), archevêque de Bordeaux, 53.
Aydoilles, cant. de Brugères, arr. d'Épinal, 271.
Aymar, sieur du Pérou; — (Marguerite), 398.
Ayrand, boulanger, 129.
Aytré, com. du cant. de La Rochelle, 121, 189, 278.

B.

Babinet (Louise), 7.
Babinot, curé de Saint-Denis d'Oleron, 56.
Babou de La Bourdaisière (Marie), 3.
Bachelot, colonel de la milice nationale, 138, 146.
Baigne, chef-lieu de cant., arr. de Barbezieux, 84, 131, 139.
Baillard, capitaine, 412.
Baille, 329, 330.

---

1. Les pages indiquées par des chiffres italiques contiennent quelque note sur le personnage. — Cette table a été très soigneusement rédigée par M. Henri Joyer.

TABLE ONOMASTIQUE.

Bailly, maire de Paris, 203, 204, 270.
Balans, commune du canton de Matha, 109.
Ballandier, négociant, 144.
Ballard, curé de Poiré-sous-Velluire, 201.
Barabeau, 415, 416.
Barbezieux (Charente), 1, 2.
Barbot, 39 ; — prêtre, 56.
Bardeau, prêtre d'Anduse, bénédictin, 329, 330, 331, 332.
Bardet, curé de Besançon, 379 — 381.
Barnave, 204, 206.
Baron-Duclos, curé et maire de Montpellier de Médillan, 149, 158.
Barraud, Barreau, prêtre, 383 ; — curé de Pons, 110, 231, 314 ; — curé d'Arthenac ; — curé de Saint-Aulais, *314*.
Barro, cant. de Ruffec (Charente), 3, 8, 12, 15, 404.
Barret, com. du cant. de Barbezieux, 154.
Barrier, 415.
Bart, curé de Saint-Vincent de Vassiac, 110.
Barthe, évêque d'Auch, 279.
Barsan, cant. de Cozes, arr. de Saintes, 210.
Baslid de la Vernhe (Jean-Baptiste), 31.
Bassac, cant. de Jarnac, arr. de Cognac, 227, 253.
Bassompierre (Louis de), évêque de Saintes, 36, 272.
Baudéan de Parabère (Madeleine), abbesse de Sainte-Marie de Saintes, 69-72, 151.
Baudoin de Dournon, receveur des fermes, 394.
Baudris, notable, 277.
Baudry, 145 ; — praticien, 86.
Baulon (De), 409.
Bayers, cant. de Mansle, arr. de Ruffec, 2, 3, 6, 9, 91.
Baymond, baleinier, 196.
Basas (Gironde), 89.
Beauchamps (Charles-Grégoire, marquis de), 123.
Beaucorps (Guillaume de) 72 ; — (Marie de) ; — (Henri de) ; — de Parensay (Henri de) ; — (François de), 358.
Beaulieu (N.), eudiste, 399.
Beaulieu, com. de Saintes, 398.
Beaumont (Léon de), évêque de Saintes, 3, 31, 64 ; — (Suzanne de), 91.
Beanne (De), procureur du roi, 138.
Beaupoil de Saint-Aulaire (De), évêque de Poitiers, 2, 31, 122, 161 ; — (Victoire), 398.
Beauregard, com. de Chaillevette, cant. de La Tremblade, arr. de Marennes, 107, 109.
Beaurivier, curé de Cravans, 149.
Beaussant (Pierre-Auguste), 97.
Bécherel, évêque constitutionnel de la Manche, 409-413 ; — député, 271.
Béchillon (Charles-François de) ; —(Pierre-Charles de) ; — (Marie-Félicité de), 140.

Becquerel, valet de chambre, 372.
Bégole, prêtre, 46.
Belcier (Catherine de), — (Pierre de), 90.
Bellegarde (De), commandant, 303 ; — (M. de), 130.
Belle-Isle (Le maréchal de), 93.
Bellou, 277.
Belloy (De), auteur dramatique, 279.
Belluire, cant. de Pons, arr. de Saintes, 231, 232, 412.
Belurgey, notaire, 40.
Bérard, 412.
Bérardier, prêtre, 370.
Béraud (Marie), 75 ; — prêtre, 46 ; — du Pérou (Claude), 44 ; — prêtre, 369, 397 ; (Les) ; — du Pérou ; — de La Bellerie, *397, 398*.
Béraudin (De), chef d'escadre, 303.
Bernard, 108, 217 ; — propriétaire, 273 ; — député de l'Alsace, 270 ; — officier municipal de Saint-Thomas de Cosnac, 130, 408 ; — des Jeuzines ou Bernard de Saintes (André-Antoine), député à la convention, 137, *138*, 146, 173, 197, 221, 258, 328 ; — femme Coulombeau, 416.
Bernard de Montsanson (Jean), 44, 397.
Bernardets, chanoine de Beauvais, 37.
Bernay, cant. de Loulay, arr. de Saint-Jean d'Angély, 269.
Berneau (Jeanne-Perrine), 74.
Bernet, évêque de La Rochelle, 35.
Berneuil, cant. de Gemozac, arr. de Saintes, 42.
Bernier (Marguerite), 12.
Bernis (François Pierre de), archevêque d'Albi, cardinal, 29, 160, 377.
Berny, prêtre, 226 ; — curé de Saint-Dizant du Gua, 149, 412 ; — curé de Saint-Palais de Phiolin, 412.
Berthelet de Barbot, vicaire général de Mende, 371, *379*.
Berthier de Sauvigny, 139.
Berthomé, sacristain, 196, 199.
Berthomé Pissonnet de Belfond (Marie), 44.
Bertrand, vigneron, 42.
Besson, procureur, 158.
Bethisy (De), évêque d'Uzès, 161.
Bévière, notaire, 2., 269, 410, 412.
Bichon d'Aiguières (Madeleine), 424.
Bidé de Maurville, vice-amiral ; — (Marie-Justine), 398.
Biétry (Elisabeth), 141.
Bignon, maire de Saint-Bonnet, 130.
Bigot, notaire, 18, 41, 46, 47, 53, 75, 86, 88, 232 ; — praticien, 118 ; — prêtre, 287, 320 ; — chanoine de Chancelade ; — curé de Thézac ; — greffier de l'officialité, *281*.
Billard, récollet, 226.
Billaud (Jeanne), 423.
Billaud-Varenne, subsistut du procureur de la commune, 375.
Billotte, 15.
Binaud (Marie), 97.

Bineau, prêtre, 189.
Binet, avocat, 240.
Binos (Marthe de), 191.
Biras (Dordogne), cant. de Brantôme, arr. de Périgueux, 363.
Biron, cant. de Pons, arr. de Saintes, 110.
Bizet (Tristan de), évêque de Saintes, 272.
Blagnac, com. du cant. de Toulouse, 89.
Blanchard, 329.
Blanquet de Rouville, évêque de Numidie, 393.
Blanzac, chef-lieu de cant., arr. d'Angoulême, 303.
Blanzaguet, cant. de La Valette, arr. d'Angoulême, 5, 6, 11.
Blois de Roussillon (Charles, comte de), 109.
Blossac (De), 93.
Boguier, 341.
Boiguier, baleinier, 196.
Boilé, 181.
Bois, cant. de Saint-Genis, arr. de Jonzac, 55.
Bois-Charmant, com. des Nouillers, cant. de Saint-Savinien, arr. de Saint-Jean d'Angély, 20, 96, 97, 396.
Boisgelin (Thomas-P.-A. de), vicaire-général d'Aix, 24.
Boisgelin de Cicé (Jean de), archevêque d'Aix, 23, 160.
Bois-Landry (De), 144.
Boisnard, 142 ; — procureur de la commune de Saintes, 199, 220, 234, 235, 274-277, 301-309, 340, 418, 421.
Boisroche, com. de Saint-Bonnet de Mirambeau, 130, 407, 488.
Bonal, évêque de Clermont, 161, 201, 206.
Bonhomme, libraire-imprimeur, 258.
Bonifleau, curé de Bussac, 148 ; — curé de Saint-Eutrope de Saintes, 138, 219, 220.
Bonneau (Esther). — (César), 89 ; — vicaire général de Lyon, 383.
Bonneaud de Mongaugé, 142, 147, 407, 408.
Bonnegens (Joseph de), 123.
Bonnemort (De), religieuse, 70.
Bonnerot, prêtre, 51, 103, 110, 153, 172, 270, 328, 331.
Bonnet-Rouge, voir *Saint-Bonnet*.
Bonnin, 277 ; — (Gabriel), 42.
Bonnin, archiprêtre de Marennes, 225.
Bords, cant. de Saint-Savinien, arr. de Saint-Jean d'Angély, 91, 232.
Boscal de Réals (Louis), officier ; — (Charles-François), maire de Saintes, 140.
Bossuet (Marie), 394.
Bounaud, curé de Médis, 55.
Bourbon, de Saint-Vivien de Saintes, 147.
Bourdeille, curé de La Chapelle des Pots, 46, 87 ; — Juge, 87.
Bourdeille (De), évêque de Soissons, 25.
Bourdon (Léonard), 138 ; — curé de Cram, 238.

Bourgeois, 381.
Bourignon, journaliste, lieutenant-colonel, 86, 87, 138, 148, 154, 158, 222.
Boursaud, curé d'Ecurat, 405.
Bousseron, prêtre, 281.
Boussiron, 238.
Boutelaud, 424.
Boyer, praticien, 47.
Bréard, 180, 217, 219, 222, 268, 286, 310, 325, 420 ; — (J.-J. de) conventionnel, 156, 258.
Bremond (Charlotte de), 105 ; — (Le vicomte de), 61 ; — (Claire de) ; — (Josias de), 5 ; — (Marie de) ; — (Pierre de), 424 ; — d'Ars (De), 3, 425 ; — (Anatole de), 98 ; — (Le comte de), 109, 110, 123, 158, 292, 340 ; — Balanzac (Catherine de), 3 ; — de Céré (Henriette de), 97 ; — du Masgelier (De), 17.
Breslès, cant. de Nivillers, arr. de Beauvais, 22, 36, 181.
Breuil, 238.
Breuille, archiprêtré de Saint-Jean d'Angély, 250.
Briand (L'abbé), historien, 35, 46, 97.
Briault, 142, 149, 151, 154, 185, 197, 238, 241, 252, 257, 258, 260, 407, 409 ; — échevin, 59.
Bric (René-Alexandre d'Auray, comte de), 137.
Briquet, curé de Saint-Pallais de Saintes, 71.
Brisambourg, cant. de Saint-Hilaire, arr. de Saint-Jean d'Angely, 144, 249.
Brives sur Charente, cant. de Pons, arr. de Saintes, 394, 412, 413.
Brossac, chef-lieu de cant. arr. de Barbezieux, 41.
Brouage, com. d'Hiers-Brouage, cant. de Marennes, 71, 149, 240, 314.
Brousset, 329.
Brumaud de Beauregard, évêque d'Orléans, 19.
Brunet, sonneur, 196.
Brunetière, prêtre, 190.
Budin, 181.
Buisson, curé de Saint-Bonnet, 54 ; — officier municipal, 419 ; — substitut du procureur de la commune, 277.
Burie, chef-lieu de cant. arr. de Saintes, 140, 281, 295, 412.
Burtet, cordelier, 383.
Bussac, com. du cant. de Saintes, 35, 51, 148.

C.

Cadot (Louise), 7.
Calon, 181.
Camus, avocat du clergé, 163.
Canolle, officier-municipal, 234, 235, 277, 287, 306, 309, 319, 325, 339, 419, 421.
Capdeville, prêtre, 46, 47, *191*.
Cappon, imprimeur, 337.
Cartier, officier de la garde nationale, 412.
Castagnary, prêtre, 251.

Castellane-Marangnes (Étienne de), évêque de Toulouse, 378.
Castin de Guérin de La Magdeleine, prêtre, 46, 47, 69, 100, 101, 103, 104, 108, 110, 137, 142; — (Philippe-François) ; — (Pierre-Maurice), 46.
Cast le Hill (De), évêque de Rodez, 161.
Caumont (De), commandant, 146.
Cazalès, 125, 205.
Cazay (Daniel), prêtre, 51, 53, 232.
Cercoux, cant. de Montguyon, arr. de Jonzac, 123.
Ceyrat (Joachim), 373, 380, 387, 388, 401.
Chabot, ex-capucin, 357, 360.
Chadeau de La Clochetterie, 62.
Chaillevette, cant. de La Tremblade, arr. de Marennes, 109.
Chalais, chef-lieu de cant., arr. de Barbesieux, 42, 328.
Challaux, com. de La Garde-Montlieu, cant. de Montlieu, 225.
Champagnolles, cant. de Saint-Genis, arr. de Jonzac, 110, 120, 163.
Champion de Cicé, archevêque de Bordeaux, 69, 73, 74, 160, 281.
Chancelade, com. du cant. de Périgueux, 28, 120, 144, 227, 281.
Chaniers, com. du cant. de Saintes, 42, 47, 87, 157, 240, 290, 314.
Chapelier, avocat, 125, 126.
Charbonnier, 181; — (Jeanne), 190.
Charlery de l'Épinay, prieur de Biron, 110.
Charmant, cant. de La Valette, arr. d'Angoulême, 11.
Charrier, 108; — officier municipal, 146, 147; — prieur des Jacobins, 111, 157.
Charron (Marie), 172.
Charroux, abbaye, 31.
Charton de Millou, prêtre, 383.
Chasseriau, ou Chasseriaux du Chiron, curé de Saint-Michel de Saintes, 106, 220, 223, 238, 280, 282, 287, 288, 320.
Chasteigner (De), 295; — (Joseph-Roch de); — (Marie-Anne de), 140; — de La Chastaigneraie (Germain), évêque de Saintes, 25, 35, 36, 46, 52, 64, 100, 117, 272; — (Gaspar-Joseph de), 35.
Chastenet de Puységur, archevêque de Bourges, 160.
Châteaubardon, comm. de Meschers, 358.
Chateauneuf, curé de Barbezieux, 56, 84, 120; — (Catherine), 4.
Chaudon, curé du Fouilloux, 149, 281, 320.
Chaudruc (Jacques de); — (Jean de), 89, 189; — de Crazannes, 96.
Chaumont (Catherine de), 3.
Chaumont de La Galaizière, évêque de Saint-Dié, 271.
Chaumont-Quitry (Marie-Anne de), 40.
Chaux, comm. de Chevanceaux, 225.
Chavagnac (Louise de), 62.
Chédaneau (Sophie), 281.
Chenuau, curé de L'Éguille, 224.

Chérac, cant. de Burie, arr. de Saintes, 110, 120, 185, 293, 340.
Cherbonnel, curé d'Orignolles, 110.
Chérigné, cant. de Brioux, arr. de Melle, 201, 251.
Chermignac, com. du cant. de Saintes, 281.
Chéron (Catherine), — (Marguerite), 144.
Chesnel (Jean) ; — (Marie-Éléonore), 3.
Chesnier, 180, 219.
Chesnier-Duchesne, 108, 142, 154, 407, 409.
Chéty, 39; 108 ; — échevin, 58 ; — substitut du procureur, 147.
Chevalier de Saint-Michel d'Unezat (J.-B.-Marc), 189.
Chevanceaux, cant. de Montlieu, arr. de Jonzac, 225.
Cheverus (De), archevêque de Bordeaux, 53.
Chevreux, général des bénédictins, 383.
Chez-Batalier, com. de Saint-Hilaire, cant. de Barbezieux, 56.
Chez-Morice, com. de Saint-Georges des Coteaux, cant. de Saintes, 42.
Chez-Poussard, 415, 416.
Chez-Rureau, 415.
Chièvre (De), 295.
Choiseul-Beaupré (De), évêque de Mende, 16.
Cicé (De), archevêque de Bordeaux, 101. Voir Champion.
Ciré, cant. d'Aigrefeuille, arr. de Rochefort, 137.
Claquemain, 238.
Claude, lazariste, 67, 137, 151.
Claveau, 150.
Clemenceau (Antoine-Jean), 393.
Clément (Saint), 49.
Clermont en Beauvoisis, 125.
Clermont-Tonnerre (De), évêque de Châlons, 161.
Close ou Closse, prêtre, 196, 213.
Coffin, officier municipal, 415, 416.
Collet, prêtre, 223.
Colombiers, com. du cant. de Saintes, 42.
Comeiras (De), 254.
Comminges, 277.
Conti (Le prince de), 88.
Corbeau de Saint-Albin (De), prêtre, 32.
Corbinaud, collecteur, 422.
Corlieu (Les), 7, 21 ; — (Madame de), 88.
Corme-Royal, cant. de Saujon, arr. de Saintes, 82, 155.
Cornillon, officier municipal, 277, 339, 421.
Cornueau, curé de Saint-Vivien de Saintes, 143.
Cortois de Balore, évêque de Nîmes, 161.
Cosnac, com. de Saint-Thomas de Cosnac, cant. de Mirambeau, arr. de Jonzac, 91.
Cossin, prêtre, 190.
Coucy (Jean-Charle le), évêque de La Rochelle, 148, 162, 164, 189, 190, 235, 247, 248, 249, 251, 279 ; — chanoine, 279.

Coudre (Suzanne de), 51.
Couet, prêtre, 190.
Coulombeau, 415, 416.
Coulon, com. du cant. de Niort, 251.
Coulonges, cant. de Saint-Savinien, 92, 93.
Courant, cant. de Loulay, arr. de Saint-Jean d'Angély, 230.
Courbon (Anne de), 107.
Courçon, chef-lieu de cant., arr. de La Rochelle, 93, 238.
Courcoury, com. de cant. de Saintes, 42, 72, 148, 172, 253, 258.
Courtade, 393.
Courtaud (Pierre), récollet, 75.
Couserans (Ariège), 72, 73, 370.
Cousin, 340.
Coussereau, cordonnier, — (Jeanne), 190.
Coutelin, prêtre, professeur, 216, 217.
Couturier, curé de Saint-Pallais de Saintes, 71, 72.
Couvreuil (De), 37.
Coyaux, curé de Saint-Xandre, 149.
Cozes, chef-lieu de cant., arr. de Saintes, 90, 129, 281.
Cranmer (Thomas), 207.
Cravans, cant. de Gemozac, arr. de Saintes, 149.
Crazannes, cant. de Saint-Porchaire, arr. de Saintes, 89-94, 95-97, 189, 263, 281, 282, 367.
Crespin de La Chabosselay (Charles), 153.
Crevant d'Humières (Anne-Louise de), 97.
Croizetières (G.-J.-C.), avocat, 156, 240.
Croizier, prêtre, 18, 36, 46, 75, 88, 103, 106, 108 ; — maître d'école, 43 ; — capitaine, 75.
Crouzat, notable, 277.
Crugy, officier municipal, 277, 309, 325, 419.
Crussol d'Uzès (De), évêque de La Rochelle, 121, 148.
Culant (La comtesse de), 3.
Cumont (Liette de), 5.
Cursay de Villers (Étienne-Simon de), 398.

D.

Dagrand, verrier, 406.
Daïde de Boisseuil (Marie-Angélique), 93.
Dalidet, prêtre, 51, 221, 222, 281, 282, 286, 287, 293, 324 ; — procureur de la commune, — (Élie), notaire ; — (Jean-Baptiste) ; — (Jean), notaire, 281.
Dangibeaud, 108 ; — échevin, 44 ; — jésuite, 47, 71, 75, 77 ; — juge, 197 ; — (Catherine), 281 ; — supérieur de Notre-Dame, 228 ; — Du Pouyaud, conseiller du roi, 102.
Dannepont (Jacques), 42.
Danton, député à la convention, 359, 369, 372, 374, 386, 388, 401.
Dardon, eudiste, 399.
Daubanel, 401, 402, 403.

Dandy (Marie-Louise), 144.
Daviau du Bois-Sanzay, 148.
David, curé de Saint-Bonnet, 51-54.
Deanbonneau, curé de Saint-Michel de Saintes, 281.
Deblois, prêtre, 22.
Déforis, curé de Saint-Jean d'Angély, 227.
Degasse, ou Gasse. voir Gasse.
Déguillon, prêtre, 18, 47, 108, 111, 120.
Dejean (Marie-Madeleine), 398.
Dejoye (Marie), 42.
Delaage, doyen du chapitre, 18, 35, 36, 40, 41, 46, 47, 48, 59, 88, 103, 104, 106, 107, 110, 138, 187, 194 ; — receveur du district, 196, 221.
Delacoste, 156, 238, 242, 258, 260, 396 ; — Dulac (Pierre), 222.
Delafond, prêtre, 148.
Delaistre, maître de danse, 5.
Delamain, négociant, 75.
Delaneau (Rose), 70.
Delany, curé de Brives-sur-Charente, 294, 413, 413 ; — curé de La Chapelle des Pots, 412, 413.
Delataste, prêtre, 281, 287, 320. Voir La Taste.
Delessart, ministre de l'intérieur, 419.
Delette, prêtre, 362.
Deleutre, curé d'Aytré, 121.
Deliva, 80-82.
Delon, chanceladais, 224.
Delord, prêtre, 18, 25, 36, 51, 81, 100, 103, 108.
Deluc, maire de Pons, 313.
Delys, libraire, 77.
Demanges, curé d'Escles, 271.
Demay, 181.
Demontis, médecin, 84.
Depain (Pierre), prêtre, 270.
Desaugremel de Clérigny, receveur général des domaines, 88.
Deschamps, curé de Dompierre, 224, 290-293, 412.
Descordes, curé de Dolus, 110.
Descourtils, 181, 244.
Descroizettes, 355.
Des Escauds (François) ; — (Gabriel-François) ; — (Hippolyte) ; — (Jean) ; — (Louis), 5 ; — (Marie-Marguerite), 5, 8.
Des Francs (Augustine-Jeanne), 107.
Deshoms (Joseph-Henri de) ; — (Bernard-Joseph de) ; — (Jeanne-François de), 35.
Des Jeuzines. Voir Bernard.
Deslys (Anne) ; — (Louis), libraire, 144.
Desmier de Saint-Simon (Michel-Louis), 223.
Desmontiers de Mérinville, évêque de Dijon, 161.
Desmoulin, 181.
Despéroux, 148.
Despréménil, 204.
Desprez, imprimeur, 33.
Desprez (Gabriel), prêtre, 378.
Des Roches, capitaine, 416.
Desrolles, prêtre, 190.

438 TABLE ONOMASTIQUE.

Des Romans, prêtre, 423.
Desting (Jean), prêtre, 80.
Deval, seigneur de Touvre, 15, 16.
Dezilles, 278.
Dibon, prêtre, 54.
Didot, imprimeur, 33.
Dières de Montplaisir (Georges) ; — (Marthe), 394.
Dillon, curé du Vieux-Pouzauges, 201.
Dillon, archevêque de Narbonne, 161.
Dodart, sieur des Bouchardières, 84.
Dolus, cant. du Château d'Oleron, arr. de Marennes, 110, 149, 222, 231, 281.
Dompierre, cant. de Burie, arr. de Saintes, 111, 224, 290, 292, 294, 295, 340, 412, 413.
Dompierre sur Loire, 222.
Dorne, notaire, 40.
Dosfant, notaire, député, 268, 269, 412.
Douchet, 412; — cultivateur, député, 270.
Doué, prêtre, 190.
Douhé (Marie), 249.
Doussin (Jean-Louis), curé de La Tremblade, 144, 225; — (Jean), chanceladais, 144; — (Louis-Eutrope), curé de Saint-Vivien de Saintes, 143 — 147, 220; — (Jean), marchand, 144; — (Louis-Joseph), libraire ; — maître en chirurgie ; — (Étienne-Gabriel); — du Breuil, médecin, 144.
Douzanville, prêtre. Voir Joubert.
Drilhon, 147; — juge, 56, — (Paul), avocat ; — (Paul-François), procureur fiscal, 84.
Drouers, officier municipal, 339.
Drouet, curé de Mornac, 56.
Dubois, 158, 186, 194, 196, 197, 200, 221, 274, 308, 324, 413; — chirurgien, 225 ; — curé de Pons, 224.
Dubourg, procureur-général, 181.
Dubousquet, eudiste, 399.
Dubreuil, Du Breuil (Madame), 217 ; — notable, 217, 416 ; — du Théon (Anne-Marie), 423 ; — de Théon de Chazeaubardon, 396.
Duc, curé du Seure, 149, 226, 249, 250.
Duchaine, échevin, 49; — prêtre, 223; — marchand, 329.
Duchaine-Martimont, 197, 409.
Du Chasteigner (Jean-Charles); — (Marie-Charlotte), 70; — (Jean-Louis-Joseph), vicaire-général de Saintes ; — (Arnaud); — (Marie-Anne), 35.
Duchâtel, 92.
Duchesne, 198, 286, 295, 325, 337, 343, 355, 412, 420; — procureur du roi, 39; — quincaillier, 77.
Du Cheyron du Pavillon, prêtre, 100, 103, 104, 106, 108, *191 ;* — (Jacques-Joseph), 100.
Du Chillau, 7.
Duchosat, prêtre, 191.
Duciaux, 389.
Dudon, doyen de Saint-Pierre de Saintes, 46, 47, 68, 76, 77, 88, *108*, 119; — abbé de Fontdouce, 108.

Dufaure de La Jarthe, avocat-général, 53.
Dufour, général, 95.
Du Fresne, Dufresne, 3; — prêtre, 18, 106, 108, 110, 145; — (Renoîe), 7.
Dugué, Duguet, 140, 194, 196, 221, 274, 308, 324, 413.
Dulac, prêtre, *222*, 288.
Du Lau (Jean-Marie), archevêque d'Arles, 24, 53, 160, *363*, 368, 376, 377, 404; — (Arnaud), 363.
Dumas, 409 ; — officier municipal, 313 ; — (Antoinette) ; — (César), capitaine, 189 ; — (Suzanne), 89.
Du Mesnil-Simon (P.-J., vicomte de), 109.
Dumey, 277.
Dumon, Dumont, praticien, 18 ; — (André), 253.
Dumouriez, 395.
Du Part (Pierre), sieur de La Foucardie, 7.
Du Pavillon. Voir du Cheyron.
Dupin de La Guérivière, curé de Saint-Pallais de Saintes, *71;* — (Marie-Radégonde), religieuse, 71.
Dupinier, 186, 238.
Duplain de Sainte-Albine, libraire, 370, 375.
Du Plessis d'Argentré, évêque de Limoges, 160.
Dupré, procureur, 53.
Dupressoir, 181.
Dupuis, Dupuy, 181, 337, 343, 420.
Du Puy d'Anché, 62.
Durand, notaire, 40; — curé de Saint-Bonnet, 54; — curé de Rouffiac, 149; — supérieure des sœurs de la Charité, 229.
Duras (Le maréchal de), 26.
Du Repayre, 7.
Duret, 180, 219, 268, 310, 324, 414, 418, 420; — avocat, 155; — prêtre, 216, 217.
Durfort (Emery de), 89.
Duruflé, prieur de la Charité de Saintes, 152.
Du Sault de La Mirande (Henri), 75.
Du Souchet de Macqueville (Marie), 358.
Dussidant (François), 13.
Du Teste, 393.
Du Tillet, 7.
Du Vergier de La Rochejaquelein (Anne), 358.

E.

Échebrune, cant. de Pons, arr. de Saintes, 110.
Écoyeux, Escoyeux, cant. de Burie, arr. de Saintes, 159, 249, 281.
Écurat, com. du cant. de Saintes, 405.
Edmond, 268.
Edon, cant. de La Valette, arr. d'Angoulême, 10, 11.
Embermenil, cant. de Blamont, arr. de Lunéville, 174, 201, 270.
Emery, prêtre, 360, 393, 394.
Emon, Émond, 180, 198, 219, 286, 310, 325, 337, 355, 418, 420.

Épernon (Le duc d'), 11.
Épineuil, com. de Saintes, 72.
Eschasseriaux, 180, 186, 194, 196, 198, 200, 219, 221, 268, 274, 324, 325, 413, 418, 420; — aîné, prêtre, 148; — (Joseph), avocat, 155, 258; — (René), 158.
Esles, cant. de Darney, arr. de Mirecourt, 271.
Estagne, capitaine, 380.
Eutrope (Saint), évêque de Saintes, 58, 256.
Évrard (Simonne), 130.
Expiremont, cant. de Montandre, arr. de Jonzac, 149.
Eymeri, notable, 277.

F.

Fabre, curé de Pisani, 85.
Fabre d'Églantine, 369.
Fauchay, taille, 196.
Fauché, 393.
Fauchet (L'abbé), 369; — évêque constitutionnel, 194.
Faulte (François), 191.
Faure, 20; — curé de Saint-Maur de Saintes, 230; — (Adélaïde-Sophie), 423.
Faure-Douville, receveur des tailles, 96, 97, 191.
Faurès, échevin, 49.
Favre, fabriqueur, 288.
Favreau, prêtre, professeur, 216, 217.
Faye, curé de Saint-Martin de l'Eguille, 224.
Féletz (De), prêtre, 191; — (Marguerite de), 100.
Félix, supérieur des doctrinaires, 383.
Fellmann, doyen de Courçon, 93.
Ferrant, secrétaire-greffier, 415.
Ferret, curé de Saint-Martin de Pons, 52, 80, 110, 231.
Firmin, prieur de la Charité de Saintes, 152.
Flandrin, récollet, 281.
Flesselles, prévôt des marchands, 139.
Fleuret (Marie-Eustelle), 222.
Fleurette (Zacharie), 222.
Floirac, cant. de Cozes, arr. de Saintes, 213.
Foix (Pierre de), prêtre, 143, 144, 147.
Foix-Grailly (De), 93.
Fonrémis (De). Voir Méthé.
Fontanges (François), archevêque de Toulouse, 160.
Fontcouverte, com. du cant. de Saintes, 42.
Fontdouce, comm. de Saint-Bris, 108.
Fontenet, com. du cant. de Saint-Jean d'Angely, 158.
Fontenoy (De), abbesse de Saintes, 69.
Fontpatour, com. de Vérines, cant. de La Jarrie, arr. de La Rochelle, 1, 358.
Fontrean, 131.
Fontreau de Saint-Martin, curé de Saint-Bonnet, 54.
Forcade (De), 388, 393.

Forchon, 181.
Forget, prêtre, 154, 216, 220, 222, 223, 282; — (Charlotte-Polydore), — (Jean-Baptiste), 223.
Fornel (Marie de), 4.
Fortet, curé de Saint-Martin de Pons, 80.
Foucaud, de La Rochefoucauld, 2.
Foucauld (Le marquis de), 206.
Fougeu (Aignan de), — (Marie-Hélène de), — (Marie-Rose de), 6.
Fouilloux, cant. de Montguyon, 281.
Foulon, 139.
Fourchaud, lieutenant de la sénéchaussée de Saintes; — sénéchal de Mirambeau, 51.
Fourestier, dit Pouillade, apothicaire, 287; — négociant, — (Jeanne-Eustelle), 138.
Fou(r)nets (De), curé de Puy-Miquelan, 205.
Fournier, prêtre, 281, 287, 288.
Fradin de Claix (Madeleine), 7.
Fraineau, perruquier, 42.
Fraisseix (Gabriel), supérieur des récollets, *75, 152.*
Francastel, 181.
François de Sainte-Marie, prieur de Bassac, 227.
Franquiny de Feu, 396.
Frémont (Marie de), — (Pierre de), 8.
Fresnaud (Judith), 423.
Frichou de Lamaurine, procureur du roi, 84.
Fricot, 270, 412.
Frigard, oratorien, 251.
Frignan, branche de la famille des Aiguières, 107.
Friteyre-Durvet, eudiste, 384, 399.
Froger (Arnaud-François); — (Louis), chevalier de l'Eguille, — (Michel-Henri); — (Michel-Joseph de), commandant de la marine, 62.
Froment (Martin), 387.
Fronteau, curé de Saint-Aubin aux Ponts de Cé, 366.
Frottier (Marie-Angélique), 97.
Fruger, échevin, 59.

G.

Gabillon, 363.
Gaboriaud, curé de Saint-Genis, 149.
Gabriel (Le P.), récollet, 69.
Gagnère des Granges, prêtre, 383.
Gaildreau, curé de Belluire, 231, *232*, 412.
Galais, supérieur des Robertins, 380, 383.
Galard (Rose de), 7; — de Béarn, 11, 15; — (Alexandre de), 8; — (Jean de), 5; — (Pierre de), 6; — (René de), 5.
Galet (Pierre), 12.
Gallonde, curé constitutionnel, 50.
Gallot, notaire, 40.
Gand (Charles-François-Gabriel comte de), 6.
Garat (Étienne), colonel, 141, 146.
Gardes, cant. de La Valette, arr. d'Angoulême 11.

Garesché, propriétaire, 123, 137 ; — maire de La Rochelle, 278, 279.
Garnier, 407, 409 ; — député à la convention, 136, 142, 173, 174, 295, 337 ; — procureur-général, 155, 180, 219, 265, 266, 285, 310, 325, 418 ; — curé de Meschers, 173 ; — (Thérèse) ; — (Jean), maire de Cherac, 185 ; — (Marthe), 140.
Garreau, avocat, 240.
Gasse, prieur de La Vallée, 31 ; — curé à Saint-Bonnet 31, 54, 225.
Gastumeau, prêtre 190, 220, 281, 283, 288 ; — négociant, 190.
Gaudin, prêtre, 223 ; — officier municipal 339, 421.
Gaudion (Marie-Thérèse), 62.
Gaudriand, maire de Saintes, 38, 39, 44, 49, 72, 136, 138.
Gauthier, chantre, 189.
Gautier, prêtre, 190.
Gauzargues, prêtre, 190.
Gazel (Jacques), prêtre, 31.
Gémit de Luscan (Joseph) ; prêtre, 47, 106, 191 ;—(Jean) ; — (Gérard), prêtre ; — (Charles), capitaine; — (Louis-François), 191.
Gemozac, chef-lieu de cant., arr. de Saintes, 55, 148, 172, 249, 314.
Gendre, officier municipal, 414, 416.
Généraud, meunier, 172.
Geneste, curé de Saint-Cybard, 5, 13.
Gentils de Bardine (Delphine), 7.
Geoffroy, basse-contre, 196.
Georgeon, notable, 414-415.
Gérauld, prêtre, 376.
Gerberoy, cant. de Songeons, arr. de Beauvais, 88.
Gerle, chartreux, 201.
Germignac, cant. d'Archiac, arr. de Jonzac, 291.
Germon (G.-P.-F. de), 42.
Germonière, 156.
Gervaud, 240.
Gesvres (De), cardinal, 8.
Gilbert, prêtre, 5, 189.
Gilbert de Voisins, magistrat, 69.
Gillet, notable, 277 ; — officier municipal, 339.
Gillier, seigneur de Puygarreau ; — (Angélique), 3.
Gillot Saint-Èvre, professeur, 97.
Gimeux, com. du cant. de Cognac, 233.
Girac (De), 398.
Girard, prêtre, 196.
Girardeau, notaire, 172.
Girardin (Stanislas), 181, 254.
Girand, officier municipal, 158.
Girand de La Combandière, 130.
Gisors, chef-lieu de cant. arr. des Andelys, 125.
Givet, chef-lieu de canton, arr. de Rocroy (Ardennes), 255.
Glâtron, curé des Essarts, 230.
Glym (Emmanuel de), charlatan, 73.
Gobel, évêque de Lydda, 201, 206, 269.

Godet, 82, 142, 186, 221, 274, 295, 308, 314, 407, 409, 413 ; — notaire, 249, 250 ; — (Cosme), procureur ; — (Cosme-Pierre) ; — (Pierre-André), 249.
Godreau, prêtre, 328.
Gogue, maire d'Issy, 389.
Goguet, 341.
Goizet, curé de Notre-Dame de Niort, 395.
Gombaud de Champfleury (Gabriel), 3, 91.
Gombaud, abbé de Villars, 3.
Gombaud de La Gombaudière, gouverneur de Saintes, 91.
Gontat, suisse, 196.
Gouin (Elisabeth), 330.
Goumard (Catherine), 90.
Gounin de La Coste, curé de Crazannes, 90, 281, 282, 287.
Gout, officier municipal, 108, 147, 154, 199, 220, 234, 245, 252, 253, 274, 276, 277, 287, 307, 309, 319, 339, 340, 407, 409, 419, 421 ; — marchand, 41, 307, 323, 325, 327, 334.
Goyard, curé de Crazannes, 90.
Grailly (Henri, comte de), 97.
Grangeneuve, député à l'assemblée législative, 396.
Grasilier (Théodore), prêtre, 68.
Grasset, eudiste, 399.
Grave (Charles de) ; — (Fiacre-François de), évêque de Valence, 69, 73, 74.
Gravié (Henriette), 190.
Green de Saint-Marsault, abbé de Bassac, 253.
Grégoire, évêque de Loir et Cher, 174, 201 — 204, 262, 270, 298, 410, 411.
Grégoireau, 108, 147.
Grelet du Peirat, prêtre, 46, 47, 106, 147, 191 ; — (Gabriel), 191.
Grenet, prêtre, 46.
Grenier, prêtre, 190.
Greslon, (Marie), 3.
Griffon, seigneur de Romagné, 124.
Grimard, d'Arthenac ; — de Taules, 415.
Guéau de Reverseaux, intendant, 88.
Guenon, officier municipal, 49, 108 ; — seigneur des Mesnards, 108.
Guérin, notable, 277 ; — diacre, 222, 223 ; — curé de Surgère, 394 ; — sulpicien, 376, 399.
Guérinauld, commandant, 146.
Guibert de Landes (Marie), 93.
Guillau de Sersé, cultivateur ;—(Thérèse) — (Noémi), 185.
Guillaume, seigneur de Chavaudon, 8.
Guillaume, duc d'Aquitaine, 28.
Guillebot, curé de Sainte-Colombe de Saintes, 77, 287.
Guillemenet, prêtre, 383.
Guillet, 412.
Guillon (L'abbé), écrivain, 18.
Guimberteau, prêtre assermenté, 172, 226.
Guinandeau, seigneur de Burie,—(Anne) 140.

Guinot (Gilles), 105 ; — (Marguerite), 222 ; — de Monconseil (Cécile-Marguerite), — (Etienne), 83.
Guiton, commissaire du roi, 131, 407.
Guiton de Maulévrier (Marie), 92.
Guyot, 409.

H.

Haimps, cant. de Matha, arr. de Saint-Jean d'Angély, 90.
Haranger Dumesnil Rolland, 396.
Hardy (L.-A), prêtre, principal du collège de Saintes, 18, 68, 60, 102, 104, 157, 173, 211 ; — Syndic des gens du roi, 211 ; — bourgeois, 80 ; — gardien des récollets, 75 ; - (Modeste), prieur d'Montboyer ; — (C.-H.), dit le père Martial ; 102 ;— (Jacques), maire de Cognac, 102, 211.
Hautefort (Charles) ; — (Juliette), 97.
Héard, 217, 241, 247 ; — du Taillis (François) ; — (Michel), avocats, 141, 240.
Hebert, supérieur des eudistes, 398.
Hebre de Saint-Clément, négociant, 240.
Hennechard, hôtelier, 395.
Hennequin d'Ecquevilly, colonel, 63.
Henry (Marie), 253.
Hérard, procureur au présidial de la Rochelle, 258.
Hercé (De), évêque de Dol, 32.
Hérisson (D), abbé de Masdion, 18, 43, 44, 46, 99 ; 412, (D'), — (Charles Honoré d'), capitaine ;— 44, 397 ; — de Vigneux (Guillaume d'), 44.
Hermès, prêtre, 383.
Hervoire officier municipal, 416.
Heudebourg (Agnès), 313.
Heudicourt, cant. de Vigneulles, arr. de Commercy, 211.
Hiers, com. d'Hiers-Brouage, cant. de Marennes, 149.
Hillairet, 82.
Houdelette, courrier du clergé, 33.
Houdet d'Angers (De), évêque de Nevers, 393.
Houmié, maçon 414.
Hubert, notable, 277.
Hue de Miromesnil, garde des sceaux, 25.
Huon (Alexandre,-E-Charles), nommé curé de Juicq en 1771, 281, 282, 287, 320 ; — (N.), 398 ; (Catherine) ; — (Jérémie), 398.
Huré (Étienne), 399.

I.

Imbaud, curé d'Hiers ; — (Marguerite) ; — (Jean), 149.
Isambert, curé de Ternant, 158.
Isle de Beauchêne, 62 ; — archiprêtre de Pons, 110.

J.

Jallet, curé de Chérigné, 201, 251.
Janecty, sergent major, 412.

Jarente de Sénas d'Orgeval (L. F. de), prêtre assermenté, 23, 25, 27, 32 — 34, 206, 268.
Jarlac, com. de Montis, cant. de Pons, arr. de Saintes, 397, 398.
Jarnac, chef-lieu de cant., arr. de Cognac, 14, 73, 75.
Javerlhac, cant. de Nontron (Dordogne), 6.
Javersay, diocèse de Luçon, 25.
Jensain (Marie-Anne), 8.
Jobet (Marguerite), 281.
Jobit, sous-diacre, 222, 223.
Joly d'Aussy (Denys) ; — (Alexandre Guillaume-Hippolyte) ; — (César-Jean), 95.
Josse, maître de musique, 196.
Jouanne, de Saint-Martin, prêtre, 190.
Joubert, prêtre, 71, 104, 121, 201.
Joubert, évêque de la Charente, 212, 301, 302, 303, 304.
Joubert de Douzanville, abbé de saint-Sauveur de Lodève, 98, 99, 103, 106, 108.
Jouffroy de Gonssans (De), évêque du Mans, 160.
Jounaud, scieur de long, 147.
Jouneau, 325 ; — (J.-G.), lieutenant de gendarmerie, 148, 154, 180, 198, 219, 252, 268, 286, 310 ; — maire des Nouillers, 396, 397 ; — sous-officier ; — officier de l'administration de la marine, 396.
Jourdain, curé de Blansaguet, 5.
Joussaulme, 415.
Jubaud, prêtre, 190.
Juchereau, ébéniste, 387.
Juéry, 181.
Juglar (Jean de), 7 ; — (Marie de) ; — (François de), 7.
Juicq, cant. de Saint-Hilaire arr. de Saint-Jean d'Angély 281, 412.
Juin, 414, 415.
Julien, pasteur, 260.
Jupin, prêtre, 222.

K.

Kerenrun, prêtre, 383.
Kergariou (Jeanne Claudine de), 40.
Klotz (Françoise), 212.

L.

Laage (De), voir Delaage.
Labadie, capitane d'artillerie, 278.
Labatut (Jeanne de), — (Pierre de), avocat, 212.
Labaudie, com. du Change, cant. de Savignac les Églises, arr. de Périgueux, 7.
Labbé, cultivateur, 172.
La Bergerie près Tonnay-Charente, 1-3, 91.
La Blinière (De), prêtre, 303.
Labole, curé de saint-Georges de Didonne, 55.
Laborie (De), religieuse ; — (Marie-Thérèse-Angélique de) ; — (Jean-Gratien de), 70 ; — de Boisseuil, 72, 73.

La Boucherie (De), sous-chantre, 189.
Labrousse de Beauregard, curé de Champagnolles 110, *120*, 121, 163.
Laburthe, curé de Saint Crioq du Parc, 30.
La Chabosselay (Crespin de), 153.
La Chapelle des Pots com. du cant. de Saintes, 87, 158, 412.
La Charité sur Loire, prieuré, 17.
La Charlonnie (Françoise de),212.—(Luc de), gardien des récollets, 75 ; — (Martia de), 7.
La Chaume, com. de Pont-L'Abbé, cant. de Saint-Porchaire, arr. de Saintes, 93.
La Cheurié, 154 ; — (Henriette); — (François), 223.
La Clochetterie, com. de Thenac, cant. de Saintes, 42.
Lacombe, évêque d'Angoulême, 304.
Lacoré (Simon - Pierre de), évêque de Saintes, 44, 64.
La Coste (Le marquis de), 144 ; — (Jean-Aimé de), 154.
La Côte paroisse de Biras, Dordogne, 363.
La Couture, com. de Saintes, 42.
Lacroix de Saint-Cyprien, curé de Saint-Pierre de Saintes, 106, 196, 328, 331 ; — du Repaire ; — de Besne ; — de Saint-Cyprien, 329.
Lafaye, 221, 277 ; — collecteur, 422.
La Fayette (Madame de), 425.
La Ferrière, fief des Béraud du Pérou. 109, 397, 398.
Lafond (Madeleine), 190.
Lafont de Savines, évêque de Viviers, 206.
La Frenade, com. de Merpins, cant. de Cognac, 108, 140, 227.
Lagache, 181.
La Gardiole (De), 393.
Lage de Volude (François-Paul de), lieutenant de vaisseau, 40.
Lagny-Fonthières, 3.
La Grange-Chancel, 120.
La Guarrigue de La Tournerie, 62.
Lair, curé de Soubran, 149.
La Jaille (Dorothée de), 358.
La Jard, com. du cant. de Saintes, 42.
La Jarrie, chef-lieu de cant., arr. de la Rochelle, 1, 91.
La Lande (De), 270, 412.
La Laurencie de Charras (François, marquis de), 123.
Lallement (Elisabeth), 75.
La Magdeleine (De). Voir Castin.
La Maurine (De), procureur du roi, 56.
Lamballe (La princesse de), 40, 387.
Lambert, matelot, 83.
Lambesc (Le prince de), 140.
Lameth, 254.
La Mirande (De), (abbesse des Sainte-Claire de Saintes), 75.
La Morinerie (De), 5, 40, 108.
La Motte, comm. de Saint-André de Lidon, 424.
La Mothe de Luchet, 18. Voir Luchet.

La Mothe Saint-Héray, chef-lieu de cant., arr. de Melle, 251.
Lamoureux, 217.
Lancry de Pronleroy, prêtre, 22, 36, 37.
Landreau, 142,197 ; — juge,221 ; — curé de Moraigne, 123.
Landy (Pierre), prêtre, 395.
Langlier, 181.
Lanville, com. de Marcillac-Lanville, cant. de Rouillac, arr. d'Angoulême, 21.
Lapize de La Panonie, chanoine de Cahors, 365, 378.
La Place (Charlotte de) ; — (Élie de) ; — (Pierre de), maire d'Angoulême, 5, 6.
Laplanche, 158.
Laporte (Édouard de), lieutenant de gendarmerie, 185.
L'Apsie, 189.
La Richardière, prêtre, 190.
Laroche, curé de Chérac, 110, 120 ; —carmélite, 82.
La Roche-Aymon (De), cardinal, 25, 29, 279.
La Rochebeaucourt, cant. de Mareuil, arr. de Nontron, 5, 8, 11.
La Roche-Chalais, cant. de Saint-Aulaye, arr. de Ribérac. 62.
La Rochefoucauld (Les) 1, 16 ; — (De), abbesse de Soissons, 6, 21,358 ; abbesse de Saint-Sauveur, 21 ; — (Angélique de) ; —(Catherine de), 91 ; — (L'abbé de), député de Provins, 163 ; —(François de), seigneur de Font-Pastour, 358 ; — (François II de), 2 ; — (François-Jean-Charles de(,15; —(Françoise de). 70 ; — (Dominique de), archevêque de Rouen, 16, 17, 20, 21, 124, 127, 160 ; — Frédéric - Jérôme de), archevêque de Bourges, 16, 17 ; (Hippolyte), 21, 88 ; — (Louis II de), 91 ; — (Jean de), 12, 15, 17, 404 ; —(Matthieu de), 70 ; —(Le cardinal de), 29, 32, 34, 357 ; — (Le duc de), 83, 84, 109, 110, 119, 120, 125, 127, 139 ; — (François-Joseph de), évêque de Beauvais 20-22, 36, 88, 89, 125,182;—184, 200, 214-216, 244, 360-368, 403, 404; — (Pierre-Louis de), évêque de Saintes, 1-425; — Bayers (Alexandre-François, comte de), 86, 87 ; — Liancourt (Le duc de), 159 ; — du Breuil (De), 56, 124; — du Parc d'Archiac (Marie-Louise de), 40 ; — du Puy-Rousseau (de), abbé du Breuil-Herbault, 122 ; — (De), seigneur de Langeac ; — Barbezieux (De), 17.
La Rochefoucauld, chef-lieu de cant., arr. d'Angoulême 1, 9, 84, 91.
La Roche-Guyon, cant. de Magny,arr. de Mantes, 84.
La Rochelambert (Jean - Alexandre de), 37.
La Roche-Landry (Marie de), 90.
La Roche-Poncier (De), prêtre, 189.
La Sauzaye (De), 96.
Lastic (De), évêque de Couserans, 72, 161.

TABLE ONOMASTIQUE. 443

La Taste (Jean-Claude de), prêtre; — (Jean-Jacques de), avocat, 281; — (Jeanne-Marie-Elisabeth de), 292.
Latierce, maire de Varaize, 158.
La Touche de Crazannes, com. de Crazannes, cant. de Saint-Porchaire, arr. de Saintes, 93.
La Touche-Tréville, amiral, 62.
La Tour (Bernard de); — (Daufine de). 2.
La Tour du Pin (Le comte de), 63, 88, 105, 106, 110; — (Jean.-Fréderic de), 83, 121.
Latreille, curé de Saint-Cybard, 7.
La Tremblade chef-lieu de cant. arr. de Marennes 144, 225, 229.
La Trémoille (De), 92.
Laugerie, (Pierre de), 424.
Launay, (De), gouverneur de la Bastille, 139.
Lauranceau, avocat, 279.
Laurent, 39, 49 58.
Laurier, haute-contre, 196.
Lauzet, receveur des domaines; — (Jeanne), religieuse, 75.
La Valette, chef-lieu de cant., arr. d'Angoulême, 5, 10.
La Vallée, cant., de Saint-Porchaire, arr. de Saintes, 1, 3, 31, 91, 97.
La Vauguyon (Le duc de), 211.
Lay, curé de Courcoury, 148, 253, 258.
Le Berthon de Bonnemie lieutenant général au présidial; 107; — (Angélique), 136.
Lebis, eudiste, 399.
Lebouc, officier municipal, 142, 407, 409.
Le Breuil-Herbault, diocèse de Luçon, 122.
Le Bugue, chef-lieu de cant., arr. de Sarlat, 10.
Le Carney, com. de Lugon, cant. de Fronsac, arr. de Libourne, 10.
Lecercler des Ormeaux (Anne), 136.
Lecesve, curé de Sainte-Triaize, 201.
Le Chateau d'Oleron, chef-lieu de cant., arr. de Marennes, 93.
Le Chatelet, com. de Saint-Coutant le Grand, cant. de Tonnay-Charente, arr. de Rochefort, 281.
Le Chaudon. Voir Chaudon, 149.
Le Chay, cant. de Saujon, arr. de Saintes, 424.
Le Chevalier, commissaire de police, 360.
Le Clerc de Juigné de Neuchelles, évêque de Châlons, 30.
Le Cormier, com. de Saintes, 42, 98.
Le Douhet, com. de cant. de Saintes, 14, 43, 249.
Lefèvre, prêtre, 383.
Le Fouilloux cant. de Montguyon arr. de Jonzac 149, 281.
Le Forestier de Balzac (Anne), 153.
Lefranc, eudiste, 399.
Le Franc de Pompignan, archevêque de Vienne; — poète, 160.
Le Gardeur de Tilly, contre-amiral, 62.

Légas, curé de Bassoues, 30.
Le Gay, prêtre, 189.
Le Grand-Logis, com. de Thenac, cant. de Saintes, 42.
Legrix, prêtre, 14, 47, 101, 199, 399.
Legué, prêtre, 384.
L'Eguille cant. de Royan, arr. de Marennes, 62, 224.
Le Jarry, com. de Bussac, cant. de Saintes, 35.
Le Loup Desvallées, curé et maire de La Chapelle des Pots, 158.
Le Maire, bénédictin, 227.
Lemay (Joachim-Joseph), 110.
Le Maxy, com. d'Issancourt et Rumel, cant. de Mézière, 8.
Lemercier, 108, 137; — (Jean-Elie), lieutenant criminel — (Louis-Nicolas), sénateur; — (le comte Anatole) député, 136; — (Jean-Nicolas), 123; — supérieur de Notre-Dame, 74.
Lemet, 277.
Lemoine, 373.
Léonard, curé de Marennes; — (Jean-Joseph), intendant; — (Mandé), curé de Challaux 225.
Léonce (Saint), évêque de Saintes, 256.
Le Paraclet, diocèse de Troyes, com. de Quincey, cant. de Romilly-sur-Seine, arr. de Nogent-sur-Seine, 6, 21.
Le Parc d'Archiac com. de Tonnay-Charente, arr. de Rochefort, 1-3.
Le Paté, fort, à Blaye 313.
Le Peirat, com. de Saint-Cybard le Peirat, cant. de la Valette, arr. d'Angoulême, 5.
Le Pérou, com. de Meursac, cant. de Gemozac, arr. de Saintes, 397, 398.
Le Pin ou *Le Pin Saint-Denis*, com. de Saint-Jean d'Angély, 158.
Les Ponts de Cé, 366.
Le Preudhomme (Gabriel), 70.
Lerne, 415.
Le Rousseau prêtre 384.
Leroy, curé de Saint-Sauveur à la Rochelle, 148, 249, 252.
Lesacques, officier municipal, 199, 234, 235, 277, 309, 419.
Les Arènes, com. de Thenac, cant. de Saintes, 213.
Les Cheminées, com. de Saint-Sorlin de Cosnac, cant. de Mirambeau, arr. de Jonzac, 131.
Lescours (Henriette de), 46.
Les Daunis, paroisse de Saint-Nazaire, 211.
Les Dauves, com. de Barret, cant. de Barbezieux 396.
Les Eglises d'Argenteuil, com. du cant. de Saint-Jean d'Angély, 158.
Les Essarts, cant. de Saint-Porchaire, arr. de Saintes, 138, 230.
Le Seure, cant. de Burie. arr. de Saintes, 149, 249, 250.
Les Gonds, com. du cant. de Saintes, 42, 148, 172.

444 TABLE ONOMASTIQUE.

Les Jeusines, com. des Essarts, 138.
Les Mesnards, com. du Douhet, 108
Lesné, 415.
Les Nouillers, cant. de Saint-Savinien, arr. de Saint-Jean d'Angély, 97, 396.
Lespinasse, prieur de Saint-Pierre-le Moutier, Nièvre, 124.
Lesquendieu, 181.
Les Rases, com. des Nouillers, 107. 396.
Lestonnac (Madame de), supérieure des Notre-Dame, 228.
Les Touches de Périgny, cant. de Matha, arr. de Saint-Jean d'Angély, 46.
Les Trois-Canons, com. d'Yves, cant. de Rochefort-sur-mer, 278.
Le Taillis, com. de Chaniers, cant. de Saintes, 240.
Le Tonnelier de Breteuil, évêque de Montauban, 160.
Létourneau, prêtre, professeur, *213-214*, 222, 331, 333.
Le Treuil, com. de Dolus, cant. du Château d'Oleron, arr. de Marennes, 93.
Le Treuil, com. de Chaniers, cant. de Saintes, 42.
Le Triadou, cant. des Matelles, arr. de Montpellier, 303.
Le Trillou, com. de Saint-Trojan, cant. du Château d'Oleron arr. de Marennes, 222.
Levacher, prêtre, 189.
Le Vallois, 355.
Le Vasseur, 181 ; — (Henriette), 73.
Le Vieux-Pouzauges, diocèse de Luçon, 201.
Le Vignaud, fief des d'Aunis, 443, 97, 398.
Le Vivier, com. de Saint-Cybard le Peyrat, cant. de La Vallette, arr. d'Angoulême, 1, 5, 7, 8, 10, 12, 17, 21, 367 ; — près du Bugue, 10 ; — com. de Beauronne cant. de Neuvic. arr. de Ribérac, 10.
Leyris Lesponchez (De), évêque de Perpignan, 161.
Lezan, 269, 512.
L'hommeau, 415.
L'Houmée, com. de La Vallée, cant. de Saint-Porchaire, arr. de Saintes, 1, 3, 91.
L'Huillier (De), commandant, 146.
Limail, 277.
Limonas, supérieur de l'oratoire de la Rochelle, 86, 148.
Lindet, évêque de l'Eure, 262, 269, 270, 298, 410, 411.
Liniers (Le comte de) ; — Amable-Joseph de) ; — (Jacques de), 97.
Livenne (Charles de) 109.
Loca Andras du Mesnil (Marie-Gabrielle), 7.
Logerie, com. d'Expiremont, cant. de Montandre, arr. de Jonzac, 149.
Lohier, 373.
Loménie de Brienne, archevêque de Toulouse, 29 ; — archevêque de Sens, 206 ; — archevêque de Trajanopolis, 207.
Longuet, cultivateur, 273.
Longueteau, maire d'Archiac, 414, 416.

Loran (Constance de), 35.
Lortie (De), 148.
Losme de Salbray (De), major, 139.
Lostanges (De), évêque, 100.
Loubate (Marguerite), 7.
Louise de France (Madame), 98, 99.
Louvet, curé de Tanzac, 172.
Loys, gardien des mineurs conventuels de Saintes, *151*.
Lubersac (De), évêque de Chartres, 161.
Luc (De), 407, 409.
Luchet (Les), 423-425 ; — (Le chevalier de), 142, 207 ; — prêtre, 36, 44, 46, 52, 55, 59, 72, 103, *136*, 145, 407, 409 ; — religieuse, 70, 73 ; — de la Motte, 18, 46, 47, 71, 73 ; — (Jean-Louis-André de), 108 ; — (Louis) 233.
Luchet, com. du Chay, cant. de Saujon, arr. de Saintes, 424.
Luçon, chef-lieu de cant., arr. de Fontenay le-Comte, 19, 122, 161.
Lucy, 181.
Luscan, cant. de Saint-Bertrand, arr. de Saint-Gaudens, 191.
Lusseau, notaire, 42.
Lusserai, com. de Saintes, 144.
Lussières, com. de Cercoux, cant. de Montguyon, arr. de Jonzac, 123.
Luzeau de La Mulonière, sulpicien, 372.

M.

Madame, île, cant. de Rochefort-sur-mer, 433.
Magistel, 49.
Magnac-sur-Touvre, com. du cant. d'Angoulême, 3, 4, 8, 9, 15, 17, 404.
Magné-Niort, com. du cant. Niort, 56.
Maillard, 374, 375, 379, 382, 388, 397.
Mailler, notable, 277.
Maillet, notaire, 73 ; — négociant, 144.
Malartic (Ambroise Eulalie, vicomte de), 124 ; — (Josèphe de), 89 ; — (Marie-Thérèse de), 189.
Malesherbes (De), ministre, 72.
Malet (Louis de), capitaine de vaisseau, 84.
Malide (De), évêque de Montpellier, 161.
Malouet, 125, 204.
Manes (François de) ; — (Marie-Claire-Mélanie de), 5.
Manuel, 169, 370, 371.
Marans, chef-lieu de cant., arr. de la Rochelle, 121.
Marat, 293, 359, 388.
Marbœuf (De), évêque d'Autun, 34.
Marchais, génovéfain, 212.
Marchand (Jean-Philippe), prêtre, 395 ; — traiteur, 387.
Maréchal, Mareschal, 234, 235, 277 ; — officier municipal, 306, 339, 419 ; — échevin, 59 ; — imprimeur, 338 ; — (Marie), 240.
Mareuil (Madame de), supérieure des carmélites, 228.

TABLE ONOMASTIQUE. 445

Marie, curé de Saint-Pierre de Juillers, 80.
Marie-Bénigne, professe aux carmélites, 74.
Mariocheau de Bonnemort ; — (Nicolas-Valentin), 70.
Marot dit Maron, 415.
Marsay, curé de Barzan, 210.
Martin, notaire, 130, 131, 407, 408 ; — officier municipal, 253, 306, 309, 419 ; — curé de Saint-Pallais de Saintes, 71 ; — prêtre, 220 ; — ancien religieux, 281.
Martin de Chaumont de la Galaizière, évêque de Saint-Dié, 271.
Martinaud, Martineau, prêtre, 157, 219, 220, 223, 281, 287, 320 ; — avocat, 127.
Madion, Masdion, abbaye, com. de Virollet, cant. de Gemozac, 18, 44, 412, 423.
Massé, boulanger, 129.
Massey, prêtre, 383.
Massias, président trésorier de France, — (Jacques), lieutenant général au siège de Rochefort, 189.
Massieu, évêque de Beauvais, 254.
Massieux, prêtre, 190.
Massiot de La Motte (Joseph), 51.
Massiou (Jean), 42.
Matha, chef-lieu de cant., arr. de Saint-Jean d'Angély, 46, 110.
Mathieu, curé de Sergy, 201.
Mathieu de Monturet (Marie de), 35.
Maublanc, prêtre, 223.
Maudru, évêque constitutionnel, 271, 409, 412.
Mauget (Pierre), 42.
Maumont, com. de Magnac-sur-Touvre, 3, 4, 8, 9, 12, 13, 15, 17, 404.
Maupetit, 270, 412.
Maury, cardinal, 125, 140, 204, 205.
Mauzé, chef-lieu de cant., arr. de Niort, 394.
Meaux (Marguerite de), 107.
Méchain, curé de Corme-Royal, 82.
Médis cant. de Saujon, arr. de Saintes, 31, 55, 144.
Meneau (Jean), prêtre ; — (Suzanne-Marie), 75 ; — officier public, 273.
Ménigoute, chef-lieu de cant., arr. de Parthenay 251.
Menuret, prêtre, 383.
Mercy (De), évêque de Luçon, 122, 161.
Merle, marchand, 41.
Merlemont, com. de Warluis, cant. de Noailles, arr. de Beauvais, 15.
Merlin, curé de Saint-Barthélemy de la Rochelle, 281.
Mery, serpent, 196.
Meschers, cant. de Cozes, arr. de Saintes, 56, 173.
Meschinet (François de), novice, 364, 365, 400 : — (De), prêtre, 388.
Messeix, curé de Saint-Eutrope de Saintes, 222 ; — curé de Saint-Nicolas de Bassac, 227.

Messin, curé de Réaux, 314.
Mestadier, curé de Breuille, évêque des Deux-Sèvres, 149, 226, 250, 251.
Mestayer, Metayer, 277 ; — (François), apothicaire, 281 ; — officier municipal, 300, 419.
Méthé de Fonrémis, 38, 147, 217, 407, 409.
Meurin (Jeanne-Françoise), 8.
Meursac, cant. de Gemozac, arr. de Saintes, 398.
Meusnier, récollet, 220.
Michaud, curé et maire de Saint Louis de la Petite-Flandre, 158.
Michel, baron de Sainte-Dizant, 130.
Michot, prêtre ; — négociant, 74.
Migron, cant. de Burie, arr. de Saintes, 158, 250, 328.
Millière, curé de Beauvais, 22.
Miossens de Pons d'Albret, 3.
Mirabeau, 38, 125, 185, 203-205, 290, 292, 304.
Mirambeau, chef-lieu de cant., arr. de Jonzac, 43, 50, 51, 281.
Miroudot du Bourg, évêque de Babylone, 206.
Mollet (Augustin), 138 ; — procureur du roi, 43, 49, 58.
Monconseil (Marguerite Guinot de), 105 ; marquis de), 144.
Mondauphin (De), prêtre, 69, 70, 73, 101.
Monmor, chanceladais, 227.
Monnoir, prêtre, 231.
Monplaisir, com. de Saintes, 77.
Mons, cant. de Matha, arr. de Saint-Jean d'Angély, 102.
Montagu (De), 424, 425.
Montalembert (De), 15, 138 ; — (N.-P.) prêtre, 19.
Montandre, chef-lieu de cant., arr. de Jonzac, 1, 223, 230.
Montant (De), 393.
Montault, évêque constitutionnel, 251.
Montausier (Le comte de), 137, 139.
Montboyer cant. de Chalais, arr. de Barbezieux, 102.
Montchaude, com. du cant. de Barbezieux, 249.
Montfleury, sulpicien, 370, 393.
Montguyon, chef-lieu de cant., arr. de Jonzac, 1, 110, 123, 239.
Montignac, chef-lieu de canton, (Dordogne), 120.
Montils, cant. de Pons, arr. de Saintes, 109, 397, 398.
Montjean, cant. de Saint-Florent-le-Vieil, arr. de Cholet, 72.
Montlieu, chef-lieu de cant. arr. de Jonzac, 154, 220, 388.
Montlosier (Comte de), 184.
Montmagny, cant. de Montmorency, arr. de Pontoise, 8.
Montmorency-Laval (De), évêque de Metz, 167.
Montpellier, cant. de Gemozac, arr. de Saintes, 149, 185.

Montréjeau, arr. de Saint-Gaudens, 304.
Montricoux, cant. de Negrepeline (Lot et Garonne), 89.
Montsalard (Marguerite), 129.
Mora, sculpteur, 95, 405.
Moragne, cant. de Tonnay-Charente, arr. de Rochefort sur mer, 105, 193.
Moreau, 277, 341 ; — officier municipal, 147, 306, 309 ; peintre, 329, 330 ; — bibliothécaire, 330 ; — de Marillet, prêtre, 121, 189.
Morel des Prés, capucin, 383.
Morin, procureur de la commune, 278.
Morisse (Jeanne), 412.
Morisset, officier municipal, 130, 408.
Mornac, cant. de Royan, arr. de Marennes, 55, 56, 230.
Mortiers, comm. du cant. de Jonzac, 230.
Mortimer-Ternaux, historien, 185.
Mossion de La Gontrie, prêtre, 46, 88.
Mouchar (Marie), 307.
Mouchet, 39.
Moufflet, échevin, 59.
Mougin, 412.
Mougins de Roquefort, député, 270.
Mounier, 125.
Moussiaud, curé de Vouhé, 149.
Mullier, officier municipal, 154, 339, 421.
Mullon, seigneur d'Aytré, 189.
Mun (De), 424.
Muret (Louis de), 393.
Musset-Pathay (De), prêtre, 190.

N.

Nadaud, fabriqueur, 288.
Nadaud de Neuillac (Marguerite), 424.
Nancras, cant. de Saujon, arr. de Saintes, 93.
Nanteuil, cant. de Vertelhac, arr. de Riberac, 9 ; cant. de Thiviers, arr. de Nontron, 9. Dordogne,
Nanteuil-le-Haudouin, chef-lieu de cant. arr. de Senlis, 20.
Nantillé, cant. de Saint-Hilaire, arr. de Saint-Jean d'Angély, 281.
Nativelle (J.-B.) ; — (René), prêtres, 383.
Naudin, praticien, 88.
Navailles (Le maréchal de), 11.
Necker, ministre, 118.
Néron, officier municipal, 147, 234, 235, 277, 419.
Neuillac en Angoumois, com. d'Asnières cant. d'Hiersac, arr. d'Angoulême, 5.
Neuvic, cant. de Matha, arr. de Saint-Jean d'Angély, 123.
Nézel, clerc tonsuré, 392.
Nicastro (De), médecin, 44.
Nieulle, com. de Saint-Sornin de Marennes, cant. de Marennes, 123.
Nieul le Virouil, cant. de Mirambeau, arr. de Jonzac, 107, 281.
Nigot, charpentier, 395.
Nonac, cant. de Montmoreau, arr. de Barbezieux, 143.

Normand de Garat (Marie), 7.
Notre-Dame d'Allous, prieuré, 31.
Notre-Dame de Chastres, abbaye, 46.
Notre-Dame de Preuilly, 124.
Notre-Dame de Vauluisant, com. de Lailly-sur-Vanne, cant. de Villeneuve- L'archevêque, arr. de Sens, 23. 47.
Noudre, fief de La Charlonie.
Nouvion, officier municipal, 339.

O.

Odoley, prêtre, 30.
Oléron, île, arr. de Marennes, 56, 93, 149, 229, 231.
Orignac, com. de Saint-Ciers du Taillon, cant. de Mirambeau, arr. de Jonzac, 341.
Orignolles, cant. de Montlieu, arr. de Jonzac, 110, 155.
Ormesson (D'), 144.
Orville, com. de Saint-Seurin de Palenne, cant. de Pons, arr. de Saintes, 398.
Osiander, archevêque de Cantorbery, 207.
Oudet (Le baron A.), 90, 95, 406 ; — (Jacques-Nicolas-Eliacin, baron) ; — (Jacques-Joseph), colonel, 95.
Ozillac, com. du cant. de Jonzac, 31.

P.

Pagave (Mélanie de), 424.
Paillot de Beauregard, lieutenant-colonel de dragons, 98, 99.
Paillou, évêque de La Rochelle, 388.
Pain, 412 ; — député, 270 ; — dominicain, — curé de Mornac ; — curé de Tanzac, 230.
Palet de Curzay, 3.
Pallais (Saint), évêque de Saintes, 256.
Pancemont, curé d'Issy, 365.
Panloy, com. du Port d'Envaux, 92, 93.
Papin, officier municipal, 158.
Parabère (De), 71 ; — (Madame de), abbesse de Saintes, 228, 326 ; — Voir Baudéan de Parabère.
Pardaillan de Gondrin d'Antin (Marie-Françoise de), 89.
Parenteau, 314.
Paris, cordonnier, 387.
Parthenay L'archevêque, 1.
Pascaud (Marie), 7.
Pasquet, 7.
Pasquier, 415.
Pastoureau (Marguerite), 5.
Paty de Bellegarde, 130, 407, 408 ; — Paty de La Parcaud (De), seigneur de Menviel, 130.
Patron (Thérèse), 144.
Pazery de Chorame (F.-J. de); (J.-T. de) ; — (G.-H.-C. de), prêtres, 778.
Pellet, notaire, 89.
Pelletant, 409 ; — praticien, 86.
Pelletreau, 295.

TABLE ONOMASTIQUE. 447

Pelligneau, officier municipal ; — (Louis-François), — prêtre ; — (Jean), juge, *313.*
Pellisson, maire de Gemozac, 172.
Pelluchon, c.é de Matha, 110 ; — curé de Médis, 14.
Péraud (Raymond), 272.
Péray, com. de Torxé, cant. de Tonnay-Boutonne, arr. de Saint-Jean d'Angély. 273.
Périer de Gurat, maire d'Angoulême, 303.
Péronneau, curé de Dompierre, 111, 290, 294, *412,* 413 ; — (Jean), charpentier — curé de Rioux-Martin, 412.
Perraudeau (Suzanne), 211.
Perreau, échevin, 39.
Perrineau, curé de Vénérand, 314.
Perrochon, 131.
Perry, officier municipal, 278.
Péry de Malerant (Elisabeth de), religieuse, 84.
Pétion, 369, 370.
Petit (Antoine-Raphaël), 380.
Petit-Mengin, 270, 412.
Phelippot, 222.
Picard, marchand, — (Michel-Joseph), 42.
Picard de La Pointe, lieutenant de la vénerie du roi, 124.
Pichard de Nanclas, prêtre, 192.
Pichon (Charles), curé de Sainte-Colombe, 18, 77 ; — (Jean-Pierre), chanoine, 36, 44, 46, 77, 88, 103, 190, 232 ; — (Le P.), recteur du collège, 71 ; — (Marie-Anne) ; — (Marie-Julie) ; — (Marie-Mélanie) ; — (Marie-Marthe) ; — (Josué), prêtre ; — (Jean-François), jésuite ; — (Jean-Joseph), jésuite, 77 ; — (Jérémie), sieur de Lagord ; — (Eutrope-Barnabé), 76 ; — (Pierre), bourgeois ; — (Marguerite) ; — (Eutrope), 51.
Picot (Marguerite), 273 ; — (Marthe), 253.
Pierre, marchand de vin, 373.
Pierre-Buffière chef-lieu de cant., arr. de Limoges, 5.
Pinard (Marguerite), 149.
Pindray (Marie de) ; — (Marie-Suzanne de), 7 ; — de Corlieu (Marie de), 7.
Pinelière, curé de Saint-Martin de Ré, *121,* 163.
Pisany, cant. de Saujon, arr. de Saintes, 3, 85.
Pissonnet de Bellefons (Marie), 397.
Planages, lieutenant, 412.
Planié, 150.
Plassay, cant. de Saint-Porchaire, arr. de Saintes, 109.
Poillièvre, prêtre, 190.
Poiré, curé constitutionnel d'Issy, 270, 365.
Poiré-sous-Velluire, com. du cant. de Fontenay-le-Comte, Vendée 201.
Poirier, lazariste, 304.

Poitevin, praticien, 47.
Polignac (Anne de), 9.
Polignac-Chalençon (Aimée de), 92.
Pompignan, fief des Le Franc, 160.
Pons, chef-lieu de cant., arr. de Saintes, 3, 42, 52, 80, 81, 90, 110, 130, 131, 154, 230, 239, 282, 313-315, 407, 412, 415, 416.
Pontac (Claude-Madeleine de), 35.
Pont des Granges (Marie-P. de), 62.
Pont-Labé, cant. de Saint-Porchaire, arr. de Saintes, 54, 93.
Pontoise, cant. de Noyon, arr. de Compiègne, 254.
Potet, 409.
Potier, cardinal de Gèvres, 21.
Potier de Pommeroy (Henri-Léopold) ; — (Gabriel), 21.
Poujaud, curé thaumaturge de Jarnac, 72.
Poulin, prêtre assermenté, 190.
Poupart, curé de Saint-Eustache, 398.
Pouret, 412.
Pourret-Roquerie, député, 370.
Poute (C. A.), marquis de Nieul-le-Virouil, *107.*
Pranzac, cant. de La Rochefoucauld, arr. d'Angoulême, 129, 130.
Préguillac, com. du cant. de Saintes, 281.
Pressac de Lioncel (P.-H. de), curé de Saint-Hilaire, 84.
Préveraud (Marie-Françoise), 5.
Préveraud des Deffens (N.), 5.
Prieur, prêtre, 251.
Proutière, officier municipal, 421.
Puiseux, cant. de Neuilly-en-Thelle, arr. de Senlis, 182, 183, 184.
Puy-Miquelan, cant. de Seyches, arr. de Marmande, 205.
Puyrolland, cant. de Tonnay-Boutonne, arr. de Saint-Jean d'Angély, 80.
Puységur (le comte de), ministre de la guerre, 105.

Q.

Quéré (Marianne), 56.
Quesnel (Le P.), 61, 101.
Quiberon, chef-lieu de cant., arr. de Lorient, 101.
Quignon, curé de Puiseux, 182, 183, 184.

R.

Rabaine (Jean de) ; — (Bénigne de), 423.
Raboteau, 155, 180, 198, 219, 268, 286, 310, 325, 337, 355, 418, 420.
Racapé, curé de Saint-Pallais de Saintes, 220.
Ransard, 341.
Ranson, curé de Saint-Etienne d'Arvert, 111, 224.
Raoul (Michel), évêque de Saintes, 398.
Rapet, maire de Migron, 158.
Ratier, avocat, 123.
Ravard, seigneur de Saint-Amand, 4.

Ravigny (Louis de), prieur de la charité de Saintes, 152.
Ravinelli (De), 393.
Ré, île, arr. de La Rochelle, 4, 110, 155, 396.
Réaux, com. du cant. de Jonzac, 314.
Regnard (François-Honoré), prêtre, 22.
Regnault, 412 ; — avocat, 123 ; — jésuite, 140, 270.
Rempnoux, prêtre, 282.
Renaldi, prêtre, 108.
Renart de Fuschsambert (Béatrice-Etiennette), 40.
Renaud, maire de Pons, 409 ; — (Suzanne), — (Pierre), cultivateur, 172.
Rengonse de Beauregard (De), vicaire général d'Agen, 33.
Renoulleau, 343, 355.
Restaud, cant. de Gemozac, arr. de Saintes, 83.
Réveillaud, curé de Saint-Pierre de Saintes, 56, 84 ; — jésuite ; — conseiller au présidial de Saintes ; 233. — (Marie-Anne), 233, 423.
Reverseaux (Guéau de), intendant, 56, 93.
Revignac, cant. de Montlieu, 281.
Reynaldi (Charles de), prêtre, 138.
Ribeyreys (De), curé de Jonzac, 314.
Richard, 373 ; — praticien, 88 ; — notaire, 130 ; — (Charles-Abraham), prêtre, 364, 393, 400 ; — (François) — (Jean-Baptiste) ; — (Gabriel), (Elisabeth) ; — (Marie-Geneviève) ; — (Joseph), 394.
Richelieu (le duc de), 130.
Richier (Raymond de), 110 ; — La Rochelongchamps (Jacques), 123.
Rigaud, docteur-médecin, 130.
Rigaud de Vaudreuil (Louis), chef d'escadre, 62, 109, 423.
Rioux, cant. de Gemozac, arr. de Saintes, 83.
Rioux-Martin, cant. de Chalais, arr. de Barbezieux, 412.
Riquet, 44, 59, 180, 196, 219, 268, 286, 325, 418, 420 ; — avocat, 155 ; — procureur contrôleur, 49.
Rivarol, 242.
Rivière, archiprêtre de l'île d'Oleron, 149.
Robert de Rochecoute, maire de Saintes, (voir Rochecoute).
Robert, curé de Gemozac, 148, 172 ; — (Henriette), 46.
Robespierre, 129, 130, 359, 370, 588.
Robin, prêtre assermenté, 149 ; — (Jacquette-Julie), 249.
Robinet (Isaac), évêque constitutionnel de la Charente-Inférieure, 143, 149, 172, 190, 226, 232, 248, 251, 252, 253, 256, 272, 273, 274, 275 - 283, 286 - 304, 308 - 312, 315 - 317, 320, 345, 355, 413 ; — (J.-B.), notaire, 252 ; — (M.d), 273.
Roché, huissier, 319.
Rochechouart (Pierre-Jules-César de, 25, — de Mortemart, évêque de Saintes, 272.

Rochecoute (Robert de), maire de Saintes, 220, 234, 253, 306, 309, 329, 331, 419.
Rodrigue, prêtre, 190.
Rodrigues, trésorier de France, 258.
Roffignac (De), archevêque de Tours, 144.
Rohan (Le prince de) archevêque de Bordeaux, 101 ; — (Le cardinal de), 162.
Roland, 385, 386.
Rollet (Jean-Louis-Simon), prêtre, 231, 274 ; — (Jean-Jacques), prévôt de la marine, 130.
Romagné, fief de Griffon, 124.
Romegoux, cant. de Saint-Porchaire, arr. de Saintes, 87, 90.
Rondeau, 180, 198, 268, 286, 420 ; — lieutenant général, 154 ; — juge, 270 ; — président du directoire, 310.
Rontenac, cant. de La Valette, arr. d'Angoulême, 11.
Roquet, curé-jureur de Puyrolland, 80.
Rondier (Charles), 42.
Rouffiac, cant. de Pons, arr. de Saintes, 149.
Rougé, notable, 277.
Rouget, lieutenant général de police, 72.
Roux (Jacques), prêtre, 129, 130, 226 ; — (Gatien), lieutenant, 129 ; — (Louis), prêtre assermenté, 130.
Royan, chef-lieu de cant., arr. de Marennes, 55, 56, 224, 225.
Ruamps, 180, 198, 219, 286, 418, 420.
Ruelle, com. du cant. d'Angoulême, 212.
Ruffo, évêque de Saint-Flour, 161.
Rupt (De), principal du collège de Saintes, prêtre, 108, 110, 150, 211, 213, 216, 217, 230.
Rupt-devant-Saint-Mihiel, cant. de Pierrefitte, arr. de Commercy, 211.

S.

Saben (Pierre), 13.
Sablonceaux, cant. de Saujon, arr. de Saintes, 28, 120.
Saboureau, prêtre, 108, 216, 217.
Sabran (De), évêque de Laon, 161.
Saint-Aignan, chef-lieu de cant., arr. de Marennes, 70, 144.
Saint-André de Lidon, cant. de Gemozac, arr. de Saintes, 424.
Saint-André Marnays de Vercel (Joseph de), évêque de Couserans, 72.
Saint-Aulaye, chef-lieu de cant., arr. de Ribérac, 314.
Saint-Blaise, com. de Saint-Grégoire d'Ardenne, cant. de Saint-Genis, arr. de Jonzac, 232.
Saint-Bonnet, cant. de Mirambeau, arr. de Jonzac, 31, 43, 50 - 54, 130, 231.
Saint-Brice, com. du cant. de Cognac, 46.
Saint-Ciers du Taillon, cant. de Mirambeau, arr. de Jonzac, 7.
Saint-Coutant le C ud, cant. de Tonnay-Charente, arr. Rochefort, 281.

TABLE ONOMASTIQUE. 449

Saint-Crépin, com. de Saintes, 42.
Saint-Cricq du Parc, diocèse de Dax, 30.
Saint-Cybard le Peirat, cant. de La Valette, arr. d'Angoulême, 1, 5, 6, 7, 11, 13, 15.
Saint-Cyprien, voir Lacroix.
Saint-Denis d'Oleron, cant. de Saint-Pierre, arr. de Marennes, 56.
Saint-Denis du Pin, com. du cant. de Saint-Jean d'Angély, 80.
Saint-Dizant (De), — (Marie-Anne-Michel de) ; — (Jacques Michel de), 93.
Saint-Dizant du Gua, cant. de Saint-Genis, arr. de Jonzac, 93, 130, 149, 409, 412.
Sainte-Catherine de Coux en l'Isle, com. d'Arvert, cant. de La Tremblade, arr. de Marennes 412.
Sainte-Catherine de Marestay, comm. de Matha, 100.
Sainte-Foy d'Anthé, com. de Tournon d'Agenais, cant. de Villeneuve sur Lot, 35.
Sainte-Hermine (Henri-Louis de), — (Marie-Anglique de), — (François de), 93 ; — (René-Louis, marquis de), 92 ; — (Louis-Clément) ; — (René-Louis de), 92.
Saint-Elpis, Sainte-Ilpise, cant. de La voûte, — Chilhac, arr. de Brioude, 16, 17.
Sainte-Marie de Ré, cant. de Saint-Martin de Ré, arr. de La Rochelle, 144.
Sainte-Maure (Le comte de), seigneur de Chaux, 225 ; — (Élisabeth de), 424.
Saintes, Charente-Inférieure, 1-425.
Couvents, monastères, prieurés : Sainte-Claire, 75, 157 ; Abbaye Sainte-Marie, 2, 71, 151 ; Sainte-Marie de la Providence, 211.
Églises : Récollets, 55 ; Saint-Pierre, 196, 244 ; Saint-Eutrope, 157 ; Saint-Maur, 110 ; Sainte-Colombe, 77.
Paroisses : Sainte-Colombe, 75, 284-286 ; — Saint-Pallais, 70, 191, 286 ; — Saint-Pierre, 284-286, 288 ; — Saint-Vivien, 83, 286, 288 ; — Saint-Maur, 153, 172, 284 286 ; — Saint-Michel, 284-286 ; — Saint-Eutrope, 161, 286.
Rues, cours, quais, portes, etc. : Rues de la Cabaudière, 287 ; — du Ha, 307 ; — quai Reverseaux, 55 ; cours Reverseaux, 55, canton de la Poissonnerie, 55 ; faubourg de la Bertonnière, 55, 287 ; Porte l'Évêque, 55 ; — Saint-Louis, 61 ; — Aiguière, 55.
Places : Blair, 157, 252. — Saint-Pierre, 63.
Sainte-Terre, 93.
Saint-Etienne d'Ars, 92.
Saint-Etienne de Vaux, canton de Royan, 100.
Sainte-Eugène, cant. d'Archiac, arr. de Jonzac, 415.
Saint-Fort de Cosnac ou *Saint-Fort-sur-Gironde*, cant. de Saint-Genis, arr. de Jonzac, 40, 56, 70, 155, 172.

Saint-Genis, chef-lieu de cant., arr. de Jonzac, 131, 149, 231.
Saint-Georges de Didonne, cant. de Saujon, arr. de Saintes, 55, 108.
Saint-Georges de Rex, cant. de Mauzé, arr. de Niort, 136, 231.
Saint-Georges des Agouts, cant. de Mirambeau, arr. de Jonzac, 130, 407, 408.
Saint-Georges des Coteaux, com. du cant. de Saintes, 42.
Saint-Georges d'Oleron, cant. de Saint-Pierre, arr. de Marennes, 75.
Saint-Germain de Lusignan, com. du cant. de Jonzac, 230.
Saint-Grégoire d'Ardenne, cant. de Saint-Genis, arr. de Jonzac, 232.
Saint-Hilaire de Villefranche, chef-lieu de cant., arr. de Saint-Jean d'Angély, 71, 84, 249.
Saint-Hilaire du Bois, cant. de Sainte-Hermine, arr. de Fontenay-le-Comte, 107.
Saint-James, 92.
Saint-Jean de Ligoure, cant. de Pierre-Buffières, arr. de Limoges, 5.
Saint-Julien de l'Escap, com. du cant. de Saint-Jean d'Angély, 158.
Saint-Just-Luzac, com. du cant. de Marennes, 31, 232.
Saint-Laurent des Combes, cant. de Brossac, arr. de Barbezieux, 85.
Saint-Laurent-la-Barrière, cant. de Tonnay-Boutonne, arr. de Saint-Jean d'Angély, 358.
Saint-Léger de Breuil, 149.
Saint-Légier (De), prêtre, 106, 142, 281 ; — prieur de Saujon, 108 ; — (Jean-Grégoire, vicomte de), 109 ; — Saint-Légier de Boisrond, prêtre, 69 ; — curé de Jonzac, 47, 110, 191, 341 ; — La Sauzaye (marquise de), 21.
Saint-Liguaire, com. du cant. de Niort, 84.
Saint-Lô, com. de Saint-Georges des Coteaux, cant. de Saintes, 42.
Saint-Loup, com. du cant. d'Avranches, 271, 410.
Saint-Muffré, 189.
Saint-Maixent, chef-lieu de cant., arr. de Niort, 223, 251, 395.
Saint-Martin de Ré, chef-lieu de cant., arr. de La Rochelle, 90, 95, 121, 163, 281.
Saint-Martin des Lauriers, com. de Saint-Aignan, arr. de Marennes, 144.
Saint-Martin-sous-Angoulême, 121.
Saint-Médard, curé de Nantillé, 281.
Saint-Mihiel, chef-lieu de cant., arr. de Commercy, 211.
Saint-Ouen, abbaye, 191.
Saint-Palais de Phiolin, cant. de Saint-Genis, arr. de Jonzac, 412.
Saint-Pallais du Né, com. du cant. de Barbezieux, 85.
Saint-Pierre (Louis de), abbé de Notre-Dame de Chastres, 46.

Saint-Pierre de Bourgueil, abbaye (diocèse d'Angers), 35.
Saint-Pierre de Juillers, cant. d'Aunay, arr. de Saint-Jean d'Angély, 80.
Saint-Pierre de Sales, à Marennes, 225.
Saint-Pierre d'Oleron, chef-lieu de cant., arr. de Marennes, 80, 149, 412.
Saint-Pierre le Moutier, chef-lieu de cant., arr. de Nevers, 124.
Saint-Porchain, chef-lieu de cant., arr. de Saintes, 95.
Saint-Romain de Benet, cant. de Saujon, arr. de Saintes, 50.
Saint-Savinien ou *Saint-Savinien du Port*, chef-lieu de cant., arr. de Saint-Jean d'Angély, 92, 252, 253, 256, 257, 261, 264, 267 - 272, 299 - 302, 308, 311, 355, 396, 410.
Saint-Simon (Le marquis de), 303; — (Marie-Anne-Charlotte de), 223.
Saint-Sorlin, cant. de Mirambeau, 131.
Saint-Sornin, com. de Marennes, 123.
Saint-Sulpice près Mornac, cant. de Royan, 55.
Saint-Thomas, près de Saintes, 51, 75.
Saint-Thomas de Cosnac, cant. de Mirambeau, arr. de Jonzac, 129, 130, 407 — 409, 412.
Saint-Triaise, cant. de Luçon, 201.
Saint-Trojan, cant. du Château d'Oleron, arr. de Marennes, 222.
Saint-Vaise, com. du cant. de Saintes, 50.
Saint-Xandre, com. du cant. de La Rochelle, 149.
Salbœuf, com. de Cumont, cant. de Saint Aulaye, arr. de Riberac, 5.
Salignac de Fénelon (Jeanne de), 7, 21.
Salins, prêtre, 370, 376.
Salles, 85.
Salleton (Françoise de), 363.
Samson, bourreau, 27,
Sarps (Jean-François de), seigneur d'Arracq, 99; — Sarps d'Arracq (Louise-Françoise de), 99.
Sartre (Marie-Eutrope-Mélanie de), 314.
Sary de La Chaume (Marie), 93.
Saujon, chef-lieu de cant., arr. de Saintes, 108, 228, 318, 535.
Saurin, eudiste, 399.
Saurine, évêque des Landes, 268, 270, 279, 298, 410, 411.
Sanvo (Jean), sieur du Bousquet; — (Marie), 7, — archiprêtre d'Angoulême; 404; — des Versannes, religieuse, 84.
Savary, 154, 275, 341; — notable, 277; — officier municipal, 339, 421.
Savigny, basse-contre, 196.
Second (Albéric), 212.
Second (Le P.), 101.
Seguin (Marie-Anne); — commissaire de marine, 51.
Senné, 49, 59, 142, 234, 235, 306, 309, 409.
Septfonds, com. de Diou, cant. de Dompierre, arr. de Moulins, 222, 223.

Sergy, près Pontoise, 201, 254.
Sèze (Aurélien de), avocat; — (Victor de), 53; — (Jean de), avocat; — (Raymond-Romain de), avocat; — (Paul-Romain de), conseiller au parlement; — (Constantin de), vicaire-général de Bordeaux, 53.
Sicard (L'abbé), écrivain, 161.
Sicard (Catherine), 172; — prêtre, 314, 371, 375.
Simon, 181.
Smith (Elisabeth), 423.
Sociando (Angélique de); — (Nicolas-Joseph-Théodat de); — (Théodat de); — (Marie-Elisabeth de); — (Marie-Adelaïde de); — (Nicolas-Joseph de), 97.
Soderini, évêque de Saintes, 272.
Solminiac (Alain de), abbé de Chancelade, 28, 29; (Henri de), 393.
Soubran, cant. de Mirambeau, arr. de Jonzac, 149.
Soubroche, 31.
Soussmoulins, cant. de Montandre, arr. de Jonzac, 80, 281.
Sousy, prêtre, 190.
Sublet, marquis de Heudicourt, 97.
Suire, officier municipal, 108, 147, 277, 309, 407, 409, 419.
Surgères, chef-lieu de cant., arr. de Rochefort sur mer, 1, 272, 281, 394.
Susane, propriétaire, 273.

T.

Taillebourg, cant. de Saint-Savinien, arr. de Saint-Jean d'Angély, 1, 87, 91, 92, 211, 253.
Taillet, vicaire-général de Saintes, 17, 18, 19, 85, 95, 99, 103, 108 — 111, 117, 118, 121, 129, 157, 172, 188, 242, 250, 215, 253, 311.
Talaru de Chalmazel (de), évêque de Coutances, 161.
Talleyrand-Perigord, évêque d'Autun, 24, 160, 201, 206, 268, 270.
Tallien, 369.
Tambonneau, prêtre, 424.
Tanche, commandant, 381, 382.
Tansac, cant. de Gemozac, arr. de Saintes, 172, 230.
Tardy, conservateur des hypothèques, 263.
Tarnier, prêtre, professeur, 216, 217.
Taule, 415.
Templier, marchand, 42; — (Gabriel), 82
Ternant, com. du cant. de Saint-Jean d'Angély, 158.
Terrien, curé de Saint-Germain de Lusignan, 230.
Tessandier, prêtre, 216, 220, 222.
Tessé (De), 424, 425.
Tesson, cant. de Gemozac, arr. de Saintes, 83, 105, 228, 318.
Terard, 416.
Thémines de Lauzières (Alexandre), évêque de Blois, 248.

TABLE ONOMASTIQUE.

Thenac, com. du cant. de Saintes, 42. 83, 140, 213.
Thenard-Dumousseau, avocat, 239.
Thenaux, 412.
Thenon, prêtre, professeur, 33.
Thézac, cant. de Saujon, arr. de Saintes, 281.
Thibault, 181.
Thibault de Romans, prêtre, 46.
Thierce (Madeleine), 189.
Thoix, cant. de Conty, arr. d'Amiens, 88.
Thomas, archevêque de Rouen, 33, 405 ; — (Jean), avocat ; — (Paul), seigneur des Maisonnettes, 4 ; sieur des Bretonnières ; — (Anne), 3 ; (Anne) ; — de Montgoumard ; —de Bardines, 4, 5 ; —(François-Louis) ; — (Louis), 15.
Thornac en Languedoc, 331.
Tigerie, com. du cant de Corbeil, 184.
Timbrune-Valence (Marie de), 35.
Tinseau, évêque de Nevers, 29.
Tonnay-Boutonne, chef-lieu de cant., arr. de Saint-Jean d'Angély, 91, 96, 144, 147, 273.
Tonnay-Charente, chef-lieu de cant., arr. de Rochefort-sur-mer, 123.
Torné, évêque constitutionnel de Bourges, 195.
Torsac, fief des Gensain et des La Place, 6, 8.
Torsay (Marguerite de), 2.
Torxé, cant. de Tonnay-Boutonne, arr. de Saint-Jean d'Angély, 273, 396.
Tourneur, clerc tonsuré, 216, 217.
Toussaints, imprimeur, 156.
Touverac, cant. de Baigne, arr. de Barbezieux, 93.
Touvre, com. du cant. d'Angoulême, 15, 17.
Treilhard, président de la constituante, 270, 411.
Trémeau (Marie-Anne), 212.
Tréviliers, commandant, 412.
Tronchon, 181
Trubert, notaire, 40.
Turenne, curé de Saint Sulpice, 55.
Turmenies (Marie-Anne de), 70.
Turpin (Le vicomte de), 106, 109, 158) : — (De) commissaire du roi, 131, 407 ; — (De), commandant, 146 ; — De Fief-Gallet ; — De Jouhé (De), 109.

U.

Urroy (Renée), 398.
Usaiges (Marie d'), 2.
Usson, com. d'Echebrune, cant. de Pons, arr. de Saintes, 40.
Usson de Bonnac (J. L. D.), évêque d'Agen, 33.

V.

Valfons (De), officier, 383.
Vallans, fief de Béchillon, cant. de Frontenay-Rohan-Rohan, arr. de Niort, 140.

Valleau, évêque de Quimper, 95, 405.
Valleing, propriétaire, 281.
Vallette, récollet, 220.
Vanderquand (Jean), curé de Virollet, 82, 172, 222, 226, 249 ; — (Eutrope), propriétaire ; — (Marie), 172.
Varaize, com. du cant. de Saint-Jean d'Angély, 158.
Varangnes, 412.
Vaulnisant, abbaye, 23, 42, 48, 53, 385, 422.
Vaux-sur-mer, com. de Royan, arr. de Marennes, 108.
Vénérand, com. du cant. de Saintes, 249, 314.
Vergnaud (F.), 404.
Vérines, cant. de La Jarrie, arr. de La Rochelle, 1.
Vernon (Jean-Baptiste de), 424.
Verteuil (De), général, 278.
Verteuil, com. du cant. de Ruffec, 2, 9, 406.
Vialar, prêtre, 370, 377.
Viau, Viauld, 130, 131 ; — bourgeois, 42 ; — lieutenant général, 124 ; — (G.), fabriqueur, 288.
Vidaussan, fief des Binos, 191.
Vieillard, 412 ; — avocat, 270.
Vieuille, portier, 274.
Villars, 3.
Villars en Pons, cant. de Gemozac, arr. de Saintes, 55.
Villars-les-Bois, cant. de Burie, arr. de Saintes, 140.
Villebois-La-Valette, chef-lieu de cant., arr. d'Angoulême, 11.
Villecroin, prêtre, 384.
Villefavard, cant. de Magnac-Laval, arr. de Bellac, 107.
Villepouge, cant. de Saint-Hilaire, arr. de Saint-Jean d'Angély, 158.
Villequier (Le duc de), 125.
Villoutreys de La Faye (De), évêque d'Oloron, 161.
Vinet (Marie), 93.
Viollaud, 145, 277.
Viollette, commissaire, 381, 382.
Virolleau, officier municipal, 416 ; — (Marie-Jean-François de), seigneur de Marillac ; — de Marcillac (François), 4.
Virollet, cant. de Gemozac, arr. de Saintes, 172, 249.
Virson, cant. d'Aigrefeuille, arr. de Rochefort-sur-mer, 62.
Vivonne (Artus de) ; — (Marie de), 3.
Voyer (Angélique), 402.
Vogué (S. J. Fl. de), prêtre, 24.
Volude, fief de Lage, 40.
Vouhé, cant. de Surgères, arr. de Rochefort-sur-mer, 149.
Voydel, 200.

Z.

Zimmerman, 499.

Imprimé par Desclée, De Brouwer et Cie.

www.ingramcontent.com/pod-product-compliance
Lightning Source LLC
Chambersburg PA
CBHW070220240426
43671CB00007B/714